本书是河北省社科基金项目"我国统筹城乡学前教育资源均衡配置研究"（HB15JY079）的成果之一
本书出版幸承"河北大学高等教育与区域发展研究中心"资助

河北省
学前教育发展报告
（2010—2016）

Development Report of Early
Childhood Education in Hebei (2010—2016)

范明丽 等 著

科学出版社
北京

内 容 简 介

2010年以来，我国学前教育事业发展进入新的历史机遇期，受到政府和社会各界的普遍关注，并获得了长足发展。河北省作为"建立健全体制机制，加快学前教育发展"的国家教育体制改革试点，其地域特色以农村为主，经济发展不平衡，兼具了东、中、西部特征，如同我国的一个缩影。

本书聚焦2010年以来河北省学前教育事业发展的背景和基本情况，并对河北省与其他省市、河北省内各地级市的情况进行比较分析，力图将其作为省级个案进行研究，以小见大，为全国学前教育事业改革发展的分阶段、分区域推进提供一定的启示和借鉴。

本书主要面向教育法律与政策制定者、学前教育行政管理人员、学前教育研究者、学前教育实践工作者以及大专院校学前教育专业的师生。

图书在版编目（CIP）数据

河北省学前教育发展报告. 2010—2016 / 范明丽等著. —北京：科学出版社，2018.12

ISBN 978-7-03-058644-5

Ⅰ.①河… Ⅱ.①范… Ⅲ.①学前教育-发展-研究报告-河北-2010-2016 Ⅳ.①G619.2

中国版本图书馆CIP数据核字（2018）第199250号

责任编辑：朱丽娜 苏利德 胡文俊 / 责任校对：何艳萍
责任印制：徐晓晨 / 封面设计：正典设计
编辑部电话：010-64033934
E-mail：edu_psy@mail.sciencep.com

科学出版社 出版
北京东黄城根北街16号
邮政编码：100717
http://www.sciencep.com

北京虎彩文化传播有限公司 印刷
科学出版社发行 各地新华书店经销

*

2018年12月第 一 版　　开本：720×1000 B5
2018年12月第一次印刷　　印张：28 7/8
字数：510 000
定价：158.00元
（如有印装质量问题，我社负责调换）

前　言

2010年,《国家中长期教育改革和发展规划纲要(2010—2020年)》正式颁布,之后我国连续出台《国务院关于当前发展学前教育的若干意见》等一系列政策文件,国务院召开全国学前教育工作电视电话会议,提出要明确学前教育的公益性和普惠性,建立"覆盖城乡、布局合理"的学前教育公共服务体系,我国学前教育事业发展迎来了新的历史机遇期。

全国各省(自治区、直辖市)在中央政策文件精神的指引下,积极探索适合各地区实际的学前教育发展经验,涌现出了一批改革试点和地区发展模式。河北省作为"建立健全体制机制,加快学前教育发展"的国家教育体制改革试点地区,着力扩大普惠性学前教育资源,强力推进农村学前教育三年普及,极大地促进了全省学前教育事业的发展。从地域范围和经济社会发展水平来看,河北省境内北京以南的地区,具有典型的中部特征;北京以北的张家口、承德地区,经济社会发展水平与西部接近;而秦皇岛、唐山、廊坊等地区的东部特征则更为明显。因此,可以说,以农村地区为主的河北省,经济发展不平衡,兼具东、中、西部特征,如同中国的一个缩影。我们把河北省学前教育事业发展作为省级个案进行研究,可以以小见大,为全国学前教育事业改革发展的分阶段、分区域推进提供一定的启示和借鉴。

目前我国教育事业发展的"十二五"规划已然完成,"十三五"规划正在如火如荼地实施。"学前教育三年行动计划"的前两期也已完美收官,按计划进入了"学前教育三年行动计划"的第三期。本书在分析解读国家和省级层面学前教育相关政策的基础上,系统搜集、整理和分析了全国2008~2015年的学前教育发展数据,以及河北省各地级市2010~2016年的学前教育发展数据,并深入河北省的地级市、县、乡进行实地调研，以期对河北省学前教育事业发展的历史、现状和趋势有一个相对客观的把握。

全书主体按照逻辑顺序分为四大部分：第一部分主要从河北省经济社会和学前教育发展，以及全国学前教育发展两个方面介绍了河北省学前教育发展背景；第二部分主要从学前教育普及情况、管理体制、投入体制、办园体制、教师队伍、硬件设施、普惠性幼儿园发展，以及农村学前教育和弱势群体扶助等八个方面介绍了河北省学前教育发展概况；第三部分主要是在第二部分的基础上，对河北省与全国其他省级行政区，以及河北省内各地级市之间学前教育发展状况的比较研究；第四部分在前三部分研究的基础上，提出对河北省学前教育进一步改革发展的思考和探索，以及河北省学前教育事业发展经验对我国学前教育事业发展的启示和建议。

本书是河北省社会科学基金项目"我国统筹城乡学前教育资源均衡配置研究"（HB15JY079）的研究成果，也是教育部人文社会科学研究青年基金项目"政府治理模式转型背景下我国学前教育管理体制改革研究"（13YJC880014）的成果之一。本书出版幸承"河北大学高等教育与区域发展研究中心"资助。在实地调研过程中，我们也接受了奕阳教育研究院的资助。整个课题研究由范明丽制定规划并统筹实施，成果形成阶段由范明丽提出全书框架，课题组成员分工合作研究撰写。具体分工如下：河北省学前教育的发展背景和展望部分由范明丽、杨雅清负责；全国、河北省，以及比较研究部分的学前教育普及情况由寇悦负责；管理体制由姜东负责；投入体制由田蕊敏负责；办园体制由李月负责；教师队伍部分由高瑞星、孔文雅负责（吕光耀、王琰楠和连金金在前期资料搜集过程中做出了一定贡献）；硬件设施由张业影负责；普惠性幼儿园由耿超负责；农村学前教育和弱势群体扶助由汪春娜负责。此外，毕欣欣、曹静远和刘云参与了河北省部分地级市学前教育政策的搜集工作，李月在最后的统稿过程中做出了很大贡献。

本书能够出版，离不开河北大学教育学院朱文富教授和何振海教授的大力支持。此外，在课题调研过程中，河北省教育厅、河北省教育科学研究所和河北省各地教育局的同志给了我们很多协助，各地的幼儿园园长和教师给了我们很多支持，在此一并致谢！

范明丽
2017年8月10日

目 录

前言

第一章　河北省学前教育发展背景 ... 1
第一节　河北省经济社会与学前教育发展背景 ... 1
第二节　全国学前教育事业发展概况 ... 4

第二章　河北省学前教育发展概况 ... 97
第一节　学前教育普及情况 ... 97
第二节　政府在发展学前教育中的职能定位与管理 ... 104
第三节　学前教育投入状况 ... 118
第四节　幼儿园办园格局与发展状况 ... 131
第五节　幼儿园师资状况与教师队伍建设 ... 158
第六节　幼儿园办园条件与硬件水平 ... 172
第七节　普惠性幼儿园发展与农村、弱势扶助状况 ... 179

第三章　河北省与全国其他省、自治区、直辖市学前教育发展比较 ... 208
第一节　学前教育普及情况 ... 208
第二节　政府在发展学前教育中的职能定位与管理 ... 220
第三节　学前教育财政投入状况 ... 223
第四节　幼儿园办园格局与发展状况 ... 234
第五节　幼儿园师资状况与教师队伍建设 ... 240

第六节　幼儿园办园条件与硬件建设 ································ 250

第七节　普惠性幼儿园发展与农村、弱势扶助状况 ······················ 265

第四章　河北省内各地级市学前教育发展比较 ························ 290

第一节　各地级市学前教育普及情况比较 ···························· 290

第二节　各地级市政府管理政策比较 ································ 327

第三节　各地级市学前教育投入状况 ································ 330

第四节　各地级市办园格局情况比较 ································ 346

第五节　各地级市学前教育师资状况 ································ 368

第六节　各地级市办园条件与硬件情况水平比较 ······················ 408

第七节　各地级市普惠幼儿园和农村学前教育发展情况比较 ·············· 416

第五章　河北省学前教育发展展望 ································ 436

第一节　进一步改革发展的思考和探索 ······························ 436

第二节　事业发展对我国的启示和建议 ······························ 439

附录 ·· 447

全国学前教育重要政策汇编 ····································· 447

河北省学前教育重要政策汇编 ··································· 450

后记 ·· 455

第一章

河北省学前教育发展背景

第一节 河北省经济社会与学前教育发展背景

一、经济社会发展背景

河北省地处华北平原北部，下辖 11 个设区市、172 个县（市、区）①，总人口 7 185 万②。按照国家行政区的划分，县及县以下为农村，本书所指的河北省农村地区包括县镇和乡村在内的广大农村，即所谓的大农村概念。依据 2009 年的河北经济年鉴统计数据，河北省 172 个县（市、区）中包括 36 个市辖区、22 个县级市、114 个县；2 227 个乡（镇、街道）中包括街道办事处 266 个、乡 992 个、镇 969 个③，从市（区）与县的比例，以及街道和乡镇统计数量的对比可以看出，河北省的农村地区占据全省绝大部分区域。

从地理位置上来说，河北省属于东部地区，全省土地面积 18.7 万平方千米，海岸线长度和海域面积均排在全国第 9 位，目前的国家战略将其定位为东部沿海省份。但是，河北省沿海经济开放区占全省市、县总数和省域面积的比重不到十分之一，人口比重不到九分之一，不像东部其他省份一半左右的市、县属于沿海经济发达地区，大部分人口聚居于沿海经济开放区（如福建 70% 以上的人口和 80% 以上的经济总量集中在沿海经济开放区）④。因此，从经济实力、产业结构、居民收入和生活水平等方面综合分析，河北省与东部沿海省份有较大的

---

① 河北省统计局. 2010. 河北经济年鉴-2009：行政区划基本情况（2008 年底）.http://www.hetj.gov.cn/extra/col20/2009/010101.htm[2011-06-10].
② 河北省统计局. 2011. 河北省 2010 年第六次全国人口普查主要数据公报.http://110.249.220.86/hetj/app/tigb/101472525397649.html[2011-06-07].
③ 河北省统计局. 2010. 河北经济年鉴-2009：行政区划基本情况（2008 年底）.http://www.hetj.gov.cn/extra/col20/2009/010101.htm[2011-06-10].
④ 唐沙砂. 2005-03-18. "中部崛起"带来"河北尴尬". 中国经济时报.

差别，其中部特征更为明显。2001年年底，河北省反映经济实力和富裕程度的各项指标特别是人均地区生产总值（gross domestic product，GDP）和城乡居民人均收入都在全国10位之后。可见，河北省虽然地处京畿之地，但长久以来其经济社会发展却受到首都"空吸现象"的影响，与北京和天津的关系基本上是吸附大于扩散，竞争大于合作，处于一种"零和"（zero sum）①状态。

2005年，河北省开始直面"环京津贫困带"的问题，与亚洲开发银行联合进行了"河北省经济发展战略研究"，提出了加快河北省经济发展的八大措施，并指出河北省要从传统的被动"服务京津"向主动"接轨京津"转换。2010年，国家发改委向国务院提交了《京津冀都市圈区域规划》，"京津冀都市圈"有望成为继"长三角"和"珠三角"之后，正在崛起的中国经济增长第三极。河北省作为京津地区的腹地，在推进京津冀一体化过程中态度积极，力图以此为契机，带动区域经济的整体发展。据统计，2010年，河北省GDP总量达20 197.1亿元人民币，比上年增长12.2%，同比加快2.2个百分点。② 2016年，河北省全省生产总值达到31 827.9亿元，比上年增长6.8%。与上年相比，全年城镇居民人均可支配收入28 249元，增长8.0%；农村居民人均可支配收入11 919元，增长7.9%；城镇居民人均消费支出19 106元，增长8.6%；农村居民人均消费支出9 798元，比上年增长8.6%。城镇居民家庭恩格尔系数③为26.1%，农村居民家庭恩格尔系数为28.0%，均与上年基本持平。④ 2015年4月30日，中共中央政治局召开会议，审议通过了《京津冀协同发展规划纲要》，指出京津冀协同发展战略的核心是"有序疏解北京非首都功能，调整经济结构和空间结构，走出一条内含集约发展的新路子，探索出一种人口经济密集地区优化开发的模式，促进区域协调发展，形成新增长极"，京津冀协同发展作为国家重大战略正式进入实施阶段。在京津冀一体化发展的背景下，河北省经济社会发展整体步入了一个新的阶段。2017年4月1日，中共中央、国务院决定在河北省雄县、容城、安新3县及周边部分区域

---

① 在博弈论中，双方博弈，一方得利必然意味着另一方吃亏，一方得益多少，另一方就吃亏多少，双方得失相抵，总数为零，所以称为"零和"。
② 河北省统计局，国家统计局河北调查队. 2011.河北省2010年国民经济和社会发展统计公报. http://110.249.220.86/hetj/app/tjgb/101472525397651.html[2011-09-16].
③ 恩格尔系数是指食品消费支出占消费总支出的比例。
④ 河北省统计局，国家统计局河北调查队. 2016.河北省2016年国民经济和社会发展统计公报. http://110.249.220.86/hetj/tjgbtg/101482994576940.html[2017-08-10].

设立国家级新区"雄安新区",这是继深圳经济特区和上海浦东新区之后又一个具有全国意义的新区,被誉为"千年大计、国家大事"。经济社会发展的良好态势,为河北省大力推进学前教育事业发展奠定了坚实的基础。

二、学前教育发展背景

在经济社会发展的同时,河北省政府一直重视民生,保障学前教育的公益性。自中华人民共和国成立之初,河北省就形成了以教育部门办园和农村集体办园为主的办园体制,进入"十五"以后,全国不少地方出现了学前教育改制风潮,学前教育市场化、民营化、产业化的倾向明显。2003年,国务院办公厅转发了教育部等部门(单位)《关于幼儿教育改革与发展的指导意见》,明确提出"以社会力量举办幼儿园为主体",在国家政策层面对幼儿园改制进行了肯定。面对国家政策的调整和有些省市一浪高过一浪的公办幼儿园(简称公办园)改制风潮,河北省教育厅在河北省委、省政府的支持下立足本省省情,继续坚持走"以公办为主,民办为辅,公办民办相结合"的学前教育发展之路,在一定程度上保障了学前教育的公益性。

从市(区)与县的比例,以及街道和乡镇统计数量对比可以看出,河北省农村地区占据全省绝大部分区域。从河北省学前教育发展阶段的起落来看,农村学前教育的发展决定了全省学前教育的发展态势[①]。就河北省情况而言,农村地区的经济社会和教育发展水平明显落后于城市,城乡差距明显,城镇幼儿能享有基本甚至优质的学前教育公共服务,而广大的农村地区却普遍存在幼儿园数量不足、教师专业素质低且流动性大等突出问题,尤其是河北省的农村学前教育的发展曾一度以学前班为主体,管理不规范,教育不得法,不符合幼儿身心发展规律,小学化、成人化现象普遍。因此,河北省发展学前教育的重点和难点都在农村,没有农村学前教育的三年普及,全省普及学前三年教育的目标就会落空。可以说,河北省积极推进农村学前教育三年普及,等于抓住了全省学前教育三年普及的根本。

发展和普及学前教育的关键有两个方面:一是园舍问题,二是师资问题。自 2000 年以来,学龄人口下降带来的中小学布局调整为河北省普及学前教育

---

① 韩清林. 2007. 把提高国民素质的基点向下延伸到普及学前三年教育上——关于学前教育发展形势与学前教育政策法制建设的研究报告 // 韩清林. 为儿童的终身幸福奠基. 石家庄:河北少年儿童出版社:158-160.

带来了大好机遇。据统计，从 2000 年至 2006 年，河北省全省小学在校生数由 813.73 万人减少到 509.54 万人，小学专任教师数由 32.95 万人减少到 23.52 万人。① 其实早在 1998 年，河北省就开始着手进行中小学布局结构调整。1997 年，河北省全省小学在校生数为 901.12 万人，到 2002 年减少到 674.55 万人，同期小学教职工却由 31.3 万人增长为 35.53 万人，农村小学教师超编严重；1998 年河北省有小学 45 343 所，到 2002 年减少到 28 433 所，4 年减少了 16 910 所，平均每个县有闲置小学校舍 100 所。这些超编的教师经过培训，合格后可以补充到幼儿园；校舍经过改造和修缮，大部分也可以改建为幼儿园。② 自 2003 年以来，根据《国务院关于基础教育改革与发展的决定》所提出的"因地制宜调整农村义务教育学校布局"的精神，河北省通过实施中小学危房改造工程拉动中小学布局结构调整，实现了危房改造与中小学布局调整的"双赢"。从 2005 年开始，河北省在全省农村初中、小学实行"标准化建设"，按照这一建设标准，以县为单位，按照学龄人口状况做出整体规划，将全省的 2.3 万多所小学调整为 1 万所，初中由 4 000 所减少到 1 500 多所，中小学布局调整一步到位③。综上，河北省在撤并生源不足、规模过小的学校的过程中，逐步产生了教师、校舍等大量富余的教育资源，这极大地解决了农村建园场地、资金和教师严重不足的问题，为河北省农村学前教育事业的快速发展提供了良好契机。

第二节　全国学前教育事业发展概况

一、学前教育普及情况

学前教育是我国基础教育的有机组成部分，是我国学制体系的重要环节。学前教育普及是指国家对所有适龄儿童实施的普遍化、平等化、均衡化的学前教育，即国家保障所有适龄儿童享受最大范围和程度的、有质量的学前教育。④ 随着我国社会经济的飞速发展，提高学前教育的普及程度和教育质量，成为当

---

① 中央教育科学研究所编. 2008. 河北省学前三年教育改革发展报告 // 中央教育科学研究所中国基础教育发展研究报告（2006/2007）. 北京：教育科学出版社.
② 韩清林. 2007. 为儿童的终身幸福奠基. 石家庄：河北少年儿童出版社：98.
③ 杨占苍. 2005-03-27. 初中小学布局调整"一步到位"河北推进农村中小学标准化建设. 中国教育报, 1.
④ 夏婧. 2011. 我国农村学前教育普及机制：问题、制约因素与改革创新. 北京师范大学博士学位论文.

前推进教育公平、社会和谐进步及可持续发展的必然选择。关于我国学前教育的普及情况,本书分别从学前教育普及率、幼儿园园所与学前班数量、幼儿园班级数量与班级规模以及幼儿园在园儿童数与学前班儿童数等四个方面进行分析和论述。

(一)学前教育普及率不断提高

学前教育普及率主要通过学前三年毛入园率、学前一年毛入园率和小学招生中接受过学前教育的儿童的比例这三个指标来进行分析。通过梳理和分析相关资料和数据,可知近年来全国学前教育普及率呈现稳步提高的态势。

1. 学前三年毛入园率不断提高,学前一年毛入园率增长平缓

学前教育入园率表明了适龄儿童进入正规学前教育机构接受正式学前教育的情况。[①] 它是衡量学前教育普及程度的重要标志,提升入园率也是普及学前教育的首要和重要任务。从图1-1中可知,2005～2016年全国学前教育三年毛入园率呈现稳步增长的态势。2016年我国学前教育三年毛入园率是77.4%,比2005年提高了36个百分点,增幅为87%,平均每年增长7.91%。其中,2011年的增长速度最快,比2010年提高了5.7个百分点。

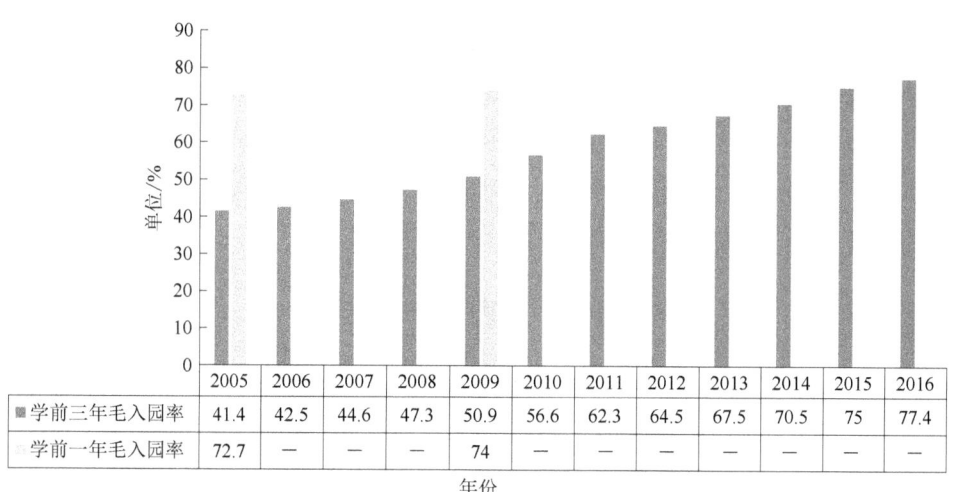

图1-1 2005～2016年全国学前三年和一年毛入园率[②]

资料来源:中华人民共和国教育部发展规划司.2005～2016.中国教育统计年鉴.北京:人民教育出版社.

① 刘占兰.2013.中国学前教育发展报告2012.北京:教育科学出版社:16.
② 注:"—"表示无统计数据,或未查找到统计数据。本书后续所有图表中的"—"均表示此意。

虽然学前一年毛入园率的数据不齐全，但比较 2005 年和 2009 年的学前一年毛入园率，能够看出近年来学前一年毛入园率还是呈现稳定中保持平缓增长的态势。

由此可见，从整体来看近 10 年来我国学前教育入园率呈现步步稳增的态势，这与国家经济发展水平和所出台的一系列关于学前教育的政策文件是密切相关的。此外，在关注学前教育入园率提高的基础上，我们应该把焦点逐渐转移到提升教育质量方面，使得学前教育的普及和发展做到兼顾数量与质量。

2. 小学招生中接受过学前教育的儿童的比例不断增加

小学招生中接受过学前教育的儿童的比例既包括接受过正规学前教育的儿童的比例，也包括接受过非正规学前教育的儿童的比例。[①]

如图 1-2 所示，2007～2015 年，全国小学招生中接受过学前教育的儿童的比例逐年增加，2015 年比 2007 年增加了 10.75 个百分点，年均增长率约为 1.19%，到 2015 年已达到 97.98%。这表明我国绝大部分儿童在进入小学之前已接受过正规或非正规的学前教育。具体来看，城区小学招生中接受过学前教育的儿童的比例在 2007～2013 年这 7 年间始终保持在 95% 以上，且依然呈现上升的态势；镇区在这 7 年间共增加了 4.75 个百分点，均保持在 93% 以上，到 2013 年达到 98.11% 的高比例；我国乡村地区虽然起步较晚，比例略低，但也在短短几年间从 2007 年的 82.45% 增长到了 2013 年的 93.82%，增加了 11.37 个百分点，增长幅度在这三者之间是最显著的。通过分析和比较城区、镇区和乡村地区小学招生中接受过学前教育的儿童的比例可知，城区和镇区之间的差距微乎其微，乡村地区与其他两种地区虽然存在一定差距，但差距并不是很大，且处在逐步缩小的趋势当中。

（二）幼儿园园所数量和学前班数量变化不一

从全国总体情况来看，我国幼儿园园所数量和幼儿园班级数量在近 10 年内呈现稳定增长的趋势，但学前班数量的变化情况却与之相反，呈现逐年下降的趋势，到 2011 年，《中国教育统计年鉴》上已无学前班数量的统计数据。

---

① 刘占兰. 2013. 中国学前教育发展报告 2012. 北京：教育科学出版社：17.

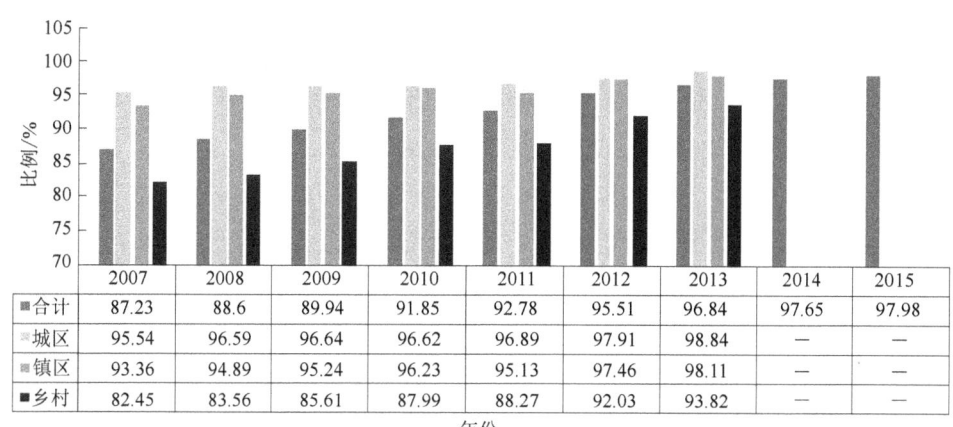

图1-2　2007～2015年小学招生中接受过学前的教育儿童的比例

资料来源：中华人民共和国教育部发展规划司.2007～2016.中国教育统计年鉴.北京：人民教育出版社.

1. 幼儿园园所数量稳步增长

从图1-3中可以看出，2005～2016年，我国幼儿园园所数量的变化大体上呈稳定增长的趋势。2006～2007年，全国幼儿园数量有小幅度减少，到2007年我国幼儿园数量由2006年的130 495所减少到129 086所，共减少1 409所，减幅达1.08%。之后2007～2016年恢复为增长模式，到2016年全国幼儿园数量已达239 800所，相比于2007年增加了110 714所，增幅达85.77%。

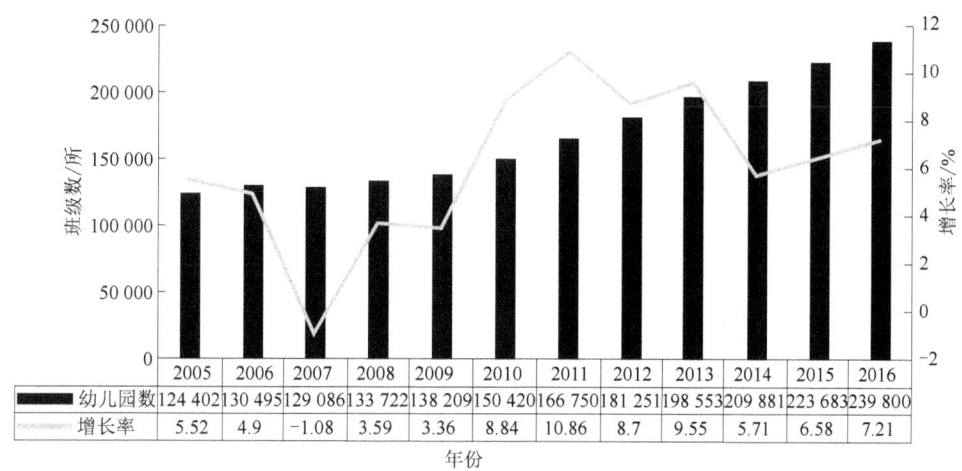

图1-3　2005～2016年全国幼儿园数量

资料来源：中华人民共和国教育部发展规划司.2005～2016.中国教育统计年鉴.北京：人民教育出版社.

2. 幼儿园班级数量逐年增长，但学前班数量逐年减少

如图 1-4 所示，总的来说，全国幼儿园班级数量逐年增长，其中 2011 年的增幅最大，相较于 2005 年的 774 859 个增长到了 1 255 816 个，增长了 480 957 个，增幅达 62.1%。之后 2012～2013 年增长速率放缓，2010～2015 年平均增长率为 8.39%。不难看出，全国幼儿园数量与全国幼儿园班级数量的变化趋势大体上是一致的。

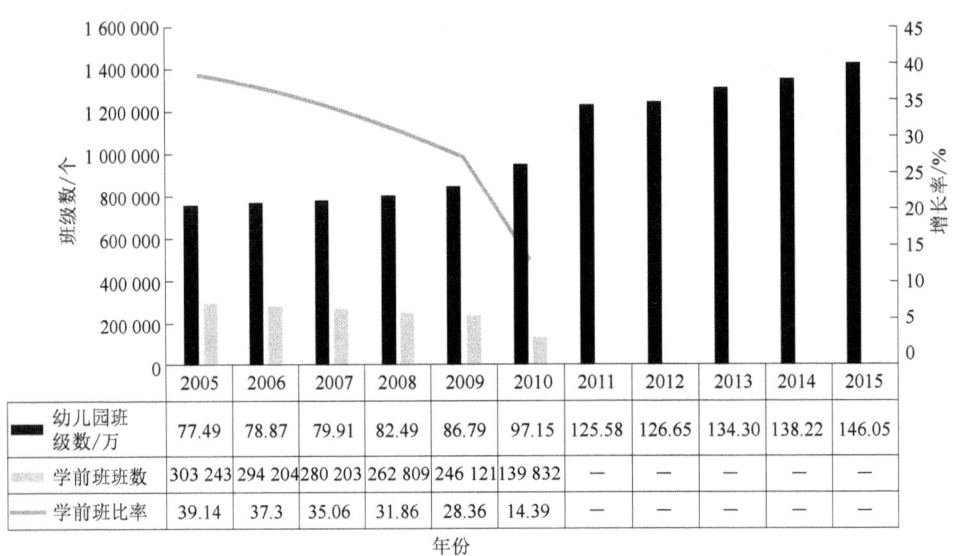

图 1-4　2005～2015 年全国幼儿园班级数和学前班班数
资料来源：中华人民共和国教育部发展规划司. 2005～2016. 中国教育统计年鉴. 北京：人民教育出版社.

学前班是一种为入学前儿童（5～6 岁）提供入学准备教育的独特组织形式，是旨在帮助其在生活习惯、学习习惯、社会适应性及对客观事物的初步认识等方面打好基础的入学前一年教育，主要附设在小学，也有单独设立的[①]。图 1-4 是对我国 2005～2010 年全国学前班数量的一个统计，从图 1-4 中可以得知，学前班数量呈现逐年下降的趋势。2005 年学前班数量是 303 243 个，到 2010 年减少了 163 411 个，减幅为 53.89%，年均减幅是 8.98%。从学前班比率统计数据中也可看出，学前班比率逐年下降，从 2005 年的 39.14% 下降到了 2010 年的 14.39%，共下降了 24.75 个百分点，下降趋势与幅度显而易见。

---

① 张燕. 2009. 对取消学前班政策的思考. 学前教育研究，(11): 3-6.

由此可见，学前班曾经是我国学前教育中的一支重要力量，发挥过承上启下的作用。随着我国学前教育事业的迅猛发展和学前三年毛入园率的日益提高，学前班的存在价值也日渐削弱。近几年学前班教育教学工作当中存在的弊端日渐显露，有的学前班在日常教学工作中存在着严重的小学化倾向，有的存在着借机乱收费现象，严重违背了教育规律和教育目的。

综上所述，幼儿园班级数量和学前班数量的变化趋势表明，我国学前教育已经从以学前班为主要形式的学前一年教育转变为以幼儿园为主要形式的学前三年教育。

（三）幼儿园班级数量不断增加，班均儿童数经历下降后保持稳定

近年来，我国幼儿园数量稳步增长，无论是公立园、民办幼儿园（简称民办园）还是普惠性幼儿园均呈现良好的发展态势。

1. 幼儿园园均班级数和园均幼儿数经历上升后缓慢下降

从图1-5中可以看出，2005～2016年，幼儿园园均班级数时起时伏。具体来说，近十几年的发展分为两个阶段：第一个阶段是2005～2011年，全国幼儿园园均班级数由2005年的6.23个增加到2011年的7.53个，幼儿园园均幼儿数由2005年的175人增加到2011年的205人。这说明幼儿园的园均规模在逐渐扩大。第二阶段，即2012～2016年，全国幼儿园园均班级数和园均幼儿数又呈现下降趋势，园均班级数由2012年的6.99所下降到2015年6.53所，园均幼儿数也由2012年的203人下降到2016年的184人。由此可见，2011年是幼儿园园均规模急剧扩大的一年，而后又在逐步缩小。

2. 幼儿园班均儿童数经历下降后缓慢增长

从图1-6中可知，总体来说，和2010年相比，2015年的幼儿园班均儿童数变化不大，班均儿童数只减少约1人。在这5年间，2011年的班均儿童数略有下降，但2012年之后又开始回升。

由此可见，随着学前教育普及力度加大，2010～2015年全国幼儿园增加了园所数和班级数，使更多的孩子能够入园接受学前教育，但班级规模和班级容量仍控制在合理的范围之内。

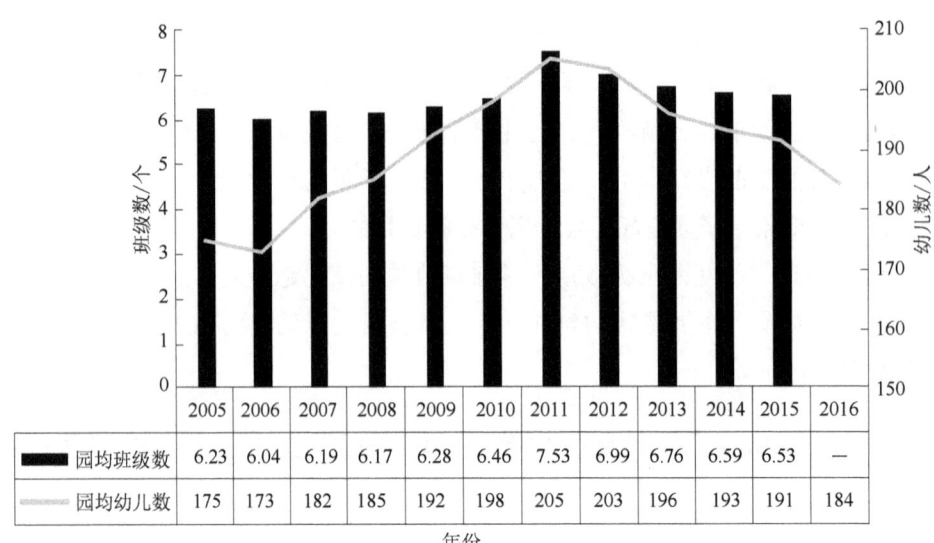

图 1-5 2005～2016 年全国幼儿园园均规模

注：图中数据根据《中国教育统计年鉴》相关数据计算得出.

资料来源：中华人民共和国教育部发展规划司.2005～2016.中国教育统计年鉴.北京：人民教育出版社.

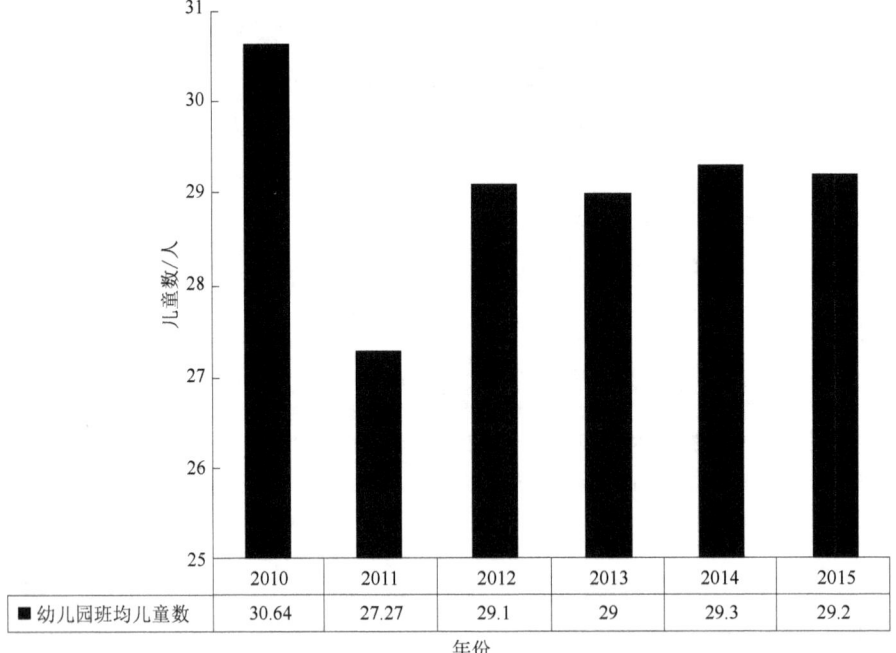

图 1-6 2010～2015 年全国幼儿园班均儿童数

注：图中数据根据《中国教育统计年鉴》相关数据计算得出.

资料来源：中华人民共和国教育部发展规划司.2010～2016.中国教育统计年鉴.北京：人民教育出版社.

(四)幼儿园在园儿童数不断增加,学前班儿童数逐年减少

从图 1-7 中可知,2005～2016 年,全国幼儿园在园儿童数呈现不断增长的态势。2005 年全国幼儿园在园儿童数是 21 790 290 人,到 2016 年已达到 44 138 600 人,增加了 22 348 310 人,增幅是 102.56%,也就是说增长了一倍多。由此可见,全国幼儿园在园儿童数的变化发展状况与幼儿园园所数和班级数的变化发展情况基本一致。

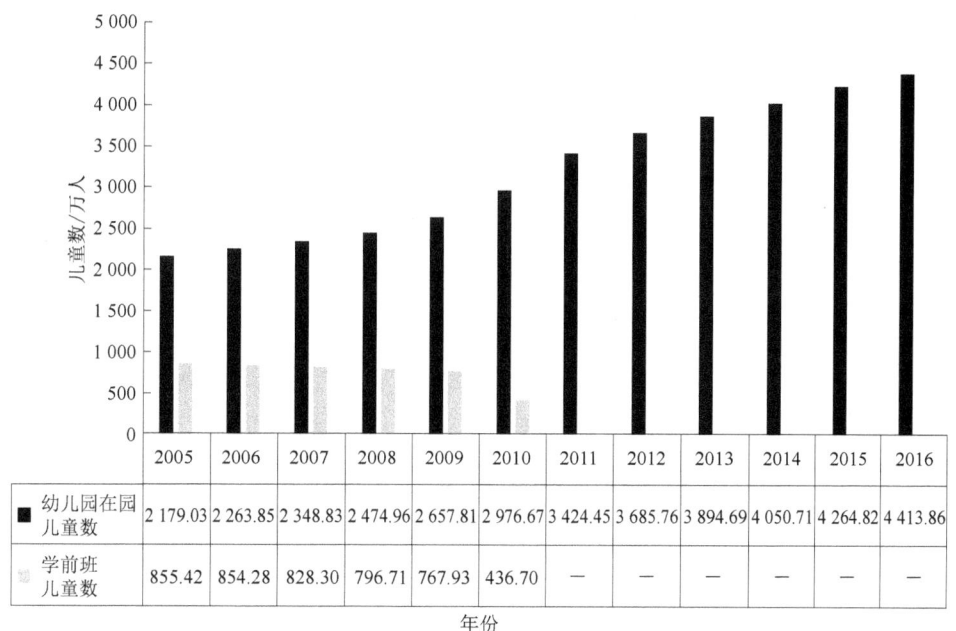

图 1-7　2005～2016 年全国幼儿园在园儿童数和学前班儿童数

资料来源:中华人民共和国教育部发展规划司.2005～2016.中国教育统计年鉴.北京:人民教育出版社.

相比之下,2005～2010 年全国学前班儿童数却在不断下降。6 年间共减少 4 187 255 人,减幅达 48.95%。这种变化趋势与学前班数量的变化趋势是完全一致的。

综上所述,2005～2016 年我国学前教育的普及情况得到长足发展,普及率逐年提高,幼儿园数量和在园儿童数不断增加,幼儿园园均规模在扩大的基础上保持稳定,2005～2010 年逐渐从以前以学前班为主体的学前一年教育转变为以幼儿园为主要形式的学前三年教育。

二、政府在发展学前教育中的职能定位与管理

在政府职能转变的背景下，我国正致力于打造"服务型政府"，也就是要在公民本位、社会本位理念的指导下，在整个社会民主秩序的框架中，把政府定位于服务者的角色，为社会提供公共产品和服务。其中，公共服务是服务型政府的主要特征之一。学前教育作为准公共产品，其持续稳定发展是关乎每个家庭的民生问题，是关系千家万户的切身利益和民族复兴的重要事业。"学前教育是终身学习的开端，是国民教育体系的重要组成部分，是重要的社会公益事业。"[1]刘延东在全国学前教育工作电视电话会议中指出："发展学前教育事关亿万儿童的健康成长，事关千家万户的切身利益，事关国家和民族的未来，是促进人终身发展的奠基工程、保障和改善民生的重要举措、建设人力资源强国的必然要求。"[2]政府在保障学前教育健康、有序、可持续发展中发挥着不可替代的作用。

2010 年前后，我国出现了社会反映强烈的"入园难""入园贵"的现象，乃至"入园荒"的问题。2010 年，《国家中长期教育改革和发展规划纲要（2010—2020 年）》（简称《教育规划纲要》）颁布前曾向社会各界广泛征集意见，当时采用的三种征集意见方式（电话、电子邮件和实体信）得到的意见中，排名均居前三位的问题只有一个，即"入园难、入园贵"。[3]这个问题的出现与政府当时在发展学前教育中的职能定位与管理是存在一定关系的。从 1992 年开始，随着经济体制改革的不断深入，企业逐步剥离社会职能，特别是 2003 年《关于幼儿园教育改革与发展的指导意见》中"以社会力量兴办幼儿园为主体"的政策导向，导致一些地方政府对学前教育事业发展的职责有一定的弱化趋势，出现了职责不到位，甚至推卸责任的现象。[4]在经济体制转型过程中，一些地方政府和相关主管部门发展观和认识严重滞后，主导责任不到位，发展职权不落实；行政管理力量更是严重不足，教育主管机构纷纷被撤，学前教育发展规划组织领导和评估督导监管失去基本保障。[5]以镇为主的学前教育管理体制，导致学前教育经费投入得不到有效保障，县域内学前教育发展不均衡问题开始显现，镇、村发

---

[1] 中华人民共和国国务院.2010.国务院关于当前发展学前教育的若干意见 国发〔2010〕41 号.
[2] 刘延东在全国学前教育工作电视电话会议上强调把学前教育这项重要民生工程办实办好（2010）.
[3] 范明丽.2014.我国学前教育管理体制改革的方向与设计——基于政府模式转型的研究.北京师范大学博士学位论文.
[4] 范明丽.2014.我国学前教育管理体制改革的方向与设计——基于政府模式转型的研究.北京师范大学博士学位论文.
[5] 庞丽娟.2011.加快推进《学前教育法》立法进程.教育研究，（8）：35.

展学前教育的积极性难以调动。①

上述情况引起了社会的广泛关注,受到了党和政府的高度重视。2010年《教育规划纲要》对学前教育的发展提出了明确的要求。时任中共中央总书记、国家主席、中央军委主席胡锦涛明确指示,学前教育是重要的民生工程,要在贯彻落实《教育规划纲要》时,把发展学前教育作为突破口,首先解决"入园难"问题。时任国务院总理温家宝要求,将制定切实可行的规划和措施,大力发展学前教育,作为贯彻落实《教育规划纲要》的一项紧迫任务。② 为了更好地贯彻落实《教育规划纲要》,积极发展学前教育,着力解决当前存在的"入园难"问题,满足适龄儿童入园需求,促进学前教育事业科学发展,国务院发布了《国务院关于当前发展学前教育的若干意见》,召开全国学前教育电话会议,相继发布了多部与学前教育发展有关的一系列新政。2010年以来的改革,使我国逐步形成了"政府主导,地方负责,有关部门分工协作"的学前教育管理体制。

（一）逐步明确、强化学前教育发展中政府主导责任

面对经济体制转型给学前教育带来的影响,明确界定学前教育的性质和地位,厘清学前教育事业发展过程中政府和市场的关系,是明确政府主导责任的必要前提。"学前教育是终身学习的开端,是国民教育体系的重要组成部分,是重要的社会公益事业。"③"发展学前教育事关亿万儿童的健康成长,事关千家万户的切身利益,事关国家和民族的未来,是促进人终身发展的奠基工程、保障和改善民生的重要举措、建设人力资源强国的必然要求。"④学前教育具有强外部性、高回报性、基础性和补偿性等特征,是以公益性为根本属性的准公共产品,将学前教育纳入公共服务体系,是现代政府的重要职能和责任。⑤ 从其性质的特殊性中我们可以看出,在学前教育发展中不能依照"小政府、大市场"的管理理念,让市场机制在资源配置中发挥基础作用,政府只通过宏观调控政策来引导市场有序运转,而是需要政府在宏观调控的同时承担起保障基本公共服务

---

① 周建平.2012.从"镇为主"到"县为主":农村学前教育体制的改革——基于A县学期教育发展状况的调查.教育发展研究,(20):18.
② 刘延东.2010.国务委员刘延东就发展学前教育工作提三点意见.http://www.gov.cn/wszb/zhibo419/content_1757325.htm[2017-08-10]
③ 中华人民共和国国务院.2010.国务院关于当前发展学前教育的若干意见 国发〔2010〕41号.
④ 刘延东在全国学前教育工作电视电话会议上强调把学前教育这项重要民生工程办实办好（2010）.
⑤ 范明丽.2014.我国学前教育管理体制改革的方向与设计——基于政府模式转型的研究.北京师范大学博士学位论文.

供给的职责。那么,在学前教育发展的过程中就要明确、强化政府的主导责任,并切实保障政府职责的落实。各级政府要切实履行统筹规划、政策引导、监督管理和提供公共教育服务的职责,建立健全公共教育服务体系,逐步实现基本公共教育服务均等化,维护教育公平和教育秩序。① 政府的主导作用主要体现在以下几个方面。

1. 政府充分认识到发展学前教育的重要性和必要性

在整个国民教育体系中,学前教育处在一个尴尬、受忽视、边缘的境地。2010 年以前,我国学前教育在从中央到地方的各个层面,都没有得到足够的重视。在大多数人眼中,学前教育只是一项"准公益事业"或某种意义上的"产业",不少教育行政部门对学前教育的重要性缺乏应有的认识和重视,在其工作计划中很少提学前教育。学前教育作为学制体系和基础教育组成部分的定位没有得到保障。改革开放特别是进入 21 世纪以来,我国学前教育取得长足发展,普及程度逐步提高。但总体上看,学前教育仍是各级各类教育中的薄弱环节,主要表现为教育资源短缺、投入不足,师资队伍不健全,体制机制不完善,城乡区域发展不平衡,一些地方"入园难"等方面问题突出。② 2010 年以来,《教育规划纲要》《国务院关于当前发展学前教育的若干意见》等政策文件陆续出台,并专门召开全国学前教育电视电话会议等进一步明确学前教育的性质与定位。学前教育的发展引起各级政府的高度重视,在《教育规划纲要》中明确将学前教育纳入国民教育体系当中。在《国务院关于当前发展学前教育的若干意见》中,开篇就提到"把发展学前教育摆在更重要的位置","各级政府要充分认识发展学前教育的重要性和紧迫性,将大力发展学前教育作为贯彻落实教育规划纲要的突破口,作为推动教育事业科学发展的重要任务,作为建设社会主义和谐社会的重大民生工程,纳入政府工作重要议事日程,切实抓紧抓好。"③ 可见,政府已经充分认识到发展学前教育的重要性和必要性,把发展学前教育提高到一个新的高度。

---

① 《国家中长期教育改革和发展规划纲要》工作小组办公室.2010.国家中长期教育改革与发展规划纲要(2010—2020 年).http://old.moe.gov.cn//publicfiles/business/htmlfiles/moe/info_list/201407/xxgk_171904.html[2017-08-10].
② 《国家中长期教育改革与发展规划纲要》工作小组办公室.2010.国家中长期教育改革与发展规划纲要(2010—2020 年).http://old.moe.gov.cn//publicfiles/business/htmlfiles/moe/info_list/201407/xxgk_171904.html[2017-08-10].
③ 《国家中长期教育改革与发展规划纲要》工作小组办公室.2010.国家中长期教育改革与发展规划纲要(2010—2020 年).http://old.moe.gov.cn//publicfiles/business/htmlfiles/moe/info_list/201407/xxgk_171904.html[2017-08-10].

2. 政府出台学前教育政策并加强指导

政府的主导作用首先通过制定的政策表现出来，引导学前教育事业发展政策的制定是第一步，其核心关键在于加强行政执行力，保障政策落实到实处。2010年下半年以来，中央陆续出台了《国家中长期教育改革和发展规划纲要（2010—2020年）》《国务院关于当前发展学前教育的若干意见》等政策文件，并专门召开全国学前教育电视电话会议，部署全国学前教育工作，充分体现了中央政府的主导责任。各地陆续出台"中长期发展规划纲要""学前教育三年行动计划"等，中央和省级政府侧重指导并保障落实，地市、县（区）政府领会政策文件精神并贯彻落实。

2011～2013年，各地按照国务院统一部署，以县为单位编制实施"学前教育三年行动计划"，学前教育改革发展取得显著成效，资源快速扩大，财政投入不断增加，教师队伍建设逐步加强，"入园难"问题初步缓解。2014年经国务院同意，决定在2014～2016年实施第二期学前教育三年行动计划。教育部、国家发展改革委、财政部将对各地行动计划的编制实施情况进行专项督查。各地要建立督导检查和问责机制，将行动计划、目标任务和政策措施落实情况纳入地方各级政府教育工作实绩的考核指标。[①] 2017年启动了第三期学前教育行动计划。从中央到地方政府积极贯彻落实发展学前教育的方针政策，学前教育发展状况大为改观，政府要发挥主导作用，继续深化改革，破解体制机制障碍，促进学前教育可持续发展。

3. 政府主导规划学前教育发展整体布局

学前教育已经被各级政府视为社会基本公共服务体系的一部分，已纳入经济社会发展总体规划、城市建设总体规划和社会主义新农村建设。各省（自治区、直辖市）政府深入调查，准确掌握当地学前教育基本状况和存在的问题，结合本地区经济社会发展状况和人口分布、变化趋势，科学测算入园需求和供需缺口，坚持"就近入园"的原则，对幼儿园的建设进行合理布置。从办园格局出发，政府大力发展公办园，鼓励社会力量以多种形式办园，促进普惠性民办幼儿园的发展；从城乡发展来看，政府支持完善小区配套幼儿园的建设，重点发展农村学前教育；从区域发展的角度看，重点支持边远贫困地区和少数民

---

① 中华人民共和国教育部，中华人民共和国国家发展和改革委员会，中华人民共和国财政部 . 2014. 关于实施第二期学前教育三年行动计划的意见 . http://education.news.cn/2014-11/18/c_127222850.htm[2017-08-10].

族地区发展学前教育。2016年教育部等六部门印发关于《教育脱贫攻坚"十三五"规划》的通知，主要目标之一即促进贫困地区学前教育的发展。该文件指出："省级统筹学前教育资金向贫困县倾斜。以县为单位编制学前教育规划，通过举办托儿所、幼儿园等，构建学前教育体系，重点保障留守儿童。贫困地区每个乡镇至少办好一所公办中心幼儿园，在有条件的大行政村独立建园或设分园，小行政村联合办园，逐步形成贫困地区农村学前教育服务网络。采取多种方式鼓励普惠性民办幼儿园招收建档立卡等贫困家庭子女。健全学前教育资助制度，帮助农村贫困家庭幼儿接受学前教育。加强民族地区幼儿园建设。"[1]

政府主导发展学前教育，坚持公益性和普惠性的原则，努力构建覆盖城乡、布局合理的学前教育公共服务体系；政府坚持因地制宜，从实际出发，为幼儿和家长提供方便就近、灵活多样、多种层次的学前教育服务。

4. 政府逐步加大学前教育财政性投入

2010年前，在我国的教育财政性经费总量当中，学前教育财政性经费所占比例过小，为1.2%～1.3%，而且多年来这一比例不曾增长，难以从根本上支撑学前教育事业的发展[2]。在《国务院关于当前发展学前教育的若干意见》中，明确指出要从多种渠道加大学前教育投入，并指出了学前教育财政投入要做到"预算有科目，增量有倾斜，投入有比例，拨款有标准，资助有制度"，[3]这些都离不开政府主导责任的切实保障和落实。2011年9月教育部、财政部联合下发了《关于加大财政投入支持学前教育发展的通知》，对学前教育财政投入实施的原则、工作重点、监督管理等多方面进行统筹指导。

5. 政府重视加强学前教育师资队伍的建设

近年来学前教育专业的学生数量在增加，不断探索实践与理论相结合的教育模式，培养大批高素质的学前教育教师是学前教育专业的目标所在。2012年教育部出台了《幼儿园教师专业标准（试行）》，对幼儿园教师的专业性做了肯定，并提出了具体要求，有利地促进了幼儿园教师专业的发展，为建设高素质幼儿园教师队伍打下了基础。

---

[1] 中华人民共和国教育部, 中华人民共和国国家发展和改革委员会, 中华人民共和国民政部, 等. 2016. 教育部等六部门关于印发《教育脱贫攻坚"十三五"规划》的通知 教发〔2016〕18号.
[2] 庞丽娟, 韩小雨. 2010. 中国学前教育立法：思考与进程. 北京师范大学学报（社会科学版）,（05）: 14-20.
[3] 刘占兰. 2010. 建立健全体制机制 加快学前教育发展. http://news.163.com/10/1207/17/6NALV30100014JB6.html[2017-08-10].

加强学前教育教师的职后培养工作，由国家教育部统筹开展幼儿园教师"国培计划"，进一步提高幼儿园教师的保教水平。2017年，各省（自治区、直辖市）要将"国培计划"纳入教师队伍建设和教师培训总体规划，按照《教育脱贫攻坚"十三五"规划》部署，坚持保基本、补短板、促公平，重点向中西部贫困地区基层倾斜，优先支持贫困县乡村教师校长培训，全面提升乡村教师校长素质能力。"中西部和幼师国培项目"是"国培计划"的重要项目之一，包括乡村教师培训团队研修、送教下乡培训、乡村教师网络研修、乡村教师访名校培训、乡村校园长培训五类项目，以乡村教师、校园长培训为重点，合理安排、减负增效，持续提升乡村教师和校园长的素质能力[①]。

政府主导学前教育发展，统筹规划学前教育事业的发展，对学前教育发展的重视程度不断提高，协调政府、社会、市场等多方面的关系，使学前教育基本公共服务体系不断完善。

（二）明确各级政府权责，逐步确立"省级统筹，以县为主"的管理体制

我国目前实行五级政府行政管理体制，从上到下依次是中央、省（自治区、直辖市）、地级市、县（区）、乡镇（街道）。我国现行的教育行政管理体制，是中央统一领导下的分级管理体制，即在中央统一的方针政策的指导下，对教育事业实行中央教育行政和地方教育行政两级管理。受到我国历史文化的影响，就隶属关系而言，中央教育行政管理机构与地方教育行政管理机构之间存在着上下级的关系，同时，作为教育行政管理机构的国家教育部，地方教育厅、教育局等，隶属于同级人民政府的领导，体现了一种从属制。[②]《教育规划纲要》中指出，发展学前教育要明确政府责任，健全统筹有力、权责明确的教育管理体制，加强省级政府教育统筹，支持和督促地市、县级政府履行职责，发展管理好当地学前教育。《国务院关于当前发展学前教育的若干意见》中明确指出："地方政府是发展学前教育、解决'入园难'问题的责任主体。"自2010年我国学前教育管理体制改革后，中央和地方政府的权责进一步明确，省级政府对省域内学前教育事业的统筹权和县级政府对县域内学前教育事业的管理权逐步加强。

---

① 中华人民共和国教育部办公厅，中华人民共和国财政部办公厅．2017.关于做好2017年中小学幼儿园教师国家级培训计划实施工作的通知　教师厅〔2017〕2号．
② 张燕．2007.学前教育管理学．北京：北京师范大学出版社．

1. 中央政府统一领导学前教育发展

中央政府统一领导和管理国家学前教育事业，制定发展规划、方针政策和基本标准，优化类型、层次结构和区域布局，整体部署学前教育改革实验，统筹区域协调发展。各地区各部门要在中央统一领导下，按照《教育规划纲要》的部署和要求，对目标任务进行分解，明确责任分工。国务院教育行政部门负责《教育规划纲要》的组织协调与实施，各有关部门积极配合，密切协作，共同抓好贯彻落实。[①] 2011年9月教育部、财政部联合下发了《关于加大财政投入支持学前教育发展的通知》，对学前教育财政投入实施的原则、工作重点、监督管理等多方面进行统筹指导。2014年11月，教育部、国家发展改革委、财政部联合发布《教育部 国家发展改革委 财政部关于实施第二期学前教育三年行动计划的意见》，指导第二期三年行动计划的实施。中央从宏观上引导学前教育事业的发展方向，推进学前教育在全国范围的普及和发展。

2. 省级政府统筹管理学前教育发展

省级政府负责根据中央相关法规政策和宏观规划，加强对本省学前教育事业的统筹管理，制定全省学前教育事业发展规划及相关政策并指导实施，促进省域内学前教育事业的发展。省级政府支持和督促市、县级政府履行职责，发展管理好当地的学前教育。省级财政、教育部门是各类项目的申报主体、审核主体、管理主体。[②] 明确本省学前教育财政投入比例并保障落实，在此基础上设立专项经费，扶持农村贫困地区和落后地区学前教育事业的发展，保障学前教育事业发展的省域平衡；省级教育行政部门统一组织中小学教师资格考试和资格认定，制定在职教师培训、资格考核标准和方法；统筹推进学前教育改革，建立学前教育督导机构，对本省学前教育进行全面视察、督促和指导。

3. 地级市政府发挥承上启下的作用

地级市政府在学前教育发展上起到一定的承上启下的作用。由于实行"省级统筹，以县为主"的地方负责模式，地级市在发展学前教育的责任上因省域情况有所不同。这就出现了一些地级市的学前教学发展部门地位尴尬的局面，

---

① 《国家中长期教育改革与发展规划纲要》工作小组办公室. 2010. 国家中长期教育改革与发展规划纲要（2010—2020年）.
② 中华人民共和国财政部，中华人民共和国教育部. 2011. 关于加大财政投入支持学前教育发展的通知　财教〔2011〕405号.

一位地级市幼教处的工作人员反映:"我们幼教处发挥的作用是有限的,县级教育局对县级政府负责,并不对我们负责,而且现在是'省级统筹,以县为主'的模式,很多关于学前教育发展的事是省里和县里直接对话的。"

4. 县、区及县级市政府是学前教育发展的责任主体

县、区及县级市政府是县域学前教育管理的责任主体,负责贯彻和落实中央、省、市有关学前教育的方针政策,并依据中央和省的相关法规政策规划、制订本辖区学前教育事业发展的具体计划,同时负责组织实施法规、规划及各项规章制度,统筹管理本辖区的学前教育。各县、区及县级市政府因地制宜发展学前教育,进行科学合理布局,从经费的使用管理,到辖区内各类学前机构的设置、审批与管理,再到幼儿师资的协调、园长的任免、教师的管理,还有教学与科研的指导,学前教育发展的督导、评估等一系列落到实处的工作。"各级教育部门特别是区县一级要采取有效措施,充实管理力量,建立科学有效的监管机制,切实履行好职责。要加强对幼儿园准入、安全和质量等方面的监督管理和指导,对教师资质、人员流动、工资待遇、教育教学、卫生保健与安全管理等方面实行动态监管,规范办园行为,不断提高各类幼儿园的办园水平。"①自 2011 年开始实施的"学前教育三年行动计划",到第二期已近收官之年,以县为单位编制实施"学前教育三年行动计划",县、区及县级市政府落实主体责任。

5. 乡镇政府做好学前教育发展的具体工作

乡镇政府和街道办事处负责贯彻和执行县、区及县级市政府的管理政策,具体负责本乡镇各类学前教育机构的安全监管、场所设施业务指导等工作。乡镇教育委员会(以下简称教委)还承担起"协调沟通机构"的角色,负责协调县—乡—村三级管理机构之间的关系,以及乡镇政府与县教委之间的条块关系。国家也非常重视社区教育的发展,2016 年教育部等九部委联合发布了《教育部等九部委关于推进社区教育发展的意见》。早期教育是发展社区教育的重点内容,社区积极开展面向社区服务人员、社区志愿者、社区社会组织成员的教育培训,增强其组织和服务居民的能力。②

---

① 刘延东在全国学前教育工作电视电话会议上强调把学前教育这项重要民生工程办实办好(2010).
② 中华人民共和国教育部,中华人民共和国民政部,中华人民共和国科技部,等. 2016. 教育部等九部委关于进一步推进社区教育发展的意见. 教职成〔2016〕4 号.

在发展学前教育管理体制改革中，中央与地方、省与地市县之间的关系在不断的明确，从上到下，各级政府在学前教育管理上逐步由宏观到微观，各个层级政府的财权、事权、决策权划分逐渐合理化。

（三）有关部门分工协作，通力促进学前教育发展

学前教育是一项关系到规划、财政、人事、教育、卫生等多个部门的公益事业，学前教育事业发展中面临的诸多问题往往涉及多个部门的职责，需要各部门协调合作加以解决。学前教育的发展不仅仅是教育行政部门的事，而且是整个国家的重要职能之一。2010年11月，国务院出台的《国务院关于当前发展学前教育的若干意见》提出"各级政府要加强对学前教育的统筹协调"，完善了"教育部门主管、有关部门分工负责"[1]的工作机制，并进一步规定了教育、机构编制、发展改革、财政、城乡建设和国土资源、人力资源和社会保障、价格、综治和公安、卫生、民政部、工商、质检、安全生产监管、食品药品监管等部门，以及妇联、残联等单位的具体职责。

各级政府要加强对学前教育的统筹协调，健全教育部门主管、相关部门分工负责的工作机制，形成推动学前教育发展的合力。教育部门要完善政策，制定标准，充实管理、教研力量，加强学前教育的监督管理和科学指导。机构编制部门要结合实际，合理确定公办幼儿园教职工编制。发展改革部门要把学前教育纳入当地经济社会发展规划，支持幼儿园建设发展。财政部门要加大投入，制定支持学前教育的优惠政策。城乡建设和国土资源部门要落实城镇小区和新农村配套幼儿园的土地规划。人力资源和社会保障部门要制定幼儿园教职工的人事（劳动）、工资待遇、社会保障和技术职称（职务）评聘政策。价格、财政、教育部门要根据职责分工，加强幼儿园收费管理。综治、公安部门要加强对幼儿园安全保卫工作的监督指导，整治、净化周边环境。卫生部门要监督指导幼儿园卫生保健工作。民政、工商、质检、安全生产监管、食品药品监管等部门要根据职能分工，加强对幼儿园的指导和管理。妇联、残联等单位要积极开展对家庭教育、残疾儿童早期教育的宣传指导。充分发挥城市社区居委会和农村村民自治组织的作用，建立社区和家长参与幼儿园管理和监督的机制。[2]

---

[1] 中华人民共和国国务院. 2010.国务院关于当前发展学前教育的若干意见 国发〔2010〕41号.
[2] 中华人民共和国国务院. 2010.国务院关于当前发展学前教育的若干意见 国发〔2010〕41号.

（四）督导评估体系在逐步完善

健全督导评估体系既是学前教育管理体制改革的重要目标和内容，也是学前教育管理体制改革的保障。督导体制包括督政和督学两个方面，督政制度是保证各级政府和政府各部门切实履行职责，保障学前教育事业有序、健康发展的关键，也是促进政府职能转变，加强对学前教育宏观调控的手段。

为贯彻落实《教育规划纲要》和《国务院关于当前发展学前教育的若干意见》的精神，进一步推动各地"学前教育三年行动计划"的实施，2012年教育部研究制定了《学前教育督导评估暂行办法》，要求各地根据本办法要求，结合本地实际情况，制定本省（自治区、直辖市）学前教育督导评估实施方案，做好督导评估工作。

国务院在2012年9月颁布了《教育督导条例》，保证教育法律、法规、规章和国家教育方针、政策的贯彻执行。《教育督导条例》的颁布具有重大意义，明确了督导机构是人民政府的机构。教育督导机构在中央是国务院教育督导机构，在地方是县以上地方人民政府教育督导机构。国务院教育督导机构承担全国的教育督导实施工作，制定教育督导的基本准则，指导地方教育督导工作。县级以上地方人民政府负责教育督导的机构承担本行政区域的教育督导实施工作。《教育督导条例》的颁布为改变当前大多数教育督导机构只是教育行政部门内设机构的状况提供了法律依据，明确了督导机构独立行使教育督导的职能。教育督导机构在本级人民政府的领导下独立行使职能，强化了教育督导机构和职能的相对独立性，为建立与教育决策、执行相互制约又相互协调的教育行政监督制度提供了法律依据。"国务院教育督导机构和县级以上地方人民政府负责教育督导的机构在本级人民政府领导下独立行使督导职能。"扩大了教育督导的范围，过去教育督导的范围主要是基础教育，督导的对象主要是中小学校。现今明确把各级各类教育纳入督导范围，督导对象扩展到下级政府及其职能部门、各级各类学校和教育机构，实现了全覆盖；确立了督学地位。国家实行督学制度，为进一步建立督学资格制度提供了法律依据，为督学队伍逐步走向专业化轨道奠定了基础；规范了教育督导的类型和程序。把教育督导分为综合督导、专项督导和经常性督导三类，并分别明确了工作重点，确定了严格的程序，有利于保证监督的公开、公正和有效。《教育督导条例》要求："督学对责任区内学校实施经常性督导，每学期不得少于2次。""县级以上人民政府对下一级人民政府应当每5年至少实施一次专项督导或者综合督导；县级人民政府负责教育督导的机构对本行政区域内的学校，应当每3至5年实施一次综合督导。"教育督导机构实施教育督导要坚持以下五项原则：以提高教育教学质量为中心；遵循教育规律；遵守教育法律、法规、规章和国家教育方针、政策的规定；对政府履行教育工作相关职责的督导与对学校教育教学工作的督导并重，监督与指导并重；实事求是、客观公正。强化了监督问责，督导报告应作为被督导单位及其主要负责人进行考核、奖惩的重要依据。这就进一步提升了教育督导的权威性、强制性和有效性。

目前，我国已经形成了中央、省、市、县四级教育督导网络，建设了一支近5万人的专、兼职结合的教育督导队伍，构建了"督政""督学"和监测三大体系框架，建立了教育督导基本工作制度。同时，地方各级人民政府在教育督导实践中创造了许多行之有效的经验和做法。然而，从学前教育管理绩效来看，当前我国学前教育督导评估机制不健全，重督学、轻督政倾向明显，并且缺乏动态、多元的督导评估。

完善学前教育督导体系，政府应不断做好以下工作。第一，各级政府要扩大教育督导范围，明确将学前教育督导纳入教育督导体系之中。第二，健全"督政""督学"、监测体系，推动《教育规划纲要》的落实。建立对地方各级人民政府履行教育职责的监督、评价制度，推动地方各级政府落实教育优先发展战略、履行发展和管理教育的责任。开展"督学"工作，推进素质教育的全面实施。适应教育督导全覆盖的新要求，完善学前教育督导评估指标体系，制定督导评估标准，开发督导评估工具，改进督导评估方法，形成科学完善的学校督导评估体系。加强质量监测，推动教育评价模式改革，探索促进各级各类教育科学发展的质量评价体系。运用监测成果，对教育质量进行动态的、科学的分析，深入研究人才成长规律、教育管理规律和教育评价规律，为改进教育教学、完善政策措施提供依据。第三，加强督导机构和督学队伍建设，提升学前教育督导工作的科学化水平。各地要根据《教育督导条例》的要求，建立和完善与督导职能相适应的、独立行使督导职权的地方各级教育督导机构。根据督导工作的需要，增加编制，配足人员。建立督学资格证书制度，制定以专业化为核心的督学资格标准。根据学前教育事业发展规模，按照德才兼备的原则配备督学，努力建设一支责任心强、业务精湛、结构合理的专业化督学队伍，全面提升教育督导水平。第四，完善学前教育督导法规和规章制度，规范学前教育督导工作。各地要依据《教育督导条例》，制定和修订本地教育督导法规。学前教育督导机构要进一步研究制定督学聘任办法、督学管理办法、教育督导工作规程等规章制度，健全教育督导的法规和工作规范，使学前教育督导工作有法可依、有章可循。第五，完善问责机制，提高学前教育督导工作效果。各地要根据《教育督导条例》规定，建立行之有效的问责机制，将教育督导结果作为考核、问责和实施奖惩的重要依据。要强化限期整改环节，督导活动结束后，要求被督导单位对存在的问题进行限期整改，对整改情况要进行复查，必要时可对被督导单位主要负责人进行约谈，确保每次督导都行之有效。要定期发布督导评估报告，让全社会了解教育进展情况、存在的主要问题及改进措施，并接受社会监督。

2017年教育部发布关于印发《幼儿园办园行为督导评估办法》的通知，为进一步完善教育督导评估制度，推动各地加强幼儿监管，促进幼儿园规范办园行为，保障幼儿身心健康、快乐成长提供了制度保障。督导评估以《幼儿园工作规程》为基本依据，内容重点包括办园条件、安全卫生、保育教育、教职工队伍、内部管理等五个方面。督导评估的方式主要是现场观察、问卷调查、座谈访谈、资料查阅和数据统计等。督导评估工作由教育督导机构组织实施。各地可以引入有资质的第三方机构参与评估。幼儿园办园行为督导评估报告向社会发布，接受社会监督，并将督导评估报告报送本级人民政府，作为制定学前教育政策、加强幼儿园管理的依据，并及时总结、推广幼儿园规范办园的先进经验和典型案例，同时也作为幼儿园年检、确定级类和园长评优评先的重要依据。[①]

各级政府要将学前教育督导纳入重要议事日程，研究解决学前教育督导工作中的重大问题。各部门要加强协调，积极配合，整合资源，建立联动的工作机制，形成以教育督导机构为主、多部门齐抓共管的工作格局。

三、全国学前教育投入状况

学前教育经费是学前教育事业发展和质量提高的基础性保障条件，也反映了国家和社会对学前教育的重视程度。本书主要从我国学前教育财政投入相关政策分析、学前教育经费投入情况、学前教育经费来源构成、生均学前教育经费，

---

① 中华人民共和国教育部.2017.教育部关于印发《幼儿园办园行为督导评估办法》的通知 教督〔2017〕7号.

以及当前我国学前教育财政投入存在的突出问题及相关对策五个方面进行分析。

(一)我国学前教育财政投入相关政策分析

1.《国家中长期教育改革和发展规划纲要(2010—2020年)》[①]

2010年以《教育规划纲要》为先导的国家政策体系,重点是发展普惠性学前教育资源,构建覆盖城乡的学前教育公共服务体系,实施"学前教育三年行动计划",加快发展学前教育,逐步缩小与世界各国的差距,更好地服务广大民众。《教育规划纲要》基于对学前教育发展现状、问题和需求的深入了解和准确把握,同时基于对发达国家、发展中人口大国和其他国家学前教育发展经验的研究比较和分析借鉴,是立足全国、基于全局并会同相关部门的深入研究、系统设计和全面部署。《教育规划纲要》明确提出政府对学前教育投入的责任主要包括以下四个方面。

第一,学前教育经费亟待加大财政投入和建立合理的成本分担机制。2001~2010年,我国的学前教育经费投入不断增长,无论是幼儿园教育经费总投入、幼儿园财政性教育经费和幼儿园预算内教育经费的绝对量,还是三者分别在教育总投入、财政性教育经费投入和预算内教育经费投入中的相对比例,都呈逐年递增趋势。而且,虽然学前教育经费投入的渠道多样,但在现阶段,国家财政性学前教育经费仍然是学前教育经费的最主要来源。这说明我国政府对学前教育的重视程度越来越高,学前教育在整个教育体系中的地位在逐步提升。此外,生均学前教育经费也在逐年增长,这种增长是财政性学前教育经费逐年增长的直接反映。

第二,建立政府主导、社会参与、公办民办并举的办园体制。科学合理的办园体制的建立必须由政府主导,以体现学前教育的公益性和普惠性。政府应通过大力发展公办幼儿园,支持企事业单位和集体办园,积极扶持提供普惠性服务的民办幼儿园等具体措施,增加价格合理、有质量保证的幼儿园的数量,以满足广大民众尤其是中低收入家庭对学前教育的需求。

第三,政府要设立专项经费,切实保障弱势群体幼儿入园。《教育规划纲要》提出:"各地根据学前教育普及程度和发展情况,逐步对农村经济困难家庭和城

---

① 《国家中长期教育改革与发展规划纲要》工作小组办公室.2010.国家中长期教育改革和发展规划纲要(2010—2020年).

镇低保家庭子女接受学前教育予以资助。"根据《教育规划纲要》的这一政策要求，国家拟通过中央财政支持的"推进农村学前教育"项目，加快发展农村学前教育，以使广大农村尤其是中西部贫困地区适龄学前儿童能够普遍接受学前教育。①

第四，必须大幅增加经费投入总量，切实提高生均学前教育经费水平，为实现学前教育在更大范围内的普及和优质发展提供经济保障。更为重要的是，由于我国还未建立合理的政府、社会、家长等不同主体共同分担学前教育成本的机制，也未明确国家、省（自治区、直辖市）、县（区）、乡镇等各级政府在学前教育投入责任中的适当分担比例，因此在调动不同主体增加学前教育投入时难以有据可依、有章可循，缺乏有操作性的学前教育成本测算方式和分担机制。基于此，建立合理的学前教育成本分担机制成为调动各方积极投入学前教育的前提，也成为各级政府明确投入责任、保证可持续投入的保障。

2.《国务院关于当前发展学前教育的若干意见》②

为贯彻落实党的十七届五中全会、全国教育工作会议精神和《国家中长期教育改革和发展规划纲要（2010—2020年）》，积极发展学前教育，着力解决当前存在的"入园难"问题，满足适龄儿童入园需求，促进学前教育事业科学发展。其中第四条指出："多种渠道加大学前教育投入。各级政府要将学前教育经费列入财政预算。新增教育经费要向学前教育倾斜。财政性学前教育经费在同级财政性教育经费中要占合理比例，未来三年要有明显提高。各地根据实际研究制定公办幼儿园生均经费标准和生均财政拨款标准。制定优惠政策，鼓励社会力量办园和捐资助园。家庭合理分担学前教育成本。建立学前教育资助制度，资助家庭经济困难儿童、孤儿和残疾儿童接受普惠性学前教育。发展残疾儿童学前康复教育。中央财政设立专项经费，支持中西部农村地区、少数民族地区和边疆地区发展学前教育和学前双语教育。地方政府要加大投入，重点支持边远贫困地区和少数民族地区发展学前教育。规范学前教育经费的使用和管理。"

3.《学前教育督导评估暂行办法》③

《学前教育督导评估暂行办法》中指出："要将学前教育经费列入财政预算，

---

① 刘占兰.2010.发展学前教育是各级政府义不容辞的责任——《国家中长期教育改革与发展规划纲要》对政府责任的确定.学前教育研究，(11)：12-16.
② 中华人民共和国国务院.2010.国务院关于当前发展学前教育的若干意见 国发〔2010〕41号.
③ 中华人民共和国教育部.2012.学前教育督导评估暂行办法 教督〔2012〕5号.

切实加大学前教育投入力度,向边远贫困地区和少数民族地区倾斜;新增教育经费要向学前教育倾斜;财政性学前教育经费在同级财政性教育经费中要占合理比例。"因此,提高学前教育财政投入标准,增加学前教育财政投入的比例是目前我国学前教育发展的主要目标和重点工作,也是我国学前教育督导评估的主要标准和重要要求。

4.《教育部等四部门关于实施第三期学前教育行动计划的意见》[①]

《教育部等四部门关于实施第三期学前教育行动计划的意见》指出:"要健全学前教育成本分担机制。各地要按照非义务教育成本分担的要求,建立起与管理体制相适应的生均拨款、收费、资助一体化的学前教育经费投入机制,保障幼儿园正常运转和稳定发展。根据幼儿园可持续发展需要和当地实际,逐步制定公办园生均拨款标准和普惠性民办园的补助标准。进一步健全资助制度,确保建档立卡等家庭经济困难幼儿优先获得资助。根据经济发展状况、办园成本和家庭经济承受能力,对公办幼儿园的保教费收费标准进行调整。"

(二)学前教育经费投入不断增长

不管是从学前教育经费投入的绝对量来看,还是从学前教育经费投入的相对比例来看,学前教育经费投入都呈逐年增长趋势。

1.学前教育经费投入的绝对量大幅增长

从全国学前教育经费投入情况来看,2007~2014年学前教育经费总投入、学前教育财政性经费投入和学前教育预算内经费投入逐年增加。特别是2010年和2014年均出现了巨大的飞跃。其中,2014年全国学前教育经费总投入、学前教育财政性经费投入和学前教育预算内经费投入分别是2007年的13.04倍、9.08倍和8.93倍。特别是在2010年,全国学前教育经费总投入剧增至72 801 425千元,比2009年的24 478 920千元增长了48 322 505千元,增幅达到了197.4%。2014年全国学前教育经费总投入增至204 875 714千元,比2011年的101 857 606千元增长了103 018 108千元,增幅达到了101.1%(图1-8)。

---

① 中华人民共和国教育部,中华人民共和国国家发展和改革委员会,中华人民共和国财政部,等. 2017.教育部等四部门关于实施第三期学前教育行动计划的意见 教基〔2017〕3号.

第一章 河北省学前教育发展背景

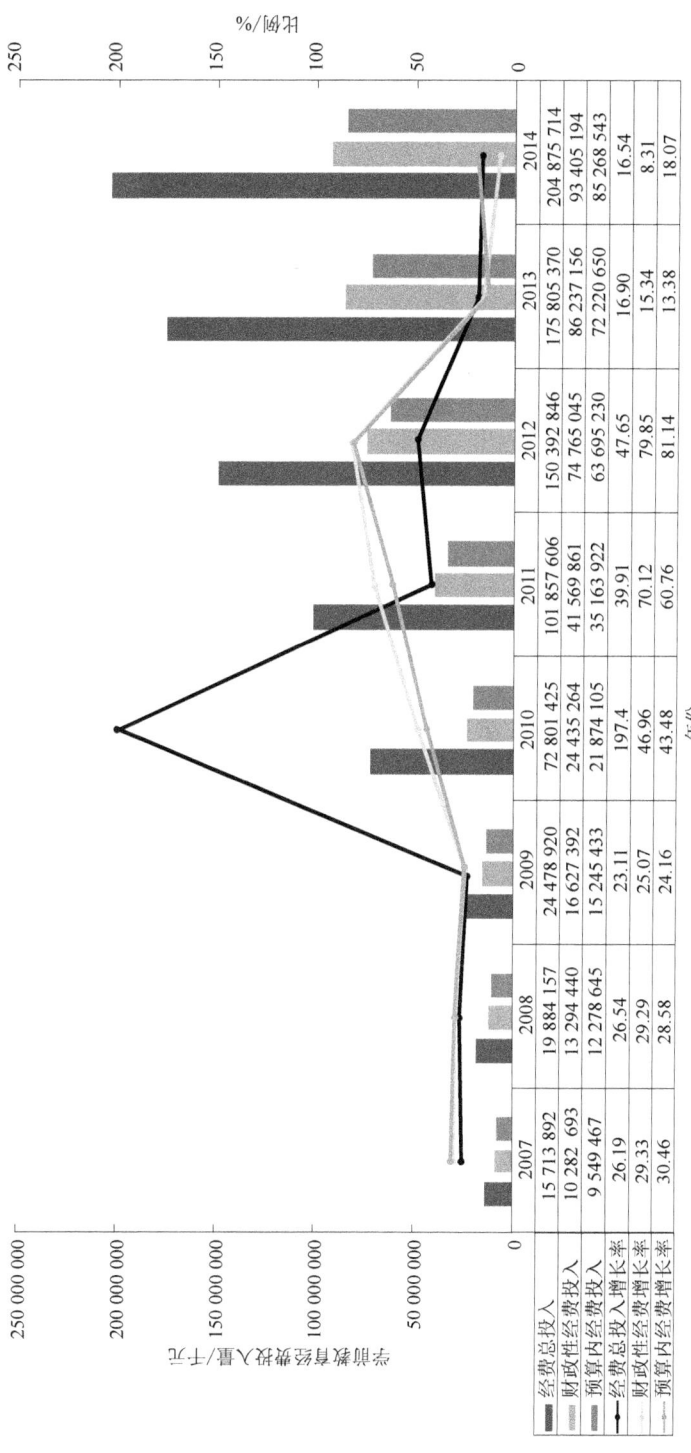

图 1-8 2007～2014 年我国学前教育经费投入的绝对量与增长率

资料来源：教育部财务司，国家统计局社会科技和文化产业统计司. 2008～2015. 中国教育经费统计年鉴. 北京：中国统计出版社.

2. 学前教育经费投入的相对比例总体呈递增趋势

学前教育经费投入的相对比例总体呈递增趋势。其中，从学前教育总投入占教育总投入的比例来看，2007～2009年这一比例一直在1.29%～1.48%，到2010年有一个骤然性的提高，达到了3.72%，这可以说是一个质的飞跃。从财政性学前教育投入占财政性教育投入、预算内学前教育投入占预算内教育投入的比例来看，在2007～2014年这两个比值都在不断提高，在2014年分别达到最高点（图1-9）。

（三）学前教育经费投入渠道多元，财政性教育经费是最重要的来源

我国学前教育经费通过各种渠道来筹措，并且各种不同来源经费所占的比例在不断变化着，但国家财政性教育经费一直是我国学前教育经费最重要也是最主要的来源。

1. 学前教育经费投入的来源构成多样化

我国学前教育经费投入主要来源于国家财政性学前教育经费（包括预算内学前教育经费、各级政府征用于学前教育的税费、国有企事业单位拨款、校办产业与社会服务投入）、社会捐赠和集资办学经费、社会和个人办学经费、家长缴纳的保教费等事业投入以及其他投入等。学前教育的投入方主要包括政府、幼儿家长、幼儿园主办方、企事业单位、社区、民间团体和个人等。

对全国2007～2014年学前教育经费投入的来源进行分析可以发现，国家财政性教育经费、社会捐赠和集资办学经费、学费和杂费及其他投入逐年增长。特别是在2010年，各种经费均比2009年有了明显的增长。其中国家财政性教育经费增长了0.47倍，社会捐赠和集资办学经费增长了1.73倍，学费和杂费增长了5.83倍，其他投入也增长了2.87倍。正是由于学费和杂费的迅速增长，学费和杂费在教育经费投入中的比例首次超过了国家财政性教育经费的比例。由此可见，国家财政性教育经费的增长幅度也在不断增长，特别是在2010年之后的2011年和2014年国家财政性学前教育经费有较大幅度增长（图1-10）。

第一章 河北省学前教育发展背景

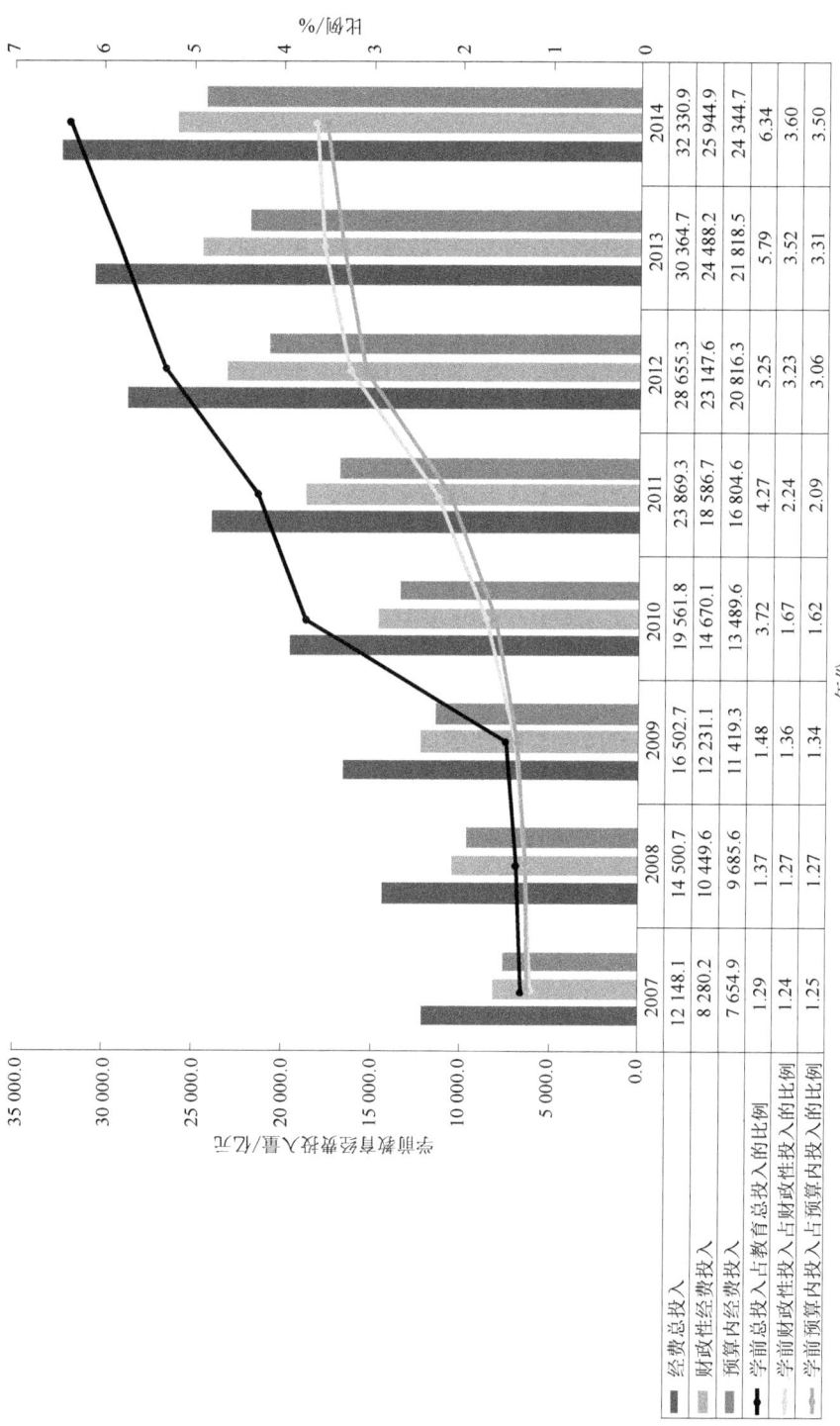

图1-9 2007～2014年我国学前教育经费投入的相对量

资料来源：教育部财务司，国家统计局社会科技和文化产业统计司. 2008～2015. 中国教育经费统计年鉴. 北京：中国统计出版社.

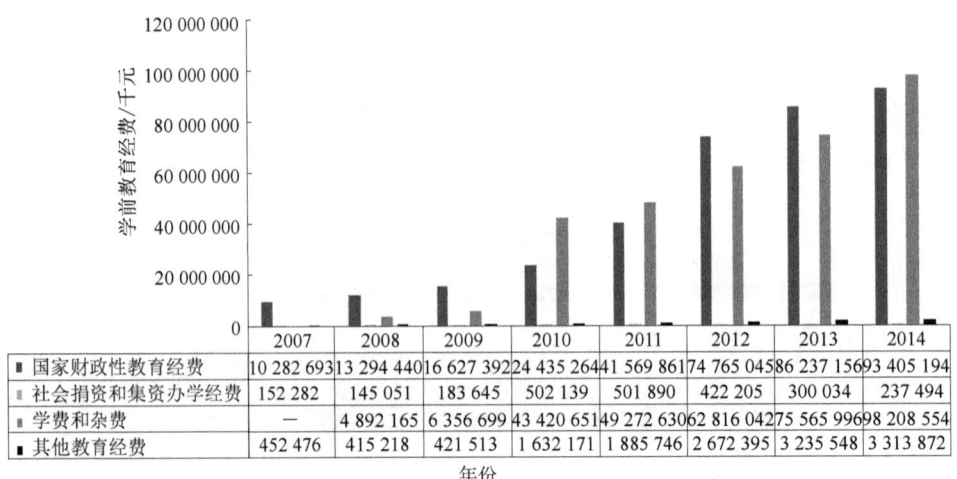

图 1-10 2007~2014 年我国学前教育经费来源构成

资料来源：教育部财务司，国家统计局社会科技和文化产业统计司.2008~2015.中国教育经费统计年鉴.北京：中国统计出版社.

2.不同渠道来源经费所占比例不断变化

从学前教育经费不同渠道来源所占的比重来看，各种不同渠道来源经费的变化较为复杂。具体来说，2007~2009 年国家财政性学前教育经费占全国学前教育经费的比例呈现缓慢增长的趋势，且基本维持在 65% 以上，但在 2010 年，这一比例骤降至 33.56%。2007~2014 年，社会捐赠和集资办学经费的比例呈现波浪式趋势，并在 2010 年达到顶峰，比例占到了 4.55%。此外，家长缴纳的学费和杂费的比重呈现不稳定趋势，也在 2010 年达到最高点，2007 年以后占到 30% 左右，2010 年骤增至 59.64%。其他教育经费所占比例呈现不稳定趋势（图 1-11）。

（四）生均学前教育经费逐年递增

根据相关统计数据可以发现，2007~2014 年我国生均学前教育经费、生均财政性学前教育经费、生均预算内学前教育经费均呈现逐年递增的趋势，尤其在 2010 年，三者都迅速增加，与 2009 年相比增长率分别达到了 165.55%、31.22% 和 28.11%。这一骤然增长是学前教育投入迅速增长的必然反映。同时，在 2010 年以后，2011 年和 2014 年我国生均学前教育经费、生均财政性学前教育经费、生均预算内学前教育经费也呈现出大幅度增长。2014 年我国生均学前教育经费、生均财政性学前教育经费、生均预算内学前教育经费分别是 2010 年

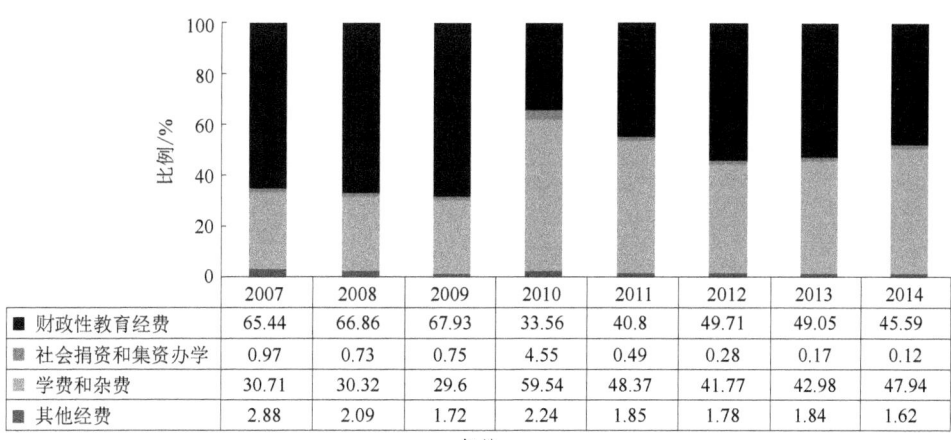

图 1-11 2007 ~ 2014 年我国学前教育经费投入来源构成的比例

资料来源：教育部财务司，国家统计局社会科技和文化产业统计司.2008 ~ 2015.中国教育经费统计年鉴.北京：中国统计出版社.

的 2.07 倍、2.81 倍和 2.86 倍（图 1-12）。

总的来说，我国学前教育经费的绝对量和相对比例都在不断增长，生均学前教育经费也在不断增长，这说明我国对学前教育的投入在不断增加，对学前教育越来越重视。特别是在 2010 年《教育规划纲要》颁布后，以及 2011 年"学前教育三年行动计划"实施以来，这一趋势更为明显。

（五）当前我国学前教育财政投入仍然存在的突出问题及相关对策

1. 我国学前教育财政投入总量仍不足[①]

我国是一个教育资源有限的国家，虽然我国学前教育每年都在发展，教育经费投入也在增加，但从总量和增长速度上讲，还不能满足人民对学前教育的需求，更不能和国际水平相比较。学前教育财政投入不足，严重制约了学前教育的发展，包括北京在内的很多地区学前教育机构不足，无法满足幼儿的入园需求，幼儿"入园难"现象普遍存在；各地存在着大量不具备基本办园条件的未注册幼儿园；已注册幼儿园存在大量不合格教师，教师收入低、福利差、缺乏必要的游戏场地和玩具、教具等基本的物质条件；学前教育生均经费远远低于小学和初中。由于投入不足，我国学前教育毛入园率也受到影响。

---

① 田志磊，张雪.2011.中国学前教育财政投入的问题与改革.北京师范大学学报（社会科学版），(5)：17-22.

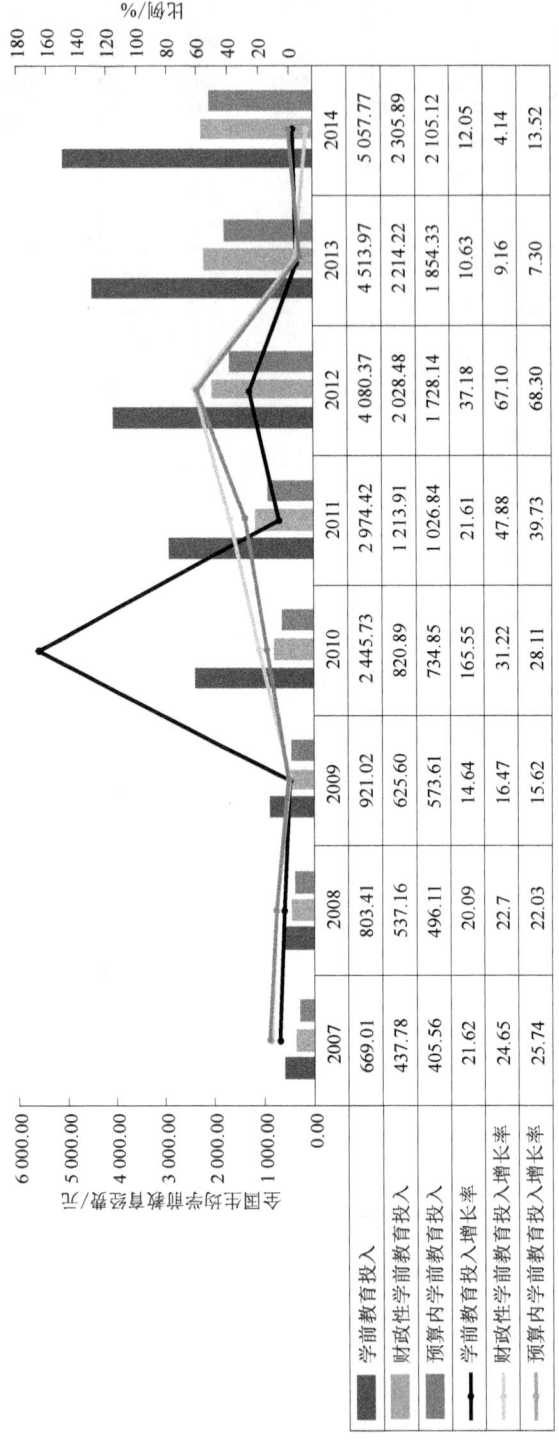

图 1-12 2007～2014年全国生均学前教育经费

注：生均学前教育经费根据《中国教育经费统计年鉴》中的相关数据计算得出。

资料来源：教育部财务司，国家统计局社会科技和文化产业统计司.2008～2015.中国教育经费统计年鉴.北京：中国统计出版社.

2. 成本分担不合理，家庭和基层政府负担过重，导致"入园难""入园贵"问题突出

学前教育财政投入不足与成本分担方式不合理密切相关。学前教育成本分担不合理主要表现在中央和省级政府投入比例偏低，个人及家庭负担比重过高，县（区）及以下政府投入相对偏高。尽管国家的统计数据中并没有反映出我国学前教育经费中政府与家庭负担的比例，但从2004年民办园就已经在数量上超过公办幼儿园，加之民办园收费普遍高于公办园的现实情况，可以肯定，我国学前教育经费中家庭承担的比例远远超过50%。这个比例高于大多数经济发达国家，在我国各级教育中也是最高的。过高的家庭负担比例引起全社会对"入园贵"的不满，也使得不少经济困难家庭的幼儿不能入园或只能进入收费低廉但质量很差的幼儿园。

虽然我国学前教育在财政投入方面已经取得了很大的成效，但从整体上看，财政投入长期积累的矛盾和问题很难在短期内立即化解，"入园难""入园贵"问题仍然突出，学前教育公共服务体系仍在探索阶段和建立过程之中，实现学前教育的公平仍然任重而道远。

另外，收费定价与管理规范需要进一步落实。"入园贵"的一个直接反映就是幼儿园收费高。近年来，一些优质的公办园普遍收取不同数额的赞助费或称捐资助学费，增加了家长支付子女接受学前教育的负担。民办园的收费由于采取自己定价上报备案的制度，也没有合理的定价，价格差异巨大，高收费的"天价"幼儿园也不鲜见，公办园高额的赞助费和为数较多的民办园高收费直接导致"入园贵"，也反映出幼儿园收费和管理的不健全。

2011年12月，国家发改委、教育部、财政部三部委制定和印发了《幼儿园收费管理暂行办法》（以下简称《收费办法》），明确了公办园收费的项目和收费标准，对享受政府财政补助的民办幼儿园及普惠性民办幼儿园实行地方政府限价收费。《收费办法》还明确提出幼儿园不得在保教费外以开办实验班、特色班、兴趣班、课后培训班和亲子班等特色教育为名向幼儿家长另行收取费用，不得以任何名义向幼儿家长收取与入园挂钩的赞助费、捐资助学费、建校费、教育成本补偿费等费用。随后，各地纷纷出台了规范幼儿园收费的政策文件，保证幼儿园合理的收费标准。但政策的落实还有许多复杂的中间环节和各种不协调的因素，还需要实践探索的时间。

从根本上解决"入园难""入园贵"问题需要在制度上完善学前教育公共服务体系，并在实践中全面实施，建立合理的成本分担机制，进一步加大政府对学前教育的投入。凡是政府财政投入的工作，都需要认真思考投入的方向、目的、方式，考察受益的人群，监控其过程和评估其效果，无论是直接还是间接，财政投入的重点应优先保障幼儿特别是那些处于社会弱势地位的幼儿接受学前教育。因此，必须制定更加具体细致的财政投入细则来保证政策实施方向不致偏离[1]。

四、幼儿园办园格局与发展状况

幼儿园的办园格局与发展状况直接体现了国家的办园体制和学前教育的供给模式，也在一定程度上反映了学前教育公共服务体系的特点和水平。关于我国幼儿园的发展格局与发展状况，本书主要从教育部门办园、集体办园、其他部门办园和民办园四种不同类型的幼儿园发展状况，以及公办园和民办园两种不同性质幼儿园的发展状况这两个角度来进行具体分析。

（一）学前教育办学体制与格局的发展历程

1. 公办园为主体的多元格局（1993～2003年）

在这一时期，教育部门办园、其他部门办园（包括机关、事业单位、部队、厂矿、学校和团体等国家单位举办的幼儿园）均为公有幼儿园，具有公益性和很强的福利性。

2. 集体办园突出的多元格局（2003～2004年）

根据"动员社会力量，多渠道、多形式地发展幼儿教育"的方针，在"分级办学，分级管理"的新体制下，在大量的国有企事业办园逐渐与原有单位剥离和改制的社会经济背景下，集体办幼儿园成为这一时期数量最多的办园形式。

3. 民办园为主体的多元办园格局（2004～2010年）

2004年以后，幼儿教育事业的发展格局发生了较大变化。仅以公办园和民办园所占的比例来看，民办园比例有明显上升，2003年就已占到了47.7%，并

---

[1] 刘占兰. 2013. 中国学前教育发展报告 2012. 北京：教育科学出版社.

呈现不断上升的趋势。随着2003年《中华人民共和国民办教育促进法》的实施，2004年起民办幼儿园的数量就超过半数，随后逐年以大约3%的速度增长。

4.公办园和普惠性民办园为主体（2010年以后）

2010年，《教育规划纲要》将学前教育从基础教育中分离出来，独立纳入了现代国民教育体系，民办幼教机构成为幼教市场重要的角色。同年，《国务院关于当前发展学前教育的若干意见》提出：大力发展公办幼儿园，提供"广覆盖、保基本"的学前教育公共服务。积极扶持民办幼儿园特别是面向大众、收费较低的普惠性民办幼儿园发展。采取政府购买服务、减免租金、以奖代补、派驻公办教师等方式，引导和支持民办幼儿园提供普惠性服务。国务院办公厅于2014年发布的《关于实施第二期学前教育三年行动计划意见》提出：初步建成以公办园和普惠性民办园为主体的学前教育服务网络。逐步建立起以公共财政投入为主的农村学前教育成本分担机制。立足调整办园结构，形成政府主导、社会参与、公办民办并举的办园体制，大力发展公办园、积极扶持民办园。《中华人民共和国民办教育促进法》明确了"对民办学校实行分类管理，允许兴办营利性民办学校"，有望加速民办幼儿园的公司制建设，加速其证券化进程。无论是政策支持还是市场需求，民办幼儿园已成为幼儿教育机构中的中流砥柱。

2017年，《教育部等四部门关于实施第三期学前教育行动计划的意见》对增加幼儿园的公益普惠性提出更高要求，在总体要求中提出："坚持公益普惠。公办民办并举，进一步提高公办幼儿园提供普惠性学前教育服务的能力，积极引导和扶持民办幼儿园提供普惠性服务。"在政策措施中明确："发展普惠性幼儿园。逐年安排新建、改扩建一批幼儿园，支持企事业单位和集体办园，扩大公办资源。老旧城区、棚户区改造和新城区、城镇小区建设要按需要配建幼儿园。开展城镇小区配套幼儿园专项整治，对未按规定建设或移交、没有办成公办园或普惠性民办幼儿园的要全面整改；2018年底前整改到位。继续办好公办乡镇中心幼儿园，充分发挥辐射指导作用，大村独立建园，小村联合办园，优先利用中小学闲置校舍进行改建。加快集中连片贫困地区乡村幼儿园建设。各省（区、市）制定普惠性民办幼儿园认定标准，逐年确定一批普惠性民办幼儿园。通过购买服务、综合奖补、减免租金、派驻公办教师、培训教师、教研指导等方式，支持普惠性民办幼儿园发展。将提供普惠性学位数量和办园质量作为奖励和支持的依据，对达不到要求的要限期整改。"由此可见，"第三期学前教育三年行动计划"把重点放在提高幼儿园的普惠性上，对城镇小区配套园、公办乡镇中心幼儿园、民办园的普惠性提出标准。

（二）四类不同类型幼儿园发展状况

1. 发展背景：1997～2010年

从幼儿园数量、班级数量、在园儿童数和办园规模来分析，四类幼儿园的发展状况如下：首先，在幼儿园数量方面，民办园快速增长，教育部门办园略有减少，集体办园和其他部门办园数量急剧减少；其次，在幼儿园班级数量上，教育部门办园班级数量有所增加，民办园班级数量急剧增加，其他两类园班级数量急剧减少；再次，在园儿童数量上，教育部门办园有所增加，民办园急剧增加，其他两类幼儿园急剧减少；最后，从办园规模来看，四类园所都呈现不断扩大的趋势，但班级规模略有增减。

总之，我国的幼儿园办园格局发生了根本性变化。一方面，集体办园和其他部门办园在园所数量、班级数量、在园儿童数等方面均急剧减少；民办园园所数量、班级数量、在园儿童数急剧增加；而教育部门办园虽然在园所数量上有所减少，但在班级数和在园儿童数上均有所增加，这意味着教育部门办园的园所规模在不断扩大。另一方面，虽然现阶段民办园的园所数量和班级数量比公办园多，但公办园的在园儿童数还是高于民办在园儿童数。这说明以教育部门办园为主的公办园仍承担着普及普惠性教育以及示范引领的作用。

2. 发展现状及趋势：2010～2015年

四种不同类型的幼儿园在幼儿园办园数量、幼儿园班级数量、幼儿园在园儿童数上，均呈现出不同的变化趋势。教育部门办园幼儿园数量、园儿童数上都在不断增加。集体办园发展形势不容乐观，在办园数量、园儿童数和班级数量上均出现下降的趋势。其他部门办园在各方面平稳发展，时增时减，无明显变化趋势。民办园发展形势大好，在幼儿园数量、班级数量、在园儿童数上均呈现快速增长的趋势，成为我国幼儿教育中的主要办园形式。

（1）幼儿园数量

教育部门办园和民办园增长，其他两类园较稳定发展。

四种不同类型的幼儿园形成我国多元化的办园格局。2010～2015年，不同类型的幼儿园呈现出不同的发展变化趋势。其中，教育部门办园和民办园均呈现上升的趋势，但幅度不同。教育部门办园作为公办园的主要形式，在国家以建设公办园为主体的政策规划下，数量出现了巨大的增加，2015年较2010年增加了96%。民办园受国家政策鼓励以及市场经济的推动，以较平稳的速度上升，并保持着办园格局中的优势地位，2015年较2010年增加了43%。集体办园数量较稳定发展，增减幅度很小，但2015年相较于2010年办园数量均出现下降趋势。其他部门办园虽然在2010～2011年出现了较大幅度的增加，增幅达到88%，但是2011～2015年园所数量出现了小幅度下降趋势，2015年比2011年下降了4%，但整体来看，数量相对稳定（图1-13）。

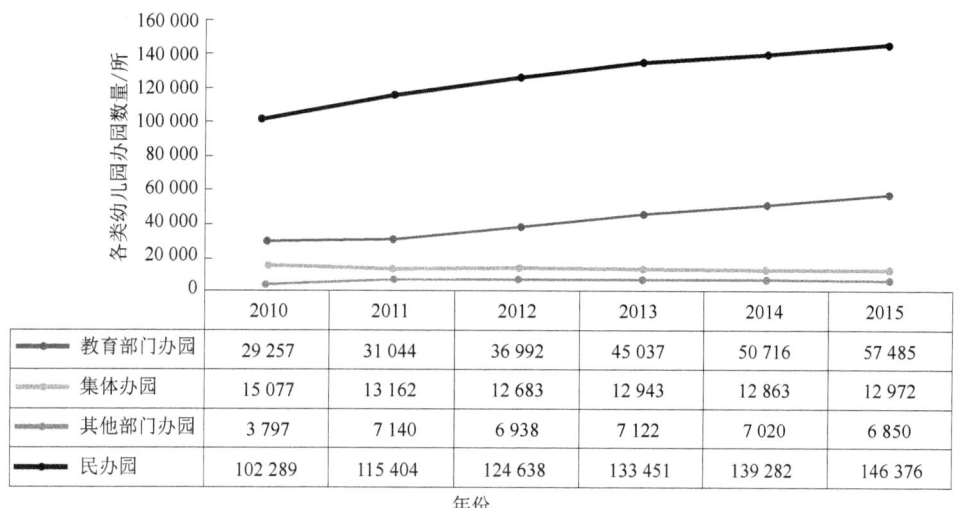

图1-13　2010～2015年各类幼儿园办园数量

注：图中数据根据《中国教育统计年鉴》相关数据计算得出。

资料来源：中华人民共和国教育部发展规划司.2010～2015.中国教育统计年鉴.北京：人民教育出版社.

从2010年和2015年不同类型幼儿园的数量变化，我们可以看出近6年幼儿园办园格局基本保持民办园为主，教育部门办园次之，集体办园和其他部门办园以较小比例补充的格局。从各类幼儿园占比变化来看，教育部门办园不断增加，2015年所占比例比2010年增加了7%，民办园和集体办园所占比例出现了减少趋势，而其他部门的数量和所占比例一直稳定在3%（图1-14）。

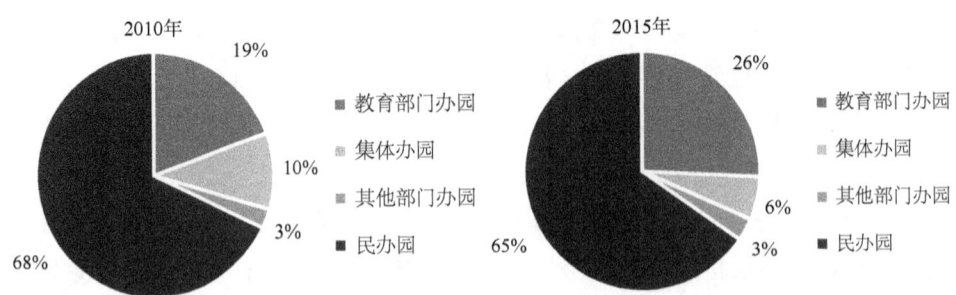

图1-14 2010年和2015年全国四种不同类型幼儿园的比例分布

注：图中数据根据《中国教育统计年鉴》相关数据计算得出。

（2）幼儿园班级数

教育部门办园和民办园持续增加，其他两类幼儿园稳定发展。

2010～2015年，四种类型的幼儿园变化趋势不尽相同。教育部门办园班级数量虽从2010～2012年出现了一定的下降趋势，但是自2012年持续增加，2015年较2012年班级数量增加了10%。集体办园班级数呈现较平稳的发展趋势，变化幅度较小。其他部门办园班级数量时增时减，较稳定发展。民办园的班级数量持续上升，2015年相对2010年增加68.47%（图1-15）。

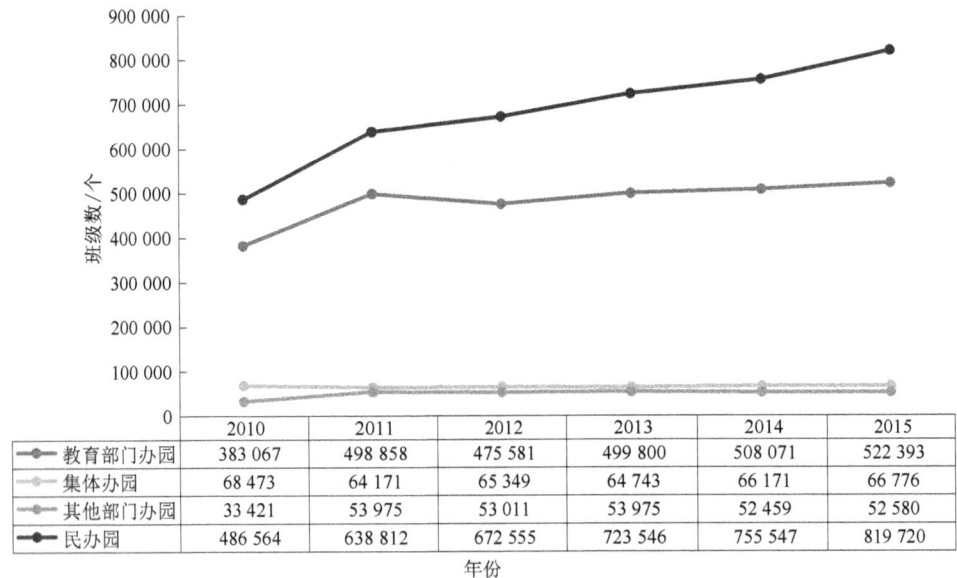

图1-15 2010～2015年全国四类不同幼儿园办园数量的班级数量

注：图中数据根据《中国教育统计年鉴》相关数据计算得出。

资料来源：中华人民共和国教育部发展规划司.2010～2015.中国教育统计年鉴.北京：人民教育出版社.

2010～2015年全国四类不同幼儿园办园数量的班级数与四类不同幼儿园数量变化基本一致。2010～2015年，我国不同类型幼儿园班级数的格局基本没有发生变化，以民办园为主，教育部门办园次之，集体办园和其他部门办园补充。但是四类幼儿园的比例发生了一定变化，民办园班级数量比例持续上升，从2010年的50%上升到2015年的56%。然而教育部门办园和集体办园班级数量比例出现下降趋势，2015年比2010年均下降了3%。其他部门办园比例没有变化（图1-16）。

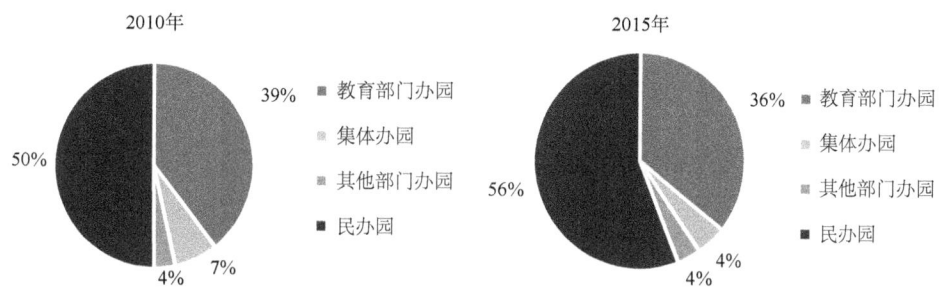

图1-16　2010年和2015年全国四种不同类型幼儿园班级数量比例分布
注：图中数据根据《中国教育统计年鉴》相关数据计算得出。

（3）在园儿童数

教育部门办园和民办园持续增加，其他两类幼儿园稳定发展。

四类不同性质的幼儿园在园儿童数量的变化与幼儿园班级数的变化基本一致。其中，教育部门办园在园儿童数量呈现不断增加的趋势，2010～2015年增加了3 479 199人，增幅达到28%。集体办园在园儿童数较平稳发展。其他部门办园在园儿童数量时增时减，趋势稳定。民办园在园儿童数量持续增加，增幅巨大，2015年相较于2010年增加了65%（图1-17）。

通过比较不同类型幼儿园在园儿童数占全国在园儿童总数的比例可以看出，2010～2015年我国学前儿童主要入读民办园，其在园儿童数占全国在园儿童总数在2010年为49%，在2015年达到54%。其次是教育部门办园，在园儿童所占比例在2010年和2015年分别达到40%和38%。民办园和教育部门办园是我国90%左右的幼儿主要入读的幼儿园。而其他部门办园和集体办园招收的幼儿数量较少，在2010年总共占比11%，在2015年下降到8%。由此得出，民办园已经成为吸纳适龄学前儿童的主要办园形式，并超过了教育部门办园（图1-18）。

河北省学前教育发展报告（2010—2016）

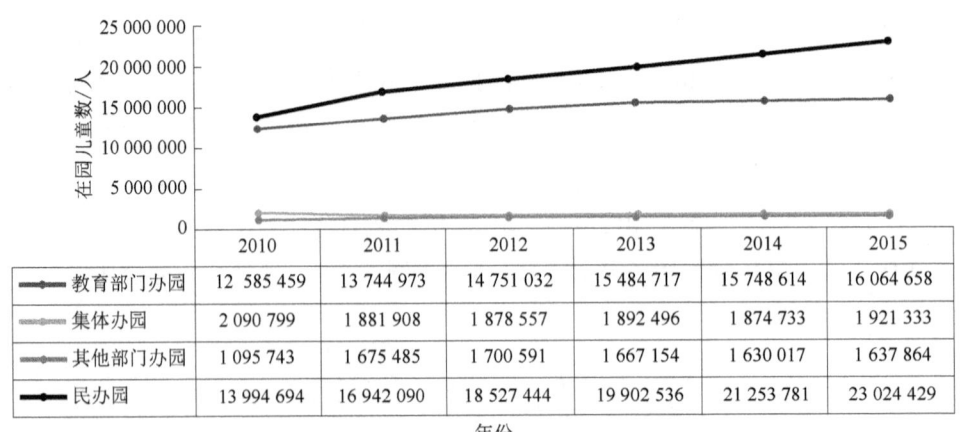

图 1-17　2010～2015 年四类幼儿园在园儿童数
注：图中数据根据《中国教育统计年鉴》相关数据计算得出。
资料来源：中华人民共和国教育部发展规划司.2010～2015.中国教育统计年鉴.北京：人民教育出版社.

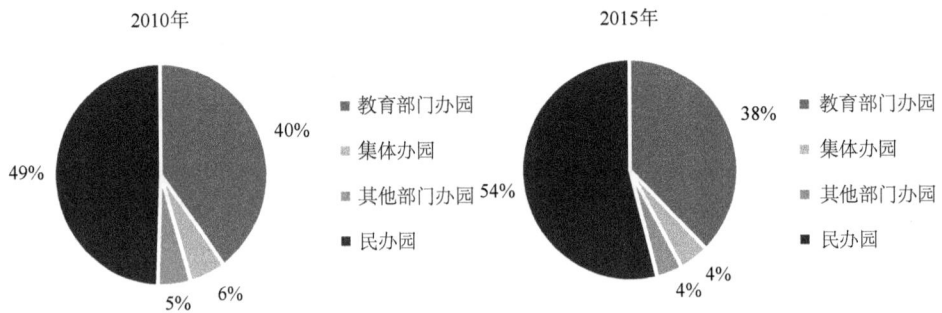

图 1-18　2010 年和 2015 年全国四种不同类型幼儿园在园儿童数比例分布情况
注：图中数据根据《中国教育统计年鉴》相关数据计算得出。

（4）办园规模

教育部门办园和民办园的办园规模不断扩大，其他两类幼儿园办园规模稳定发展。

主要从幼儿园园均在园儿童数和班均儿童数两个指标来分析幼儿园的办园规模。教育部门办园园均在园儿童数最大，平均数达到 367 人，说明教育部门办园规模最大。其他部门次之，平均数为 245 人。集体办园和民办园在园儿童数相近，平均数分别为 145 人和 149 人，办园规模较小。教育部门办园园均在园儿童数从 2011～2015 年 5 年以来持续下降，2015 年相对于 2011 年降幅达到 37%，说明教育部门办园的规模在不断缩小。其他部门办园和集体办园园均在

园儿童数起伏变化，时减时增，但变化幅度较小。民办园园均在园儿童数持续上升，说明办园规模在不断扩大。（图 1-19）

同时，从班均规模来看，不同幼儿园班均规模略有增减，但相差不大。相对而言，教育部门办园和其他部门办园的班均规模较大，平均数在 31 人左右。集体办园的班均规模次之，平均数为每班 29 人。民办园班均规模最小，平均数为每班 28 人（图 1-20）。

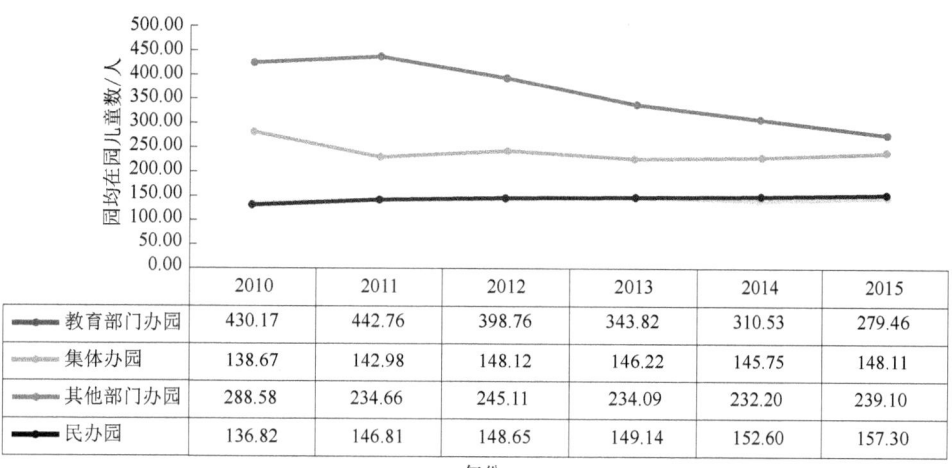

图 1-19　2010～2015 年全国四类幼儿园园均在园儿童数

注：图中数据根据《中国教育统计年鉴》相关数据计算得出。

资料来源：中华人民共和国教育部发展规划司.2010～2015.中国教育统计年鉴.北京：人民教育出版社.

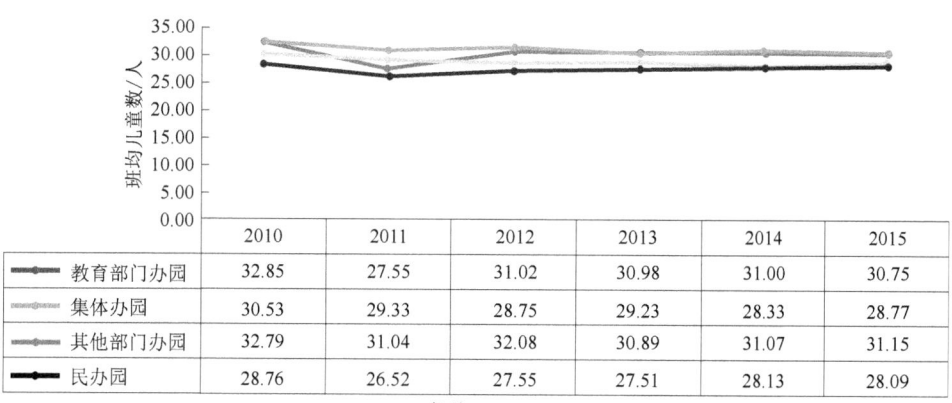

图 1-20　2010～2015 年四类幼儿园班均儿童数

注：图中数据根据《中国教育统计年鉴》相关数据计算得出。

资料来源：中华人民共和国教育部发展规划司.2010～2015.中国教育统计年鉴.北京：人民教育出版社.

（三）公办园[①]与民办园发展状况

1. 发展背景：1997～2010 年

1997～2010 年，公办园与民办园两类幼儿园在发展格局和状况上呈现如下的特点。首先，在幼儿园数量上，公办园急剧减少，民办园急剧增加。幼儿园班级数量与幼儿园数量呈现同样趋势：公办园数量大幅减少，民办园数量迅速增加。其次，在在园儿童数的变化上，公办园仍然表现为减少趋势，民办园增加趋势猛烈。最后，在办园规模上，公办园和民办园的办园规模不断扩大，班级规模却无大的变化。

2. 发展现状及趋势：2010～2015 年

（1）幼儿园数量

公办园和民办园都出现增长趋势，公办园增长率更高。

2010～2015 年，公办园和民办园数量都在不断增加，但民办园数量始终高于公办园数量，吸纳了更多幼儿，成为我国幼儿园中的主力军。但是从总增长率来看，2011～2015 年，公办园的增长率明显高于民办园的增长率，为提高学前教育的普及率做出了贡献，这与国家政策如《国家中长期教育改革与发展规划纲要（2010—2020 年）》《教育部　国家发展改革委　财政部关于实施第二期学前教育三年行动计划的意见》和《国务院关于当前发展学前教育的若干意见》等文件中，提出的"要大力发展公办幼儿园，提供'广覆盖、保基本'的学前教育公共服务"的原则密不可分。2010～2011 年，民办园的增长率达到 13%，2011 年后虽有下降趋势，但总体比较稳定，说明民办园在以比较稳定的趋势不断发展（图 1-21）。

从全国公办园和民办园所占比例及变化趋势来看，我国的幼儿园办园格局以民办园为主体，公办园为主导。但是从比例的变化趋势来看，公办园的比例有着不断上升的趋势，从 2010 年的 32% 增加到了 2015 年的 34.56%，增幅为 2.56%。虽然增幅不是很大，但是也体现了公办园在这 6 年的发展活力，仍然保持着自身的主导地位，满足大众对建立普惠幼儿教育的需求（图 1-22）。

（2）幼儿园班级数

两类幼儿园均衡发展，民办园增长更快。

---

① 本书所指公办园包括教育部门办园和具有公办性质的其他部门办园和集体办园。

第一章 河北省学前教育发展背景

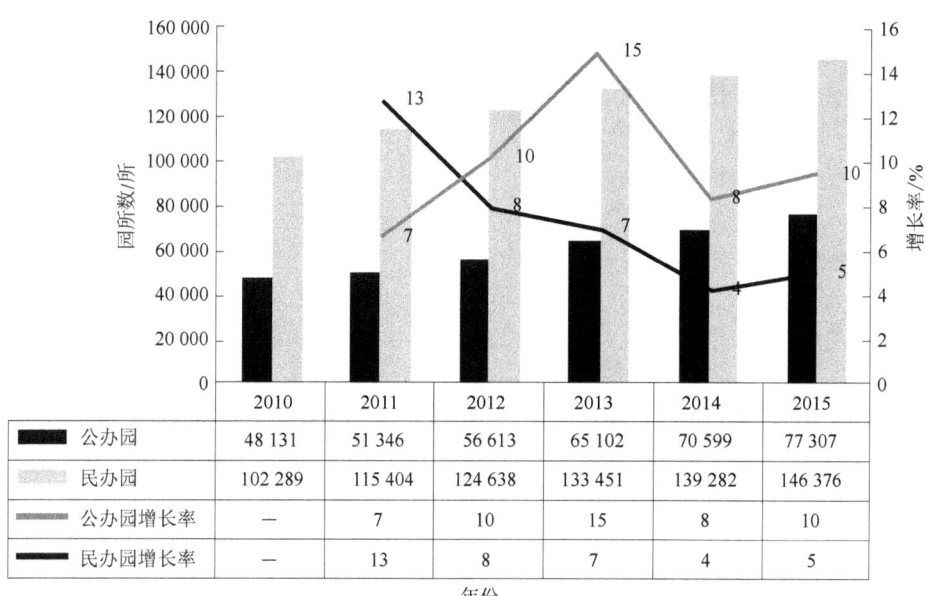

图 1-21　2010～2015 年全国公办和民办幼儿园数量和增长率

注：图中数据根据《中国教育统计年鉴》相关数据计算得出。

资料来源：中华人民共和国教育部发展规划司. 2010～2015. 中国教育统计年鉴. 北京：人民教育出版社.

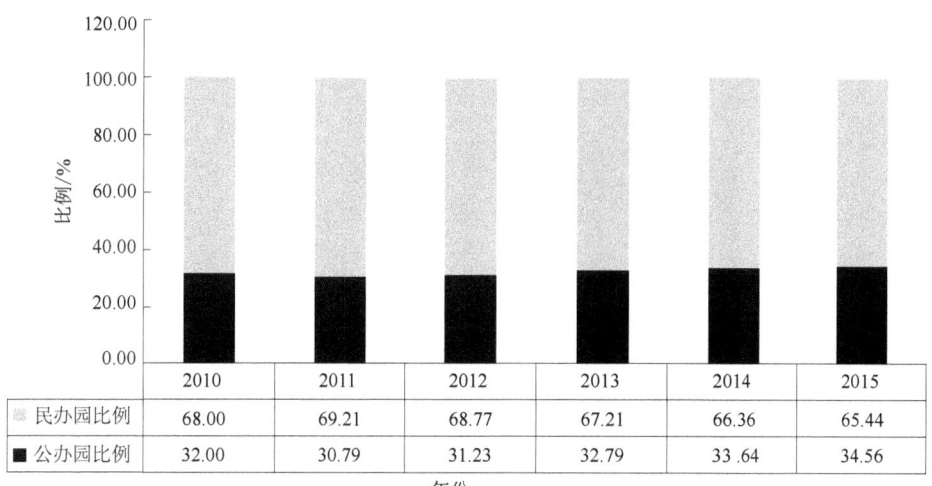

图 1-22　2010～2015 年全国公办和民办幼儿园数量的比例

注：图中数据根据《中国教育统计年鉴》相关数据计算得出。

资料来源：中华人民共和国教育部发展规划司. 2010～2015. 中国教育统计年鉴. 北京：人民教育出版社.

2010～2015 年，公办园的班级数量呈现不断增加的趋势，从 2010～2015 年增幅达到 32.33%，增幅较大，发展趋势良好。但民办园班级数量发展更迅速，在 2010～2015 年持续增加，增幅达到 69.47%（图 1-23）。

从公办园和民办园的班级数比例变化来看，在 2010 年，公办园和民办园的班级数量比例几乎一致，平分秋色。但 2010～2015 年，民办园班级比例在不断增加，2015 年相较于 2010 年增加了 6.01%，增长趋势良好（图 1-24）。

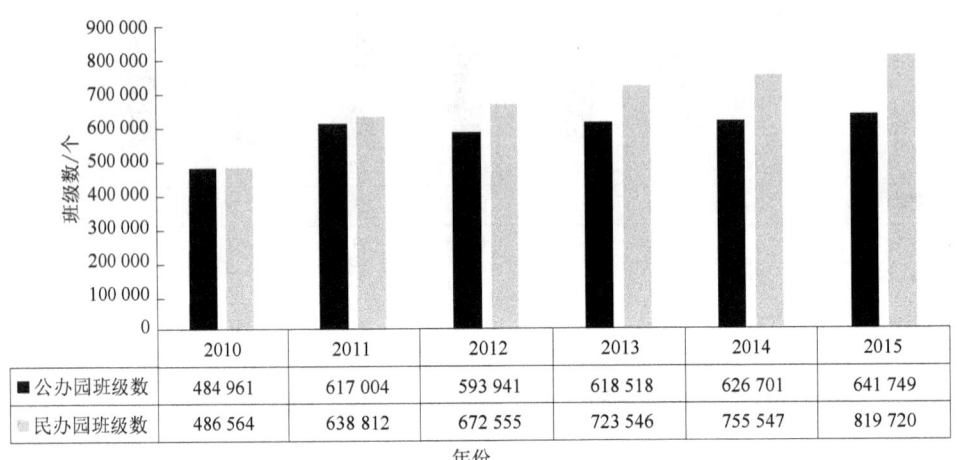

图 1-23　2010～2015 年全国公办和民办园班级数量

资料来源：中华人民共和国教育部发展规划司.2010～2015.中国教育统计年鉴.北京：人民教育出版社.

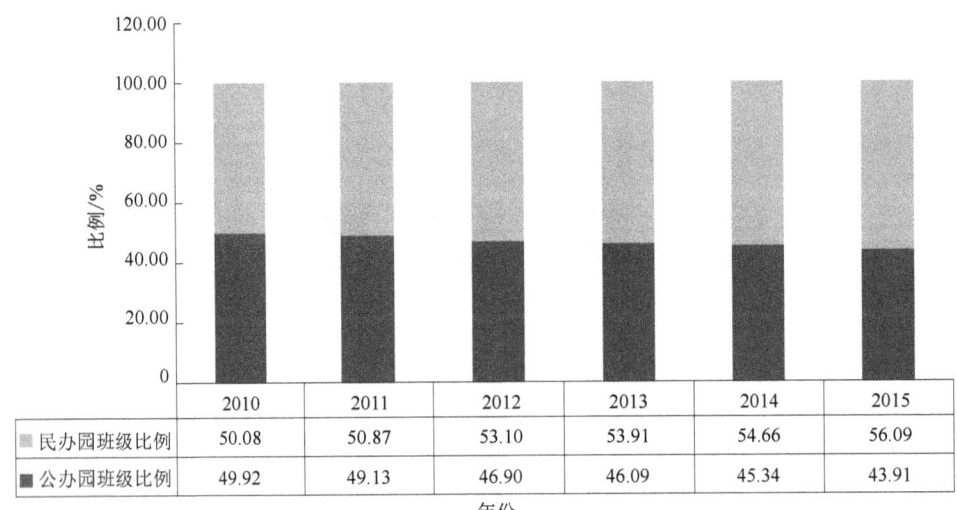

图 1-24　2010～2015 年全国公办和民办园班级数量比例

注：图中数据根据《中国教育统计年鉴》相关数据计算得出。

资料来源：中华人民共和国教育部发展规划司.2010～2015.中国教育统计年鉴.北京：人民教育出版社.

（3）在园儿童数

两类幼儿园在园儿童不断增加，民办园增加较快。

2010～2015年，公办园和民办园的在园儿童数都在不断增加，增幅分别为24.42%和64.52%，民办园在园儿童数增长较快。同时，民办园在园儿童数高于公办园在园儿童数，成为吸纳我国适龄学前儿童的主要园所类型（图1-25）。

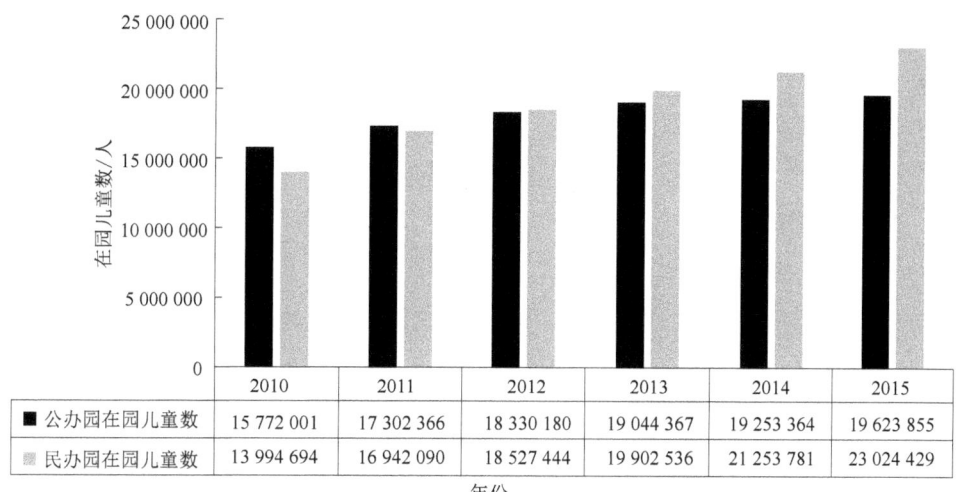

图1-25 2010～2015年全国公办和民办幼儿园的在园儿童数

资料来源：中华人民共和国教育部发展规划司.2010～2015.中国教育统计年鉴.北京：人民教育出版社.

从公办园在园儿童数比例和民办园在园儿童数比例来看，两类幼儿园在园儿童比例几乎平分秋色，在园儿童数比例相当。从发展趋势来看，公办园儿童比例从2011～2015年一直在减少，总体来看，2015年比2010年减少了6.98%。而民办园儿童比例在不断增加，说明民办园在吸纳适龄学前儿童的能力上愈加增强（图1-26）。

（4）园均和班均规模

公办园园均规模不断减小，民办园园均规模不断增大；两类幼儿园班级规模变化不大。

公办园办园规模更大，其园均在园儿童数远大于民办园园均在园儿童数。从2010～2015年，两类幼儿园园均在园儿童数变化趋势来看，公办园园均在园儿童数在不断减少，2015年相较于2010年减少了22.53%。而民办园2010～2015年，其园均在园儿童数在缓慢增加，从2010年的园均在园儿童

136.82人增加到2015年的园均在园儿童157.30人，增加了15%（图1-27）。这说明民办园的规模在不断增大，而公办园办园规模在不断减小，两类幼儿园办园规模在不断接近。

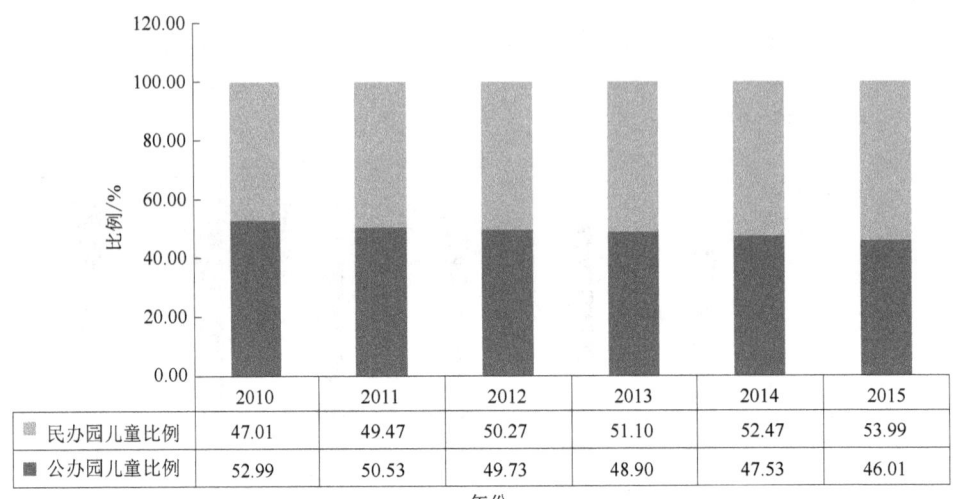

图1-26　2010～2015年全国公办和民办幼儿园的在园儿童数比例

注：图中数据根据《中国教育统计年鉴》相关数据计算得出。

资料来源：中华人民共和国教育部发展规划司.2010～2015.中国教育统计年鉴.北京：人民教育出版社.

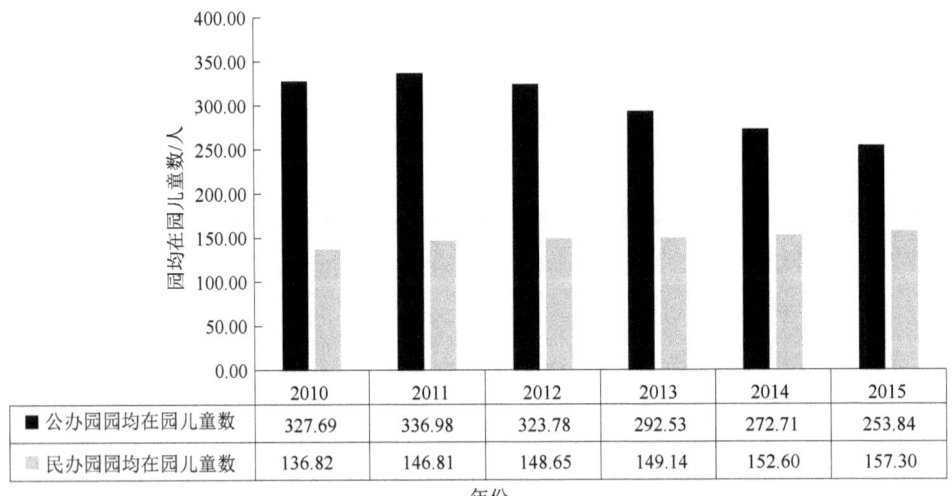

图1-27　2010～2015年全国公办和民办幼儿园的园均在园儿童数

注：图中数据根据《中国教育统计年鉴》相关数据计算得出。

资料来源：中华人民共和国教育部发展规划司.2010～2015.中国教育统计年鉴.北京：人民教育出版社.

从全国公办园和民办园的班均规模来看，2010～2015 年全国公办园和民办园班均在园儿童数变化不大，基本保持稳定。但公办园的班均在园儿童数从 2011～2015 年一直略多于民办园的班均儿童数，班级规模较大。总之，两类幼儿园的班级儿童数都控制在合理范围内（图 1-28）。

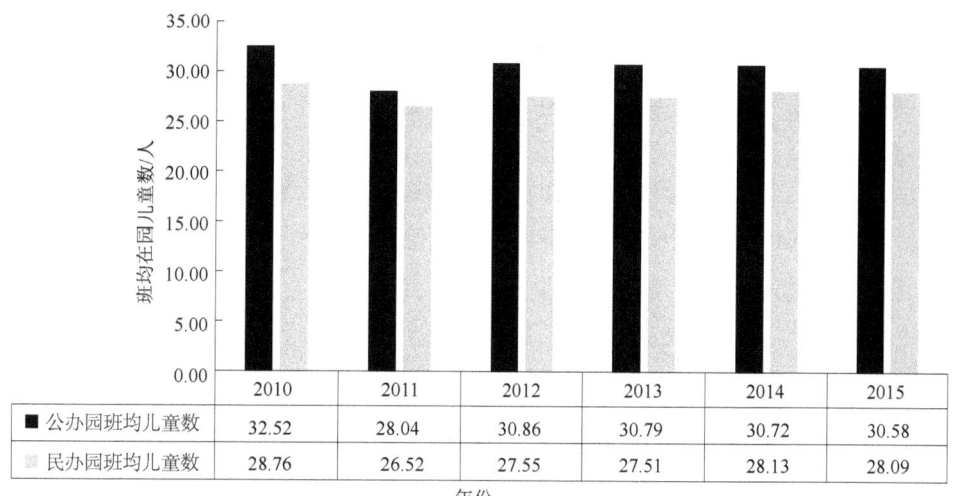

图 1-28　2010～2015 年全国公办和民办幼儿园的班均在园儿童数

注：图中数据根据《中国教育统计年鉴》相关数据计算得出。

资料来源：中华人民共和国教育部发展规划司.2010～2015.中国教育统计年鉴.北京：人民教育出版社.

对如上 2010～2015 年的数据进行分析，总结如下。

2010 年以来，我国幼儿园的办园格局变化不大，稳定发展，始终保持着以民办园为主体，教育部门办园次之但占有较大比例，其他部门办园和集体办园缓慢发展，占很小比例的局面。这与我国政策倡导的"政府主导、社会参与、公办民办并举的办园体制"建议相一致。

从教育部门办园、集体办园、其他部门办园和民办园的划分维度进行数据分析得出：教育部门办园和民办园成为我国幼儿园办园类型中的"主力军"，二者都在六年间不断发展，幼儿园数量、班级数、在园儿童数和园所规模四方面均不断增加，但是民办园的增加比例更大，发展活力十足。而其他部门办园和集体办园在经历了 2010 年之前的急剧下降趋势后，在六年间发展比较平稳和均衡。另外，民办园园所数量、班级数量和在园儿童数均超过了教育部门办园，成为吸纳适龄学前儿童的主要办园形式，承担了普及幼儿教育的重要责任，国家需要更加积极扶持民办园，同时加强准入和监管力度，保证其保教质量。

从公办园和民办园的维度进行划分，对数据统计得出：民办园数量、班级数和在园儿童数均高于公办园，是我国的主要办园类型。然而，民办园数量虽然远大于公办园数量，但在班级数和在园儿童数上与公办园数量差距很小，占比均在50%左右，且都在不断发展中。这说明我国的公办园依然保持着之前的影响力，在普及普惠幼儿教育中发挥着重要作用，是我国学前教育中的主导。

五、幼儿园师资状况与教师队伍建设

2010年，《国家中长期教育改革和发展规划纲要（2010－2020年）》提出，要加强教师队伍建设，对教师队伍结构、师德及业务水平方面提出了总体要求，强调"努力造就一支师德高尚、业务精湛、结构合理、充满活力的高素质专业化教师队伍"。为全面贯彻并施行《教育规划纲要》，近年来我国还出台了一系列相关政策文件。

（一）幼儿园教师队伍建设的相关政策分析

2010年以来，我国出台的关于幼师队伍建设的主要文件包括《国务院关于当前发展学前教育的若干意见》（国发〔2010〕41号）、《幼儿园教师专业标准（试行）》（教师〔2012〕1号）、《教育部　中央编办　财政部　人力资源社会保障部关于加强幼儿园教师队伍建设的意见》（教师〔2012〕11号）、《国务院关于加强教师队伍建设的意见》（国发〔2012〕41号）、《教育部　国家发展改革委财政部关于深化教师教育改革的意见》（教师〔2012〕13号）、《教育部关于印发〈幼儿园教职工配备标准（暂行）〉的通知》（教师〔2013〕1号）、《教育部等四部门关于实施第三期学前教育行动计划的意见》（教基〔2017〕3号）等，对教师队伍的数量、质量、结构、配置、待遇等方面提出了明确的要求。

1.《国务院关于当前发展学前教育的若干意见》（国发〔2010〕41号）对师资结构及业务水平等多方面进行了全面部署

《国务院关于当前发展学前教育的若干意见》（国发〔2010〕41号）明确指出要多种途径加强幼儿园教师队伍建设："加快建设一支师德高尚、热爱儿童、业务精良、结构合理的幼儿教师队伍。各地根据国家要求，结合本地实际，合理确定生师比，核定公办幼儿园教职工编制，逐步配齐幼儿园教职工。健全幼儿教师资格准入制度，严把入口关。2010年国家颁布幼儿园专业标准，公开招聘具备条件的毕业生充实幼儿教师队伍。中小学富余教师经培训合格后可转入学前教育。依法落实幼儿教师地位和待遇。切实维护幼儿教师权益，完善落实幼儿园教职工工资保障办法、专业技术职称（职务）评聘机制和社会保障政策。对长期在农村基层和艰苦边远地区工作的公办幼儿教师，按国家规定实行工资倾斜政策。对优秀幼儿园园长、教师进行表彰。完善学前教育师资培养培训体系。办好中等幼儿师范学校。办好高等师范院校学前教育专业。建设一批幼儿师范专科学校。加大面向农村的幼儿教师培养力度，扩大免费师范生学前教育专业招生规模。积极探索初中毕业起点五年制学前教育专科学历教师培养模式。重视对幼儿特教师资的培养。建立幼儿园园长和教师培训体系，满足幼儿教师多样化的学习和发展需求。创新培训模式，为有志于从事学前教育的非师范专业毕业生提供培训。三年内对1万名幼儿园院长和骨干教师进行国家级培训。各地五年内对幼儿园园长和教师进行一轮全员专业培训。"

2.《教育部　中央编办　财政部　人力资源社会保障部关于加强幼儿园教师队伍建设的意见》（教师〔2012〕11号）、《国务院关于加强教师队伍建设的意见》（教师〔2012〕41号）对教师队伍建设的具体目标和措施进行了明确规定

党的十八大报告中指出，要加强教师队伍建设，提高师德水平和业务能力，增强教书育人的荣誉感及责任感。《教育部　中央编办　财政部　人力资源社会保障部关于加强幼儿园教师队伍建设的意见》（教师〔2012〕11号）、《国务院关于加强教师队伍建设的意见》（教师〔2012〕41号）规定：①明确幼儿园教师队伍建设的目标。到2020年，形成一支热爱儿童、师德高尚、业务精良、结构合理的幼儿园教师队伍。②补足配齐幼儿园教师。到2015年，幼儿园教师数量基本满足办园需要。③完善幼儿园园长和教师任职与资格评聘制度。全面制定与实施幼儿园园长任职资格标准以及幼儿园教师资格考试制度，重点突出幼儿园教师的师德、工作业绩和保教能力。④提高幼儿园教师培养培训质量。扩大实施幼儿园教师国家级培训计划，实行幼儿园教师五年一周期不少于360学时的全员培训制度。⑤建立幼儿园教师待遇保障机制。幼儿园教师按国家有关规定参加社会保险并依法享受社会保险待遇。对长期在农村基层和艰苦边远地区工作的幼儿园教师，实行工资倾斜政策。

3.《幼儿园教师专业标准（试行）》对幼儿教师的专业素养提出了具体要求

为促进幼儿园教师专业发展，建设高素质幼儿园教师队伍，根据《中华人民共和国教师法》，制定了《专业标准》，强调"幼儿园教师是履行幼儿园教育工作职责的专业人员，需要经过严格的培养与培训，具有良好的职业道德，掌握系统的专业知识和专业技能"，并提出了"幼儿为本、师德为先、能力为重、终身学习"的基本理念。系统化地从专业理念与师德、专业知识、专业能力三个维度，从职业理解与认识、对幼儿的态度与行为、幼儿保育和教育的态度与行为、个人修养与行为、幼儿发展知识、幼儿保育和教育知识、通识性知识、环境的创设与利用、一日生活的组织与保育、游戏活动的支持与引导、教育活动的计划与实施、激励与评价、沟通与合作、反思与发展等14个领域，对幼儿园教师62条基本内容提出了要求。这种提法改变了传统思想对幼儿教师的定位，使幼儿园教师趋于专业化发展。

4.《幼儿园教职工配备标准（暂行）》保障了师幼配置比例与教师待遇

2013年颁布的《配备标准》要求幼儿园要根据服务类型、幼儿年龄及班级规模合理配备足够数量的专任教师及保育员，以保证每个幼儿在任何活动中都能得到成人的指导与帮助。全日制幼儿园保教人员与幼儿的比例为1∶7～1∶9，且每班需配备2名专任教师和1名保育员，或3名专任教师；半日制幼儿园保教人员与幼儿的比例为1∶11～1∶13，每班需配备2名专任教师，有条件的还需配备1名保育员。《配备标准》的颁布，促使各地出台了相应的政策措施，尽可能满足幼儿园对教师的需求，有效解决公办园教师编制问题以及公办园和民办园教师薪资待遇问题。

5.《教育部等四部门关于实施第三期学前教育行动计划的意见》（教基〔2017〕3号）提出构建幼儿园教师队伍建设支持体系

"根据普及学前三年教育的要求，确定高等学校、中等师范学校学前教育专业的培养规模和层次，加大本专科层次幼儿园教师的培养力度。支持地方通过多种方式为农村和边远贫困地区培养补充合格的幼儿园教师。采取核定编制、区县统一招考管理等方式及时补充公办幼儿园教师。根据国家有关规定和当地实际情况，采取多种方式切实解决公办幼儿园非在编教师工资待遇偏低问题，逐步实现同工同酬。引导和监督民办幼儿园依法配足配齐教职工并保障其工资待遇。幼儿园教职工依法全员纳入社保体系。到 2020 年，基本实现幼儿园教师全员持证上岗。深化学前教育专业课程与教学改革，提高培养质量，强化实践能力。以需求为导向，开展新一轮幼儿园教师全员培训，提高培训的针对性和实效性。各省（区、市）不断完善和全面落实符合学前教育实际，有利于幼儿园教师专业发展的职称评聘标准。"

6. 实施国培计划，保障全体幼儿教师的终身教育的权利

为贯彻落实《教育规划纲要》和《国务院关于当前发展学前教育的若干意见》（国发〔2010〕41 号）精神，加强农村幼儿教师队伍建设，提高农村幼儿教师素质，教育部、财政部联合下发了《关于实施幼儿教师国家级培训计划的通知》，决定从 2011 年起，实施"幼儿教师国家级培训计划"。通过对实施农村幼儿教师短期集中培训、农村幼儿园"转岗教师"培训、农村幼儿园骨干教师置换脱产研修等培训项目，引导地方制定科学合理的培训计划，创新培训模式，完善培训体系，从而全面保证了幼儿教师的终身教育权利，促进了农村幼儿教师素质化、专业化。

（二）幼儿园教师队伍现状及存在的主要问题

幼儿园师资队伍的结构及素质是影响幼儿园教育质量的关键因素，同时也是影响幼儿发展的重要条件。关于全国幼儿园师资队伍的现状，本书主要从全国幼儿园师资队伍的数量、学历、职称及生师比等方面进行阐述。

1. 幼儿园教职工数量有所增长，其中专任教师增长最多

幼儿园教职工主要包括：园长、专任教师、保健医、保健员、保育员和其他人员。相关数据显示，2005～2015 年全国幼儿园教职工数量基本保持稳定增长，但是 2009 年后增长速度有所加快。2015 年教职工总量已经是 2005 年的 3.03 倍。其中，专任教师数量发展趋势与职工总数量发展趋势相一致，也是幼儿园教职工中发展最迅速的，2015 年专任教师数量是 2005 年的 2.84 倍。2005～2010 年保健医数量在不断增长，但是，从 2011 年开始，保健医职工消失。与此同时，保育员和保健员出现，也在呈上升趋势，相比之下，保育人员数量增长更为明显（图 1-29）。

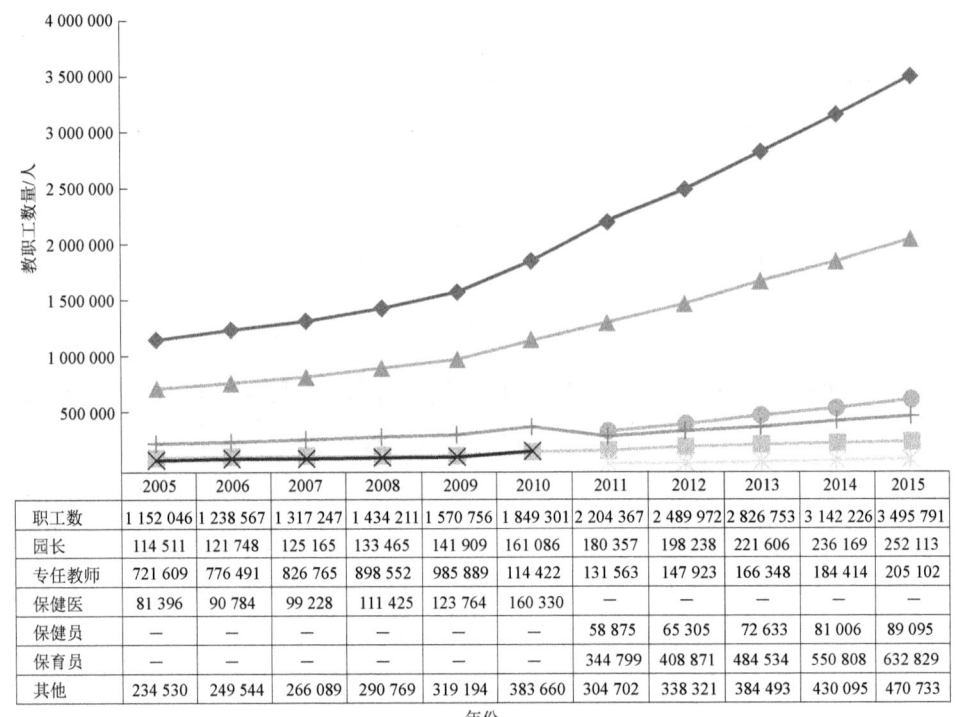

年份	2005	2006	2007	2008	2009	2010	2011	2012	2013	2014	2015
职工数	1 152 046	1 238 567	1 317 247	1 434 211	1 570 756	1 849 301	2 204 367	2 489 972	2 826 753	3 142 226	3 495 791
园长	114 511	121 748	125 165	133 465	141 909	161 086	180 357	198 238	221 606	236 169	252 113
专任教师	721 609	776 491	826 765	898 552	985 889	114 422	131 563	147 923	166 348	184 414	205 102
保健医	81 396	90 784	99 228	111 425	123 764	160 330	—	—	—	—	—
保健员	—	—	—	—	—	—	58 875	65 305	72 633	81 006	89 095
保育员	—	—	—	—	—	—	344 799	408 871	484 534	550 808	632 829
其他	234 530	249 544	266 089	290 769	319 194	383 660	304 702	338 321	384 493	430 095	470 733

图 1-29　2005～2015 年幼儿园教职工数量

注：图中数据根据《中国教育年鉴》相关数据计算得出。

资料来源：中华人民共和国教育部发展规划司. 2005～2015. 中国教育统计年鉴. 北京：人民教育出版社.

2. 幼儿园师资队伍的学历情况总体提升，目前以专科毕业为主

我国幼儿园师资队伍的学历以专科毕业为主。但是，高中学历的教师也占了很大的比重。

（1）幼儿园师资队伍的学历结构多元化

幼儿园师资队伍的学历主要分为研究生、本科、专科、高中和高中以下五个层次。根据相关数据分析，2005～2015 年研究生、本科、专科和高中学历教师人数呈逐年上升的趋势，而高中阶段以下毕业的人数出现先下降后上升的趋势。2015 年研究生学历人数比 2005 年增加了 400.00%，本科学历人数增长 797.19%，专科学历人数增长 253.06%，高中学历毕业人数增长了 36.00%，而高中阶段以下毕业的人数在 2005～2007 年呈下降趋势，2008～2014 年又逐年增加，2015 年人数稍有减少，为 48 602 人，比 2005 年的 35 820 人增加了 12 782 人，增幅为 35.68%（图 1-30）。

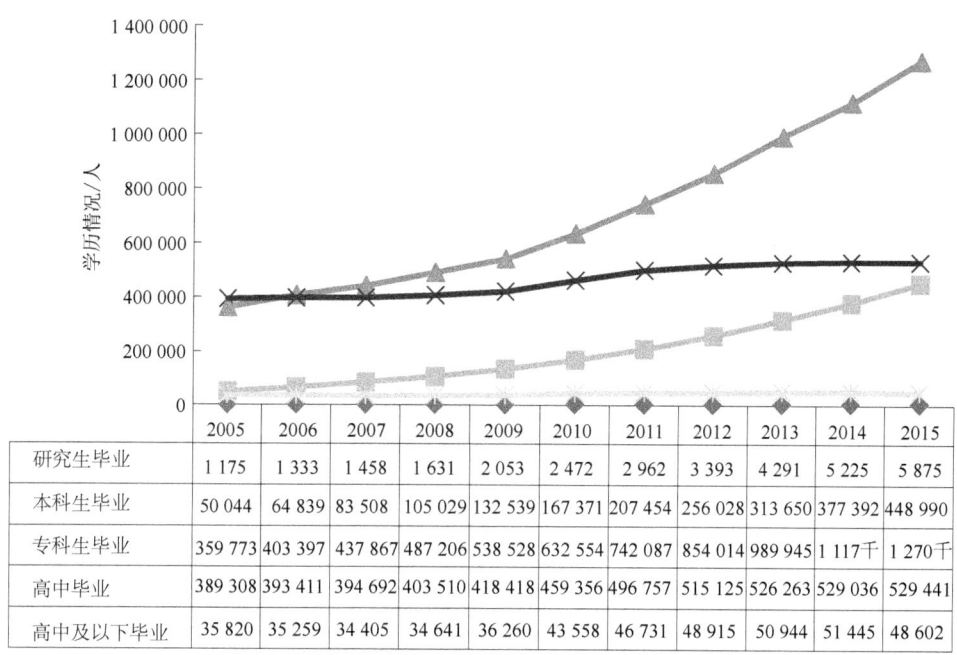

图1-30　2005～2015年幼儿园师资队伍的学历情况

注：图中数据根据《中国教育年鉴》相关数据计算得出。

资料来源：中华人民共和国教育部发展规划司. 2005～2015. 中国教育统计年鉴. 北京：人民教育出版社.

（2）幼儿园师资队伍以专科毕业为主，高中阶段毕业学历也占有较大比例

从不同学历教师所占比例来看，2005～2015年，幼儿园师资队伍的学历已经从以高中学历为主发展到以专科学历为主。同时，本科学历毕业、研究生学历毕业的教师在逐年增加，高中学历毕业的教师在逐年下降，高中学历以下毕业的教师也呈下降的趋势。2005年高中学历是幼儿园师资队伍的主体学历，高中学历的教师占幼儿园师资队伍的46.56%，专科学历的教师占幼儿园师资队伍的43.03%。到了2015年，专科学历的教师成为幼儿园师资队伍的主体，占幼儿园师资队伍的55.15%；高中学历的教师比例有所下降，虽然如此，依然占到22.99%。值得注意的是，虽然研究生和本科学历的教师比例在不断增加，但增长的速度比较慢，在教师总体中所占的比例还很小，说明我国幼儿教师的学历还需要不断提高（图1-31）。

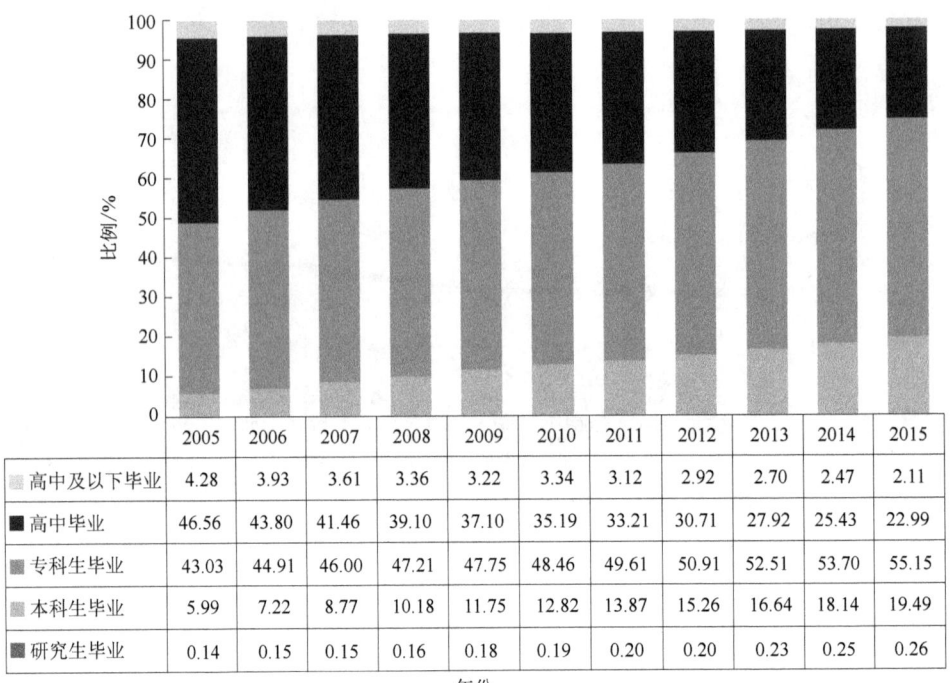

图 1-31　2005～2015 年师资队伍学历结构

注：图中数据根据《中国教育年鉴》相关数据计算得出。

资料来源：中华人民共和国教育部发展规划司.2005～2015.中国教育统计年鉴.北京：人民教育出版社.

3. 幼儿园师资队伍职称结构多元化，目前以未评职称教师为主

我国幼儿园师资队伍职称多样，各类职称人数不断发生着变化。小学三级、小学二级、小学一级、小学高级、中学高级和未定职级的人数在 2005～2013 年都有所增加。其中，未定职级的人数和小学一级、小学高级的人数在逐年增加。

（1）各级职称人数有所变化，其中未评职称人数增长迅速

幼儿园师资队伍的职称主要分为中学高级、小学高级、小学一级、小学二级、小学三级（共五个层级）和未定职级六种情况。相关统计数据表明，2005～2015 年，未定职级、小学高级和小学一级教师人数有逐年增加趋势，小学二级和小学三级教师人数先递减再缓慢增加，中学高级教师人数先上升再下降后又逐年上升。相比于 2005 年，2015 年小学高级和小学一级的增长率分别达到了 71.41%、64.07%。到 2015 年，中学高级教师人数增长也比较迅速，增长

率为 216.01%。更值得关注的是未定职级的人数达到 1 664 396，比 2005 年的 454 993 增加了 1 209 403 人，增加了近 265.81%（图 1-32）。

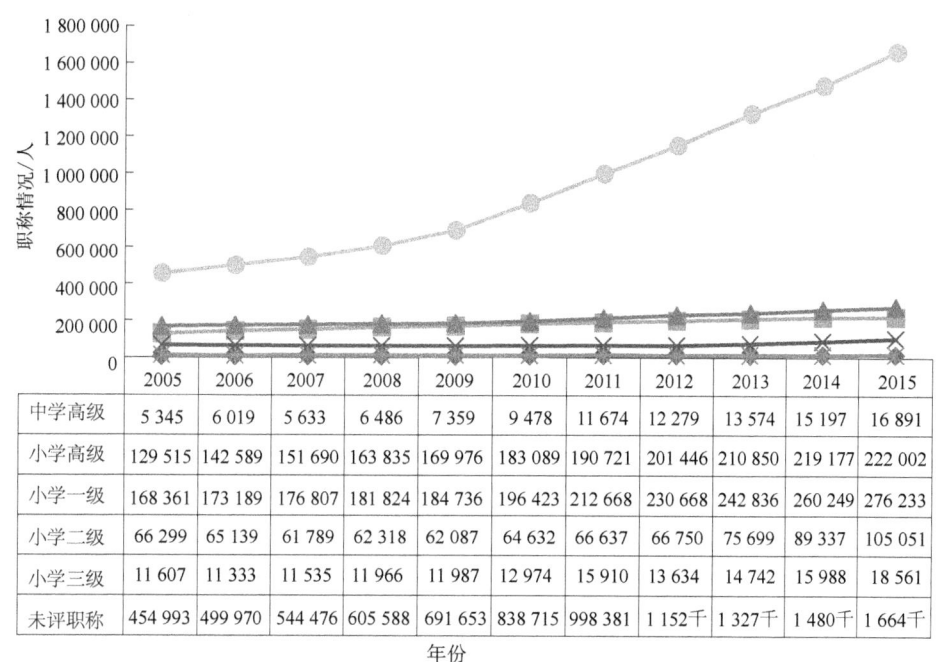

图 1-32　2005～2015 年幼儿园师资队伍的职称情况

注：图中数据根据《中国教育年鉴》相关数据计算得出。

资料来源：中华人民共和国教育部发展规划司. 2005～2015. 中国教育统计年鉴. 北京：人民教育出版社.

（2）未评职称教师所占比例逐年增加

从图 1-33 中可以看出，2005～2015 年未评职称的教师一直是幼儿园师资队伍的主体，且这一群体所占比例越来越大。2015 年未定职称教师比例为 72.27%，比 2005 年的 54.42% 增加了 17.85 个百分。此外，小学二级、小学一级和小学高级职称教师所占比例逐年下降，这说明新进入幼儿园的教师难以获得评职称的机会。与此同时，中学高级职称教师所占比例一直很少，2015 年所占比例仅为 0.73%，这说明在职教师也很少获得职称晋升的机会（图 1-33）。

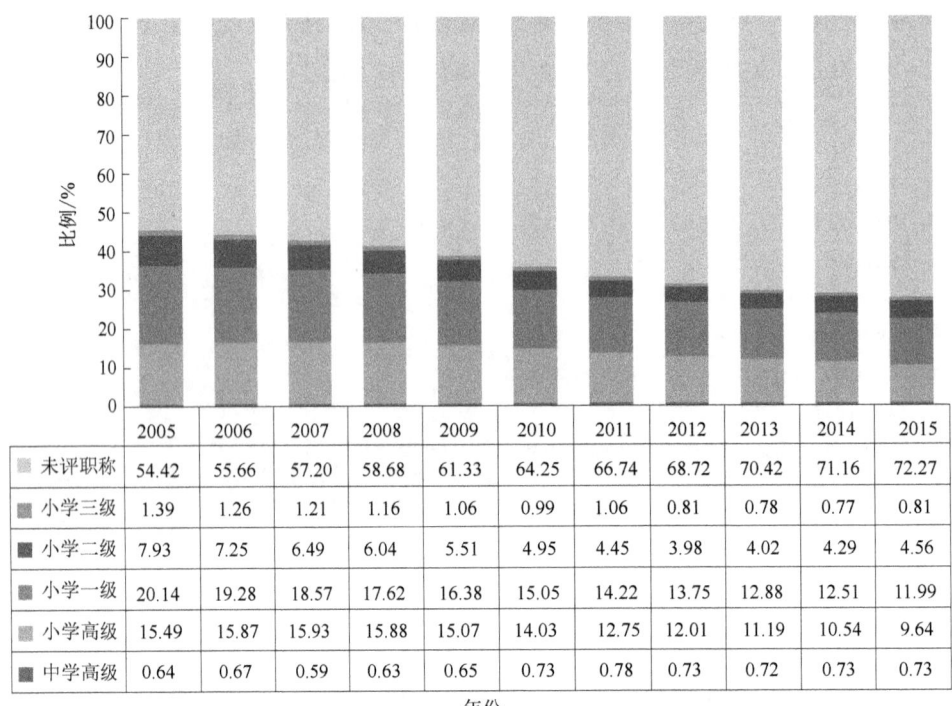

图1-33 2005～2015年幼儿园师资队伍的职称结构

注：图中数据根据《中国教育年鉴》相关数据计算得出。

资料来源：中华人民共和国教育部发展规划司.2005～2015.中国教育统计年鉴.北京：人民教育出版社.

4. 幼儿园的生师比有所下降

生师比是指幼儿园在园幼儿与幼儿园专任教师之比。从图1-34可以看出，相比于2005年，2015年全国幼儿园生师比有所下降，但期间有短暂的骤然性升高状况出现，如2011年生师比，与2010年相比有所升高。具体说来，2005～2015年，生师比呈下降趋势，但在2011年生师比稍微有所升高，达到了26.03%。2011年之后，幼儿园的生师比又呈现了逐年下降的趋势，至2015年，生师比为20.79%，比2005年降低了9.41%，幼儿园生师比逐渐趋向合理。此外，2005～2015年，幼儿与教职工比例、幼儿与教师比例和幼儿与专任教师比例的变化大体一致（图1-34）。

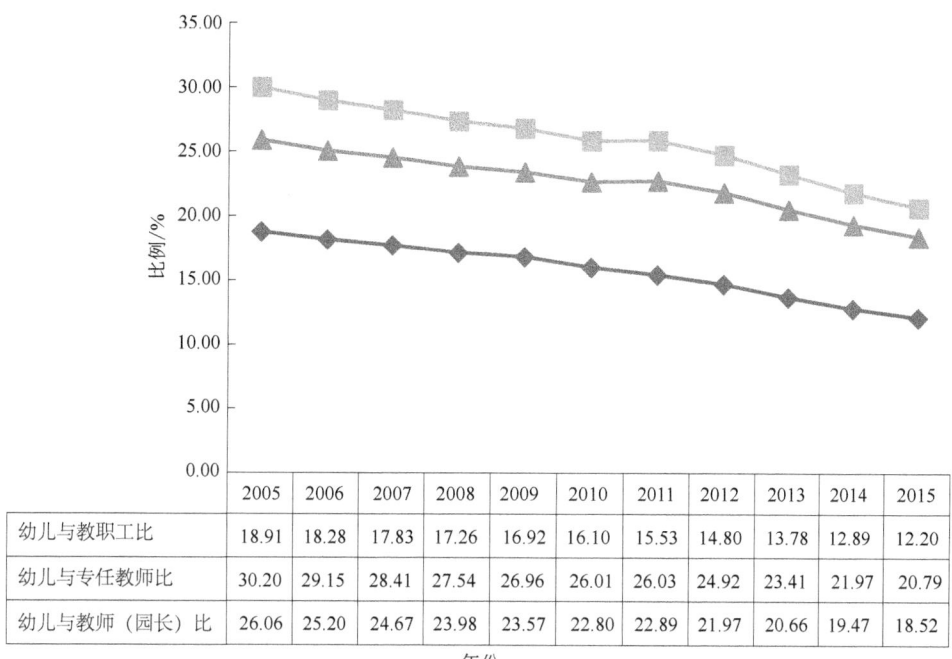

图 1-34 2005～2015 年幼儿园的生师比

注：图中数据根据《中国教育年鉴》相关数据计算得出。

资料来源：中华人民共和国教育部发展规划司.2005～2015.中国教育统计年鉴.北京：人民教育出版社.

总之，幼儿园师资队伍的总人数逐年增长。随着民办园数量的增加，民办园幼儿教师逐渐成为幼儿园教师的主体。幼儿园教师的学历层次逐年提高，幼儿园教师的职称结构稍微有所上移，但未评职称的教师仍然逐年增加。2005～2015 年以来，生师比逐年下降。可以说，近 10 年来幼儿园师资队伍不断壮大，质量也在不断提高。

六、幼儿园办园条件与硬件建设

幼儿园办园条件是幼儿园教育质量的重要构成要素，直接影响着幼儿的生活、学习和发展。本书主要从河北省幼儿园占地面积和建筑面积、幼儿园各种用房情况、幼儿园户外活动场地及幼儿园教学设施与资源四个方面进行分析。

（一）幼儿园占地面积和校舍建筑面积

幼儿园占地主要包括建筑用地、室外活动场地、绿化用地及道路用地。

幼儿园建筑用地主要包括园舍建筑用地、室外共用游戏场地、集中绿化用地等。[①]

1. 幼儿园占地面积和校舍建筑面积逐年增加

（1）幼儿园占地面积不断增加

2008～2015年幼儿园的占地面积和建筑面积均呈逐年增长趋势。数据显示，2015年的幼儿园占地面积达到477 021 986平方米，而2008年则为208 548 283平方米，即2015年比2008年增加了268 473 703平方米，增幅为128.73%。根据数据统计，2001～2010年的占地面积增幅为101.97%[②]。经过对比，可以看出，近8年来幼儿园占地面积增幅更大，说明国家逐渐重视改善幼儿园的办园条件和硬件水平，国家通过建设新的幼儿园、增加原有幼儿园的面积来改善幼儿入园的困境。

2008～2015年幼儿园占地面积呈现波浪式增长的趋势。具体分析，幼儿园占地面积自2008年至2011年增幅越来越大，在2011年达到19.41%，之后速度放缓（图1-35）。

（2）幼儿园校舍建筑用地面积增加

1）校舍建筑面积总体情况

如图1-35所示，2015年全国幼儿园的校舍建筑面积达到了258 436 365平方米，比2008年的107 372 725平方米增加了151 063 640平方米，增幅为140.69%。根据数据统计，2001～2010年，这10年间的建筑面积增幅为121.61%。[③]可以看出，近8年全国的校舍建筑面积增幅更大，但是具体分析，校舍建筑面积增长率在2013年最大，为17.49%，之后也呈缓慢下降趋势。

2）城乡幼儿园校舍建筑面积比较

本章节将全国幼儿园校舍建筑面积划分为城区、镇区、乡村三部分进行具体分析。由图1-36可见，2008～2013年，城区、镇区、乡村三类地区的幼儿园校舍面积都呈增长趋势，并且城区幼儿园校舍面积一直最大，其次是镇区校舍面积，最后是乡村。例如，2013年城区校舍面积达到了91 763 492平方米，镇区为72 995 278平方米，乡村仅为37 083 993平方米，城区为乡村的2.47倍。

---

① 田汉族，田甜．2016.10年来我国幼儿园生均面积变化趋势研究．教育导刊，（1）：9-14．
② 田汉族，田甜．2016.10年来我国幼儿园生均面积变化趋势研究．教育导刊，（1）：9-14．
③ 田汉族，田甜．2016.10年来我国幼儿园生面积变化趋势研究．教育导刊，（1）：9-14．

第一章 河北省学前教育发展背景

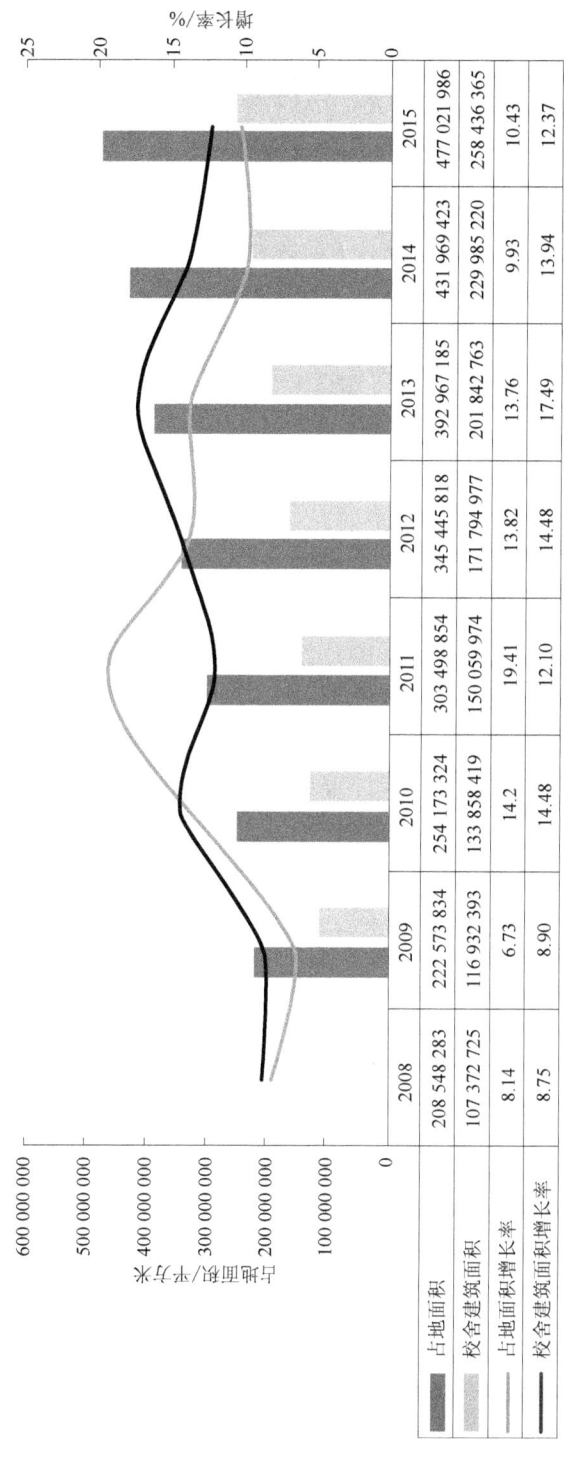

图1-35 2008～2015年幼儿园占地面积和建筑面积及其增长率

资料来源：中华人民共和国教育部发展规划司. 2008～2015. 中国教育统计年鉴. 北京：人民教育出版社.

具体分析，城区2013年校舍建筑面积为91 763 492平方米，比2008年的45 530 316平方米增加了46 233 176平方米，增幅为101.54%，呈逐年增长趋势；镇区2013年的校舍建筑面积为72 995 278平方米，比2008年的35 771 856平方米增加了37 223 422平方米，增幅为104.06%；乡村2013年的校舍建筑面积为37 083 993平方米，比2008年的26 070 553平方米仅增加了11 013 440平方米，增幅为42.24%。可以看出，相对于城区和镇区，近6年的乡村幼儿园校舍建筑面积增长缓慢（图1-36）。

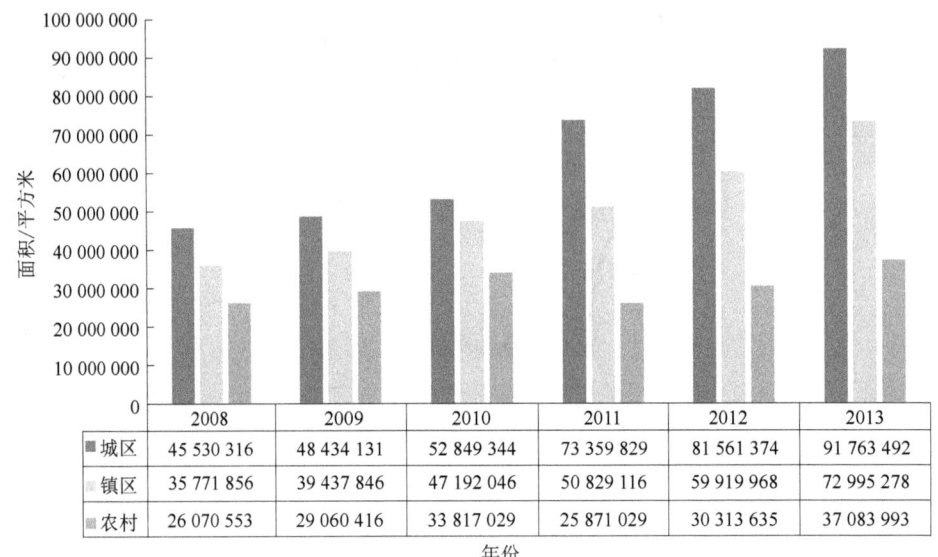

图1-36 城乡幼儿园校舍建筑面积比较

资料来源：中华人民共和国教育部发展规划司.2008～2015.中国教育统计年鉴.北京：人民教育出版社.

2. 幼儿园生均占地面积和建筑面积

（1）总体生均占地面积和建筑面积增加

幼儿园生均占地面积和建筑面积也呈逐年增加的趋势。2015年的生均占地面积达到了10.13平方米，比2008年的8.43米增加了1.7平方米，增幅为20.17%。2015年的生均建筑面积达到了6.06平方米，比2008年的4.34平方米增加了1.72平方米，增幅为39.63%。

可见，2008～2015年生均占地面积和生均建筑面积都呈现逐年增加的趋势，生均占地面积一直大于生均建筑面积，但生均建筑面积的增幅大于生均占地面积的增幅（图1-37）。

第一章　河北省学前教育发展背景

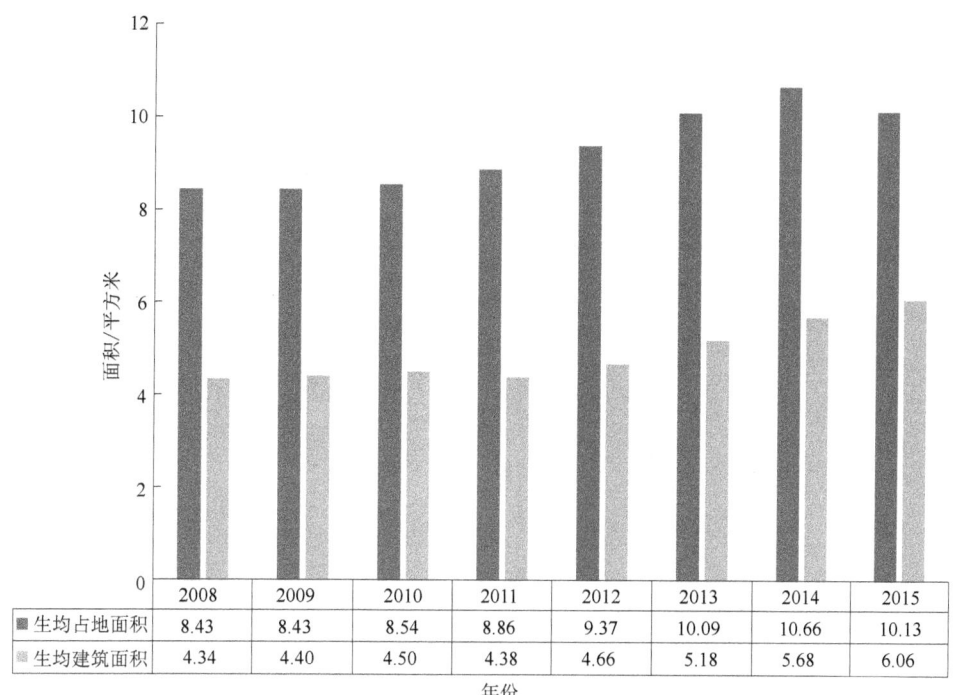

图1-37　2008～2015年幼儿园生均占地面积和生均建筑面积
资料来源：中华人民共和国教育部发展规划司.2008～2015.中国教育统计年鉴.北京：人民教育出版社.

（2）城乡生均校舍建筑用地面积比较

本书将全国2008～2013年幼儿园校舍建筑面积划分为城区、镇区、乡村三部分进行具体分析。由图1-38可见，2008～2013年，城区、镇区、乡村三类地区的幼儿园校舍面积都呈"U"形趋势，即2008～2011年生均建筑用地逐年下降，从2011年开始为转折点，2011～2013年呈逐年上升趋势。另外，城区生均幼儿园校舍面积一直最大，其次是镇区生均校舍面积，最后是乡村。平均来看，6年间，城区生均校舍建筑面积为6.91平方米；镇区生均校舍建筑面积为4.49平方米；乡村生均建筑面积为2.80平方米。

具体来看，城区2013年生均面积为6.96平方米，比2008年的7.3平方米减少了0.34平方米，降幅为4.66%。镇区2013年生均建筑面积为4.87平方米，比2008年的4.56平方米增加了0.31平方米，增幅为6.80%。乡村2013年生均建筑面积为3.44平方米，比2008年的2.44平方米增加了1.00平方米，增幅为40.93%。可以看出乡村幼儿园生均建筑面积虽相对较小，但增幅较大，乡村幼儿的校舍建筑情况得到了一定程度的改善（图1-38）。

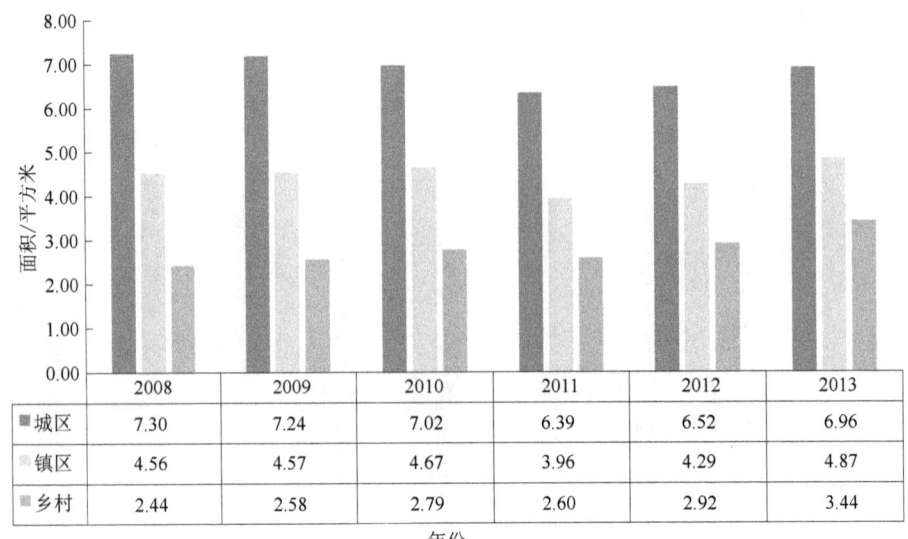

图 1-38　2008～2013 年城乡生均建筑面积情况

资料来源：中华人民共和国教育部发展规划司.2008～2015.中国教育统计年鉴.北京：人民教育出版社.

（二）幼儿园各种用房情况

幼儿园的园舍由教学及辅助用房、行政用房和生活用房及其他用房构成。

教学及辅助用房主要包括：活动室、睡眠室、卫生间、衣帽及教具储藏室、音体活动室、兴趣活动室等。行政用房包括：办公室（包括园长室、总财务室、档案室、教师办公室和保育员更衣休息室）、图书资料室、会议室、教具制作兼陈列室等。生活用房主要包括：厨房（包括主副食加工间、配餐间、消毒间、主副食库和烧火间）、教职工餐厅、开水及消毒间、炊事员更衣休息室、洗衣房、其他生活用房等。①

幼儿园的教学及辅助用房、行政办公用房、生活用房及其他用房等面积不断增加，生均活动室和睡眠室也在逐年扩大。与此同时，幼儿园的师均办公面积有所减少。

1. 幼儿园各种用房面积不断增加

根据相关统计数据可以发现，2008～2015 年全国幼儿园各种用房面积均呈逐年增加的趋势。2015 年的教学及辅助用房达到了 179 403 520 平方米，比

---

① 中华人民共和国教育部.2016.幼儿园建设标准.http://www.mohurd.gov.cn/wjfb/201704/t20170413_231464.html[2017-08-10].

2008年的71 051 110平方米增加了108 352 410平方米,增幅为152.50%。2015年的行政用房面积为18 058 164平方米,相比于2008年增幅为107.00%。2015年的生活用房达到了27 161 294平方米,比2008年增加了15 401 617平方米,增幅为130.97%。2015年的其他用房相对于2008年的15 837 999平方米,增加了17 975 387平方米,增幅为113.50%。

可以看到,在幼儿园四类用房中,教学及辅助用房的面积最大,约为其他三类用房的6倍,且它的增幅也最大,为152.50%。与此同时,行政用房、生活用房、其他用房面积中,由小到大依次为行政用房、生活用房、其他用房(图1-39)。

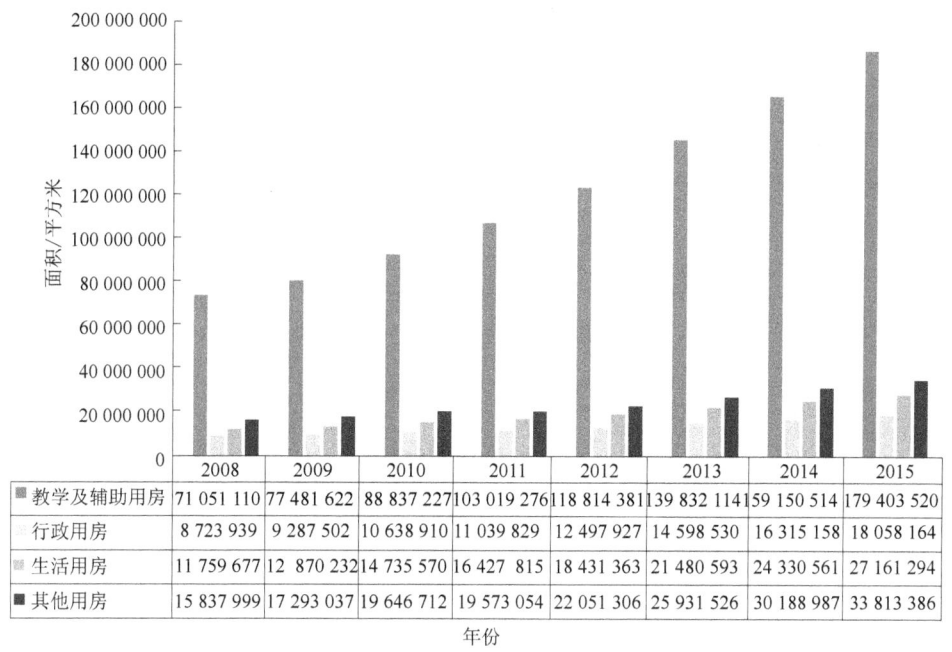

图1-39 2008～2015年幼儿园各种用房面积

资料来源:中华人民共和国教育部发展规划司.2008～2015.中国教育统计年鉴.北京:人民教育出版社.

2.幼儿园各种教学用房面积逐年增加

幼儿园的教学用房主要包括活动室、睡眠室、保健室和图书室等。图1-40显示,幼儿园的各种教学用房在2008～2015年逐年增加。2015年与2008年相比,活动室面积增加了63 443 054平方米,增幅为153.63%;睡眠室面积增加了26 292 789平方米,增幅为138.98%;保健室面积增加了2 973 053平方米,增幅为119.82%;图书室面积增加了4 495 290平方米,增幅为171.45%(图1-40)。

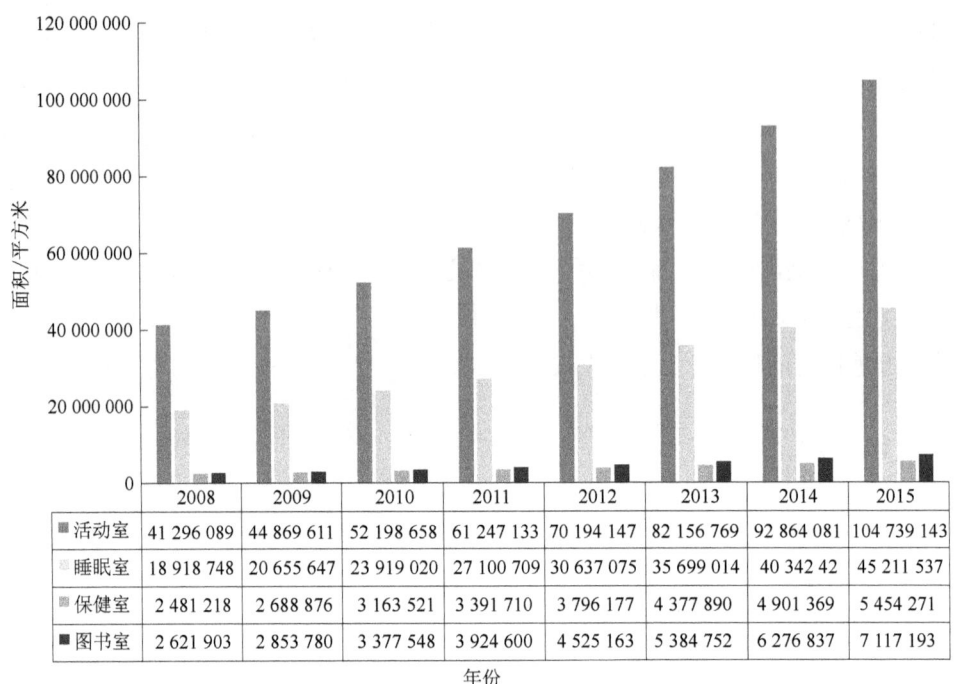

图 1-40　2008～2015年幼儿园各种教学用房面积

资料来源：中华人民共和国教育部发展规划司.2008～2015.中国教育统计年鉴.北京：人民教育出版社.

3. 幼儿园师均面积有所减少，生均用房面积逐渐增加

对师均办公用房、生均活动室、生均睡眠室的相关数据进行分析，可以发现，2008～2015年幼儿园的师均办公用房面积总的趋势是逐渐减少，相反，生均活动室和生均睡觉室面积呈现逐渐增加的趋势。

具体来说，2008年师均办公面积为3.69平方米，2015年减少为3.02平方米，降幅为18.16%。2008年生均活动室面积为1.67平方米，2015年为2.46平方米，增幅为47.31%。2015年的生均睡眠室面积为1.06平方米，相对于2008年的0.76平方米增加了0.3平方米，增幅为39.43%。值得注意的是，生均活动室面积和生均睡眠室面积虽低于师均办公面积，但生均用地逐渐增加，尤其是生均活动室面积与师均办公面积的差距逐渐缩小。例如，2008年师均办公面积是生均活动室面积的2.21倍，但在2015年仅为1.23倍。由此可以看出，国家学前教育事业的发展以幼儿为中心，在办学条件的提高上更加针对幼儿的发展（图1-41）。

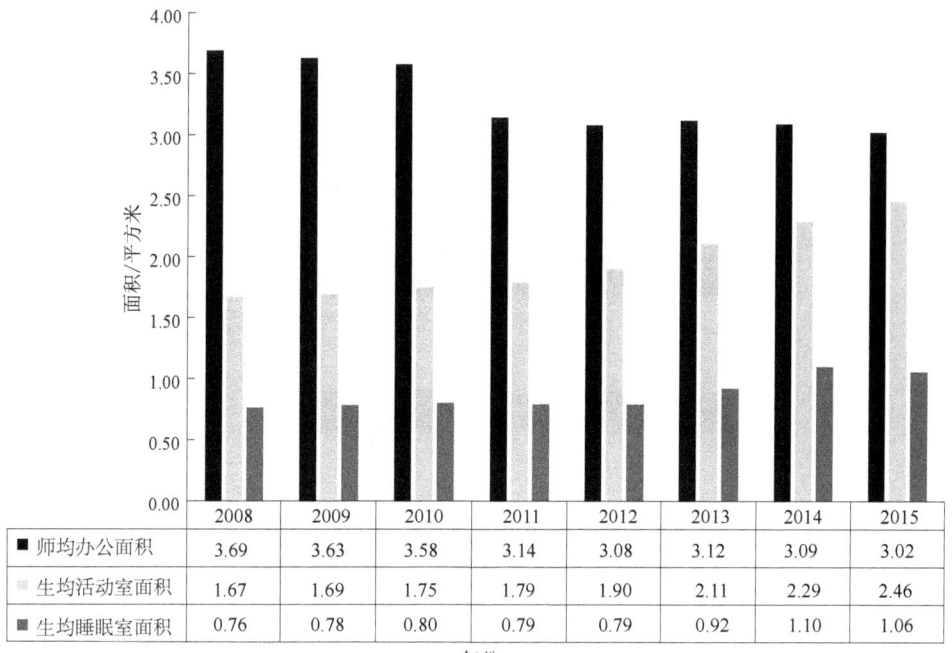

图 1-41　2008～2015 年幼儿园师均办公面积和生均活动室、睡眠室面积

资料来源：中华人民共和国教育部发展规划司. 2008～2015. 中国教育统计年鉴. 北京：人民教育出版社.

（三）幼儿园户外活动场地

1. 幼儿园总体户外活动场地面积增加

幼儿园户外（outdoor）活动区域是指房屋以外，包括走廊在内的活动区域。它是幼儿园户外环境的重要组成部分，是幼儿活动的主要环境和基本条件，国内外幼儿教育研究者和工作者都把幼儿园的户外活动区域作为评价幼儿园质量的一个重要指标。我国《幼儿园管理条例》和《幼儿园工作规程》中对幼儿园的园舍、场地等也都作了相应规定，要求各级各类幼儿园要为幼儿创造一个安全、丰富、有效的户外活动区域[①]。

幼儿园的户外活动场地面积在 2008～2015 年呈缓慢增长趋势，2015 年的户外活动场地面积达到 159 234 179 平方米，比 2008 年的 82 923 623 平方米增加了 76 310 556 平方米，增幅为 92.03%（图 1-42）。

---

① 岳慧兰. 2008. 城市幼儿园户外活动区域现状的调查与分析——以湖州市某区为例. 教育探究，（4）：15-18.

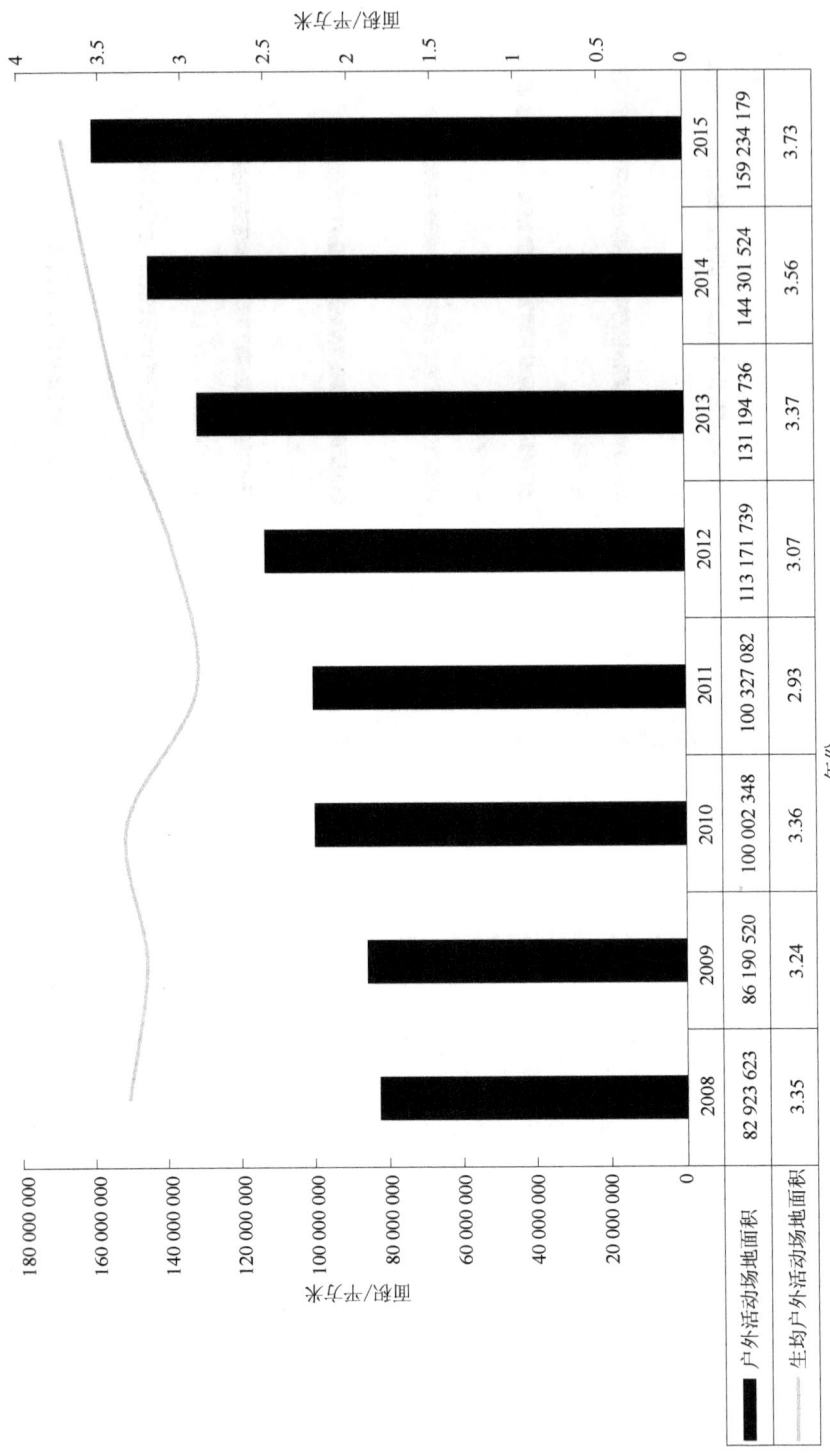

图 1-42　2008～2013年全国幼儿园户外活动场地及生均户外活动地面积

资料来源：中华人民共和国教育部发展规划司.2008～2015.中国教育统计年鉴.北京：人民教育出版社.

2. 幼儿园生均户外活动场地面积

从幼儿园生均户外活动场地面积分析，2008年的幼儿园生均户外活动场地面积为3.35平方米，2015年为3.73平方米，增加了0.38平方米，增幅为10.19%。相对于户外活动场地92.03%的增幅，可以看出生均户外活动场地面积增幅较小，根据数据分析，这大多是受在园幼儿数急剧增加的影响。同时可以看出，2011年生均户外活动场地面积减少幅度较大，之后2011～2015年又有所回升。

3. 城乡生均户外活动场地面积比较

对城区、镇区、乡村三类地区的生均户外活动场地面积进行分析比较，可以看出城区的生均户外活动场地面积大于镇区和乡村的生均面积，但差距逐年减小。根据图1-43具体分析如下。

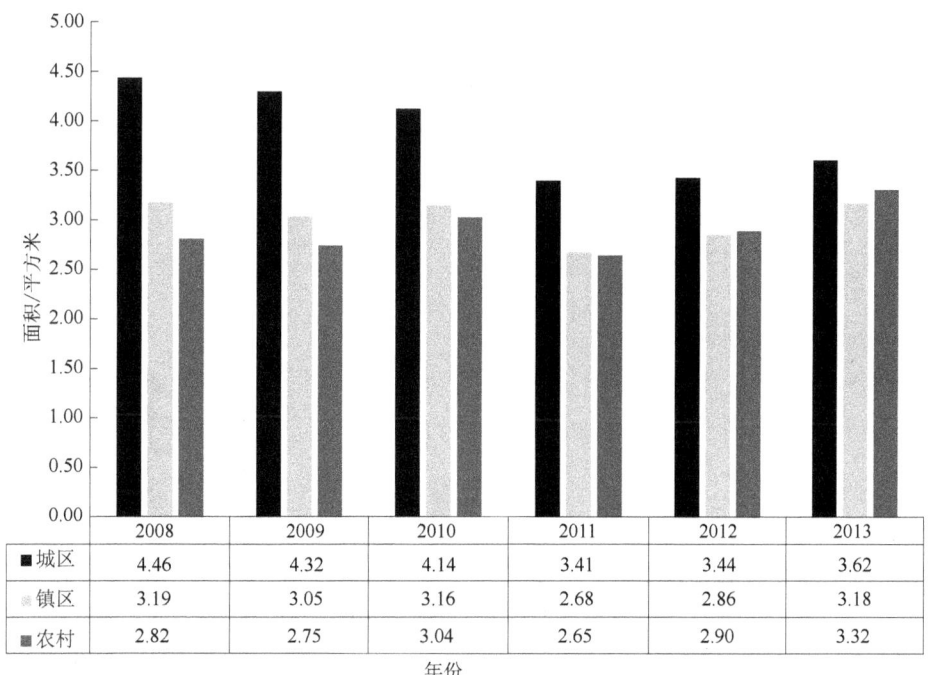

图1-43　2008～2013年城乡生均户外活动场地面积

资料来源：中华人民共和国教育部发展规划司．2008～2015.中国教育统计年鉴．北京：人民教育出版社．

城区生均户外活动场地面积呈现"U"形变化，2008～2011年生均户外面积逐渐减小，共减少了1.05平方米，降幅为23.54%；2011～2013年呈现缓慢回升的趋势,增加了0.21平方米,增幅为6.16%。

镇区生均户外活动场地面积呈现时起时伏的趋势,但大体情况基本保持不变,平均保持在3.02平方米。

乡村同镇区户外活动场地面积大体相同,2011～2013年呈现缓慢上升趋势。2013年相对于2008年增幅为17.73%,生均面积大约保持在2.91平方米。

由此看来,城区、镇区、乡村的生均户外活动场地面积增长较为缓慢,国家应更大力度地加大户外场地的建设,以保证幼儿有充分的场地进行户外活动。

(四)幼儿园教育设施与资源

我国幼儿园的教学资源不断丰富,其中图书总量和数字资源总量都在不断增加,同时生均图书量和生均数字资源也在逐年增长。

1. 幼儿园图书总量和生均总量都在不断增加

2008～2015年的幼儿园图书总量和生均总量呈现逐年增加的趋势。从图书总量来看,2015年的图书总量为294 672 988册,比2008年的94 196 071册增加了200 476 917册,增幅为212.83%。从生均图书量来看,2015年为6.91册,2008年为3.81册,增幅为81.36%(图1-44)。

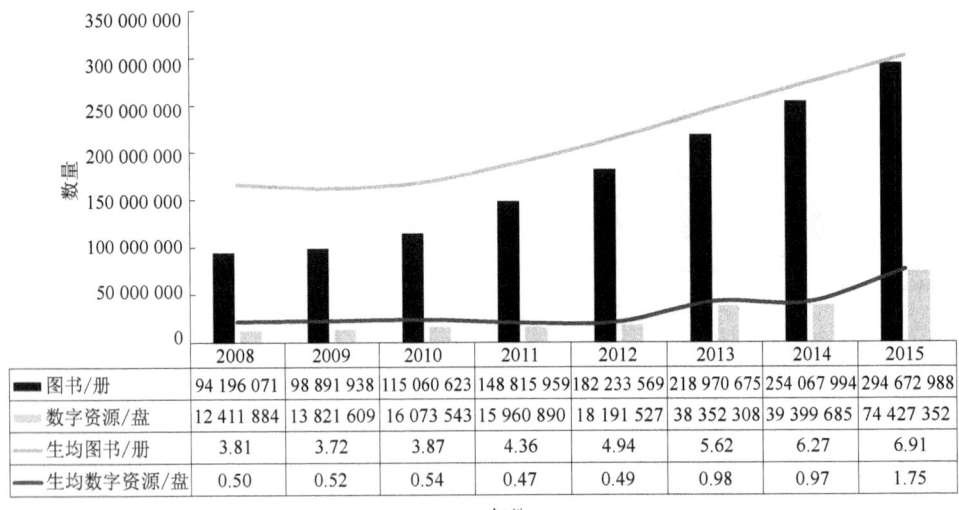

图1-44　2008～2015年幼儿园教学资源数量

资料来源:中华人民共和国教育部发展规划司.2008～2015.中国教育统计年鉴.北京:人民教育出版社.

2.幼儿园数字资源总量和生均数字资源逐渐增加

对 2008～2015 年的幼儿园数字资源和生均数字资源进行分析处理发现，2008～2015 年的数字资源呈逐年增加的趋势。

从数字资源总量来看，2015 年的录像带、光盘等的数量达到了 74 427 352 盘，比 2008 年的 12 411 884 盘增加了 62 015 468 盘，增幅为 499.65%。由此看出，数字资源的增长相当剧烈，国家对于幼儿园数字资源的投入和建设大显成效。从生均数字资源看，2008～2012 年，增长较缓慢，但在 2013～2015 年，增长较快，尤其是 2015 年，生均电子资源已达到 1.75 盘，相对于 2008 年的 0.5 盘，增幅为 250%。

3.幼儿园基本设备设施建设逐年完善

全国幼儿园的基本设备设施条件总体上正在向高质量和高水平的方向发展。各班基本设备设施达到适宜水平的比例比较高，其中桌椅适宜达到 80% 以上，厕所和盥洗设备、玩具柜和书架适宜达到 50% 以上。大部分幼儿园班级为幼儿设置了活动区，如图书角、绘画区、自然角等，幼儿可以进行自主性选择活动。

总体而言，我国幼儿园的办园条件正在逐年改善，幼儿园占地面积和建筑面积、各种用房面积及幼儿园的户外活动场地均有明显增加，幼儿园的教学资源也在不断丰富。但仍需继续提高办园条件和硬件水平，特别是增加幼儿学习、生活、活动和游戏等所需资源的数量，同时需进一步缩小城乡差距，使城乡幼儿共享教育资源。

七、普惠性幼儿园现状与发展情况

学前教育是人生发展的奠基性教育，为人的健康成长和终生发展奠定基础。学前教育对于提升我国国民的整体素质，促进我国经济长远发展和提高国际竞争力具有重要的战略意义。学前教育是终生学习的开端，是国民教育体系的重要组成部分，是重要的社会公益事业。改革开放特别是 21 世纪以来，我国学前教育取得长足发展，普及程度逐步提高。但总体上看，学前教育仍是各级各类教育中的薄弱环节。主要表现为教育资源短缺、投入不足，师资队伍不健全，体制机制不完善，城乡区域发展不平衡，一些地方"入园难"问题突出。办好学前教育，关系亿万儿童的健康成长，关系千家万户的切身利益，关系国家和民族的未来。

随着中国经济体制的改革，"公办"性质的幼儿园，特别是企事业单位和集体办园被迅速改革，致使我国的幼儿园结构发生了重要改变。民办园如雨后春笋般迅速发展，公办园的数量急剧减少，而且向着学前教育优质资源的方向发展。在这过程中，公办园日渐稀缺而民办园收费贵族化和两极化问题日益严重。如此便导致了"入园难"和"入园贵"的困境。这一困境的本质在于学前教育资源与社会日益增长的对学前教育的需求之间的矛盾。

党和政府本着"办人民满意的教育"的宗旨，在国务院和教育部相继颁布的《国家中长期教育改革和发展规划纲要（2010—2020年）》中，提出形成惠及全民的公平教育，要"坚持教育的公平性和普惠性，保证公民享有接受良好教育的机会"[①]。在2010年11月24日《关于当前发展学前教育的若干意见》中也提出要"把学前教育放在更加重要的位置"，"发展学前教育，必须坚持公益性和普惠性"等话语。这些政策的话语背后折射出的是政府发展普惠性学前教育的信念以及为更好化解当下我国学前教育"囚徒困境"的有力尝试。

（一）普惠性幼儿园及其相关概念

当前国内（不含港澳台等地区）研究主要集中在理论和实证两个方面，在中国知网检索中以普惠性幼儿园为关键词，时间为2010～2017年，就检索的结果来看，对于理论性的研究多是集中于普惠性的界定和普惠性幼儿园的内涵等相关概念的分析。

其中对普惠性概念的理解，明显存在差异性。有学者认为普惠性来自于经济学，譬如在王默的研究中指出："普惠性是一个经济学的术语，在经济学研究领域也称之为普惠制，英文简写GSP，主要是指发达国家对于从发展中国家或地区进口的成品和半成品给予的优惠制度。"[②] 姚琳琳则认为普惠性是一种制度设计，认为："普惠性是一种社会学概念，它主要针对的是弱势群体，目的在于实现社会的公平、大众性以及结果公平性。"[③] 与此同时还有部分学者认为普惠性的概念和当前我国经济的阶段有关，持这一观点的学者以厉以宁等经济学家为主。

---

① 腾讯新闻.2010.国务院审议通过中长期教育改革发展规划纲要.http://news.qq.com/a/20100506/001971.htm，[2016-11-3]

② 王默.2013.普惠性幼儿园的社会期待及普惠政策运行机制研究.沈阳师范大学硕士学位论文.

③ 姚琳琳.2011.普惠性幼儿园的特点及发展对策分析.徐特立研究——长沙师范学校（专科）学报.（3）：44-47.

还有学者从学前教育普惠性角度研究。例如，王海英认为："普惠性强调的是普遍惠及，人人享有，核心属性是高包容性、非竞争性、非排他性。所谓高包容性是指学前教育的经费投入不仅惠及特权儿童、弱势儿童、残障儿童，更包括其他所有儿童，普惠性服务的是公民权利，而非身份限制、阶层背景、经济基础等。"① 宋伟、袁爱玲认为："学前教育普惠性是指普及学前教育，针对的是学前教育领域，其最终受益者是幼儿，是普及、惠及所有幼儿的一种受教育权利，而非个别人的权利。"② 郑子莹认为，普惠性应该从内涵和外延两方面理解，内涵的核心属性是高度包容性，她认为学前教育的外延非常丰富："主要包括广覆盖、保基础、基本的、有质量的、覆盖城乡、布局合理、面向大众收费较低等几个层面。"③

可以看出，我国对于普惠性这一舶来名词的概念还存在较大的争议，也是基于对不同概念的理解，才造成当前我国普惠性幼儿园面临众多发展问题。可见学术界对于普惠性应该寻找一个能被众人认可的话语权。根据三级传播理论，实现话语权的转变就必须要求话语权有及时的效果和价值，而这种话语权的建设需要公众人物起带头引导作用，又或者从意识形态去打破原有的束缚。

普惠性幼儿园是促进学前教育公平以及最基础的实现启蒙教育的重要形式，同时也是一项惠民工程，在当前我国经济处于新常态时期，普惠性幼儿园很明显是体现教育公平合理的选择。但是普惠性幼儿园作为新兴事物，人们对于它的理解也存在诸多的解释，主要的认识多集中在以下几种观点。第一种是大众层面的观点，他们普遍认为："普惠性幼儿园的衡量标准包括面向大众、价格公道，教育质量有保证，同时还要实现幼儿园本身的良性发展。"另一种以冯晓霞为代表，认为："普惠性幼儿园是指主要为广大中低收入家庭服务的幼儿园，即用公共资金举办面向社会大众的公共学前教育服务机构。"④ 还有一些学者，如王海英就认为："普惠性幼儿园必须具备的是包容性、非竞争性、非歧视性。"⑤ 姚琳琳指出："普惠性幼儿园的特点主要表现在：公益性、公平性、优惠性；政府可从落实自身职责、加大财政投入等方面促进普惠性幼儿园发展。"⑥

---

① 王海英. 2011. 试论普惠性民办幼儿园的制度设计. 幼儿教育（教育科学），（6）：1-5.
② 宋伟，袁爱玲. 2012. 正确认识学前教育普惠性的内涵. 教育导刊，（6下）：9-12.
③ 郑子莹. 2012. 我国学前教育普惠性概念的建构及政府责任. 四川教育学院学报，（11）：1-4.
④ 冯晓霞. 2010. 大力发展普惠性幼儿园是解决入园难入园贵的根本. 学前教育研究，（05）：4-6.
⑤ 王海英. 2011. 试论普惠性民办幼儿园的制度设计. 幼儿教育（教育科学），（6）：1-5.
⑥ 姚琳琳. 2011. 普惠性幼儿园的特点及发展对策分析. 徐特立研究——长沙师范学校（专科）学报.（3）：44-47.

对于普惠性幼儿园提及的最早的 2010 年的《国家中长期教育改革和发展规划纲要（2010—2020 年）（公开征求意见稿）》这一文件发表后众多学者开始了研究。2011 年 11 月 24 日国务院发布的《关于大力发展学前教育的若干意见》指出："发展学前教育，必须坚持公益性和普惠性。"[①] 2014 年 11 月，教育部、国家发展改革委和财政部发表的《教育部 国家发展改革委 财政部关于实施第二期学前教育三年行动计划的意见》要求积极扶持普惠性民办幼儿园，并且提出具体的举措来发展普惠性民办园。2015 年《中共中央关于制定国民经济和社会发展第十三个五年计划的建议》提出："发展学前教育，鼓励普惠性幼儿园发展。"再一次重申了普惠性学前教育的发展道路，并且将其作为一种政策性指引。吴鹏就我国的教育未来发展规划认为："我国随着经济的变化尤其是在'十二五'和'十三五'时期，二胎政策放开，势必会影响我国学前教育的教育需求。"[②] 并且 2017 年 4 月份颁布的《教育部等四部门关于实施第三期学前教育行动计划的意见》在政策措施上也指出要发展普惠性幼儿园，并且明确提出："各省（区、市）制定普惠性民办幼儿园认定标准，逐年确定一批普惠性民办幼儿园。"

事实上地方政府对于普惠性幼儿园的规定很不统一。比如，内蒙古、四川等省份主要是一些概念性和相对模糊性的一级指标要求，并没有具体的指标进行认定。而当前我国经济所面临的新常态与学前教育供给的矛盾会日益突出，普惠性学前教育的发展急需要深度的推进。

（二）普惠性幼儿园发展相关政策

1. 中央层面发展普惠性幼儿园的政策

普惠性幼儿园是近期出现的一个新生事物，是我国政府为解决学前教育尤其是幼儿园"入园难、入园贵"问题提出的解决策略。2010 年《国家中长期教育改革和发展规划纲要（2010—2020 年）》指出："'明确政府职责''基本普及学前教育''重点发展农村学前教育'。"[③]《国务院关于当前发展学前教育的若干意见》中提出积极扶持普惠性民办幼儿园发展，指出："'努力建构覆盖城乡、

[①] 中华人民共和国国务院.关于当前发展学前教育的若干意见. 2010. http://www.edu.cn/xue_qian_779/20101124/t20101124_543764.shtml[2016-10-11].

[②] 吴鹏. 2011. 解读《国家中长期教育规划纲要》中的学前教育. 成功教育,（3）：195.

[③]《国家中长期教育改革和发展规划纲要》工作小组办公室. 2011. 国家中长期教育改革和发展规划纲要（2010-2020 年）（公开征求意见稿）. http://www.edu.cn/html/e/jiaoyuguihuagangyao.html[2016-11-3].

布局合理的学前教育公共服务体系,保障适龄儿童接受基本的、有质量的学前教育''从实际出发,为幼儿和家长提供方便就近、灵活多样、多种层次的学前教育服务'。"[1] 财政部和教育部《关于加大财政投入支持学前教育发展的通知》中提出大力支持民办幼儿园提供普惠性的学前教育服务,文件指出,"遵循儿童身心发展特点和教育规律,防止和纠正'小学化'倾向","建构覆盖城乡、布局合理的学前教育公共服务体系","'广覆盖、保基本、有质量'"。[2] 在 2015 年 11 月颁布的《中共中央关于制定国民经济和社会发展第十三个五年计划的建议》也提到了发展学前教育,鼓励普惠性幼儿园发展。可以看出当前我国学前教育对于大力发展普惠性幼儿园的共识,甚至将普惠性幼儿园发展作为一项重大的发展战略写进了"十三五"规划的布局之中。

对普惠性幼儿园的发展国家也出台了众多政策给予财政和其他方面的支持。《教育规划纲要》指出:"加大政府投入,完善成本合理分担机制,对家庭经济困难幼儿入园给予补助。"[3] 2011 年 9 月财政部和教育部联合发布的《关于加大财政投入支持学前教育发展的通知》也提出了各级财政部门要切实加大学前教育财政投入,积极配合教育部门,进一步完善体制机制,推进综合改革,坚持公益性和普惠性发展学前教育等主张。2014 年《教育部 国家发展改革委 财政部关于实施第二期学前教育三年行动计划的意见》提出:"积极扶持普惠性民办幼儿园,落实用地、减免税费等,多种方式吸引社会力量办园。各地根据普惠性资源布局和幼儿园需求,认定一批普惠性民办幼儿园。"[4] 2015 年 7 月财政部、教育部联合发布的《关于印发〈中央财政支持学前教育发展资金管理办法〉的通知》提出:"'通过政府购买服务、奖励等方式支持普惠性民办幼儿园发展''支持企业事业单位、城市街道、农村集体举办的幼儿园向社会提供普惠性服务。'"[5] 可以看出我国中央政府在经历了 5 年的时间后,已经初步建立了一

---

[1] 中华人民共和国国务院. 2010. 国务院关于当前发展学前教育的若干意见. http://www.edu.cn/xue_qian_779/20101124/t20101124_543764.shtml[2016-11-3].
[2] 中华人民共和国财政部,中华人民共和国教育部关于加大财政投入支持学前教育发展的通知 http://jkw.mof.gov.cn/zhengwuxinxi/zhengcefabu/201109/t20110928_597060.html[2016-11-3].
[3] 《国家中长期教育改革和发展规划纲要》工作小组办公室. 2010. 国家中长期教育改革和发展规划纲要(2010-2020 年)(公开征求意见稿). http://www.gov.cn/jrzg/2010-02/28/content_1544191_2.htm[2016-11-10].
[4] 中华人民共和国教育部,中华人民共和国国家发展和改革委员会,中华人民共和国财政部,等. 2014. 教育部 发展和改革委员会 财政部关于实施第二期学前教育三年行动计划的建议. http://www.moe.gov.cn/srcsite/A06/s3327/201411/t20141105_178318.html[2016-11-10].
[5] 中华人民共和国财政部. 关于加大财政投入,积极配合教育部门发展的通知 [EB/OL]. http://jkw.mof.gov.cn/zhengwuxinxi/zhengcefabu/201507/t20150714_1315341.html[2016-11-10].

套系统的中央层面政策扶持与资助体系，进一步印证了我国中央层面对发展普惠性学前教育重视的事实。

我国中央政府不断推进发展普惠性学前教育的进程。党的十八届五中全会对学前教育的发展明确提出要鼓励普惠性幼儿园的发展这一要求，与此同时，教育部联合其他三部门于2017年4月17日出台了《教育部等三部门关于实施第三期学前教育行动计划的意见》，该文件中指出："到2020年，基本建成广覆盖、保基本、有质量的学前教育公共服务体系。全国学前三年毛入园率达到85%，普惠性幼儿园覆盖率（公办幼儿园和普惠性民办幼儿园占在园幼儿总数的比例）达到80%左右。"[①] 除此之外，在学前教育发展重点任务上，提出不断增加普惠性资源供给等举措。

从上述政策的表述话语中可以看出，我国政府心系学前教育，努力办好人民满意的学前教育，不断推进我国普惠性学前教育的总体进程，不断推进学前教育的供给侧结构改革。

2. 地方层面发展普惠性幼儿园的政策

相比于国家层面，地方政府是我国普惠性政策实施结果的重要组成机构，也是推进普惠性学前教育政策实施的重要环节。一个教育政策的组成，每一部分都不可以缺少，而教育政策的落实，需要发挥地方政府的作用，并且地方政府对普惠性幼儿园发展起着不可忽视的作用。笔者根据实际的统计以及参考北京师范大学教育学部吕武博士的《当前省级政府普惠性幼儿园政策的现状、问题与对策》，制作省级政府关于普惠性幼儿园的认定与资助政策统计表（表1-1）（本次统计数据截止到2017年6月）。

表1-1　省级政府关于普惠性幼儿园的认定与资助政策统计表

序号	进度	省份	数量
1	已经出台	天津、山东、黑龙江、内蒙古、新疆、甘肃、宁夏、云南、贵州、四川、湖南、重庆、陕西、江苏、广西、江西、海南、吉林、上海、湖北、河北、山西、辽宁、广东	24
2	正在制定	北京、安徽、辽宁、河南、西藏、福建、浙江	7

注1：本数据统计援引自吕武的《当前省级政府普惠性幼儿园政策的现状、问题与对策》，并且根据各省份的相关政策文本予以更新。

2：统计数据是以省级层面颁布的普惠性幼儿园认定办法为依据，不包括各地市的具体认定办法。

---

① 中华人民共和国教育部，中华人民共和国国家发展和改革委员会，中华人民共和国财政部，等. 2017. 教育部等四部门关于实施第三期学前教育行动计划的意见. http://www.moe.gov.cn/srcsite/A06/s3327/201705/t20170502_303514.html[2017-06-10].

可以看出，我国大部分省份已出台了普惠性幼儿园认定办法，但是仍有一些省份还没有制定明确的认定办法和扶持政策，这在很大程度上制约了普惠性幼儿园在全国范围内的发展以及中央政策的进一步落实。可见我国的普惠性幼儿园，单就政策制定方面便具有显著的区域差异性。各地区在制定普惠性幼儿园的认定标准上存在很多的不同，"有些省份对申请普惠性幼儿园的条件做了非常复杂的规定，如山东、陕西等省份。有些省份则只有一些原则性、概括性、普遍性的要求，如内蒙古、四川等省份"。① 从各地区制定政策的文本表述分析发现："当前我国的普惠性幼儿园认定仍以保障基本质量的基础上的学位供给为基础导向、对幼儿园发展的可持续性、供给方式等方面设计很少。"② 此外，地方政府在根据本地区的实际情况制定的相关政策也存在诸多的问题，如政策制定不清晰，责任人不明确，某些政策文本表述过于模糊。比如，保证学前教育的质量，但是具体的如何界定质量的层次没有明确的衡量标准，缺乏一定的量化性标准和详细的具体指标。

总体来看，各地区的普惠性幼儿园的认定多偏重于民办幼儿园方面，这或许和普惠性学前教育政策以及中央层面出台的政策多涉及民办幼儿园等有密切联系。在认定中更加侧重于收费价格以及师资情况与保育情况等方面，但也有地区对普惠性幼儿园的认定标准有所不同。比如，重庆江北区对普惠性幼儿园的认定标准有办园条件、人员配置、经费管理、履行职责、社会效益五方面。同时，省级层面的政策本身过于笼统，甚至有些地区直接引用中央层面的文件，缺乏政策的可操作性与针对性。

对普惠性幼儿园发展的支持也存在显著的差异。一些地区采用传统的资助形式如现金资助和实物资助等。比如，广东省佛山市出台《佛山市学前教育生均公用经费制度实施办法》中指出："学前教育生均公用经费拨款对象为经区级以上教育行政主管部门依法批准设立的公办幼儿园（含部队园）、普惠性幼儿园及偏远农村小学附设的学前班、幼儿班（以下简称幼儿园）。学前教育生均经费按每生每年100元标准，根据在园本市户籍幼儿人数拨付给幼儿园。"③ 此外还有一些地区采用了政府购买服务。比如，上海浦东新区采用政府向幼儿园购买服

---

① 吕武. 2016. 当代省级政府普惠性幼儿园政策的现状、问题与对策. 教育导刊，(04下半月)：8-12.
② 吕武. 2016. 当代省级政府普惠性幼儿园政策的现状、问题与对策. 教育导刊，(04下半月)：8-12.
③ 佛山市人民政府. 2015. 佛山市人民政府办公室关于完善学前教育生均公用经费制度的意见. http://www.foshan.gov.cn/fspubgov/szdw/0040/201502/t20150206_5042517.html[2016-11-10].

务。所谓的政府购买服务，是指社会发展局将幼儿园园舍租赁给有一定资质的社会组织或者个人创办的幼儿园，同时给予一定的补贴。另外，各地区对发展普惠性幼儿园的投入也存在很大差距。重庆江北区普惠性幼儿园教育经费投入情况从 2011 年的 547 万元到 2013 年的 1 750 万元，上海浦东新区普惠性幼儿园财政经费从 2010 年的 1 502.9 万元到 2012 年的 2 783.9 万元（本数据来自王海英教授主持的中国学前教育研究会"十二五"研究课题——"普惠性民办幼儿园政策研究"的系列成果）。

（三）当前普惠性幼儿园存在的问题

第一，政府在发展普惠性学前教育中的职能定位与管理上存在很大的问题。事实上，《教育规划纲要》已经明确指出了政府在发展普惠性幼儿园中有着义不容辞的责任，但是实际在政策的执行中存在着很大的偏差，这一偏差的很大原因是政府的职能定位依然是传统的"政府本位""官本位"等。这种意识的形成有着深刻的历史根源，它深受传统公共行政理论影响。该理论认为，政治与行政彼此分离，行政人员只能对政治官员负责，行政责任的落实主要依赖法律与政府的外部控制。由于缺少了直接管理地方政府的对象，就会很容易出现"官本位"的作风。此外在管理方面也存在诸多的问题。比如，缺乏具体的部门来指挥和统领地方普惠性学前教育的发展。

目前各级政府对学前教育以及普惠性学前教育的发展并不重视，主要表现在以下方面。政府管理机构和人员设置不健全，随着"地方负责，分级管理"的工作思路和方针的确立，学前教育管理的重心下移。[①] 就全国范围来讲，很少有省份设置专门管理普惠性幼儿园的部门，很多情况下都是由其他部门负责，而负责人也并非是专职专干，很多都不具有教育学的学历背景。在这样的背景下，很难将普惠性学前政策落实于普惠性幼儿园的发展上。此外，在教育督导上基本都是政府自身评价，评价主体过于单一；同时，评价上很少做到发展性评价，更多的是一种终结性评价；另外，评价侧重于结果评价，忽视了过程评价；甚至更多的是一种绝对评价，很少做到个体内差异评价。

第二，学前教育的投入状况。这种问题突出表现在民办园以及农村普惠性幼儿园上，现阶段我国普惠性民办幼儿园的办园主体主要是民间团体以及个人

---

① 刘占兰. 2010. 发展学前教育是各级政府义不容辞的责任——《国家中长期教育改革与发展规划纲要》对政府责任的确定. 学前教育研究，(11)：12-16.

和其他社会力量，筹措资金的方式较为单一，很大程度上办园资金主要是由前期投入与幼儿保教费的收入构成。普惠性学前教育投入存在很大的区域性差异。此外，普惠性学前教育的生均投入也会存在很大的差异。譬如，《佛山市学前教育生均公用经费制度实施办法》中指出："学前教育生均公用经费拨款对象为经区级以上教育行政主管部门依法批准设立的公办幼儿园（含部队园）……"[①] 此外，在普惠性学前教育的总经费投入上，也有很大的差距，以重庆江北区的普惠性幼儿园的教育经费投入情况从2011年的547万元到2013年的1750万元与上海浦东新区普惠性幼儿园财政经费从2010年的1502.9万元到2012年的2783.9万元进行比较，可以很容易发现这一状况。2008~2010年，我国财政性幼儿教育经费在财政教育经费中所占的份额一直维系在1.3%左右，在这有限的1.3%的教育经费中70%被用于极少数示范幼儿园，城镇和农村所获得教育经费不足30%。

另外就学前教育经费的结构而言，各地区也有很大的差异。比如，上海浦东新区的财政投入结构采用集约型的投入方式，这种投入方式表现为政府购买服务或者采用降低办园费用等间接的财政补贴形式；此外，为了保障经费的总体使用透明，引进第三方进行监督。而西部地区的学前教育经费依然过分依赖中央政府的拨款，依然是一种较为粗放的财政投入方式。

第三，普惠性幼儿园总体师资情况呈现参差不齐的现状。学前教师的准入门槛较低，只要具备教师资格证，就可以从事学前教育工作。全国范围内很多学前教师的水平以大专学历为主，但是在一些较为偏远地区便放低到中专学历等层面。另外，关于学前教师的师资培训等方面主要表现为缺乏针对性与发展性，师资培训方式和教师进修方面的途径较为单一，同时很多教师的职业信念欠缺，甚至出现诸多的跳槽现象，人员队伍不稳定。学前教育教师自我满意度较低。还有从生师比来看，大多数幼儿园的生师比比例较大，甚至严重超过国际最高水平，大班级容量授课在我国的学前教育中仍然占有很大比重。

此外普惠性幼儿园的办园水平与硬件水平也存在很大的差异，具体可参考幼儿园办园条件与硬件水平等部分。除此之外，城市与农村的普惠性幼儿园发展有着显著的差异，这种差异存在于普惠性幼儿园发展的方方面面；同时，存在很大的区域性差异，总体来看农村普惠性学前教育发展的情况更加不容乐观。

---

① 佛山市人民政府. 2015. 佛山市人民政府办公室关于完善学前教育生均公用经费制度的意见. http://www.foshan.gov.cn/fspubgov/szdw/0040/201502/t20150206_5042517.html[2016-11-10].

八、农村① 学前教育发展与扶弱、扶助情况

(一) 农村学前教育普及情况

1. 幼儿园数量与园所规模

(1) 幼儿园数量及增长率

如图 1-45 所示,2008～2015 年,我国农村幼儿园园所数量的变化总体上是呈现稳定增长趋势的。2011 年与上一年相比,全国农村幼儿园数量有小幅度减少,到 2011 年我国农村幼儿园数量由 2010 年的 114 575 所减少到 113 203 所,共减少 1 372 所,降幅达 1.20%。之后 2012～2015 年恢复为增长模式,到 2015 年全国农村幼儿园数量已达 154 662 所,相比于 2008 年增加了 54 105 所,增幅达 53.81%。

与全国城区幼儿园数量和变化水平相比较,全国农村幼儿园数量所占比重高于全国城区幼儿园数量。2010～2015 年全国农村年均幼儿园数量为 131 229.17 所,2010～2015 年全国城区年均幼儿园数量为 57 193.83 所,全国农村幼儿园年均数量是全国城区平均幼儿园数量的 0.44 倍。从年增长趋势来看,2011 年城区幼儿园较上一年的增长速度飞快,达到了 49.38%,同年农村幼儿园增长率是负值,为 -1.20%。其他年份农村和城区幼儿园增长速度较为接近(图 1-45)。

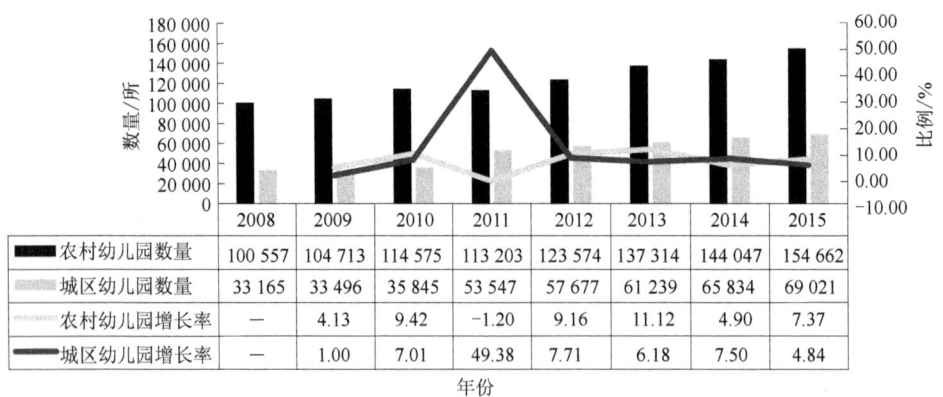

图 1-45　2008～2015 年全国城乡幼儿园数量和增长率

注:图中数据根据《中国教育统计年鉴》相关数据计算得出。

资料来源:中华人民共和国教育部发展规划司.2009～2016.中国教育统计年鉴.北京:人民教育出版社.

---

① 本节中所指的农村是相对于城市而言的,包括县(镇)和乡村。

(2)幼儿园园均班级数量和园均幼儿数量

如图1-46所示,2008～2015年我国农村幼儿园园均班级数量和园均幼儿数量时起时伏,主要变化分为两个阶段。第一个阶段是从2008～2011年,我国农村地区幼儿园园均班级数量在2008～2011年呈现不断上升趋势,全国农村园均班级数量从2008年的6.08个班级急剧上升到2011年的7.46个班级,园均幼儿数量从2008年的184人上升到2011年的201人。这说明农村幼儿园的规模在逐渐扩大。第二阶段,即2012～2015年,全国农村幼儿园园均班级数量和园均幼儿数量又呈现下降趋势,园均班级数量由2012年的6.74个下降到2015年6.13个,园均幼儿数量也由2012年的197人下降到2015年的179人。由此可见,2011年是农村幼儿园园均规模急剧扩大的一年,而后又在逐步缩小。

从全国城区园均班级数量和园均幼儿数量发展水平来看,城区幼儿园园均班级数量呈现波浪式变化,但始终保持每个幼儿园约7个班级。农村幼儿园园均班级数量始终维持在6个左右。可见我国农村地区的园均班级数量和园均幼儿数量均略小于城市地区,农村地区幼儿园规模要略小于城区幼儿园规模(图1-46)。

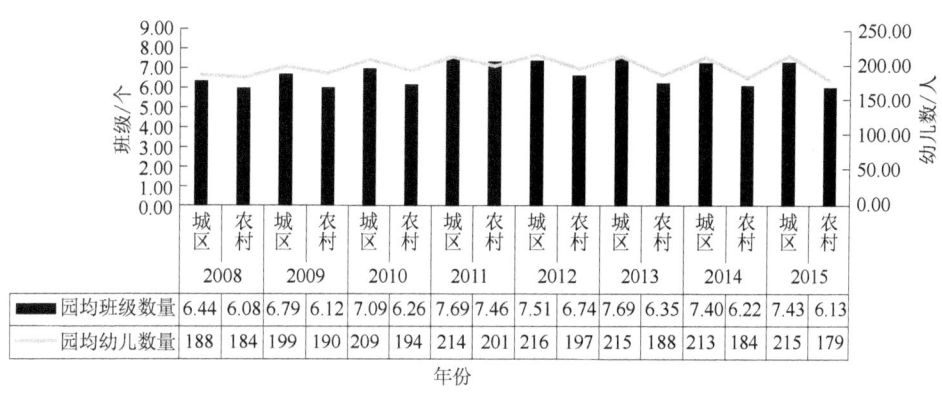

图1-46 2008～2015年全国城乡幼儿园园均班级数量和园均幼儿数量

注:图中数据根据《中国教育统计年鉴》相关数据计算得出。

资料来源:中华人民共和国教育部发展规划司.2009～2016.中国教育统计年鉴.北京:人民教育出版社.

2.幼儿园班级数量与班级规模

如图1-47所示,总体来说,2008～2010年全国农村幼儿园班均儿童数较高,2011年班均儿童数略有下降,2011～2015年全国农村幼儿园班均儿童数较为起伏,但总体保持在班均29人左右。与2010年相比,2015年全国农村幼儿园班均儿童数变化不大,班均儿童数只减少约0.5人。

与全国城区幼儿园班均儿童数相比，农村幼儿园班均儿童数略高于城区幼儿园班均幼儿数，但是差距不大。2010～2015年全国农村幼儿园班均儿童数为29.27人，全国城区幼儿园班均儿童数为28.70人。全国农村幼儿园班均儿童数比全国城区幼儿园班均儿童数多0.57人。由此可见，全国城乡幼儿园班级规模和班级容量都控制在合理的范围之内（图1-47）。

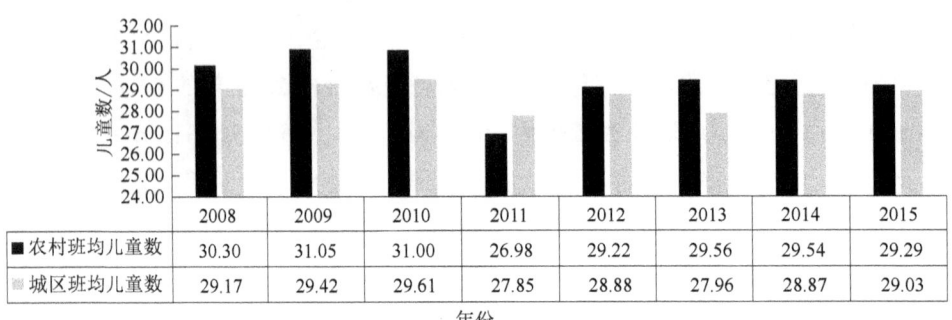

图1-47　2008～2015年全国城乡幼儿园班均儿童数

注：图中数据根据《中国教育统计年鉴》相关数据计算得出。

资料来源：中华人民共和国教育部发展规划司. 2009～2016. 中国教育统计年鉴. 北京：人民教育出版社.

（二）农村学前教育经费投入情况

1. 农村学前教育经费投入的绝对量

2014年农村地区学前教育经费总投入、财政性教育经费投入、公共预算内教育经费投入分别是90 297 905千元、46 136 715千元、43 336 700千元。从变化来看，2014年学前教育经费总投入为90 297 905千元，比2011年的34 247 515千元增加了56 050 390千元，增幅为163.66%。2014年财政性教育经费投入为46 136 715千元，比2011年的14 085 735千元增加了32 050 980千元，增幅为227.54%。2014年公共预算内教育经费为43 336 700千元，比2011年的12 137 691千元增加了31 199 009千元，增幅为257.04%。可见近年来国家加大了对于农村地区学前教育经费绝对量的投入，且各类经费投入的增速较快，可见国家越来越重视农村地区学前教育的发展（图1-48）。

2. 农村学前教育经费占比

2014年农村学前教育经费总投入90 297 905千元，城区学前教育经费总投入 114 577 809 千元，农村学前教育经费占总量的 44.07%，城区学前教育经费占总量的 55.93%。农村财政性教育经费 46 136 715 千元，城区财政性教育经费 47 268 479 千元，农村财政性教育经费占总量的 49.39%，城区财政性教育经费占总量的 50.61%。农村公共预算内教育经费 43 336 700 千元，城区公共预算内教育经费 41 931 843 千元，农村公共预算内教育经费占总量的 50.82%，城区公共预算内教育经费占总量的 49.18%。单纯从城区占经费绝对量投入的占比来看，城区的占比略高于农村（图1-49）。

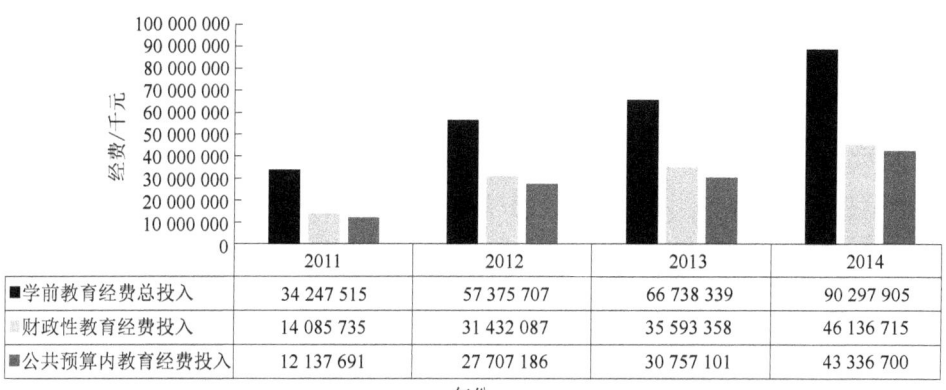

图1-48　2011～2014年全国农村学前教育经费投入的绝对量

注：图中数据根据《中国教育经费统计年鉴》相关数据计算得出。

资料来源：中华人民共和国教育部发展规划司.2012～2015.中国教育经费统计年鉴.北京：中国统计出版社.

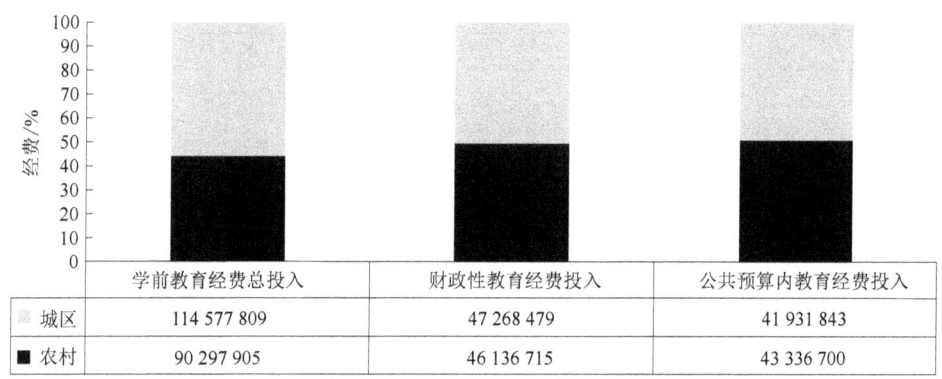

图1-49　2014年全国农村学前教育经费投入绝对量对比图

注：图中数据根据《中国教育经费统计年鉴》相关数据计算得出。

资料来源：中华人民共和国教育部发展规划司.2015.中国教育经费统计年鉴.北京：中国统计出版社.

（三）农村幼儿园师资状况与教师队伍建设

1. 幼儿园师资队伍人数

如图 1-50 所示，全国农村幼儿园各类教师总体呈上升趋势，但是 2008～2015 年的变化分为两个阶段：第一个阶段为 2008～2010 年，幼儿园各类教师数量呈现逐年上升趋势，2011 年幼儿园各类教师数量均有一个明显的下降，从 2012 年开始直至 2015 年，幼儿园各类教师数量又开始回升，呈现逐年上升趋势。幼儿园各类教师数量增幅相当，保持较快水平增长。2015 年全国农村幼儿园园长数量为 154 744 人，比 2010 年的 107 957 人增加了 46 787 人，增幅为 43.34%。2015 年幼儿园专任教师为 1 094 760 人，比 2010 年的 681 381 人，增加了 413 379 人，增幅为 60.67%。幼儿园代课教师和兼任教师 6 年增幅分别为 21.90%、54.57%。幼儿园保育员从 2011 年开始计入统计，2011 年全国农村幼儿园保育员数量为 136 163 人，2015 年增加到了 298 914 人，共增加 162 751 人，增幅高达 119.53%。可见近年来全国农村幼儿园教师队伍呈现稳步发展态势（图 1-50）。

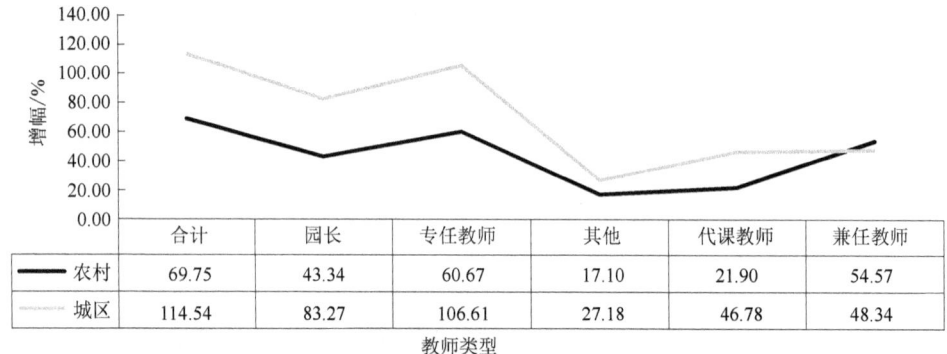

图 1-50　2010～2015 年全国城乡幼儿园各类教师增幅

注：图中数据根据《中国教育统计年鉴》相关数据计算得出。

资料来源：中华人民共和国教育部发展规划司. 2009～2016. 中国教育统计年鉴. 北京：人民教育出版社.

从全国城乡幼儿园各类教师增长趋势来看，全国城区幼儿园园长 2015 年相较于 2010 年增幅为 83.27%，是全国农村同时间幼儿园园长增幅的 1.92 倍。全国城区幼儿园专任教师 2015 年相较于 2010 年增幅为 106.61%，是全国农村同时间幼儿园专任教师增幅的 1.76 倍。全国城区幼儿园其他类教师 2015 年相较于 2010 年增幅为 27.18%，是全国农村同时间幼儿园其他类教师增幅的 1.59 倍。

全国城区幼儿园代课教师 2015 年相较于 2010 年增幅为 46.78%，是全国农村同时间幼儿园代课教师增幅的 2.14 倍（图 1-51）。

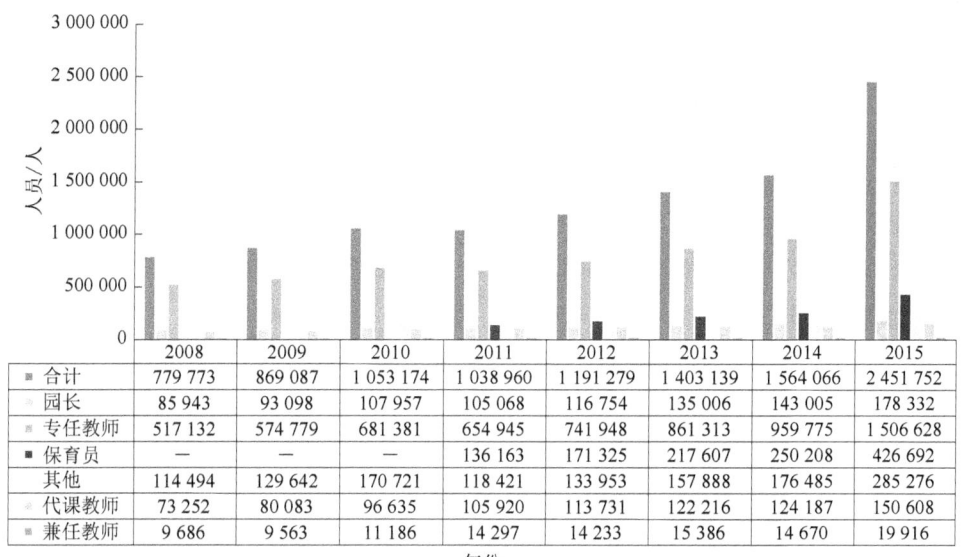

图 1-51　2008～2015 年全国农村幼儿园各类教师数量

注：图中数据根据《中国教育统计年鉴》相关数据计算得出。

资料来源：中华人民共和国教育部发展规划司. 2009～2016. 中国教育统计年鉴. 北京：人民教育出版社.

2. 幼儿园教师学历

如图 1-52 所示，2008～2015 年全国农村幼儿园教师学历变化主要分为两个阶段：2008～2010 年，幼儿园各类学历教师数量逐年上升；但幼儿园各类学历教师数量在 2011 年均有下降，之后从 2012 年开始至 2015 年，幼儿园各类学历教师数量逐年上升。

具体来讲，全国农村研究生学历幼儿园教师数量从 2010 年的 557 人增加至 2015 年的 1 186 人，共增加 629 人，增幅为 112.93%。本科学历教师数量从 2010 年的 77 277 人增加至 2015 年的 194 860 人，共增加了 117 583 人，增幅为 152.16%。专科学历教师数量从 2010 年的 349 098 人增加至 2015 年的 675 053 人，共增加了 325 955 人，增幅为 93.37%。高中学历和高中以下学历教师数量增幅较小，增幅分别为 4.36%、4.90%。

从幼儿园各类学历教师比重上看，以 2015 年的数据为例。全国农村幼儿园中专科学历教师占总量的 54.03%，高中学历教师占总量的 27.28%，研究生学历教师仅占到0.09%，本科学历教师也仅为15.59%。全国农村幼儿园教师学历多集中在专科学历和高中学历上，高学历如研究生学历和本科学历的教师数量较少。

从全国城区教师学历水平来看，农村幼儿园教师学历水平总体落后于城区。2010～2015年全国城区幼儿园年均研究生学历教师数量是3 308.17人，全国农村幼儿园年均研究生学历教师数量为728.17人，全国城区6年年均研究生学历教师数量是全国农村6年年均研究生学历教师数量的4.54倍。全国城区6年年均本科学历教师数量为174 100.50人，全国农村6年年均本科学历教师数量为121 047人，全国城区6年年均本科学历教师数量是全国农村年均本科学历教师数量的1.44倍。全国城区专科学历教师、高中学历及高中以下学历的教师数量少于全国农村地区。可见全国农村幼儿园教师在学历上落后于全国城区幼儿园教师（图1-52）。

3. 幼儿园教师职称

如图1-53所示，2008～2015年全国农村幼儿园各类职称教师变化起伏，除小学三级职称教师外，其余各类职称教师总体变化分为两个阶段：第一个阶段，2008～2010年，各类职称教师数量逐年增长，2011年有一个略微的下降，从2012年开始直至2015年各类职称教师又逐年上升。小学三级职称教师数量从2008年一直到2011年逐年增加，2012年出现下降，之后又逐年增长。

具体分析，2015年全国农村幼儿园中学高级职称的教师数量为7 767人，比2010年的4 331人增加了3 436人，增幅为79.34%。2015年全国农村幼儿园小学高级职称教师数量为119 274人，比2010年的103 751人增加了15 523人，增幅为14.96%。2015年全国农村幼儿园小学一级职称教师数量为145 836人，比2010年的114 464人增加了31 372人，增幅为27.41%。2015年全国农村幼儿园小学二级职称教师数量为56 564人，比2010年的32 639人增加了23 925人，增幅为73.30%。2015年全国农村幼儿园小学三级职称教师数量为10 039人，比2010年的5 930人增加了4 109人，增幅为69.29%。可见全国农村幼儿园较高职称和较低职称教师增速较快，中等职称教师数量增速较缓慢。

与全国城区幼儿园教师职称水平对比来看，2010～2015年年均城区幼儿园中学高级、小学高级、小学一级、小学二级、小学三级职称教师，分别是农村的1.37倍、0.93倍、0.79倍、1.03倍、1.13倍。可见全国城区幼儿园中学高级、小学二级、小学三级职称教师数量多于全国农村幼儿园教师。全国农村幼儿教师较为缺少中学高级职称的教师（图1-53）。

第一章 河北省学前教育发展背景

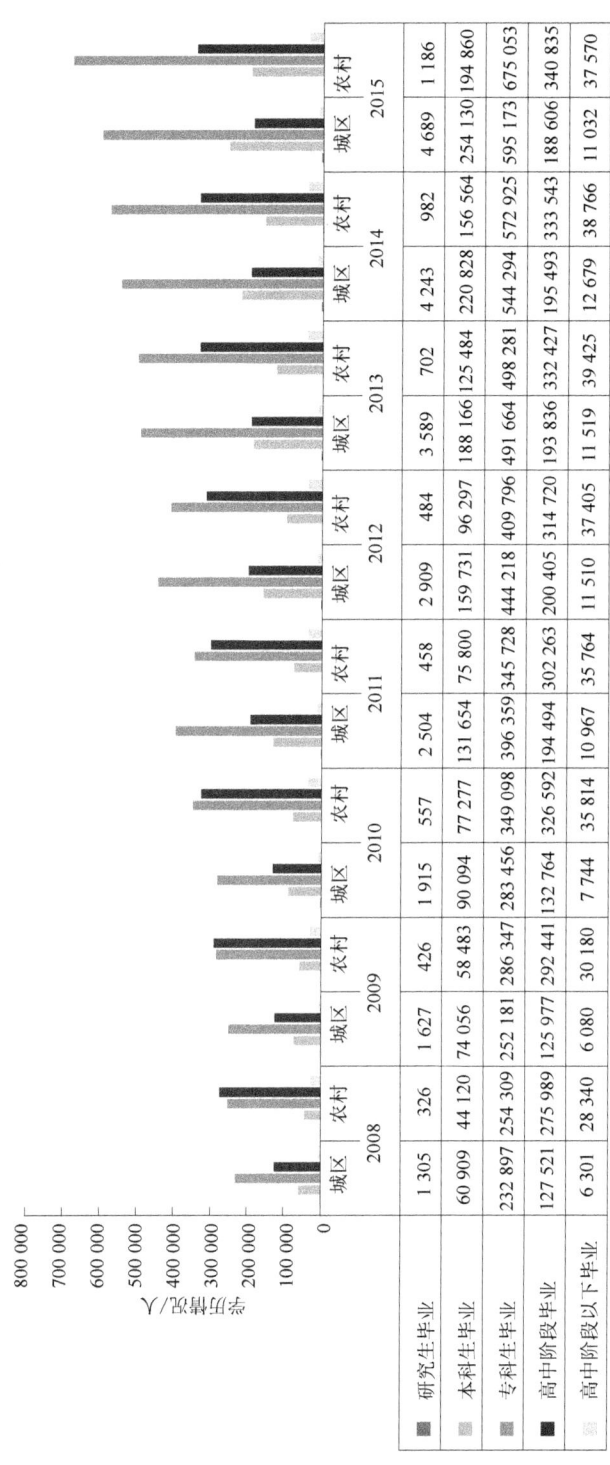

图 1-52 2008～2015 年全国城乡幼儿园教师学历情况

注：图中数据根据《中国教育统计年鉴》相关数据计算得出。

资料来源：中华人民共和国教育部发展规划司．2009～2016. 中国教育统计年鉴. 北京：人民教育出版社．

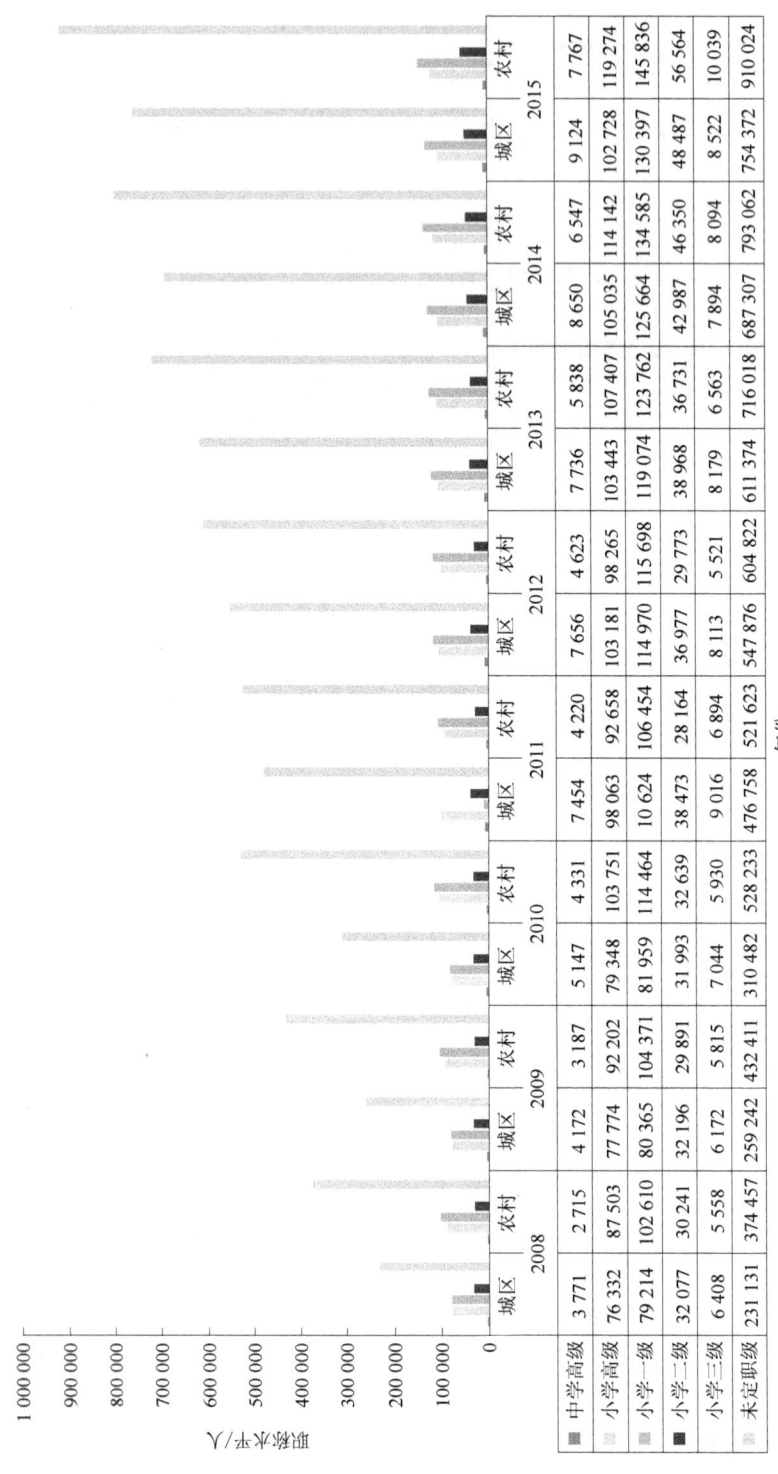

图 1-53 2008～2015 年全国城乡幼儿园教师职称情况

4. 幼儿园生师比

根据教育部网站发布的《教育部关于印发〈幼儿园教职工配备标准（暂行）〉的通知》，在配发的通知中指出，我国全日制幼儿园保教人员与幼儿比应为1：7～1：9，全日制全园教职工与幼儿之比1：5～1：7。根据《教育部关于印发〈幼儿园教职工配备标准（暂行）〉的通知》，幼儿园教职工包括专任教师、保育员、卫生保健人员、行政人员、教辅人员、工勤人员。幼儿园保教人员包括专任教师和保育员。[①]

如图1-54所示，我国农村幼儿园幼儿与教职工之比较高，2010年达到21.12：1。全国农村幼儿与保教人员之比也较高，2011～2015年全国农村幼儿与保教人员之比在19.91：1以上。但是总体上两个值均呈现下降趋势，全国农村幼儿与教职工之比从2008年的23.74：1下降到2015年的11.32：1，全国农村幼儿与保教人员之比从2011年的28.79：1下降到2015年的19.91：1，总体发展趋势良好。

与全国城区幼儿园幼儿与教职工之比和幼儿与保教人员之比水平相比较，全国城区幼儿园幼儿与教职工之比维持在9：1左右，全国城区幼儿园幼儿与保教人员之比维持在12：1左右。因此，我国农村幼儿园教师比较缺乏，城乡教师数量建设上差距较大（图1-54）。

（四）农村幼儿园办园条件与硬件水平

1. 幼儿园校舍建筑面积

如图1-55所示，我国城乡幼儿园校舍建筑面积总体呈现上升趋势。具体分析，2010～2015年全国农村幼儿园年生均校舍建筑面积是4.16平方米，全国城区幼儿园年生均校舍建筑面积是6.98平方米。全国城区幼儿园年生均校舍建筑面积是全国农村幼儿园年生均校舍建筑面积的1.68倍。2015年全国农村幼儿园生均校舍建筑面积是5.24平方米，比2010年的3.64平方米增加了1.60平方米，增幅为43.81%。2015年全国城区幼儿园生均校舍建筑面积7.59平方米，比2010年的7.02平方米增加了0.57平方米，增幅为8.09%。由此可知，全国农村幼儿园生均校舍建筑面积小于城区幼儿园校舍建筑面积，但是全国农村幼儿园

---

① 中华人民共和国教育部.2013.教育部关于印发《幼儿园教职工配备标准（暂行）》的通知. http://old.moe.gov.cn//publicfiles/business/htmlfiles/moe/s7027/201301/147148.html[2017-03-09].

生均校舍建筑面积增速大于城区幼儿园生均校舍面积的增速，有望在未来几年达到城区水平（图1-55）。

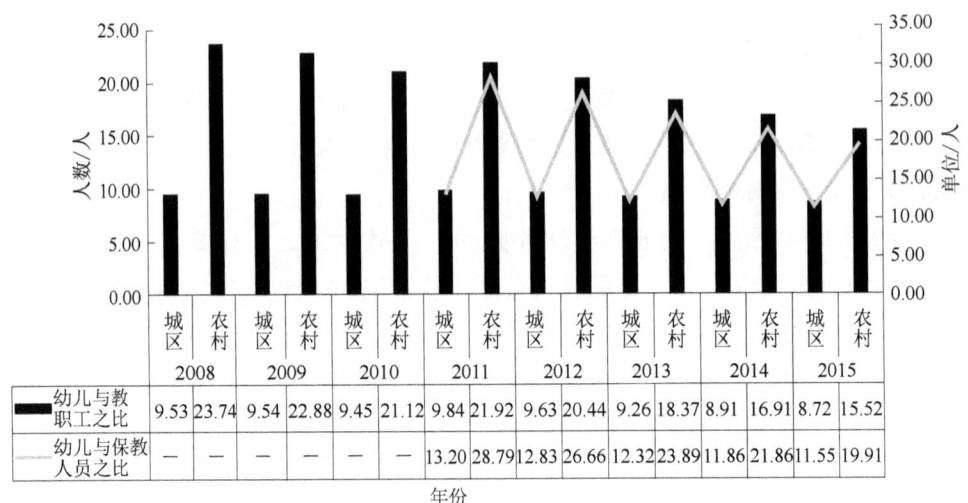

图1-54　2008～2015年全国城乡幼儿与教职工之比、幼儿与保教人员之比

注：图中数据根据《中国教育统计年鉴》相关数据计算得出。

资料来源：中华人民共和国教育部发展规划司. 2009～2016. 中国教育统计年鉴. 北京：人民教育出版社.

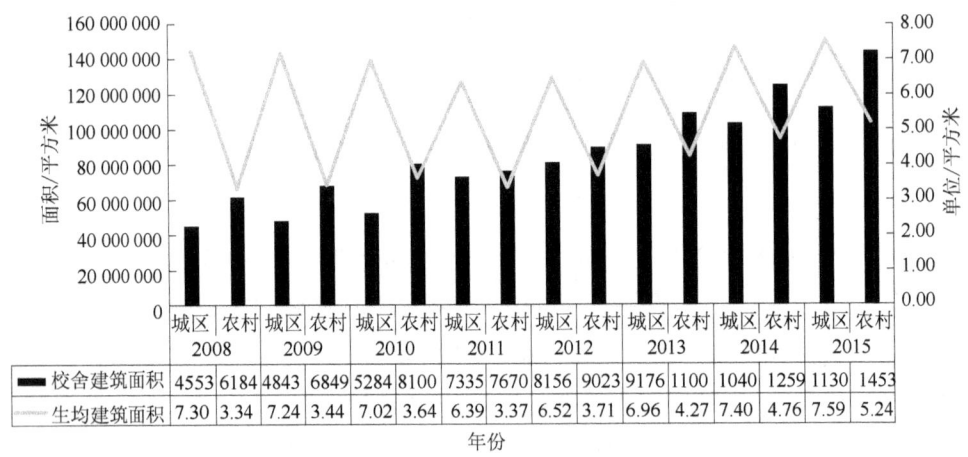

图1-55　2008～2015年全国城乡幼儿园校舍建筑面积、生均校舍建筑面积

注：图中数据根据《中国教育统计年鉴》相关数据计算得出。

资料来源：中华人民共和国教育部发展规划司. 2009～2016. 中国教育统计年鉴. 北京：人民教育出版社.

2. 幼儿园各种用房情况

如图1-56所示，2008～2015年全国农村幼儿园各种用房面积总体上呈现增加趋势。具体分析，2015年全国农村幼儿园教学辅助用房面积为101 672 502.74平方米，比2010年的54 505 132平方米增加了47 167 370.74平方米，增幅为86.54%。2015年全国农村幼儿园行政办公用房用房面积为10 898 154.5平方米，比2010年的6 766 571平方米增加了4 131 583.5平方米，增幅为61.06%。2015年全国农村幼儿园生活用房面积为15 449 258.8平方米，比2010年的9 078 894平方米增加了6 370 364.8平方米，增幅为70.17%。2015年全国农村幼儿园其他用房面积为17 336 487.9平方米，比2010年的10 658 478平方米增加了6 678 009.9平方米，增幅为62.65%。

此外，可以看到，全国农村幼儿园四类用房中，教学及辅助用房的面积最大，2010～2015年年均教学及辅助用房面积分别是年均行政办公用房、生活用房和其他用房面积的8.87倍、6.43倍、5.81倍。且它的增幅也最大，为86.54%。与此同时，行政办公用房、生活用房、其他用房面积中，由小到大依次为行政办公用房、生活用房、其他用房（图1-56）。

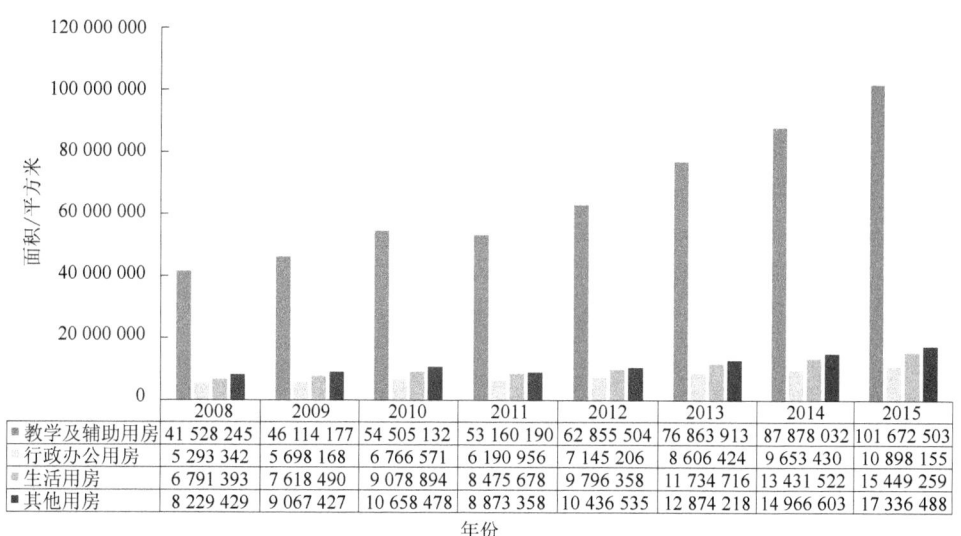

图1-56　2008～2015年全国农村各种用房面积

注：图中数据根据《中国教育统计年鉴》相关数据计算得出。

资料来源：中华人民共和国教育部发展规划司. 2009～2016. 中国教育统计年鉴. 北京：人民教育出版社.

(1) 幼儿园各种教学用房面积

如图1-57所示，我国农村幼儿园各种教学用房面积总体上呈现增加趋势，且增加速度较快。具体分析，2015年全国农村幼儿园活动室面积为59 423 362.01平方米，比2010年的32 208 647平方米增加了27 214 715.01平方米，增幅为79.92%。2015年全国农村幼儿园睡眠室面积为24 576 946.16平方米，比2010年的13 659 967平方米增加了10 916 979.16平方米，增幅为59.86%。2015年全国农村幼儿园保健室面积为3 649 721.21平方米，比2010年的2 283 077平方米增加了1 366 644.21平方米，增幅为96.31%。2015年全国农村幼儿园图书室面积为4 466 193.45平方米，比2010年的2 275 093平方米增加了2 191 100.45平方米，增幅为84.50%。各类用房中活动室的面积相对而言所占比重是最大的，其次是睡眠室，保健室和图书室的面积基本持平（图1-57）。

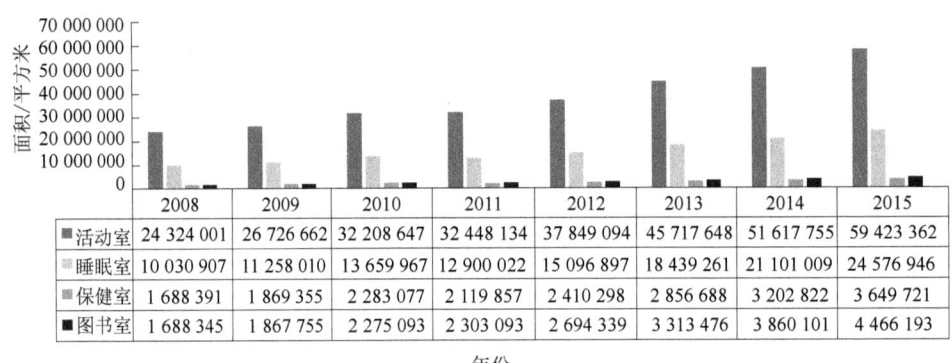

图1-57 2008～2015年全国农村幼儿园教学辅助用房面积

注：图中数据根据《中国教育统计年鉴》相关数据计算得出。

资料来源：中华人民共和国教育部发展规划司.2009～2016.中国教育统计年鉴.北京：人民教育出版社.

(2) 幼儿园师均办公面积生均活动室和睡眠室面积

如图1-58所示，2008～2015年全国农村幼儿园师均办公面积在逐年缩小，且全国农村幼儿园师均办公面积大于全国农村幼儿园生均活动室面积、生均睡眠室面积。但是全国农村幼儿园师均办公面积呈现下降趋势，生均活动室面积呈现不断上升趋势。师均办公面积和生均活动室面积之间的差距在逐渐缩小。

具体分析，2015年师均办公面积3.88平方米，比2010年的4.38平方米减少了0.50平方米，降幅为11.37%。2015年生均活动室面积为2.14平方米，比2010年的1.45平方米增加了0.69平方米，增幅为47.87%。2015年生均睡眠室面积为0.89

平方米，比2010年的0.61平方米增加了0.27平方米，增幅为44.20%。由此可知，全国农村幼儿园的生均活动室面积和生均睡眠室面积与师均办公室面积之间的差距在不断缩小。幼儿园更加以幼儿为主，增加幼儿的活动和睡眠面积（图1-58）。

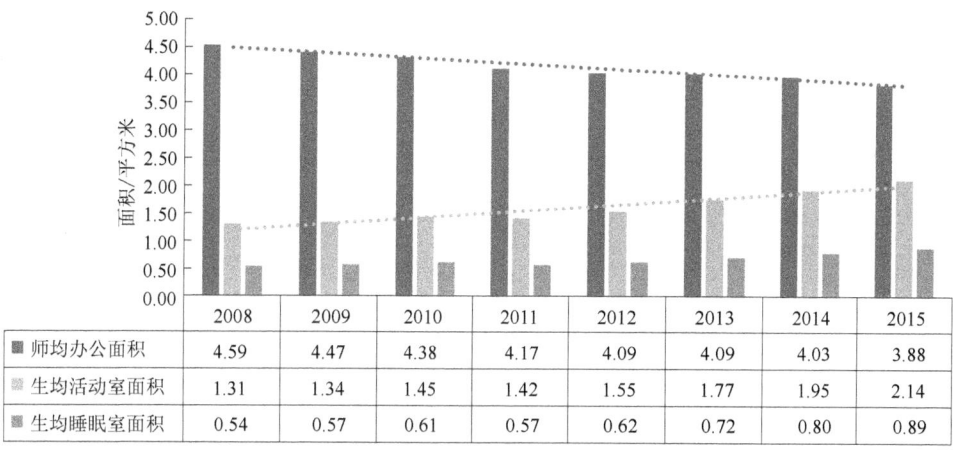

图1-58　2008～2015年全国农村幼儿园师均办公面积、生均活动室面积、生均睡眠室面积

注：图中数据根据《中国教育统计年鉴》相关数据计算得出。

资料来源：中华人民共和国教育部发展规划司.2009～2016.中国教育统计年鉴.北京：人民教育出版社.

3. 幼儿园户外活动场地

从2008～2015年全国城乡户外运动场地、生均户外运动场地面积统计图（图1-59）中可以看出，从2008～2015年全国农村地区幼儿园户外运动场地呈阶段性变化。2008～2010年运动场地面积逐年增加。2011年有所下降，但是从2012年开始直至2015年全国农村幼儿园户外运动场地面积又开始逐年增加。

具体分析，2015年全国农村幼儿园户外运动场地面积为102 841 913.34平方米，比2010年的68 842 936平方米增加了33 998 977.34平方米，增幅为49.39%。2015年生均户外运动场地面积为3.71平方米，比2010年的3.1平方米增加了0.61平方米，增幅为19.73%。由此可见，全国农村幼儿园生均户外运动场地面积的增幅相较于全国农村幼儿园户外运动场地面积的增幅较为缓慢。

从全国城区幼儿园户外运动场地面积和生均户外运动场地面积水平对比分析来看，2010～2015年全国农村幼儿园年均户外运动场地面积为79 643 551.72平方米，2010～2015年全国城区幼儿园年均户外运动场地面积为45 061 716.25

平方米，农村幼儿园年均户外运动场地面积是城区幼儿园年均户外运动场地面积的1.78倍。然而6年全国农村幼儿园年生均户外运动场地面积为3.18平方米，城区年生均户外运动场地的面积为3.69平方米，城区年生均户外运动场地面积是农村年均生均户外运动场地面积的1.16倍。可见全国农村幼儿园户外运动场地面积较大，但是生均户外运动场地面积低于全国城区水平（图1-59）。

4. 教学设施与资源

从2008～2015年全国城乡幼儿园教学资源数量统计图（图1-60）中可以看出，总体上图书数量和生均图书数量呈现逐年上升的趋势。具体分析，2015年全国农村幼儿园图书为165 590 441册，比2010年的66 972 499册增加了98 617 942册，增幅为147.25%。2015年生均图书为5.97册，比2010年的3.01册增加了2.96册，增幅为98.16%。但是相较于农村幼儿园图书总量147.25%的增幅，全国农村幼儿园生均图书数量增速较为缓慢。

从与全国城区教学资源发展水平对比分析而言，我国农村幼儿园生均图书和生均数字资源显著低于全国城区水平。2010～2015年全国农村幼儿园年生均图书是4.34册，全国城区幼儿园年生均图书为7.38册，全国城区幼儿园年生均图书是全国农村幼儿园平均生均的1.70倍。2011～2015年全国农村幼儿园年生均数字资源为0.45GB，全国城区幼儿园年生均数字资源为1.85GB，全国城区幼儿园年生均数字资源是全国农村幼儿园平均数字资源的4.12倍。由此可见，在教学资源上，全国农村幼儿园与全国城区幼儿园差距较大（图1-60）。

（五）弱势群体学前教育扶助状况

1. 农村留守儿童

为确保到2013年底全面完成"学前教育三年行动计划"任务，日前，河北省教育厅对河北省"学前教育三年行动计划"工作进行再部署，要求不断完善县、乡、村三级学前教育网络，保障所有适龄农村幼儿尤其是农村留守幼儿都能就近入园。

河北省要求，全省各地要大力推进城镇幼儿园建设，新建居住小区配套幼儿园要与居住小区同步规划、同步建设。各县（市）、区至少建有1所公办幼儿园达到省级示范性幼儿园标准。完善县、乡、村三级学前教育网络，保障所有

第一章 河北省学前教育发展背景

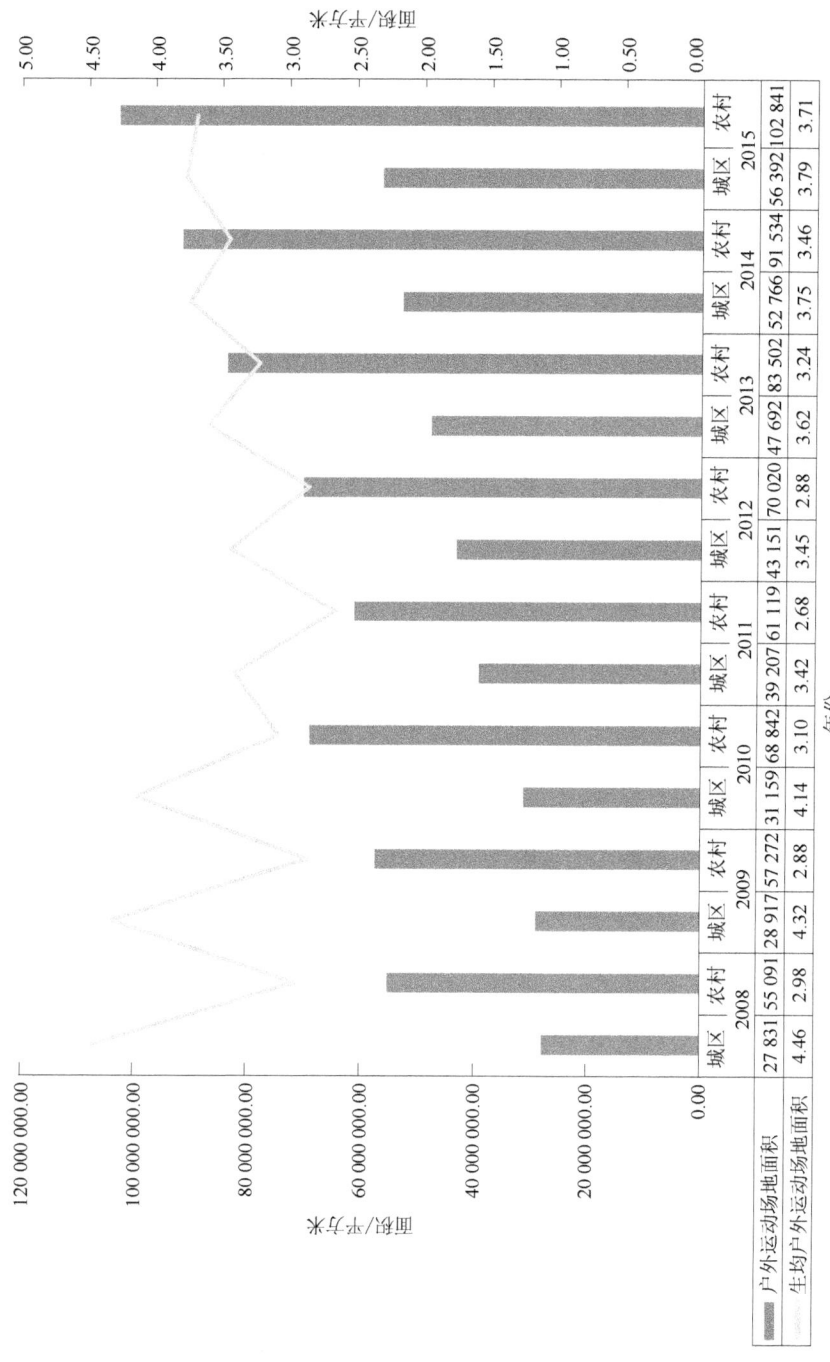

图1-59 2008~2015年全国城乡户外运动场地、生均户外运动场地面积

注：图中数据根据《中国教育统计年鉴》相关数据计算得出。

资料来源：中华人民共和国教育部发展规划司．2009～2016．中国教育统计年鉴．北京：人民教育出版社．

适龄农村幼儿尤其是农村留守儿童都能就近入园。各地要将学前教育经费列入财政预算，新增教育经费要向学前教育倾斜，财政性学前教育经费在同级财政性教育经费中要占合理比例，未来三年要有明显提高。①

河北省教育规划发展纲要指出，要加大学前教育投入，将学前教育经费列入各级政府财政预算，新增教育经费向学前教育倾斜。完善成本合理分担机制。建立学前教育资助制度，对家庭经济困难儿童、孤儿和残疾儿童接受惠普性学前教育给予资助。

严格幼儿园准入制度，严格执行幼儿园教师资格标准，加强幼儿园教师培养培训，提高幼儿教师队伍整体素质，着力保证农村留守儿童接受学前教育。

2011年工作要求，支持办好现有乡镇中心幼儿园，每个乡镇至少建有1所达到三级标准的中心幼儿园。将农村学前教育纳入农村公共事业和新农村建设规划，城镇服务人口1万人、农村服务人口3000~6000人应设置1所幼儿园，每所幼儿园规模一般不超过360人。②

2. 贫困家庭儿童

为贯彻落实《国务院关于当前发展学前教育的若干意见》（国发〔2010〕41号）和《关于加大财政投入支持学前教育发展的通知》（财教〔2011〕405号），完善国家资助政策体系，积极发展学前教育，切实解决家庭经济困难的儿童入园问题，教育部发布了《财政部教育部关于建立学前教育资助制度的意见》，指出地方政府要对经县级以上教育行政部门审批设立的普惠性幼儿园在园家庭经济困难儿童、孤儿和残疾儿童予以资助。

各地进一步建立和完善相关优惠政策措施，积极引导和鼓励企业、社会团体及个人等捐资，帮助家庭经济困难儿童、孤儿和残疾儿童接受普惠性学前教育。

同时各省也相应开展帮扶弱势群体幼儿更好的接受学前教育。例如，河北省为贯彻落实《国务院关于当前发展学前教育的若干意见》（国发〔2010〕41号）和《关于加大财政投入支持学前教育发展的通知》（财教〔2011〕405号），进一步完善国家资助政策体系，积极发展学前教育，切实解决家庭经济困难儿

---

① 河北工人报.2012.明年底河北省留守儿童就近入幼儿园.http://www.hbgrb.net/news/HBXW/2012/1210/121210222255E085FEKK9E8F56B84D19.html[2016-11-02].
② 燕赵都市报.2011.河北：示范高中公助生名额不低于80%均衡分配.http://news.sina.com.cn/o/2011-03-02/083922038122.shtml[2016-11-03].

第一章 河北省学前教育发展背景

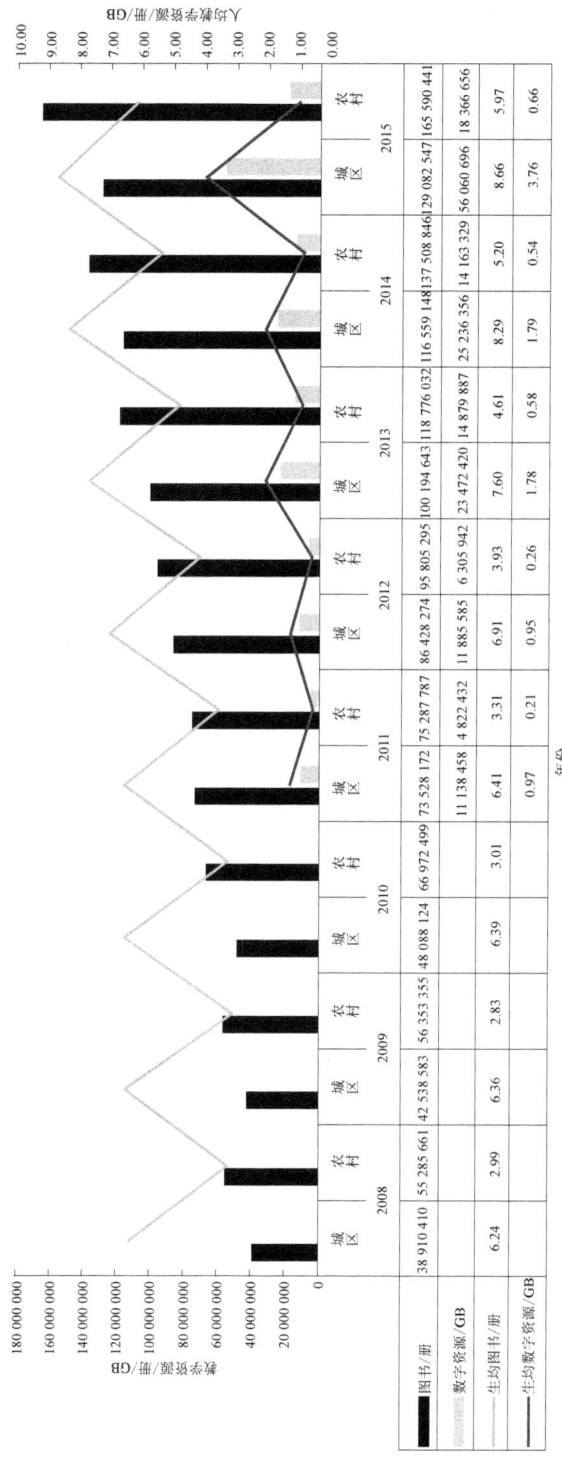

图1-60 2008～2015年全国城乡幼儿园教学资源数量

注：图中数据根据《中国教育统计年鉴》相关数据计算得出。

资料来源：中华人民共和国教育部发展规划司．2009～2016.中国教育统计年鉴．北京：人民教育出版社．

童入园问题；根据《财政部 教育部关于建立学前教育资助制度的意见》（财教〔2011〕410号）精神，制定了《河北省学前教育资助资金管理暂行办法》（以下简称"办法"）。该"办法"第二条指出："中央与地方共同设立学前教育助学金，省财政根据年度学前教育经费安排和中央补助等情况，确定学前教育助学金经费数额，用于资助普惠性幼儿园在园的家庭经济困难儿童。"第五条指出："学前教育资助标准原则上为每生每年500-1000元，资助比例原则上为10%左右，具体资助实施范围、比例和标准由各设区市及县（市、区）财政局、教育局根据当地实际情况和资金总量在省定标准内确定。各地要结合实际，在确定资助比例时适当向农村地区、贫困地区和民族地区倾斜，并相应地增加资助资金额度。"①

3. 对弱势儿童财政扶助情况

从全国对于农村幼儿园弱势儿童帮扶情况统计图（图1-61）中可以看出，2014年全国对于农村幼儿园个人和家庭的补助支出为5 704 111千元，比2011年的1 227 013千元增加了4 477 098千元，增幅为364.88%。2014全国对于农村幼儿园弱势儿童的年助学金为1 784 584千元，比2011年的343 335千元增加了1 441 249千元，增幅为419.78%。可见我国对于农村弱势群体的帮扶力度加大，且增幅加快，充分体现了国家对于农村弱势儿童的重视程度。

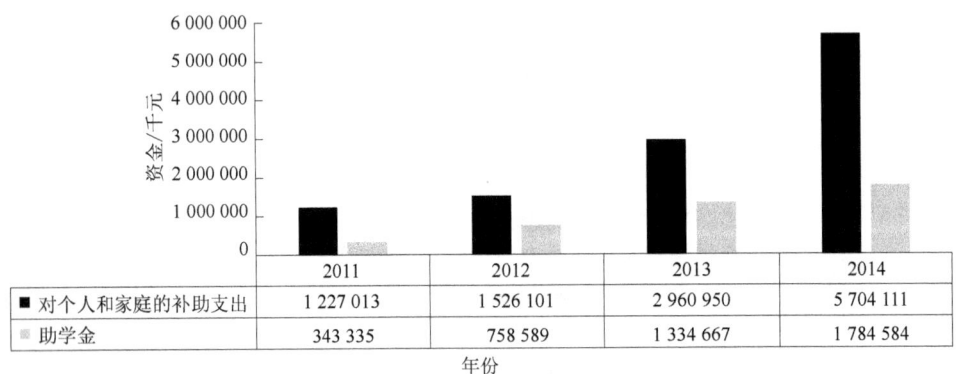

图1-61　2011～2014年我国对于农村幼儿园弱势儿童扶助情况

---

① 河北省财政厅，河北省教育厅．2013．河北省财政厅 河北省教育厅关于印发《河北省学前教育资助资金管理暂行办法》的通知．http://www.hebcz.gov.cn/xwdt/tzgg/201311/t20131108_16133.html[2016-11-03]．

第二章

河北省学前教育发展概况

第一节　学前教育普及情况

河北省学前教育入园率已完成"十二五"规划中提出的65%的普及目标，并逐步朝着高效、高质量的方向稳步前进。本部分分别从学前教育普及率、幼儿园园所与学前班数量、幼儿园班级数量与班级规模，以及幼儿园在园儿童数与学前班儿童数等四个方面进行分析和论述。

一、学前教育普及率总体稳步增长

学前教育普及主要从学前教育三年毛入园率和小学招生中接受过学前教育的比例这两个指标来进行评估和分析。

（一）学前三年毛入园率不断提高

中国教育部门根据在园学习人数除以户籍所在地三周岁以上六周岁以下适龄儿童总人数，获得的数据称之为"毛入园率"。[1] 它是衡量教育发展水平的重要指标。

从图2-1中可以看出，根据已有数据，2010～2015年的学前三年毛入园率呈现不断提高的趋势。2015年河北省三年毛入园率是78%，比2010年提高了27.44个百分点，增幅达54.27%。从河北省整体发展状况来看，学前三年毛入园率的发展仍然是在稳定中不断增长的。

虽然数据不齐全，但我们仍能看出近年来河北省学前教育普及率不断提高，

---

[1] 百度百科．毛入园率．http://baike.baidu.com/link?url=32EcsYMwsuG--_ZwC2PoYDWFiwkmagRinDOTOdDl_9hLODO9YsWDjv1OVGGDFd0w_rI_Bds5ZK5shQ4eiFWdS3i4D_NTNC_Euta-RDpDK1Pzwf8xkqFeNK-173FDIkWeb[2016.10.23].

随着两期"学前教育三年行动计划"的圆满完成,河北省学前教育必然会迎来又一个发展新时期。

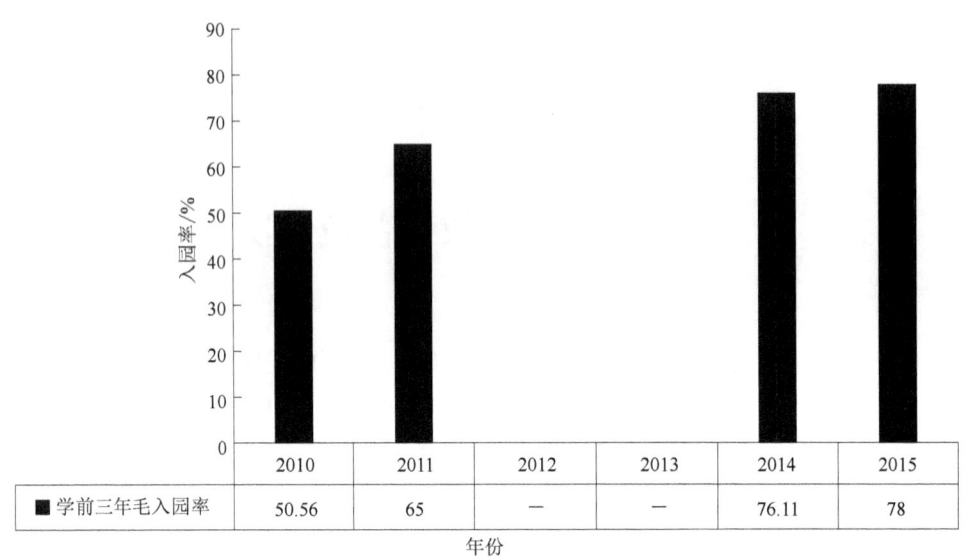

图 2-1　2010～2015 年河北省学前三年毛入园率

资料来源:中华人民共和国教育部发展规划司.2010～2015.中国教育统计年鉴.北京:人民教育出版社.

(二)小学招生中接受过学前教育的儿童的比例不断增加

小学招生中接受过学前教育的儿童的比例既包括接受正规学前教育的儿童的比例,也包括接受非正规学前教育的儿童的比例。[①]

由图 2-2 可知,2010～2015 年,从整体来看,河北省小学招生中接受过学前教育的儿童的比例稳步增加,2015 年比 2010 年增加了 0.5 个百分点,近 5 年几乎都处在 99% 以上,到 2015 年已达到 99.74%。这说明河北省几乎所有适龄儿童都在进入小学前接受过正规或非正规、或长或短的学前教育。具体来看,河北省内的城区小学招生中接受过学前教育的儿童的比例在 2010～2013 年始终保持高水平发展,到 2013 年已高达 99.99%。而镇区小学招生中接受过学前教育的儿童的比例也处于高水平的发展态势,乡村地区相对于城区和镇区比例稍低,但也从 2010 年 98.95% 增长到了 2013 年的 99.53%。

---

① 刘占兰.2013.中国学前教育发展报告 2012.北京:教育科学出版社:17.

对比河北省城区、镇区和乡村地区小学招生中接受过学前教育的儿童的比例变化来说，这三者均处于高水平的发展态势，且差距很小，绝大多数地区均能保持在99%以上的水平，这也就表明河北省适龄儿童进入小学前几乎都能够接受正规或非正规的学前教育。

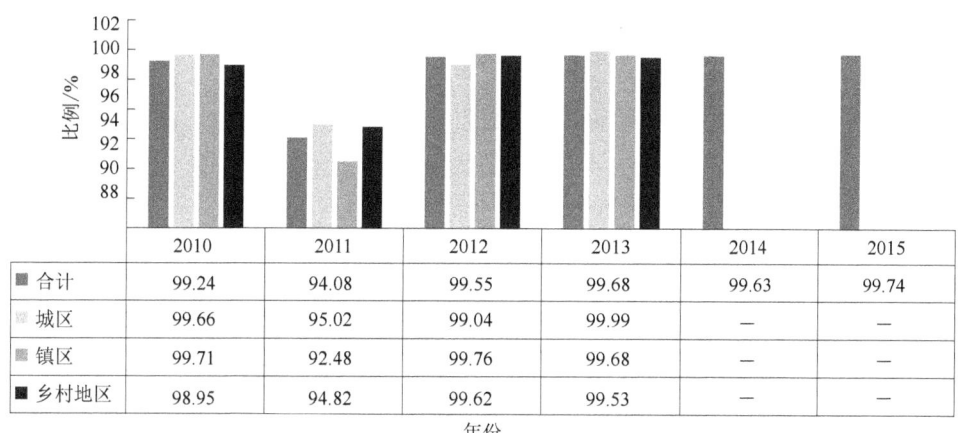

图2-2 2010～2015年河北省小学招生中接受过学前教育的儿童的比例

资料来源：中华人民共和国教育部发展规划司.2010～2015.中国教育统计年鉴.北京：人民教育出版社.

二、幼儿园园所数量逐年增加，学前班数量急剧下降

根据相关文献资料分析得知，河北省幼儿园园所数量和幼儿园班级数量近5年来呈现逐年增长的趋势，与之相反，河北省学前班数量迅速下降。

（一）幼儿园园所数量稳步增长

从图2-3中可以看出，2010～2015年河北省幼儿园数量呈现稳步增长的态势。2010年共有幼儿园7 378所，到了2015年增加到12 959所，增加了5 591所，年平均增加率是12.65%。从2010～2015年，增长幅度最大的是2013年，其增长率为15.93%。由此不难看出，河北省幼儿园数量的增加趋势仍在稳步发展当中。

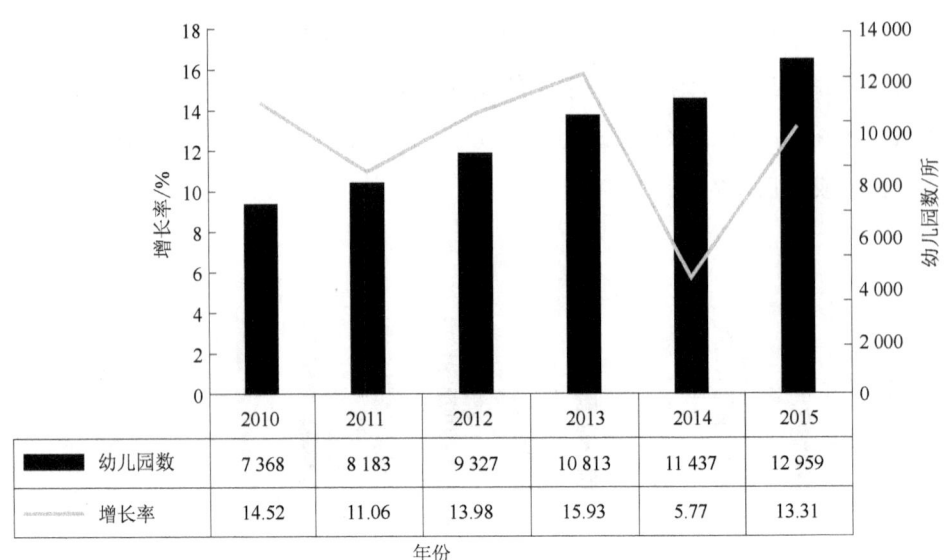

图 2-3　2010～2015 年河北省幼儿园数量

资料来源：中华人民共和国教育部发展规划司.2010～2015.中国教育统计年鉴.北京：人民教育出版社.

（二）幼儿园班级数逐年增加，但学前班数量不断减少

从图 2-4 中可以看出，2007～2015 年，河北省幼儿园班级数呈现稳步增长的趋势，其中 2011 年的增幅最大，相较于 2010 年增加了 17 615 个，增长率为 29.53%。可以看出，河北省幼儿园数量和幼儿园班级数的变化情况虽然在关键年份上存在差异，但基本的变化趋势是一致的。2015 年河北省幼儿园班级数是 83 434 个，比 2007 年的 49 535 个增加了 33 899 个，增幅达 68.43%。

学前班曾是河北省学前教育发展中的中坚力量。但由图 2-4 中我们对 2007～2010 年河北省学前班的发展状况的分析可知，学前班的数量呈现明显下降的趋势，尤其是 2010 年下降极为明显。2007 年河北省拥有学前班 21 207 个，到 2010 年已减少至 5 580 个，减少了 15 627 个，降幅达 73.69%，2007～2010 年的年均降幅为 18.42%。从 2011 年开始，《中国教育统计年鉴》上已取消对于全国以及各省市学前班数量的统计。

综上所述，根据河北省幼儿园班级数量和学前班数量的变化趋势表明，河北省的学前教育已经从以学前班为主要形式的学前一年教育转变为以幼儿园为主要形式的学前三年教育。再次表明了河北省学前教育普及和发展情况均呈现良好态势。

第二章 河北省学前教育发展概况

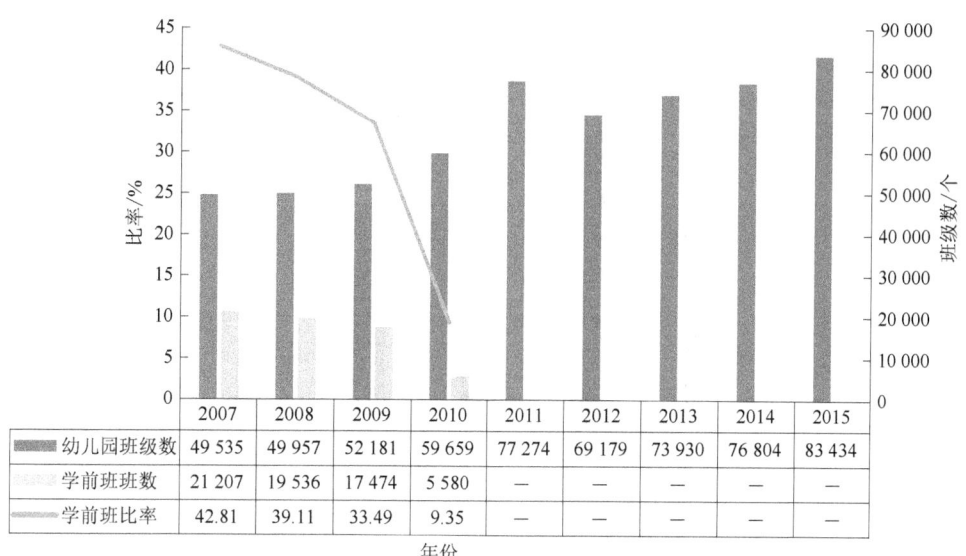

图 2-4　2007～2015 年河北省幼儿园班级数和学前班班数

资料来源：中华人民共和国教育部发展规划司. 2007～2015. 中国教育统计年鉴. 北京：人民教育出版社.

三、幼儿园班级数不断增加，班均儿童数基本保持稳定

近年来，河北省幼儿园班级数稳步增长，幼儿园规模日益扩大，但幼儿园班均儿童数基本保持稳定。

（一）幼儿园园均班级数和园均儿童数经历上升后缓慢下降

从图 2-5 中可以看出，2010～2015 年河北省幼儿园园均班级数和园均儿童数的变化时起时伏，但总体上二者都呈现稳步发展的态势。具体来看，幼儿园园均班级数由 2010 年的 8.1 个减少到了 2015 年的 6.44 个，园均幼儿数由 2010 年的 228 人减少到了 2015 年的 179 人。这表明河北省幼儿园的园均规模呈现先扩大（2011 年）后缩小的发展情况。

（二）幼儿园班均儿童数基本保持稳定

从图 2-6 中可以看出，从总体上说，和 2010 年相比，2015 年的幼儿园班均儿童数变化不大，班均儿童数平均只减少约 1 人。从 2010～2011 年，幼儿园班均儿童数略有下降，降幅是 15.73%，但之后又有所上升，且处于平稳发展中。

从幼儿园园均班级数和班均儿童数的变化情况来看，近 5 年来河北省幼儿

园园均规模以及班级容量在合理范围内稳步发展。

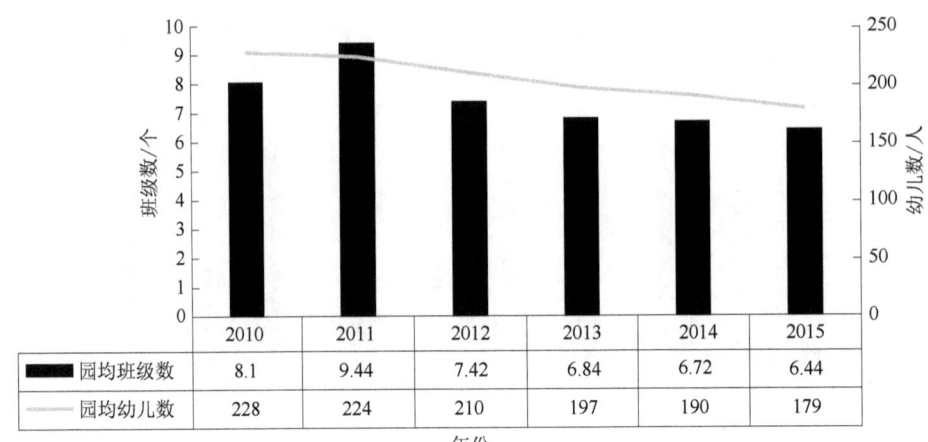

图 2-5　2010～2015 年河北省幼儿园园均规模

注：图中数据根据《中国教育统计年鉴》相关数据计算得出。

资料来源：中华人民共和国教育部发展规划司.2010～2015.中国教育统计年鉴.北京：人民教育出版社.

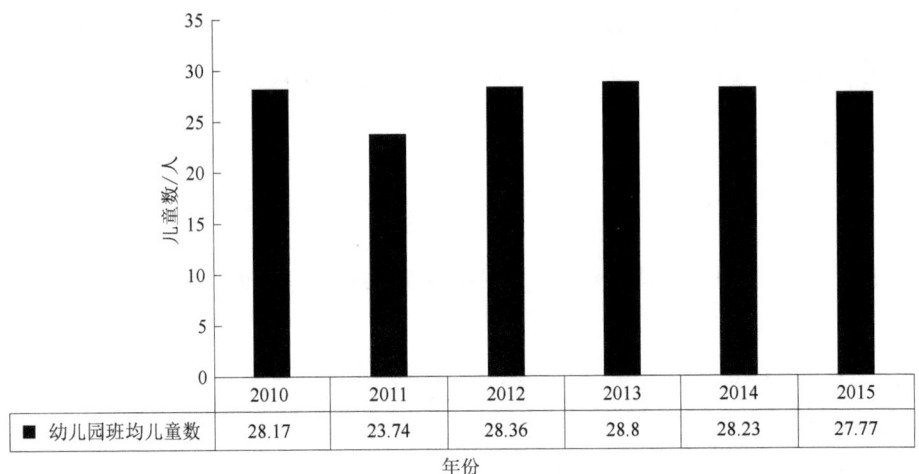

图 2-6　2010～2015 年河北省幼儿园班均儿童数

注：图中数据根据《中国教育统计年鉴》相关数据计算得出。

资料来源：中华人民共和国教育部发展规划司.2010～2015.中国教育统计年鉴.北京：人民教育出版社.

四、幼儿园在园儿童数稳定增长，学前班数及其儿童数逐渐减少

从图 2-7 中可以看出，2007～2015 年河北省幼儿园在园儿童数呈现出稳步

增加的趋势。

2015年河北省幼儿园在园儿童数为23 171人，相较于2007年增加了9 616人，增幅达70.94%。由此可见，河北省幼儿园在园儿童数的变化情况与幼儿园班级数的变化情况大体上是一致的。

与幼儿园在园儿童数变化趋势相反的就是学前班儿童数的变化情况。从上文中我们了解到，河北省学前班的数量大幅度减少，因此学前班儿童数产生变化也不例外。据已有数据分析可知，2007～2010年，学前班儿童数共减少39 927人，减幅达72.45%，也就是说学前班儿童数与学前班数量的变化趋势是完全一致的。

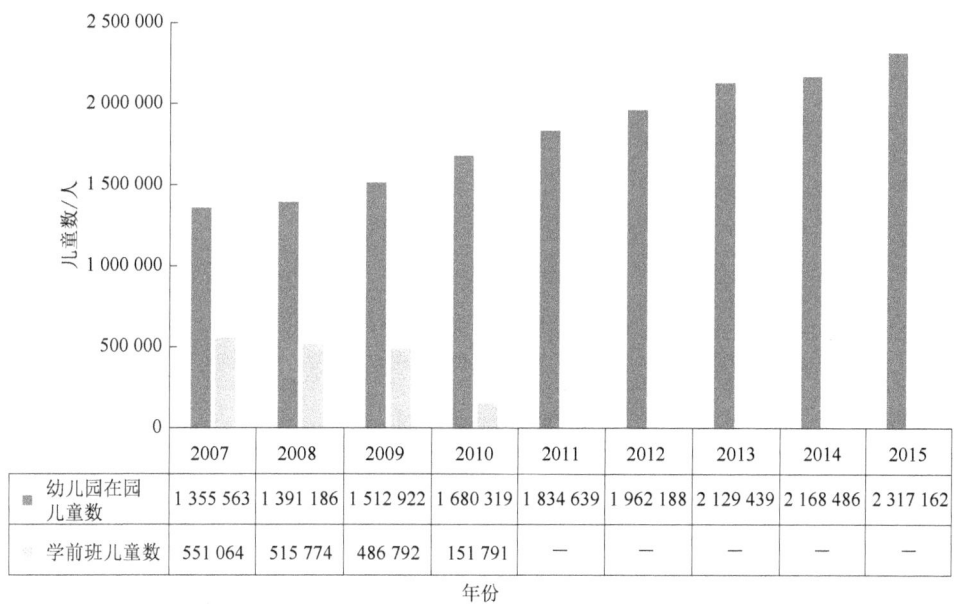

图2-7　2007～2015年河北省幼儿园在园儿童数和学前班儿童数

资料来源：中华人民共和国教育部发展规划司.2007～2015.中国教育统计年鉴.北京：人民教育出版社.

总体来讲，河北省近5年来的学前教育普及情况在不断改善。学前教育三年普及率不断提高，幼儿园数量稳步增长，幼儿园在园儿童数不断增加，幼儿园规模逐渐扩大。

第二节　政府在发展学前教育中的职能定位与管理

2010年,国家连续出台政策文件,并召开全国学前教育电视电话会议,提出要明确学前教育的公益性和普惠性,建立"覆盖城乡、布局合理"的学前教育公共服务体系。2013年,党的十八届三中全会指出,必须切实转变政府职能,深化行政管理体制,创新行政管理模式,不断增强政府公信力和执行力,大力建设法治政府和服务性政府。基于此,河北省立足学前教育的公益性和普惠性,推行"以政府和集体办园为主、以公办教师为主、以政府投入和集体投入为主"的"三为主"学前教育发展模式,加快政府职能转变和学前教育管理体制的改革的步伐。河北省立足本省情况,积极制定规划、出台政策、规范管理、加强监督,在推进学前教育普及过程中,不断探索适合本省发展的学前教育管理体制。河北省发展学前教育始终坚持以下基本原则:发展学前教育,坚持公益性和普惠性,努力构建覆盖城乡、布局合理的学前教育公共服务体系,保障适龄儿童接受基本的、有质量的学前教育;坚持政府主导、社会参与、公办民办并举,落实各级政府责任,充分调动各方面的积极性;坚持改革创新,着力破除制约学前教育科学发展的体制机制障碍;坚持因地制宜,从实际出发,为幼儿和家长提供方便就近、灵活多样、多种层次的学前教育服务;坚持科学育儿,遵循幼儿身心发展规律,促进幼儿健康快乐成长。[1]

一、政府职能定位明确,为学前教育事业发展提供保障

京津冀一体化发展带动了河北省经济社会的发展,与此同时,河北省一直重视民生,保障学前教育的公益性和普惠性。河北省坚持政府主导办学,不断加大政府投入和规范管理,处理好政府、市场、民众、社会、学前教育机构之间的关系,促进省域内学前教育快速、健康、有序发展。

(一)政府重视学前教育发展,发挥资金保障职能

政府主导的公益性办学原则体现在学前教育事业发展的资金投入上。河北省坚持以政府和集体办学、以政府和集体投入为主的公益性方针政策,《河北省

---

[1] 河北省人民政府.2011.河北省人民政府关于大力发展学前教育的若干意见　冀政〔2011〕1号.

中长期教育改革和发展规划纲要（2010—2020年）》指出："加大学前教育投入。将学前教育经费列入各级政府财政预算，新增教育经费向学前教育倾斜。完善成本合理分担机制。"学前教育投入主要体现在三个部分：园舍建设资金、教职工工资和公用经费。

河北省结合国家实施的农村学前教育推进工程、利用农村闲置校舍改建幼儿园、利用农村小学（教学点）增设附属幼儿园以及扶持城市学前教育发展、扶持民办学前教育发展等项目建设，大力扩充学前教育资源和改善幼儿园办园条件。唐山市在2011～2013年，利用农村闲置校舍新建、改建和在村小学增设幼儿园的方式，使农村幼儿园增加数量达到1 306所，比2010年增加了412所，一举实现了全市16万农村儿童在家门口就能上幼儿园的愿望。[①] 石家庄市在总结第一期"学前教育三年行动计划"的成果时指出，在幼儿园硬件设施建设方面，累计投入各级各类资金5.5亿元，其中中央资金34 138万元，省级资金8 800万元，市级资金2 495万元，县级资金9 600万元。新改扩建和维修幼儿园1 400所，其中新建幼儿园41所，改扩建及维修幼儿园1 359所。新改扩建和维修园舍面积65.3万平方米，购置玩教具及保教设备48.2万台（件）。[②]

河北省贯彻落实《中华人民共和国教师法》，提高幼儿教师地位，维护幼儿教师权益，保障幼儿教师待遇。公办幼儿园教职工工资由政府全额保障，纳入事业单位社会保障序列。民办幼儿园教职工工资待遇及社会保险由举办者依法保障，有条件的地区财政予以补贴。建立幼儿教师专业技术职称系列，制定评聘办法和标准。对长期在农村基层和艰苦边远地区工作的幼儿教师，按国家规定实行工资倾斜政策，可通过设立津贴、补贴等方式给予奖励。对优秀幼儿园园长、教师进行表彰。邢台县落实提高幼儿教师地位和待遇的方针政策。幼儿园公办教师的工资及其他待遇要与中小学公办教师一样，列入县级财政统一发放。教育主管部门要与公办编外聘用教职工统一签订用工合同，根据本区域经济发展情况合理确定聘用幼儿教师的工资待遇，并按劳动保障相关条款办理社会保险。民办幼儿园举办者也要与聘用教师签订劳动合同，参照公办幼儿教师工资标准，合理确定民办幼儿教师的最低工资水平，按时足额兑现教职工工资，

---

① 中国教育新闻网—中国教育报. 2014. 唐山市"三年行动计划"让薄弱幼儿园逆袭翻身. http://www.jyb.cn/china/gnxw/201403/t20140323_575063.html[2016-03-30].
② 石家庄市人民政府办公厅. 2015. 石家庄市学前教育三年行动计划（2014-2016年）http://www.sjz.gov.cn/col/1420448972198/2015/05/26/1432623639111.html[2016-03-30].

依法缴纳社会保险。① 在制定编外聘用幼儿教职工工资待遇方案时，提出与幼儿园评估等级，以及教职工的岗位、学历、任职资格、工龄、职称、实绩考核相结合的方案。2010年唐山市第一幼儿园发展遇到瓶颈，教师工资发放都成了问题。在2011年迎来了转机，当地政府不仅帮助幼儿园结清了拖欠教师的工资，并且出资对幼儿园进行升级改造。唐山市丰南区将公办园聘任制老师全部划归到劳务派遣制当中，由政府支付教师工资，减轻幼儿园发展的压力。

教育公用经费是满足学校教育教学活动正常进行以及整个学校的正常运转而消耗的物力、人力所产生的费用。河北省适当调高幼儿园教育经费，合理运用教育公共经费促进学前教育的发展。保定市各级政府设立专项资金支持幼儿园园长、教师培训，将教育公用经费的5%用于对幼儿园园长、教师的职后培训，不断提升幼儿园园长、教师的专业素质，尤其是提高农村及民办幼儿园园长、教师的专业素质，以满足人民群众对高质量学前教育的期望。

（二）政府重视学前教育发展，发挥政策、制度制定职能

在学前教育事业稳步发展的过程中，河北省不断强化政府职责，先后出台了学前教育发展规划与各项标准、文件政策等，通过建章立制，依法治教，为全省学前教育事业的发展提供了有力的政策保障。② 早在21世纪初，河北省教育厅就根据国家《幼儿园管理条例》和《幼儿园工作规程》的精神，结合本省实际情况，先后制定了贯彻这两个学前教育法规的实施办法。2010年后，河北省根据中央出台的《国家中长期教育改革和发展规划纲要（2010－2020年）》和《国务院关于学前教育发展的若干意见》，结合本省实际情况制定了《河北省人民政府关于大力发展学前教育的若干意见》和《河北中长期学前教育改革和发展规划纲要（2010－2010年）》，保障河北省学前教育的发展方向。此外，河北省还依据本省学前教育事业发展的实际情况，先后出台了《关于做好学前教育三年行动计划编制工作的通知》《河北省农村小学、教学点儿增设附属幼儿园保教设施设备基本条件》《河北省财政厅河北省教育厅关于开展学前教育资助工作的通知》《河北省两年制幼儿教育类专业（对口升学）课程设置方案（试行）》《河北省贫困偏远地区农村学前教育巡回支教试点工作实施方案（2013年）》《河

---

① 邢台县教育局基础教育科.2013.邢台县学前教育三年行动计划（2011-2013年）.http://www.hebxtedu.cn/group/jhwlxz/xqzccs/20130221163441.html[2016-03-30].

② 庞丽娟.2012.政府主导 创新体制——我国地方学前教育改革探索与政策启示.北京：北京师范大学出版社.

北省学前教育资助资金管理暂行办法》《河北省利用农村闲置校舍改建规范化幼儿园办园条件基本要求》等一系列相关政策文件，这对加强全省农村学前教育工作的规范化、科学化管理，逐步实现依法治教发挥了重大作用。

河北省各级党委和政府对学前教育的支持力度很大，每年召开的教育工作会议都会把学前教育作为一项重要内容进行总结和部署。政策的出台是为了更好的保障学前教育的发展，更是为了给河北省内的学前教育发展提供良好的指导。制定、出台政策只是发展学前教育的第一步，后续的保障落实是非常重要的。河北省为了避免出现"以政策贯彻政策，以会议落实会议"的现象，各级政府不断明确责任，完善保障机制和督导检查机制。河北省很多县、市政府把学前教育与其他各级各类教育统一规划、统一部署、统一督查、统一考核。沧州市、保定市、邢台市政府副市长与其所辖各县的县长签署了"普及三年学前教育"的责任书，把"普及三年学前教育"指标纳入省政府对县政府教育工作督导评价体系之中。

（三）政府重视学前教育发展，发挥监督、职能

市场在资源配置中发挥基础性作用，市场规律可以调节商品和服务的供求关系，但是由于市场调节的弊端和学前教育的准公共产品的性质，政府绝对不能放任学前教育完全凭借市场规律来运作。河北省各级政府的相关部门从机构开办资格、教师准入资格、收费标准、教育质量、安全保证等至关重要的方面进行监督审核，来保障幼儿教育机构特别是民办幼儿教育机构的良性运转。

1. 严格把控学前教育机构审批工作

河北省内的学前教育机构一部分是我们熟知的幼儿园，另一部分为新兴的幼儿培训机构、早教指导机构。河北省内各市、县对幼儿园办园资格的审批监管体系已经基本成熟。河北省教育厅会同有关部门，根据国家基本标准和社会对幼儿保教的不同需求，制定各种类型的幼儿园办园标准，明确办园条件、教职工配备与资格、卫生保健、保教工作基本要求等，实行分类管理、分类指导。民办园按优质园、标准园、合格园定期实行分类定级评估；公办园按省级示范园、市级示范园、县级示范园建立健全分类定级管理办法。严格执行幼儿园准入制度，加强对幼儿园的审批、登记和管理，县级以上教育行政部门负责审批各类幼儿园，未取得办园许可证和未办理登记注册手续的任何单位和个人不得创办幼儿园。逐

步建立幼儿园信息管理系统,完善和落实幼儿园年检制度,对幼儿园实行动态监管。按照幼儿园建设标准,测算每所幼儿园建设用地面积和建设资金。对予以保留的幼儿园严格对照国家和省有关标准进行检查,达不到标准的幼儿园哪些需要重建、哪些需要改扩建以及完成后的规模、完成时间要有明确规划;对新建幼儿园要明确建设位置、占地面积、建筑面积、轨制、开工时间、竣工时间,要严格按照有关标准进行规划。2017年保定市教育局发布了《保定市教育局关于印发〈保定市民办幼儿园基本设置标准〉的通知》对幼儿园的创办者、设置规模与办园条件、办园经费、管理域教学等方面做了明确的要求。

近些年社会各类幼儿培训机构和早教指导机构如雨后春笋般出现,但是这些机构的审批主管部门不尽相同,监督管理标准不一,工作实施起来遇到了一定的困难,审批部门应会同当地教育行政部门做好监督检查工作。

2.科学规范教师准入机制

河北省各级政府完善教师准入机制,优胜劣汰,提高教师素质,培养和引进优秀师资。河北省完善幼儿教育类专业的课程设置,根据幼儿教师职前教育的要求,既要科学地安排文化知识课程和教育理论课的学习,又要加强实践环节,注重教育实践和科学实验,重视教师职业技能训练和职业能力的培养。[①] 2012年,河北省成为教师资格证改革试点地区,由省级统一组织,改进考试内容,强化考试管理,统筹考试与认定关系等。由教育部制定教师专业标准、教师资格考试标准和教师资格考试大纲,并负责命题工作,统一考试时间,规范考试科目,全面考查教师资格申请人身心素质和教育教学能力。[②] 系统的职前教育结合严格、统一的考试资格认定,有利于教师整体素质的提高。河北省重视教师师德与法制观念建设,开展师德教育与法制教育专项行动。河北省制定《河北省师德师风十不准》,进一步规范教师道德行为;加强教师普法工作,进一步提高广大教师的法律意识和法治观念;树立典型,正面引领,为师德建设营造良好的舆论氛围;建立师德教育与法制教育工作机制,将师德教育与法制教育纳入教师资格和准入制度中;加强监督,建立师德考核工作机制,重点实施师德过程性考核。[③] 河北省各市、县以提升教师整体素质为监督管理教师准入的

---

① 河北省教育厅.2010.两年制幼儿教育类专业(对口升学)课程设置方案(试行) 冀教师〔2010〕7号.
② 河北省教育厅.2013.河北省中小学和幼儿园教师资格考试改革方案 冀教师〔2013〕9号.
③ 河北省教育厅.2013.我省将在中小学及幼儿园开展师德教育与法制教育专项行动 冀教师〔2013〕15号.

最终目的。各市、县（区）就完善当地的教师队伍、提高教师教育教学水平做了很大努力。邢台县制定和完善幼儿教育师资队伍的培养和培训规划，逐步提高教师的学历层次，大力开展以提高教育教学能力为重点的幼儿教师培训，建立每三年一周期的幼儿教师全员培训制度，严格执行幼儿教师和保育员持证上岗制度，幼儿教师须持有幼儿园教师资格证，保育员须具备高中以上学历并受过幼儿保育专业培训。继续加强幼儿园名园长、名教师、特级教师的培养工作；继续加强城区与农村师资对口交流工作，建立教师"结对"和园长流动制度。①河北逐步建立起教师准入和考核、升迁机制，注重教师队伍的建设。

3. 规范幼儿园收费行为

公办幼儿园收取的费用纳入财政专户管理。不得用政府投入建设高标准、高收费的幼儿园。目前河北省公办省级示范性幼儿园月收费为每人90～190元，一类园月收费每人70～120元，二类园60～90元，三类园40～75元，农村幼儿园、小学附属幼儿班和学前班一般月收费每人10～30元。各地市根据本市情况联合多部门制定本市统一的收费标准。唐山市2015年调整了收费，示范园为每生每月160元。加强民办幼儿园收费管理，完善价格备案程序；加强分类指导，严禁人为抬高成本，高价收费。严格实行幼儿园收费公示制度，接受社会监督。幼儿园不得以开办实验班、特色班、兴趣班和其他名义另外收取费用。各级价格、财政、教育部门要根据职责分工，加强幼儿园收费监管，坚决制止和查处乱收费现象。邢台县在《邢台县学前教育三年行动计划（2011—2013年）》中指出："公办幼儿园收费实行政府定价，收取的费用纳入财政专户管理；民办幼儿园收费实行办园成本核算、报备、审核和公示制度。"同时也指出："加强经费管理。农村幼儿园（幼儿班）、学前班经费管理应严格执行有关财务制度，纳入审计监督，确保幼教经费专款专用。"

4. 监督、引导科学保教工作

河北省各级政府监督幼儿园实施科学保教工作，着力提高幼儿园保教质量。河北省各级教育行政部门要按照国家颁布的《幼儿园教育指导纲要（试行）》和幼儿学习与发展指南，加强对幼儿园保教工作的指导，促进幼儿园科学开展保

---

① 邢台县教育局基础教育科. 2013. 邢台县学前教育三年行动计划（2011—2013年）. http://www.hebxtedu.cn/group/jhwlxz/xqzccs/20130221163441.html[2016-06-30].

教工作。河北省深化幼儿园课程改革,遵循幼儿身心发展规律,全面实施素质教育,保障幼儿快乐健康成长。各学前教育机构坚决纠正和防止学前教育"小学化""成人化"倾向,严禁幼儿园使用小学教材,加强对幼儿园玩教具、幼儿图书的配备与指导,为儿童创设丰富的教育环境。各级教育行政部门逐步建立健全幼儿园保教工作的规范与质量评估监管体系,开展幼儿园达标创优活动,鼓励各类幼儿园整体提升办园水平。与此同时,健全学前教育教研网络,加强学前教育教研指导工作。

省级统筹学前教育发展,各县(区)采取具体措施提高保育教育质量。邢台县认真贯彻《幼儿园教育指导纲要(试行)》,积极开展幼儿园教学内容、方式、手段的改革,防止和纠正幼儿园(班)"小学化"倾向,注重儿童以游戏为基本活动,寓教于乐、保教结合的科学教育理念,积极满足学前儿童多方面发展的需要。同时开展学前教育研究。建立覆盖全县公办民办幼儿园的片区教研网络,大力开展园本教研,引导幼儿园开展儿童身体发育、心理成长、智力增长的规律和保育教育模式的研究,提高公办民办幼儿教师的保教技能和专业素质。拓展服务功能,建立婴幼儿教育指导服务网络。在县直幼儿园开展面向农村家长的早期教育培训和咨询活动,建立以各乡镇中心幼儿园为中心,灵活多样的婴幼儿教育指导服务网络,为儿童家长提供早期保育和教育服务指导,帮助家长提高科学育儿能力。[1]秦皇岛市逐步健全学前教育教研指导网络,发挥省、市级示范园"教学示范中心、师资培训中心、教研科研中心、家长培训中心、信息资料中心和巡回指导中心"的"六中心"作用。逐步建立以社区为基础、以示范性幼儿园为中心、灵活多样的学前教育服务网络,为家长提供服务指导,幼儿园教育和家庭教育紧密结合,共同为幼儿的健康成长创造良好环境。加强对农村园和薄弱园的指导,开展好送课下乡工作。[2] 2017年,保定市教育局开展对全市民办幼儿园专项整治行动,按照调查摸排、限期整改、认真核查的方法步骤,对办学资质、办学条件、师资队伍、安全管理、财务管理、教育教学进行重点整治,以规范民办幼儿园的发展,促进学前教育的良性发展。[3]

---

[1] 邢台县教育局基础教育科.2013.邢台县学前教育三年行动计划(2011-2013年).http://www.hebxtedu.cn/group/jhwlxz/xqzccs/20130221163441.html[2016-06-30].

[2] 秦皇岛市人民政府.2013.秦皇岛市人民政府关于印发《秦皇岛学前教育三年(2011-2013年)行动计划》的通知.http://www.qhdedu.cn/Item/2375.aspx[2016-06-30].

[3] 保定市教育局.保定市教育局关于对全市民办幼儿园开展专项整治的通知.http://www.bdjy.gov.cn/content-621-294.html[2016-06-30].

5.高度重视安全保障工作

幼儿园安全监管是学前教育发展不可忽视的环节。河北省各级政府高度重视幼儿园安全保障工作，加强安全设施建设，配备保安人员，健全各项安全管理制度和安全责任制，落实各项措施，严防事故发生。各级政府和教育、公安、卫生等相关部门高度重视幼儿园安全工作，坚持常抓不懈，做到齐抓共管、保障有力。定期开展对幼儿园周边环境、园舍设施、接送车辆、食品卫生等方面的安全检查，建立起较为完善的人防、物防、技防相结合，全覆盖的幼儿园安全防范体系，有效杜绝事故的发生。幼儿园所在街道、社区和村民委员会共同做好幼儿园安全管理工作。幼儿园健全安全责任制度，完善设施设备，加强安全教育、安全演练，提高师生的安全防范意识，营造了安全、和谐的育人环境。建立健全责任制和事故责任追究制，强化幼儿园房屋、活动场所、设施设备、饮食卫生、交通工具等日常安全工作的管理和检查，减少和杜绝幼儿园安全事故的发生。

（四）政府重视学前教育发展，保障弱势群体享受学前教育机会

河北省政府保证省域内偏远农村地区学前教育的发展和家庭贫困儿童享受学前教育的机会。2013年，河北省出台《河北省贫困偏远地区农村学前教育巡回支教试点工作实施方案》，促进了偏远地区农村学前教育的发展。巡回支教试点工作在摸索中前进，试点县利用农村闲置校舍、农家书屋、妇女活动中心、村党支部活动室等场所，改建成学前教育村级巡回支教点，向散居适龄儿童提供灵活多样的教育，向家长宣传科学育儿知识，有效增加学龄前儿童接受基本学前教育的机会，提高了农村学前教育普及程度。河北省为进一步完善国家资助政策体系，积极发展学前教育，切实解决家庭经济困难儿童入园问题，根据《财政部教育部关于建立学前教育资助制度的意见》的精神，制定了《河北省学前教育资助资金管理暂行办法》。河北省统筹安排中央奖补资金对市、县进行补助。学前教育资助对象为经县级及以上教育行政部门审批设立的普惠性幼儿园在园的家庭经济困难儿童。各地在确定的资助标准内，结合当地实际，可合理确定资助资金使用内容，确保符合家庭经济困难儿童入园需要。

二、完善学前教育管理体制

河北省在学前教育发展构成中不断完善自己的管理体制，经历由"三级两

线"到"幼小一体化"的转变,管理机构与人员设置不断完善,逐步形成"地方负责,分级管理,多部门协调配合"的管理体制。

(一)学前教育管理机构和人员设置不断完善

政府及相关职能部门是一个相对独立的实体系统,其结构与功能等内在因素均会对政府履行职责产生根本影响。[①] 合理的机构设置和专业的人员配备非常有利于政府落实政府责任,促进学前教育的发展。2010年以来,我国学前教育事业飞速发展,各界对于学前教育的关注度达到一个新高度,要想实施"学前教育三年行动计划",抓好国家学前教育重大项目,以及做好学前教育日常业务管理工作,加强行政力量、规范学前教育行政管理机构设置和人员配备是必然要求。

河北省历来重视学前教育行政管理工作,省委、省政府把学前教育定为整个国民教育体系的重要组成部分,"把学前教育发展摆在重要位置"。河北省委、省政府以实施"学前教育三年行动计划"为抓手,以幼儿园标准化建设和幼儿园规范化管理为重点,以提高保教质量为核心,通过加强领导和持续加大投入,强化项目建设,全力优化学前教育资源,并逐步形成了河北省委、省政府关心指导,河北省教育厅对口管理,河北省发展和改革委员会、河北省机构编制委员会办公室、河北省财政厅等相关职能部门协调配合的良性工作机制。在河北省委、省政府的重视下,基层教育行政单位成立了学前教育工作领导小组,并按照"统一管理、分工协作"的原则,建立了学前教育工作联席会议制度。为了建立促进学前教育事业长效稳定的机制,近年来河北省的很多地及市、县(区)在学前教育管理体制的"体"方面进行了改革探索,增设、分设或进一步明确了学前教育行政管理机构并配备了专职行政管理人员。例如,保定市各市、县(区)成立了以政府县(市、区)长任组长,主管县(市、区)长任副组长,发改、教育、财政、规划、国土、建设、劳动人事保障、编办、物价、公安、卫生、审计等相关部门为成员的学前教育工作领导小组。保定市要求"各县(市、区)要在配足配齐幼教专职管理干部,尤其要配齐专业精通的幼教教研人员,加大对学前教育的业务指导力度。要将一批热爱幼教事业、具有较高专业水平和管理能力的人员选拔到幼教管理、教研及园长队伍中来,带动当地学前教育

---

① 范明丽. 2014. 我国学前教育管理体制改革的方向与设计——基于政府模式转型的研究. 北京师范大学博士学位论文.

的快速发展。"① 石家庄市教育局专门设立了"幼儿特殊教育处",部分区市教育局在原有"基础教育处"的基础上明确增加了学前教育行政管理人员,区县教育局新设了学前教育科,并配有至少1名幼教专干。邯郸市设有教育科学研究所幼教处等部门。我们在走访调研的过程中发现,虽然各市、县(区)都存在不同名称的关于学前教育的专门的负责部门,但是"存在感"很低,所配备的人员也不够专业。

(二)建立健全领导网络,明确各级政府和政府各部门职责

明确各级政府职责,形成"省级统筹,以县为主"的纵向管理体制;因学前教育是一项涉及政府多部门的公共事务,需形成多个部门共同参与、协商、合作、共同管理网。

2011年,在《河北省人民政府关于大力发展学前教育的若干意见》中明确提出"县级政府对本行政区域学前教育事业发展负主要责任,根据经济社会发展、城乡人口分布和流动趋势,统筹规划幼儿园布局,筹措学前教育经费,办好公办幼儿园,扶持民办幼儿园,负责对各类幼儿园及其园长、教师的管理和业务指导。"发展学前教育应"以县为主体",使县级政府在学前教育事业的发展上发挥中流砥柱的作用。县(区)及县级市政府,是推进"学前教育三年行动计划"的基本单位,承担着管理指导县域内学前教育发展的主体责任。县级政府发展学前教育要做好以下工作:县级政府根据中央、省、市有关学前教育发展的方针、法律法规、政策、规划及各项规章制度,制定县域内学前教育发展规划并统筹管理本辖区的学前教育机构;规范幼儿园教师人事聘任、考核制度,依据县级财力优先保证编制内幼儿园教师的工资、津贴与福利待遇,督促并支持各类性质幼儿园落实非在编教师的基本工资待遇、社会保障及福利等;保障县域内幼儿园的合理布局、规范运转。在全省开展的农村学前教育巡回支教试点工作中可以看出"以县为主"特点,各试点县教育行政部门要与志愿者签订《志愿服务协议》,明确教育行政部门和志愿者之间的权利和应履行的职责。县教育、财政等部门负责支教点的选定和巡回支教志愿者的遴选与招聘工作。县级教育行政部门统筹负责巡回支教点的设置与管理。例如,河北省保定

---

① 保定市教育局,保定市发展和改革委员会,保定市财政局.2015.保定市教育局 保定市发展和改革委员会 保定市财政局关于印发《保定市第二期(2014—2016年)年学前教育三年行动计划》的通知.www.bd.gov.cn/content-888888020-67744.html[2018-04-03].

市，在各县（市、区）教育部门的带领下积极探索"农村幼教本土化"路子，利用农村得天独厚的自然条件，将适宜的教育活动搬到田间地头，让幼儿亲近泥土和阳光。同时利用废旧材料组织师生开展手工制作，改善玩教具匮乏的状况，使农村幼儿园充满了匠心和新鲜气息。[①] "以县为主"既可以很好地传达中央、省级的方针政策，又可以深入当地实际情况实施具体可行的操作方案。

河北省政府的主要职责是统筹省域内学前教育的发展。省级和各区市政府负责本行政区域学前教育工作，制定发展规划和政策措施，统筹协调和监督指导，并给予经费支持，扶持农村地区、少数民族地区及边远贫困地区学前教育事业发展。河北省统筹东、中、西部的发展，结合当地特色分阶段、分区域推进学前教育的普及。《河北省人民政府关于大力发展学前教育的若干意见》中提到："省级财政设立专项经费，支持农村及贫困地区发展学前教育。"

2013年河北省教育厅发布《河北省贫困偏远地区农村学前教育巡回支教试点工作实施方案》，提出："构建省级统筹、市级管理、部门协作、县校联合的工作实施机制；建立一支高素质、制度化、常态化的学前教育巡回支教队伍；依托乡村幼儿园，逐步形成覆盖农村偏远地区的学前教育服务网络。"在整个支教试点工作的过程中，省教育厅负责试点工作的统筹、管理，指导试点县建立健全试点工作各项制度。同时省财政厅负责统筹安排试点工作中央财政补助资金的使用，下拨中央财政对志愿者和支教点的补助经费，并制定试点工作经费管理使用办法，为试点工作提供经费保障。在全省开展农村学前教育巡回支教试点工作中充分体现了省级统筹学前教育发展的重要性。

乡镇和街道一级由原来的学前教育管理主体转变为协助县级政府进行管理的具体实施部门。乡镇政府和街道办事处根据县级政府规定履行相关职责，支持办好乡镇（街道）中心幼儿园和村幼儿园。乡镇政府和街道办事处对本辖区内各类学前教育机构的安全、卫生和周边环境等方面进行管理，保障本辖区内学龄前儿童可以接受灵活多样的学前教育服务。有条件的乡镇政府在学前教育投入和幼儿园建设方面也会承担一部分责任。在全省开展农村学前教育巡回支教试点工作中，我们可以看到乡镇政府发挥的作用。所在乡镇中心幼儿园或临近村幼儿园具体负责管理各支教点，指导巡回支教志愿者制订具体支教计划和时间安排，因地制宜安排适宜的教育活动和内容，定期开展教研活动，及时总

---

① 河北新闻网. 2011. 保定市学前教育走在前. http://bd.hebnews.cn/2011-04/01/content_1830355.htm[2016-06-30].

结经验，研究解决工作中遇到的困难和问题。乡镇政府作为基层组织更加了解人民群众的需要，是办好学前教育的基石。

村民委员会、居民委员会在当地学前教育的发展中也发挥着不可替代的作用。村民委员会、居民委员会协助乡镇政府或街道办事处为学前教育机构提供条件支持，组织科学育儿的知识宣传。在全省开展农村学前教育巡回支教试点工作中，支教点所在乡（镇）政府和村委会负责维护支教点的治安，动员和组织家长参与支教点组织的各种教育活动。在走访调研中，我们还了解到大部分农村公办幼儿园属于农村集体办园，幼儿园费用大多由政府和村集体共同支付。例如，北夏庄幼儿园就是这种模式，每年冬季取暖用费由受到服务的三个村的村委会集资购买，但幼儿园日常开销（环境创设材料、教具等）需要上报教研室审批。

河北省建立起多部门协调配合的工作机制。各级政府统筹协调学前教育的发展，健全教育部门主管、有关部门分工负责的工作机制，形成推动学前教育发展的合力。教育部门不断完善政策，制定标准，充实管理和增强教研力量，加强学前教育的监督管理和科学指导。保定市为进一步提高保教质量和办园水平，依托青年路幼儿园成立了保定市学前教育研训中心，构建起集行政、教研、高校、幼儿园四位一体的教科研共同体，建立健全了全市骨干园长、教师业务档案，及时针对学前教育普遍存在且急需解决的问题开展专题讲座、现场观摩和参与式交流讨论[1]。机构编制部门结合实际，合理确定公办幼儿园教职工编制。"机构编制和人力资源部门要根据国家要求，结合本地实际，合理确定师生比，核定公办幼儿园教职工编制，逐步配齐幼儿园教职工；完善补充机制，保证幼儿教师队伍的稳定。"[2] 发展改革部门把学前教育纳入当地经济社会发展规划，支持幼儿园建设发展。财政部门加大投入，制定支持学前教育的优惠政策。城乡建设和国土资源部门落实城镇小区和新农村配套幼儿园的规划、用地。人力资源和社会保障部门制定幼儿园教职工的人事（劳动）、工资待遇、社会保障和技术职称（职务）评聘政策。价格、财政、教育部门根据职责分工，加强幼儿园收费管理。综治、公安部门加强对幼儿园安全保卫工作的监督指导，整治、净化周边环境。卫生部门监督指导幼儿园卫生保健工作。民政、工商、质检、安全生产监管、食品药品监管等部门根据职能分工，加强对幼儿园的指导和管理。

---

[1] 河北新闻网.2011.保定市学前教育走在前列.http://bd.hebnews.cn/2011-04/01/content_1830355.htm[2016-06-30].
[2] 河北省人民政府.2011.关于大力发展学前教育的若干意见 冀政〔2011〕1号.

妇联、残联等单位积极开展对家庭教育、残疾儿童早期教育的宣传指导。充分发挥城市社区居委会和农村村民自治组织的作用，建立社区和家长参与幼儿园管理和监督的机制。各相关部门相互配合、互相支持，形成合力，共同推动全省学前教育事业健康有序的发展。在访谈中我们了解到，教育部门作为各相关部门的平行部门在工作开展的过程中"主管"能力将受到一定程度的限制。而且由于体制切割、联动因素不够等的影响，还存在改扩建幼儿园用地困难、新建园土地征收困难、无证办园规范难等问题。

三、完善学前教育督导

河北省贯彻落实《学前教育督导评估暂行办法》，根据其要求指示，结合本地实际情况，制定本省（区、市）学前教育督导评估实施方案，做好督导评估工作。在教育督导工作的开展中始终坚持以下原则不动摇：发展性原则，坚持运用发展性教育评估理念，对河北省内学前教育发展过程和进步程度实施监测与评估；激励性原则，坚持以评促建、以评促改，切实调动地方人民政府落实"学前教育三年行动计划"的积极性、主动性和创造性；客观性原则，坚持教育督导评估的公平、公正、公开，突出教育督导评估内容的真实性和评估结果的可靠性；实效性原则，坚持从实际出发，重在督导评估政府的努力程度、职责到位、工作落实的情况以及学前教育发展的实际效果。坚持督学与督政并重，监督与指导并重，检测与评估并重，不断完善督政、督学、评估监测三位一体的教育督导评估体系，切实发挥好教育督导的职能作用。

河北省不断完善教育督导制度和监督问责机制，积极探索建立相对独立的教育督导机构，推进教育督导机构独立行使职能，成立了教育督导团，并实行各级督学准入、换届和培训制度。各级政府及其有关部门还要主动接受和积极配合各级人民代表大会及其常务委员会对教育法律法规执行情况的监督检查以及司法机关的司法监督。建立健全层级监督机制，进一步加强监察、审计等专门监督。通过多种形式，主动接受社会各方面的监督。河北省建立学前教育工作表彰与问责机制，把学前教育督导评估和监测结果作为评价政府教育工作成效的重要内容，并作为表彰发展学前教育成绩突出地区的重要依据。地方人民政府教育督导机构要向本级人民政府报告督导评估与监测结果，并向社会公布。

河北省对地方政府方面的学前教育评估，主要包括政府职责、经费投入、园所建设、队伍建设、规范管理和发展水平等六个方面。政府职责方面主要评估落实政府责任和部门职责，完善管理体制，健全工作机制，建立督促检查、考核奖惩和问责机制等方面的情况；经费投入方面主要评估加大学前教育经费投入，落实各项财政支持政策，构建学前教育公共服务体系等方面的情况；园所建设方面主要评估多种形式扩大学前教育资源，大力发展公办幼儿园，积极扶持民办幼儿园，扩大普惠性学前教育资源等方面的情况；队伍建设方面主要评估加强幼儿教师队伍建设，核定并保证公办幼儿园教职工编制，落实并提高幼儿教师待遇，加强幼儿教师培养、培训等方面的情况；规范管理方面主要评估规范学前教育管理，有效解决"小学化"倾向和问题等方面的情况；发展水平方面主要评估提高学前教育发展水平，缓解"入园难"问题及社会公众对当地学前教育满意程度等方面的情况。经过调研了解到，唐山市为进一步扩大学前教育资源，市委、市政府与各县（区）逐一签订责任状，将学前教育工作纳入对各级党委、政府的考核。石家庄市完善督导制度和监督问责机制，将学前教育改革与发展纳入县（市）、区政府落实教育责任考核的重要内容，加大对学前教育工作督导评估力度，确保各项政策落实到位，形成推动学前教育发展的合力，加快推进优质学前教育发展步伐。

河北省不断完善学前教育监督指导机制，各市、县（区）教育局设置督学或幼教专干，监督指导本地区学前教育的发展。教育督导评估工作由市政府教育督导室具体组织实施，市发改委、财政局、审计局、统计局、教育局等有关部门参加。加强对各类幼儿园保教质量的监督、指导，完善园所各项工作，提高幼儿园的保教质量。《邢台县学前教育三年行动计划（2011－2013年）》指出："加强幼儿园保教质量和建设进度质量的检查，强化幼儿园管理，完善幼儿教育质量监控体系，建立学前教育工作检查和质量考核评估制度，将考核结果与评选选优、职称评审定级挂钩，对学前教育工作取得显著成绩的幼儿园（班），以及园长、教师给予表彰奖励。"学前教育的指导工作一般由地级市的基教处和县（区）的学前教育科负责，指导幼儿园的保教工作。建立督学责任区制，有效了解当地幼儿保教工作的发展情况，积极指导园所各项工作的开展与实施。

河北省的学前教育督导存在阶段性、评估性强、覆盖不完善的特点，缺乏常态化的学前教育监测机制。需要建立科学完善的教育监测机制，实施常态化监督管理，覆盖服务0～6岁幼儿的学前教育机构，扩大监督检测主体。

第三节 学前教育投入状况

学前教育经费是学前教育事业发展和质量提高的基础性保障条件，也反映了国家和社会对学前教育的重视程度。关于我国学前教育投入状况，本节主要从学前教育财政投入相关政策分析、学前教育经费投入情况、学前教育经费投入渠道、生均学前教育经费投入情况及学前教育财政投入存在的问题及相关对策等五个方面进行分析。

一、河北省学前教育财政投入相关政策分析

（一）"三为主"学前教育发展模式

近十年来，河北省委、省政府一直重视学前教育的发展，突出学前教育的公益性，始终坚持"以政府和集体办园为主、以公办教师为主、以政府和集体投入为主"的"三为主"学前教育发展模式（以下简称"三为主"），因地制宜，创新机制，以特色求发展，促进了全省学前教育事业的快速发展，推进了农村学前教育的普及。

2009年河北省学前教育投入为7.2亿元，其中财政性经费为5.5亿元，占学前教育经费总投入的76.4%。河北省的财政性学前教育投入主要分为三个部分：园舍建设资金、教职工工资和公用经费。同时，河北省还设立了学前教育专项经费，2010年专项资金达3 000万元，2011年达1.8亿元，通过专项补助和"以奖代补"方式调动市级、县级财政配套资金。根据国家有关精神，河北省还制定了《关于加大财政投入支持学前教育发展的通知》，明确要求市、县（区）两级财政从2011年开始设立学前教育专项资金，市级财政每年不低于200万元，县级财政每年不低于100万元，用于支持本行政区域内学前教育事业的发展，并逐步提高财政性学前教育经费在同级财政性教育经费总额中的比例。

从2009年起未来十年，河北省将"把发展学前教育纳入经济社会发展总体规划，建立覆盖城乡、布局合理的学前教育公共服务体系，保障适龄儿童接受基本的、有质量的学前教育"。河北省计划把农村学前教育作为农村公共事业和新农村建设的重要内容，继续健全和完善"三为主"模式，加快发展农村学前教育。进一步加大学前教育投入，建立稳定的经费投入保障机制。虽然河北

省一直强调以公共渠道为主,多渠道筹资,努力建构学前教育经费投入保障机制。但目前在教育经费普遍短缺的大背景下,学前教育经费投入仍显不足。因此,河北省在坚持以公共投入为主的基础上,亟须建立稳定的经费投入保障机制。2010 年,河北省进一步明确了政府在财政投入中的作用,提出要"进一步加大投入力度,将学前教育经费列入财政预算"[①]。2011 年,河北省又要求各级政府在将学前教育经费列入财政预算的基础上,进一步将新增教育经费向学前教育倾斜,财政性学前教育经费在同级财政性教育经费中要占合理比例,未来三年要有明显提高[②]。完善成本合理分担机制,建立学前教育资助制度,对家庭经济困难儿童、孤儿和残疾儿童接受普惠性学前教育给予资助。

同时,河北省委、省政府充分认识到在推进农村学前教育三年普及的过程中经费保障的重要性,以实施政府和集体投入为主的经费投入保障机制,始终坚持"以政府和集体投入为主",发展农村学前教育,增加对学前教育的财政投入,逐步将学前教育列入财政保障范围,建立以公共财政投入为主、社会和家庭合理分担的学前教育投入体制。以农村学前教育为重点,分阶段分区域普及的思路,为我国学前教育事业发展提供了一定的启示和借鉴。河北省如同中国的一个缩影,即农村区域广泛,城乡经济发展不平衡,农村学前教育的基础薄弱,普及难度大,但农村学前教育的普及直接决定了学前教育的总体普及程度。河北省的经验表明,我国以及其他情况类似省份学前教育的普及可以分阶段、分区域逐步实现。

(二)《河北省人民政府关于大力发展学前教育的若干意见》

2011 年,为贯彻落实国家和河北省教育规划纲要,促进学前教育事业快速健康发展,满足适龄幼儿的入园需求,根据《国务院关于当前发展学前教育的若干意见》(国发〔2010〕41 号),结合河北省实际,对学前教育财政投入提出要加大学前教育投入,建立成本合理分担机制的要求。

首先,增加对学前教育的财政投入。各级政府要将学前教育经费列入财政预算。新增教育经费要向学前教育倾斜。财政性学前教育经费在同级财政性教育经费中要占合理比例,在未来 3 年(2011 年起)要有明显提高。省财政厅会同

[①] 河北省教育厅. 2010. 河北省副省长龙庄伟在全国学前教育工作电视电话会议的讲话摘要. http://old.moe.gov.cn/publicfiles/business/htmlfiles/moe/s4917/201012/112142.html[2010-12-01].
[②] 河北省人民政府. 2011. 关于大力发展学前教育的若干意见 冀政〔2011〕1 号.

省教育厅根据实际研究制定公办幼儿园生均经费标准和生均财政拨款标准，保障公办幼儿园的经费投入，保证公办幼儿园教职工工资足额发放。建立学前教育资助制度，资助家庭经济困难儿童、孤儿和残疾儿童接受普惠性学前教育。支持幼儿园和特教学校开展残疾儿童康复教育。制定优惠政策，鼓励社会力量出资办园和捐资助园。省级财政设立专项经费，支持农村及贫困地区发展学前教育。

其次，建立学前教育成本分担机制。公办幼儿园收费实行政府定价管理，由省物价局会同省财政厅、省教育厅根据国家规定和河北省城乡经济社会发展水平、办园成本及群众承受能力，按照非义务教育阶段家庭合理分担教育成本的原则，制定公办幼儿园收费标准。民办幼儿园收费实行办园成本核算、审核、备案和公示制度。

最后，规范幼儿园收费行为。将公办幼儿园收取的费用纳入财政专户管理。不得用政府投入建设高标准、高收费的幼儿园。加强民办幼儿园收费管理，完善价格备案程序，加强分类指导，严禁人为抬高成本，高价收费。严格实行幼儿园收费公示制度，接受社会监督。幼儿园不得以开办实验班、特色班、兴趣班和其他名义另外收取费用。各级价格、财政、教育部门要根据职责分工，加强幼儿园收费监管，坚决制止和查处乱收费现象。

（三）《河北中长期教育改革和发展规划纲要（2010—2020年）》

2011年，为促进河北省教育科学发展，提高全民素质，更好地服务河北现代化建设，根据《国家中长期教育改革和发展规划纲要（2010—2020年）》，结合河北省实际，制定了《河北中长期教育改革和发展规划纲要（2010—2020年）》。

《河北中长期教育改革和发展规划纲要（2010—2020年）》指出："完善学前教育体制。把发展学前教育作为保障和改善民生的重要内容，按照公益性和普惠性的原则，完善政府主导、社会参与、公办民办并举的办园体制。大力发展公办幼儿园，支持街道、农村集体和有条件的行政事业单位、企业办幼儿园。制定优惠政策，鼓励社会力量办园，引导和支持民办幼儿园提供面向大众、收费较低的普惠性服务。鼓励捐资助园。加大学前教育投入。将学前教育经费列入各级政府财政预算，新增教育经费向学前教育倾斜。完善成本合理分担机制。建立学前教育资助制度，对家庭经济困难儿童、孤儿和残疾儿童接受普惠性学前教育给予资助。"

（四）河北省各市制定相应的《学前教育三年（2011—2013）行动计划》

2011 年初，河北省从本省的实际情况出发，在全省开始实施"学前教育三年行动计划"，这一行动计划中明确指出："制定优惠政策，鼓励社会力量出资办园和捐资助园。省级财政设立专项经费，支持农村及贫困地区发展学前教育。"省级财政通过设立专项经费的形式，支持农村地区发展学前教育，这体现了省级政府对农村地区教育事业的关注。同时，通过专项经费的方式，为农村地区学前教育事业的发展解了燃眉之急。除此之外，"学前教育三年行动计划"也关注到了农村幼儿园规范化发展问题，计划指出："各级政府要加大对农村学前教育的投入，设立专门资金，结合国家实施的推进农村学前教育项目，支持农村地区特别是山区、革命老区、少数民族地区和偏远贫困地区的幼儿园建设，完善农村幼儿园的食宿等基本保教条件，配备基本的保教设施、玩教具、幼儿读物等。"这就有利于缩小农村幼儿园与县镇、城市幼儿园之间存在的较大差距。

由此可见，农村幼儿园是未来十余年（从 2011～2013 年起）的发展重点，特别是在幼儿园的基本设施建设的投入上，已经有了明确的指导方向。随着政府进一步加大对农村幼儿园财政及政策方面的支持，农村与城市幼儿园的差异将会逐渐缩小，农村地区学前幼儿园的发展速度将会有所提高。①

（五）《河北省学前教育资助资金管理暂行办法》

为贯彻落实《国务院关于当前发展学前教育的若干意见》（国发〔2010〕41 号）和《财政部 教育部关于加大财政投入支持学前教育发展的通知》（财教〔2011〕405 号），进一步完善国家资助政策体系，积极发展学前教育，切实解决家庭经济困难儿童入园问题，根据《财政部教育部关于建立学前教育资助制度的意见》（财教〔2011〕410 号）精神，河北省制定了《河北省学前教育资助资金管理暂行办法》。

《河北省学前教育资助资金管理暂行办法》规定："中央与地方共同设立学前教育助学金，省财政根据年度学前教育经费安排和中央补助等情况，确定学前教育助学金经费数额，用于资助普惠性幼儿园在园的家庭经济困难儿童。"

---

① 孙立双，杨雅清. 2014. 河北省学前一年物质资源投入的城乡比较——基于对唐山市三所幼儿园的观察. 教育实践与研究，（1）：12-14.

"学前教育资助标准原则上为每生每年500-1000元，资助比例原则上为10%左右，具体资助实施范围、比例和标准由各设区市及县（市、区）财政局、教育局根据当地实际情况和资金总量在省定标准内确定。各地要结合实际，在确定资助比例时适当向农村地区、贫困地区和民族地区倾斜，并相应地增加资助资金额度。"

"学前教育资助所需资金由中央、省、市、县（市、区）分级负责筹措落实。省级统筹中央奖补和省本级安排资金对市、县进行补助。对136个县（市）的具体补助，根据《河北省人民政府关于印发河北省省内政府间专项配套资金管理办法（试行）的通知》（冀政函〔2011〕196号），按照保障公民基本发展权益类各级财政分担比例，分6档测算确定省、市、县财政分担额度；设区市自行确定市与市辖区之间的具体分担比例。"

学前教育资助资金优先用于直接减免在园儿童保教费，剩余部分可用于减免餐费，不得发给儿童或其家长。各地在确定的资助标准内，结合当地实际，可合理确定资助资金使用内容，确保满足家庭经济困难儿童入园需要。

（六）《河北省幼儿园收费管理暂行办法实施细则》

为进一步加强河北省幼儿园收费管理，规范收费行为，保障受教育者和幼儿园的合法权益，促进学前教育健康有序发展，根据《国务院关于当前发展学前教育的若干意见》（国发〔2010〕41号）、《国家发展改革委教育部财政部关于印发〈幼儿园收费管理暂行办法〉的通知》（发改价格〔2011〕3207号）及《河北省人民政府关于大力发展学前教育的若干意见》（冀政〔2011〕1号）的有关要求，结合河北省实际，制定了《河北省幼儿园收费管理暂行办法实施细则》。

《河北省幼儿园收费管理暂行办法实施细则》规定："公办幼儿园保教费、住宿费实行政府定价。公办幼儿园保教费收费标准应体现公益性和普惠性，按照非义务教育阶段家庭合理分担教育成本的原则，统筹考虑政府投入、经济社会发展水平、办学成本和群众承受能力等因素制定，并依据幼儿园评定等级适当拉开收费差距。"

"民办幼儿园保教费、住宿费收费标准实行备案制管理。具体标准由幼儿园根据办园成本，并结合当地经济发展水平、居民经济承受能力等因素合理确定，报与办学审批机关同级的当地价格主管部门备案后执行。享受政府财政补助（包括政府购买服务、减免租金和税收、以奖代补、派驻公办教师、安排专项奖补资金、优惠划拨土地等）的民办幼儿园，可由当地人民政府教育部门会同财政部门以合同约定等方式确定最高收费标准，由民办幼儿园在最高标准范围内制定具体收费标准，报当地价格主管部门、财政部门、教育部门备案后执行。"

二、学前教育经费投入不断增长

不管是从学前教育经费投入的绝对量，还是从学前教育经费投入的相对比例来看，学前教育经费投入都呈逐年增长的趋势。

（一）学前教育经费投入的绝对量大幅增长

从河北省学前教育经费投入情况来看，2007～2014年幼儿园教育经费总投入、幼儿园财政性教育经费和幼儿园预算内教育经费逐年增加。特别是2010年和2013年均出现了巨大的飞跃。其中，2014年河北省幼儿园教育经费总投入、幼儿园财政性教育制度和幼儿园预算内教育经费分别是2007年的10.67倍、7.82倍和7.60倍。同时，在2014年，河北省学前教育经费总投入增至7 735 991千元，比2011年的4 282 850千元增长了3 453 141千元，增幅达到了80.63%（图2-8）。

（二）学前教育经费投入的相对比例总体呈递增趋势

学前教育经费投入的相对比例总体呈递增趋势。其中，从学前教育经费投入占教育经费总投入的比例来看，2007～2009年这一比例一直在1.62%～2.87%，到2010年有一个骤然性的提高，达到了4.6%，这可以说是一个质的飞跃。从财政性学前教育经费投入占财政性教育经费投入、预算内学前教育经费投入占预算内教育经费投入的比例来看，2007～2013年这两种比例不断提高，2014年有所下降（图2-9）。

三、学前教育经费投入渠道多元，财政性教育经费是最重要的来源

河北省学前教育经费通过各种渠道来筹措，并且各种不同来源经费所占的比例在不断变化着，但国家财政性教育经费一直是河北省学前教育经费最重要也是最主要的来源。

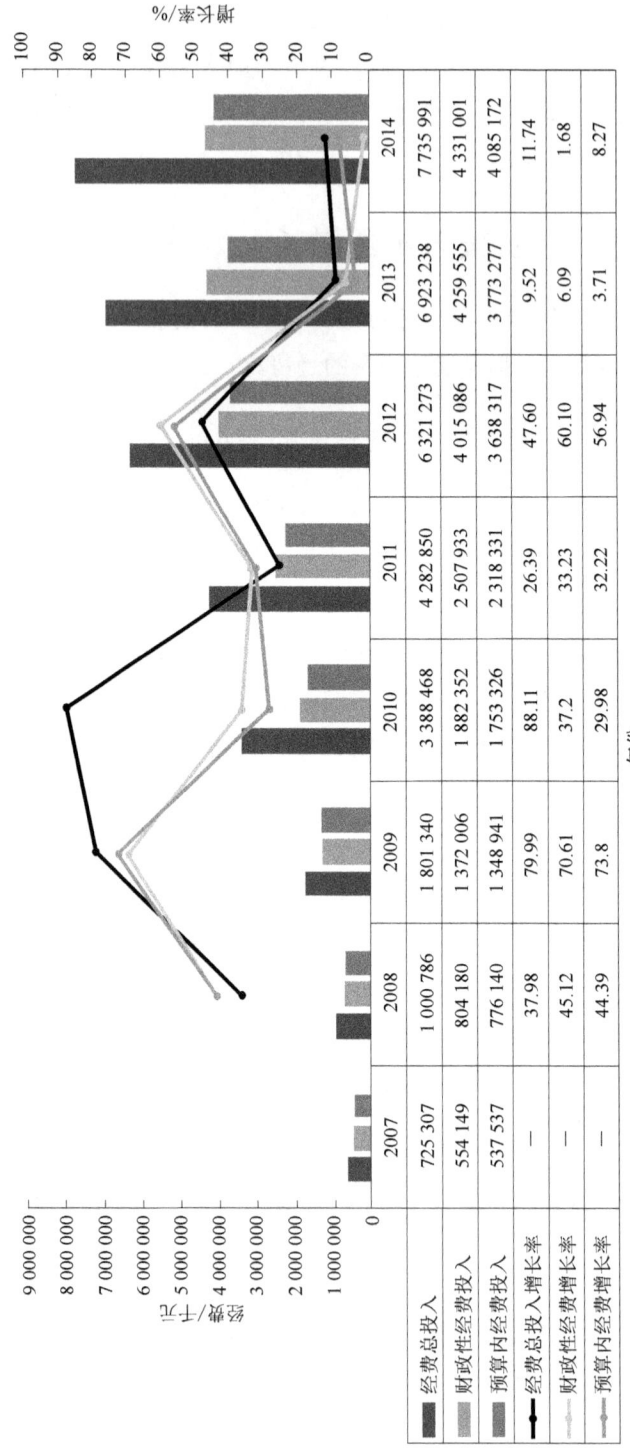

图 2-8 2007～2014 年河北省学前教育经费投入的绝对量

资料来源：教育部财务司，国家统计局社会科技和文化产业统计司. 2008～2015. 中国教育经费统计年鉴. 北京：中国统计出版社.

第二章 河北省学前教育发展概况

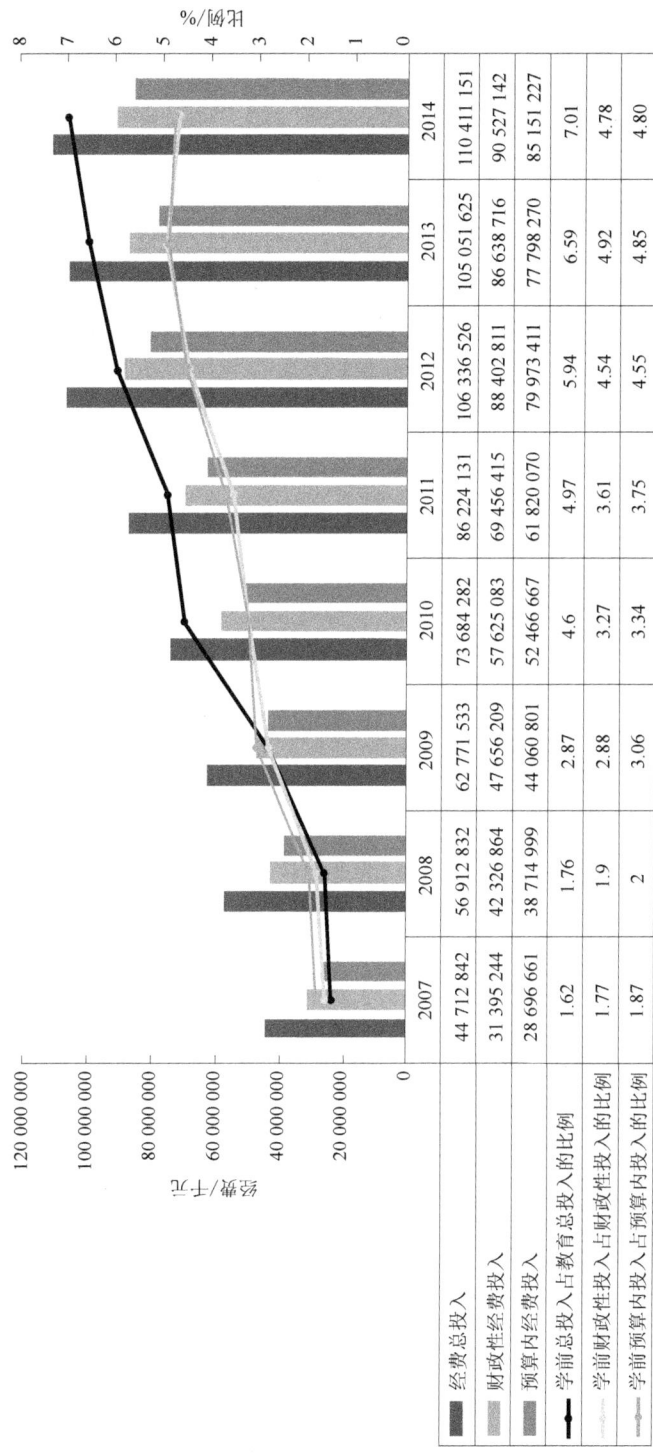

图 2-9 2007~2014 年河北省学前教育经费投入的相对量

资料来源：教育部财务司，国家统计局社会科技和文化产业统计司. 2008~2015. 中国教育经费统计年鉴. 北京：中国统计出版社.

（一）学前教育经费投入的来源构成多样化

河北省学前教育经费投入主要来源于国家财政性学前教育经费（包括预算内学前教育经费、各级政府征用于学前教育的税费、国营企事业单位拨款、校办产业与社会服务投入）、社会捐赠和集资办学经费、社会和个人办学经费、家长缴纳的保教费等事业投入及其他投入等。学前教育的投入方主要包括政府、幼儿家长、幼儿园主办方、企事业单位、社区及民间团体和个人等。

对河北省2007～2009年学前教育经费投入的来源进行分析可以发现，国家财政性教育经费、社会捐赠和集资办学经费、学费和杂费及其他投入逐年增长。特别是在2010年，各种经费均比2009年有了明显的增长，其中国家财政性教育经费增长了0.37倍，社会捐赠和集资办学经费增长了4.56倍，学费和杂费增长了2.43倍，其他投入也增长了1.35倍。同时在2014年，各种经费均比2011年也有了较大的增长。其中国家财政性教育经费增长了0.73倍，社会捐赠和集资办学经费增长了0.29倍，学费和杂费增长了0.93倍，其他投入经费增幅较小（图2-10）。

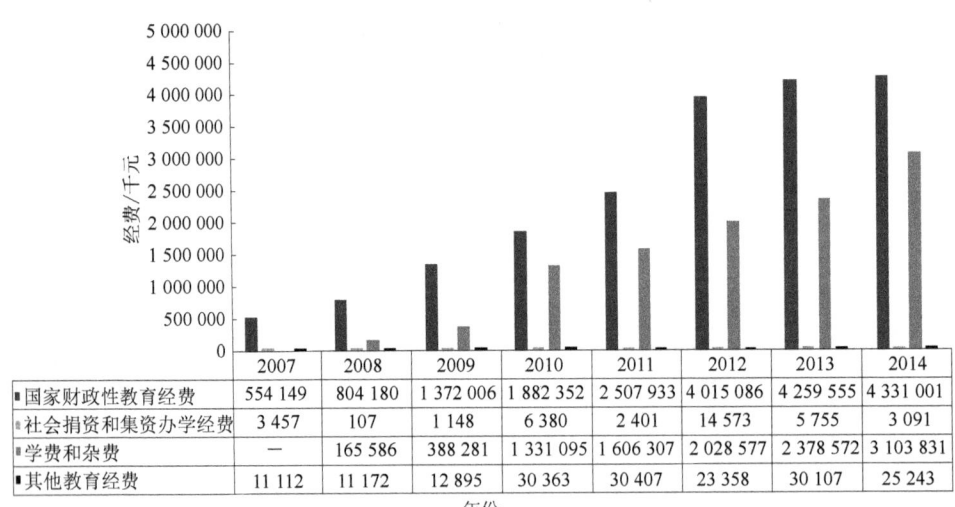

年份	2007	2008	2009	2010	2011	2012	2013	2014
■国家财政性教育经费	554 149	804 180	1 372 006	1 882 352	2 507 933	4 015 086	4 259 555	4 331 001
■社会捐资和集资办学经费	3 457	107	1 148	6 380	2 401	14 573	5 755	3 091
■学费和杂费	—	165 586	388 281	1 331 095	1 606 307	2 028 577	2 378 572	3 103 831
■其他教育经费	11 112	11 172	12 895	30 363	30 407	23 358	30 107	25 243

图2-10　2007～2014年河北省学前教育经费来源构成

资料来源：教育部财务司，国家统计局社会科技和文化产业统计司.2008～2015.中国教育经费统计年鉴.北京：中国统计出版社.

（二）不同渠道来源经费所占比例不断变化

从学前教育经费不同渠道来源所占的比重来看，各种不同渠道来源经费的变化较为复杂。具体来说，2007～2010年国家财政性学前教育经费占河北省学前教育经费的比例呈现缓慢增长的趋势，且基本维持在55%以上。在2007～2014年，社会捐赠和集资办学经费的比重呈现波浪式趋势。此外，家长缴纳的学费和杂费的比重在2010年和2014年达到高峰。其他教育经费所占比例呈现逐年下降的趋势（图2-11）。

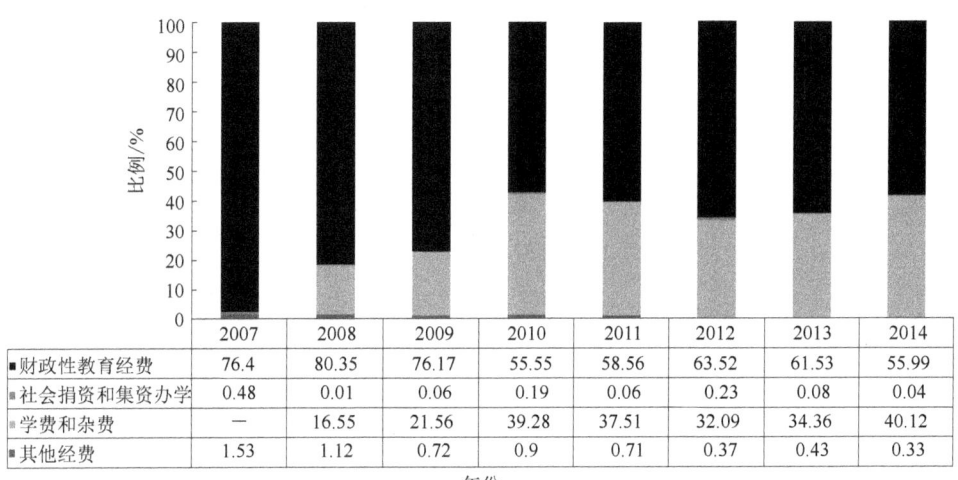

图2-11 2007～2014年河北省学前教育经费投入来源构成的比例

资料来源：教育部财务司，国家统计局社会科技和文化产业统计司.2008～2015.中国教育经费统计年鉴.北京：中国统计出版社.

四、生均学前教育经费逐年递增

根据相关统计数据可以发现，2007～2014年河北省生均学前教育经费、生均财政性学前教育经费、生均预算内学前教育经费均呈现逐年递增的趋势。尤其在2009和2010年，三者都有很大幅度的提高。同时，在2010年以后，2011和2014年河北省生均学前教育经费、生均财政性学前教育经费、生均预算内学前教育经费也出现大幅度增长。2014年河北省生均学前教育经费、生均财政性学前教育经费、生均预算内学前教育经费分别是2010年的5.49倍，5.53倍和5.60倍（图2-12）。

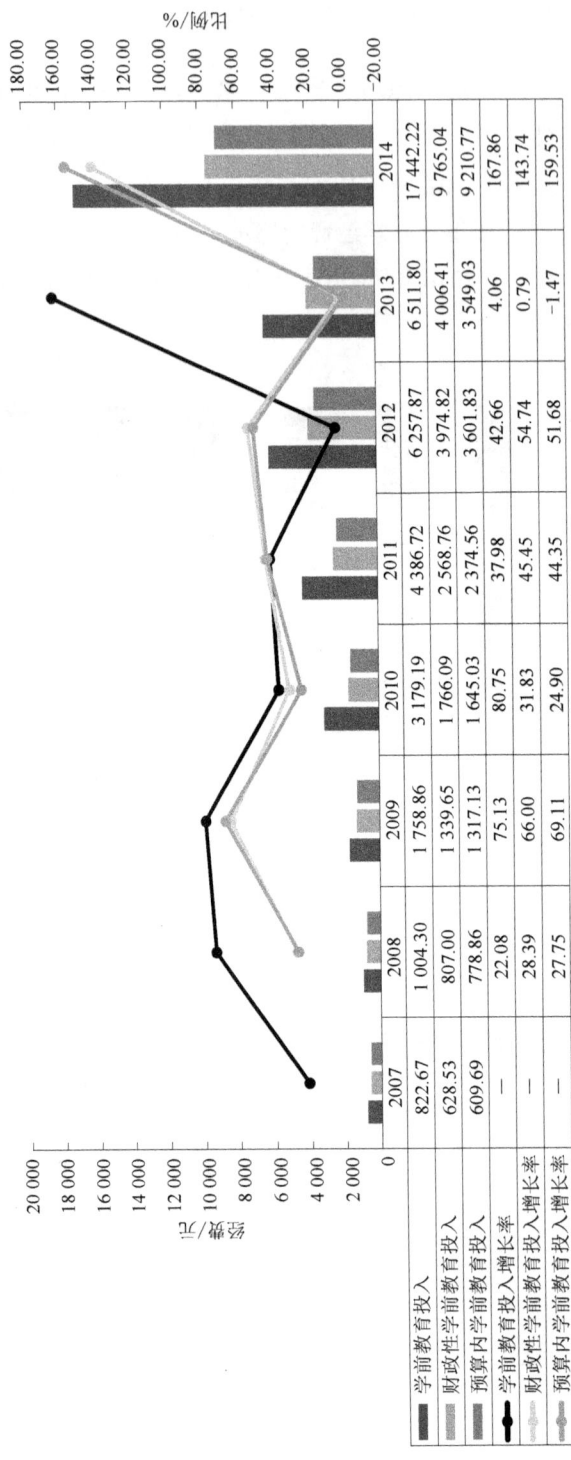

图 2-12 2007～2014 年河北省生均学前教育经费

总的来说，河北省学前教育经费的绝对量和相对比例都在不断增长，生均学前教育经费也在不断增长，这说明河北省对学前教育的投入在不断增加。对学前教育越来越重视。特别是在2010年《教育规划纲要》颁布后，这一趋势更为明显。

五、当前河北省学前教育财政投入仍然存在的突出问题及相关对策

（一）河北省农村学前教育发展[①]

2001年，《国务院关于基础教育改革与发展的决定》提出要"因地制宜调整农村义务教育学校布局"，这为河北省充分利用富余的校舍和教师资源发展农村学前教育带来了难得的契机。在此基础上，河北省充分立足本省省情，近十年来始终坚持"以政府和集体办园为主、以公办教师为主、以政府和集体投入为主"的"三为主"学前教育发展模式，积极制定规划、出台政策、规范管理、加强督导，在推动学前教育事业快速发展过程中走出了一条着力扩大普惠性资源、强力推进农村学前教育三年普及的改革发展之路。

调查发现，近80%的农村幼儿园存在办园经费不足的情况，表现为：室外游戏和体育活动场地狭小，缺乏大型游戏活动器材；室内设备简陋、空间小，幼儿多，课桌椅不达标，玩教具少；电化教学设备不足，现有的电教设备使用率为50%左右，甚至有4.7%的幼儿园没有电教设备。同时，缺乏相应的配套设施，如许多幼儿园缺乏基本的卫生盥洗设施，卫生条件差[②]。

因此，要以公共财政投入为主，多渠道筹资，努力构建经费投入保障机制。农村学前教育经费投入主要分为三个部分：校舍建设经费、教师工资和公用经费。河北省在学前教育三年普及进程中，由于坚持以公办中小学闲置校舍改、扩建为主，以公办教师为主，自然形成了农村幼儿教育投入以政府投入为主的格局。据2006年的统计，全省幼儿教育总投入为54 218万元，其中财政性经费40 705万元，财政预算内经费39 106万元，分别占幼儿教育经费总投入的75.08%和72.13%，如果将幼教岗位上的小学公办教师工资计算在内，幼儿教育

[①] 洪秀敏，范明丽. 2011. 政府主导强力推进农村学前教育三年普及——河北省"三为主"学前教育发展模式的探索和启示. 学前教育研究, (11)：12-16.
[②] 石丽娟，刘京花. 2013. 河北省农村学前教育调研：问题与对策. 教育评论, (4)：117-119.

的财政投入总额更大、比例更高[①]。2009年,河北省学前教育投入7.2亿元,其中财政性经费5.5亿元,占学前教育经费总投入的76.4%[②]。2010年,河北省进一步明确了政府在财政投入中的作用,提出要"进一步加大投入力度,将学前教育经费列入财政预算"[③]。《河北省人民政府关于大力发展学前教育的若干意见》也明确要求"增加对学前教育的财政投入",在"各级政府将学前教育经费列入财政预算"的基础上进一步提出"新增教育经费要向学前教育倾斜,财政性学前教育经费在同级财政性教育经费中要占合理比例,未来3年要有明显提高"[④]。

在确保以公共财政投入为主的经费保障机制基础上,河北省各级政府及其教育行政部门也结合各地实际情况,多渠道筹资,努力拓宽农村学前教育事业的经费来源。比较常见的筹资渠道和方式包括政府拨款、主办单位投入、集体投入、群众集资、个人投入、社会捐助、银行借贷等。

坚持以公共财政投入为主,多渠道筹资,努力构建经费投入保障机制。这就要求政府相关部门在科学核算幼儿园办园成本、制定幼儿园生均财政拨款标准和生均公用经费标准的基础上,将学前教育经费列入财政预算,保证财政性学前教育经费在同级财政性教育经费中占有合理比例。同时,设立学前教育专项经费,明确新增教育经费向学前教育倾斜,并在实践中不断探索,建立长效稳定的增长机制,以不断加大政府对学前教育,尤其是农村学前教育的投入力度。

(二)河北省学前教育资源配置不均衡[⑤]

当前河北省学前教育资源配置不均衡,存在区域差异、交际差异、城乡差异、地区差异和幼儿园差异。学前教育资源配置是指各种学前教育资源(在学前教育过程中所占用和消耗的人力、物力和财力资源)在各种不同使用方向上的分配。许丽英总结教育资源配置主要关涉到以下几个问题:谁配置教育资源,即教育资源配置的主体,也可以说是拥有教育资源配置权的集团或个人,包括

---

① 洪秀敏,范明丽.2011.政府主导强力推进农村学前教育三年普及——河北省"三为主"学前教育发展模式的探索和启示.学前教育研究,(11):12-16.
② 柯进,苏令.2011-3-7.把惠及老百姓的大事做实做深——全国政协委员建言献策解决"入园难".中国教育报,001.
③ 龙庄伟.2010-12-2.全国学前教育工作电视电话会议发言摘登(加快推进普及学前教育步伐).光明日报,06.
④ 河北省人民政府.2011.关于大力发展学前教育的若干意见 冀政〔2011〕1号. https://max.book118.com/html/2016/0126/34107732.shtm[2016-08-10].
⑤ 石立叶,刘丽英.2015.河北省学前教育资源配置非均衡发展现状与对策.统计与管理,(9):52-54.

国家、企业、个人等；教育资源配置给谁，即教育资源配置的对象，不同地区、不同群体、不同学校、不同学生是进行教育资源配置的主要对象；按什么标准和原则进行配置，在具体的教育资源配置过程中，必然有一定的价值导向规约着教育资源配置的方向和目标。

据调查，河北省各地级市间学前教育资源配置情况存在不均衡现象，各市之间在入园率、生师比、公办园占比、在编教师占比等方面都存在较大差异。2014年《教育部国家发展改革委财政部下发关于实施第二期学前教育三年行动计划的意见》中指出要强化政府职责，进一步加强学前教育治理体系和治理能力建设，落实地方政府发展学前教育的责任，发挥中央财政的引导激励作用。制定了2013～2016年的学前教育发展目标：到2016年，全国学前三年毛入园率达到75%左右；城镇和经济发达地区的农村全面普及学前三年教育，其他农村地区特别是集中连片特困地区学前三年毛入园率有较大增长；初步建成以公办园和普惠性民办园为主体的学前教育服务网络；逐步建立起以公共财政投入为主的农村学前教育成本分担机制。

实践表明，将经费负担责任下放到财力不足的基层政府，学前教育经费是不可能得到保障的，建立中央、省和地级市三级政府都承担部分学前教育财政责任，在各级政府财政责任的划分上，可以考虑参照义务教育经费保障机制的经验。将学前教育经费投入纳入财政预算，使学前教育经费有大幅度提高。改革财政资金的分配方式，提高学前教育的公平和效率。大力改革现行的财政资金主要投向少数教育部门所办幼儿园的分配方式，提高学前教育的公平和效率。对办园规范、质量合格、低收费的普惠性民办幼儿园给予积极补助扶持；建立学前教育资助制度，对家庭经济困难（低保户）和残疾幼儿给予减免保教费。鼓励社会力量办园，对于有志于投入学前教育事业的单位和个人，政府要积极鼓励，甚至可以采取激励措施，如保证合理用地、减免税费等。

第四节　幼儿园办园格局与发展状况

在学前教育机构的划分上，有两类不同的标准：一是根据幼儿园举办者的不同，我国的幼儿园可以分为教育部门办幼儿园、其他部门办幼儿园、集体办幼儿园和民办幼儿园；二是根据主办者的性质分为公办园和民办园。近年来，不同类型的幼儿园总数都在不断增加，但各类幼儿园数量发展趋势以及各类幼儿园占总幼儿园数的比例各不相同，这就构成了学前教育办园格局的多样化，在第一章的第四节中，我们主要分析了全国的学前教育办园格局：民办园数量最大并且以较快的速度不断增长，公办园中的教育部门办园也在不断发展，而具有公办性质的其他部门办园和集体办园在经历了2010年之前的急剧下降趋势后，在近5年来，发展也比较平稳和均衡。在本章节中，我们主要从公办园和民办园的二维划分出发，针对河北省的学前教育办园格局进行分析。目的在于深入了解河北省各类幼儿园的基本情况，以此探究办园体制中的结构问题，提出了相关的建议，为政府部门制定学前教育格局规划的相关法规和政策提供了理论依据。

一、河北省办园格局规划的相关政策分析

一个地区学前教育的办园格局和发展情况，不仅与市场的调节相关，更多是受到当地的政府的宏观政策的引导和调控。政府的政策会决定对不同类型幼儿园的供给与服务水平，主要体现在整体规划、财政投入、师资建设、硬件配备、管理制度等各方面。因此，分析河北省关于办园格局的学前教育相关政策，对于探究当地学前教育办园格局的基本情况是非常必要的。

（一）河北省相关政策分析

河北省人民政府、河北省教育厅及财政厅、河北省国土资源厅等省级相关部门对于学前教育的发展一直保持着高度的关注和大力的支持，为了提高学前教育质量，优化办园格局，2011～2015年，河北省人民政府多次颁布政策文件进行科学规划和指导。

2011年3月，河北省人民政府根据《国家中长期教育改革与发展规划纲要（2010—2020年）》的相关政策及精神，颁布了《河北中长期教育改革和发展规划纲要（2010—2020年）》。《河北中长期教育改革和发展规划纲要（2010—2020年）》在关于学前教育发展部分明确指出："完善学前教育体制。把发展学前教育作为保障和改善民生的重要内容，按照公益性和普惠性的原则，完善政府主导、社会参与、公办民办并举的办园体制。大力发展公办幼儿园，支持街

道、农村集体和有条件的行政事业单位、企业办幼儿园。制定优惠政策，鼓励社会力量办园，引导和支持民办幼儿园提供面向大众、收费较低的普惠性服务。鼓励捐资助园。"在农村学前教育发展上，深化办园体制改革，健全和完善以政府和集体办园为主、以公办教师为主、以政府和集体投入为主的农村学前教育发展模式。

2011年1月，河北省人民政府为贯彻落实《国家中长期教育改革与发展规划纲要（2010—2020年）》和《河北中长期教育改革和发展规划纲要（2010—2020年）》，促进学前教育事业快速健康发展，满足适龄幼儿的入园需求，根据《国务院关于当前发展学前教育的若干意见》（国发〔2010〕41号）提出《河北省人民政府关于大力发展学前教育的若干意见》，基本原则为："发展学前教育，坚持公益性和普惠性，努力构建覆盖城乡、布局合理的学前教育公共服务体系，保障适龄儿童接受基本的、有质量的学前教育；坚持政府主导、社会参与、公办民办并举，落实各级政府责任，充分调动各方面的积极性；坚持改革创新，着力破除制约学前教育科学发展的体制机制障碍；坚持因地制宜，从实际出发，为幼儿和家长提供方便就近、灵活多样、多种层次的学前教育服务。"除此之外，在第三条"加强城乡统筹，扩大学前教育资源"中更加具体提出了针对公办园、民办园和小区配套园的政策计划，在第四条提出"推行'三为主'模式，加快发展农村学前教育"，针对农村学前教育进行具体规划指导，具体如下。

1.大力发展公办幼儿园

各地要根据当地经济发展情况、学前教育资源分布状况和人民群众的需求，统筹规划城乡学前教育布局，加快建设一批公办幼儿园，提供"广覆盖、保基本"的学前教育公共服务。各级政府要加大投入，采取新建、改建和扩建等方式兴办一批安全、适用的公办幼儿园；制定优惠政策，通过经费补助等方式，支持街道、农村集体兴办公办性质的幼儿园；充分利用中小学布局调整的富余资源和其他富余公共资源，改扩建一批公办性质的幼儿园；鼓励优质公办幼儿园兴办分园或合作办园，满足人民群众对普惠性幼儿园的需求。

2.鼓励社会力量以多种形式兴办幼儿园

各地要积极引导社会力量兴办幼儿园。通过保证合理用地、减免税费等方式，支持社会力量办园。积极扶持民办幼儿园特别是面向大众、收费较低的普惠性民办幼儿园发展。采取政府购买服务、减免租金、以奖代补、派驻公办教师等方式，引导和支持民办幼儿园提供普惠性服务。具体办法由河北省财政厅、河北省国土资源厅、河北省教育厅等部门另行制定。民办幼儿园在审批登记、分类定级、评估指导、教师培训、职称评定、资格认定、表彰奖励等方面应与公办幼儿园具有同等地位。鼓励社会各界以捐赠形式支持幼儿园建设和设施配备。

3.小区配套幼儿园普惠性

新建居住小区配套幼儿园要与居住小区同步规划、同步建设，未按规定安排配套幼儿园建设的居住小区，其规划不予审批。建设用地按国家有关规定予以保障。对于出让的居住用地，应当按照控制性详细规划规定，在规划条件中明确配套幼儿园的位置和建设规模。建设单位必须按照规划条件和有关规范标准建设幼儿园，并应与住宅工程同时竣工验收、同步交付使用。城镇小区没有配套幼儿园的，应根据居住区规划和居住人口规模，按照国家有关规定配套建设幼儿园。城镇小区配套幼儿园作为公共教育资源由当地政府统筹安排，兴办公办幼儿园或委托办成普惠性民办幼儿园。任何单位和个人不得改变小区配套幼儿园的性质和用途。对已改变性质和用途的，由当地政府限期整改，予以纠正。城镇幼儿园建设要充分考虑进城务工人员随迁子女接受学前教育的需求。

4.推行"三为主"模式，加快发展农村学前教育

健全和完善河北省以政府和集体办园为主、以公办教师为主、以政府和集体投入为主的农村学前教育发展模式。把农村学前教育纳入农村公共事业和新农村建设的重要内容，将幼儿园作为新农村公共服务设施统一规划，优先建设。采取多种形式扩大农村学前教育资源，支持办好现有乡镇中心幼儿园，每个乡镇至少建有1所达到三级以上标准的独立建制的公办性质的中心幼儿园。在大村独立办园，小村根据需要设分园或联合办园，逐步完善县、乡、村三级学前教育网络，提高农村学前教育普及程度。原则上城镇服务人口1万人、农村服务人口3万～6万人应设置1所幼儿园，每所幼儿园规模原则上不超过360人。幼儿园选址应本着方便群众接送的原则，靠近居民区。

2011年2月14日，为落实《国务院关于当前发展学前教育的若干意见》，河北省响应国家号召，决定在全省实施"学前教育三年（2011—2013年）行动

计划",省教育厅、省发改委、省财政厅又联合下发了《关于做好学前教育三年行动计划编制工作的通知》,计划开始在全省实施第一期(2011－2013年)学前教育三年行动计划,以县(市、区)为基本单位编制并实施计划,编制计划的总体原则如下。

第一,坚持突出学前教育公益性和普惠性原则,增加政府投入,构建覆盖城乡、布局合理的学前教育公共服务体系。

第二,坚持规模办园、就近入园的原则,合理确定学前教育布局,满足适龄幼儿入园需求。

第三,坚持统筹规划、分步实施,政府主导、社会参与,城区小区配套为主、改建扩建为辅,农村因地制宜、新建改建并举的原则,进一步加快城乡幼儿园建设。

第四,坚持以改革促发展、以创新求提高的原则,充分发挥乡(镇)村、街道和企事业单位等的积极性,激发办园活力,提高办园效益,保障适龄儿童接受基本的、有质量的学前教育。

第五,坚持优化教育资源配置,多种形式增加供给的原则,根据本区域实际,在有效整合中小学布局调整后富余资源的基础上,通过新建改造扩建一批、盘活资产新设一批、改善提升扩大一批等方式,努力扩大学前教育资源[①]。

(二)河北省各地级市相关政策分析

河北省下辖石家庄市、保定市、唐山市、承德市、廊坊市、沧州市、衡水市、邢台市、邯郸市、秦皇岛市、张家口市等11个地级市,省会为石家庄市。从2011～2016年河北省以各地级市为单位,已经连续进行了"2011～2013年"与"2014～2016年"共两期"学前教育三年行动计划",取得很大成效。除此之外,各地教育局以及相关部门制定了支持与发展学前教育的若干政策和计划,并体现出浓厚的地域特色,从整体上促进了整个河北省的学前教育发展。现对各地级市关于学前教育办园整体格局的相关政策进行梳理。

1. 石家庄市

石家庄作为河北省省会,在学前教育发展上一直起着示范引领作用。在幼

---

① 河北省教育教育厅,河北省发展和改革委员会,河北省财政厅. 2011.关于做好学前教育三年行动计划编制工作的通知. 2011-02-14.

儿园办园格局总体规划上,坚持落实政府主导、社会参与、公办民办并举的办园体制。努力"使公办幼儿园资源进一步扩大,民办幼儿园发展规范有序,农村幼儿园办园水平明显提升,保教质量显著提高,师资队伍日趋优化[①]。"计划到2020年形成以政府办园为主体,公办与民办共同发展的全面覆盖城乡的幼儿教育体系。"加快发展公办幼儿园。通过政府举办,支持街道、农村集体和有条件的行政事业单位、企业办幼儿园等形式扩大具有公办普惠性质的学前教育资源。"[②]组织实施学前教育"春蕾工程",逐年新建、改扩建一批公办园,加快公办标准化幼儿园建设;鼓励优质公办幼儿园兴办分园或合作办园。落实《石家庄市教育设施规划建设管理条例》,规范城镇居民住宅区配套建设、移交幼儿园行为,作为公共教育资源由当地政府统筹安排,举办公办幼儿园或委托办成普惠性民办幼儿园。加快公办性质幼儿园建设。加大城镇小区配套幼儿园政府统筹力度,充分利用中小学布局调整后富余校舍和社会资源,改扩建一批乡镇和村级规范化幼儿园。

积极扶持和规范民办幼儿园。各地要采取优惠政策,积极鼓励有资质、有信誉的社会团体、企业、公民等举办幼儿园。通过保证合理用地、减免税费等方式,支持社会力量办园。鼓励社会力量以多种形式举办幼儿园,扩大学前教育资源。鼓励和支持民办园创建示范园、优质园。同时,重点积极扶持普惠性民办幼儿园,使在审批登记、分类定级、评估指导、教师培训、职称评定、资格认定、表彰奖励等方面与公办幼儿园具有同等地位[③]。采取政府购买服务、减免租金、以奖代补、派驻公办教师等方式,引导和支持民办幼儿园提供普惠性服务。鼓励普惠性民办园提供多形式、多层次的学前教育服务,满足家长不同需求。在规范民办幼儿园上,对未达到基本办园标准的民办学前教育机构,要加强指导,限期整改,逐步规范。对存在安全隐患等问题的无证园,由当地人民政府组织教育、卫生、工商、公安等有关部门进行综合治理,通过联合执法予以关停撤销[④]。

在石家庄市人民政府、市教育局等相关机构把控全局、抓准方向的教育政策指引下,各下属市区、县、乡镇等也在如火如荼地进行学前教育的发展和建

---

① 石家庄市人民政府办公厅.2010.《石家庄市学前教育三年行动计划(2011-2013年)》 石政办发〔2010〕6号.
② 《石家庄中长期教育改革与发展规划纲要(2011-2020年)》. http://www.sjzdaily.com.cn/edu/2011-04/28/content_1427343.htm[2016-11-20].
③ 石家庄市人民政府办公厅.2015.《石家庄市学前教育三年行动计划(2014-2016年)》.石政办发〔2015〕11号.
④ 石家庄市人民政府.2011.《石家庄市人民政府关于发展学前教育的实施意见》 石政发〔2011〕25号.

设。以石家庄桥西区为例，2010 年，桥西区教育局出台了《1+7 互助共同体推进区域学前教育均衡发展的实施意见》，对龙头园和薄弱园的互助帮扶提出了具体而明确的要求。"1+7" 互助共同体有两层含义，第一层含义指在桥西区教育局统一管理下，组建 1 个核心团队，将优质幼儿园组成横向联盟，由 1（教育局）+7（省级示范园）组成，组成桥西学前教育的智囊团，共同商议制定桥西学前发展规划，出台相关政策等。第二层含义指按照地域不同，将全区 56 所幼儿园分成 7 个纵向共同体，每个互助共同体中包含 "1" 所省级示范园 + "7" 所其他类型（市一类一级园和薄弱园），并通过纵向贯通，覆盖政府办园、村办、民办、企事业单位、部队办园等各类幼儿园。2011 年，桥西区教育局申报的《"1+7" 幼儿园互助共同体模式，推进区域学前教育均衡发展的实验研究》课题被批准为河北省规划办重点课题。全区幼儿园坚持 "以科研工作带动内涵建设向更高层次迈进" 的工作思路，充分发挥 "1+7" 的横纵联动、交叉互助作用，在实践中研究、在研究中实践，以科研手段带动该区学前教育整体水平不断提高，探索出了一条具有区域特色的学前教育发展道路。"1+7" 互助共同体容纳了公办、民办、村办、企事业等多种办园形式，该区始终坚持内涵式发展的特色化办园思路，着力彰显每所幼儿园不同的特色和优点。

此外，各省级示范园和市一类园积极协助村办、民办等薄弱园挖掘自身教育资源，立足实际，因地制宜，就地取材。同时，薄弱园要借帮扶的外力提升内力，增强文化内涵、突出办园特色、提升办园品质。例如，西三教幼儿园是一所村办园，2009 年幼儿园改建，园舍硬件条件焕然一新，但是保教水平和优质园相比还有一定差距。作为共同体龙头园的石家庄市第一幼儿园，多次深入到西三教幼儿园指导。在指导过程中，石家庄市第一幼儿园发现该园体育活动开展得很好，就建议其将体育健康作为自己的办园特色和文化定位。在龙头园的帮助下，西三教幼儿园创编了系列幼儿体操，并在石家庄市教育局幼儿基本体操大赛中取得优异成绩。教师们还因地制宜，利用废旧物品自制了上千种幼儿户外体育游戏器材，并在环境创设中突出 "体育、健康" 的元素和特点。如今，体育健康特色已成为西三教幼儿园的品牌，赢得了家长和社会的广泛认可。该园于 2010 年高标准晋升为石家庄市一类一级幼儿园。①

通过石家庄市人民政府和河北省教育厅制定的相关政策，充分证明了石家

---

① 《基础教育论坛》编辑部. 2013. 立足均衡　追求卓越——河北省石家庄市桥西区教育改革发展纪实. 基础教育论坛，（15）：16-22.

庄市作为省会在优化办园格局和提升园所质量上的引领作用,在大力扩大公办性质幼儿园的和支持普惠性民办园的前提之下,更注重幼儿园园所质量的提升。其中,"1+7"幼儿园互助共同体模式值得借鉴。

2. 保定市

作为国家级文化古城,保定市人文气息浓厚,近几年保定市教育局着力科学规划幼儿园办园格局,提出:各县(市、区)要构建起以基本学前教育公共服务为基础,以政府办园为主体,公办与民办共同发展,全面覆盖城乡的幼儿教育体系。从保定市的"学前教育三年行动计划"的报告中可以看到,保定市的办园格局独具特色,2013年全市2 543所幼儿园中,公办园1 866所,民办园677所,分别占幼儿园总数的73%和27%。公办园成为主体,占比达到73%。因此,学前教育的普及性和普惠性水平非常高,2014年全市学前三年教育普及率达到90%[①]。因此,保定市在大力发展公办园的政策中力度巨大且特色鲜明。

保定市大力发展公办幼儿园,提供"广覆盖、保基本"的学前教育公共服务。一是城市市区和县城城区每3万人口(含常住外来人口)至少有1所全日制公办园。二是农村一个乡镇(街道)至少建有1所独立建制的公办性质中心幼儿园,辐射若干村级幼儿园(山区和偏远地区可设教学点),80%以上的村办园为公办或集体性质幼儿园。三是把小区配套和企事业单位办园作为扩大公办幼儿园资源的重要渠道之一,作为提高政府公共服务供给能力的有效手段。四是指出要把中小学布局调整的富余资源优先用于改扩建公办幼儿园,促进公办幼儿园合理布局。[②]

保定市对公办园大力的政策倾斜和财政支持,体现了学前教育的公益性和普惠性,使优质、公平的学前教育可以惠及更多幼儿。

3. 邯郸市

邯郸市始终坚持政府主导、社会参与、公办民办并举、公办为主的办园理念,努力提高学前教育公共服务水平。城市以住宅区配套幼儿园建设为突破口,邯郸市政府颁布了《邯郸市中心城区住宅区配套中小学、幼儿园建设管理办法》,要求居住小区配套幼儿园与工程首期同步规划、同步建设、同步验收、同步无

---

① 保定市教育局.2015.2014年工作总结.http://www.bdjy.cn/upload/docu/2015-4-9/ban20151-0.doc[2016-11-20].
② 保定市教育局,保定市发展和改革委员会,保定市财政局.2015.保定市教育局保定市发展和改革委员会保定市财政局《保定市第二期(2014-2016年)学前教育三年行动计划》保教基〔2015〕3号.

偿交付教育部门管理使用。教育部门协同规划部门、建设部门等相关单位严格按照时间节点落实责任,补充公共学前教育资源。同时,通过新改扩建、租赁等方式加快公办幼儿园建设;对于面向大众、收费较低的普惠性民办幼儿园,市、县政府采取减免租金、选派园长、派驻公办教师、以奖代补等多种方式,引导和支持集体和企事业幼儿园健康发展,增强幼儿园面向社会提供公共服务的能力。

邯郸市重视提升学前教育的办园水平,"大力推进优质园建设。2011年之前,全市省级示范性幼儿园仅有14所,针对优质园严重不足的情况,市政府连续三年将'省级示范性幼儿园'创建工作纳入全市民生工程,使全市省级示范性幼儿园数量由14所增加到35所,实现了每个县至少一所省级示范性幼儿园的目标。本着'资源共享、优势互补、以强带弱、共同发展'的原则,建立了'盟园化'发展机制,每一所省级示范性幼儿园与1～2所薄弱园结盟,充分发挥优质园的辐射带动效应。全面实施幼儿园晋类升级工程,对照优质幼儿园各项标准,全面提升薄弱幼儿园办园水平和质量。截止到2015年,省级示范园、城市一类园和农村示范园已达229所"[①]。

由此可见,邯郸市在办园格局的规划上,大力发展并扩大公办园和公办性质园的发展,尤其重视保持城市中小区配套园的公办性质,增强学前教育的公益性和普惠性,并利用"盟园化"发展机制提升当地整体园所质量。

4. 张家口市

张家口充分响应河北省教育厅《关于做好学前教育三年行动计划编制工作的通知》,从2011～2016年连续进行了两期"学前教育三年行动计划",并在政策的制定中对幼儿园的办园格局进行了科学合理规划。

在《张家口市学前教育三年行动计划(2011—2013年)》中,张家口市人民政府提出:"实行政府主导、社会参与、公办民办并举的办园体制,合理布局全市学前教育资源,全面启动实施'四个工程',优化办园格局,提升办园质量。"[②]

(1)城市区带动工程

按要求完成县(区)直属园规划建设任务,到2013年,各县(区)必须建

---

① 邯郸市教育局. 2015. 邯郸市学前教育发展情况(2015.11). http://61.182.168.24:81/content.jsp?code=00040702X/2016-00939[2016-11-20].
② 张家口市政府. 2011. 张家口市学前教育三年行动计划(2011-2013年) 张政〔2011〕5号.

有 1 所达到省级城市示范园标准的直属园，以扩大公办幼儿园。

（2）农村幼儿园提升建设工程

一是办好乡镇中心幼儿园。二是按照农村幼儿园办园基本标准，优选区域，合理布点，推进村办标准化幼儿园建设。三是建立和完善县、乡、村学前教育网络，发挥好乡镇中心幼儿园对村幼儿园的示范指导作用。

（3）民办幼儿园规范工程

对辖区内民办幼儿园和未经审批的幼儿园进行全面排查，分层次、分类别进行规范整改。经整改达到相应标准的，颁发办园许可证；整改后仍未达到标准的，当地政府要依法予以取缔，并妥善分流和安置在园幼儿。2013年前所有幼儿园都达到办园许可标准。

（4）师资队伍培养培训工程

根据基本普及学前教育对师资的需求，制定学前教育师资培养和培训规划，全面实施师资队伍培养培训工程。

全市以"扩总量、调结构、建机制、提质量"为重点，以公办园和普惠性民办园为主体，基本建成覆盖城乡、布局合理、方便就近、优质多样的学前教育服务网络。

在"四个工程"取得巨大成功的基础之上，张家口市人民政府更加注重幼儿教育的公益性和普惠性，在《张家口市第二期学前教育三年行动计划（2014—2016年）》中提出："利用2014年到2016年三年时间，全市以'扩总量、调结构、建机制、提质量'为重点，以公办园和普惠性民办园为主体，基本建成覆盖城乡、布局合理、方便就近、优质多样的学前教育服务网络。"[①] 政策将普惠性民办幼儿园纳入与公办园同样的主体地位中，目标定位于到2016年底，全市公办幼儿园和普惠性民办幼儿园覆盖率达到85%以上。具体措施如下。

继续扩大公办学前教育资源，积极扶持普惠性民办园。加快发展公办幼儿园、补足配齐小区配套幼儿园、加强城乡接合部地区幼儿园建设、合理规划建设农村幼儿园、积极扶持普惠性民办幼儿园。

张家口在连续两期的"学前教育三年行动计划"上，始终统筹全局、顶层谋划，第一期"学前教育三年行动计划"的"四个工程"从城市、农村、民办

---

① 张家口人民政府. 2014. 张家口市第二期学前教育三年行动计划（2014-2016年）. http://www.zjk.gov.cn/info/content.jsp?code=000472008/2015-09159 [2016-11-20].

园和教师素质上入手，第二期的"学前教育三年行动计划"又将重点放在对普惠性民办园的建设和扶持上，始终把握住了学前教育发展的关键点，着力建设科学有序的办园格局。

5.承德市

承德市在办园格局的规划上，"大力提高学前教育的普及水平和保教质量，建设覆盖城乡、布局合理、办园规范、师资达标、保教质量合格的学前教育网络，基本形成以市、县区直属省级示范园为龙头，以乡镇中心园为骨干，以村规范园为主体的学前教育体系"[①]。

6.沧州市

沧州市"以科学发展观为指导，以实现学前教育均衡优质发展为目标，以加快发展农村学前教育为重点，坚持以大力发展公益性和普惠性幼儿园为方向，坚持以政府为主导、社会参与、公办民办并举的办园体制，因地制宜，科学规划，加快建设，加强管理，努力提高学前教育发展水平"[②]。

"加大学前教育投资力度，加快推进学前教育发展，大力发展公办园，积极扶持普惠性民办园，积极创建省级示范园并发挥其示范带头作用。进一步推进新建住宅小区配套幼儿园项目建设移交工作，加强乡镇中心幼儿园建设，改善办学条件，优化资源配置，加强队伍建设，优化教育布局。"[③]

综上分析可见，在办园格局规划上，河北省及其地级市的宏观政策始终坚持以下几点。

第一，政府主导、社会参与、公办民办并举，落实各级政府责任，充分调动各方面积极性，构建覆盖城乡、布局合理的学前教育公共服务体系。

第二，坚持规模办园、就近入园的原则，合理确定学前教育布局，满足适龄幼儿入园需求。

第三，大力发展公办幼儿园，提供"广覆盖、保基本"的学前教育公共服务。

第四，积极扶持民办幼儿园，鼓励社会力量以多种形式举办幼儿园。积极扶持民办幼儿园特别是面向大众、收费较低的普惠性民办幼儿园发展。

---

① 承德市人民政府.2011.《承德市学前教育三年（2011-2013年）行动计划》 承市政字〔2011〕70号.
② 沧州市教育局.2011.沧州市教育局关于加快发展学前教育的实施意见 沧教〔2011〕124号.
③ 沧州市人民政府.2015.沧州市第二期学前教育三年行动计划实施方案.http://www.cangzhou.gov.cn/zwbz/zwdt/bmdt/jyj/341938.shtml [2016-10-17].

第五，加快城市区和县城小区配套幼儿园建设，作为公共教育资源由当地政府统筹安排，兴办公办幼儿园或委托办成普惠性民办幼儿园。

第六，建立以政府和集体办园为主、以公办教师为主、以政府和集体投入为主的农村学前教育发展模式。

第七，注重提升幼儿园办园质量，达到资源共享、优势互补、以强带弱、共同发展。

二、河北省公办园和民办园发展情况

探究幼儿园的办园格局，需要针对不同类型幼儿园的发展现状和趋势进行分析，本节以公办园和民办园的维度划分，对两类幼儿园的园所数量、在园儿童数、师资配备、收费标准等方面进行具体分析，避免政府因对当地现实状况的模糊不清，导致其进行学前教育布局规划的责任不明确、与现实情况不相符，从而不能合理有效地分配学前教育财政、师资、园所等资源，影响学前教育的健康发展。本书帮助政府在充分了解当前各类幼儿园办园情况的基础之上，发挥政府职能和政策调控，合理规划学前教育资源的社会供给与分配，使宏观调控和具体的强制措施相结合，以公益性和普惠性为导向，切实保障弱势群体和偏远地区儿童的学前教育，同时积极扶持民办幼儿园的发展以保持市场活力，科学合理分配学前教育相关资源，调控并优化幼儿园办园格局，促进学前教育"又好又快"的发展。

在本节的分析中，公办园包括教育部门办园、集体办园和其他部门办园。

教育部门办园主要包括国家教育部门兴办的公办园，财政上国家办学投入有保证，所以教学质量高，多为示范园，具有公益性和普惠性。

集体办园主要包括农村集体办园和城市集体办园（主要指街道和社区办园）。

其他部门办园主要包括部队、国有制企业、大学等事业单位为办学主体兴办的幼儿园，如廊坊的南京炮兵学院廊坊分院、保定的河北大学幼儿园、张家口的宣钢幼儿园等，办园办学资金来源于部门和上级拨款的基本属于公有幼儿园的性质，经费比较有保障。

民办园主要包括国家机构以外的社会组织或者个人兴办的幼儿园，主要是利用非国家财政性经费兴办的、面向社会招收学前儿童并对其实施正规保育和教育的幼儿园。

第二章 河北省学前教育发展概况

（一）河北省公办园和民办园的办园数量

公办园为主体，民办园不断增加。

2008～2015 年，公办园数量虽然在 2008～2009 年出现了减少趋势，但幅度较小，仅为 3%。2009～2015 年，公办园数量不断增加，从 2009 年的 4 517 所增加到 2015 年的 7 420 所，增幅为 64%，这体现了河北省公办园的办园力度不断加大，通过新建、改扩建公办园、加大政策支持集体办园和其他部门办园的公办性质幼儿园和鼓励优质公办幼儿园举办分园或合作办园等政策，公办园的办园数量在近几年不断上升，提高了学前教育的公益性和普惠性。民办园的数量在 2008～2015 年同样在不断增加，2015 年民办园数量是 2010 年民办园数量的 1.45 倍，增长飞速。并且，在 2010～2015 年，民办园增长率一直高于公办园，充分体现其发展的巨大潜力和充分活力，这与政府对于民办园的各种政策支持、人民对学前教育的需求度以及经济的不断发展是息息相关的。总体来看，近几年，河北省公办园的数量高于民办园数量，呈现出公办为主体、民办园快速发展的特点（图 2-13）。

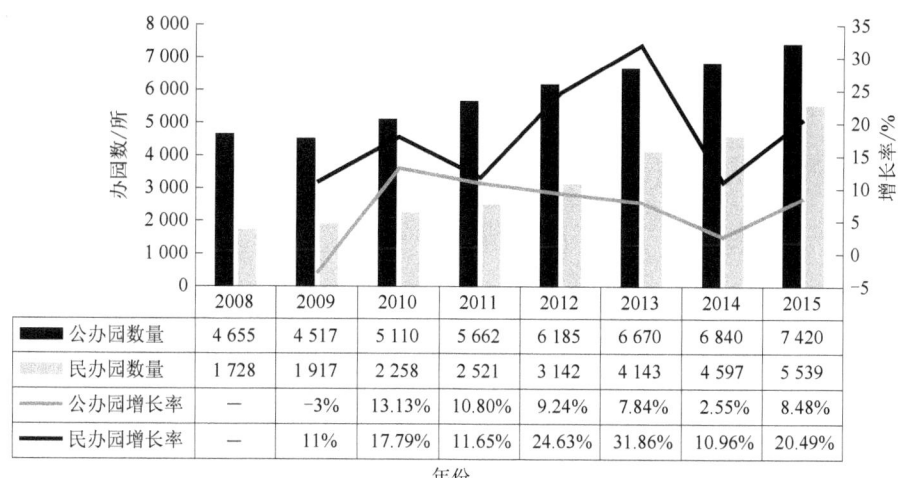

图 2-13 2008～2015 年河北省各类幼儿园办园数量及增长率

注：图中数据根据《中国教育年鉴》相关数据计算得出。

资料来源：中华人民共和国教育部发展规划司.2009～2016.中国教育年鉴.北京：人民教育出版社.

从河北省公办园和民办园的所占比例及变化趋势来看，2008～2013 年公办园在河北省幼儿园总量中比例超过 60%，呈现公办园为主的办园格局，体现着河北省学前教育的公益性和普惠性。但是从2014年起，公办园占比下降到60%以下，河北省呈现出公办民办并举的办园格局。这与2011年《河北省人民政府关于大力发展学前教育的若干意见》中提出的政策"完善政府主导、社会参与、公办民办并举的办园体制"方向一致，说明河北省学前教育办园格局在不断优化中（图2-14）。

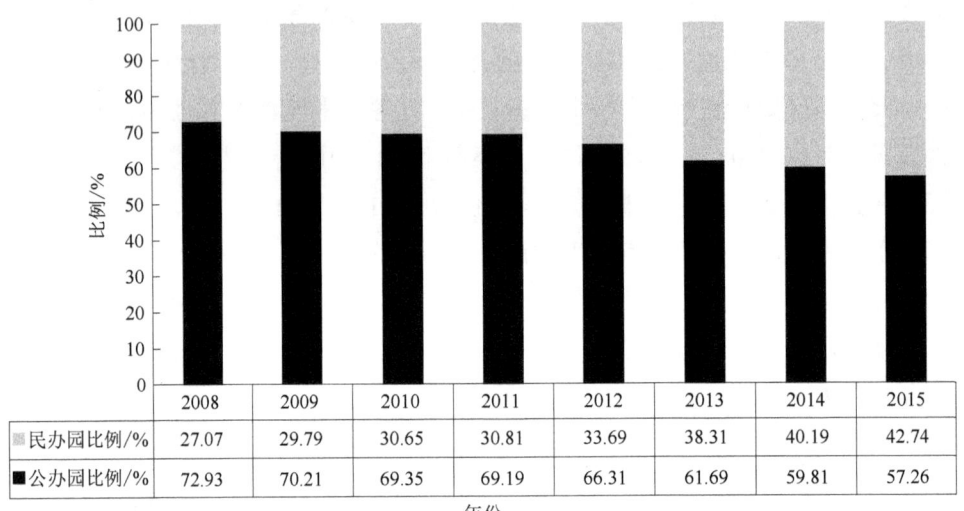

图2-14　2008～2015年河北省各类幼儿园办园数量的比例

注：图中数据根据《中国教育年鉴》相关数据计算得出。

资料来源：中华人民共和国教育部发展规划司.2009～2016.中国教育年鉴.北京：人民教育出版社.

（二）河北省公办园和民办园在园儿童数

公办园在园儿童数高于民办园在园儿童数，但民办园在园儿童数增加更快。

2008～2015年，河北省两类幼儿园的在园儿童数均不断增加，公办园在园儿童数量从2008年的1 143 994人增加到了2015年的1 420 824人，增幅为24%。民办园在园儿童数从2008年的247 192人增加到了2015年的896 338人，2015年民办园在园儿童数是2008年民办园在园儿童数的3.6倍。由此可见，民办园在园儿童数的增加趋势很强劲，在吸纳学前儿童入园、满足群众对学前教育需求上发挥着越来越重要的作用。但是，总体来看，河北省公办园在园儿童数远大于民办园在园儿童数，说明公办园依旧是吸纳学前适龄儿童的主要办园形式，在普及学前教育中发挥着巨大作用（图2-15）。

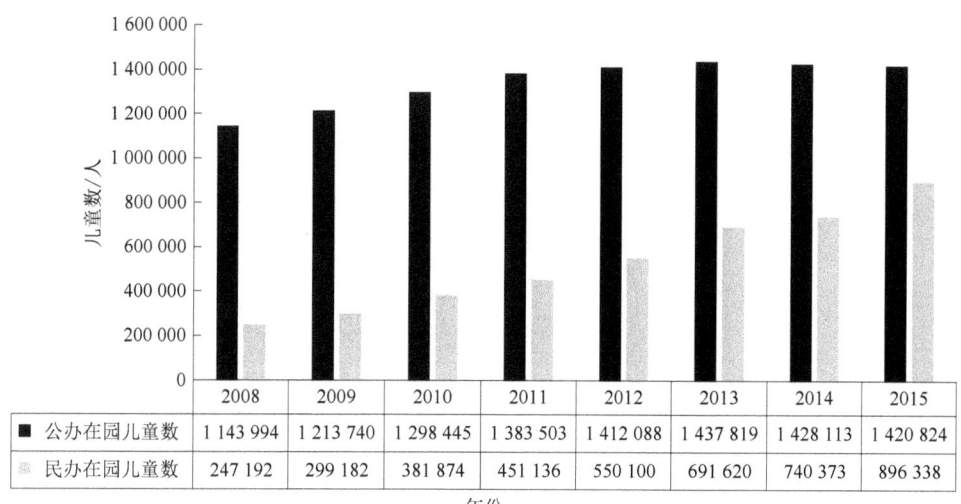

图 2-15 2008～2015 年河北省各类幼儿园在园儿童数量

注：图中数据根据《中国教育年鉴》相关数据计算得出。

资料来源：中华人民共和国教育部发展规划司. 2009～2016. 中国教育年鉴. 北京：人民教育出版社.

从 2008～2015 年公办园在园儿童数比例和民办园在园儿童数比例来看，公办园在园儿童数比例始终高于民办园在园儿童数比例，并高于 60%。说明河北省大多数的幼儿就读于公办园，这体现了河北省学前教育的公益性和普惠性，多数的儿童可以享受到高质量且惠民的学前教育。但是，从两类幼儿园的在园儿童数的比例变化来看，民办园在园儿童数比例在不断提升，说明有更多的幼儿愿意进入民办园接受学前教育，民办园在普及学前教育中发挥的作用越来越大，这对促进民办公办并举的办园格局是有利的（图 2-16）。

（三）河北省公办园和民办园师资配备情况

教师是教育的具体实施者，教师队伍的状况直接影响着整个教育的质量。河北省政府一直很重视幼儿教师队伍的建设和教师的发展，但是由于幼儿园公私性质的差异，公办园中的教师和民办园中的教师在教师素质与专业水平、职业待遇与福利、身份与地位等各方面均出现了不均衡的现象。探讨不同类型幼儿园的师资配备情况，找到师资中存在的问题，使政府有依据、有针对地制定相关政策以改善幼儿教师的生存状况，提高教师队伍的普遍水平和素质，是刻不容缓的。

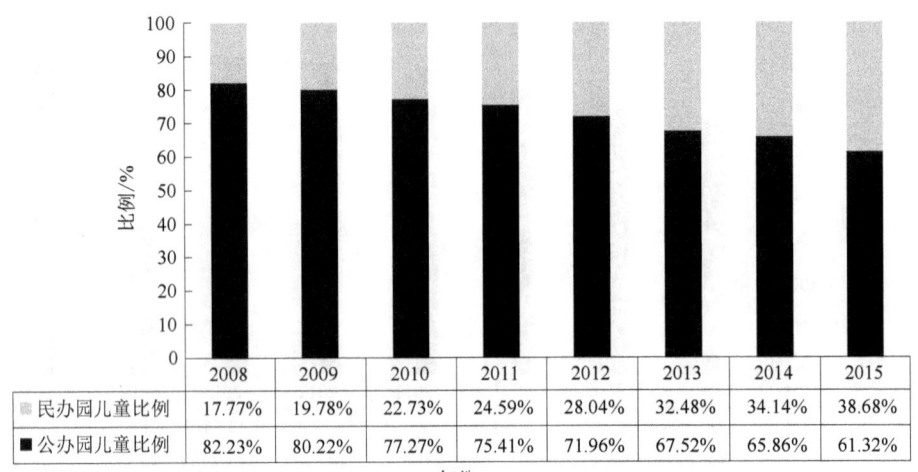

图 2-16　2008～2015 年河北省各类幼儿园在园儿童数量比例

注：图中数据根据《中国教育年鉴》相关数据计算得出。

资料来源：中华人民共和国教育部发展规划司.2009～2016.中国教育年鉴.北京：人民教育出版社.

1. 公办与民办幼儿园师资配备情况

（1）教职工数量

从教职工的数量分析，公办园中的教职工数量和民办园中的教职工数量在 2007～2012 年均在持续增长，但是增长幅度不同。公办园 2012 年的教职工数量比 2007 年增加了 11 641 人，增幅为 31%。而民办园教职工数量从 2007 年的 20 672 增加到 2012 年的 50 178 人，增幅达到了 143%。说明民办园教职工的增长速度远大于公办园教职工增长速度，民办园对于教职工的吸纳和吸引力越来越强。虽然在 2007～2011 年，公办园教职工数量一直高于民办园教职工数量，这与公办园数量一直大于民办园数量是相关的，但是民办园教职工数量在之前的迅速增长中，不断缩小与公办园教职工数量的差距，甚至在 2012 年超过了公办园教职工 579 人。由此可见，民办园中的教职工已经成为河北省幼儿园中教职工数量的主体（图 2-17）。

（2）专任教师数量与比例

专任教师指任指具有教师资格、专门从事教学工作的人员。作为学前教育中最重要的人力资本，其整体素质与队伍发展对学前教育事业的发展起着至关重要的作用。通过分析公办园与民办园的专任教师数量得出，2008～2012 年，公办园专任教师数量一直高于民办园专任教师数量，但二者的人数差在不断缩减，从 2008 年的相差 15 088 人到 2012 年相差 6 554 人。2013～2015 年，民办园专任教师数量超过公办园专任教师数量，虽然这与民办园园所数量不断增加有关，但也说明了民办园更加注重教师队伍专业化的建设，不断增加专任教师的人数来提高教师队伍整体水平（图 2-18）。

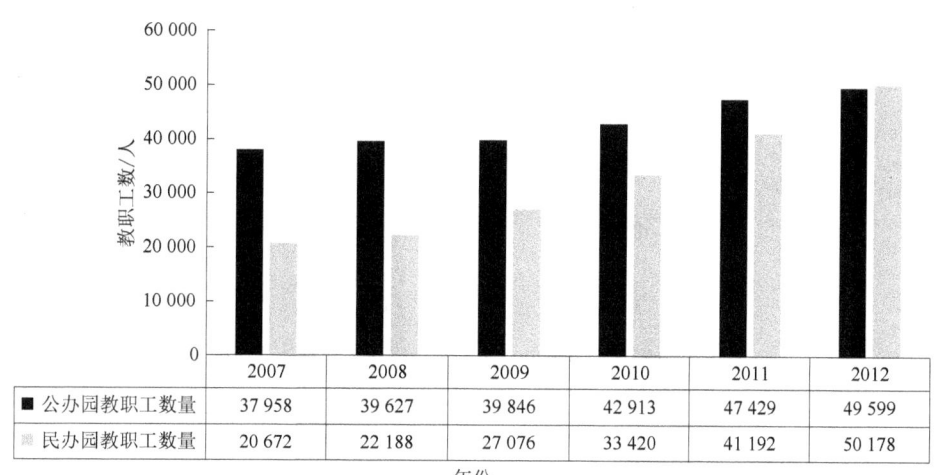

图 2-17　2007～2012 年各类幼儿园教职工数量

注：图中数据根据《中国教育年鉴》相关数据计算得出。

资料来源：中华人民共和国教育部发展规划司. 2008～2013. 中国教育年鉴. 北京：人民教育出版社.

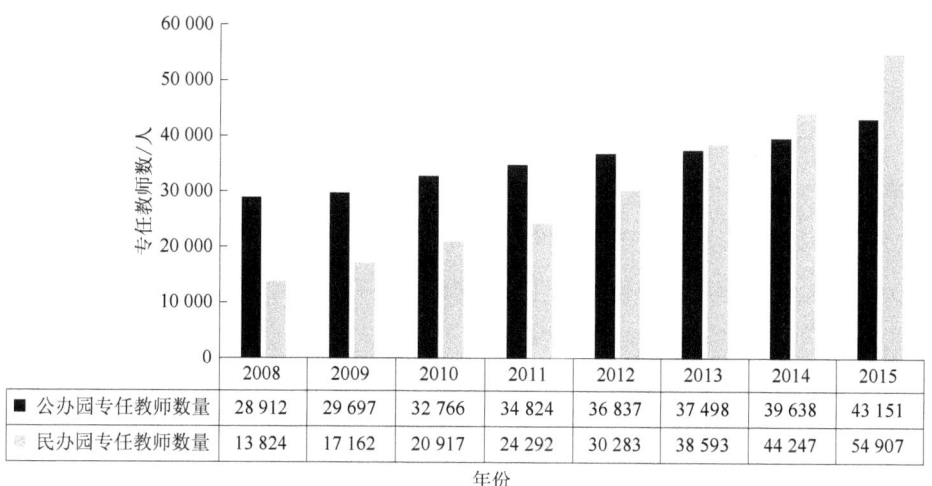

图 2-18　2008～2015 年各类幼儿园专任教师数量

注：图中数据根据《中国教育年鉴》相关数据计算得出。

资料来源：中华人民共和国教育部发展规划司. 2009～2016. 中国教育年鉴. 北京：人民教育出版社.

从专任教师比例来看，公办园专任教师比例在 2007～2012 年一直高于民办园专任教师比例，可见，公办园的教师队伍专业化水平和教师素质是高于民办园教师队伍的整体水平的。但是，在 2013～2015 年，民办园专任教师比例开始高于公办园专任教师比例，说明民办园教师队伍的专业化水平在不断提高，并相对公办园具有了一定优势（图 2-19）。

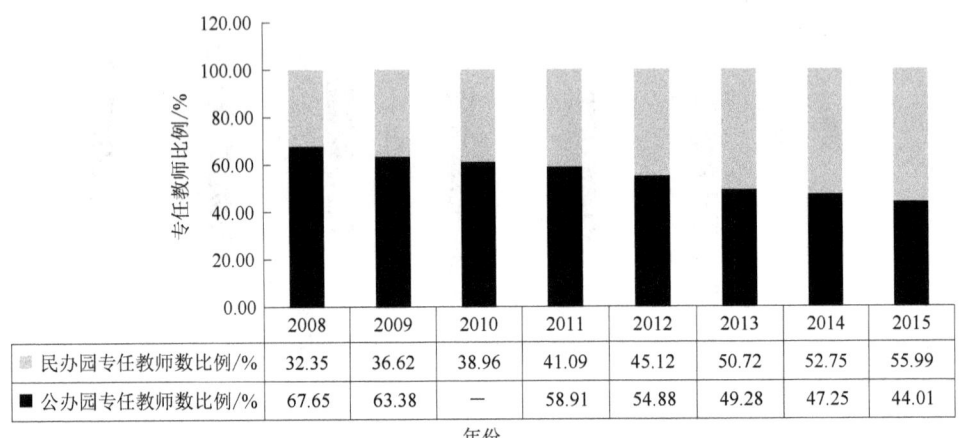

图 2-19　2008～2015 年各类幼儿园专任教师占教职工比例

注：图中数据根据《中国教育年鉴》相关数据计算得出。

资料来源：中华人民共和国教育部发展规划司 . 2009～2016. 中国教育年鉴 . 北京：人民教育出版社 .

2. 河北省关于公办园和民办园教师的相关政策

（1）公办园教师相关政策

2011 年 1 月 31 日，河北省人民政府颁布《关于大力发展学前教育的若干意见》，在第五条"加强教师队伍建设，努力提高幼教师资整体素质"中提出："建立幼儿教师资格准入和补充机制。机构编制和人力资源部门要根据国家要求，结合本地实际，合理确定师生比，核定公办幼儿园教职工编制，逐步配齐幼儿园教职工；完善补充机制，保证幼儿教师队伍的稳定。全面落实国家幼儿教师专业标准，实施资格准入制度，坚持公开招录凡进必考，严格资格认定程序。经培训合格后转入学前教育的中小学教师，其公办身份不变。"

"依法落实幼儿教师地位和待遇。贯彻落实《中华人民共和国教师法》，提高幼儿教师地位，维护幼儿教师权益，保障幼儿教师待遇。幼儿园公办教职工工资由政府全额保障,纳入事业单位社会保障序列。"①

(2)民办园教师相关政策

2013年09月09日,河北省人民政府办公厅发布《关于加强和规范民办幼儿园管理的意见》,第三条提出切实加强民办幼儿园教师队伍建设,具体内容如下:"实行民办幼儿园教师准入制度。全面落实国家幼儿教师专业标准,严格实行民办幼儿园教师准入制度。今后民办幼儿园聘用的教师,必须具有幼儿教师资格。对目前在民办幼儿园从教但没有幼儿教师资格的教师,要限期取得相应资格。到期未取得的,不得继续从事幼儿教育教学工作。民办幼儿园要根据国家和省相关规定,配齐、配足保教人员,保证教育教学需要。有条件的地方可以通过派驻公办教师等方式,优化民办幼儿园教师队伍结构,提升民办幼儿园教师队伍素质。"

"依法落实民办幼儿园教师地位和待遇。民办幼儿园教师在职务评聘、教学研究、进修培训、表彰奖励等方面依法享有和公办幼儿园教师同等权利。民办幼儿园教职工待遇及社会保险由举办者依法保障,有条件的市、县(市、区)财政予以补贴。对于长期在民办幼儿园工作,成绩突出的园长和教师,要予以表彰。"

"完善民办幼儿园园长、教师培训制度。将民办幼儿园园长纳入中小学校长培训计划,民办幼儿园教师纳入教师继续教育计划。在实施"国培计划"和"省培计划"等培训项目中,提高民办幼儿园教师参训比例,并向农村民办幼儿园教师倾斜。充分发挥各级各类学前教育研究机构的作用,通过开展学术研究、课题实验、专业咨询等方式,为民办幼儿园教师培训提供服务。支持民办幼儿园建立园本培训制度和教师评价激励机制,提高民办幼儿园教师素质和专业水平。"②

综上可知,从师资的配备情况来看,公办园的师资配备情况是优于民办园的,在教职工数量和专任教师的数量和比例中均高于民办园,其原因如下。

教师的身份地位和待遇。公办园的教师多在国家事业编制之内,工资由政府全额保障。按照《中华人民共和国教师法》的规定:"教师的平均工资水平应当不低于或高于国家公务员的平均工资水平,并逐步提高。教师医疗同当地国家公务员享受同等待遇。"而民办园的教师几乎均为合同制教师,他们没有教育

---

① 河北省人民政府.2011.河北省人民政府关于大力学前学前教育的若干意见 冀政〔2011〕1号.
② 河北省人民政府办公厅.2013.河北省人民政府办公厅关于加强和规范民办幼儿园管理的意见 办字〔2013〕98号.

事业编制，其身份相当于企业职工。民办园作为社会力量办园，其"民办非企业单位"性质使其职工待遇按照《中华人民共和国劳动法》的规定，县级以上地方人民政府劳动行政部门依法对实施劳动合同制度的情况进行监督检查，其中包括"用人单位支付劳动合同约定的劳动报酬和执行最低工资标准的情况；用人单位参加各项社会保险和缴纳社会保险费的情况"。可见，《中华人民共和国劳动法》默许了用人单位按照最低工资标准支付民办园教师的工资，与具有事业编制的教师的"不低于国家公务员平均工资水平"的待遇差距甚远。另外，有编制的教师的保险由国家、单位和个人共同承担，而合同制民办教师的保险则由单位和个人共同支付。不同的保险承担体制影响民办园教师的收入。

因此，民办园教师和公办园教师的待遇差距很大。根据在河北省邯郸市某县城的实地调研，邯郸市某县城的公办园在编教师，国家财政拨款支付其工资，每月薪资平均为2400～3000元，而民办园的教师每月薪资平均只有800～1000元。这使得优质的师资全部流向公办园，而民办园中的教师素质较差，学历也较低。

针对上述问题，河北省政府在扩大公办园教师数量和保证其待遇的同时，也应统筹兼顾，保证民办园教师的生存状况，提升其待遇和福利水平，以增加民办园教师的职业稳定度，避免师资的流失。

（四）河北省公办园和民办园收费标准

2014年，河北省物价局、河北省财政厅和河北省教育厅联合颁布《河北省幼儿园收费管理暂行办法实施细则》[①]，针对公办园和民办园的收费进行管理和监控。具体如下。

1. 保教费、住宿费收费标准

"公办幼儿园实行政府定价。保教费收费标准应体现公益性和普惠性，按照非义务教育阶段家庭合理分担教育成本的原则，统筹考虑政府投入、经济社会发展水平、办学成本和群众承受能力等因素制定，并依据幼儿园评定等级适当拉开收费差距。"

民办园实行备案制管理。"具体标准由幼儿园根据办园成本，并结合当地

---

① 河北省物价局，河北省财政厅，河北省教育厅. 2014.河北省幼儿园收费管理暂行办法实施细则 冀价行费〔2014〕25号.

经济发展水平、居民经济承受能力等因素合理确定，报与办学审批机关同级的当地价格主管部门备案后执行。享受政府财政补助（包括政府购买服务、减免租金和税收、以奖代补、派驻公办教师、安排专项奖补资金、优惠划拨土地等）的民办幼儿园，可由当地人民政府教育部门会同财政部门以合同约定等方式确定最高收费标准，由民办幼儿园在最高标准范围内制定具体收费标准，报当地价格主管部门、财政部门、教育部门备案后执行。"

2. 伙食费

公办园和民办园的伙食费均实行备案制管理。"幼儿园应成立由营养师、防疫保健医生、伙食管理员、幼儿家长代表组成的伙食管理委员会。幼儿园伙食费标准，由伙食管理委员会根据幼儿园食谱、原材料市场物价变化等情况进行成本测算（保教费成本测算中已包含幼儿食堂人工、水电、设备折旧等费用的，测算伙食费成本时不得重复计算）后提出，经半数以上家长同意，报所在地价格主管部门备案后执行。省管公办幼儿园伙食费，由幼儿园直接报省价格主管部门备案后执行。"

3. 代收费（体检费）

公办园和民办园代收的体检费标准，应根据检查项目按不超过物价部门规定的医疗服务价格相应等级标准收取。

4. 服务性收费

公办园服务性收费标准，由设区市价格、教育主管部门根据服务项目成本及当地实际情况制定。省管公办幼儿园服务性收费标准，由省价格主管部门核定。

民办园服务性收费标准，由幼儿园根据提供服务的成本提出，经与家长管理委员会或家长代表协商同意后，报与办园审批机关同级的价格主管部门备案。

三、河北省四类幼儿园[①]发展状况

上一节我们从公办园和民办园的二维角度对河北省两类幼儿园的发展状况进行分析，利用教育统计年鉴中的数据对河北省公办园和民办园的办园数量及

---

① 四类幼儿园包括教育部门办园、集体办园、其他部门办园和民办园。

比例、在园儿童数、师资数量等进行统计分析，以此作为量化研究来分析河北省幼儿园的办园格局。同时，联系河北省关于公办园和民办园教师待遇和收费标准的政策分析，探讨两类幼儿园发展中的状况和问题。

本节主要从质性分析的角度出发，以实地调研中的案例为依据，分析近几年河北省教育部门办园、集体办园、其他部门办园和民办园四类幼儿园的发展状况和问题。

（一）教育部门办园的引领示范性

教育部门办园由国家设立，教育部门直属并监管，直接受国家财政经费的支持，土地为国有资产，教师多为事业编制内。教育部门办园能相对充分地贯彻国家的方针政策，尤其是能贯彻执行幼儿教育法规政策，能较好地履行一定的管理、科研、师资培训、信息服务等职能，能起到一定的示范和带头作用。但是因政府财政能力有限，教育部门办园的数量相对较少，如河北省保定市只有一所教育部门直属的幼儿园，即青年路幼儿园。

案例1：保定市的青年路幼儿园作为教办园的代表，在河北省的学前教育事业发展中起着引领和示范性的作用。

"园本研究创新工程：自2000年参加国家自然科学基金研究项目'幼儿社会化'课题研究开始，青年路幼儿园就有计划地培养科研人才，广泛调动科研热情，使研究工作全面开花。至今，'三类研究'硕果飘香。坚持制度创新研究，推出成套的园务工作流程和方案，出版《教育管理与科研》一书，获保定市'优秀社科奖'，出版《幼儿园管理决策与实践》一书，获河北省'教学成果二等奖'；坚持省级课题'幼儿园制度管理与执行力'的研究，内部管理走向精细化，课题结题并出版《幼儿园管理创新与执行力》《孩子入园，你准备好了吗》两本研究成果。"

"坚持'做中学'研究，将多元教育理念和传统教育精髓相结合，通过'活动区教育、主题教育、环境创设'三位一体相结合，让幼儿在与材料的互动中主动建构知识，让幼儿的社会化能力在游戏活动及日常交往中获得发展，研究出了园本特色教育课程，出版《幼儿园社会化主题课程》丛书18册。目前，教师科研热情空前高涨，积极申请省、市及国家级课题研究，已有六个市级课题立项，研究指向一线实践的各个层面。展望未来，科研必将引领青年路幼儿园的发展迈进一个崭新的阶段。"

"名园名师幸福带教工程:青年路幼儿园被国家教育部聘为'西部教育顾问单位',曾两次派骨干力量赴西藏援教,并和西藏日喀则实验幼儿园结为友好单位,长期接受该园教师来园交流。曾多次协助市教育局组织幼儿园管理、环境创设、后勤管理等专题培训。"

"近三年来,先后派出骨干教师50余人次赴石家庄、清苑、涞水、涿州、徐水、唐县、顺平、易县、阜平、高阳、望都等县及高新区开展管理培训、教育活动观摩、说课评课、环境创设及保健指导等带教活动。园长还多次受北京师范大学教师继续教育中心邀请,为全国园长领导力开发培训班做专题讲座,为全省幼儿园园长提高培训班及全省骨干教师做管理体制改革、课程改革、管理流程、管理执行力的专题培训,将青年路幼儿园的管理经验广为宣传,使保定的幼教走向河北、走向全国。"[1]

(二)集体办园生存艰难[2]

农村集体办园问题主要表现为师资无保障、生源太少且分散、教育质量差。村办园通常依附于小学,学制级别单一,办园的硬件和其他设施落后。村办园的教师人员配备上整体显得不稳定,教师队伍大多由很多代课教师和退休教师构成,教师的思想落后,保教水平一般达不到标准。就读于村办园的一般为经济条件较差的家庭,随着有些地区村小学的搬迁合并,村办园的发展前景堪忧。

城市集体园办园问题主要表现为办园经费不足,办学质量低下。受到街道或社区行政部门的直接管理和教育部门的考核与评估,管理易混乱,同时,由于集体的办园经费主要来自于家庭和集体收入的补贴,而这些补贴往往并不充足。集体办园的办学条件和公办园存有差距,不能达到国家规定的办园标准。随着城市化进程的加快,城市的小区和街道聚集了不少进城务工人员的子女,为城市的发展增加了潜在劳动力,但同时也会带来学前教育办学资源不够充足的问题。因此,集体幼儿园由于受办园资金的限制,办学规模小,条件差。

案例2:河北某县,民办园为办园主体,公办园仅有二十几所,大多是2010~2016年的新建公办园。全县没有一所村集体办幼儿园,之前也存在过的几所村集体办园为何全部"消失"呢?究其原因:

村集体办园经费紧张。农村集体幼儿园的办园经费主要来源于村集体的经

---

[1] 保定市青年路幼儿园简介. http://www.bqy1946.com/?p=20[2016-11-28].
[2] 乐小萍. 2012. 我国学前教育服务供给多元化特征研究. 南京师范大学硕士学位论文.

济投入,其余才是家长所交的保育费等。然而,近几年随着市场经济改革的不断深入,农村集体经济收入也发生了根本的变化,原来靠"三提五统"①收入支撑村集体经济的运作,现在实行费改税,即农业税,也称一费制。村集体经济运作靠收取农业税返回部分支撑。农业税占国民收入的6个百分点,2004年减免农业税2个百分点,2005年减免农业税3个百分点,还剩1个百分点,2007年全部免征。村集体经济的收入几乎等于零,村集体办园的经费也相应地面临着"车到山前疑无路"的地步。村集体难以承受于是停办或者转让给私人成为民办园。

2010年以来,随着国家对学前教育投入的增加,直接由县级负责,在农村地区新建了几所乡镇中心幼儿园,乡镇中心幼儿园在财政上有国家保障,收费较低。同时教师编制吸引较优质的学前教育师资进入,教学质量也较高,受到了人民群众的认可和支持。于是村集体办园显得没有什么意义和作用了。②

（三）其他部门办园日益萎缩或转制

其他部门办园通常为国有企、事业单位和其他政府部门从本单位的盈余中支出部分经费,为本单位职工子女提供学前教育的服务。故而这种类型的幼儿园通常自负盈亏。部门幼儿园的办学经费由各部门单位自筹,所需教师由教育主管部门和办园单位共同解决。人事、政工由办学单位主管,业务上接受教育主管部门的指导。同时,教师和享受幼儿园公办学校的教师同等待遇。在计划经济时代,我国学前教育基本上依赖政府,较普遍地把它作为机关、企事业单位的一种福利待遇,幼儿园主管者常常是企事业单位的工会或妇联等社会团体,而不是政府的教育主管部门。1988年后,国有企业改制带来了许多幼儿园的改制。原来的小国有企业纷纷将幼儿园转为民办幼儿园。目前,经过改制后现存的其他部门兴办的幼儿园通常是由政府机关、部队、垄断性国有制企业、大学等事业单位为办学主体。管理上由于受《关于幼儿教育改革与发展的指导意见》中指出的"坚持实行地方负责,分级管理和有关部门分工负责的幼儿教育管理体制"的政策导向的影响,管理这类幼儿园通常较为复杂,主要还是以其所属

---

① "三提五统"。是指村级三项提留和五项乡统筹。村提留是村级集体经济组织按规定从农民生产收入中提取的用于村一级维持或扩大再生产、兴办公益事业和日常管理开支费用的总称。包括三项,即公积金、公益金和管理费。"乡统筹费,是指乡(镇)合作经济组织依法向所属单位(包括乡镇、村办企业、联户企业)和农户收取的,用于乡村两级办学(农村教育事业费附加)、计划生育、优抚、民兵训练、修建乡村道路等民办公助事业的款项。

② 来源于2016年11月针对河北某县教育局学前教育处处长的访谈记录。

的部门管理为主。

现存的其他部门办园的运转不属于教育政府部门直接办，各项经费支出大多都来自于部门的收入，那些高级别的部门除外，管理上比较交叉，既接受本部门管理，又接受教育部门管理。在很多办学管理的具体方法上容易得到不统一的意见。在部门办的幼儿园里，教职员工多半没有受过任何幼教训练，教职人员不是单位职工就是职工家属，学前教育的师资不专业，教育的质量显然是没有保障的。部门办园自20世纪80年代后期到90年代，我国国有企事业单位相继步入市场，福利事业实行社会化改革，政府有限的供给无法适应学前教育需求的日益增长，学前教育被迫回归社会，重新寻找生存和发展空间。故而，如今这类幼儿园大多面临变卖转移所有权的现状。与此同时，这类幼儿园的数量趋向于减少，其中生源较好的幼儿园大多趋向转为民办园。

案例3："河北张家口市某单位幼儿园建立于1985年，属于企业福利机构，由上级财政包工资、包奖金。1993年，单位要求该园自收自支、自负盈亏。幼儿园原拥有的国有资产置换幼儿园教职工的全民身份，职工解除与企业的劳动关系。幼儿园职工重新组建新的股份制幼儿园，走上了自主经营的道路。新组幼儿园坚持"两条腿走路"的方针。一是实施科学的教育，增强办园水平，提高园所信誉，吸引社会上的幼儿入园；二是利用业余时间搞创收，解决经费不足的问题，比如，他们蹬三轮车去批蔬菜水果，一方面供给幼儿园，另一方面拉到市场去卖，增加收入……"

在上述案例中，存在一些问题，体现了政府在幼儿园转制中职能的短缺。一是幼儿园教职工以入股或留教的方式从事幼儿园的管理、经营和教学活动。但这并没有界定转制之后幼儿园的产权所属等问题。二是管理及投入主体缺位。企业从"办社会"的包袱中解脱出来，而依托于企业的幼儿园却成了无源之水，处于无人问津的境地。三是幼儿园生存困难。四是教职工身份模糊，权益得不到保障。①

案例4：河北省某大学办幼儿园，由大学的后勤集团管理，主要针对大学内部的教职工子女开放，作为福利事业，收费较低。但是，这几年大学给幼儿园的资金投入越来越少，已经难以维持幼儿园的正常运转。在资金的来源上只有增加家长支付的保教费才能勉强支撑，否则入不敷出。但是，因为幼儿园本

---

① 陈恩伦，陈惠. 2008. 对幼儿园转制过程中政府责任的几点思考. 学前教育研究，(5)：8-12.

身的公办性质，要受到政府及相关部门的政策规定和监督，收费必须坚持公益性和普惠性。于是，为了继续存活，只能扩大班级的规模来保持幼儿园的运转，平均每班在班儿童40～50人，配有"两教一保"[1]，师生比达到1：20左右，严重影响着幼儿园的保教质量。

案例5：河北省某部队办幼儿园，由部队相关部门管理并投入资金进行保障，教师编制主要来源于部队编制。幼儿园办园规模较大，形成了独具部队特色的园本课程，师资质量较高，以优质的教育教学质量被当地家长所认可，每年除了面向部队军人的子女招生以外，幼儿园也面向附近的居民子女招生，但却是"一位难求"，竞争非常激烈，一般群众的孩子很难进入，多为家庭条件较好的幼儿和"关系户"，每月收费达到2000元左右。也正是这些"高价"外来幼儿的收费支撑着幼儿园的资金来源，保障了对部队军人子女的"优惠"政策。近几年，随着国家对部队幼儿园管理和监督上的严格化，非部队子女的收费已经降了不少。2015年以来降至每月1000元，提高了其普惠性，但是幼儿园的收入相对就减少了很多。2016年，本就资金紧缺的幼儿园接收到了部队上级的文件，要求幼儿园停止对外面居民子女的招收，使得幼儿园不仅内部遇到了资金上的困难，外部还受到了当地教育部门的压力和群众的舆论指责。优质的学前教育资源只能服务部队军人子女，却不能惠及周围居民子女，造成资源上的浪费和幼儿园的运转困难。目前这一问题还正在解决中[2]。

（四）民办幼儿园质量良莠不齐难保障

1. 民办园存在"两极化"现象

"从总体结构看，民办园呈现'纺锤式'发展态势：一端是'贵族型'，把有限的资金用在硬件建设上，追求设施设备的高档、奢华，忽视内在的保教质量，逐利目的明显、收取高额费用是其主要特征。然而，这类高价优质的民办园只能满足小部分公众的需求，大部分社会群体根本无法承担其高额的费用。中间部分是'事业型'，办园者将幼儿教育作为一项事业和人生价值追求，遵循幼教规律，在加强硬件建设的同时，更重视保教质量的提高，公开收费、优质服务、特色办园是其主要特征，代表了民办园的主体。另一端是'就业型'，办

---

[1] "两教一保"指每班配备两名教师，主要负责教育工作，加上一名保育员，主要负责保育工作。
[2] 来源于课题组成员2016年5月的实地调查，对某部队幼儿园园长的的访谈资料。

园者以就业为目的,基本不具备幼教专业知识,硬件不达标,甚至缺乏一人一巾一杯、保温水桶、流水洗手等最基本的办园条件,保教质量不能保证,低廉收费,以看护代教育是其主要特征。"① 因此,办学不规范、质量不高成了人们对民办园的普遍忧虑。

案例 6:河北省保定市的某民办幼儿园,2013 年投资 5000 万元,建成保定市硬件设施最完备、最齐全,环境优越的高档幼儿园,是一所高标准、高品质、高层次、国际化的精品幼儿园。园所硬件条件优越,占地面积广,教学设施高端,玩教具质量高,配有专门的幼儿园有机农场直供幼儿园的膳食材料。同时,幼儿园注重保教质量的提升,引进新加坡环球教育集团课程体系和外籍幼教英语教师;幼儿园班容量很小,每班仅有 20 名左右的幼儿,配有"两教一保",师生比很高,保证了每位幼儿的受关注度。高端的民办园面对的是高收入的群体,幼儿园每名幼儿每月的保育费、膳食费等费用达到 2500 元左右,非普通家庭可以支撑。

2. 教师权益难保证

民办园教师一般实行聘任制,工资待遇较差,没有社会保险,社会地位较低,临时打工的心态较重。教师工作时间长、工作量大,难得有转档落户、职称评定、进修学习、评奖等机会,容易出现职业倦怠现象。因此,民办园的教师一般流动性大,敬业爱岗意识淡薄,普遍感到前途渺茫,严重影响了民办幼儿园的教学质量。

3. 政府监管不够规范有力

首先,管理主体混乱,权责不清,部门间缺乏有效沟通。政出多门、多头审批、多头管理是我国民办学前教育发展中长期存在的问题。当前,民办园可在教育部门、民政部门和工商管理部门登记注册,而非教育部门通常不将在其处登记注册的民办园报请教育部门备案,管理主体混乱、部门间缺乏有效沟通。同时,各部门间权责不清,教育部门往往只有业务指导权,没有执法权,而民办园出了问题首先又要问责教育部门。管理主体混乱、权责不清导致管理部门能不为则不为,甚至对民办园收费不规范、办园水平低和教师待遇落实差等突出问题视而不见。其次,监管、支持双无力。教育管理主要包括行政、经济、

---

① 李丽 . 2015. 浅析河北民办幼儿教育发展的问题与对策 . 学周刊,(6):89.

法律等手段。当前管理部门对民办园教育质量和收费的行政管理不力,对民办园的扶持、奖励力度不够,如一些民办园没有依照《中华人民共和国民办教育促进法》享受建筑用地、税收优惠及相关资助。管理不力导致民办园的办园行为失范,而支持不力则在一定程度上提高自负盈亏的民办园的服务价格。最后,管理方式重行政管制轻指导服务。管理部门对民办园重行政监管,管理方式往往以自上而下的会议与检查为主,问题提得多,分析和研究解决少;轻指导服务,业务管理部门如教研室等对民办园的指导欠缺[①]。这在相当程度上制约了民办园教育质量的提高和教师队伍建设等急迫问题的解决。

由此得出,河北省四类幼儿园在发展中都面临着一些亟待解决的问题。

教育部门办园质量高,起着引领示范作用,但是数量很少,几乎"一位难求"。因此,应发挥其引领作用,以优质园带动薄弱园的发展,共同提升园所质量。

集体办园尤其是村集体办园生存艰难,由于生源不足和交通不便,村集体幼儿园多为附设于小学的学前班,教育质量不高,小学化倾向严重。因此,政府应大力扶持村集体幼儿园,从师资和财政上保证其运行,以保障农村学前教育的普及。

其他部门办园由于其公办性质收费较低,且要自行支付教师工资、玩教具购买和园舍租金等开支,导致入不敷出,难以运行,大多走上了转制的道路,转为普通的民办园,失去了其公益性和普惠性。河北省政府针对其他部门的办园应进一步规范其管理体制,确保责权分明到位,同时予以政策、财政、师资等多方支持,保障其公办性质,就是保障学前教育的公益性和普惠性。

民办园质量良莠不齐难保障,"两级化"问题突出,高价园和低端园都不应是发展的趋势,政府应着力促进普惠性民办园的发展,加强政策的倾斜,保障民办园基本保教质量的同时面向社会提供普惠性服务。

第五节 幼儿园师资状况与教师队伍建设

加强幼儿教师队伍建设,关系学前教育的长远发展,关系亿万儿童的健康成长和千家万户的切身利益,关系国家和民族的未来。一个地区幼儿师资水平

---

① 赵晓尹,王瑞捧,2008.小规模民办园的现状与发展对策.学前教育研究,(3):18.

的高低与其工作的积极性程度,很大程度上取决于当地政府政策调控的力度大小。因此,对于探究一个地区幼儿园师资状况以及教师队伍建设的发展情况,对当地政策的分析是极其必要的。

一、河北省教师队伍建设相关政策分析

(一)《河北省人民政府关于大力发展学前教育的若干意见》

为贯彻落实国家和河北省《教育规划纲要》,促进学前教育事业快速健康发展,满足适龄幼儿的入园需求,根据《国务院关于当前发展学前教育的若干意见》(国发〔2010〕41号),结合河北省实际,针对幼儿园教师队伍建设问题,提出幼儿教师数量不足,整体素质有待提高,待遇保障问题亟待解决,具体意见如下。

第一,"建立幼儿教师资格准入和补充机制。机构编制和人力资源部门要根据国家要求,结合本地实际,合理确定师生比,核定公办幼儿园教职工编制,逐步配齐幼儿园教职工;完善补充机制,保证幼儿教师队伍的稳定。全面落实国家幼儿教师专业标准,实施资格准入制度,坚持公开招录凡进必考,严格资格认定程序。经培训合格后转入学前教育的中小学教师,其公办身份不变。非公办幼儿园要根据国家相关规定配足、配齐保教人员。"

第二,"依法落实幼儿教师地位和待遇。贯彻落实《中华人民共和国教师法》,提高幼儿教师地位,维护幼儿教师权益,保障幼儿教师待遇。幼儿园公办教职工工资由政府全额保障,纳入事业单位社会保障序列。民办幼儿园教职工工资待遇及社会保险由举办者依法保障,有条件的地区财政予以补贴。建立幼儿教师专业技术职称系列,制定评聘办法和标准。对长期在农村基层和艰苦边远地区工作的幼儿教师,按国家规定实行工资倾斜政策,可通过设立津贴补贴等方式给予奖励。对优秀幼儿园园长、教师进行表彰。"

第三,"建立和完善幼儿教师培养体系。根据基本普及学前教育对师资的需求,制定学前教育师资培养和培训规划。办好高等院校学前教育专业,建设好3至5所幼儿师范专科学校,完善初中毕业起点的五年制学前教育专科学历教师的培养模式。重视对幼儿特教师资的培养。鼓励专科以上应届非学前教育专业高校毕业生通过学前教育专业培训,取得幼儿教师资格证,充实到幼儿教师

队伍。采取入编、补贴、奖励等措施鼓励和吸引高校毕业生到农村幼儿园任教。推进高等院校学前教育专业课程改革,增强毕业生教育实践与专业发展能力。"

第四,"完善幼儿园园长、教师培训制度。建立幼儿园园长、教师每5年一周期的全员轮训制度。各级政府要设立专项资金支持幼儿园园长、教师培训。把幼儿园园长培训纳入中小学校长培训体系,幼儿教师培训纳入教师继续教育计划。从农村中小学教师转岗进入幼儿园的教师,必须先培训再上岗。加强对幼儿教师培训机构资质和质量的监管。鼓励城镇幼儿教师到农村幼儿园指导带教。建立园本培训制度和幼儿教师的评价机制和激励机制,促进教师自主发展、自我提高。"

(二)《河北中长期教育改革和发展规划纲要(2010－2020年)》

为促进河北省教育科学发展,提高全民素质,更好地服务河北现代化建设,根据《国家中长期教育改革和发展规划纲要(2010－2020年)》,结合河北省实际,制定《河北中长期教育改革和发展规划纲要(2010－2020年)》。

针对教师队伍建设,《河北中长期教育改革和发展规划纲要(2010－2020年)》指出要"健全保障体系。切实加强和改善对教育工作的领导,建立和完善保障教育发展的各项政策措施,动员全社会形成推动教育发展的强大合力,加强师德建设,创新完善教师管理制度,完善教师培养培训体系。把教师作为第一教育资源,努力造就一支师德高尚、业务精湛、结构合理、充满活力的高素质专业化教师队伍"。

(三)河北省"学前教育三年行动计划"

为贯彻落实《国务院关于当前发展学前教育的若干意见》(国发〔2010〕41号),根据《河北省人民政府关于大力发展学前教育的若干意见》(冀政〔2011〕1号),决定在全省实施"学前教育三年行动计划",以县(市、区)为基本单位编制"学前教育三年行动计划",推动河北省学前教育再上新台阶。

针对教师队伍建设,"学前教育三年行动计划"提出提高教师队伍整体水平的具体目标,建议多渠道补充幼教师资,逐步缓解幼教师资不足的问题,并贯彻落实教师待遇保障措施,严格落实幼儿教师资格准入制度,完善幼儿教师在职培训体系,提升幼儿教师整体素质。

二、河北省幼儿园教师队伍的现状

建设一支高素质的幼儿园教师队伍，不断提高幼儿园教师专业素质水平，不仅是幼儿教师行业发展的关键，也是学前教育得到有序、健康发展的长远保证。近年来，河北省在党和国家的重视中，在贯彻落实相关政策、文件精神与措施的前提下，使幼儿教育事业得到了良好快速的发展。

（一）幼儿园教职工总量总体增长，其中专任教师人数最多且增长最快

2005～2015年相关数据显示，河北省幼儿园教职工情况如下：2005～2015年幼儿园教职工总数总体增长，2005～2006年增幅相对较大，2006～2008年增长缓慢，到2009年教职工数量有所减少，2009～2015年持续增长，且增幅加大。2015年教职工总量相比2005年增长达7.39倍。其中，专任教师人数逐年增长，且相对其他教职工增幅最大，2015年专任教师数量比2005年专任教师数量增加7.98倍。保健员数量在2005～2010年总体为增长趋势，而2010～2013年总体为下降趋势。园长数量2005～2015年总体为增长趋势，且2015年的园长数量是2005年的9.81倍。2011～2015年出现保育员，且数量逐年增长。其他教职工数量总体为增长趋势（图2-20）。

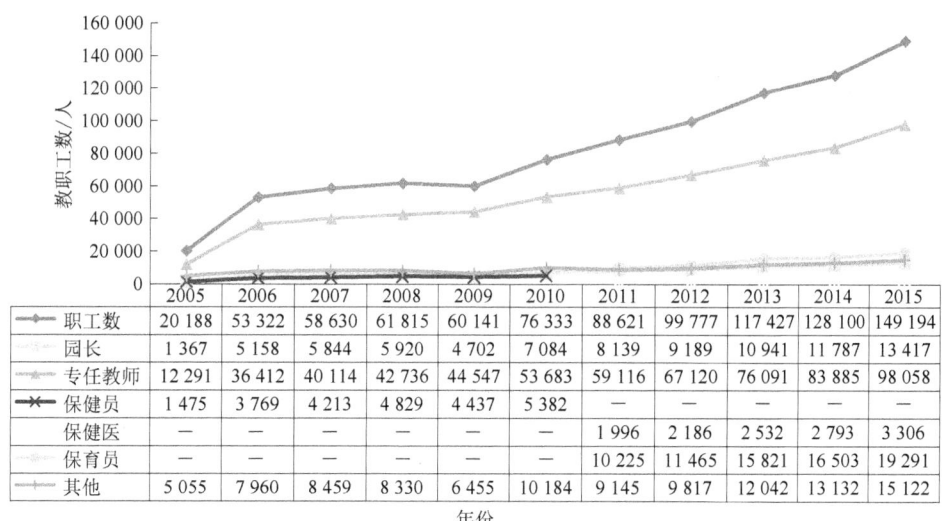

年份	2005	2006	2007	2008	2009	2010	2011	2012	2013	2014	2015
职工数	20 188	53 322	58 630	61 815	60 141	76 333	88 621	99 777	117 427	128 100	149 194
园长	1 367	5 158	5 844	5 920	4 702	7 084	8 139	9 189	10 941	11 787	13 417
专任教师	12 291	36 412	40 114	42 736	44 547	53 683	59 116	67 120	76 091	83 885	98 058
保健员	1 475	3 769	4 213	4 829	4 437	5 382	—	—	—	—	—
保健医	—	—	—	—	—	—	1 996	2 186	2 532	2 793	3 306
保育员	—	—	—	—	—	—	10 225	11 465	15 821	16 503	19 291
其他	5 055	7 960	8 459	8 330	6 455	10 184	9 145	9 817	12 042	13 132	15 122

图 2-20　幼儿园教职工数量

注：图中数据根据《中国教育年鉴》相关数据计算得出。

资料来源：中华人民共和国教育部发展规划司.2005～2015.中国教育统计年鉴.北京：人民教育出版社.

（二）幼儿园师资队伍的学历情况总体提升，以专科毕业学历为主

河北省幼儿园师资队伍的学历与全国趋势相同，以专科毕业学历为主。同时，高中毕业学历的教师也占了很大的比重。

1. 幼儿园师资队伍的学历结构呈多样化

根据相关数据分析，2005～2015年研究生、本科、专科和高中学历教师人数呈现逐年上升的趋势，而高中阶段以下学历的人数出现了先下降后上升的趋势。2015年研究生学历人数比2005年增加了880.87％，本科学历人数增长了629.87％，专科学历人数增长255.25％，高中学历毕业人数增长了143.86％，而高中阶段以下毕业的人数在2005～2007年呈下降趋势，2007年又逐年增加，到2010年人数达到1 115人，其后于2013年达到最高，随后呈逐渐下降趋势，在2013年达到最高值时，比2005年的677人增加了438人，增幅为64.70％（图2-21）。

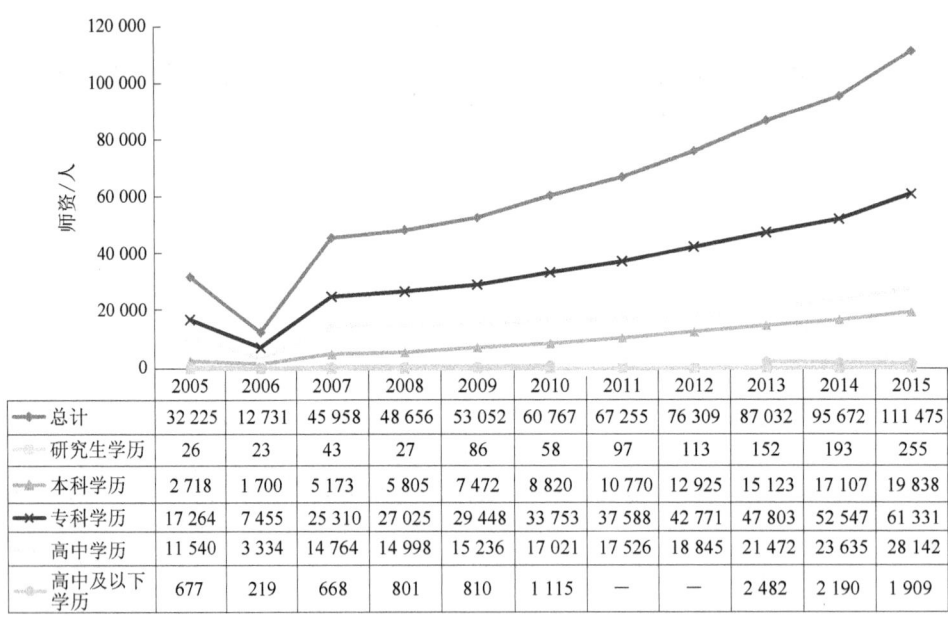

图2-21　2005～2015年河北省幼儿园师资队伍的学历情况

注：图中数据根据《中国教育年鉴》相关数据计算得出。

资料来源：中华人民共和国教育部发展规划司.2005～2015.中国教育统计年鉴.北京：人民教育出版社.

2. 幼儿园师资队伍以专科学历为主，高中学历占比例也较大

从不同学历教师所占比例来看，2005～2015年，幼儿园师资队伍的学历已经从以高中阶段为主发展到以专科学历为主。同时，本科学历、研究生学历的教师在逐年增加，高中学历的教师在逐年下降，高中及以下学历的教师出现了先下降后上升的趋势。2005年高中学历是幼儿园师资队伍的主体学历，高中学历的教师占幼儿园师资队伍的35.81%，专科学历的教师占幼儿园师资队伍的53.57%。到了2015年，专科学历的教师成为幼儿园师资队伍的主体，占幼儿园师资队伍的55.02%，高中学历的教师比例有所下降（图2-22）。

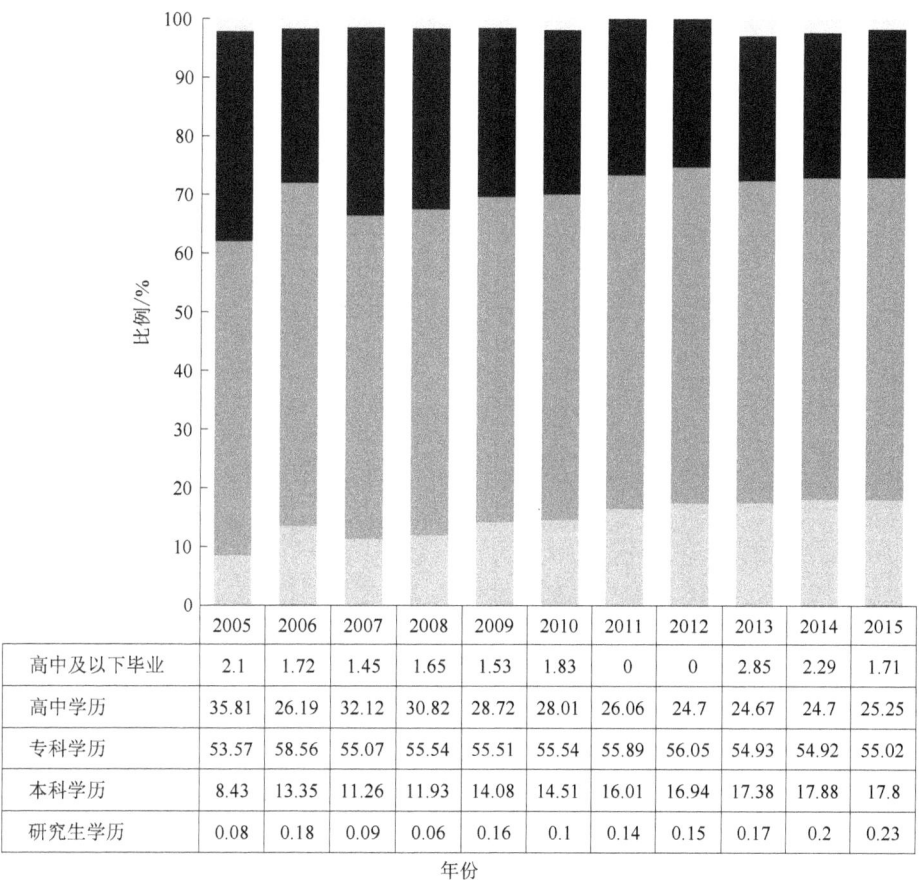

年份	2005	2006	2007	2008	2009	2010	2011	2012	2013	2014	2015
高中及以下毕业	2.1	1.72	1.45	1.65	1.53	1.83	0	0	2.85	2.29	1.71
高中学历	35.81	26.19	32.12	30.82	28.72	28.01	26.06	24.7	24.67	24.7	25.25
专科学历	53.57	58.56	55.07	55.54	55.51	55.54	55.89	56.05	54.93	54.92	55.02
本科学历	8.43	13.35	11.26	11.93	14.08	14.51	16.01	16.94	17.38	17.88	17.8
研究生学历	0.08	0.18	0.09	0.06	0.16	0.1	0.14	0.15	0.17	0.2	0.23

■ 研究生学历　　本科学历　　专科学历　　■ 高中学历　　高中及以下毕业

图2-22　2005～2015年河北省幼儿园师资队伍的学历结构

注：图中数据根据《中国教育年鉴》相关数据计算得出。

资料来源：中华人民共和国教育部发展规划司. 2005～2015. 中国教育统计年鉴. 北京：人民教育出版社.

（三）幼儿园师资队伍职称结构多元化，目前以未评职称教师为主

河北省幼儿园师资队伍职称具有多样性，各类职称人数长期变动。其中，中学高级、小学高级、小学一级教师的人数均有相应增加。但最明显的是，未评职称的人数在2005～2013年以较快的增势逐年增加。

相关统计数据分析表明，2005～2015年，小学高级和小学一级教师人数呈逐年增加趋势，尤其是未评职称人数从2008年起急剧增加，小学二级和中学高级教师人数先递减再缓慢增加，小学三级教师人数呈波动性变化增长态势。相比于2005年，小学高级和小学一级教师的增长率分别达到了169.47%、67.90%。从2010年开始，中学高级教师人数增长也比较迅速。更为值得关注的是未评级的人数达到68 179，比2005年的10 478增加了36 549人，增加了近550.69%（图2-23）。

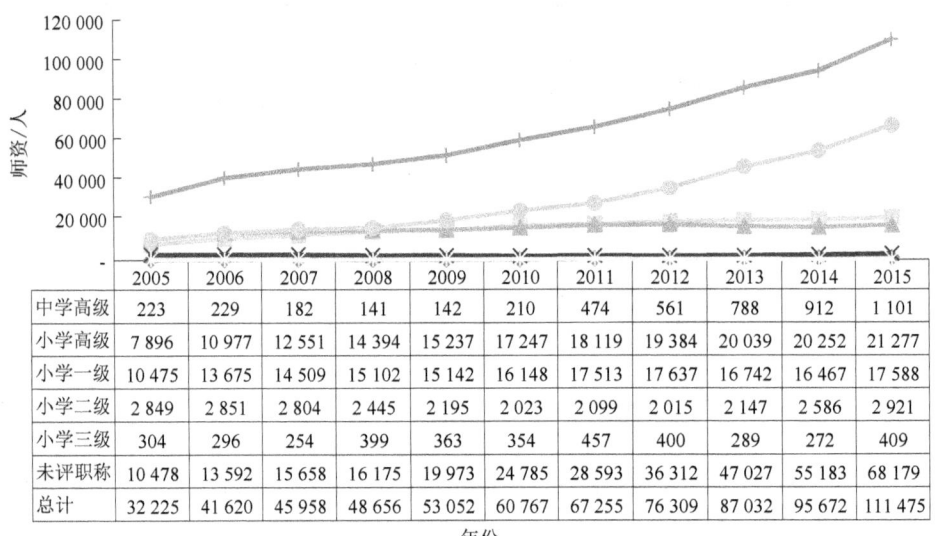

图2-23　2005～2015年河北省幼儿园师资队伍的职称情况

注：图中数据根据《中国教育年鉴》相关数据计算得出。

资料来源：中华人民共和国教育部发展规划司.2005～2015.中国教育统计年鉴.北京：人民教育出版社.

（四）幼儿园的生师比从下降到平缓

生师比是指幼儿园在园幼儿数量与幼儿园专任教师数量的比值。从图2-24

中可以看出，相比于2005年，2015年河北省幼儿园生师比有所下降，但期间有短暂的上升现象。2005~2007年，幼儿园生师比有所下降，下降了15.37%。之后开始趋于平缓，平均在30.73%，生师比较合理。此外，幼儿与教职工比和幼儿与专任教师比的变化一致。但幼儿与教师（园长）的比例，在2005~2007年下降幅度大，至2007年下降了8.35%。总的来说，无论是幼儿与教师（园长）比、幼儿与专任教师比还是幼儿与教职工比，都开始趋于合理状态（图2-24）。

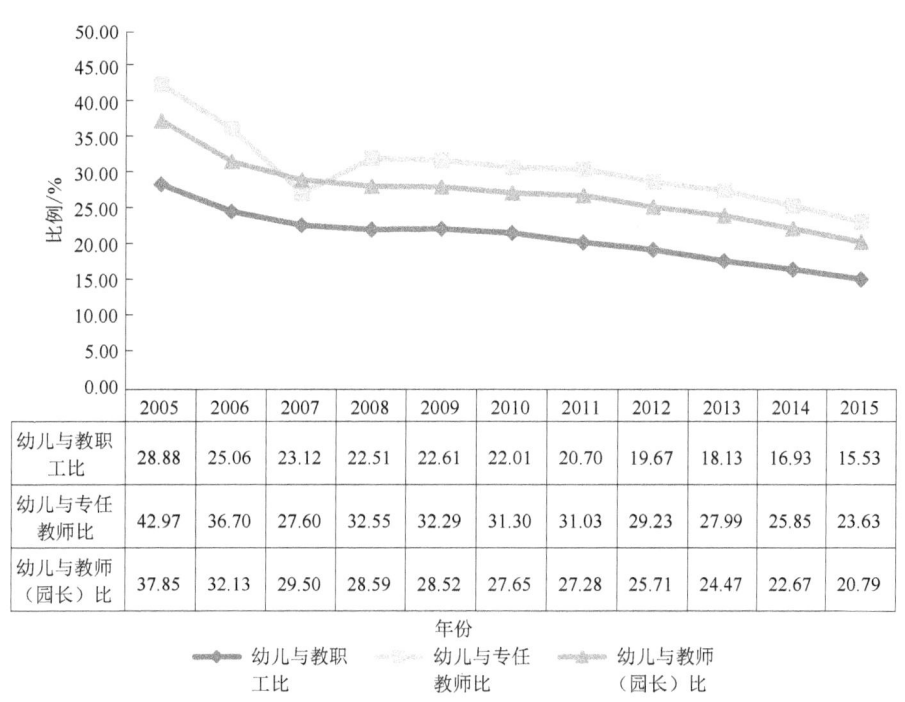

图2-24　2005~2015年河北省幼儿园的生师比

注：图中数据根据《中国教育年鉴》相关数据计算得出。

资料来源：中华人民共和国教育部发展规划司.2005~2015.中国教育统计年鉴.北京：人民教育出版社.

三、河北省幼儿园教师队伍建设中存在的问题

从上述现状来看，虽然河北省幼儿园教师队伍建设在数量和质量上都有明显的提高，但不难看出，教师队伍仍然具有不可忽视的问题。

（一）幼儿园教师配备仍然不足

虽然相关国家政策的出台，促进了学前教育事业的发展，同时带动幼儿园

教师数量的同步增长，生师比也趋于缓慢下降的态势，但从整体来看，教师数量仍远远难以满足优质学前教育发展所需。

《配备标准》明确规定：全日制幼儿园保教人员与幼儿的比例为1∶7～1∶9，且每班需配备 2 名专任教师和 1 名保育员，或 3 名专任教师；半日制幼儿园的比例为 1∶11～1∶13，每班配备 2 名专任教师，有条件的还需配备 1 名保育员。《幼儿园工作规程》指出，幼儿园每班幼儿人数一般为：小班（3～4 周岁）25 人，中班（4～5 周岁）30 人，大班（5～6 周岁）35 人，混合班 30 人。按照这些规定，经过粗略的计算，我国幼儿园师生比不应该低于 1∶15。依次推算，至 2013 年，河北省所缺教师约 6.59 万人。可见河北省幼儿园教师数量长期以来一直处于严重不足的状态。

充足数量的教师是学前教育事业发展的基础和前提。幼儿园教师数量配备不足会严重影响学前教育事业的发展，这亟待河北省各级力量共同携手，采取相应措施提高幼儿教师生存质量，从而壮大幼儿教师队伍的规模。

（二）河北省幼儿教师待遇普遍较低，难以吸纳并稳定专业人才

《教育部 中央编办财政部人力资源社会保障部关于加强幼儿园教师队伍建设的意见》（教师〔2012〕11 号）、《国务院关于加强教师队伍建设的意见》（国发〔2012〕41 号）对于建立幼儿园教师待遇保障机制做了明确规定："幼儿园教师按国家有关规定参加社会保险并依法享受社会保险待遇。对长期在农村基层和艰苦边远地区工作的幼儿园教师，实行工资倾斜政策。"但实际上，由于种种因素，幼儿园教师的地位与待遇难以得到保障。

幼师工资的多少直接影响到其工作的积极性，进而影响到教学质量，甚至整个学前教育事业的发展。但从幼儿教师工资水平来看，河北省幼儿教师的工资收入仅处于中下层。以河北省沧州市 2014 年的调查结果为例，"一半以上的民办幼儿园教师月收入为 800～1500 元，工资 1500～2000 元的也较多，在城区、县城、乡镇分别占 38.9％、43.4％、14.8％。工资 2500 以上的，只有城区和县城的一两个人"。民办大部分教师工资仅超过该市。该县的工资最低标准 1040（元/月），与平均工资相差甚远，民办幼儿园教师的社会保障制度尚未真正落实。[①]

影响幼儿教师工作积极性的另一个重要因素是编制问题，这也是保证幼儿教师队伍稳定提升的关键。在教育事业快速发展的时期，幼儿教育也愈渐受到

---

① 韩宏莉，姜国俊. 2014. 沧州市民办幼儿园师资队伍现状及专业发展策略研究. 教育评论，（2）：136.

人们的重视，随着幼儿师资队伍的壮大，不少公办幼儿园教师的入编名额却被压缩。除此以外，代课教师与兼任教师仍然占有很大比重。截止到2013年，河北省代课教师与兼任教师约占全部教职工的11.9%。这些没有合同制的临时编制教师，可以随意地离开幼教工作岗位，这必然不利于教师队伍的稳定发展。同时，受我国幼儿教师队伍"身份管理"特点的影响，无编制人员在工资待遇、职称评定、进修培训及评奖评优等方面得不到保障。据了解，公办园中因此种"身份"导致的"同工不同酬"现象非常严重，临时代课教师的薪资待遇则更低。

待遇及地位的低下直接影响到了幼儿教师的职业认同，从而难以吸纳并稳定师范院校毕业的专业人才，不利于保障幼儿园教师队伍发展的稳定性。这种状况在农村更为普遍。

（三）未评职称教师比例逐年增加

从图2-60可以看出，2005~2015年未评职称的教师一直是幼儿园师资队伍的主体，且所占比重越来越大。2015年未定职级教师比例为61.16%，比2005年的32.52%增加了28.64个百分点。此外，小学二级、小学一级职称教师所占比例逐年下降，这说明评定职称对于新入园教师来说趋向艰难。与此同时，中学高级职称教师所占比例一直很少，2015年所占比例仅为0.99%。这说明在职教师也很少获得职称晋升的机会（图2-25）。

（四）河北省幼儿园教师专业素质有待提升

从图2-22可以看出，幼儿园教师学历结构趋于合理，虽然如此，高中学历的教师比例依然占到24.67%。值得注意的是，虽然研究生和本科学历的教师比例在不断增加，但增长的速度还是比较慢，在教师总量中所占的比例还很小，说明河北省幼儿教师的学历还需要不断提高。幼教师资队伍中科研能力普遍较低。据不完全统计，截至2001年，河北省69 000多名幼儿教师中，其科研水平能达到在学术刊物上发表论文的人数只有30多名，仅占总人数的0.5‰。这一严峻的事实表明，河北省幼教师资队伍的科研水平尚需大大提高。[①]另外，幼儿教师通过在职培训，难以真正提高自身专业素养，有限的学习机会大多流于形式或者容易出现断层，难以取得实效。

---

① 周志平、南月省，王涛，等.2001.河北省学前教育现状及其改革与发展.河北师范大学学报，（2）：144.

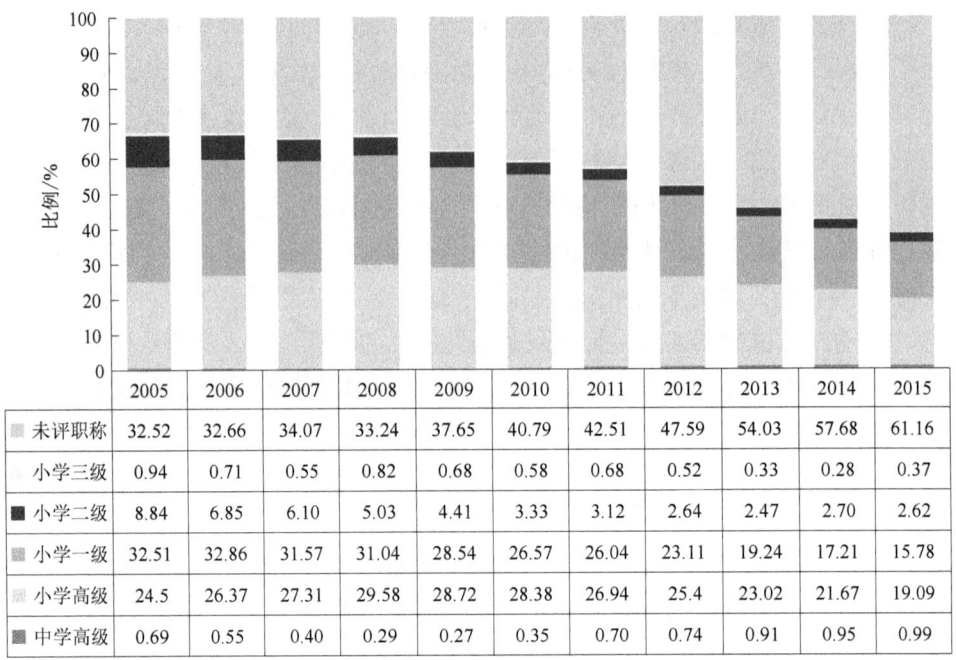

图 2-25　2005～2015年河北省幼儿园师资队伍的职称结构

注：图中数据根据《中国教育年鉴》相关数据计算得出。
资料来源：中华人民共和国教育部发展规划司.2005～2015.中国教育统计年鉴.北京：人民教育出版社.

四、影响幼儿园教师队伍发展的主要原因

（一）政策体制不完善

合理的政策体制是幼儿教育事业健康发展、幼儿园教师队伍建设的根本保证，幼儿园教师的问题实际上是体制问题在教师身上的反映。[①]

政策体制是否完善，首先体现在非公办教师政策是否缺位。目前幼儿园教师政策对于不同所有制身份教师群体的管理，主要表现出"身份管理"的特征，即国家不是将幼儿园教师视为一个职业实行统一的"行业管理"，而是根据幼儿园教师"所有制身份"的不同设定政策覆盖范围。[②] 根据此种情况，能被纳入国家教师政策管理范围的只有公办园教师，而在幼儿教师行业占多数的民办园教师、城市街道幼儿园教师及农村幼儿园教师则不在政策规范范围之内。这些非

---

① 曾晓东.2005.转型期我国幼儿教育事业发展中的教师问题.幼儿教育，（9）：6.
② 庞丽娟.2009.中国教育改革30年：学前教育卷.北京：北京师范大学出版社：206.

公办幼儿园教师和公办幼儿园教师承担着相同的工作，虽然具有国家法定的教师资格，却无法享有同等的职称评定、工资待遇、教师培训、评奖评优及福利保障等权益。2014年，河北省沧州市民办幼儿园仅有8.7%的教师有职称，未获职称评定教师占91.3%。[①]

此外，幼儿园教师政策的城乡分割，即以户籍作为教师管理的分类标准，是"身份管理"政策格局的另一方面的突出表现。这种管理体制表现为"重城轻乡"，而不是基于地区差异的公平取向。值得强调的是，此政策体制的分割并不是单纯在原有公办、民办格局基础上另加"户籍身份"这一维度。对河北省多数农村幼儿园的调查发现，与城市幼儿园教师相比，农村幼儿园教师存在着诸多不公平待遇。例如，身份不被承认、工资待遇低下、职称评定困难及终身学习机会少等。这些现象大大降低了幼儿园对优秀教师的吸引力，很多经验丰富的教师较少选择留在农村，更难以吸引专业的师范类大学毕业生自愿加入，最终导致大量优秀教师的流失，转而由低学历、低专业素质且能够接受较低工资的人员接手相关工作。

政策体制不合理的第二方面表现在幼儿园教师资格制度的不完善。目前河北省幼儿园教师资格认证依旧沿袭重学历轻专业的取向。虽然现在学历合格的人数逐年增长，但是从教师资格证的获取情况来看并不乐观。河北省幼儿园教师中持有教师证书或者教师资格证的教师比例较低，也表示河北省幼儿园教师队伍中还存在着许多学历合格但教师认定与考核不符合专业要求的教师。另外，由于高一级的教师资格证具有"向下融通"性，使很多在幼儿园从教的教师皆来自在编小学教师，这些教师尽管学历较高，但是并不具备幼儿园教师独特的专业特性，这种简单地"向下融通"性不仅不利于保证幼儿园教师实际的工作能力，甚至有可能弱化幼儿园教师的职业专业性，从而影响幼儿园教师职业的社会声望。这也是当前幼儿园教师对专业人才吸引力降低、教师队伍整体水平偏低的重要原因之一。

政策体制不完善的第三方面表现为幼儿教育财政投入结构不合理。目前，河北省幼儿教育经费的投放一般都伴随着编制情况，且享有这些经费的多为较好的幼儿园，而街道幼儿园、小区幼儿园、农村幼儿园等多数幼儿园不存在于财政投放体系。长此以往，即使增大财政投放力度，但如果体制不被理顺，那

---

① 韩宏莉，姜国俊. 2014. 沧州市民办幼儿园师资队伍现状及专业发展策略研究教育评论，（2）：136.

么增加的部分依旧很难实际落实到真正应该扶持、为一般民众服务的幼儿园。经费投放渠道的不完善，不仅不利于吸引优秀幼儿教师任教，而且不利于整个幼儿教育事业的长远发展。

（二）社会对幼儿教育认识观念偏差

目前，河北省幼儿教育及幼儿园教师所面临的许多问题，不能完全归咎于制度和经济的制约。如果人们头脑中根深蒂固的观念如果不铲除，那么无论河北省采取多么完善的制度措施以及拥有多么坚实的经济基础，皆无法成就良好的效果。现在，社会上很多人对幼儿教育认识还不够深刻，不能充分认识到幼儿教育对幼儿一生的长远影响；不能认识到在整个教育体系中，幼儿教育具有重要的奠基作用；不能认识到幼儿教师工作的复杂性；不理解幼儿教师们的努力与辛劳。这种认识上的偏差普遍有之，不仅仅存在于社会人员、幼儿园的管理人员，甚至幼儿教师也存在此问题。职业认同感偏低的现象要求河北省进一步加强对幼儿教育的研究与宣传力度，以期改变人们的传统观念。

（三）幼儿园教师教育体系不成熟

幼儿园教师教育体系主要包括两大部分，即职前教育与在职培训。职前教育承担为幼儿园教师队伍时刻提供新鲜血液的责任，而在职培训则是提高幼儿园教师队伍水平的重要途径。伴随着我国幼儿教育事业蓬勃发展的大背景，河北省幼儿园形成了结构合理、层次清晰的师范教育体系，教师的在职培训逐渐发展并完善起来。然而，发展的过程中难免出现相关问题，教师教育过程中存在的问题对幼儿园教师整体素质产生了直接的影响。

如今，随着相关国培计划的落实、幼师的转型，加之河北省综合性大学以及非师范学校的参与，幼儿园教师队伍素质水平得到快速提高。这些措施无疑对建设一支高素质、高专业水平的教师队伍有着积极的意义。但是，由于缺乏明确的布置与实施，以及合理的区域规划，许多地区在提升幼儿园教师教育层级的进程中出现了部分问题，如教师培养与培训存在断层。虽然进入幼儿园担任教师的本科毕业生人数逐年增加，但为基层和农村幼儿园培养教师的机构相对减少，这种情况不利于本来就缺乏专业教师的广大农村幼儿园的发展。

在幼儿园教师队伍培养层次提升的进程中，高等师范院校和中等幼儿师范学校面临着师资建设和课程设置与调整等众多任务。然而，在现实中，师范院校的专业设置却从未跟上建设脚步，本应共同推进的工作，却呈现出不协调的势态。很多研究认为，教育对象逐渐宽泛，一方面助长了学历层次节节高升的势头，另一方面却又导致了教育对象质量的大幅降低。

对于在职培训，很多幼儿园教师终身教育的权利没有良好的保障，河北省内许多发展水平较低的幼儿园教师常常被排除在外，突出表现在最需要培训的民办及农村幼儿园教师往往得到较少的培训资源；在有机会参与培训的幼儿园内部，培训名额同样分配不均。目前河北省幼儿园教师在职培训在培训内容、培训方式上也存在诸多不足。例如，培训内容和需求存在一定的脱节现象；培训主体专业水平良莠不齐；培训考核欠缺等。另外，职前培训与在职培训的连接缺乏连贯性。因此，这些问题严重制约幼儿园教师队伍整体效能。

（四）教师自身自觉发展意识不足

构建完善的政策体制、营造良好的社会环境、增强教师教育成效等措施是保证幼儿园教师队伍健康、持续发展的重要外部支持，但实际上决定着外部的一切能否真正落实到日常教育教学中的重要因素是教师自身的意识。幼儿园教师自身的努力对于教师队伍整体发展具有重要的推进作用，有无发展意识是影响其发展的主体性因素。若教师自身缺乏自觉发展意识，即使外部条件发挥再多的支持与促进作用，也无法从根本上有效建设高素质的幼儿教师队伍。

在现如今河北省学前教育改革中各项事业还不成熟的背景下，提升教师自觉发展意识的意义显得尤为重要。正如叶澜老师所言，在教师实现发展的问题上，我们强调生境改善的不可回避，指出社会性的问题不能由教师来承担，但并非是"生境"决定论者。相反，我们将作为职业主体的教师个体与群体自身的追求、自觉与切实的行动，视为发展最终能否实现的决定性因素。这不仅是因为再好的生境也不会自动转化为教师发展，更因为有再多问题的"生境"，在追求发展的教师那里，总会拓展出更大的可能空间；在切实行动的教师那里，总会出现相对于昨日之我的真实发展。

第六节 幼儿园办园条件与硬件水平

一、幼儿园占地面积和建筑面积

(一) 幼儿园占地面积和校舍建筑面积逐年增加

1. 幼儿园占地面积不断增加

2008～2015年幼儿园的占地面积和建筑面积均呈逐年增长趋势。数据显示，2015年的幼儿园占地面积达到29 762 106平方米，而2008年则为13 560 180平方米，即2015年比2008年增加了16 201 926平方米，增幅为119.48%。

从2008～2015年每年的占地面积增长率看，以2010年为转折点，2008～2010年呈快速上升趋势，由4.13%增至16.94%。2010～2015年增减幅度较大，但总体增长率保持在13.33%左右（图2-26）。

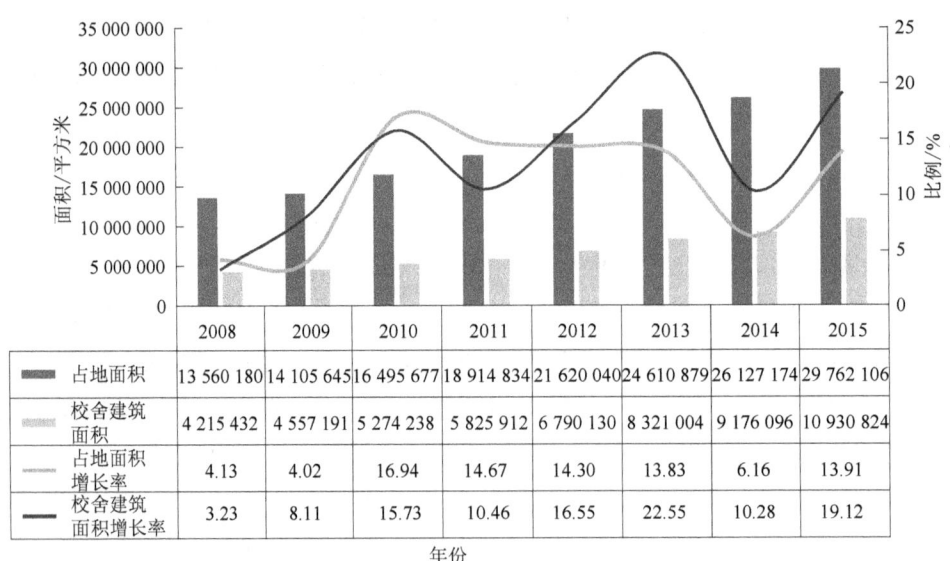

图2-26 河北省幼儿园占地面积和校舍建筑面积及其增长率

资料来源：中华人民共和国教育部发展规划司. 2008～2015.中国教育统计年鉴.北京：人民教育出版社.

2. 幼儿园校舍建筑用地面积增加

2015年河北省幼儿园的校舍建筑面积达到了10 930 824平方米，比2008

年的 4 215 432 平方米增加了 6 715 392 平方米，增幅为 159.30%。从校舍建筑面积增长率看，大体上校舍面积增长呈曲折增长趋势，2008～2013 年增长迅速，到 2013 年达到 22.55%，2013～2015 年稍有回落，之后又缓慢增长。总体上，每年平均校舍面积增长率保持在 13.25% 左右，和全国幼儿园校舍建筑面积的 12.81% 的增长率相比较，河北省校舍面积增长率更高一些（图 2-26）。

（二）河北省幼儿园生均占地面积和建筑面积

从图 2-27 可见，幼儿园生均占地面积和建筑面积也呈逐年增加的趋势。2015 年的生均占地面积达到了 12.84 平方米，比 2008 年的 9.75 米增加了 3.09 平方米，增幅为 31.69%。2015 年的生均建筑面积达到了 4.71 平方米，比 2008 年的 3.03 平方米增加了 1.68 平方米，增幅为 55.45%。

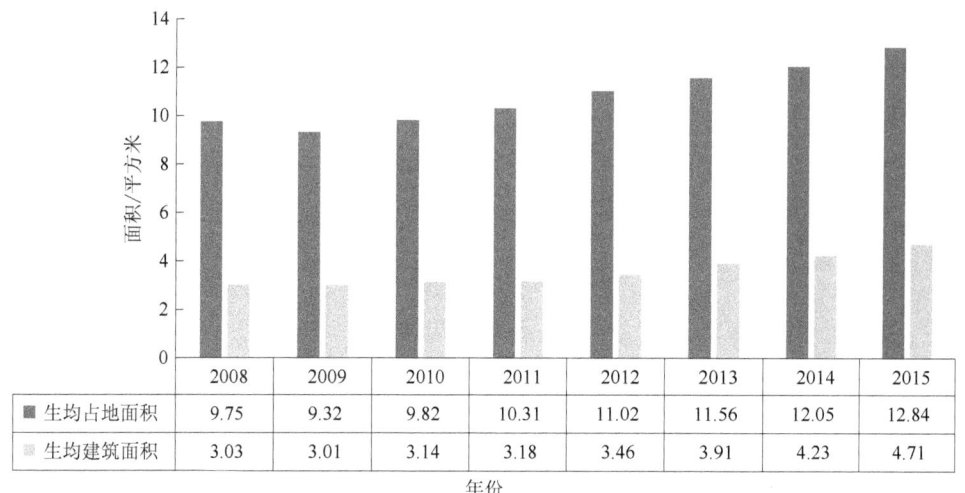

图 2-27　2008～2015 年河北省幼儿园生均占地面积和生均建筑面积

资料来源：中华人民共和国教育部发展规划司. 2008～2015. 中国教育统计年鉴. 北京：人民教育出版社.

可见，2008～2015 年河北省生均占地面积和生均建筑面积都呈现逐年增加的趋势，生均占地面积一直大于生均建筑面积，但生均建筑面积的增幅大于生均占地面积的增幅。

同全国幼儿园生均占地面积和建筑面积相比较，全国平均生均占地面积为 9.31 平方米，平均建筑面积为 4.90 平方米；河北省幼儿园平均生均占地面积为 12.39 平方米，平均生均建筑面积为 3.58 平方米。可以看出，河北省幼儿园的生均占地面积超过全国平均水平，但是生均建筑面积比全国平均建筑面积小。

二、幼儿园园舍建设各种用房面积

（一）幼儿园各种用房面积不断增加

根据相关统计数据可以发现，2008~2015年河北省幼儿园各种用房面积均呈逐年增加的趋势。2015年的教学及辅助用房达到了7 808 464平方米，比2008年的2 809 790平方米增加了4 998 674平方米，增幅为177.90%。2015年的行政用房面积为845 333平方米，相比于2008年增加了399 933平方米，增幅为89.79%。2015年的生活用房达到了1 032 871平方米，比2008年的364 608平方米增加了668 263平方米，增幅为183.28%。2015年的其他用房面积为12 441 52平方米，相对于2008年的595 634平方米增加了648 518平方米，增幅为108.88%。

可以看到，幼儿园四类用房中，教学及辅助用房的面积最大，同时面积增幅也最大，为177.90%。值得注意的是，2008年生活用房面积小于行政用房面积。但在2015年，生活用房的面积已经逐渐超过行政用房面积。根据数据来看，2015年河北省幼儿园的生活用房面积比行政用房面积多187 538平方米。

与全国幼儿园各种用房面积相比较，河北省幼儿园用房面积较为明显的特点是对用房结构进行了合理的改善，行政用房等面积减少较为明显（图2-28）。

（二）幼儿园各种教学用房面积逐年增加

图2-29显示，幼儿园的各种教学用房在2008~2015年逐年增加。2008~2015年河北省活动室平均面积为2 922 182平方米，平均睡眠室面积为1 089 430平方米，保健室面积为193 842平方米，图书室面积为215 194平方米。由此看来，活动室面积最大，为其余用房面积的1.95倍，其次为睡眠室、图书室、保健室。

2015年河北省幼儿园的活动室总量达到了4 727 327平方米，与2008年的1 684 892平方相比，活动室面积增加了3 042 435平方米，增幅为180.57%；睡眠室面积2015年为1 727 570平方米，比2008年增加了1 053 028平方米，增幅为156.11%；保健室面积2015年达到了274 337平方米，比2008年的139 735平方米增加了134 602平方米，增幅为96.33%；2015年的图书室面积为341 258平方米，比2008年的140 870平方米增加了200 388平方米，增幅为142.25%。

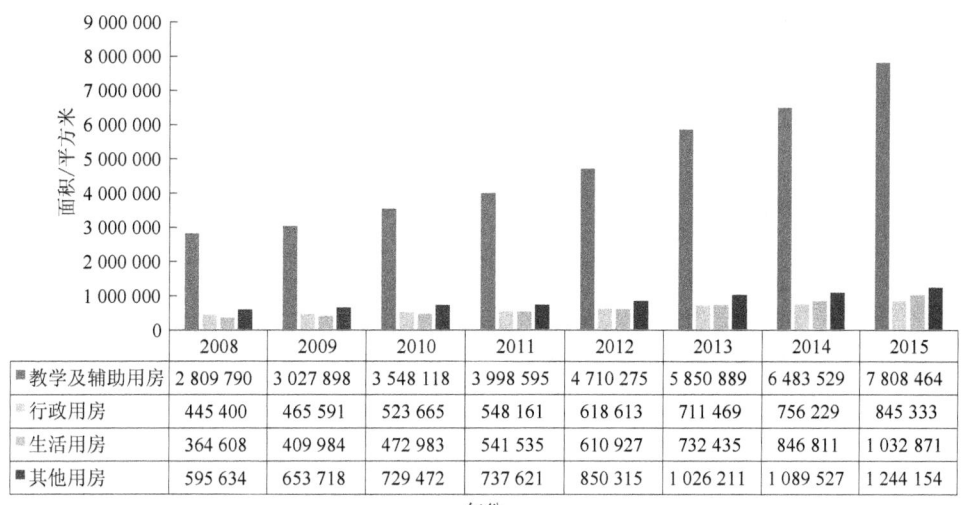

图 2-28　2008~2015 年河北省幼儿园各种用房面积

资料来源：中华人民共和国教育部发展规划司.2008~2015.中国教育统计年鉴.北京：人民教育出版社.

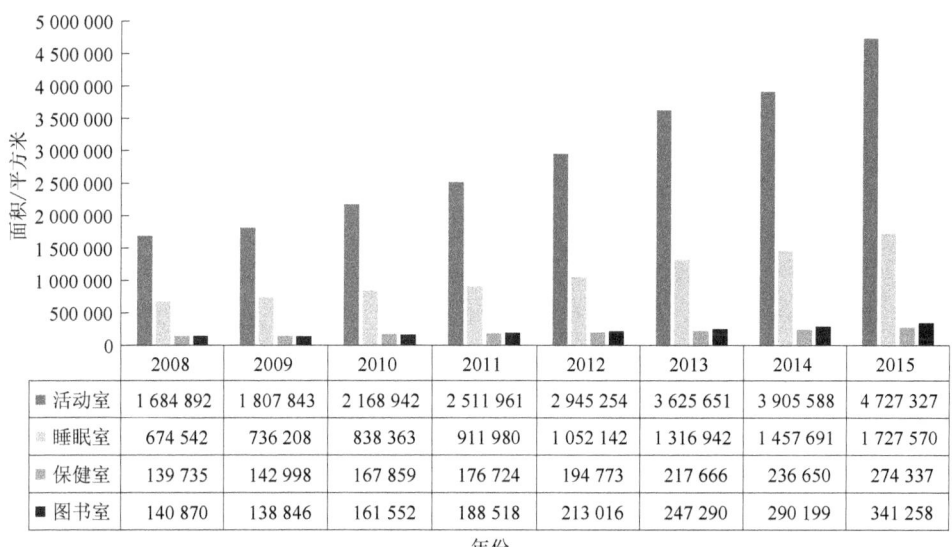

图 2-29　2008~2015 年河北省幼儿园各种教学用房面积

资料来源：中华人民共和国教育部发展规划司.2008~2015.中国教育统计年鉴.北京：人民教育出版社.

根据数据显示，河北省幼儿园活动室面积在总教学用房面积中占 66.10%，全国为 64.02%，所以河北省活动室在教学用房中所占比例更大一些，略高于全国平均水平。同时，河北省幼儿园的活动室、睡眠室面积增长幅度都略高于全国平均水平，但保健室和图书室的增长略慢，需要重视和加强。

（三）幼儿园师均面积有所减少，生均用房面积逐渐增加

根据图2-30，对河北省师均办公用房、生均活动室、生均睡眠室的相关数据进行分析，可以发现，2008～2015年幼儿园的师均办公用房面积呈现逐年减少的趋势。相反，生均活动室和生均睡觉室面积呈现逐渐增加的趋势。

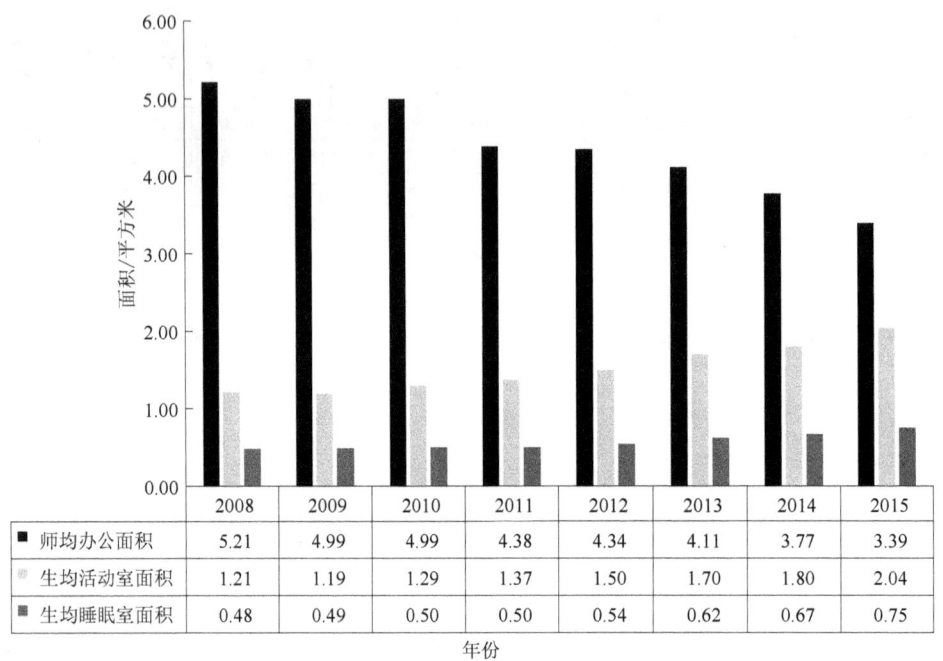

图2-30　2008～2015年河北省幼儿园师均办公面积、生均活动室面积和睡眠室面积
资料来源：中华人民共和国教育部发展规划司．2008～2015．中国教育统计年鉴．北京：人民教育出版社．

2008～2015年，平均师均办公面积为4.40平方米，平均生均活动室面积为1.51平方米，平均生均睡眠室面积为0.57平方米。由此看来，生均活动室和睡眠室的面积和师均办公用地面积相比，差距悬殊。

具体来说，师均办公面积呈现逐年减少趋势，2008年师均办公面积为5.21平方米，2015年减少为3.39平方米，共减少了1.82平方米，降幅为53.69%。生均活动室和睡眠室呈逐年增加趋势，2008年生均活动室面积为1.21平方米，2015年为2.04平方米，增幅为68.60%；2015年的生均睡眠室面积为0.75平方米，相对于2008年的0.48平方米增加了0.27平方米，增幅为56.25%。可以看出，生均活动室面积和生均睡眠室面积虽低于师均办公面积，但生均用地逐年增加，

尤其是生均活动室面积与师均办公面积的差距逐渐缩小。

全国师均办公用地为3.29平方米，生均活动室面积为1.96平方米，生均睡眠室面积为0.88平方米。与全国平均水平相比较，河北省呈现如下特点：师均办公面积大，生均活动室和睡眠室面积仍过小，没有达到全国平均水平。但是，可以看到，河北省幼儿园以幼儿为中心，大力提高生均用地水平，其生均用地增长幅度均大于全国平均增长幅度，同时师均办公用地的面积降幅也大于全国平均水平。

三、幼儿园户外活动场地

（一）幼儿园总体户外活动场地面积增加

根据图2-31，河北省幼儿园的户外活动场地面积在2008～2015年呈缓慢增长趋势，2015年的户外活动面积达到10 232 064平方米，比2008年的5 494 939平方米增加了4 737 125平方米，增幅为86.21%。

与全国总体户外活动面积相比较，河北省与全国增幅相接近，说明河北省近年来重视幼儿户外活动场地的建设。

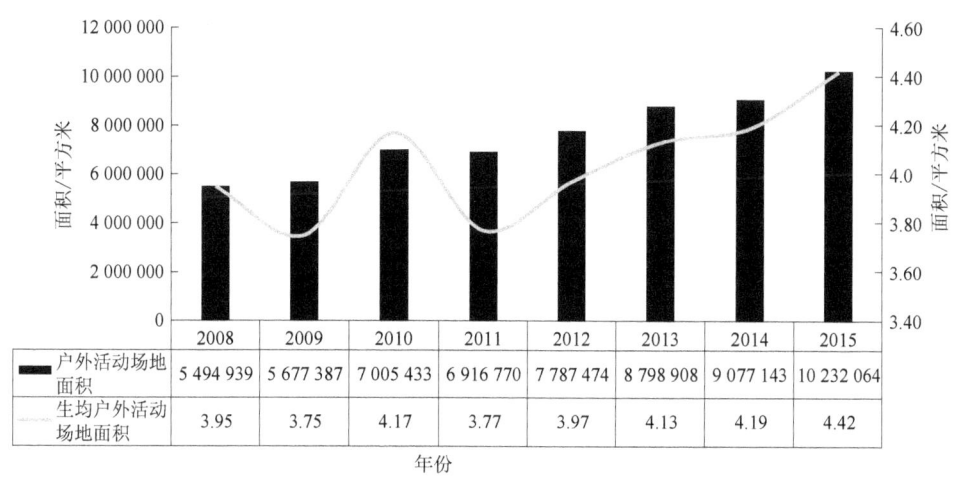

图2-31　2008～2015年河北省幼儿园户外活动面积和生均户外活动场地面积

资料来源：中华人民共和国教育部发展规划司．2008～2015．中国教育统计年鉴．北京：人民教育出版社．

（二）幼儿园生均户外活动场地面积

从图2-31分析，2010年河北省的生均户外活动面积较大，为4.17平方米，

2011年下降为3.77平方米，2011~2015年生均户外活动场地面积又呈逐年增加趋势，保持稳定。

具体分析，2008年的幼儿园生均户外活动面积为3.95平方米，2013年为4.42平方米，增加了0.47平方米，增幅为11.90%。相对于户外活动场地86.21%的增幅，可以看出生均户外活动面积增幅较小。

与全国相比较，河北省近8年平均生均户外活动面积为4.04平方米，全国近8年平均生均户外活动面积为3.33平方米。可以看出，河北省的生均户外活动面积比全国平均水平多21.32%，河北省幼儿园的户外活动场地更加的开阔，符合幼儿身心发展规律，方便幼儿充分地进行室外活动。

四、幼儿园教育设施与资源

河北省幼儿园的教学资源不断丰富，其中图书总量和数字资源总量都在不断增加，同时生均图书量和生均数字资源也在逐年增长。

（一）幼儿园图书总量和生均总量都在不断增加

图2-32显示，2008~2015年的幼儿园图书总量和生均总量呈现逐年增加的趋势。从图书总量来看，2015年河北省的图书总量为16 229 956册，比2008年的4 069 777册增加了12 160 179册，增幅为298.79%。从生均图书量来看，2015年为7.00册，比2008年的3.81册增加了3.19册，增幅为83.73%。

与全国相比较，河北省幼儿园的图书量和生均图书量的增长幅度均大于全国平均水平，这说明河北省学前教育事业重视对幼儿园图书的投入和改善。

（二）幼儿园数字资源总量和生均数字资源逐渐增加

对2008~2015年河北省幼儿园数字资源和生均数字资源进行分析处理，数据表明2008~2015的数字资源呈逐年增加的趋势。

从数字资源总量来看，2015年的录像带、光盘等的数量达到了1 341 212盘，比2008年的462 308盘增加了878 904盘，增幅为190.11%。从生均数字资源看，2008~2015年平均生均数字资源为0.40盘。具体来看，2011年生均数字资源降到最低，为0.22盘，之后呈现快速回升、增长的趋势，到2015年，生均电子资源达到0.58盘。

与全国相比较,河北省幼儿园的数字资源具有如下特点:从总量看,录像带、光盘等数字资源总量较小,同时增幅较小,比全国平均水平低309.54%。从生均数字资源看,全国平均数字资源为0.78盘,河北省平均生均数字资源比全国平均量少0.20盘,即比全国平均水平低25.64%。

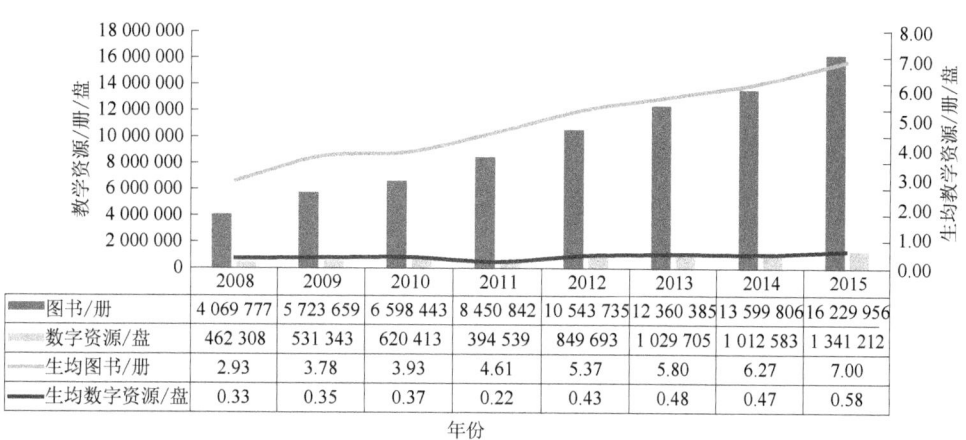

图2-32　2008～2015年河北省幼儿园教学资源数量

资料来源:中华人民共和国教育部发展规划司.2008～2015.中国教育统计年鉴.北京:人民教育出版社.

(三)幼儿园基本设备设施建设逐年完善

河北省幼儿园的基本设施设备条件总体上正在逐年发展。11个地级市的基本设备设施达到适宜水平的比例比较高,其中桌椅适宜达到80%以上,厕所和盥洗设备、玩具柜和书架适宜达到50%以上。大部分幼儿园班级为幼儿设置了活动区,如图书角、绘画区、自然区等,幼儿可以自主的选择活动区。

第七节　普惠性幼儿园发展与农村、弱势扶助状况

近年来,随着对学前教育性质及其地位认识的不断加深,国家开始逐步把学前教育作为发展教育、改善民生的一项重要任务来抓,提出必须按照公益性和普惠性原则,坚持政府主导、社会参与、公办民办共同发展,建立覆盖城乡、布局合理的学前教育公共服务体系,着力解决一些地方的"入园难"问题。河北省

在国家相关政策文件的指导下，不断强化政府职责充分立足本省省情，在推进农村学前教育事业快速发展的过程中，始终坚持"以政府和集体投入为主、以政府和集体办园为主、以公办教师为主"的"三为主"学前教育发展模式，积极制定规划、出台政策、规范管理、加强督导，在推进学前教育快速发展的过程中，走出了一条着力扩大普惠性资源，强力推进普及农村学前教育改革发展之路。[1]

一、河北省普惠性幼儿园发展状况

普惠性幼儿园是促进教育公平的一项重要举措，而随着对教育公平的理解不断加深，也需要进一步理解普惠性幼儿园。一般意义上的教育公平主要包括了教育起点的公平、教育过程的公平，以及教育结果的公平。学前教育是国民教育的基础，普惠性幼儿园作为我国学前教育中的一部分，也扮演着不可忽视的角色。学前教育是保障教育起点公平的一个重要途径，而且《教育规划纲要》自实施以来，就引起了全国范围的重视。在本书中，笔者研究了河北省普惠性幼儿园的实际发展状况，具体从河北省普惠性学前教育政策以及政策文本的解读，同时结合部分地级市、县的普惠性学前教育政策和根据地方实际调研的基础上梳理河北省普惠性幼儿园的发展总体情况与不足。

（一）河北省普惠性幼儿园政策文本与分析

教育公平是教育公共政策的价值基础和价值核心，而反过来教育政策的执行情况很大程度可以反映教育的公平状况。在当前我国经济处于新常态时期，教育政策具有调控作用，只有政策发挥这种调控作用才能实现普惠性学前教育的良性发展。但是很多时候众多不公平问题的出现，往往是政策的不公平。与此同时，教育上的很多不公平都是可以通过政策进行创新以及进行适宜的制度设计来解决。就教育政策而言，当前学者的定义多有不同，本书采用孙绵涛的教育政策定义："教育政策是一种有目的，有组织的动态发展过程，是政党和政府等政治实体在一定历史时期，为了实现一定的教育目标和任务而协调教育的内外关系所规定的行动依据和准则。"[2] 研究教育政策可以更好地帮助理解河北省普惠性幼儿园的政策价值取向，进而对未来的普惠性学前教育发展进行合理

---

[1] 庞丽娟，洪秀敏.2013.中国学前教育发展报告——农村学前教育.北京：北京师范大学出版社：198.
[2] 孙绵涛.2002.教育政策论——具有中国特色的社会主义教育政策研究.武汉：华中师范大学出版社：11.

的建议。关于普惠性幼儿园，去年，河北省财政厅联合河北省教育厅制定的《河北省财政支持学前教育发展资金管理办法》提出："到2016年年底，全省公办园和普惠性民办园覆盖率达到80%以上。"扩大和优化学前教育资源，加快推进河北省学前教育改革与发展，着力解决人民群众普遍关心的"入园难"问题。鼓励各级政府通过购买服务、奖励等方式支持普惠性民办幼儿园的发展，支持企业事业单位、城市街道开办的幼儿园向社会提供普惠性服务[①]。可以看出河北省从政策层面讲是十分重视普惠性幼儿园发展的。

1.《河北省人民政府关于大力发展学前教育的若干意见》的政策文本内容表述

教育政策服务于一定社会经济的发展，单就政策本身而言是为了服务于社会经济的发展。2011年11月，随着河北省城市化以及建设社会主义新农村的进程不断加快，学前教育暴露出了众多的问题，其中城市"入园难""入园贵"的问题突出出来，而农村的学前教育发展与城市存在巨大的差距，城乡二元结构问题表现突出。为贯彻落实国家和河北省《教育规划纲要》，促进学前教育事业快速健康发展，满足适龄幼儿的入园需求，根据《国务院关于当前发展学前教育的若干意见》（国发〔2010〕41号），河北省委省政府结合河北省本区域的实际情况制定此文本，在原则上坚持普惠性原则，意见指出："大力发展公办幼儿园。各地要根据当地经济发展情况、学前教育资源分布状况和人民群众的需求，统筹规划城乡学前教育布局，加快建设一批公办幼儿园，提供'广覆盖、保基本'的学前教育公共服务。各级政府要加大投入，采取新建、改建和扩建等方式举办一批安全、适用的公办幼儿园；制定优惠政策，通过经费补助等方式，支持街道、农村集体举办公办性质幼儿园；充分利用中小学布局调整的富余资源和其他富余公共资源，改扩建一批公办性质的幼儿园；鼓励优质公办幼儿园举办分园或合作办园，满足人民群众对普惠性幼儿园的需求。"[②]

此外，在办学形式上，《河北省人民政府关于大力发展学前教育的若干意见》指出："鼓励社会力量以多种形式举办幼儿园。各地要积极引导社会力量兴办幼儿园，积极扶持民办幼儿园特别是面向大众、收费较低的普惠性民办幼儿园发

---

① 河北日报.缓解"入园难"河北学前教育还需补齐哪些短板.http://www.hebnews.cn/2016-03/17/content_5399334.htm[2016-10-16].
② 河北省教育厅.2011.河北省人民政府关于大力发展学前教育的若干意见 http://xq.hee.cn/col/1361581690485/2013/02/27/1361944946862.html[2016-10-11].

展。采取政府购买服务、减免租金、以奖代补、派驻公办教师等方式，引导和支持民办幼儿园提供普惠性服务。具体办法由省财政厅、省国土资源厅、省教育厅等部门另行制定。"①

在管理体制上："实行地方负责、分级管理的学前教育管理体制。省级和设区市政府负责本行政区域学前教育工作，制定发展规划和政策措施，加强统筹协调和监督指导，加大经费支持和统筹力度，扶持农村地区、少数民族地区及边远贫困地区学前教育事业发展。县级政府对本行政区域学前教育事业发展负主要责任，根据经济社会发展、城乡人口分布和流动趋势，统筹规划幼儿园布局，筹措学前教育经费，办好公办幼儿园，扶持民办幼儿园，负责对各类幼儿园及其园长、教师的管理和业务指导。"②

在财政投入上："要不断增加对学前教育的财政投入。各级政府要将学前教育经费列入财政预算……建立学前教育资助制度，资助家庭经济困难儿童、孤儿和残疾儿童接受普惠性学前教育。最后关于教师队伍建设的加强，指出，建立幼儿教师资格准入和补充机制……依法落实幼儿教师地位和待遇和。建立园本培训制度和幼儿教师的评价机制和激励机制，促进教师自主发展、自我提高。"③

2.《河北省人民政府办公厅关于加强和规范民办幼儿园管理的意见》的政策文本内容表述

在第三部分提及要不断加强民办幼儿园教师水平建设，《河北省人民政府办公厅关于加强和规范民办幼儿园管理的意见》明确指出："实行民办幼儿园教师准入制度。全面落实国家幼儿教师专业标准，严格实行民办幼儿园教师准入制度……有条件的地方可以通过派驻公办教师等方式，优化民办幼儿园教师队伍结构，提升民办幼儿园教师队伍素质。"加强对民办幼儿园的教师师资水平建设，提高教师队伍素质建设④。

---

① 河北省教育厅.2011.河北省人民政府关于大力发展学前教育的若干意见.http://xq.hee.cn/col/1361581690485/2013/02/27/1361944946862.html[2016-10-11].
② 河北省教育厅.2011.河北省人民政府关于大力发展学前教育的若干意见.http://xq.hee.cn/col/1361581690485/2013/02/27/1361944946862.html[2016-10-11].
③ 河北省教育厅.2011.河北省人民政府关于大力发展学前教育的若干意.http://xq.hee.cn/col/1361581690485/2013/02/27/1361944946862.html[2016-10-11].
④ 河北省教育厅.2013.河北省人民政府办公厅关于加强和规范民办幼儿园管理的意见.http://www.lawxp.com/wl/statuteInfo/Provision.aspx?iid=32343683[2016-10-11].

3.《河北省学前教育资助资金管理暂行办法》的政策文本内容表述

河北省为了进一步完善国家资助政策体系,积极发展学前教育,切实解决家庭经济困难儿童入园问题,制定了这一政策文本,政策指出:"中央与地方共同设立学前教育助学金,省财政根据年度学前教育经费安排和中央补助等情况,确定学前教育助学金经费数额,用于资助普惠性幼儿园在园的家庭经济困难儿童。"同时指出普惠性幼儿园的概念:"普惠性幼儿园须具备如下条件:(一)县级及以上教育行政部门审批设立;(二)达到河北省三类幼儿园及以上办园标准;(三)所有公办儿(含公办性质)幼园。"[①] 在第五条指出"学前教育资助标准原则上为每生每年500-1000元,资助比例原则上为10%左右,具体资助实施范围、比例和标准由各设区市及县(市、区)财政局、教育局根据当地实际情况和资金总量在省定标准内确定。"第六条指出:"根据《河北省人民政府关于印发河北省省内政府间专项配套资金管理办法(试行)的通知》(冀政函[2011]196号),按照保障公民基本发展权益类各级财政分担比例,分6档测算确定省、市、县财政分担额度;设区市自行确定市与市之比例。"[②]

4.《河北省普惠性民办幼儿园认定及财政扶持管理办法(试行)》的政策文本内容表述

《河北省普惠性民办幼儿园认定及财政扶持管理办法(试行)》在第三条指出了普惠性民办幼儿园的具体认证办法:"第三条 本办法适用于全省行政区域内普惠性民办幼儿园的认定、管理等工作。设区市、定州市、辛集市可结合当地实际,依据此办法,制定实施办法……第四条 幼儿园设置应符合城乡建设总体规划及幼儿园布局规划,经县(市、区)教育行政部门审批,取得办学许可证及相关证件,并依法登记。第五条 办园条件达到河北省三类幼儿园及以上办园标准。城市地区幼儿园规模原则不少于6个班,农村地区不少于3个班,并按年龄科学分班定额。第六条 开园三年以上,年检合格……"[③]此外还指出"对经认定的普惠性民办幼儿园,可以纳入学前教育政府购买服务、民办幼儿园发

---

① 河北省教育厅. 2011. 河北省学前教育资助资金管理暂行办法. http://www.qianan.gov.cn/service/article2.jsp?code=164/2015-03348[2016-10-11].
② 河北省教育厅. 2011. 河北省学前教育资助资金管理暂行办法. http://www.qianan.gov.cn/service/article2.jsp?code=164/2015-03348[2016-10-11].
③ 河北省教育厅. 2015. 河北省普惠性民办幼儿园认定及财政扶持管理办法(试行). http://www.zjkedu.cn/content/details17_7958.html[2016-10-11].

展奖补等财政资金支持范围。""县(市、区)人民政府有关部门应当加强对普惠性民办幼儿园的监管和指导,实行动态管理,对出现办园行为不规范、违背学前教育规律、保教质量严重下滑、财务管理混乱、违规乱收费、出现重大安全事故的,取消其普惠性民办幼儿园资格,停止其享受政府对普惠性民办幼儿园的扶持政策,并在三年内不得再申报普惠性民办幼儿园。对恶意套取、挪用补助资金的,应当取消或收回当年补助资金。"[①]

(二)河北省普惠性幼儿园建设的政策优势分析

1. 相对完善的政策顶层设计

河北省委、省政府高度重视普惠性幼儿园的发展,并且将其作为政府工作的一个重点,建立一个相对完善的政策体系。关于顶层设计,是来自于建筑学的概念,具体看来就是河北省在关于发展普惠性学前教育所制定的一系列政策,河北省的顶层设计具有如下特征:一是顶层决定性,关于普惠性幼儿园的发展这一问题上,先由河北省委省政府制定全省范围内的政策文本,地方的政策制定其核心理念与目标都源自顶层;二是整体关联性,顶层设计强调设计对象内部要素之间围绕核心理念和顶层目标所形成的关联、匹配与有机衔接。河北省在相关政策的制定上一以贯之的秉持这样的做法,不断推进普惠性学前教育的发展。

2. 发挥政府主导的优良作风,强力推进普惠性学前发展

在学前教育事业的发展过程中,河北省不断强化政府责任,先后制定了学前教育发展规划与各项标准、政策文件等,通过建章立制,依法治教,为全省的学前教育事业发展提供了有力的政策保障。[②] 在发展的过程中形成了政府主导的优良传统。河北省各级党委也高度重视学前教育的发展,同时不断加大支持的力度,在每年召开的政府工作报告以及发展规划上都多次提及普惠性幼儿园的建设,制定行之有效的政策,针对性的制定促进普惠性幼儿园发展的政策文本。河北省很多县级政府把学前教育与其他各级各类教育统一规划、统一部署、统一督察、统一考核;很多地方政府把"普三"指标纳入省政府对县级政府教

[①] 河北省教育厅. 2015. 河北省普惠性民办幼儿园认定及财政扶持管理办法(试行). http://www.zjkedu.cn/content/details17_7958.html[2016-10-11].
[②] 庞丽娟,洪秀敏. 2013. 中国学前教育发展报告——农村学前教育. 北京:北京师范大学出版社:212.

育工作督导检查和评估体系中①。这样政府主导学前教育的优良传统,促进了各级政府积极贯彻这一作风,更好地推行普惠性幼儿园等相关政策。

3. 相对完善的教师政策

从总体看,河北省普惠性幼儿园的教师政策已经相对完善,无论是从补助方面还是教师发展方面,既有政策投入,也有财政投入,很大程度上保障了教师队伍的稳定性。一方面不断提高学前教师的基本工资待遇,同时不断增加各种福利补贴。比如,取暖补贴、生活补贴及保险补助等。同时不断加大财政投入提高学前教师的总体素质,推进学前教师的专业化进程。关于教师政策的内容以及投入具体参考前面的内容。

(三)河北省普惠性幼儿园建设政策的劣势分析

对河北省普惠性学前教育的政策文本梳理后就政策文本可以发现的现状陈述如下。

1. 普惠性幼儿园的概念不清

尽管在《河北省学前教育资助资金管理暂行办法》中指出了普惠性幼儿园概念的三个标准,但是实际上文本的表述仍然存在很多概念不清的情况。譬如,具体的标准并没有提出,虽然文本指出质量达到三类幼儿园及其标准以上,但是关于质量的概念具有很大的抽象性,在认定过程中就会存在很大的政策漏洞。《河北省学前教育资助资金管理暂行办法》中关于认定的条件上有很多概念表述过于模糊。例如,在第六条说到:"开园三年以上,年检合格。"这里的年检合格表述就会存在歧义,究竟是三年及以上年检合格,还是三年以下也具有资格等。过多的概念表述过于模糊化,会造成认定过程中的弄虚作假甚至于有变相受贿行为的产生。另外有些表述上都是参考其他政策文本,但是政策本身具有一定的时期性,也许很多规定已经不适合当前经济发展的需要。

总而言之,政策本身的表述以及认定标准的模糊性,缺乏具体的可操作性,会严重制约河北省普惠性学前教育的总体发展水平。

---

① 庞丽娟,洪秀敏. 2013. 中国学前教育发展报告——农村学前教育. 北京:北京师范大学出版社:213.

2.普惠性幼儿园的建设经费政策分析

经费问题可以说是影响普惠性幼儿园发展的重要因素，经费投入的多寡、及经费投入的形式和经费的管理问题以及经费的来源等一系列相关的部分构成了影响普惠性幼儿园发展的要素。根据公共产品理论，教育属于准公共产品，因此普惠性幼儿园的发展需要政府来买单，但是实际上各级政府对学前教育的投入远远不够。

河北省就普惠性幼儿园的成本分担机制不明，在《河北省人民政府关于大力发展学前教育的若干意见》提出，发展普惠性幼儿园由各级政府进行具体的财政补贴，"采取政府购买服务、减免租金、以奖代补、派驻公办教师等方式，引导和支持民办幼儿园提供普惠性服务。具体办法由省财政厅、省国土资源厅、省教育厅等部门另行制定"。可以看出，实际在责任的划分上并没有具体落实到各个部门，这样一来，由于各级部门责任不明就很可能出现责任的推诿。

另外，《河北省学前教育资助资金管理暂行办法》在经费的补贴上指出，由各级政府根据自己的实际情况予以调整。事实上地方政府目前面临着很大的问题，随着我国取消农业税，减少了地方政府的收入，而实际上政府要承担的责任不断增加，就会形成地方财权与事权的分离。地方政府的财政总体基数不足，很难再拿出多余的钱财支持普惠性幼儿园，这一问题在农村尤为突出。

3.普惠性幼儿园教师的政策分析

可以看出河北省在关于教师队伍的建设上已经给予了高度的重视。具体可以从《河北省人民政府办公厅关于加强和规范民办幼儿园管理的意见》中看出，在教师方面已经相对系统化，在教师准入制度上已经相对较为完善，要求必须做到持证上岗，同时提出不断优化教师的结构，从年龄以及学历上进行不断的优化，提高教师队伍的整体素质水平提高。建立相对完善的教师进修制度体系，从国培到省培，最后到教师进修学校，一套相对完善的教师培训制度初具模型。但是还有很多的不足之处。譬如，教师的基本工资以及社会保障制度还不够健全、教师队伍的不稳定性、专任教师数量不足、生师比仍然严重高于国际生师比的比重。最后，教师培训的针对性有待提高，同时，教师培训的反馈有待进一步提高。

4.普惠性幼儿园评价的政策分析

从政策文本的分析发现，在评价上的问题主要是评价主体单一。例如，《河北省普惠性民办幼儿园认定及财政扶持管理办法（试行）》提出："县（市、区）人民政府有关部门应当加强对普惠性民办幼儿园的监管和指导，实行动态管理。"可以清晰地看出，政府是评价中的主体，其他的评价主体并未提及此外评价形式，而多是终极性评价，很少考虑到普惠性幼儿园的可持续性发展，还有采用相对评价，很难看出被评价者，也就是普惠性幼儿园的动态性发展。虽然对普惠性民办幼儿园的处理上较为严格，但是实际上只是政策文字，人民政府有关部门这一概念事实上就很模糊，这些模糊的字眼，其实上暴露了政府责任不明的弊端，还有政府观念仍然是传统型，向服务型政府的转变较慢。

此外各级政府之间缺乏合作以及缺乏对政府行为的监督，还有政策的制定过程中应该让更多的人进入其中，更好地做到民主决策、科学决策等。

（四）各地级市的普惠性幼儿园相关政策文本与普惠性幼儿园建设中的问题

河北省各地级市发展普惠性幼儿园的相关政策文本如表2-1所示。

表2-1　河北省地级市普惠性幼儿园相关政策文本汇总

政策文本地级市	普惠性幼儿园认定与资助	涉及普惠性幼儿园概念的文本
石家庄市	《石家庄市普惠性民办幼儿园认定及财政扶持管理实施办法（试行）》	《石家庄市学前教育三年行动计划（2014-2016年）》
保定市	暂无	《保定市中长期教育改革和发展规划纲要》
沧州市	暂无	《沧州市2014年基础教育工作要点》《沧州市2015年基础教育工作要点》
衡水市	暂无	暂无
邢台市	暂无	暂无
邯郸市	《邯郸市人民政府关于扶持普惠性民办幼儿园的发展的实施意见》	《邯郸市学前教育三年行动计划（2011-2013年）》
秦皇岛市	暂无	《秦皇岛市学前教育三年（2011-2013年）行动计划》
唐山市	暂无	暂无
张家口市	暂无	《张家口市第二期学前教育三年行动计划（2014-2016年）》
廊坊市	暂无	《廊坊市人民政府办公室关于印发廊坊市进一步加快学前教育发展意见的通知》
承德市	暂无	《承德市基本公共服务行动计划（2014~2015年）》
辛集市/定州市	暂无	暂无

注：本次统计通过各地级市的政府和教育局网站等进行网络统计，统计截止时间为2017年7月11日，由于定州和辛集市为直管市，在此为了统计方便进行了如上的设计。

对河北省各地级市的普惠性幼儿园政策汇总,可以清晰地发现当前各地区在发展普惠性幼儿园的政策推行状况,总体来说,各地级市对普惠性幼儿园的发展重视程度较低,尤其是部分地级市还没有制定具体的普惠性幼儿园认定标准和资助政策的出台。此外,区域之间和相近地级市之间,对普惠性幼儿园的重视呈现显著地差异性。

(五)河北省普惠性幼儿园建设中存在的问题

第一,在教育的成本分担上,仍然是幼儿园自身为主,政府负担比重较小。在访问邢台市 M 幼儿园园长时,园长说:"我们虽然是公立园,但是我们的资金由来还是靠着招生所缴纳的费用,主要的资金来自于我们自身,政府很少进行财政补贴。"笔者在访谈辛集市 L 幼儿园的园长时,园长说:"幼儿园的资金上还是靠收取的幼儿园入园费用或者赞助费。哎,不是我们抱怨没钱,真的是,很缺钱,政府给予的资金太有限了。"在问及是否申请普惠性幼儿园时两个园长的回答有所不同,邢台市 M 幼儿园园长说:"我不想申请普惠性幼儿园的认定,自己实在是无力去和那些幼儿园进行竞争。"而辛集的 L 幼儿园园长,在访谈中提及:"虽然现在真的很缺钱,但是还会申请,因为很多的幼儿家长会认这一套。"在访谈中,很多的园长都在传达着自己目前发展的最大问题就是没钱。试想下,在财政预算里教育经费只有总数的 4%,而放到学前教育的更是可怜。这样一来,在发展普惠性幼儿园上,资金的短缺产生了很大的制约作用。

第二,对普惠性幼儿园概念的理解上,在访谈中很多园长都不了解这一概念。甚至在访谈中辛集 L 幼儿园园长说:"普惠性幼儿园是不是应该类似义务教育,全部由政府出钱。"在问及一些幼儿家长时,很多家长根本不曾听说过普惠性这一个词,而对其他的园长在进行地方调研时,很多的幼儿园园长都对这个词汇极其陌生,在进行进一步的访谈中也发现了与之类似的问题。对普惠性幼儿园的概念认识不清就会从认识层面制约普惠性幼儿园政策的具体实施。

第三,缺乏明确的评价和监督机制。关于普惠性幼儿园在发展上缺乏明确的评价者和主要的负责人,在实际的地方调研中发现很多市并没有设立专门的负责人,缺乏专职专干,没有专门的部门负责关于普惠性幼儿园相关政策的具体实施和普惠性幼儿园的发展状况。

第四,在政策的实施上没有明确责任主体。由于采用自上而下的政策制定方式，不同层面的站位不同，就会出现责任的推诿。同时，指导意见没有提出明确的、可操作的实施细则，在落实、监管和执行上带来很多问题。从政府一方，关于普惠性幼儿园的发展地方政府实际上并没有给予高度重视，而在具体实施过程中就会可能出现很多的问题。

此外，普惠性幼儿园数量不足，教师素质偏低，缺乏一定的保育知识等，这些问题的存在都束缚了河北省普惠性幼儿园的发展。

二、河北省农村学前教育发展与弱势儿童扶弱情况

（一）学前教育普及情况

1. 幼儿园数量与园所规模

从2008～2015年河北省农村幼儿园园均幼儿数量和园均班级数量统计图中可以看出，河北省农村幼儿园园均幼儿数在2008～2009年有上升趋势，但是从2009年开始一直到2015年呈现稳步下降态势。园均班级数量呈现波浪式变化，但是总体上呈现下降趋势。

具体分析，2015年河北省农村幼儿园园均班数量为6.24个，比2010年的8.10个减少了1.86个，降幅为22.96%。2015年农村园均幼儿数量为171人，比2010年的226人减少了55.23人，降幅为24.44%。2015年河北省城区幼儿园园均班级数量为7.42个，比2010年的8.09个减少了0.67个，降幅为8.28%。2015年园均幼儿数量为219人，比2010年的245人减少了26.38人，降幅为10.77%。且从城乡对比来看，农村幼儿园园均幼儿数量始终少于城区幼儿园园均幼儿数量。2015年城区幼儿园园均幼儿数量比农村幼儿园园均幼儿数量多出48人。2010～2011年，河北省农村幼儿园园均班级数量略多于城区幼儿园园均班级数量，但是从2012年开始农村幼儿园园均班级数量明显小于城区幼儿园。由此可见，近年来河北省城乡幼儿园规模在不断缩小，且农村幼儿园规模小于城区幼儿园规模（图2-33）。

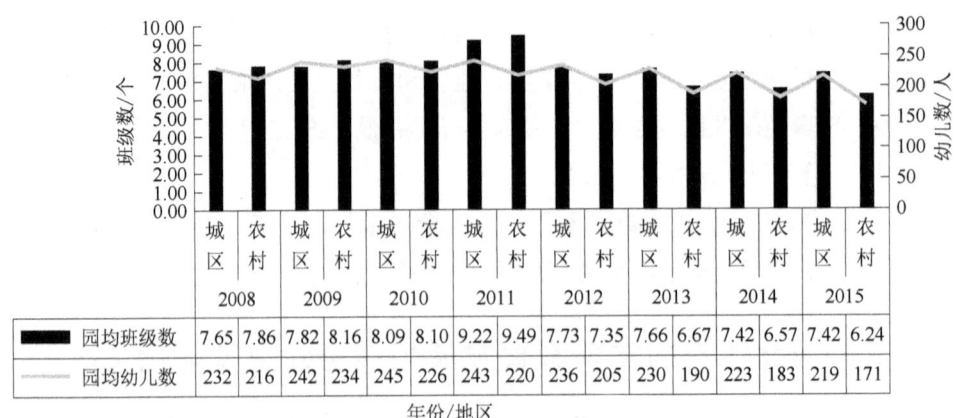

图 2-33　2008～2015 年河北省城乡幼儿园园均幼儿数和园均班级数

资料来源：中华人民共和国教育部发展规划司.2009～2016.中国教育统计年鉴.北京：人民教育出版社.

2. 幼儿园班级数量与班级规模

从 2008～2015 年河北省城乡幼儿园班级数量和班级规模统计图中可知，河北省农村幼儿园班级数量发展总体处于上升趋势，2012 年有一个小小的下降，但是从 2012 年开始直至 2015 年农村幼儿园班级数量又不断增多。城区幼儿园班级数量呈现波浪式变化，从 2008～2009 年处于上升阶段，2010 年出现一个转折点，幼儿园班级数量下降，2010～2011 年处于上升阶段，2012 年又出现一个下降，但是从 2012 年开始直至 2015 年河北省城区幼儿园班级数量在不断上升。

在班级规模上，河北省城乡幼儿园班级规模变化均呈现出波浪式变化，但是城区班级规模从 2008～2015 年班级规模保持在每班 26～31 人。农村幼儿园班级规模从 2008～2015 年班级规模保持在每班 23～29 人。据"2015.12《河北省民办幼儿园设置基本标准》"中的第十二条规定："民办幼儿园班容量应遵循国家标准，其中小班应在 20－25 人之间，中班应在 25－30 人之间，大班应在 30－35 人之间。"[①] 可见河北省城乡幼儿园班级规模均处于正常发展水平，符合国家规定的标准。

此外，虽然农村幼儿园班级数量总体上不断扩大，但是班级规模并没有明显变化，2015 年河北省农村幼儿园班级数量为 67 195 个，比 2010 年的 53 080 个增加了 14 115 个，增幅为 26.59%。而相应的农村班级规模却依旧保持在班均

---

① 雄县教育信息网.2015.河北省民办幼儿园设置基本标准.http://www.xxjyxx.cn/info/1045/7003.htm[2017-07-27].

27人左右。说明幼儿园入园幼儿数大大提升，学前教育普及情况较好。从与城区幼儿园班级规模对比进行分析，农村幼儿园班级规模始终小于城区幼儿园班级规模（图2-34）。

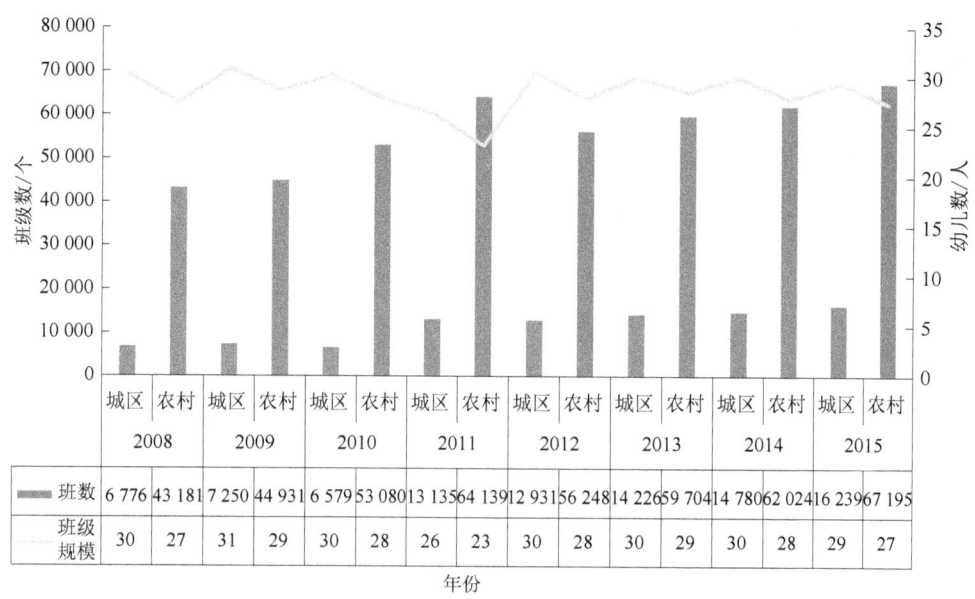

图2-34 2008～2015年河北省城乡幼儿园班级数量和班级规模

资料来源：教育部财务司，国家统计局社会科技和文化产业统计司.2008～2015.中国教育经费统计年鉴.北京：中国统计出版社.

3. 幼儿园在园儿童数

从2008～2015年河北省城乡幼儿园在园幼儿数统计图中可以看出，河北省城乡在园儿童数逐年上升，各年份在园儿童数增长率较为稳定。例如，2015年河北省农村幼儿园在园幼儿数1 838 947人，比2014年的1 724 965人增加了113 982人，增幅为6.61%。城区在园幼儿数增长速度起伏较大，2010年为199 135人，比2009年的224 122人减少24 987人，降幅为11.15%。而2011年在园幼儿数为346 860人，比2010年的199 135人增加了147 725人，增幅高达74.18%。此外，2010～2015年河北省农村幼儿园在园幼儿数年均1 633 826.5人，河北省城区6年年均在园幼儿数为381 545.67人，农村幼儿园年均在园幼儿数是城区年均在园幼儿数的4.28倍。可见农村学前教育幼儿数量占总体学前教育幼儿数的比重远高于城区，承担着学前教育普及的重任（图2-35）。

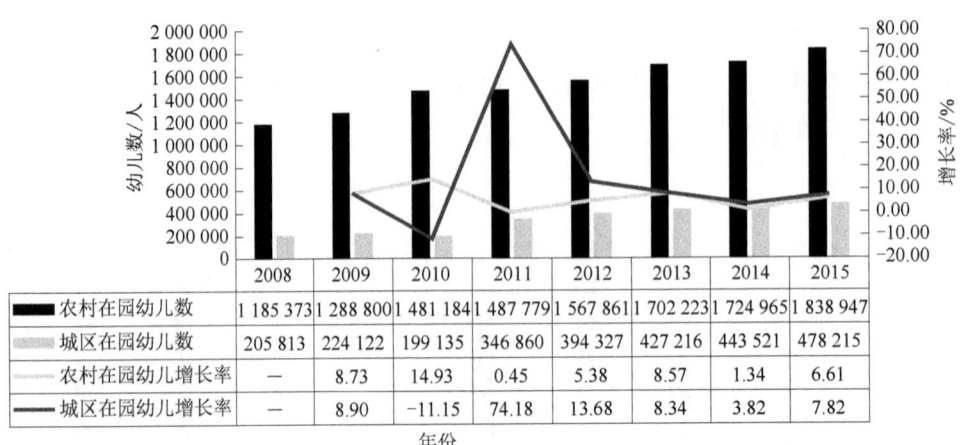

图 2-35　2008～2015 年河北省城乡幼儿园在园幼儿数及增长率

资料来源：中华人民共和国教育部发展规划司．2009～2016．中国教育统计年鉴．北京：人民教育出版社．

（二）学前教育投入状况

1. 学前教育经费投入的绝对量

从河北省对于农村学前教育经费投入情况来看，2011～2014 年河北省农村幼儿园教育经费总投入、幼儿园财政性教育经费和幼儿园预算内教育经费呈现上升趋势。2014 年河北省农村学前教育经费投入总量为 4 982 390 千元，比 2011 年的 2 147 477 千元增加了 2 834 913 千元，增幅为 132.01%。2014 年河北省农村学前教育财政性教育经费投入 3 000 326 千元，比 2011 年的 1 359 100 千元增加了 1 641 226 千元，增幅为 120.76%。2014 年河北省农村学前教育预算教育经费为 2 897 877 千元，比 2011 年的 1 329 484 千元增加了 1 568 393 千元，增幅为 117.97%。

由此可知，农村教育经费总投入实现快速增长。此外，2014 年河北省农村学前教育经费总投入、国家财政性教育经费、公共财政预算教育经费分别是 2011 年的 2.32 倍、2.20 倍、2.18 倍（图 2-36）。

2. 2011 和 2013 年农村学前教育经费投入渠道

河北省农村学前教育经费投入主要来源于国家财政性学前教育经费（包括预算内学前教育经费、各级政府征用于学前教育的税费、国营企事业单位拨款、校办产业与社会服务投入）、社会捐赠和集资办学经费、社会和个人办学经费、家长缴纳的保教费等事业投入及其他投入等。学前教育的投入方主要包括政府、幼儿家长、幼儿园主办方、企事业单位、社区以及民间团体和个人等。对河北省 2011 年和 2014 年农村学前教育经费投入的来源进行分析可以发现，国家财政性教育经费、社会捐赠和集资办学经费、学费和杂费以及其他投入都有了不同程度的增长（图 2-37）。

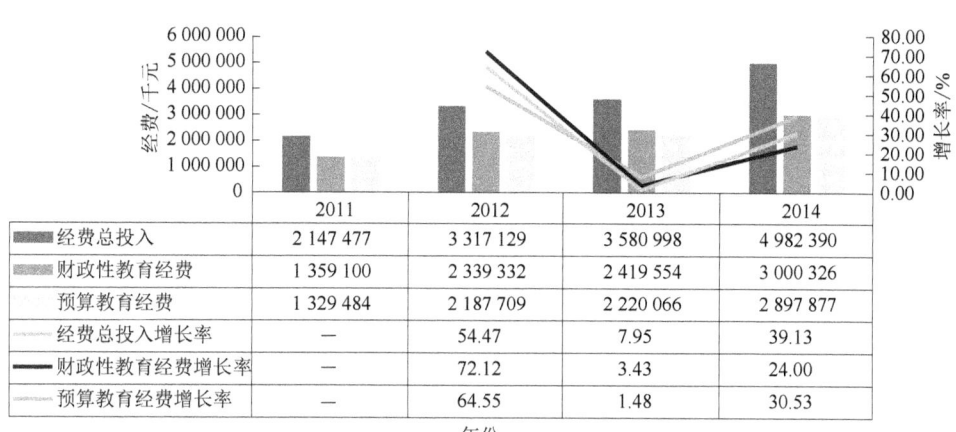

图 2-36　2011～2014 年河北省农村学前教育经费绝对量

资料来源：教育部财务司，国家统计局社会科技和文化产业统计司. 2012～2015.中国教育经费统计年鉴.北京：中国统计出版社.

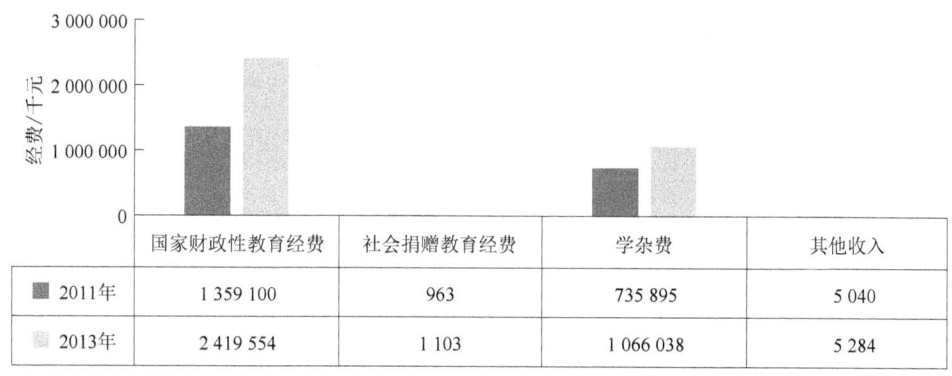

图 2-37　2011 年和 2013 年河北省农村幼儿园经费来源构成

资料来源：教育部财务司，国家统计局社会科技和文化产业统计司. 2012，2014.中国教育经费统计年鉴.北京：中国统计出版社.

3. 河北省农村学前教育存在的突出问题[①]

第一，农村办园水平低，大部分幼儿园的功能停留在"看孩子"水平。以

---

① 王永华，刘建萍，张西敏. 2015.促进河北省农村学前教育发展的财政政策研究.河北企业，（3）：35-36.

石家庄市为例，该市农村幼儿园是以村办园、小学附属园和家庭式民办园为主的办园形式。农村幼儿园的办学条件相对较差，部分校舍是由小学改建成的，办学设施、设备未达标，大型活动器械、现代化教学设备、玩具和活动材料缺乏；还有一部分幼儿园设在家里或租用的民房中，教室狭窄，光线昏暗，没有活动场所和活动设施。专业幼儿教师数量少，部分是小学转岗过来，甚至聘用家庭妇女，幼教水平较低；教师数量不足，班师比平均1∶1.2，多数幼儿园没有设立保健室和专职保健人员，一个老师看30多个孩子，既当教师又当保育员。

第二，无证幼儿园大量存在，安全隐患令人担忧。近年来，在城乡接合部和农村出现一些无证幼儿园，这些幼儿园设施简单，教具缺乏，教师未经过专门的学习或培训，根本无法提供正常的保教，甚至一些安全也无法保障。例如，餐具多数未消毒，好多孩子在入园时都没有化验单，极易引发传染病；大部分幼儿园没有消防设施，一旦发生火灾，后果不堪设想；有些农村幼儿园用五花八门的车辆充当"校车"，这些"校车"技术状况低下、违法超员运送严重，"校车"司机甚至没有合格的驾驶资质等。这些问题的存在，不仅影响幼儿身心健康的成长，而且安全隐患令人担忧。

第三，学前教育定性不明晰，政府职责不明确。与全国的情况一样，河北省的农村学前教育在"公共服务""公益事业"和"市场机制运行"的矛盾中生存，政府及各部门的管理职责不明确，造成对学前教育管理的缺失。对于学前教育的发展，偏重于业务指导，没有解决有关规划、建设、社保等重大政策问题。例如，学前教育的经费投入没有单列，没有从根本上解决幼儿园的定编、核编问题，财政投入相对于同样是非义务教育的普通高中和普通高校的投入是少之又少。对于学前教育的主力—民办幼儿园，一方面对其的准入、收费、教学等的监管乏力，另一方面缺乏与其公益性相匹配的制度安排。

（三）幼儿园师资状况与教师队伍建设

1. 幼儿园师资队伍人数

（1）农村幼儿园教师数量增速较慢

从2008～2015年河北省农村幼儿园各类教师数量统计图（图2-38）中可以看出，教职工总量、园长、保育员从2008～2015年呈现逐年上升趋势，专任教师在2011年有一个回落，但是随后几年一直到2015年数量逐年上升。

2015年河北省农村教职工总量为99 535人，比2010年的54 456人增加了45 079人，增幅为82.78%。2015年河北省农村幼儿园园长为10 158人，比2010年的5702人增加了4456人，增幅为78.15%。2015年河北省农村幼儿园专任教师为68 191人，比2010年的40 074人增加了28 117人，增幅为70.16%。2015年河北省农村保育员数量为11 329人，比2011年的4738人增加了6591人，增幅为139.11%。2015年代课教师数量为10 686人，比2010年的6442人增加了4244人，增幅为65.88%。值得注意的是兼任教师增幅比较缓慢，2015年河北省农村兼任教师为678人，比2010年的639人仅增加了39人，增幅为6.1%（图2-38）。

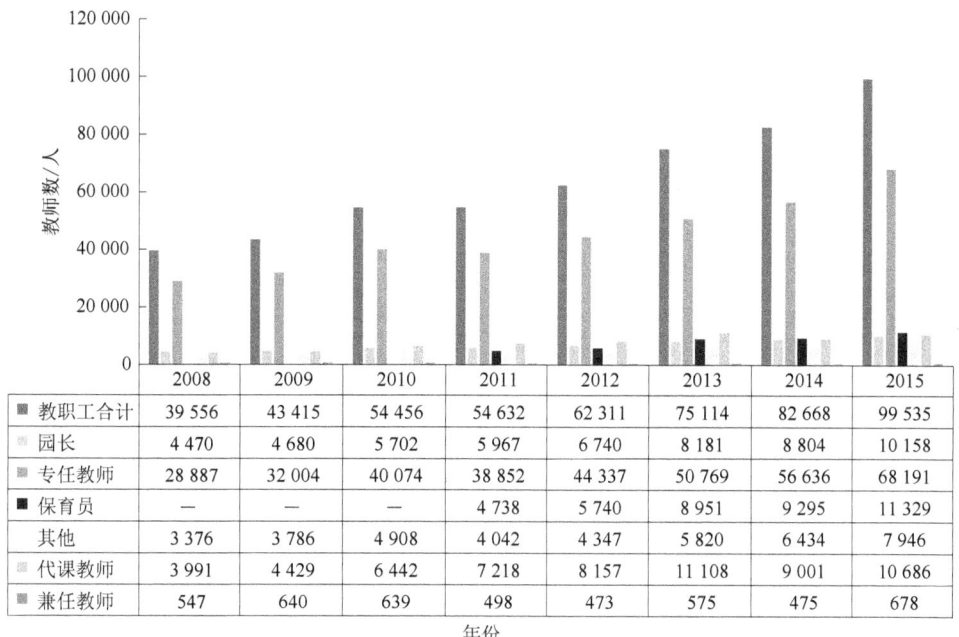

图2-38 河北省农村幼儿园各类教师数量

资料来源：中华人民共和国教育部发展规划司.2009~2016.中国教育统计年鉴.北京：人民教育出版社.

从2008~2015年河北省城区学前教育教职工基本情况统计图中可以看出，城区各类教师的增长速度都较快，河北省城区幼儿园2010年园长为1 382人，2015年增加至3 259人，比2010年增加了1 877人，增幅为135.82%。专任教师2010年为13 609人，2015年增加至29 867人，比2010年增加了16 258人，增幅为119.47%。同时值得注意的是，城区幼儿园兼任教师出现负增长，2010

年兼任教师有82人，2015年减少至59人，共减少了23人，降幅为28.04%（图2-39和图2-40）。由此可知河北省农村幼儿园教师增长速度较慢，河北省城区幼儿园教师增长速度较快。城乡在教师增长速度上呈现明显差距。

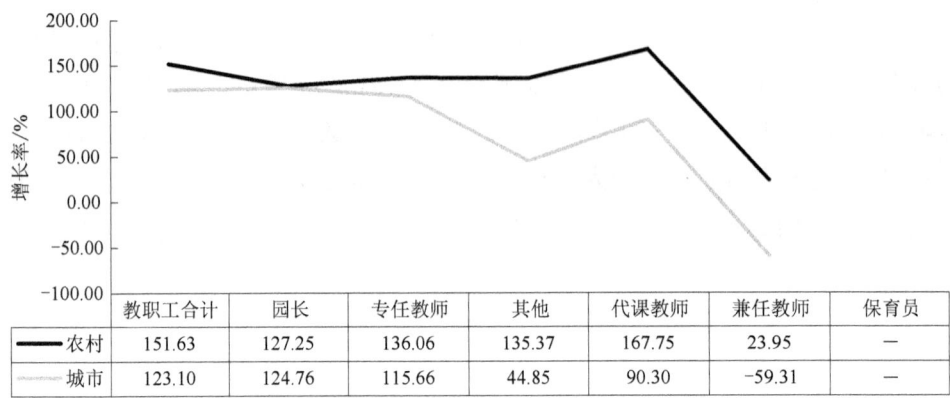

图2-39　2010～2015年河北省城乡学前教育教师增长幅度

资料来源：中华人民共和国教育部发展规划司．2009～2016.中国教育统计年鉴．北京：人民教育出版社．

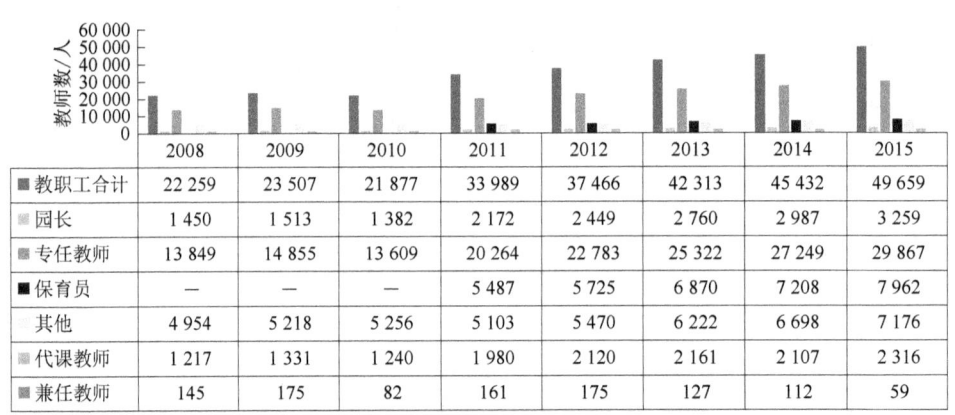

图2-40　2008～2015年河北省学前教育城区教职工基本情况

资料来源：中华人民共和国教育部发展规划司．2009～2016.中国教育统计年鉴．北京：人民教育出版社．

（2）农村幼儿园保教人员缺额率较高

根据教育部关于印发的《幼儿园教职工配备标准（暂行）》[①] 规定："全日制幼儿园每班配备2名专任教师和1名保育员，或配备3名专任教师。"按照教育

---

① 中华人民共和国教育部．2013.教育部关于印发的《幼儿园教职工配备标准（暂行）》的通知．http://old.moe.gov.cn//publicfiles/business/htmlfiles/moe/s7027/201301/147148.html[2017-7-27].

部规定的"两教一保"的师资配备标准,全省农村地区还存在较大缺口。

如表 2-2 所示,2008～2015 年城乡幼儿园专任教师存在较大差距,城区专任教师基本能满足每班 2 名教师的标准,专任教师缺额率维持在 2.1%～22.86%。而农村专任教师平均每班不足 1 人,缺额率在 49.26%以上,距离教育部规定的标准相差甚远,与城区相比专任教师缺额率较大。以 2015 年为例,城区幼儿园共有 16 239 个班级,专任教师数量为 29 867 人,专任教师缺额 2611 人,缺额率为 8.04%。而农村幼儿园 2015 年共有 67 195 个班级,专任教师数量为 68 191 人,专任教师缺额 66 199 人,缺额率为 49.26%。农村幼儿园专任教师缺额率远高于城区幼儿园专任教师缺额率。此外城乡保育员的缺额数量非常大,均尚未达到国家规定的标准,城区保育员的缺额率在 50%左右。农村地区保育员缺额率为 85%左右。因此,幼儿园保育员数量少,保教水平低,不利于幼儿全面发展,家长满意度低。

但是值得注意的是,农村地区专任教师缺额率从 2011 年的 69.71%下降到了 2015 年的 49.26%。可见农村地区专任教师缺额数量越来越少,有望在未来几年达到国家规定的标准(表 2-2)。

表 2-2 2008～2015 年河北省城乡专任教师和保育员缺额情况

时间/年	地区	班数/个	专任教师/人	保育员/人	专任教师缺额/人	保育员缺额/人	专任教师缺额率/%	保育员缺额率/%
2008	城区	6 776	13 849	—	-297	—	-2.19	—
	农村	43 181	28 887	—	57 475	—	66.55	—
2009	城区	7 250	14 855	—	-355	—	-2.45	—
	农村	44 931	32 004	—	57 858	—	64.39	—
2010	城区	6 579	13 609	—	-451	—	-3.43	—
	农村	53 080	40 074	—	66 086	—	62.25	—
2011	城区	13 135	20 264	5 487	6 006	7 648	22.86	58.23
	农村	64 139	38 852	4 738	89 426	59 401	69.71	92.61
2012	城区	12 931	22 783	5 725	3 079	7 206	11.91	55.73
	农村	56 248	44 337	5 740	68 159	50 508	60.59	89.80
2013	城区	14 226	25 322	6 870	3 130	7 356	11.00	51.71
	农村	59 704	50 769	8 951	68 639	50 753	57.48	85.01
2014	城区	14 780	27 249	7 208	2 311	7 572	7.82	51.23
	农村	62 024	56 636	9 295	67 412	52 729	54.34	85.01
2015	城区	16 239	29 867	7 206	2 611	9 033	8.04	55.63
	农村	67 195	68 191	11 329	66 199	55 866	49.26	83.14

2. 幼儿园教师学历

幼儿园教师的素质直接影响着幼儿园的教育质量，因此，就河北省2015年教师学历、职称情况进行分析。由图2-41可知，河北省农村幼儿园教师学历多集中在专科学历和高中学历水平上，学历水平较低。但是值得注意的是，农村幼儿园高学历教师增幅较大。2015年河北省农村研究生学历教师为91人，比2010年的14人增加了77人，增幅高达550.00％。2015年农村本科学历教师为12 269人，比2010的5 995人增加了6 274人，增幅为104.65％。2015年专科学历教师为41 836人，比2010年的25 034人增加了16 802人，增幅为67.12％。高中及以下学历水平教师呈现稳步增长态势，2015年高中阶段学历教师为22 431人，比2010年的13 749人增加了8 682人，增幅为63.15％。2015年高中阶段以下学历教师为1 722人，比2010年的984人增加了738人，增幅为75.00％（图2-41）。

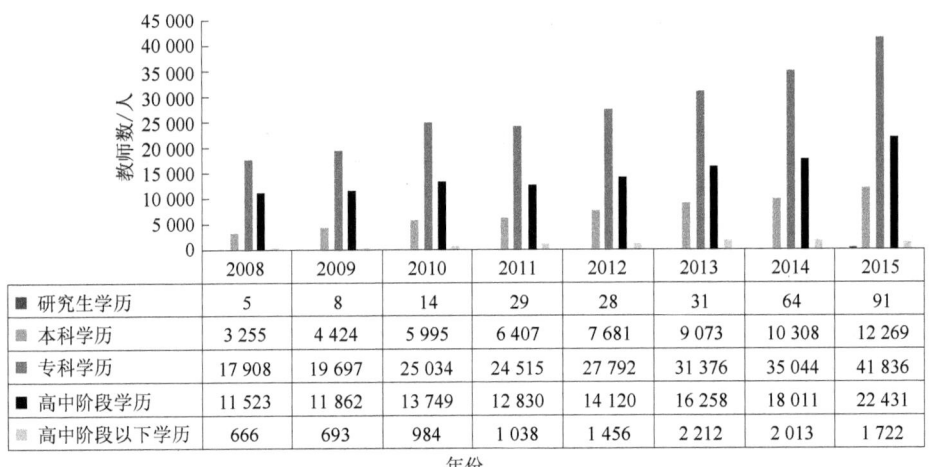

图2-41　2008～2015年河北省农村幼儿园教师学历情况

资料来源：中华人民共和国教育部发展规划司.2009～2016.中国教育统计年鉴.北京：人民教育出版社.

3. 幼儿园教师职称

图2-42所示，河北省农村幼儿园教师职称多集中在未评定职级和小学高级和小学一级水平且各职称教师呈现较为缓慢增长。

具体分析，2015年河北省农村幼儿园小学高级职称教师有16 155人，比2010年的14 115人增加了2040人，增幅为14.45％。2015年小学一级职称教师有13 137人，比2010年的13 638人减少了501人，降幅为3.67％。2015年小学二级职称教师有2005人，比2010年的1435人增加了570人，增幅为39.72％。2015年河北省农村幼儿园小学三级职称教师有242人，比2010年的231人增加了11人，增幅为4.76％。因此河北省农村幼儿园小学二级职称教师增幅最快，为39.72％。

具体分析，2015年河北省农村幼儿园中学高级职称教师共有717人，比2010年的107人多610人，增幅为570.09％。2015年小学高级职称教师有16 155人，比2010年的14 115人，增加了2 040人，增幅为14.45％。2015年小学一级职称教师有13 137人，比2010年的13 638人，减少了501人，降幅为3.67％。2015年小学二级职称教师有2 005人，比2010年的1 435人，增加了570人，增幅为39.72％。2015年河北省农村幼儿园小学三级职称教师有242人，比2010年的231人，增加了11人，增幅为4.76％。因此河北省农村幼儿园小学二级职称教师增幅最快，为39.72％。（图2-42）

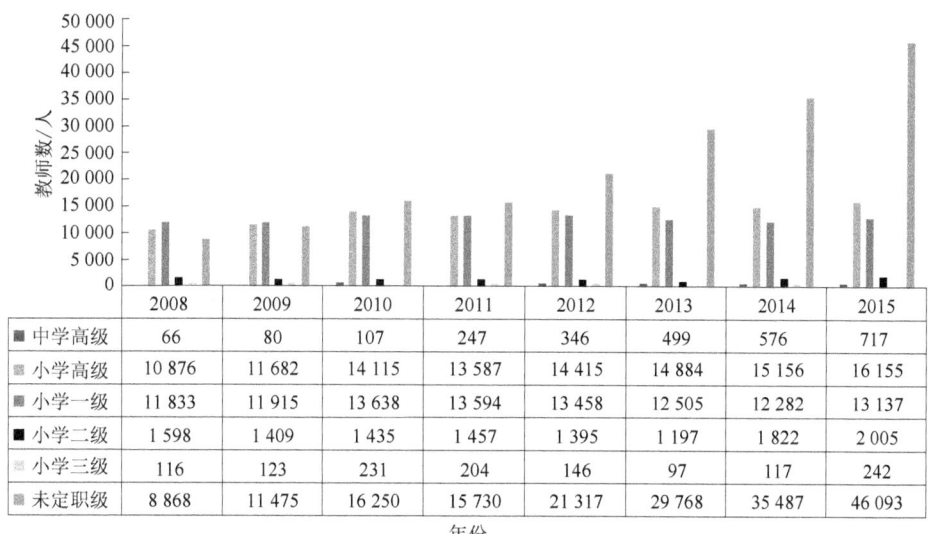

图2-42　2008～2015年河北省农村幼儿园教师职称情况

资料来源：中华人民共和国教育部发展规划司.2009～2016.中国教育统计年鉴.北京：人民教育出版社.

4. 幼儿园生师比

从2008～2015年河北省城乡幼儿园生师比统计图中来分析可知，农村地区的生师比远远高于城区的幼儿园生师比，农村幼儿园生师比虽然呈现下降趋势,但依然高达18∶1。城区幼儿园生师比维持在10∶1左右。教育部网站2013年1月23日发布了《幼儿园教职工配备标准(暂行)》[①],在配发的通知中指出,全日制幼儿园全园教职工与幼儿之比为1∶5~1∶7。很显然,只有城区幼儿园的生师比是基本符合标准的。而农村地区幼儿园教师较为缺乏,一位教师担任多名幼儿的教学和保育任务,身兼多职。农村地区教师的缺乏会严重影响农村地区学前教育的发展(图2-43)。

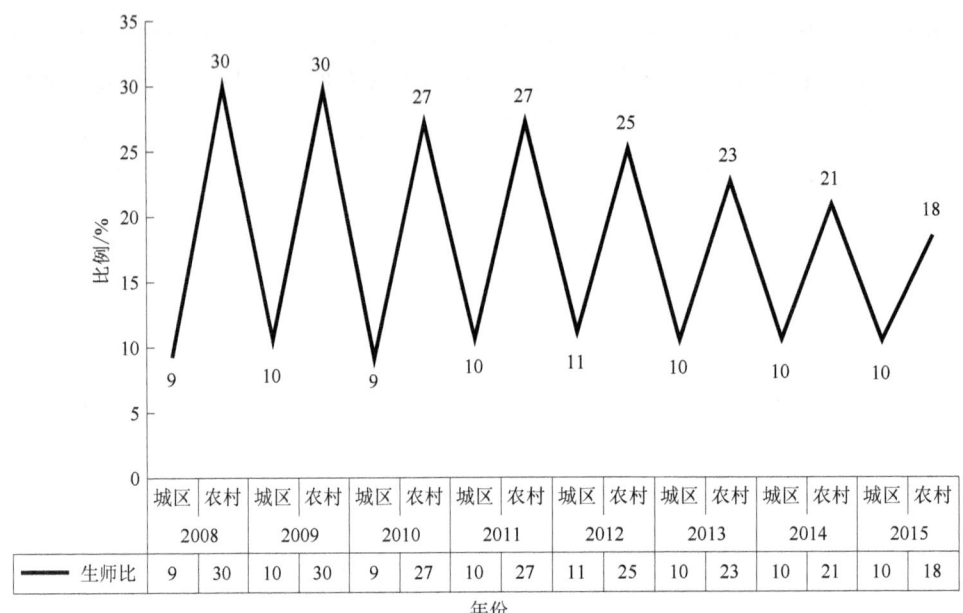

图2-43 2008~2015年河北省城乡幼儿园幼儿与全园教职工之比

资料来源:中华人民共和国教育部发展规划司.2009~2016.中国教育统计年鉴.北京:人民教育出版社.

(四)幼儿园办园条件与硬件水平

1.幼儿园各种用房情况

(1)幼儿园教学用房面积

根据相关统计数据可以发现,2008~2015年河北省农村幼儿园各种用房面积均呈逐年增加的趋势。2015年教学及辅助用房面积为5 653 298.24平方米,比2010年的268 243平方米增加了5 385 055.24平方米,增幅为2007.53%。

---

① 中华人民共和国教育部.2013.教育部关于印发《幼儿园教职工配备标准(暂行)》的通知.http://old.moe.gov.cn//publicfiles/business/htmlfiles/moe/s7027/201301/147148.html[2017-01-03].

2015年行政办公用房面积为629 959.77平方米,比2010年的413 617平方米增加了216 342.77平方米,增幅为52.31%。2015年生活用房面积为759 164.81平方米,比2010年的356 326平方米增加了402 838.81平方米,增幅为113.05%,2015年其他用房面积为875 536.33平方米,比2010年的497 283平方米增加了378 253.33平方米,增幅为76.06%。由此可以看出,在四类用房中教学辅助用房的面积最大,相比较而言,生活用房的面积在四类用房中占比最小,但是生活用房的面积增幅最大,为206.78%。值得注意的是,2008~2013年生活用房的面积一直小于行政办公用房的面积,但是从2014年开始生活用房面积渐渐超过了行政办公用房的面积(图2-44)。

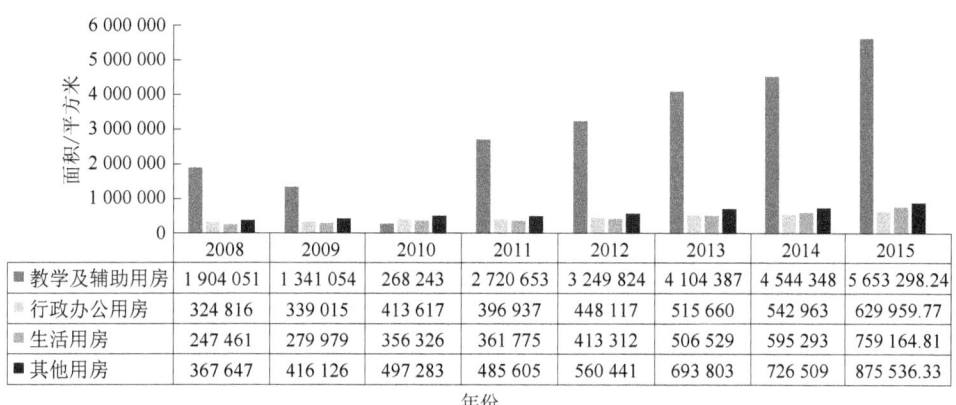

图2-44　2008~2015年河北省农村幼儿园各种用房情况

资料来源:中华人民共和国教育部发展规划司.2009~2016.中国教育统计年鉴.北京:人民教育出版社.

(2)幼儿园教学用房中的各种用房

从2008~2015年河北省农村幼儿园各种教学用房面积统计图中可以看出(图2-45),四种用房的面积总体上都呈现上升趋势,且增幅较大。

具体分析,2015年河北省农村幼儿园活动室面积为3 534 445.04平方米,比2010年的1 679 875平方米增加了1 854 570.04平方米,增幅为110.40%。2015年河北省农村幼儿园睡眠室面积为1 111 377.53平方米,比2010年的538 017平方米增加了573 360.53平方米,增幅为106.57%。2015年保健室的面积为217 752.67平方米,比2010年的146 945平方米增加了70 807.67平方米,增幅为48.19%。2015年图书室的面积为265 297.8平方米,比2010年的135 834平方米增加了129 463.8平方米,增幅为95.31%。

由此可见，在教学辅助用房中活动室所占的比重是最大的，而幼儿睡眠室在教学用房中所占比例则较小一些，但是睡眠室的增幅较大，为106.57%（图2-45）。

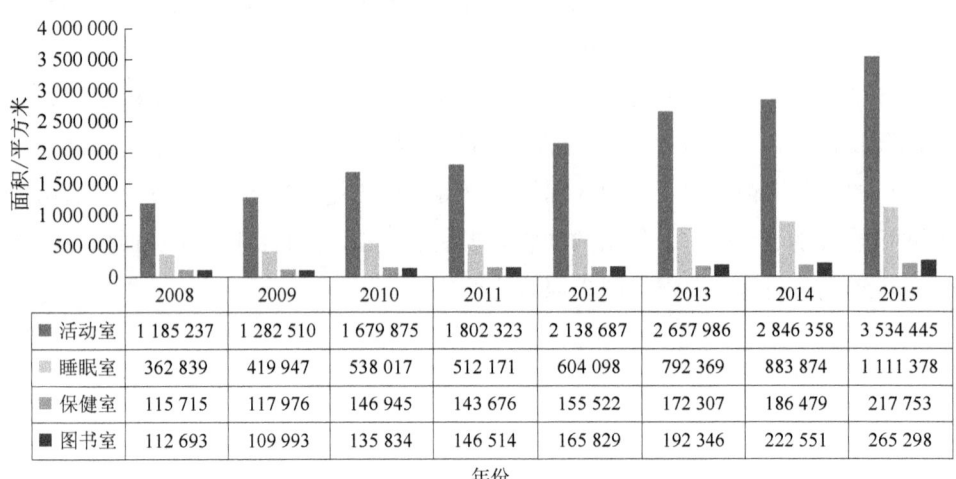

年份	2008	2009	2010	2011	2012	2013	2014	2015
活动室	1 185 237	1 282 510	1 679 875	1 802 323	2 138 687	2 657 986	2 846 358	3 534 445
睡眠室	362 839	419 947	538 017	512 171	604 098	792 369	883 874	1 111 378
保健室	115 715	117 976	146 945	143 676	155 522	172 307	186 479	217 753
图书室	112 693	109 993	135 834	146 514	165 829	192 346	222 551	265 298

图2-45　2008～2015年河北省农村幼儿园各种教学用房面积

资料来源：中华人民共和国教育部发展规划司.2009～2016.中国教育统计年鉴.北京：人民教育出版社.

（3）幼儿园师均面积和生均用房面积

图2-46所示，对河北省农村地区幼儿园师均办公用房、生均活动室、生均睡眠室的相关数据进行分析，可以发现，2008～2015年幼儿园的师均办公用房面积呈现减少的趋势。相反，生均活动室和生均睡眠室面积呈现逐渐增加的趋势。

2010～2015年河北省农村幼儿园平均师均办公面积为5.04平方米，平均生均活动室面积为1.47平方米，平均生均睡眠室面积为0.45平方米。由此看来，生均活动室和睡眠室的面积和生均办公用地面积相比，差距悬殊。

具体分析，河北省农村幼儿园师均办公面积呈现减少趋势。2015年师均办公面积为3.93平方米，比2010年的5.84平方米减少了1.91平方米，降幅为32.67%。生均活动室和睡眠室呈增加趋势。2015年河北省农村幼儿园生均活动室面积为1.92平方米，比2010年的1.13平方米增加了0.79平方米，增幅为69.47%。2015年河北省农村幼儿园生均睡眠室面积为0.6平方米，比2010年的0.36平方米增加了0.24平方米，增幅为66.38%。可以看出，生均活动室面积和生均睡眠室面积虽低于师均办公面积，但生均用地逐年增加，尤其是生均活动室面积与师均办公面积的差距逐渐缩小。（图2-46）

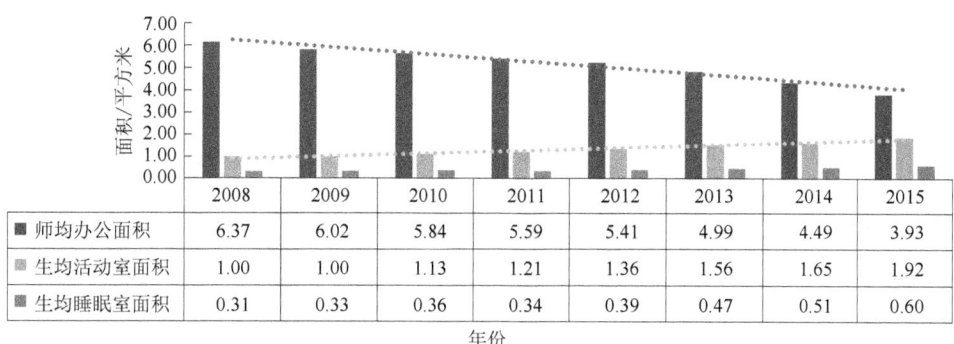

图 2-46 2008～2015 年河北省农村幼儿园师均办公面积、生均活动室面积、生均睡眠室面积
资料来源：中华人民共和国教育部发展规划司.2009～2016.中国教育统计年鉴.北京：人民教育出版社.

2. 幼儿园户外活动场地

爱玩是幼儿的天性，户外活动不仅可以让幼儿在游戏中培养社会性的发展，同时在跑跑跳跳中锻炼幼儿大小肌肉的发展，根据《河北省民办幼儿园设置基本标准》规定："生均室外活动面积不低于 3 平方米"。户外活动场地在幼儿园里至关重要，因此就幼儿户外活动场地面积进行分析，从 2008～2015 年河北省农村户外运动场地面积和生均运动场地面积统计图中可以看出（图 2-47），河北省农村户外运动场地面积从 2008～2010 年呈现逐年上升趋势，2011 年降至 5 662 387 平方米，2011 年开始直至 2015 年呈现逐年上升趋势。

具体分析，2015 年河北省农村幼儿园户外运动场地面积为 8 419 809.38 平方米，比 2010 年的 6 084 105 平方米增加了 2 335 704.38 平方米，增幅为 38.39%。2015 年生均户外运动场地为 4.58 平方米，比 2010 年的 4.11 平方米增加了 0.47 平方米，增幅为 11.47%。可见河北省农村幼儿园生均户外运动场地面积的增幅要比总体上户外运动场地的增幅缓慢（图 2-47）。

2010～2015 年河北省城区幼儿园年平均生均户外运动场地面积为 3.89 平方米，而河北省农村平均生均户外运动场地面积 4.17 平方米。可见河北省农村幼儿园户外生均运动面积多于城区幼儿园，且农村的生均户外运动面积增幅高于城区。具体分析 2015 年河北省城区幼儿园运动场地面积为 1 812 254.82 平方米，比 2010 年的 921 328 平方米增加了 890 926.82 平方米，增幅为 96.70%。2015 年河北省城区幼儿园生均运动场地面积为 3.79 平方米，比 2010 年的 4.63 平方米减少了 0.84 平方米，降幅为 18.09%（图 2-48）。

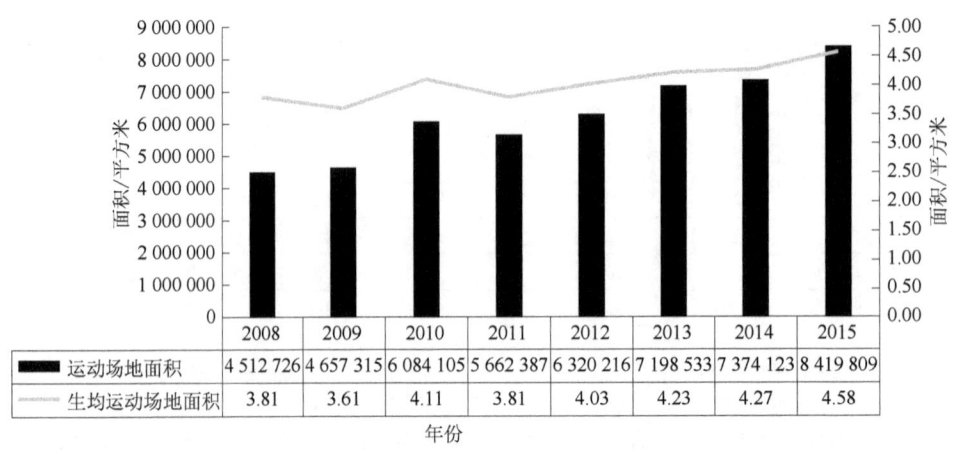

图 2-47　2008～2015 年河北省农村户外运动场地面积和生均运动场地面积

资料来源：中华人民共和国教育部发展规划司. 2009～2016. 中国教育统计年鉴. 北京：人民教育出版社.

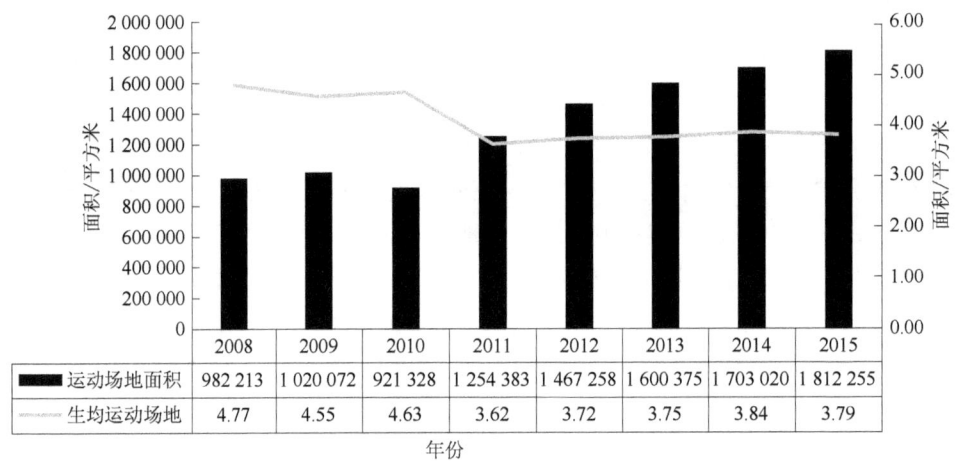

图 2-48　2008～2015 年河北省城区幼儿园户外运动场地面积和生均运动场地面积

资料来源：中华人民共和国教育部发展规划司. 2009～2016. 中国教育统计年鉴. 北京：人民教育出版社.

3. 幼儿园教育设施与资源

（1）普遍缺乏教育基础资源

2010～2015 年河北省农村 6 年年均生均图书为 4.94 册，河北省城区幼儿园 6 年年均生均为 7.97 册，农村 5 年年均数字资源为 0.29GB，城区 5 年年均数字资源为 0.99GB。因此城乡在教学资源上还存在一定的差距。

2015 年河北省农村幼儿园图书为 12 105 901 册，比 2010 年的 5 144 986 册增加了 6 960 915 册，增幅为 135.30%。2015 年河北省农村幼儿园生均图书为 6.58

册，比 2010 年的 3.47 册增加了 3.11 册，增幅为 89.52%。相比于图书 135.30%的增幅有点缓慢。2015 年河北省农村幼儿园数字资源为 775 668.02GB，比 2011年的 223 756GB 增加了 551 912.02GB，增幅为 246.66%。2015 年河北省农村幼儿园生均数字资源为 0.42GB，比 2011 年的 0.15GB 增加了 0.27GB，增幅为180.46%。可见生均图书、生均数字资源的增加速度比总量的增加速度缓慢。但是相较于河北省城区而言，农村各种教学资源的增长速度较快。

由《中国教育统计年鉴》数据计算可知，2015 年河北省城区幼儿园图书总量为 4 124 055 册，比 2010 年的 1 453 457 册增加了 2 670 598 册，增幅为183.74%。2015 年城区数字资源总量为 565 544.41GB，比 2011 年的 170 784GB增加了 394 760.41GB，增幅为 231.15%。2015 年河北省城区生均图书为 8.62 册，比 2010 年的 7.30 册增加了 1.32 册，增幅为 18.15%。2015 年城区生均数字资源为 1.18GB，比 2011 年的 0.49GB 增加了 0.69GB，增幅为 140.19%。可见河北省农村地区教学资源虽然目前少于城市地区，但是增加的速度都快于城市地区，河北省政府加大了对于农村地区的资源投入（图 2-49）。

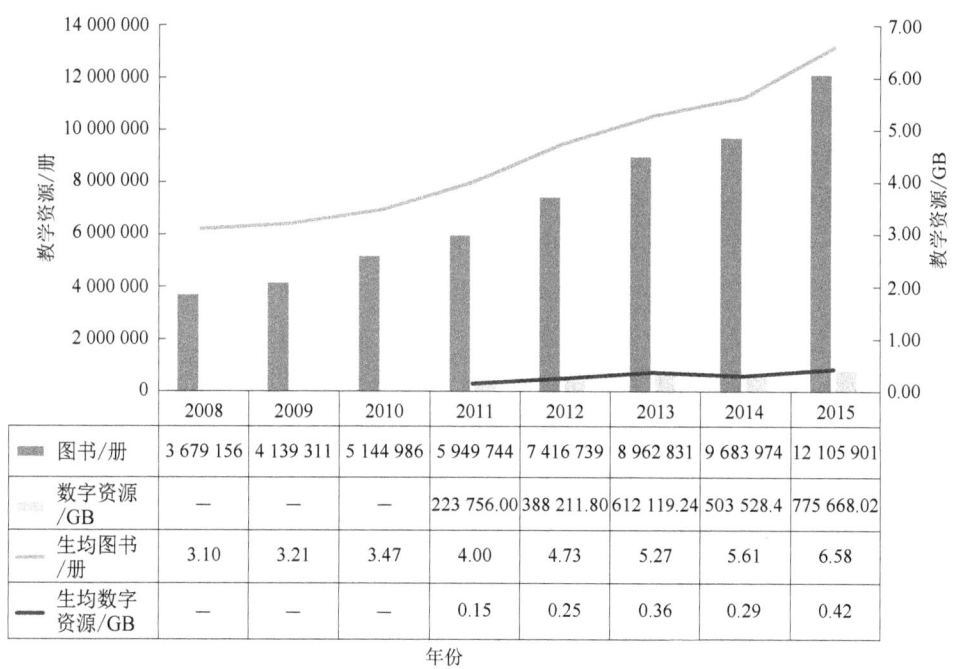

图 2-49　2008～2015 年河北省农村幼儿园教学资源数量

资料来源：中华人民共和国教育部发展规划司. 2009～2016. 中国教育统计年鉴. 北京：人民教育出版社.

(2) 农村地区某些硬件设备使用率偏低

经调研，一些农村幼儿园里虽然配有电视机等硬件设备，但是从未使用，电视变成了幼儿园里的"装饰品"。幼儿园里配备有滑梯、蹦蹦床等户外活动设备，但园方出于安全考虑，会将这些户外游乐设施封锁起来，平日不允许幼儿玩耍，只有领导检查时才会开放，领导一走立刻又封起来，只有院子里的塑料马，偶尔让幼儿骑一骑。某些幼儿园教室中配备有空调，但是截止到11月20日空调依旧还没有开始供暖，比国家规定河北省统一供暖时间11月15日还要晚。教室中潮湿阴冷，幼儿们在教室中也必须穿着厚重的外套。院子面积相对较大，但是教师们担心孩子们磕伤、碰伤，基本很少户外活动。这种因噎废食的做法使得农村地区的硬件设备成为摆设，硬件设备使用率极低，未能发挥出这些设备应有的作用，同时也体现出了大多数农村幼儿园的教育观念和管理落后的现状。

（五）河北省弱势儿童的扶助情况

1. 政策支持

根据《河北省财政厅河北省教育厅〈关于开展学前教育资助工作的通知〉》（冀财教〔2012〕153号）的要求，河北省要加强对于弱势儿童的扶助力度，具体"实施范围为经县级及以上教育行政部门审批设立的公办（含公办性质）幼儿园，以及面向大众、收费标准与本县（市、区）区域内同类型、同等级的教育部门所办幼儿园收费标准相当或其高出部分控制在25%限额内、并已达到河北省二类幼儿园及以上办园标准的普惠性民办幼儿园（以下简称普惠性幼儿园）；不包括托儿所、亲子园等早期教育机构"。资助对象包括："孤儿、烈士子女、优抚家庭子女、享受城镇居民最低生活保障政策家庭和经民政部门确认的农村低保或纳入农村特困救助范围的家庭子女；父母一方死亡、离异的单亲贫困家庭子女；因受灾、疾病等原因导致家庭经济困难的儿童；符合入园条件的残疾儿童。"资助标准规定："学前教育资助标准原则上为每生每年500~1000元，资助比例原则上为5%~10%。"河北省财政厅表示，要加大我省各级财政投入规模，逐步提高资助比例和资助标准。同时会文件对资金使用做出明确规定："学前教育资助资金要优先用于直接减免在园儿童保教费，剩余部分可用于减免餐费，不得发给儿童或其家长。各县（市、区）和相关幼儿园要对该项资金实行专账管理,单独核算,严禁挤占、截留或挪作他用。"[①]

2. 对弱势群体的财政支持建设

从 2011~2014 年河北省对于弱势群体的资金扶助统计图中可以看出(图 2-50),河北省政府对于农村学前教育弱势群体的帮扶力度大力加强。2011 年对于个人和家庭的补助支出为 63 061 千元,2014 年增至 169 138 千元,2014 年对于个人和家庭的帮助支出是 2011 年的 2.68 倍。而在助学金上,2011 年为 6 千元,2014 年迅速增至 31 028 千元,是 2011 年的 5171.33 倍,可见政府对于农村地区的弱势群体的帮扶力度非常大(图 2-50)。

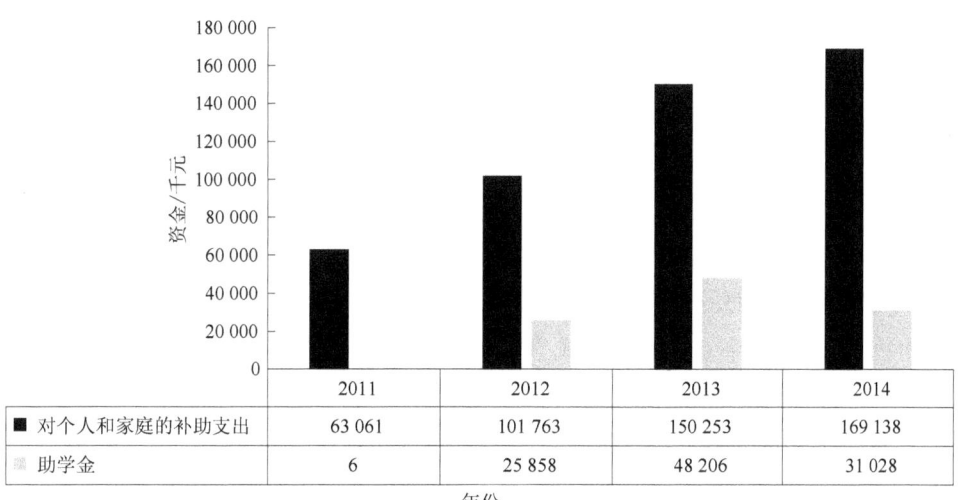

图 2-50 2011~2014 年河北省农村对于弱势群体的资金扶助统计图

资料来源:教育部财务司,国家统计局社会科技和文化产业统计司. 2012~2014. 中国教育统计年鉴. 北京:人民教育出版社.

---

① 河北省财政厅,河北省教育厅. 2012. 河北省财政厅河北省教育厅《关于开展学前教育资助工作的通知》冀财教〔2012〕153 号.

第三章

河北省与全国其他省、自治区、直辖市[①]学前教育发展比较

第一节 学前教育普及情况

一、各省份学前教育普及情况比较

（一）学前教育普及程度

70%省份[②]完成"十二五"普及目标，但省际差距仍较大。

2015年，学前三年毛入园率全国平均水平是75%，有10个省份高出全国平均水平。有14个省份已经完成"十二五"到2015年学前三年毛入园率65%的普及目标，这14个省份分别是上海市、浙江省、天津市、北京市、福建省、辽宁省、广东省、山东省、重庆市、河北省、四川省、湖北省、安徽省和黑龙江省（除湖北省、安徽省、黑龙江省以外，其余几个省份已经提前完成了到2020年学前三年毛入园率达到70%的普及目标）。其中，入园率最高的5个省份是上海市（98%）、浙江省（98%）、天津市（96%）、北京市（95%）和福建省（93%），均超过了90%。而入园率最低的5个省份是广西壮族自治区（60%）、云南省（60%）、宁夏回族自治区（60%）、贵州省（60%）和甘肃省（50%）。虽然这几个省份的入园率低于全国平均水平，但从其整体发展来看，后面5个省份的入园率的增速还是比较快的，想要完成普及目标仍要继续大力发展学前教育事业（图3-1）。

[①] 未包含港澳台数据。
[②] 为了行文方便，本章中将"省、自治区、直辖市"简称为"省份"。

第三章 河北省与全国其他省、自治区、直辖市学前教育发展比较

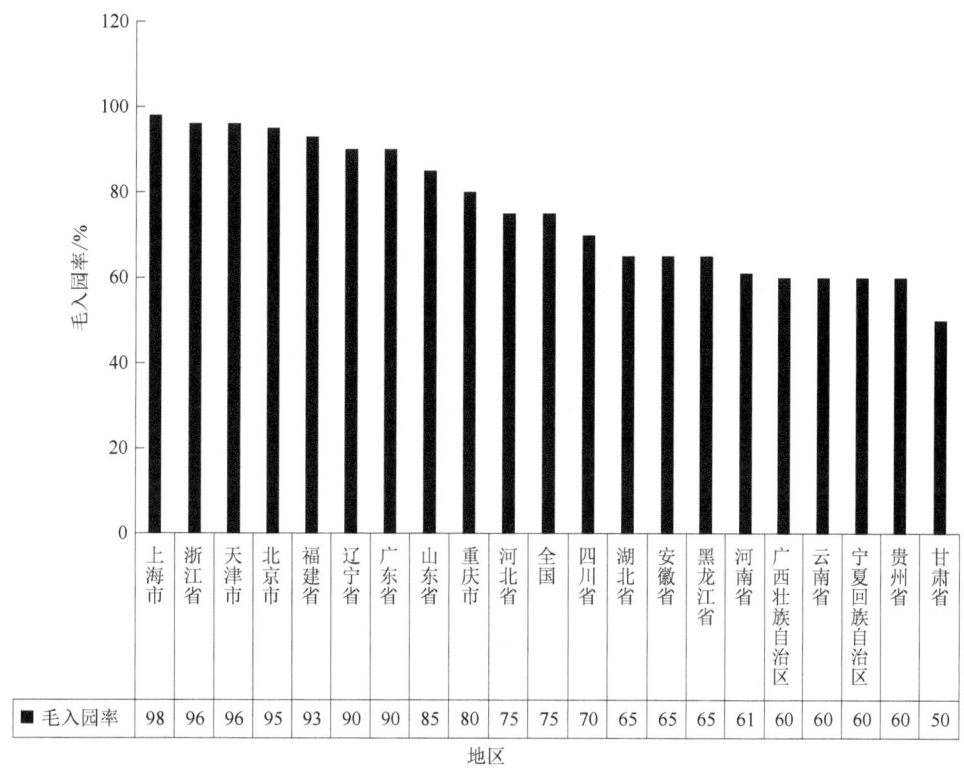

图 3-1 2015 年全国及部分省份学前三年毛入园率

注：各省份按入园率由高到低排列。

资料来源：中华人民共和国教育部发展规划司. 2015. 中国教育统计年鉴 2015. 北京：人民教育出版社.

从全国范围来看，河北省的入园率（75%）处于居中的位置，与全国平均水平相同。从上图中清晰可见，河北省的入园率远远低于东部其他各省份，同时也落后于西部的重庆。与入园率最高的上海市（98%）相差 23 个百分点。由此可见，河北省的普及任务仍然有待快速推进。

（二）各省份幼儿园数量概况

本书从各省份幼儿园数量、在园儿童数等方面进行分析和比较。同时还将各省份 2015 年的幼儿园数量、在园儿童数以及园均儿童数与 2010 年进行了对比和分析，以呈现各省份幼儿园数、在园儿童数等方面的发展变化情况。

1. 2015 年全国幼儿园和在园儿童数省际差距较大

2015 年全国共有幼儿园 223 683 所。从各省份分布情况来看，幼儿园数最

多的10个省份分别是山东省、河南省、广东省、湖南省、河北省、四川省、江西省、广西壮族自治区、辽宁省和浙江省，这10个省份幼儿园共计132 471所，占全国幼儿园总数的59.2%。其中，除去辽宁省和浙江省之外，其余8个省份各自的幼儿园数量均已过万所，辽宁省和浙江省也都是在八九千以上。相比之下，幼儿园数最少的5个省份是宁夏回族自治区（788）、西藏自治区（882）、北京市（1 487）、上海市（1 510）和青海省（1 525），几乎都在千所上下（图3-2）。

2015年全国共有在园儿童4 264.83万人，从各省份分布情况来看，在园儿童数最多的10个省份是广东省（402.3万人）、河南省（393.4万人）、山东省（271.8万人）、江苏省（250.7万人）、四川省（248.2万人）、河北省（231.7万人）、湖南省（216.6万人）、广西壮族自治区（206.9万人）、浙江省（190.2万人）和安徽省（185.7万人）。由此可见，其中有8个省份已超过200万人，广东省和河南省更是超过和将近400万人。而在园儿童数最少的5个省份分别是黑龙江省（26.3万人）、天津市（25.3万人）、宁夏回族自治区（19.3万人）、青海省（18.4万人）及西藏自治区（8.8万人），在8万～26万人（图3-2）。

综上所述，幼儿园数和在园儿童数主要集中在东部和中部的几个大省。在幼儿园数方面，山东省居于首位，其园所数为18 648所，占全国园所数的8.34%；就在园儿童数来看，最多的是广东省402.3万人，占全国在园儿童数的9.43%。除此之外，河南省、浙江省、河北省、广西壮族自治区和湖南省等东中部各省以及西部的四川省的幼儿园数和在园儿童数也都处于全国前10位当中。但就入园率这一方面来说，广西壮族自治区、云南省、宁夏回族自治区、贵州省和甘肃省这5个省份的学前三年毛入园率仍处于50%～60%，普及任务仍然比较艰巨。

由图3-2可知，河北省的幼儿园数（12 959所）和在园儿童数（231.7万人）均处于全国前10名当中。

2.各省份2015年在园儿童数普遍比2010年增加，而园所数与规模基本增减各异

从图3-3各省份幼儿园增长数据来看，2010年以来幼儿园数增长最多的5个省份是河南省、湖南省、河北省、广东省和广西壮族自治区，分别增加了9 783所、6 115所、5 591所、5 207所和5 048所。

第三章 河北省与全国其他省、自治区、直辖市学前教育发展比较

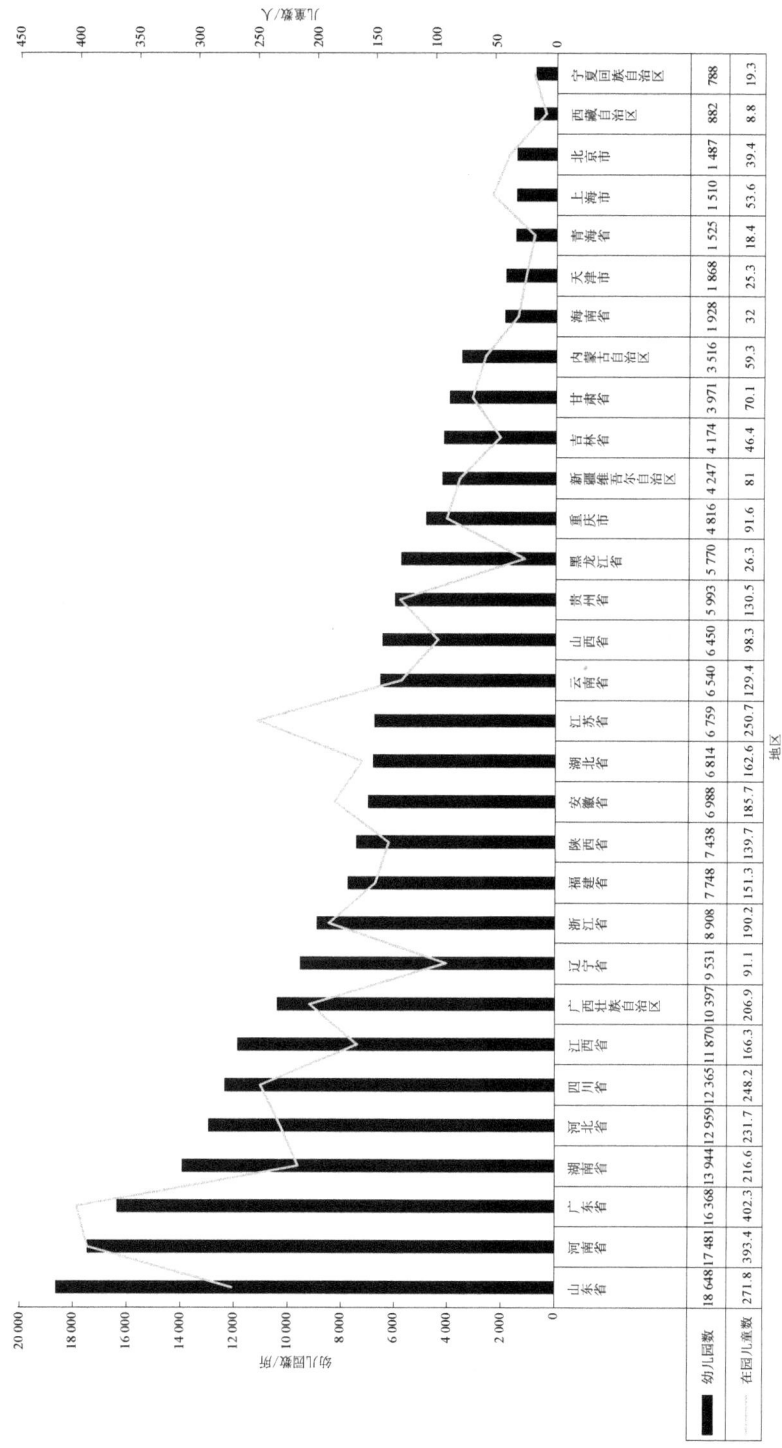

图3-2 2015年部分省份幼儿园数与在园儿童数

注：各省份按幼儿园数量由多到少排列。

资料来源：中华人民共和国教育部发展规划司.2015.中国教育统计年鉴.北京：人民教育出版社.

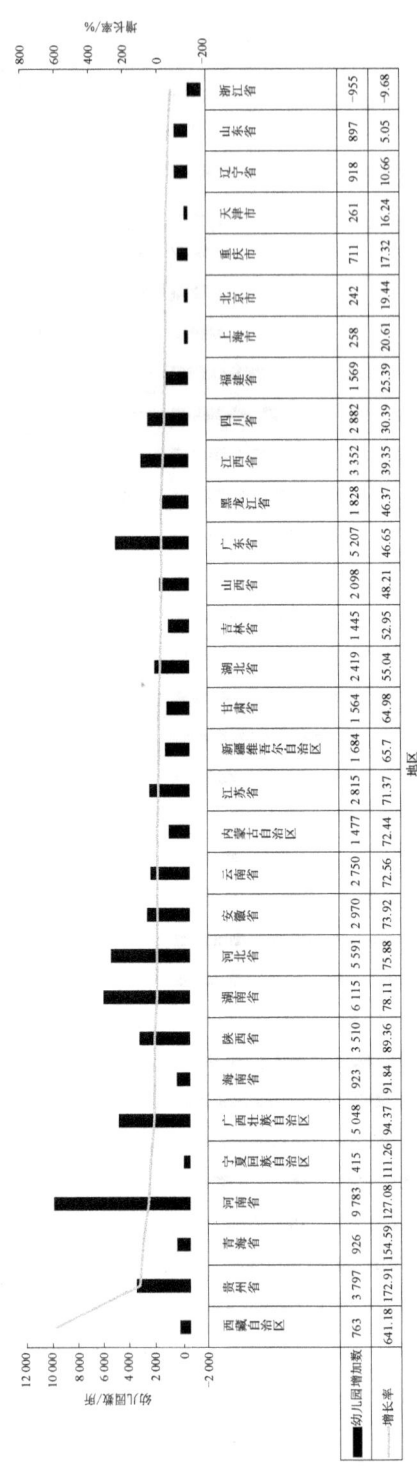

图 3-3 2010 年和 2015 年部分省份幼儿园增长情况对比

注：各省份按幼儿园数量增长率由高到低排列。

资料来源：中华人民共和国教育部发展规划司．2015．中国教育统计年鉴．北京：人民教育出版社．

从各省份在园儿童增长数据来看。2010 年以来，所有省份的在园儿童数都有大幅度的增长。其中，增长量最大的 5 个省份是河南省、广东省、广西壮族自治区、安徽省和湖南省，分别增加了 196.69 万人、125.06 万人、88.37 万人、84.84 万人和 74.72 万人。增长幅度最大的 5 个省份是西藏自治区、广东省、河南省、陕西省和安徽省，增长率分别是 275.63%、105.5%、100%、98.22% 和 84.15%（图 3-4）。

从幼儿园园均规模来看，2010～2015 年，全国幼儿园园均幼儿规模从 198 人下降到 191 人，减少了 7 人。从各省份来看，截至 2015 年，幼儿园园均规模最大的 5 个省份是江苏省（371 人）、上海市（355 人）、安徽省（266 人）、北京市（265 人）和广东省（246 人），园均规模最小的 5 个省份是青海省（121 人）、吉林省（111 人）、西藏自治区（100 人）、辽宁省（96 人）和黑龙江省（92 人）。全国有 10 个省份的园均规模有所增长，其中增长幅度最大的 5 个省份是北京市、上海市、浙江省、山东省和重庆市，分别增加了 43 人、35 人、27 人、22 人和 17 人；全国有 21 个省份的园均规模有所减小，其中减少最多的 5 个省份是江苏省、贵州省、宁夏回族自治区、西藏自治区和青海省，分别减少了 151 人、132 人、125 人、97 人和 66 人。

由此可见，全国各省份在园儿童数均有所增长，幼儿园所数除了浙江之外也均有增长，但园所规模却增减不一。也就是说，一些省份以扩大园容量的方式来提高入园率，而一些省份则以新增园所来提高入园率，做法不一，情况各异。

单就河北省来看，首先幼儿园增长数为 5 591 所，增长率是 75.88%，以增长率来看处于中部靠上的位置，处于稳步增长的态势。而在园儿童数较 2010 年增加了 63.68 人，增长率是 37.9%。河北省的幼儿园数处于较快增长态势，而在园儿童数增长趋于缓慢，也就是说其幼儿园园均儿童数是呈现负增长模式的，从图 3-5 中可以看出，河北省的园均儿童数由 2010 年的 228 人减少到 2015 年的 179 人，减幅为 21.49%。由此可见，河北省幼儿园所数增长加快，在园儿童数增长缓慢，园均规模有所下降。

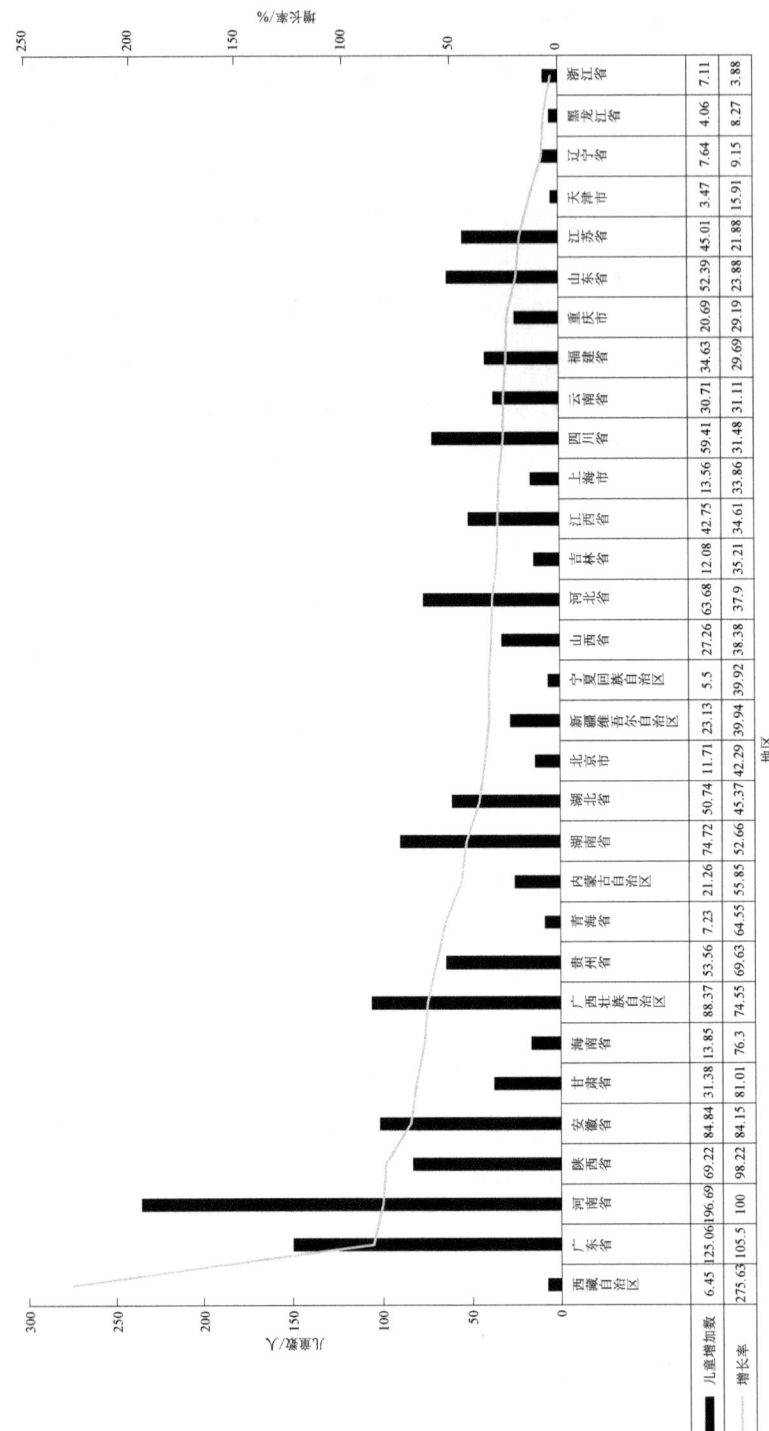

图 3-4　2010 年和 2015 年部分省份在园儿童数增长情况对比

资料来源：中华人民共和国教育部发展规划司．2010、2015．中国教育统计年鉴．北京：人民教育出版社．

第三章 河北省与全国其他省、自治区、直辖市学前教育发展比较

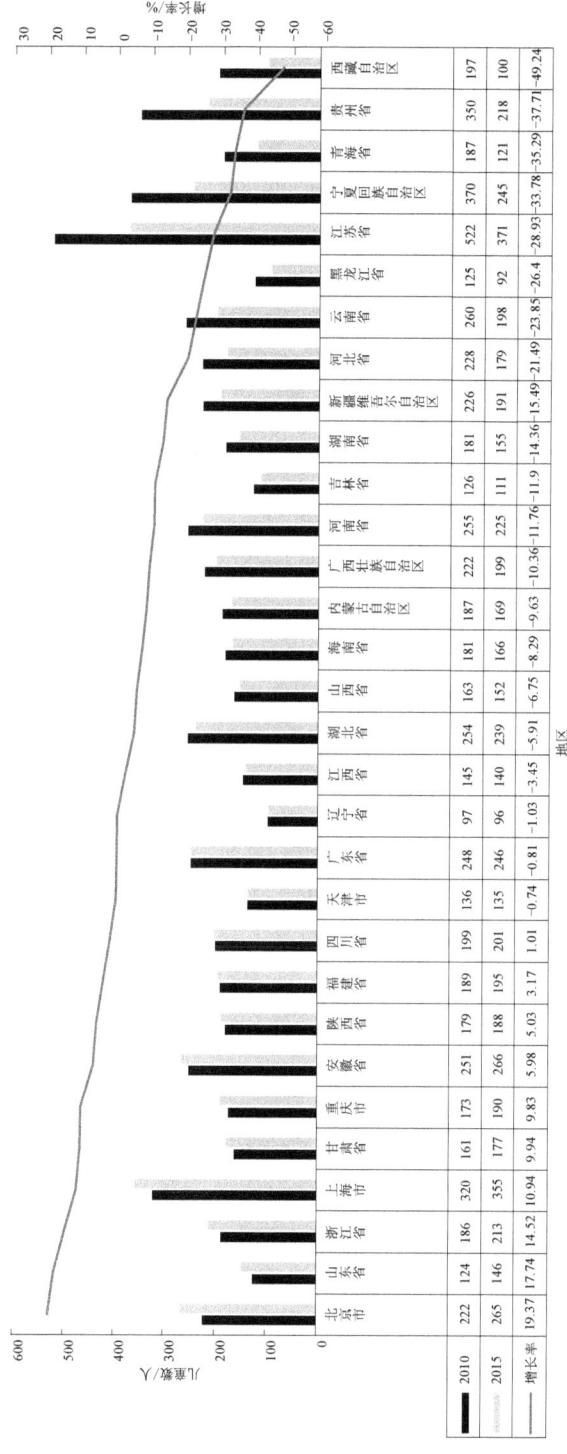

图 3-5 2010 年和 2015 年部分省份园均儿童数对比

注：各省份按园均儿童数增长率由高到低排列。

资料来源：中华人民共和国教育部发展规划司．2010、2015．中国教育统计年鉴．北京：人民教育出版社．

二、东中西部学前教育普及情况比较

通过数据分析不难看出，我国东、中、西部学前教育事业的发展有着明显的差异和不同的特点。本书试图从东、中、西部学前教育的普及率、幼儿园数量等几个方面进行系统和深入细致的数据分析。

（一）学前教育普及程度

从东、中、西部的总体情况看，东部学前三年毛入园率高，中部相对较低，西部地区最低，但差异较小（图3-6）。

东部地区学前三年毛入园率普遍较高（平均90.0%），均高于或与全国75%的平均水平持平。但东部各省的入园率还存在一定的差异，尤其是入园率最高的上海市和最低的河北省之间相差23个百分点。

河北省作为东部沿海省份，虽已完成"十二五"到2015年学前三年毛入园率65%的目标，而且也已提前完成到2020年学前三年毛入园率达到70%的普及目标，但从东部省份的比较来看，其入园率（75%）与其他东部个省份的差距还是比较大的，与入园率最高的上海市（98%）相差23个百分点，与山东省也相差5个百分点，与东部平均水平相差15.9个百分点，在东部地区处于最后一位，提高空间很大，普及任务较重。

中部地区学前三年毛入园率平均水平是64%，比全国平均水平低11个百分点。中部省份的学前三年毛入园率虽均低于全国平均水平（75%），但就其内部而言，中部各省份的普及率相差并不大。

西部地区学前三年毛入园率平均水平是62.9%，据已有数据分析可知，其中只有重庆市（80%）高于全国平均水平，其余6个省份均低于全国平均水平，其中最低的是甘肃省（50%），与重庆市相差30个百分点。

由此可见，东部的河北省和中、西部各省均需加大普及的力度，进一步提高学前儿童的入园率。具体来看，东部各省份均已完成"十二五"到2015年学前三年毛入园率65%的目标，而且也已提前完成到2020年学前三年毛入园率达到70%的普及目标；中、西部各省份有近半已完成"十二五"目标，其余各省还应加大普及力度。普及率较高的省份可以将视线慢慢转变到促进学前教育优质发展的道路上来，积极努力地探索适合自身发展的特色道路。

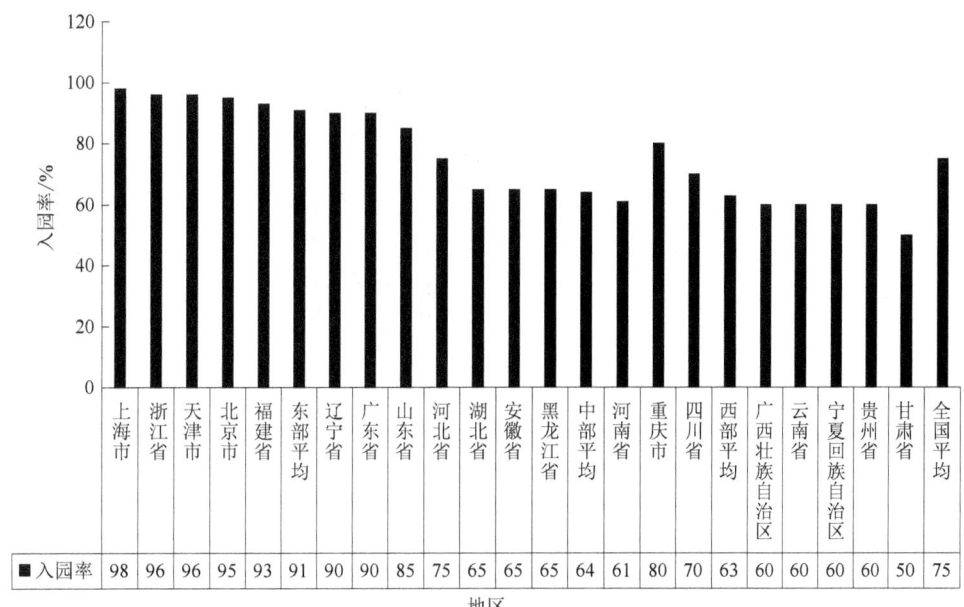

图 3-6　2015 年东、中、西部学前教育的普及率

注：各省份及地区按入园率从高到低排列。

资料来源：中华人民共和国教育部发展规划司.2015.中国教育统计年鉴.北京：人民教育出版社.

（二）幼儿园园所数量与在园儿童数

东、中、西部学前教育的发展在不同的方面呈现出不同的特点。从不同地区的总体格局来看，幼儿园所和在园儿童数东部最多，且园均规模增长迅速；从发展情况看，东、中、西部在园儿童数均增长较快，但中、西部比中部增速略显缓慢。

1. 幼儿园数和在园儿童数东部占比最大，但中、西部增长快

从 2015 年的数据来看，目前东部地区幼儿园共有 87 714 所，占了全国幼儿园总数的 39%。中部各省份共有 73 491 所，占比是 33%，而西部地区幼儿园共计 62 478 所，仅占 28%，是三个地区中最少的，与东部差距明显（图 3-7）。

将 2010 年和 2015 年的相关数据进行对比分析后发现，全国幼儿园增加了 73 263 所，增幅是 48.71%。其中东部增加了 17 726 所，增幅是 25.33%；中部增加了 30 010 所，增幅是 69.02%；西部地区增幅最大，达到 62 478 所，增幅为 69.08%。这表明，虽然中、西部幼儿园总量小于东部，但近 5 年其学前教育资源增长比较快。

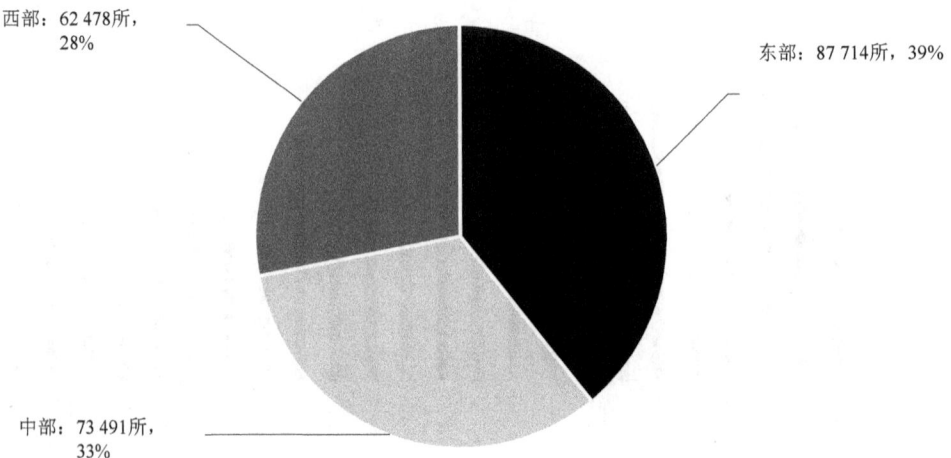

图 3-7　2015 年东、中、西部幼儿园数对比

资料来源：中华人民共和国教育部发展规划司.2015.中国教育统计年鉴.北京：人民教育出版社.

从在园儿童数来看，目前东部地区幼儿园在园幼儿数为 17 392 829 人，占全国在园幼儿总数的 40.78%；中部为 13 223 629 人，占比是 31.01%；西部为 12 031 826 人，占比仅为 28.21%，与东部相差较大（图 3-8）。

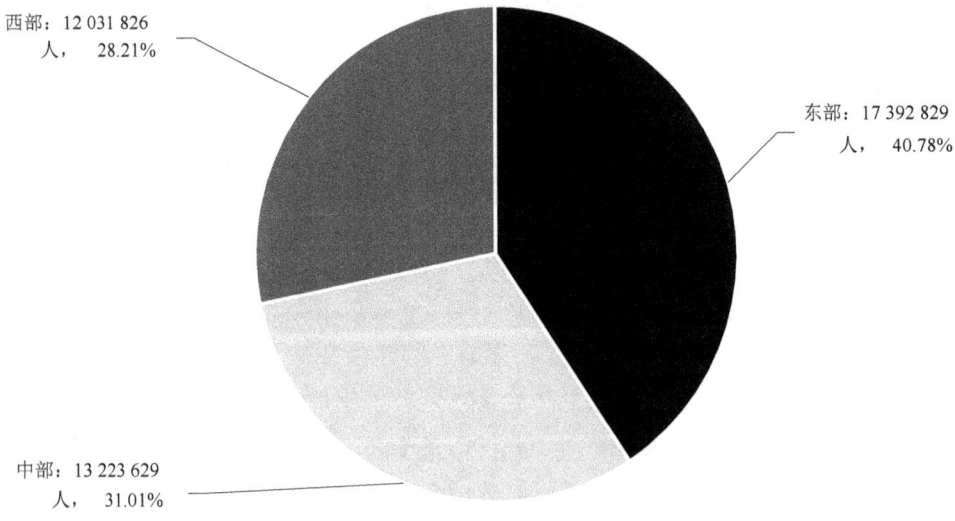

图 3-8　2015 年东、中、西部在园幼儿数

资料来源：中华人民共和国教育部发展规划司.2015.中国教育统计年鉴.北京：人民教育出版社.

第三章 河北省与全国其他省、自治区、直辖市学前教育发展比较

从2010年和2015年的数据对比分析可见,全国幼儿园在园幼儿增加了12 881 589人,增幅是43.28%。其中中部增长幅度最大,增加了4 931 404人,增幅是59.47%;东部增加了3 781 086人,增幅是27.78%;西部地区增长幅度也很大,达到了12 031 826人,增幅为53.02%(图3-9)。

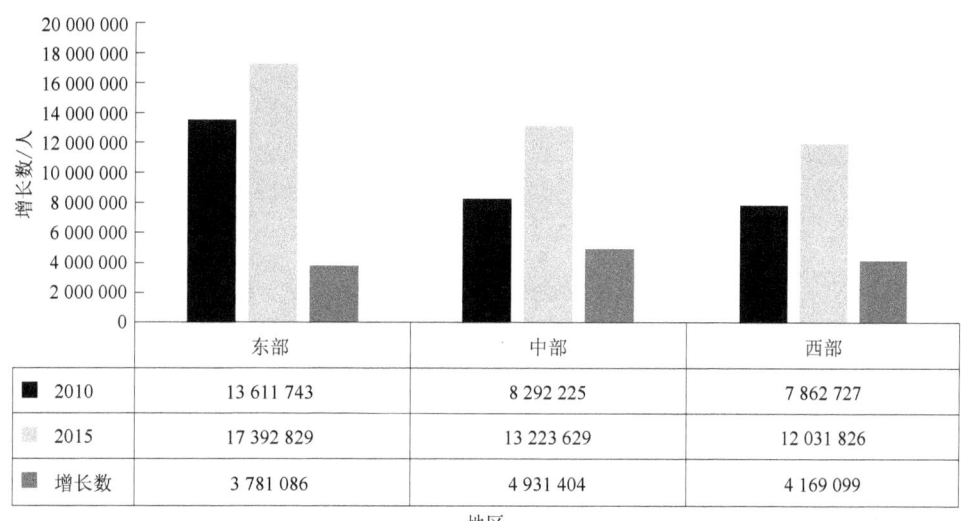

图3-9 2010年和2015年东、中、西部幼儿园在园儿童数

资料来源:中华人民共和国教育部发展规划司.2010～2015.中国教育统计年鉴.北京:人民教育出版社.

2. 东部幼儿园规模总体大于中西部

从幼儿园园均规模来看,2015年全国幼儿园园均规模是190.66人,东部地区园均规模最大(达到了198.29人),中部地区最小(仅有179.94人)。

从2010年和2015年相关数据的对比分析来看,全国幼儿园园均规模减少了7.23人,减幅是3.65%。在这5年间只有东部地区呈现出增长趋势,2015年东部地区达到198.29人,相较于2010年增加了3.8人,增幅为1.95%;中、西部均为下降趋势,中部减少了10.77人,降幅是5.65%;西部地区降幅最大,达到9.5%,减少了20.21人。由此可见,东部幼儿园的规模在扩大,而中、西部地区幼儿园的规模在逐渐缩小(图3-10)。

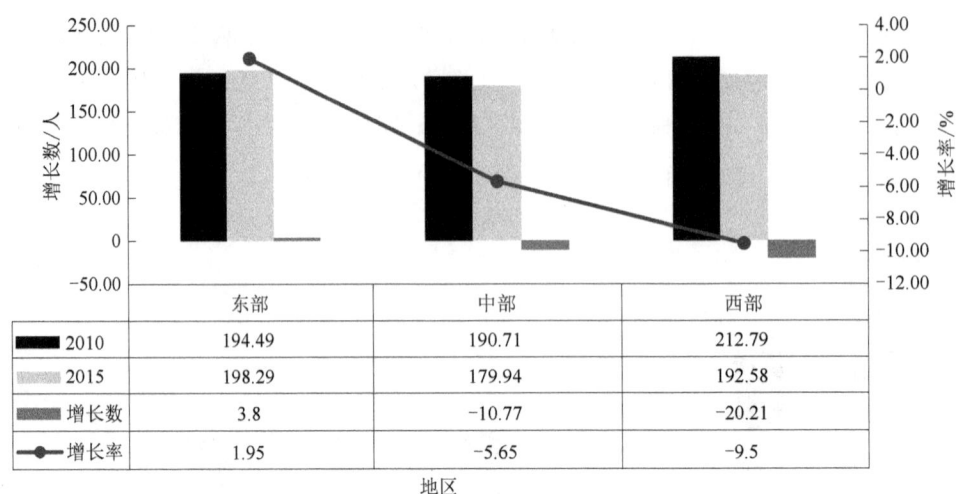

图 3-10　2010 年和 2015 年东、中、西部园均规模
注：图中数据根据相关统计计算得出。

资料来源：中华人民共和国教育部发展规划司.2010，2015.中国教育统计年鉴.北京：人民教育出版社.

第二节　政府在发展学前教育中的职能定位与管理

政府职能是指政府机构在管理社会经济政治文化事务时发挥的职责和作用，是政府工作内容、政策方向的反映，主要涉及政府管什么、如何管、发挥什么作用的问题。政府职能表明了政府在社会经济生活中所扮演的角色和发挥的作用，是行政组织设置和改革的依据，也是政府决策和政策执行的基础。政府职能可以分为政府行政管理的基本职能和政府行政管理的运行职能。其中政府行政管理的运行职能包括政府的决策、组织、协调和控制职能，这四种职能的应用在社会生活中具有重要作用。[①] 我国每个省份的各级政府在学前教育的职能定位与管理体制上的观念与方针是一致的，各省份综合考虑本省份情况因地制宜、实事求是的采取不同的具体实施方式，促进本省份学前教育的发展。各省份选择不同的突破口，构建自己的学前教育公共服务体系。

山东省加强地方性政策与法规建设，促进学前教育的发展。2010～2016

---

① 王心蕊.2013.我国幼儿教育中的政府职能承担研究.中国地质大学（北京）硕士学位论文.

年，山东省在落实国家政策、法律法规的同时，出台了多项与学前教育发展有关的地方性政策、法规。2010年7月由山东省教育厅颁布《山东省幼儿园基本办园条件标准（试行）》，从幼儿园建设的设置与规划、建设用地标准、教职工配备标准、经费保障等7个方面进行了详细说明，并且针对乡镇中心幼儿园出台《山东省乡镇中心幼儿园基本办园条件标准》进行说明。《山东省幼儿园基本办园条件标准》的实施，使得办园的各方面条件有章可循、有法可依，有利于促进山东省开办高质量幼儿园。2014年1月山东省省长签署山东省第272号政府令，出台《学前教育规定》。山东省的《学前教育规定》中肯定了学前教育的重要性，明确了政府主导发展学前教育以及各级政府和各个部门的职责，对教职工与经费保障及园务管理与保育教育做了相关规定，明确相关违规行为的法律责任。2015年3月份山东省发布《关于加强省定贫困村幼儿园建设的通知》，提出将贫困村幼儿园建设纳入学前教育二期行动计划，加大对贫困村幼儿园建设的扶持力度。2015年12月山东省修改了2005的《山东省学前教育机构登记注册管理办法》，此管理办法自2016年2月2日实施。该规定提出严格实行学前教育机构登记注册制度，对给予登记注册和不给予登记注册的情况作了详细说明，明确相关部门的责任。山东省有关学前教育发展的地方性政策、法规的实施，使得政府各部门权责明确，管理体系清晰，便于构建自己的学前教育公共服务体系。

江苏省建设示范区全面引领学前教育发展质量。2014年初江苏省省政府办公厅发文，正式命名无锡市滨湖区等20个县（市、区）为学前教育改革示范区。江苏省学前教育改革发展示范区建设工作在2011年启动，提出到2015年全省所有100个县（市、区）全部创设成为学前教育改革发展示范区。2011年10月正式出台《江苏省学前教育改革发展示范区建设指标》，主要建设指标包括政府责任落实、事业发展水平、公办民办并举、优质资源建设、保育教育质量、师资队伍发展、经费保障机制、社会满意程度等10个方面的内容，并提出了明确的量化要求。与此同时，江苏省政府与全省13个省辖市及所属县（区）政府逐一签订学前教育改革发展示范区创建责任书，明确了2012～2015年每一年的创建任务。各级政府均建立了教育、财政、编办、人社等多部门组成的学前教育改革发展联席会议制度，层层签订目标责任状，刚性规定建设、管理责任主体，确保学前教育改革发展目标和五年行动计划按时序进度完成。"学前教育改革发展示范区的创建,推动了江苏省区域性学前教育整体水平快速提升。首批参评的20个县(市、区),学前教育优质资源总量迅速增加,其中有14个县(市、区)省优质园比例达70%以上,有13个县(市、区)90%以上的幼儿在办公园和普惠性民办园入园。20个县(市、区)财政性学前教育经费投入全部达到财政性教育经费投入的5%以上,都制定了学前教育生均公用经费拨款标准,其中,苏州工业园区生均公用经费高达1 200元,达到与当地小学一样标准。在解决外来人员子女入园方面,张家港市对新市民子女入学实施积极管理制度。经过创建活动,江苏绝大部分县(市、区)初步形成了'一园一品''一园一特'的办园格局。"[1]

黑龙江省积极建设公办园。在推进"学前教育三年行动计划"期间,黑龙江省各级政府认真履行职责,资金投入空前力度,其中2013年投入22.5亿元,比2010年增长了两倍多有力地保障了公办幼儿园建设资金需求。2013年年底,全省完成公办幼儿园建设1 598所,其中新建474所,改扩建1 121所。2013年全省公办幼儿园达1 898所,比2010年增长1 100所,公办园比例由20.2%上升到27.23%。公办园在园儿童比例由2010年的30.27%增长到47.5%。

浙江省宁波市开展普惠性民办园扶持行动。宁波市有70%的在园儿童就读于民办园,因此对民办园进行引导与扶持成为构建覆盖城乡公益普惠性学前教育公共服务体系的关键步骤。宁波市特别出台了《宁波市关于加快发展普惠性民办幼儿园的若干意见》,指导各县(区)普惠性民办幼儿园认定和管理工作,具体措施包括,对民办幼儿园分类管理,积极扶持面向大众收费合理管理规范的普惠性民办幼儿园,通过给予土地提供、银行融资、税收减免等优惠政策和相应的财政补助。支持新建普惠性民办幼儿园,如采取政府购买服务、减免租金、以奖代补、派驻公办教师等方式引导支持民办幼儿园提供普惠性服务。普惠性民办幼儿园水电气等费用按当地中小学标准收费。宁波市还按照《浙江省幼儿园准办标准》,积极引导各级各类幼儿园普遍提高办园水平。

每个省份依据本省特点发挥优势解决学前教育发展中的问题,河北省要学习借鉴其他省的经验,促进本省学前教育发展。

---

[1] 陈瑞昌.2014-01-05.江苏学前教育示范区建设作用大.中国教育报,001.

第三节 学前教育财政投入状况

各省份学前教育投入普遍不足而且差异巨大，但近年来均有不同程度的增长。

一、各省份三项学前教育投入的绝对量和相对量均差异巨大

从 2014 年学前教育投入的绝对量来看，各省份学前教育投入总量、财政性学前教育投入量和预算内学前教育投入量三项呈现出明显的差异。学前教育投入总量最多且超过 80 亿元的省份有 8 个，分别是广东省（229.60 亿元）、江苏省（166.99 亿元）、浙江省（150.72 亿元）、山东省（127.31 亿元）、河南省（111.15 亿元）、上海市（101.90 亿元）、四川省（96.70 亿元）、北京市（86.70 亿元）。学前教育投入总量最小的 5 个省份（含重点城市）分别是西藏自治区（14.31 亿元）、厦门（13.03 亿元）、大连（11.52 亿元）、宁夏回族自治区（9.62 亿元）、青海省（9.45 亿元）。投入总量最多的是最低的 24.30 倍（图 3-11）。

从各省份学前教育财政投入情况来看，财政投入和预算内投入均接近和超过 50 亿元的省份包括江苏省（分别为 85.21 亿元和 75.14 亿元）、上海市（分别为 73.17 亿元和 72.86 亿元）、浙江省（分别为 66.48 亿元和 52.97 亿元）。财政投入和预算内投入最少的 3 个省份（含重点城市）包括海南省（分别为 5.49 亿元和 5.27 亿元）、大连（分别为 5.25 亿元和 5.22 亿元）、宁夏回族自治区（分别为 4.61 亿元和 4.16 亿元）。财政性学前教育投入量最多的是最少的 18.48 倍，预算内学前教育投入量最多的是最少的 18.06 倍（图 3-11）。

从各省份学前教育总投入占教育总投入的比例来看，比例在 8% 以上的省份（含重点城市）有 6 个，分别是西藏自治区、大连、浙江省、福建省、上海市、广东省，其他都在 4% 以上（图 3-12）。

从各省份财政性学前教育投入占财政性教育投入的比例和预算内学前教育投入占预算内教育投入的比例来看，财政投入比例和预算内投入比例高居前列的 2 个省份是西藏自治区和上海市，比例在 7%～9%（图 3-12）。

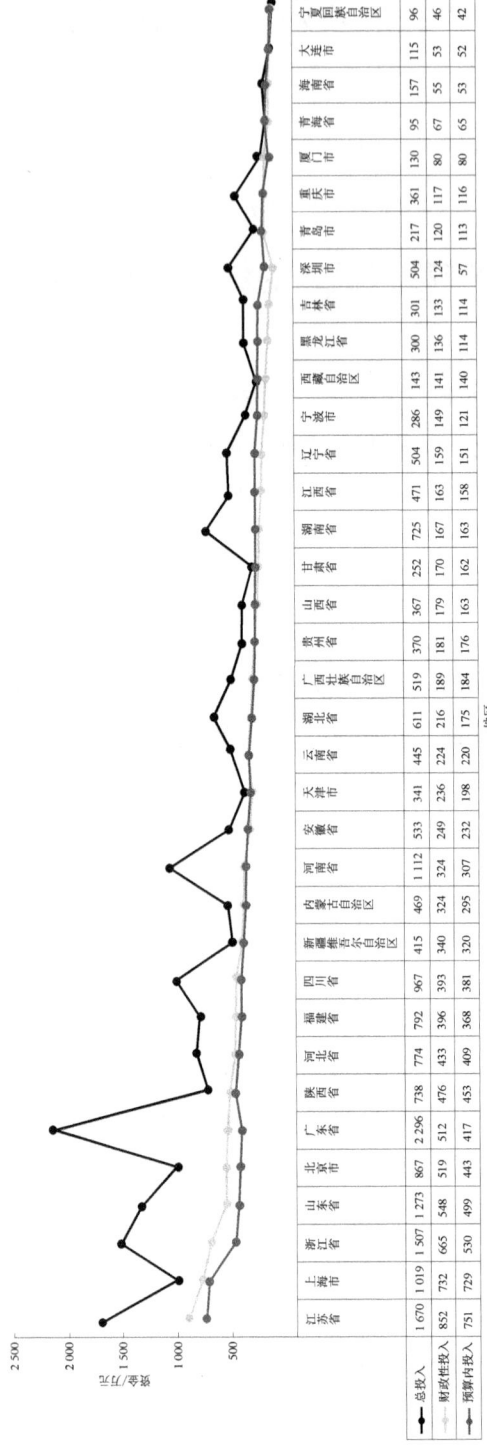

图 3-11　2014 年部分省份（含重点城市）学前教育投入的绝对量①

注：各省份按财政性学前教育投入由多到少排列。

资料来源：教育部财务司，国家统计局社会科技和文化产业统计司 . 2015. 中国教育经费统计年鉴 2015. 北京：中国统计出版社.

① 注：由于版面限制，本书中部分图表改用"万"为单位。

第三章 河北省与全国其他省、自治区、直辖市学前教育发展比较

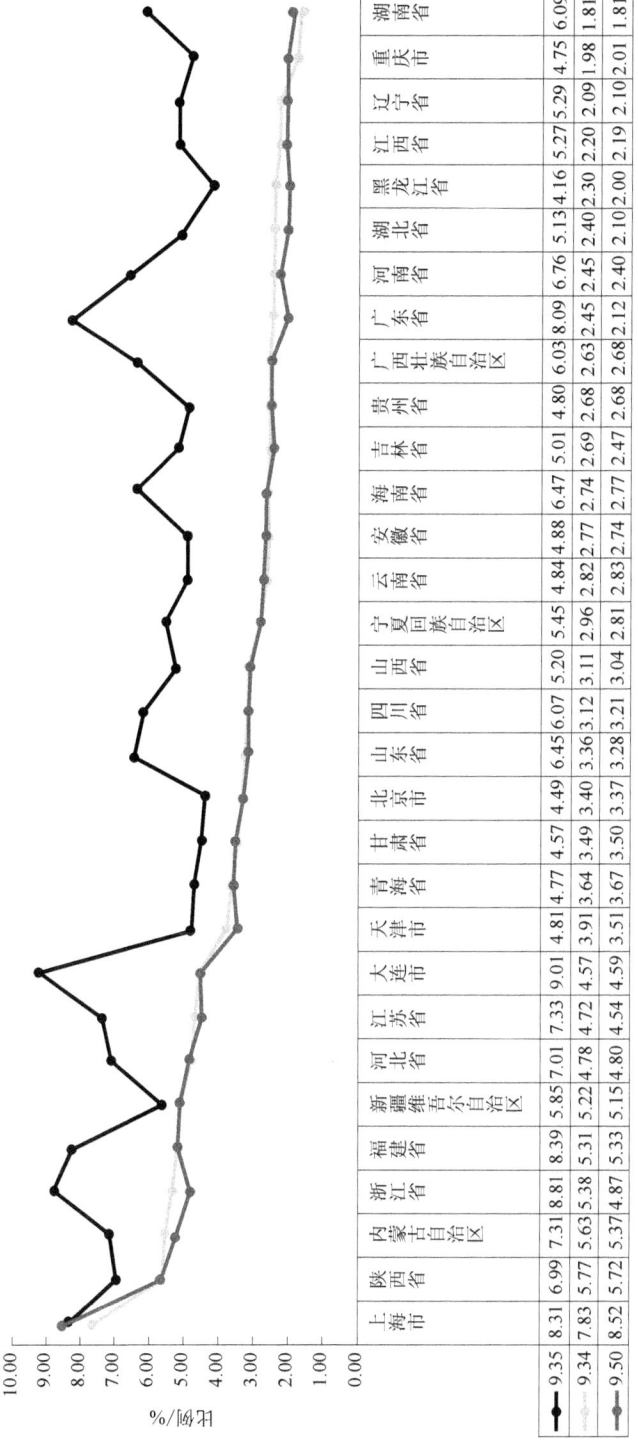

图3-12 2014年部分省份（含重点城市）学前教育投入的相对量

注：各省份按财政性学前教育投入占财政性教育投入比例由高到低排列。

资料来源：教育部财务司，国家统计局社会科技和文化产业统计司.2015.中国教育经费统计年鉴2015.北京：中国统计出版社.

二、各省份生均财政投入差异远大于生均总投入

由于各省份在园幼儿规模不同,我们分析了各省份生均各项学前教育投入情况(图3-13)。

从各省份的情况来看,生均总投入超过10 000元的省份有4个,分别是北京市、上海市、天津市、西藏自治区。其中上海市、北京市超过20 000元。生均总投入最少的省份是江西省和广西壮族自治区,分别是2 956元和2 630元。生均总投入最多的省份是最少省份9.03倍。

从生均财政投入来看,各省份投入过万元的有3个,分别是上海市、北京市、西藏自治区。生均财政投入不足1 000元的3个省份分别是河南省、广西壮族自治区、湖南省。最高是最低的省份21.10倍。

进一步从生均财政性投入和生均预算内投入的比例来看,二者均超过50%的省份有10个,比例由高到低依次是西藏自治区、新疆维吾尔自治区、上海市、青海省、天津市、内蒙古自治区、甘肃省、陕西省、北京市和河北省,其中西藏自治区达到98%以上。生均财政投入占总投入最高比例和最低比例的省份之间相差约76个百分点。

可见,各省份生均财政投入总量和比例均呈现出巨大的差异,远远大于生均投入总量的差异。这一方面受到各省份财力的影响,另一方面也反映出各省区市政府对学前教育的重视程度和财政投入力度的差异巨大。

三、各省份各项学前教育投入均有不同程度增长

对2010年和2014年各省份学前教育投入的绝对量变化情况进行对比分析可以发现,各省份学前教育总投入和预算内学前教育投入均有不同程度的增长。

从各省份学前教育总投入量的变化来看,增长量超过5倍的有海南省、西藏自治区、贵州省3个省份,其增长率为536.83%~114.35%(图3-14)。

从各省份预算内学前教育投入量的变化来看,增长量超过5倍的省份有西藏自治区、陕西省、海南省、江西省、山东省、贵州省、安徽省,其增长率为574.13%~1 495.45%(图3-14)。

第三章 河北省与全国其他省、自治区、直辖市学前教育发展比较

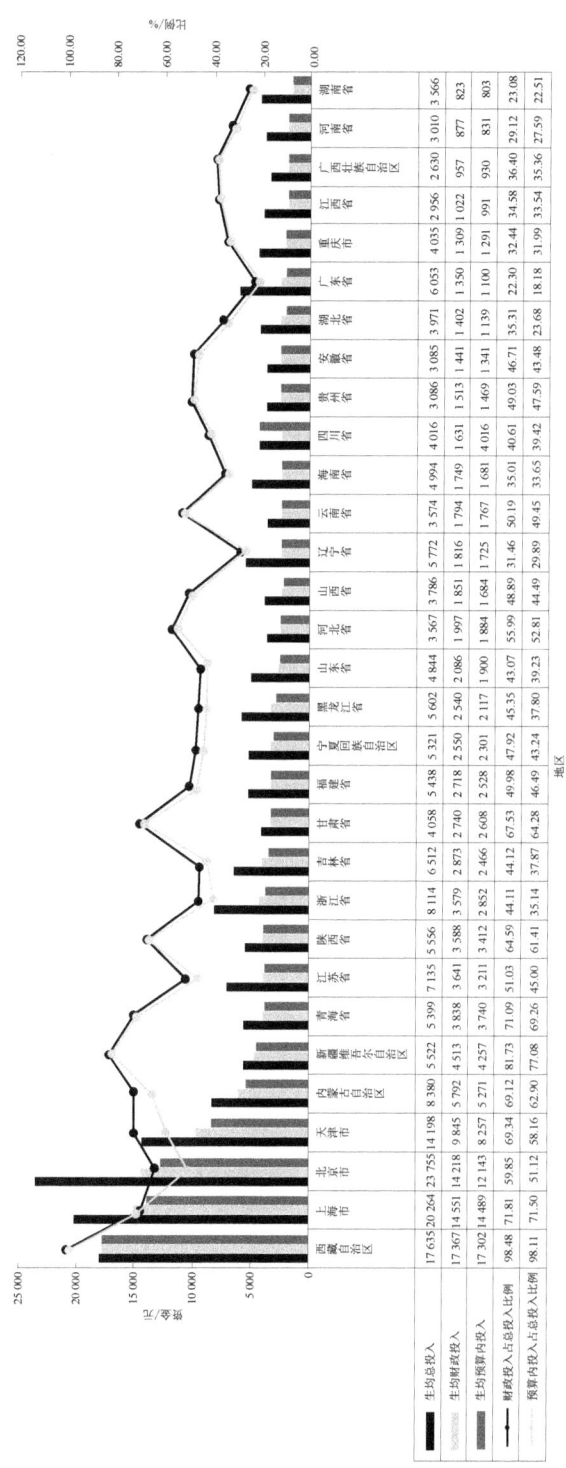

图 3-13 2014 年部分省份生均学前教育投入

注：生均学前教育投入根据《中国教育经费统计年鉴》相关统计计算得出。

资料来源：教育部财务司，国家统计局社会科技和文化产业统计司. 2014. 中国教育经费统计年鉴 2014. 北京：中国统计出版社.

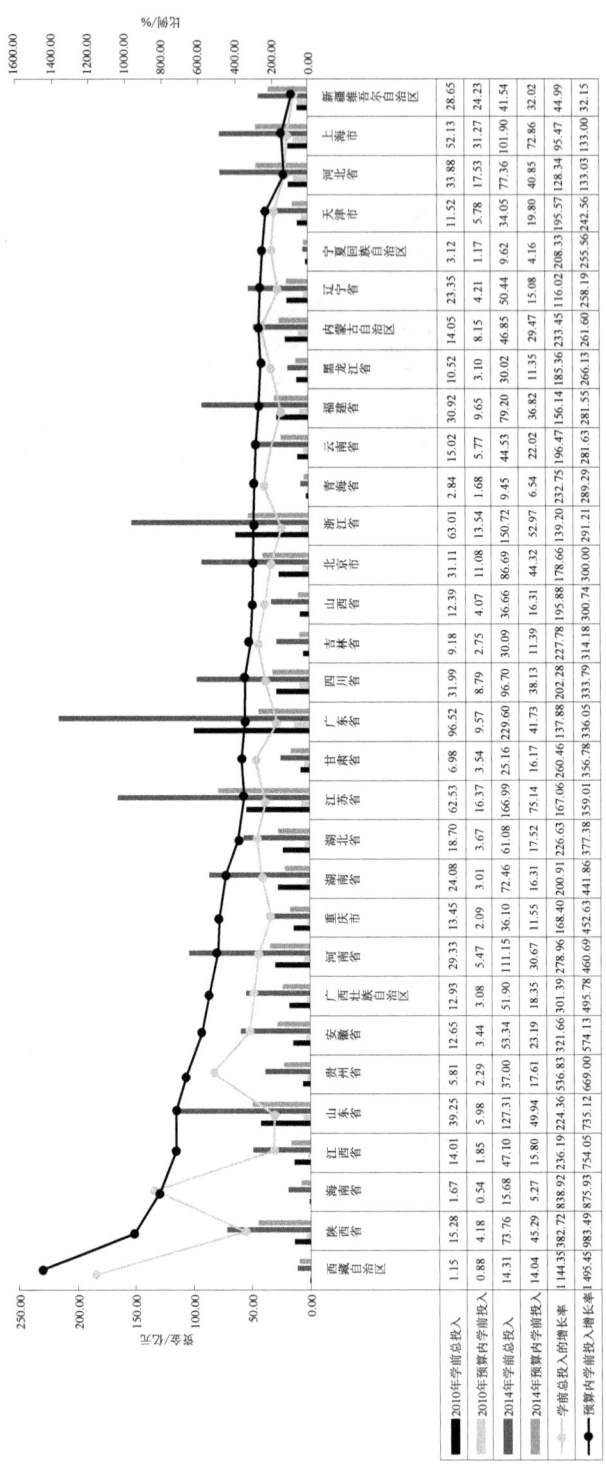

图 3-14 2010 年和 2014 年部分省份学前教育投入绝对量对比

从学前教育总投入的相对量变化来看，学前教育总投入占教育总投入的比例增幅较大的省份包括海南省和西藏自治区，为4.62%和4.40%；增幅特别小的省份有广东省和上海市，仅在0.34%和0.19%。新疆维吾尔自治区出现了负增长，为-0.13%（图3-15）。

从预算内学前教育投入占预算内教育投入比例的发展变化来看，既有明显增长的省份，也有减少的省份，还有一些基本保持不变的省份。增幅比较明显的省份包括西藏自治区、陕西省、海南省、山东省、江西省、贵州省、安徽省、广西壮族自治区，为2.26%~5.74%。新疆维吾尔自治区呈现出负增长（图3-15）。

从2010年和2014年生均各项投入的变化来看，各省份生均学前教育总投入增长超过4倍的省份是海南省。其他各省份也有一定增长。生均预算内投入增长超过5倍的省份是四川省、山东省和江西省（图3-16）。

四、各省份学前教育财政投入的影响因素[①]

教育财政投入水平受到经济发展水平、领导重视程度、国家财政政策等多种因素的影响和制约。

第一，各省经济发展水平对学前教育财政投入有重要影响。教育财政投入最重要的决定因素无疑是经济发展水平。一方面，地区经济发展水平的高低直接影响政府的财政能力，并决定了地区教育财政投入的多少；另一方面，地区经济发展水平也会从需求方面影响教育财政投入。一般来说，教育经济发展水平越高的地区，第二、三产业的比重越大，劳动力市场对高素质劳动力的需求也越来越大，导致政府需要增加教育财政投入，使得个人有财力增加教育投入。

第二，人口结构对学前教育财政投入有一定的影响。人口年龄结构对学前教育财政投入有直接的影响作用。在人口抚养比较低的地区，人口老龄化程度较高，即使公共资源的总量保持不变，对医疗卫生等公共资源需求的增加也会导致政府减少在教育方面的财政投入，从而影响教育财政投入水平，当少年儿童人口比例较高时，学龄人口比例变大，若政府用于教育的财政投入不变，生均教育资源就会减少。

---

① 高丙成. 2015. 中国学前教育发展指数报告. 北京：北京师范大学出版社.

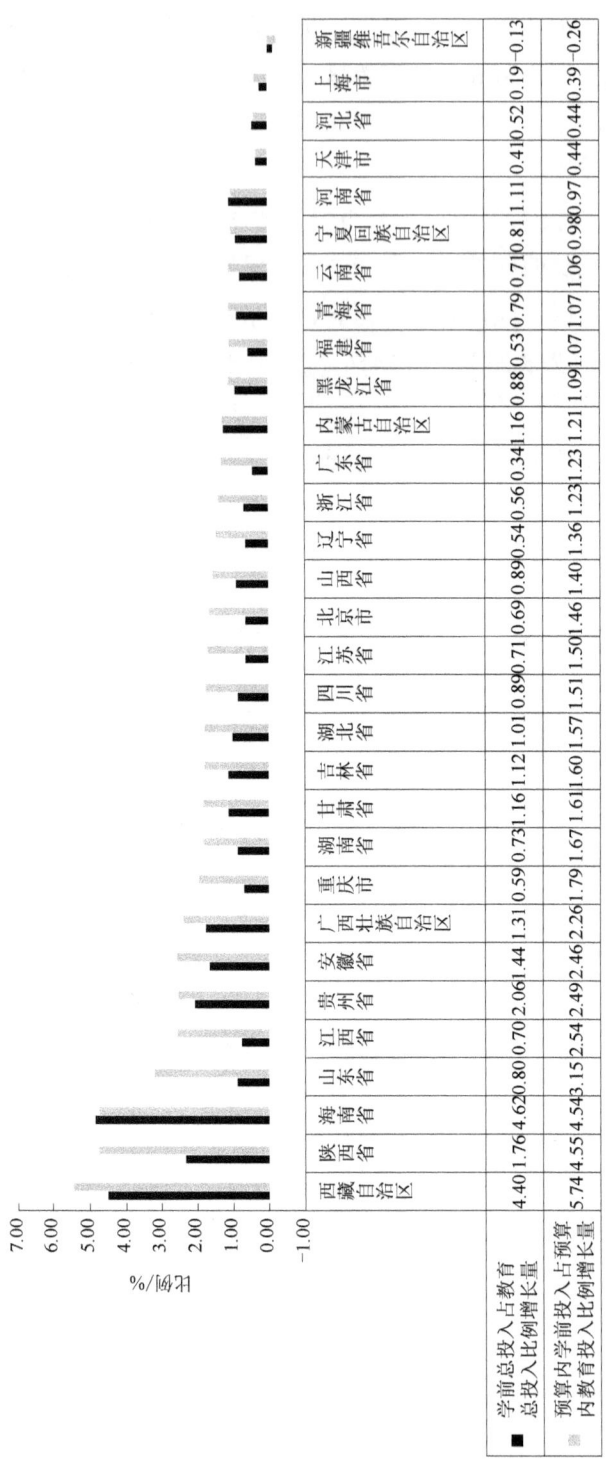

图 3-15　2010 年和 2014 年部分省份学前教育投入相对量相比

注：①各省份按预算内学前教育投入占预算内教育投入的比例由高到低排列。②图中相关比例根据《中国教育经费统计年鉴》相关统计计算得出。

资料来源：教育部财务司，国家统计局社会科技和文化产业统计司.2011，2015.中国教育经费统计年鉴.北京：中国统计出版社.

第三章 河北省与全国其他省、自治区、直辖市学前教育发展比较

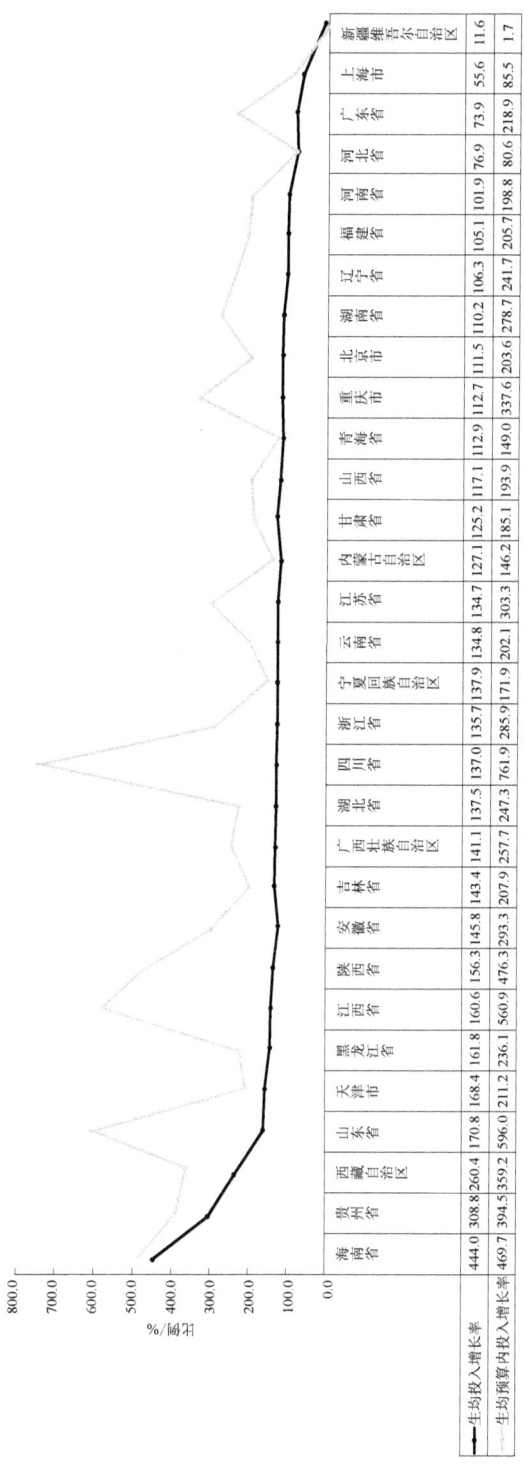

图 3-16 2010 年和 2014 年部分省份学前教育生均投入对比

注：①各省份按学前教育投入增长率由高到低排列。②图中相关比例根据《中国教育经费统计年鉴》相关统计计算得出。

资料来源：教育部财务司，国家统计局社会科技和文化产业统计司.2011,2015.中国教育经费统计年鉴.北京：中国统计出版社.

231

第三，财政体制对学前教育财政投入有一定影响。长期以来，我国按照一级政府一级财政的原则建立财政层级制度，我国财政体制最主要的特征是政治集权下的财政分权，它在充分调动地方政府积极性的同时，也保证了中央政府的宏观调控能力，与此同时，我国的财政分权也容易扭曲地方政府的公共支出结构，在经济和政治的双重刺激下，地方政府官员在运用政府投资决策时，倾向于有利于当下的经济发展的短平快项目，导致地方政府加大基础设施投资等经济建设支出，而减少具有迟效性、外溢性等特点的教育投资。

第四，省内财政分权对区域学前教育财政投入的影响。1994年的分税制改革通过区分三种类型的税收及中央税收、地方税收和两级政府间的共享税收。可以用各级政府支出占政府总支出的比重来定义省内财政分权，因此，省内财政分权可以用三个不同的维度来衡量：省本级支出占全省财政支出的比重、地市本级支出占全省财政支出的比重、县和乡镇（统称县级）支出占全省财政支出的比重。

五、提高各省份学前教育财政投入水平的建议和意见[①]

学前教育经费是学前教育事业发展和质量提高的基础性保障条件。《国务院关于当前发展学前教育的若干意见》（国发〔2010〕41号）提出要多渠道加大学前教育财政投入。近几年，学前教育经费大幅增加，长期财政投入不足的问题逐渐得到扭转，从各级教育财政性经费的增长情况来看，学前教育年均增长最快。从2007年的103亿元增加到了2013年的862亿元，增长了7倍。从财政性经费中各级教育所占比重来看，学前教育提高幅度最大。

第一，要加大财政投入力度，落实学前教育投入的主体责任。近年来，我国学前教育经费总量和生均教育经费均有了显著增加，但是各省份之间生均教育经费差异仍然较大。例如，2013年北京市生均财政性教育经费达到14 693元，而湖南省只有917元。大部分省份学前教育经费有所增长，但是不同省份提高幅度不同，甚至有些省份近年来出现了负增长。例如，新疆维吾尔自治区在2010～2013年，学前教育经费总投入占比和预算内学前教育经费投入占比呈现降低的趋势。

《教育部 国家发展改革委 财政部关于实施第二期学前教育三年行动计划

---

① 高丙成.2015.中国学前教育发展指数报告.北京：北京师范大学出版社.

的意见》指出，要进一步加大学前教育财政投入。各地要将明确学前教育经费投入以区县财政为主，将学前教育经费列入政府财政预算，新增教育经费向学前教育倾斜，统筹落实学前教育经费投入各项政策和幼儿园教师待遇，提高生均公用经费标准，落实财政投入"预算有科目、增量有倾斜、投入有比例、拨款有标准、资助有制度"的"五有"政策，不断加大财政投入力度，保证学前教育经费稳定增长，建立长效的经费投入机制，为学前教育健康发展提供保障。

第二，要建立学前教育成本分担机制，多渠道筹措学前教育经费。近年来，国家财政性教育经费占全国学前教育经费的比例一直维持在60％左右，但2010年之后逐渐降低，2010年为33.56％，2011年为40.8％，2013年为49.05％；而家长缴纳的学费和杂费的比重呈现增高的趋势，2010年为59.54％，2011年为48.37％，2013年为42.98％。研究表明，在保障政府教育财政投入的同时，大力扩展非政府教育投入，多渠道筹措教育经费，能增加教育资源总量，促进教育供给，扩大教育机会。但是，非政府教育财政投入也并非越多越好。作为公共物品或者准公共物品，教育具有较强的外部性，如果成本过多由个人承担，会导致居民的教育需求低于社会最优需求，制约教育发展。

《教育部　国家发展改革委　财政部关于实施第二期学前教育三年行动计划的意见》指出："要完善政府投入、社会举办者投入、家庭合理分担的投入机制。"为此，各地应当在考虑政府的财政供给能力、居民的收入水平和支付能力、教育的供求状况等多方面因素的基础上，合理确定教育成本分担结构，调动政府、居民和企业等社会各方面的教育财政投入积极性，多渠道筹措学前教育经费。

第三，建立学前教育资助机制，扩大普惠性学前教育服务范围。近年来，我国学前教育资助制度逐步建立，中央财政投入16.2亿元，各地制定了学前教育资助政策，加大资助力度进行奖补，平均每年资助家庭经济困难幼儿、孤儿和残疾幼儿300多万人，各地普遍建立了学前教育资助制度，近年来已投入36亿元，资助家庭经济困难幼儿超过400万人次。但是，中、西部农村地区，特别是集中连片特困地区、少数民族地区、留守儿童集中地区和人口分散地区入园率整体偏低，特殊困难群体接受普惠性学前教育仍然压力较大。

《教育部　国家发展改革委　财政部关于建立学前教育资助制度的意见》指出，按照"地方先行，中央补助"的原则，各地要建立学前教育资助政策体系。为此，各地要进一步建立和完善相关优惠政策措施，积极引导和鼓励企业、社会团体及个人等捐资，对家庭经济困难儿童、孤儿、烈士子女、残疾儿童等按照一定标准予以资助，使其接受普惠性学前教育。各地要按照幼儿园接收进城务工人员子女人数和幼儿园预算内生均教育事业费投入水平，确定奖补资金；同时引导各地支持各级各类企事业单位、集体举办的幼儿园面向社会提供普惠性学前教育服务，着力解决城市普惠性学前教育资源不足的问题。各地要制定扶持普惠性民办园发展办法，选择办园规范、收费合理、社会声誉好的幼儿园进行扶持，同时对接受资助的普惠性幼儿园的办园资质、收费标准和保教质量做出明确规定，建立民办幼儿园财务、会计和资产管理制度，建立民办幼儿园办园风险防范机制和信息公开机制，引导各地积极扶持民办幼儿园特别是面向大众、收费较低的普惠性民办幼儿园的发展，提高办园水平，真正实现公办民办并举，保障适龄儿童接受基本的有质量的学前教育。

第四节　幼儿园办园格局与发展状况

本节对河北省与全国其他省份的办园格局和发展状况进行分析和比较，主要从各类幼儿园园所数量和在园儿童数两个方面进行定量分析，以便充分了解河北省与全国其他省份的办园格局状况和特点，促进河北省不断优化办园格局，为实现公办、民办并举的办园格局而努力。

一、河北省和其他省份办园格局与状况

从公办园和民办园两种不同性质的幼儿园数量和比例来看，2012年全国幼儿园公办园比例仅占32.79%，而民办园占到67.21%。公办园比例达到60%以上的省份分别为青海省（62.90%）、上海市（64.31%）、北京市（64.38%）、江苏省（65.16%）、河北省（66.31%）、新疆维吾尔自治区（79.43%）、西藏自治区（90.21%），可以称为公办园为主的格局，而河北省的公办园比例排名第三，仅次于新疆维吾尔自治区和西藏自治区，并高于全国其他省份；甘肃省（49.59%）、山西省（56.13%）、山东省（57.87%）、天津市（59.07%），公办园比例在40%～60%，可称为公办、民办并举的办园格局；而其他的20个省份是均以民

办园为主的格局，其中江西省（92.47%）和广西壮族自治区（91.41%）民办园超过了90%，海南省（89.64%）、湖南省（87.07%）、四川省（85.49%）、重庆市（82.07%）和河南省（79.65%）5个省份的民办园比例也接近或超过了80%（图3-17）。

从在园儿童数及其比例来看，公办园在园儿童数比例在60%以上的省份有9个，分别是贵州省（61.39%）、山东省（62.17%）、上海市（71.63%）、河北省（71.96%）、天津市（74.85%）、江苏省（75.48%）、新疆维吾尔自治区（82.04%）、西藏自治区（85.85%）和北京市（96.83%），它们以在园儿童数的绝对优势体现以公办园为主的办园格局。河北省的公办园在园儿童数在全国排名第四，有71.76%的适龄儿童就读于公办园，接受公益并普惠的学前教育。民办园在园儿童数比例占近60%以上绝对优势的省份有海南省（77.85%）、江西省（74.57%）、湖南省（70.10%）、浙江省（64.40%）、广东省（62.99%）、陕西省（61.54%）6个省份（图3-18）。

综合分析幼儿园办园数量和在园儿童数两个方面的因素，公办园数量和公办园在园儿童数两者均占60%以上，体现出以公办园为主体格局的省份有6个，分别是上海市、北京市、江苏省、河北省、新疆维吾尔自治区和西藏自治区，河北省以公办园比例66.31%和公办园在园儿童数比例71.96%位列其中，体现以公办园为主体的格局。民办园和民办园在园儿童数均占60%以上，体现出以民办园为主体格局的省份有海南省、江西省、湖南省、浙江省和广东省。公办园数和民办园数与在园儿童数均在40%～60%的省份有甘肃省和山西省2个省份，属于公办、民办平分秋色的办园格局，而其他18个省份的办园格局仍不明确。

总之，在2012年的办园格局分析上，河北省以公办园和公办园在园儿童均超过60%的优势，体现出公办园为主的办园格局。这与政府在《国家中长期教育改革和发展规划纲要》中提出的公办民办并举的办园格局要求还相差甚远，河北省还需继续加大发展民办园的力度，尤其是对普惠性民办园的发展。

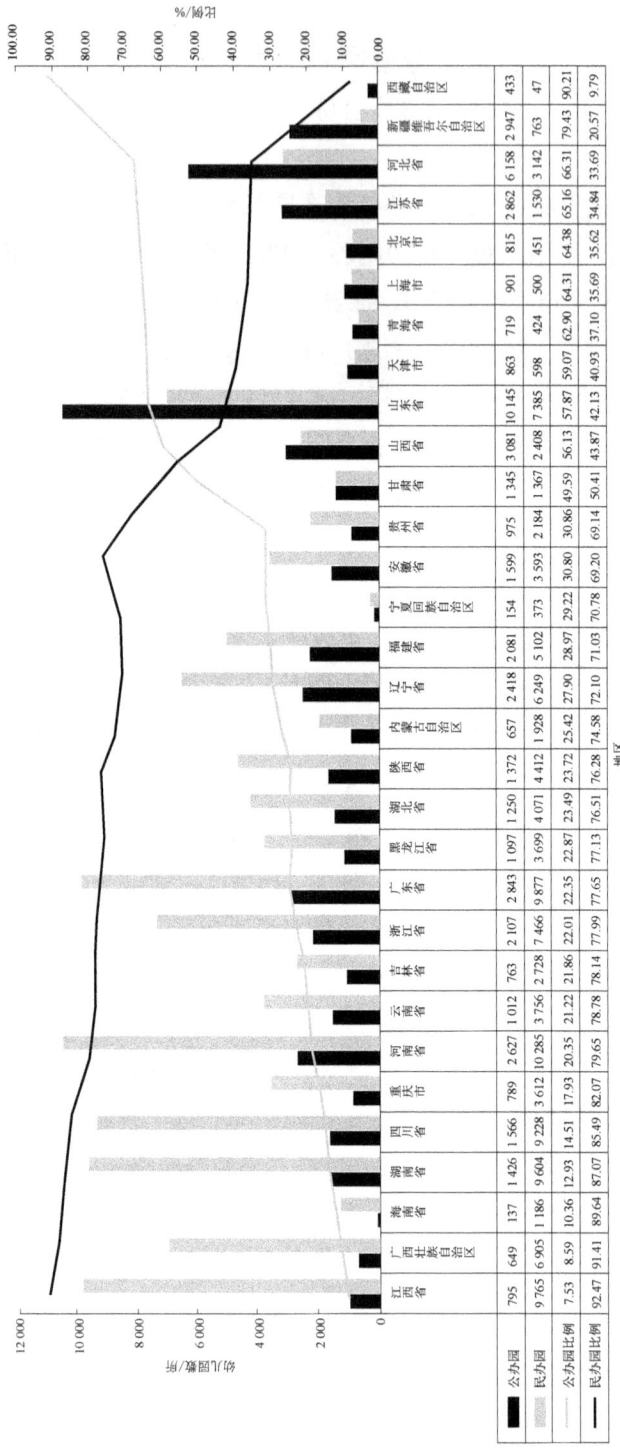

图3-17 2012年部分省份公办和民办幼儿园的数量和比例

注:①图中数据根据《中国教育年鉴》相关数据计算得出;②各省份按公办园比例由低到高排列。

资料来源:中华人民共和国教育部发展规划司.2014.中国教育年鉴2013.北京:人民教育出版社.

第三章 河北省与全国其他省、自治区、直辖市学前教育发展比较

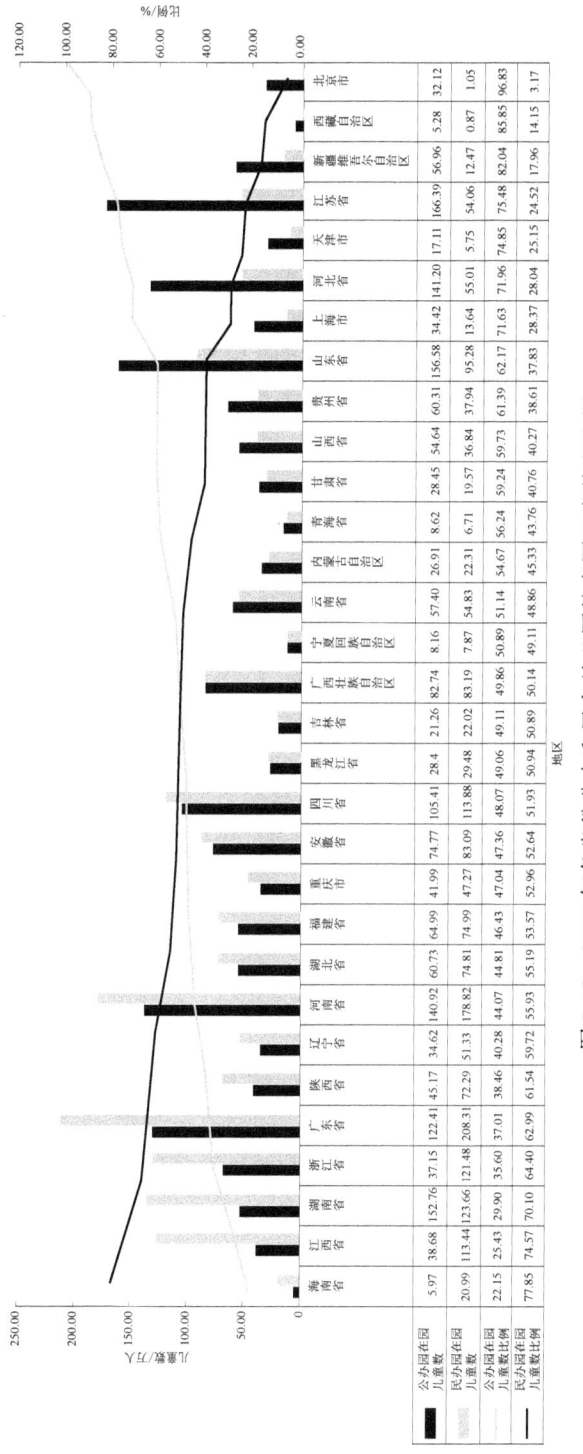

图 3-18 2012 年各省份公办和民办幼儿园的在园儿童数和比例

注：图中数据根据《中国教育年鉴》相关数据计算得出各省份按公办幼儿园在园儿童数比例由低到高排列。

资料来源：中华人民共和国教育部发展规划司. 2013. 中国教育年鉴 2013. 北京：人民教育出版社.

二、全国其他省市优化办园格局的相关政策借鉴[①]

(一) 江苏省、上海市促进公办民办并举办园格局的形成

构建公办主导与多元并举的幼儿教育发展格局。两地均坚持以公办园为骨干,同时探索多元办园形式,形成公办主导与多元并举的幼儿教育发展格局。

江苏省一方面突出公办园,尤其是教育部门办园的主体和骨干作用,另一方面坚持"多元办园"方针,大力鼓励民办园、非教育部门办园的发展;形成了公办园与民办园共同发展、教育部门办园与其他部门办园共同存在、正规教育与非正规教育相互结合的幼儿教育发展格局。为了促进农村幼儿教育发展,江苏省政府明确规定全省中小学布局调整过程中产生的富裕校舍、设备和人员必须用于发展幼儿教育事业。按照服务人口 5 000 人左右设一所幼儿园,由此形成一个乡镇有一个中心园、下设若干成型园和办班点的农村幼儿教育服务网络。上海市政府明确提出"办好公办园,让每一个公民享受公平教育的权力,是政府义不容辞的责任",强调公办园尤其是公办示范园、一级园的骨干示范作用,同时按照《民办教育促进法》"积极鼓励、大力支持、正确引导、依法管理"的方针,鼓励社会各界参与办园,形成了以政府为主导,公办园为骨干和示范,公办、民办、股份制、中外合作办园等多元办园体制。

(二) 青岛市幼儿园 80% 要公办

青岛市鼓励优质公办幼儿园举办分园或合作办园。制定优惠政策,支持街道、农村集体举办幼儿园。采取政府资金补助、减免规费、减免租金、以奖代补、派驻公办教师等方式,引导和支持民办幼儿园提供普惠性服务。以区(市)为单位编制实施"学前教育三年行动计划",确保全市适龄儿童接受有质量的学前教育,妥善解决外来务工人员随迁子女入园问题。为增加公办园的数量,将把实验类幼儿园纳入财政拨款范围,把列入机构编制管理的自收自支幼儿园纳入财政补贴范围,逐步将现有镇(街)中心幼儿园等一批幼儿园办成公办幼儿园。

根据《教育规划纲要》的计划,青岛市通过新建、改扩建、撤并等形式,

---

① 南京师范大学研究所课题.2014.学前教育体制与机制改革研究 http://spece.njnu.edu.cn/Html/dfjy/df_jy/5420120501152200.html[2017-04-03].

自 2011 年起,按省定标准建好 150 所镇(街)公办幼儿园和 1000 所左右的农村独立幼儿园。2015 年城乡公办、公办性质幼儿园数和在园幼儿数分别占幼儿园总数和在园幼儿总数的 80%;镇(街)公办幼儿园公办教师数不低于教师总数的 50%,每所农村独立幼儿园和附设幼儿班至少有一名公办幼儿教师。区(市)统筹幼儿教师资源,通过向薄弱幼儿园和民办幼儿园选派优秀公办教师的办法,提高整体办园质量。2015 年全市城乡 90% 以上的幼儿园达到省定办园标准,2017 年前全部达到省定标准。同时,还要整合资源,建设一处高水平的幼儿教师教育基地。

(三)常州市办园体制创新

一是创新办园机制。通过合并办园、示范园办民办分园、对外合作办园、新建配套幼儿园、利用海外捐款改造幼儿园等方式加快优质幼教资源的扩张。先后与台湾市、新加坡和市内的房地产公司等投资方合作创办了大地幼稚园、吉得堡幼儿园等一批具有良好办学声誉的幼儿园,这些幼儿园成为全市学习、借鉴国际先进幼儿教育理念与经验,开展对外交流与合作的窗口,对进一步提升全市幼教水平起到了积极的推动作用。

二是整合教育资源。为做大做强幼儿教育,常州市积极推进现有幼儿教育资源整合工作。例如,钟楼、天宁两个老城区,他们兼顾老百姓就近入园和幼儿园规模发展的需要,将相邻两园合二为一,进行资产重组,人员重置,从而提高办园效益。同时,全市积极采用借力发展的策略,对身居老城区办园历史悠久但条件较差的一些小园,借城市发展新建小区配套园之力,或易地重建,或用一部分拆迁费扶持临近园舍设施急需改造更新的幼儿园。

三是开展优质创建。为调动地方政府和社会力量加大幼儿教育投入的积极性,促进幼儿教育跨越式发展,常州市灵活开展优质幼儿园创建工作。第一,增加和扩大优质学校的类别,即在市一类园与省示范园的类别中增设市示范园类别。第二,采用"硬件先上级,软件随后跟"的创建策略,通过创建先促政府投入到位,等创建成功后,心无旁骛地抓内涵建设。事实证明,这两项举措为全市创建省示范幼儿园夯实了基础。

四是开展特色创建。为开发幼儿潜能,发展幼儿个性特长,满足家长对幼儿教育多元化的需求,常州市于 2008 年出台了《常州市特色幼儿园评估细则》,

正式启动特色幼儿园创建工作。目前，经过申报、评审，已有11所幼儿园被评为特色幼儿园。通过特色幼儿园的创建，不仅引导幼儿园加强内涵建设，提升办园水平。同时，通过提高特色幼儿园的收费标准，一定程度上缓解了部分优质幼儿园办园经费不足的困难。

第五节 幼儿园师资状况与教师队伍建设

一、各省份教职工数量情况

教职工数量较多的省份与数量较少的省份差异较大，河北省排名靠前。

从所有统计的省份来看，其中教职工人数最少的5个省份是青海省、西藏自治区、宁夏回族自治区、天津市、海南省，西藏自治区教职工数量最少，为4 098人，其次为青海省11 711人。教职工人数最多的5个省份是广东省、河南省、山东省、江苏省、浙江省，其中广东省教职工数量最多，为436 203人，其次为河南省273 316人。河北省教职工数量为149 194（图3-19）。我们把2005年和2015年教职工数进行比较，西藏自治区、贵州省、陕西省等省份增幅较大，其中西藏自治区增幅为509.82%，贵州省为426.55%，陕西省为386.63%。天津市、上海市、辽宁省、北京市等省份增幅较小，天津市仅为58.88%，上海市为98.81%（图3-20）。

二、各省份师资队伍学历情况

幼儿园师资队伍学历以专科学历以上的为主，河北学历增长率相对缓慢。

2005年教师队伍学历比例中专科以上比例，其中在70%以上的有3个省份，分别是上海市、宁夏回族自治区、新疆维吾尔自治区。而整体水平在60%以上的省份有北京市、吉林省、青海市、内蒙古自治区和河北省。可以看出，在全国教师学历状况的分配中，高学历并非只分配于中、东部沿海发达城市。在我国的西部、北部特别是少数民族地区，教师队伍整体的学历水平也和北京地区的水平相差无几。在全国范围来看，教师学历分配均衡，河北省在全国各省市中排名第八位。到2015年，很多在2005年以前教师学历不高的偏远贫困地区

第三章　河北省与全国其他省、自治区、直辖市学前教育发展比较

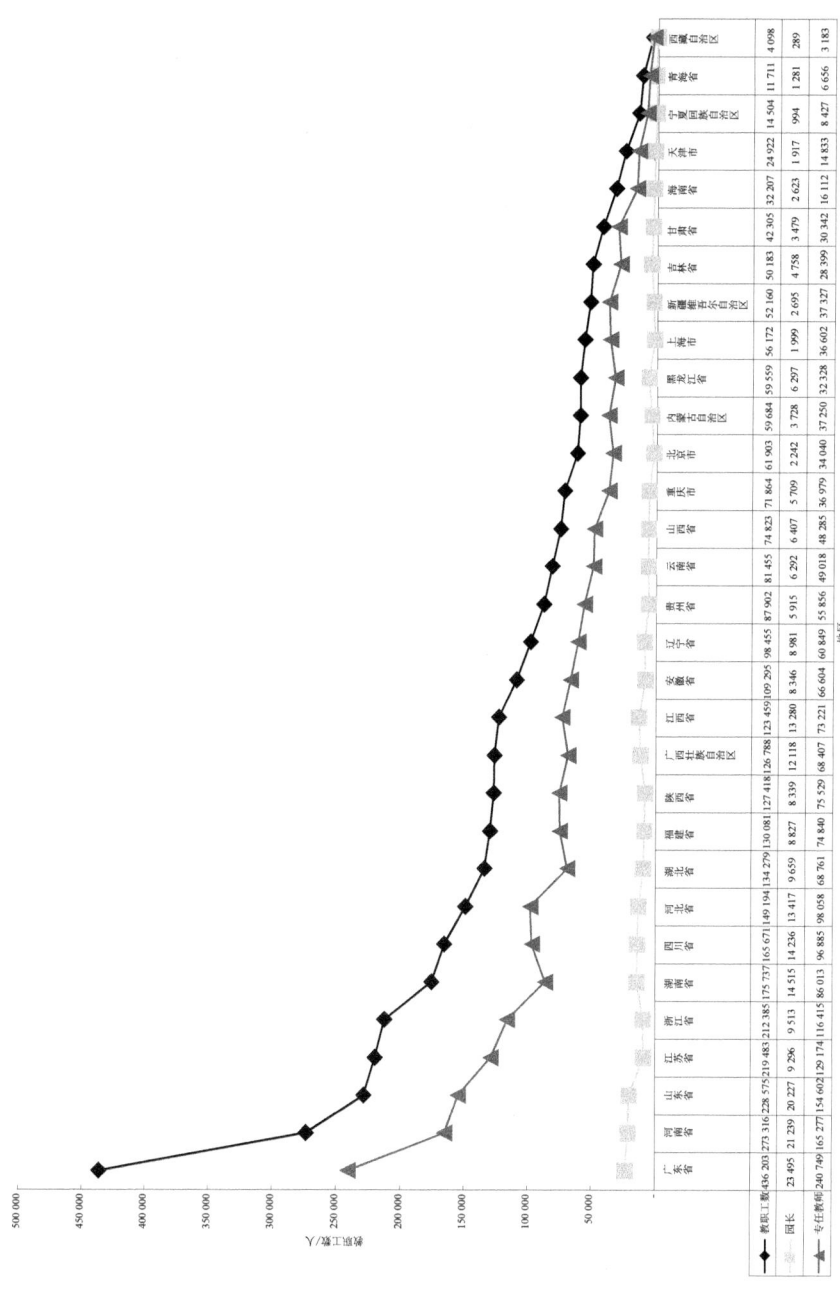

图 3-19　2015 年部分省份幼儿园教职工数

注：图中数据根据《中国教育年鉴》相关数据计算得出。

资料来源：中华人民共和国教育部发展规划司. 2015. 中国教育统计年鉴 2015. 北京：人民教育出版社.

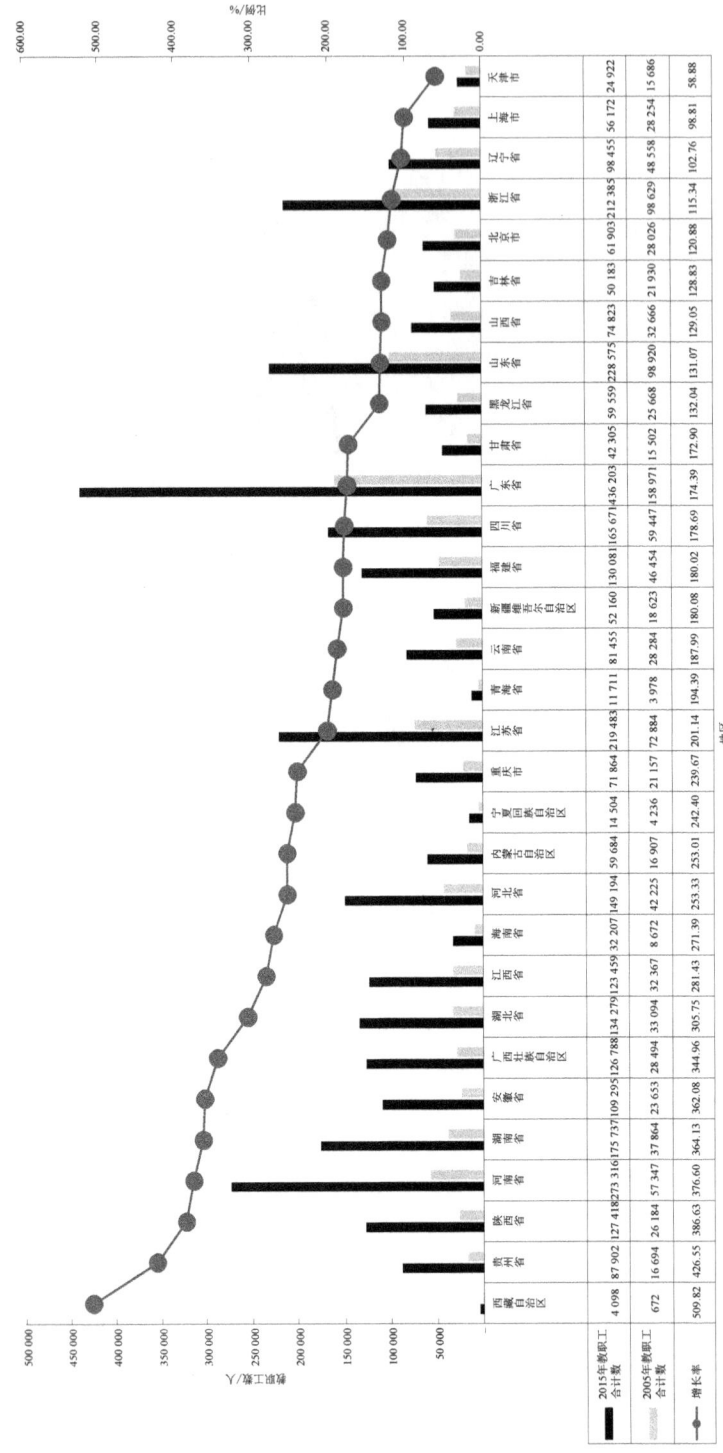

图3-20 部分省份2005年与2015年幼儿园教职工数

注：图中数据根据《中国教育年鉴》相关数据计算得出。

资料来源：中华人民共和国教育部发展规划司.2005～2015.中国教育统计年鉴.北京：人民教育出版社.

的师资学历水平也有显著提高。但是,河北省从2005年的第八位降到了2015年的第二十位。从整个教师学历的增长率来看,西藏自治区是增长速度最快的地区,其次是浙江省,第三名是山东省,第四名是四川省,第五名是江苏省。而河北省在31个省份中排名第二十六位,是教师队伍学历增长率相对缓慢的地区(图3-21)。

在2015年教师队伍中专科以上学历达到90%的省份只有上海市,而80%以上的省份有北京市、天津市、内蒙古自治区、江苏省、西藏自治区、宁夏回族自治区,70%以上的省份有新疆维吾尔自治区、甘肃省、安徽省、陕西省、吉林省、黑龙江省、浙江省、河北省和山西省。在趋势图中可以看出,上海市一直是高学历师资队伍的聚集地。同时,国家对少数民族地区师资队伍的学历状况也非常重视,像内蒙古自治区、西藏自治区和新疆维吾尔自治区这样的地区在教师学历比例上排名一直靠前(图3-22)。

三、各省份师资队伍职称情况

各省份中未评职称的教师比例高,多数省份过半数的教师未评职称,而河北省已评职称比例居于中等水平。

研究发现,虽然当前幼儿园教师学历合格率很高,但是已评职称教师的比例依然很低。

从部分省份的情况来看,已评职称的教师比例最高的省份是上海市(71.84%)、西藏自治区(52.53%),这2个省份半数以上的教师已评职称。相比较而言,已评职称比例最低的省份是江西省(13.81%)、重庆市(15.78%)、广东省(17.06%)、海南省(18.06%)、广西壮族自治区(19.09%)、河南省(19.72%),这6个省份已评职称的教师比例都不足20%。和其他省份相比,河北省已评职称比例(38.84%)排名第九,居于中等水平(图3-23)。

2005年与2015年的相关数据可见,除浙江省和西藏自治区2个省份外,29个省份未评职称的幼儿园教师数量均有不同程度的增长。尤其是宁夏回族自治区、内蒙古自治区、湖北省、河北省、吉林省、北京市、上海市、安徽省、山西省、青海省、广西壮族自治区、重庆市、河南省、云南省、贵州省15个省份未评职称的园长和专任教师增幅在50%以上(图3-24)。

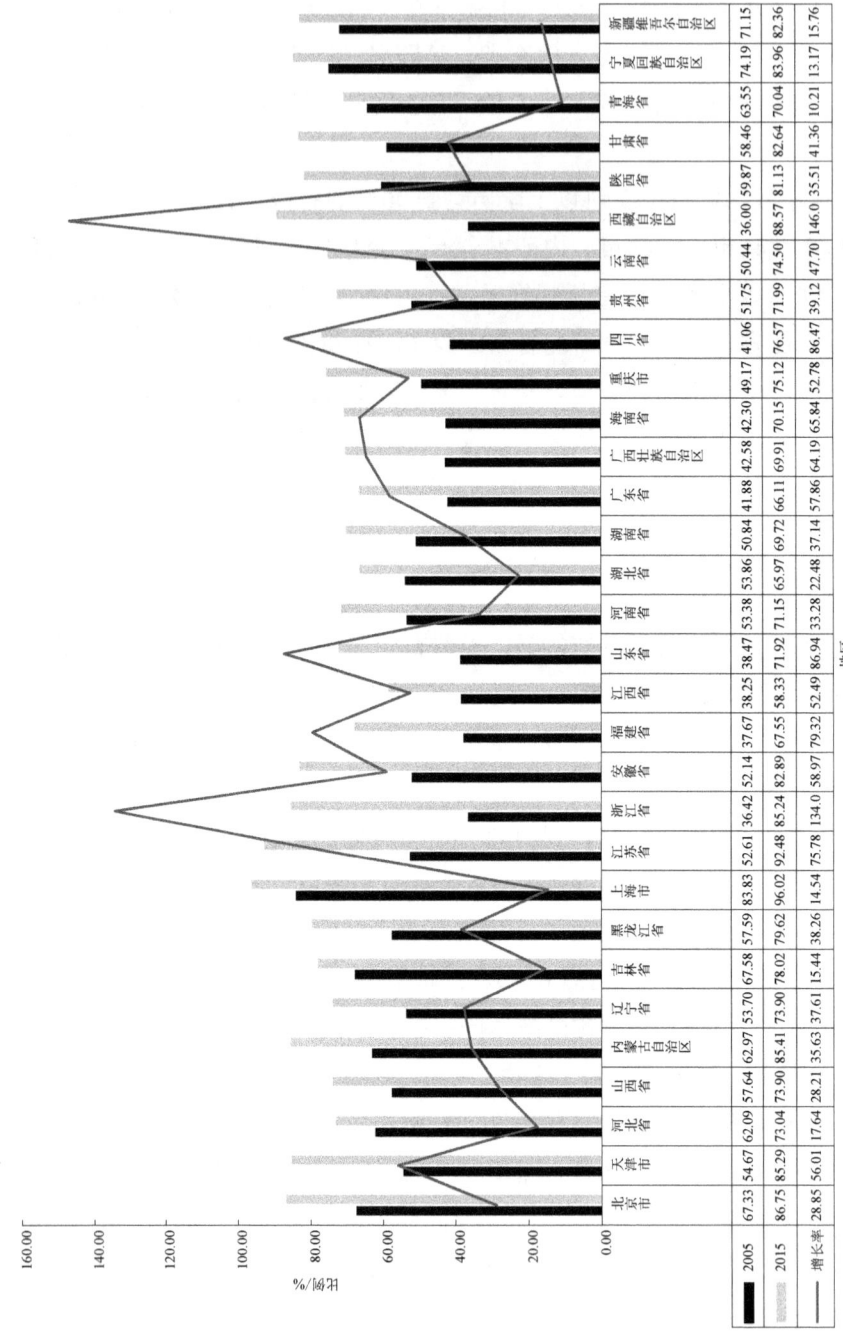

图 3-21 2005 与 2015 年部分省份幼儿园园长和专任教师专科以上学历比例

资料来源：中华人民共和国教育部发展规划司. 2005～2015. 中国教育统计年鉴. 北京：人民教育出版社.

注：图中数据根据《中国教育年鉴》相关数据计算得出。

第三章 河北省与全国其他省、自治区、直辖市学前教育发展比较

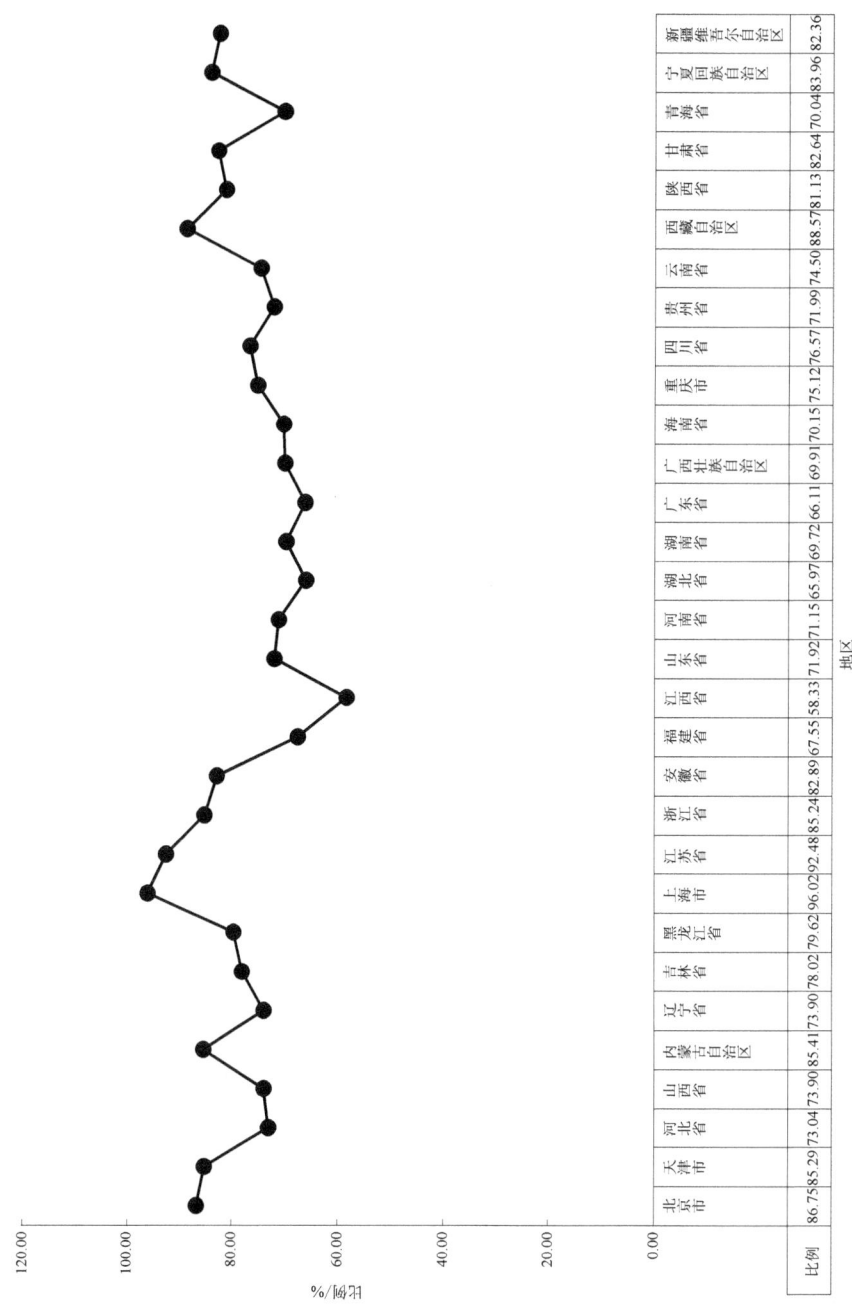

图 3-22 2015 年部分省份幼儿园园长和专任教师专科以上学历比例

注：图中数据根据《中国教育年鉴》相关数据计算得出。

资料来源：中华人民共和国教育部发展规划司．2015．中国教育统计年鉴 2015．北京：人民教育出版社．

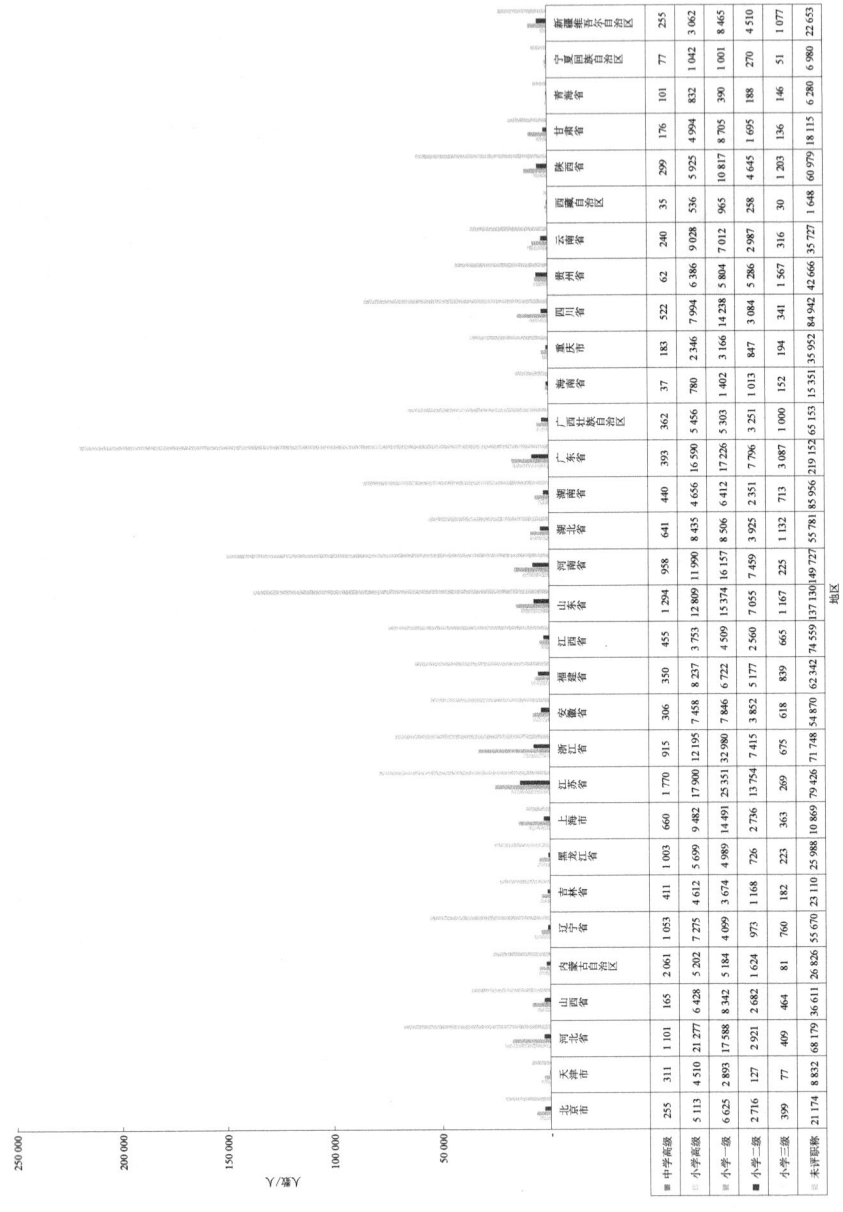

图 3-23 2015 年部分省份幼儿园园长和专任教师职称情况

注：图中数据根据《中国教育年鉴》相关数据计算得出。

资料来源：中华人民共和国教育部发展规划司.2015.中国教育统计年鉴 2015.北京：人民教育出版社.

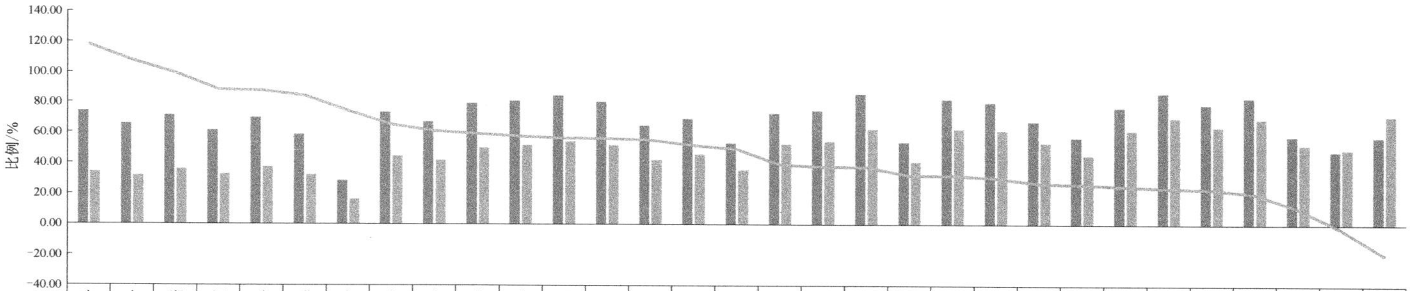

第三章 河北省与全国其他省、自治区、直辖市学前教育发展比较

地区	宁夏回族自治区	内蒙古自治区	湖北省	河北省	吉林省	北京市	上海市	安徽省	山西省	青海省	广西壮族自治区	重庆市	河南省	云南省	贵州省	天津市	陕西省	福建省	湖南省	甘肃省	海南省	辽宁省	黑龙江省	新疆维吾尔自治区	四川省	江西省	山东省	广东省	江苏省	西藏自治区	浙江省
2015	74.09	65.46	71.13	61.16	69.70	58.36	28.16	73.21	66.94	79.12	80.91	84.22	80.28	64.59	69.07	52.73	72.71	74.51	85.50	53.56	81.94	79.72	67.28	56.60	76.44	86.19	78.44	82.94	57.36	47.47	56.98
2005	33.99	31.55	35.72	32.52	37.17	31.70	16.18	44.31	41.64	49.75	51.44	53.97	51.46	41.70	45.63	35.40	52.30	54.20	62.29	40.60	62.19	61.24	53.10	44.86	61.23	69.77	63.74	69.02	51.84	48.89	70.93
增长率	117.98	107.52	99.13	88.10	87.52	84.08	74.04	65.21	60.78	59.05	57.30	56.05	55.98	54.89	51.39	48.96	39.01	37.48	37.27	31.91	31.75	30.19	26.70	26.18	24.83	23.54	23.06	20.16	10.66	-2.91	-19.6

图 3-24 2005 年与 2015 年部分省份幼儿园园长和专任教师未评职称比例情况

注：图中数据根据《中国教育年鉴》相关数据计算得出。

资料来源：中华人民共和国教育部发展规划司. 2005～2015. 中国教育统计年鉴. 北京：人民教育出版社.

综合以上分析可以看出，河北省幼儿园教师队伍不断壮大，但职称评定问题依然没有得到解决或者没有跟上，这会对教师的专业发展、工作积极性及工资待遇等方面产生直接的不良影响。改革体制机制，将幼儿园教师的职称评定纳入中小学教师行列，并依据基数来确定名额才是关键措施。

四、各省份生师比情况比较

全国生师比较高，河北省趋于下降。

截至2015年，全国幼儿生师比较高，其中幼儿与教职工之比比值均为13.60，幼儿与专任教师之比比值平均达到了21.16。

从全国31个省份来看，幼儿与教职工之比比值最高的5个省份是西藏自治区、安徽省、甘肃省、广西壮族自治区、云南省，分别是21.5、17.0、16.6、16.3、15.9，其中河北省为第八，是15.5；最低的5个省份是北京市、黑龙江省、浙江省、广东省、吉林省，分别是6.4、8.9、9.0、9.2、9.2。幼儿与专任教师之比比值最高的5个省份是广西壮族自治区、安徽省、青海省、西藏自治区、云南省，分别是30.0、27.9、27.7、27.6、26.4，其中河北为第十一，是23.6；最低的5个省份是北京市、上海市、辽宁省、内蒙古自治区、吉林省，分别是11.6、14.6、15.0、15.9、16.3（图3-25）。

各省份在2005～2015年，幼儿与教职工比增长率基本下降，青海省、西藏自治区、甘肃省、广西壮族自治区、贵州省、四川省和陕西省的幼儿与教职工比增长率为上升，分别是118.5%、46.0%、26.5%、20.9%、10.8%、7.8%、7.5%。下降的省份中最高的是北京市、辽宁省、天津市、吉林省、内蒙古自治区，分别是84.6%、69.8%、67.5%、66.2%、65.6%；最低的是新疆维吾尔自治区、湖南省、河南省、山东省、云南省，分别是1.7%、13.8%、15.3%、15.7%、16.4%。

第三章 河北省与全国其他省、自治区、直辖市学前教育发展比较

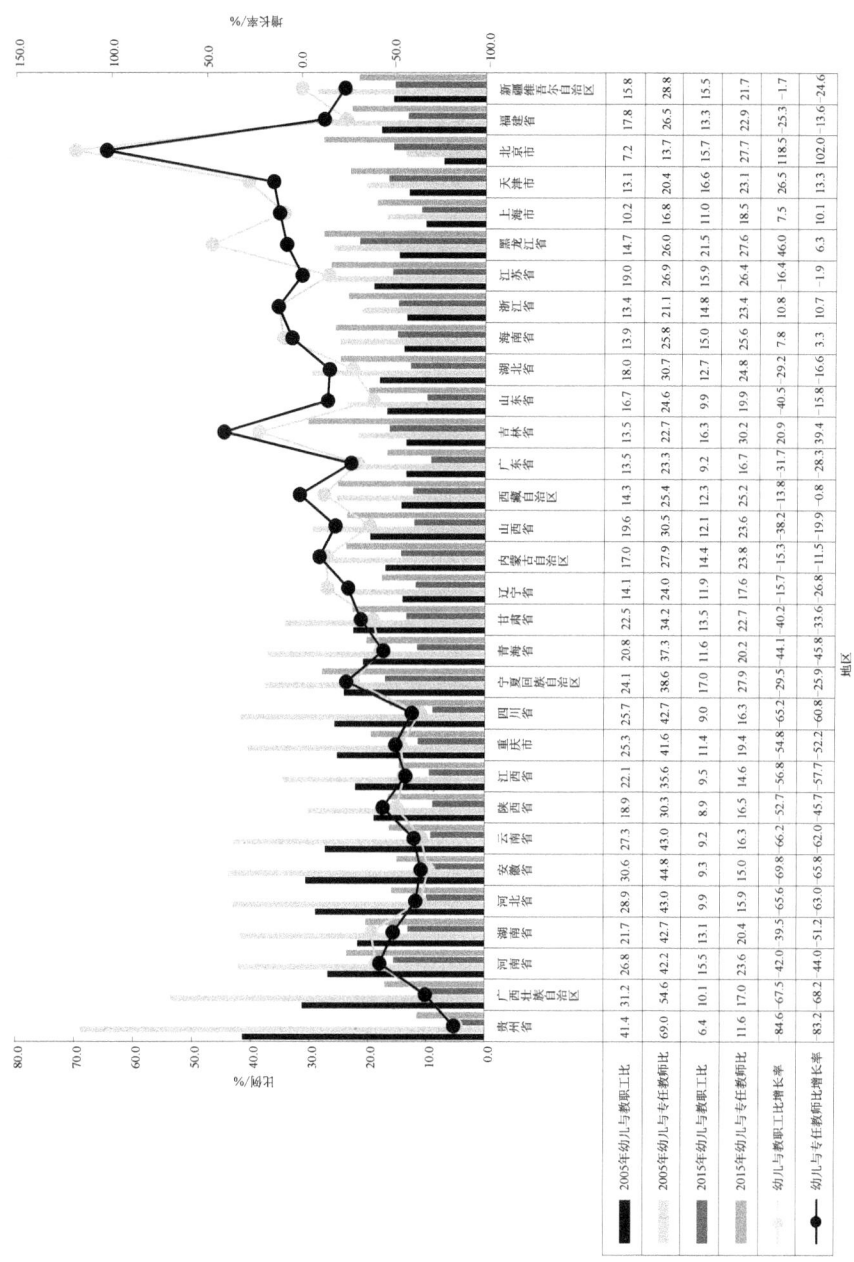

图 3-25 2005 年与 2015 年部分省份幼儿园的生师比

注：图中数据根据《中国教育年鉴》相关数据计算得出。

资料来源：中华人民共和国教育部发展规划司. 2005～2015. 中国教育统计年鉴. 北京：人民教育出版社.

第六节 幼儿园办园条件与硬件建设

从幼儿园占地面积和建筑面积以及生均占地面积和生均建筑面积来看,对 2008～2015 年相关数据的比较发现,河北省的办园条件和硬件水平在近 8 年间有一定的改善和提高,但是距全国平均水平仍有一定差距。

一、生均占地面积和生均建筑面积情况

(一)河北省生均占地面积和生均建筑面积与其他省份比较情况

1. 全国生均占地面积和生均建筑面积低于国家标准

我国为完善相关幼儿园建设的标准,共出台了两套规定标准,分别为 1988 年出台的《城市幼儿园建筑面积定额(试行)》和 2010 年出台的《幼儿园建设标准》,两套规定标准的出台有利于创造适合幼儿全面发展的办园条件和育人环境,加强了幼儿园建设的科学化和规范化管理,提高为幼儿园园舍的规划和设计质量,提高了建设水平。[①]

两套标准规定对园舍面积定额、用地面积的定额作了具体规定,成为全国幼儿园建设的规范。《城市幼儿园建筑面积定额(试行)》规定了幼儿园规模:分 6 班、9 班、12 班三种,在园幼儿园总数分别为 180 人、270 人、360 人。根据表 3-1 所示,在《幼儿园建设标准》里,考虑到各地经济条件和地域差异、城乡差异,必备指标分为一级指标和二级指标。农村幼儿园不应低于一级指标,城镇幼儿园不应低于二级指标。

表 3-1 幼儿园建设标准

指标 规模	一级指标		二级指标		未达标	
	总建筑面积	生均建筑面积	总建筑面积	生均建筑面积	总建筑面积	生均建筑面积
6班(180人)	1097	6.09	2200	12.22	492	2.73
9班(270人)	—	—	3145	11.65	684	2.53
12班(360人)	—	—	4046	11.24	795	2.21

---

① 田汉族,田甜. 2016.10 年来我国幼儿园生均面积变化趋势研究. 教育导刊,(1):9-14.

根据数据统计,在 2015 年,全国幼儿园生均占地面积达到了 10.13 平方米,生均校舍建筑面积达到了 6.06 平方米。按一级指标看,生均建筑面积初步达到一级指标规定的幼儿园生均建筑面积;但按照二级指标,国家规定的幼儿园生均建筑面积最低为 11.24 平方米,根据实际情况,全国学前教育生均建筑用地只达到了国家规定的生均建筑用地的一半左右,远未达标。

(二)河北省生均占地面积尚可,生均建筑面积远低于国家标准

从图 3-26 看出,生均占地面积最大的 5 个省份分别是青海省、西藏自治区、内蒙古自治区、山东省、上海市,分别达到 23.50、22.03、20.11、19.77、16.51 平方米;最小的 5 个省份是安徽省、福建省、重庆市、四川省、广西壮族自治区,分别是 8.50、8.23、7.45、7.27、5.46 平方米。

分析河北的生均占地面积情况,河北省生均占地面积为 12.84 平方米,在全国 31 个省份(除港澳台地区)中,河北省排第十三位,处于中间位置。与最高生均占地面积的青海省相比,相差 10.66 平方米;其中广西壮族自治区生均面积最低,河北省生均面积比广西多 7.38 平方米。

生均建筑面积最大的 5 个省份分别是上海市、北京市、浙江省、江苏省、内蒙古自治区,分别为 19.54、9.83、8.22、8.17、7.99 平方米。生均建筑面积最小的 5 个省份分别是河北省、河南省、四川省、安徽省、广西壮族自治区,分别为 4.72、4.63、4.56、4.31、4.17 平方米。

分析河北省的生均建筑面积情况,可以看到河北省的生均建筑用地仅为 4.72 平方米,在全国排后五位,远远落后与全国平均水平。具体来说,上海市幼儿园的生均建筑用地是河北的 4.14 倍,河北省的生均建筑用地比上海少 14.82 平方米。而国家规定的幼儿园生均建筑面积二级指标最低为 11.24 平方米,河北省也远远未达到标准(图 3-26)。

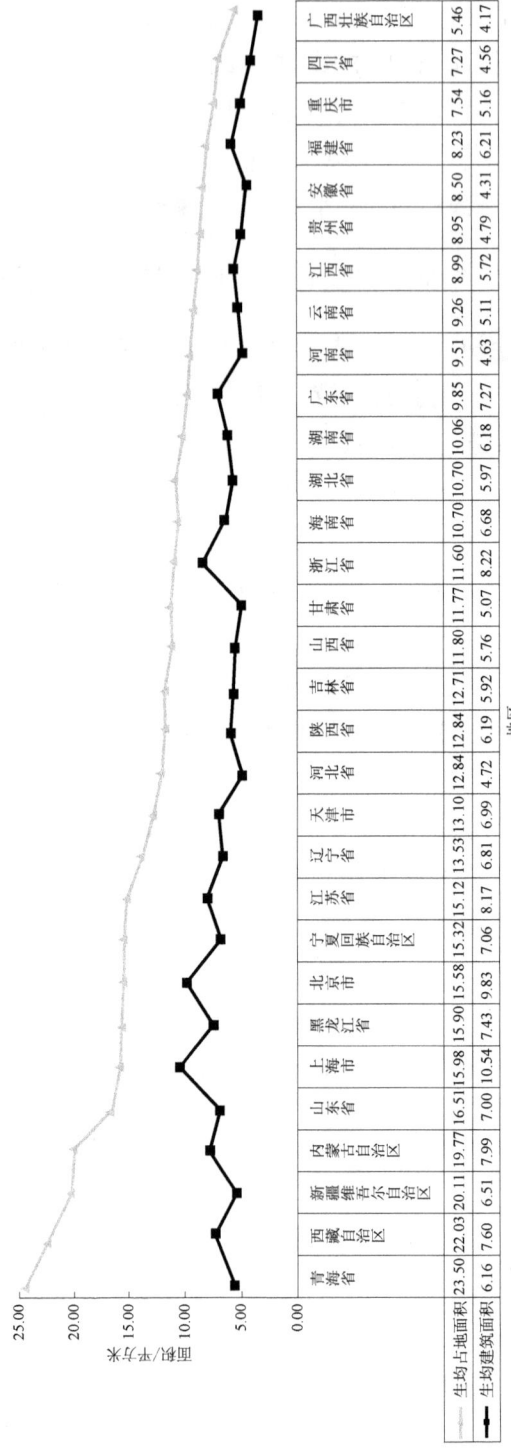

图 3-26 2015 年全国部分省份生均占地面积和建筑面积

资料来源：中华人民共和国教育部发展规划司. 2015. 中国教育统计年鉴 2015. 北京：人民教育出版社.

1. 河北省生均占地面积增长状况

本书对 2008～2015 年全国 31 个省份的幼儿园生均占地面积和生均建筑面积增长情况作了统计分析，从数据来看，各省份差异较大。

生均占地面积增长最多的 5 个省份分别是青海省、内蒙古自治区、宁夏回族自治区、新疆维吾尔自治区、贵州省，所占面积分别是 15.12、8.08、7.88、7.23、5.94 平方米。生均占地面积增长最少的 5 个省份分别是海南省、广西壮族自治区、山西省、上海市、北京市，所占面积分别是 1.32、1.28、1.10、-0.14、-1.49 平方米，尤其是上海市和北京市，这两个省份的生均占地面积有所下降，呈现负增长趋势。

河北省生均占地面积增长了 3.10 平方米，在全国 31 个省份中处于中间位置，排第十五位，比生均面积增幅最大的青海省少 12.02 平方米；比生均占地面积增幅最小的北京市多 4.59 平方米。根据数据分析，全国 31 省份平均生均占地面积增幅为 3.50 平方米，从全国平均状态来看，河北省略低于全国平均水平（图 3-27）。

2. 河北省生均建筑面积增长状况

从图 3-27 可以看出，生均建筑面积增长最多的 5 个省份是宁夏回族自治区、内蒙古自治区、黑龙江省、贵州省和江苏省，所占面积分别是 3.98、3.40、3.31、3.01、2.98 平方米。生均建筑面积增长最少的 5 个省份分别是山西省、广东省、上海市、北京市、西藏自治区，所占面积分别是 0.97、0.61、0.14、-0.09、-0.61 平方米。其中，北京市和西藏自治区的生均建筑面积呈减少趋势，分别减少了 0.09 平方米和 0.61 平方米。

河北省生均建筑面积增加了 1.69 平方米，全国 31 个省份（除港澳台地区）的平均生均建筑面积为 1.86 平方米，可以看出河北省的生均面积增长低于全国平均水平，落后于全国其他大部分省份（图 3-27）。

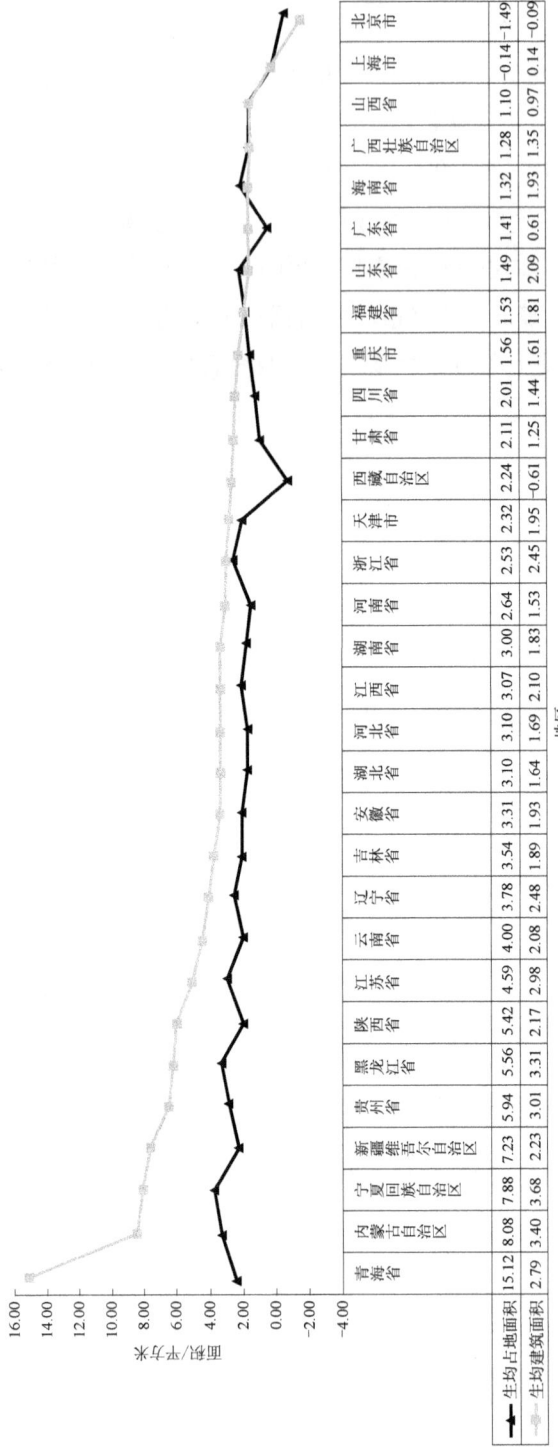

图 3-27 河北生均占地面积和建筑面积增长情况

资料来源：中华人民共和国教育部发展规划司. 2015. 中国教育统计年鉴 2015. 北京：人民教育出版社.

二、幼儿园园舍建设各种用房

根据图3-28，全国各省份的幼儿园师均办公用地面积均大于生均睡眠室面积和活动室面积，河北与其他省份相比较，具体情况如下。

（一）河北省生均活动室面积状况

对2015年全国省份生均活动室面积进行数据分析，从图3-28可以看出，生均活动室面积最多的5个省份分别是上海市、新疆维吾尔自治区、江苏省、浙江省、北京市，所占面积分别是4.40、4.40、3.35、3.16、3.04平方米。面积最小的5个省份分别是云南省、安徽省、四川省、贵州省、广西壮族自治区，所占面积分别是2.01、1.95、1.95、1.79、1.69平方米。

数据表明，河北省幼儿园的生均活动室面积是2.04平方米，全国平均幼儿园生均活动室面积为2.46平方米，比生均活动室面积最大的上海少2.36平方米。可以看出，河北省幼儿园生均活动室面积不足全国平均水平，幼儿活动室面积仍相对过小。

（二）河北省生均睡眠室状况

对全国省份的生均睡眠室面积进行分析，可以看出生均睡眠室面积最大的5个省份分别是新疆维吾尔自治区、北京市、浙江省、江苏省和内蒙古自治区，所占面积分别是2.30、1.78、1.46、1.38、1.38平方米；生均睡眠室面积最小的5个省份分别是河南省、山西省、河北省、甘肃省和安徽省，生均面积分别是0.80、0.78、0.75、0.67、0.67平方米。

根据图3-28所示，河北省的生均睡眠室面积是0.75平方米，全国平均幼儿园生均睡眠室面积为1.06平方米。可以看出，河北省在全国省份生均睡眠室面积水平中处于较低水平，远未达到全国平均水平。

（三）河北省师均办公用房面积

对全国省份的师均办公用房面积进行分析，可以看出师均睡眠室面积最大的5个省份分别是西藏自治区、新疆维吾尔自治区、甘肃省、山西省和青海省，所占面积分别是10.36、6.57、5.67、4.83、4.66平方米。师均睡眠室面积最小的5个省份分别是广西壮族自治区、北京市、海南省、吉林省和广东省，所占面积分别为 2.32、2.30、2.21、2.16、1.98 平方米。

河北省幼儿园师均办公用房面积为 3.39 平方米，全国平均幼儿园师均办公用房面积为 3.02 平方米。可以看出，在师均办公用房面积方面，河北省略高于全国平均水平（图 3-28）。

三、幼儿园生均户外活动面积

（一）河北省生均户外活动面积情况

对全国各省份的幼儿园生均户外活动面积进行统计分析，从图 3-29 可以看出，全国生均户外活动面积最多的 5 个省份分别是内蒙古自治区、山东省、青海省、黑龙江省、新疆维吾尔自治区，所占面积分别是 6.28、6.10、5.78、5.65、5.65 平方米。全国生均户外活动面积最少的 5 个省份分别是江西省、重庆市、安徽省、四川省、广西壮族自治区，所占面积分别是 2.77、2.68、2.58、2.44、1.91 平方米。

河北省 2015 年生均户外活动面积为 4.42 平方米，在全国各省份中处于居中地位，排第十四位。根据数据统计，全国平均生均户外活动面积为 3.73 平方米，可以看出河北省的生均户外活动面积略高于全国平均水平，但是与最高生均户外活动面积的内蒙古自治区相比，少 1.86 平方米。

（二）河北省生均户外活动面积增长情况

从图 3-29 看出，全国各省份生均户外活动面积增长最明显的 5 个省份分别是青海省、宁夏回族自治区、贵州省、黑龙江省、内蒙古自治区，所占面积分别是 2.95、2.31、2.10、1.63、1.60 平方米。有 8 个省份呈现减少的趋势，生均户外活动面积减少最多的 5 个省份分别是海南省、山东省、上海市、天津市、北京市，所占面积分别减少了 0.27、0.82、0.97、1.05、1.63 平方米。

河北省生均户外活动面积八年间减少了 0.10 平方米，生均户外活动面积不能很好地满足幼儿的户外活动需要。

第三章 河北省与全国其他省、自治区、直辖市学前教育发展比较

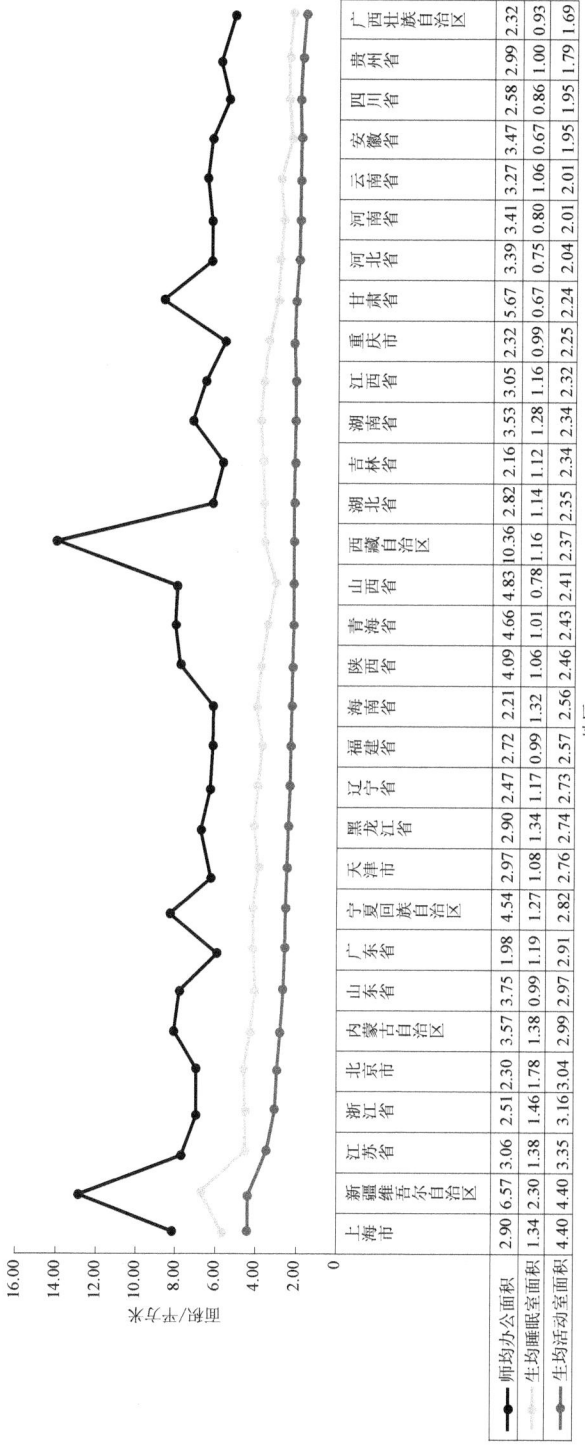

图 3-28 2015 年全国部分省份幼儿园生均活动室、睡眠室面积和师均办公面积

资料来源：中华人民共和国教育部发展规划司. 2015. 中国教育统计年鉴 2015. 北京：人民教育出版社.

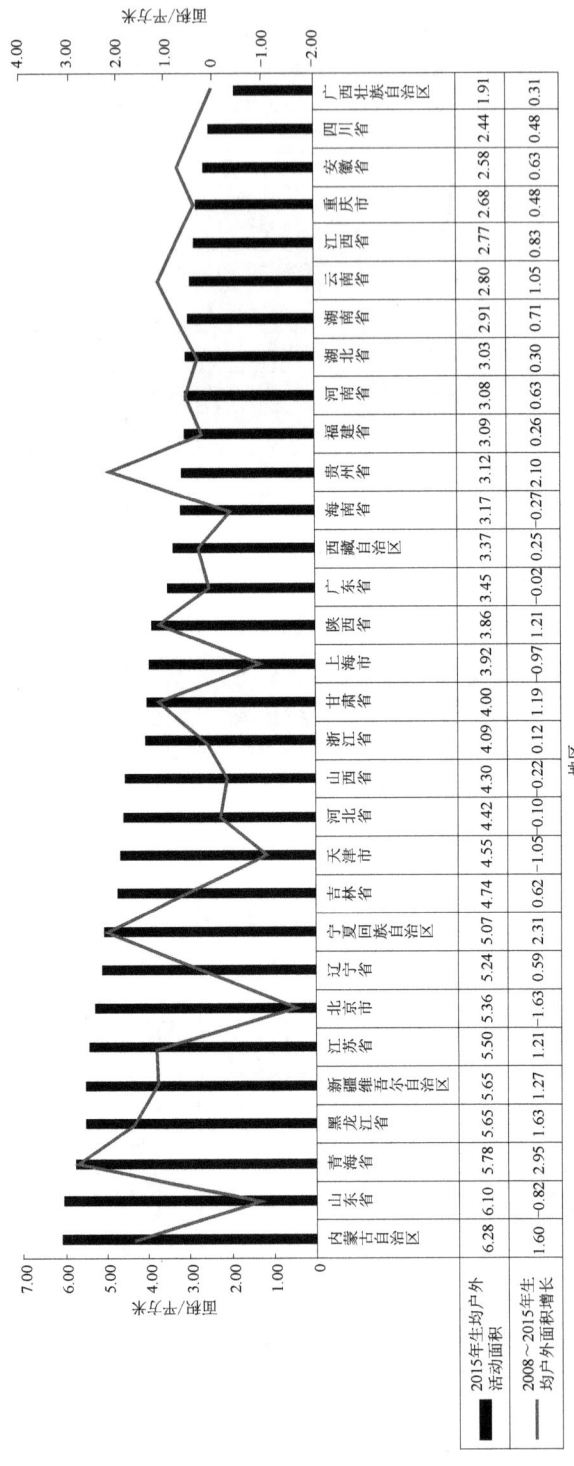

图 3-29 2015年部分省份生均户外活动面积和增长情况

资料来源：中华人民共和国教育部发展规划司.2015.中国教育统计年鉴2015.北京：人民教育出版社.

四、幼儿园生均教育资源量

近年,河北省幼儿园教育资源不断丰富,而与其他省份相比,呈现出以下特点。

(一)河北省幼儿园生均图书量

根据图 3-30 可知,全国幼儿园生均图书最多的 5 个省份分别是北京市、江苏省、陕西省、浙江省和海南省,分别为 13.00、12.49、10.61、9.58、8.92 册。全国生均图书最少的 5 个省份分别是江西省、青海省、广西壮族自治区、西藏自治区和新疆维吾尔自治区,分别为 4.42、4.16、3.53、3.53、3.51 册。

河北省幼儿园的生均图书为 7.00 册,全国平均水平为 6.91 册,可以看出,河北省近年重视学前教育资源的投入,基本达到全国平均水平。

(二)河北省幼儿园生均数字资源量

全国幼儿园生均录像带、光盘等数字资源最多的 5 个省份是广东省、上海市、北京市、辽宁省和新疆维吾尔自治区,分别为 11.05、3.04、2.18、1.58、1.41 盘。生均数字资源最少的 5 个省份分别是四川省、山西省、贵州省、西藏自治区和黑龙江省,分别为 0.49、0.45、0.32、0.29、0.26 盘。从图 3-30 可以看出,广东省的生均数字资源最多,为 11.05 盘,其他省份的生均量保持在 0.26～3.04 盘。

除广东省外,全国幼儿园的生均数字资源为 0.87 盘,河北省为 0.58 盘。由此看出,河北省的生均数字资源量不及全国平均水平。

根据上述统计,将河北省与全国其他省份相比较,可以看出河北省学前教育事业的办园条件和硬件水平具有如下特点:

河北省生均建筑用地面积极低,和全国平均水平差距较大。其他如生均占地面积、生均活动室、睡眠室,生均户外活动场地面积、师均办公用地和生均教育资源等在全国都处于中等水平。

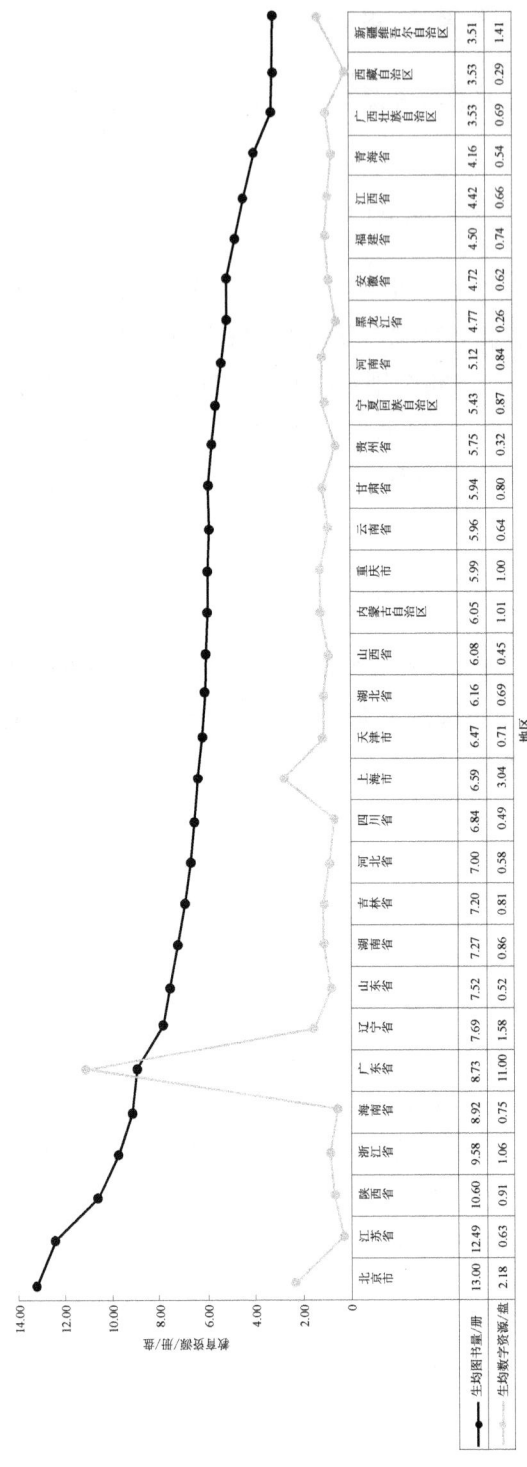

图 3-30 2015 年部分省份幼儿园生均教育资源数量

资料来源：中华人民共和国教育部发展规划司.2015.中国教育统计年鉴2015.北京：人民教育出版社.

五、东部地区背景下的河北幼儿园办园条件水平

经验和数据表明，我国东、中、西部学前教育事业的发展有着明显的差异和不同的特点。本书对东部地区11个省份（北京市、天津市、河北省、辽宁省、山东省、江苏省、上海市、浙江省、广东省、福建省、海南省）分别进行了生均占地面积、生均建筑面积、生均活动室面积、生均睡眠室面积、生均户外活动场地面积、师均办公用地面积及生均教育资源等几方面的数据分析与比较，以期客观、科学地反映河北省办园条件与硬件水平在东部地区中所处的地位与差异。

（一）东、中、西部办园条件现状

本书对东部11个省份（北京市、天津市、河北省、辽宁省、山东省、江苏省、上海市、浙江省、广东省、福建省、海南省）、中部8个省份（山西省、吉林省、黑龙江省、安徽省、江西省、河南省、湖北省、湖南省）、西部12个省份（重庆市、四川省、贵州省、云南省、西藏自治区、陕西省、甘肃省、青海省、宁夏回族自治区、新疆维吾尔自治区、广西壮族自治区、内蒙古自治区）的办园条件进行整体分析，得出如下结论。

从幼儿园生均占地面积来看，根据图3-31，东部地区最大，其次为西部地区，最后为中部地区，分别为12.67、10.25、10.08平方米。从幼儿园生均建筑面积来看，东部地区最大，其次为中部地区、最小为西部地区，分别为7.15、5.38、5.23平方米。可以看出，东部地区的总体办园条件相对优良，生均占地面积和建筑面积较合理（图3-31）。

（二）河北省与东部其他省份的生均占地、生均建筑面积比较情况

将东部11个省份的生均占地面积和生均建筑面积进行比较，大体情况如下。

11个省份中，幼儿园生均占地面积由大到小，分别是山东省、上海市、北京市、江苏省、辽宁省、天津市、河北省、浙江省、海南省、广东省、福建省。其中河北省幼儿园生均占地面积为12.84平方米，在东部11省份中排第七位，处于中等偏下水平，比生均占地面积最大的山东省小3.67平方米。

幼儿园生均建筑面积由大到小，分别是上海市、北京市、浙江省、江苏省、广东省、山东省、天津市、辽宁省、海南省、福建省、河北省。其中河北省幼

儿园生均建筑面积为 4.72 平方米，在东部 11 个省份中处于最后一位。可以看出于其他省份相比，河北省幼儿园的生均建筑面积较小（图 3-32）。

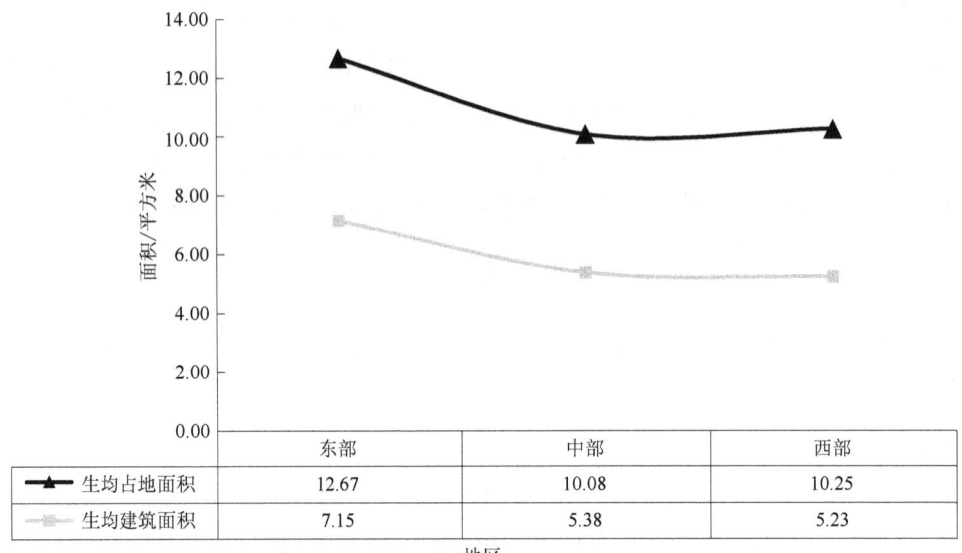

图 3-31 全国东、中、西部幼儿园生均占地面积和建筑面积

资料来源：中华人民共和国教育部发展规划司.2015.中国教育统计年鉴2015.北京：人民教育出版社.

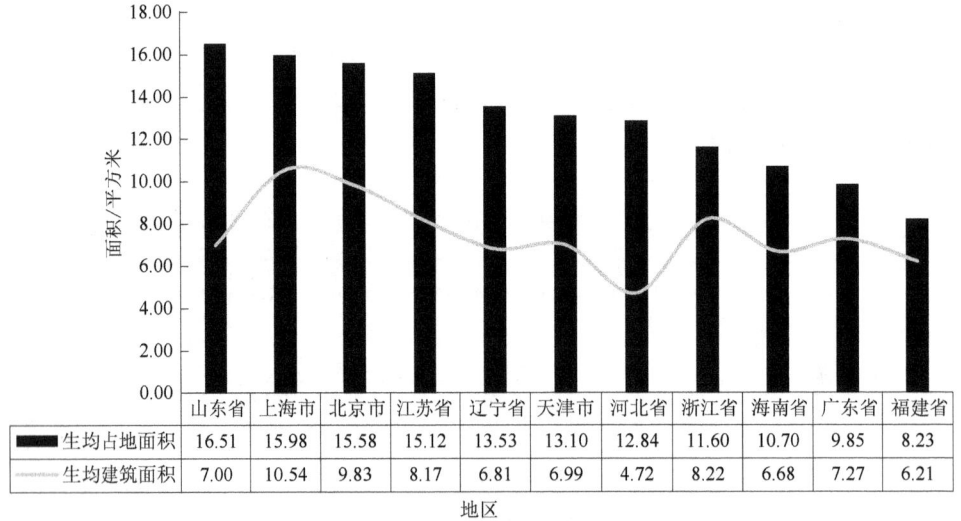

图 3-32 东部地区幼儿园生均占地面积和生均建筑面积

资料来源：中华人民共和国教育部发展规划司.2015.中国教育统计年鉴2015.北京：人民教育出版社.

第三章 河北省与全国其他省、自治区、直辖市学前教育发展比较

（三）河北省与东部其他省份的师均办公用地和生均活动室、睡眠室面积比较情况

将东部11个省份的生均活动室、生均睡眠室和师均办公用地面积进行比较，可以看出河北省具有如下特点。

幼儿园生均活动室面积由大到小，分别为上海市、江苏省、浙江省、北京市、山东省、广东省、天津市、辽宁省、海南省、福建省、河北省。河北省生均活动室面积为2.04平方米，在东部11个省份中，河北省生均活动室面积最小，与上海市相差2.36平方米。

东部地区幼儿园生均睡眠室面积由大到小，分别是北京市、浙江省、江苏省、上海市、福建省、广东省、辽宁省、天津市、山东省、海南省、河北省。河北省生均睡眠室面积为0.75平方米，在东部11个省份中生均面积最小，与生均睡眠室面积最大的北京市相差1.03平方米。

东部地区师均办公用地面积由大到小，分别为山东省、河北省、江苏省、天津市、上海市、海南省、浙江省、辽宁省、北京市、福建省、广东省。河北省师均办公用地面积为3.39平方米，在东部地区中处于靠前位置（图3-33）。

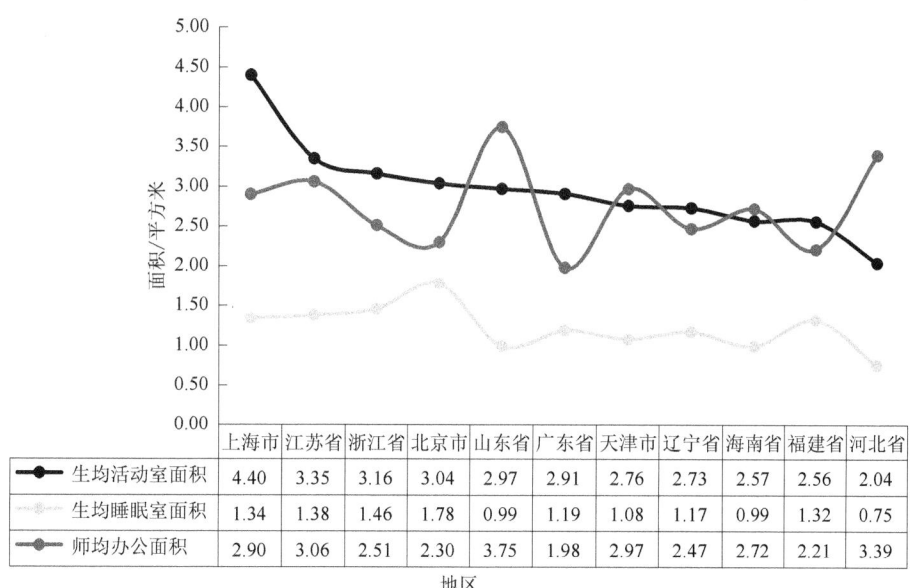

图3-33 东部地区幼儿园师均办公面积和生均活动室、睡眠室面积

地区	上海市	江苏省	浙江省	北京市	山东省	广东省	天津市	辽宁省	海南省	福建省	河北省
生均活动室面积	4.40	3.35	3.16	3.04	2.97	2.91	2.76	2.73	2.57	2.56	2.04
生均睡眠室面积	1.34	1.38	1.46	1.78	0.99	1.19	1.08	1.17	0.99	1.32	0.75
师均办公面积	2.90	3.06	2.51	2.30	3.75	1.98	2.97	2.47	2.72	2.21	3.39

资料来源：中华人民共和国教育部发展规划司. 2015. 中国教育统计年鉴2015. 北京：人民教育出版社.

通过对河北省师均用地和生均用地的比较分析，教师用地和幼儿用地结构不够合理，教师用地过多，幼儿生均用地少，难以满足幼儿身心发展的需要。

（四）河北省与东部其他省份的生均户外活动场地面积及增长情况比较分析

从图3-34可见，东部地区幼儿园生均户外活动场地面积及增长情况差异也较为明显，通过对数据的整理与分析发现，11个省份中幼儿园生均户外活动面积由大到小为山东省、江苏省、北京市、辽宁省、天津市、河北省、浙江省、上海市、广东省、海南省、福建省。东部地区平均生均户外活动面积为4.44平方米，其中河北省幼儿园生均户外活动场地面积为4.42平方米，从而可知河北省接近东部平均水平，但生均面积仍不大。

通过分析2008～2015年东部幼儿园生均户外活动场地的增长情况可以发现，有7个省份幼儿园的生均面积呈现减少趋势，分别为山东省、北京市、天津市、河北省、上海市、广东省、海南省，分别减少了0.82、1.63、1.05、0.10、0.97、0.02、0.27平方米。其中河北省减少了0.10平方米，由此可见河北省的生均户外活动场地的建设未见明显成效。

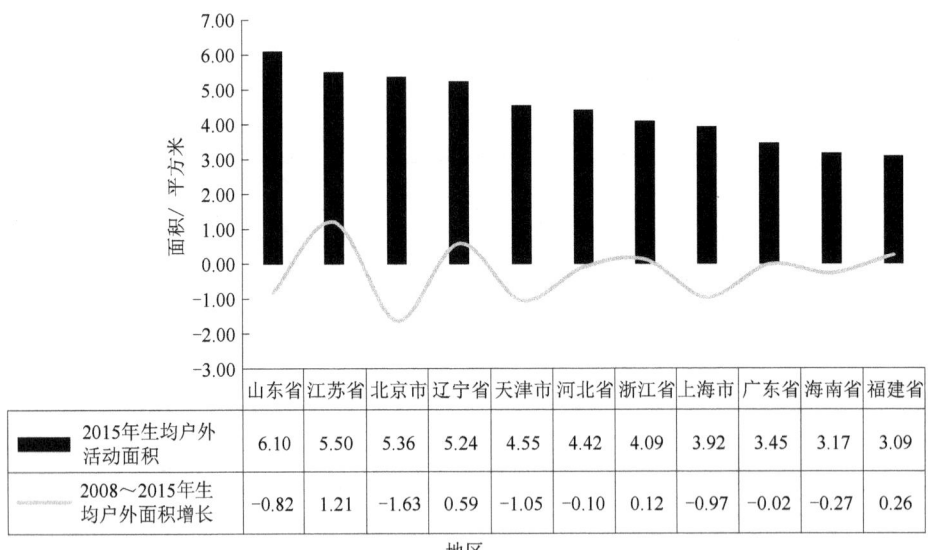

图3-34 东部地区幼儿园生均户外活动面积及增长情况

资料来源：中华人民共和国教育部发展规划司. 2015. 中国教育统计年鉴2015. 北京：人民教育出版社.

（五）河北省与东部其他省份的生均教育资源比较情况

从图3-35可见，东部地区幼儿园生均图书量的省份由大到小，分别是北京市、江苏省、浙江省、海南省、广东省、辽宁省、山东省、河北省、上海市、天津市、福建省。东部地区平均生均图书量为8.41册，其中河北省幼儿园生均图书为7.00册，可见河北省未达全国平均水平，幼儿所拥有的图书量较少。

幼儿园生均数字资源量由大到小，省份分别为广东省、上海市、北京市、辽宁省、浙江省、海南省、福建省、天津市、江苏省、河北省、山东省。东部地区生均数字资源为2.08盘，河北省为0.58盘，在东部11个省份中处于靠后位置。

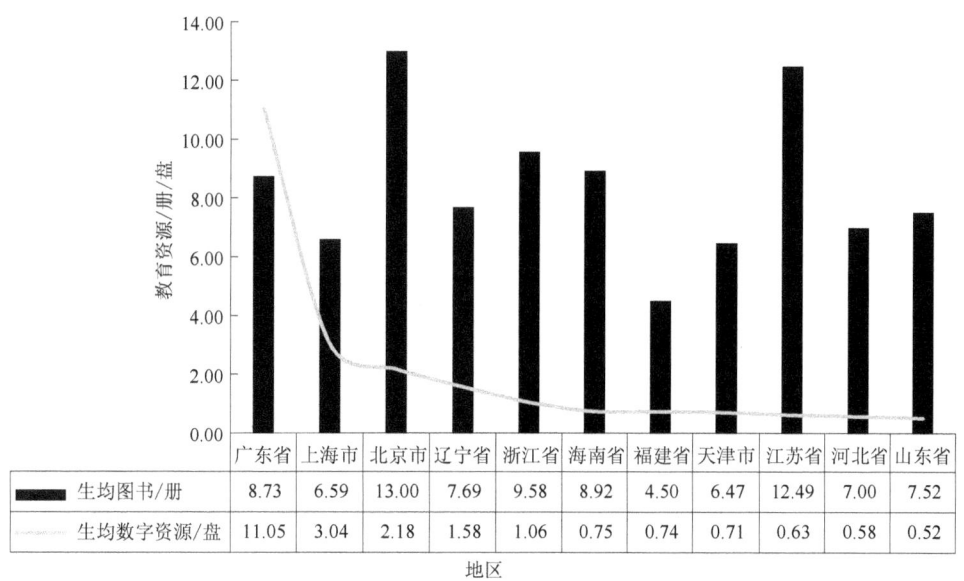

图3-35 东部地区生均教育资源量

第七节 普惠性幼儿园发展与农村、弱势扶助状况

一、河北省与其他各省普惠性幼儿园的发展

为了更好地进行区位的比较以及探究经济因素对普惠性幼儿园发展之间的

关系，课题组从全国的 31 个省份中选择区域中具有代表性的省份。同时，为了更好地进行经济水平的比较，方便下一步的纵向和横向的比较，课题组选择了如下几个省份与河北省进行比较：

东部地区：上海市和广东省；

中部地区：陕西省；

西部地区：甘肃省。

（一）政策文本的内容比较

在全国背景下，可以清晰地发现各地区在普惠性幼儿园的政策文本上，都较为倾向于民办普惠性幼儿园，事实上国家制定发展普惠性学前教育政策时，更多考虑了中低收入者的利益。因此在政策的制定上各省份基本制定了符合自己本区域的认定和财政扶持政策，从已有政策的省份来看，基本上在重大原则上都是基于中央政府层面的政策为蓝本，但是具体的内容上各省份又有着自己独特的特点，基于上面所选择的省份对其认定和扶持政策上进行一定的对比发现，这些省份的特点与河北省有些独特的特色相似，以期能够为河北省制定学前教育相关政策提供启发。

由于当前关于普惠性幼儿园的发展从全国背景下看处于刚起步阶段，很多数据和政策文本很难获得，因此在具体的表述中笔者参考了已有的研究成果。

第一，上海市浦东新区。上海市作为我国的一个重要的城市，同时也是我国的经济中心，在经济发展的水平上更是一线城市的水平。上海市十分重视普惠性民办幼儿园的发展，浦东新区在传统上就公办幼儿园和民办幼儿园一把抓，使得上海市浦东新区的总体民办幼儿园发展水平相对较高。

在普惠性幼儿园的发展上形成了政府主导、社会参与、公办民办并举的学前办学机制，将众多的民办幼儿园转变为普惠性民办幼儿园，同时对这些幼儿园给予各种资助。此外，在重视上海市市民的基础上，也关注了两类弱势群体：农民工同住子女和家庭经济困难儿童。普惠性民办幼儿园相关政策的推行，使得农民工同住子女的入园需求得到了满足，而且得以享受低价、优质的学前教育[①]。此外关于扶持上，浦东新区的财政投入具有高位均衡的特点。其中学前教育投入比重大，同时教育经费投入总体基数大。此外，在扶持上做到均衡化，

---

① 姜晓玥. 2014. 普惠性民办幼儿园政策研究. 南京师范大学硕士学位论文：23.

不论办园性质和办园资质以及办园历史等因素，一律平等对待。在教师和幼儿的扶持上也做到了均衡化。此外由于历史对学前教育的欠账程度较低，这样一来就会使学前教育总体水平较高，普惠性幼儿园的发展趋势较好。最后在普惠性幼儿园的发展上引进第三方进行监督。例如，委托教育评估事务所对租赁公建配套园舍的民办幼儿园进行"地段生"政策的执行情况的专项评估；委托教育评估事务所每两年进行一次民办幼儿园质量认定[①]。

第二，广东省深圳市福田区。深圳市作为我国最早开放的经济特区，在东部经济地带的发展上可以说是不容小觑的。事实上，广东省并没有从省级层面制定相关的普惠性民办幼儿园认定政策。但是，广东省的普惠性幼儿园发展速度也是日新月异的。深圳市福田区可以说走在发展普惠性幼儿园的前列。福田区把学前教育的公益性和普惠性发展作为改善民生的重要方面，纳入政府的公共服务体系中。在普惠性幼儿园的发展上，深圳市福田区采取了一系列的政策，拥有明确的普惠性民办幼儿园的认定工作，同时在扶持上采用奖励性补助，根据全区的经济水平制定了三个普惠性民办园的保教费定价区段，加强教师队伍建设和对教师进行补偿性补助，对学历达标并具有教师资格证的普惠性幼儿园教师根据工作不同年限给予不同的补贴。教师工作年限按着社保清单计算，幼儿园需要提供教师社保清单[②]。此外还有对于幼儿的投入总量大，受益的对象范围较为广。最后该省作为在全国率先推行试点先行的普惠性民办园规划，采用渐变式发展路径，取得了较为可观的发展现状和较好的发展前景。

第三，陕西省在普惠性幼儿园发展上，尤其是普惠性民办幼儿园的发展上也有自己的特色，出台了《陕西省普惠性民办幼儿园认定及管理办法（试行）》在办法中指出，保教费、住宿费由各县人民政府有关部门统筹考虑政府投入，根据办园成本、城乡经济发展水平和城乡居民收入水平，参考同级同类公办幼儿园收费标准，以合同约定等方式确定同级同类普惠性民办幼儿园最高收费标准。幼儿园在此标准范围内确定具体收费标准，报县级价格、教育、财政部门备案后执行；其他有关规定按《陕西省幼儿园收费管理暂行办法实施细则》执行，伙食费实行毛利率控制，具体毛利率控制标准按照保本原则核定[③]。提出具体的

---

① 姜晓玥.2014.普惠性民办幼儿园政策研究.南京师范大学硕士学位论文：23.
② 姜晓玥.2014.普惠性民办幼儿园政策研究.南京师范大学硕士学位论文：23.
③ 陕西省教育厅.2014.陕西省普惠性民办幼儿园认定及管理办法（试行）.www.snedu.gov.cn/news/jiao yu ting wen jian/201408/15/8248.html[2016-11-11].

采用毛利率的控制办法，此外还有关于这一政策文本的有效期也进行了明确的划分，在这里可以看出陕西省注重普惠性幼儿园发展的长期性和可持续性。除此之外，在文本中提及，县（区）教育部门要加强对普惠性民办幼儿园的监管和指导，实行动态管理[①]。

第四，甘肃省在发展普惠性幼儿园上，设计了良好的框架。甘肃省在2014年就制定了与普惠性民办幼儿园相关的政策《甘肃省普惠性民办幼儿园认定及管理办法（试行）》，同时在普惠性幼儿园的发展上，政府通过购买的服务对认定的普惠性民办幼儿园进行奖补[②]。此外，在对教育行政及其管理人员在普惠性民办幼儿园的认定管理等工作中滥用职权谋取利益和变相谋利的都会直接追究第一责任人的责任，根据相关法律进行判决。最后在关于监督上由县（区）教育、财政和发改部门来负责，进行联动机制监督。

（二）河北省普惠性幼儿园发展的不足

本部分关于河北省普惠性幼儿园发展的不足之处主要是从政策文本上来讲，从和其他省份的比较上可以看出存在如下问题。第一，普惠性民办幼儿园的认定上，认定主体不明，认定的相关表述过于太模糊，缺乏具体的可操作性。第二，表现为缺乏明确的监督主体，同时监督主体过于单一化，相比于上海市引入第三方评价机制来说，河北省的经济实力还难以做到，但是可以适度扩大评价的主体以及评价形式上采用更多的过程性评价和差异性评价。第三，关于保证教师的稳定性上还有很大的差距，但是建议建立一套相对完善的教师培养机制，对教师的社会福利和基本工资尤其是对农村教师的工资进行一定的提高，同时尝试推行补偿性财政政策来弥补这部分经费的不足。第四，制约河北省普惠性幼儿园发展的"瓶颈"，就是发展普惠性幼儿园的总体投入不足。这和我国的教育财政制度有紧密关系，我国的教育财政制度主要是由教育预算制度、教育决策制度、教育审计制度和教育税收制度组成。一个良性的教育财政制度的运行是各部门联合共同作用的结果。但是实际上这个平衡的状态已经被打破，表现在现在这个教育财政制度出现诸多的问题，使得有的地方政府的财权与事权不匹配，地方政府无力支持

---

① 陕西省教育厅.2014.陕西省普惠性民办幼儿园认定及管理办法（试行）.www.snedu.gov.cn/news/jiao yu ting wen jian/201408/15/8248.html[2016-11-11].
② 甘肃省教育厅.2014.甘肃省普惠性民办幼儿园认定及管理办法（试行）.http://www.gsedu.gov.cn/dayin-26672.htm [2016-11-10].

普惠性幼儿园的发展，这一表现在农村和贫困山区更为明显。尝试建立普惠性幼儿园发展的教育经费转移支付制度迫在眉睫。此外，从管理上表现为教育行政权高于教育权、学术权，甚至于后二者被过度的边缘化。总体上，河北省普惠性幼儿园的发展还有很远的路要走，同时还会出现众多的问题。加大财政投入是河北省普惠性幼儿园能否良性发展的关键所在。

二、河北省与其他省农村教育发展情况比较

（一）农村学前教育普及情况

1. 园均班级数量和园均幼儿数量

2015年全国农村幼儿园园均幼儿数量为179人，从各个省份分布情况来看，幼儿园在园幼儿有14个省份超过全国平均水平，分别是江苏省（372.47人）、上海市（340.77人）、安徽省（266.96人）、宁夏回族自治区（237.11人）、湖北省（234.84人）、广东省（231.97人）、河南省（223.53人）、贵州省（217.42人）、广西壮族自治区（194.41人）、四川省（190.51人）、重庆市（188.80人）、云南省（184.71人）、浙江省（184.00人）、福建省（183.47人）。其中江苏省、上海市、安徽省、宁夏回族自治区、湖北省、广东省、河南省、贵州省8个省份园均幼儿数量达到200人以上。相对而言，园均幼儿数量最少的4个省市为天津市（98.54人）、辽宁省（87.67人）、黑龙江省（86.04人）、西藏自治区（82.17人），均在100人以下。河北省农村幼儿园园均幼儿数量170.73人，低于全国平均水平。

2015年全国农村幼儿园园均班级数量为6.13个，从全国的分布情况来看，园均班级数量超过全国平均水平的有5个省份，分别是上海市（11.31个）、江苏省（10.83个）、安徽省（8.47个）、广东省（7.72个）、宁夏回族自治区（7.63个）、河南省（7.52个）、湖北省（7.30个）、广西壮族自治区（7.05个）、北京市（6.41个）、内蒙古自治区（6.33个）、河北省（6.24个）、福建省（6.22个）、贵州省（6.17个）、重庆市（6.17个）。其中上海市、江苏省农村地区园均班级数量超过10个。相比较而言，幼儿园园均班级最少的省份有江西省（4.99个）、山东省（4.53个）、天津市（3.95个）、黑龙江省（3.81个）、辽宁省（3.81个）、青海省（3.65个）、西藏自治区（3.39个）。园均班级数量不足5个。河北省在园均班级数量上处于全国平均水平之上（图3-36）。

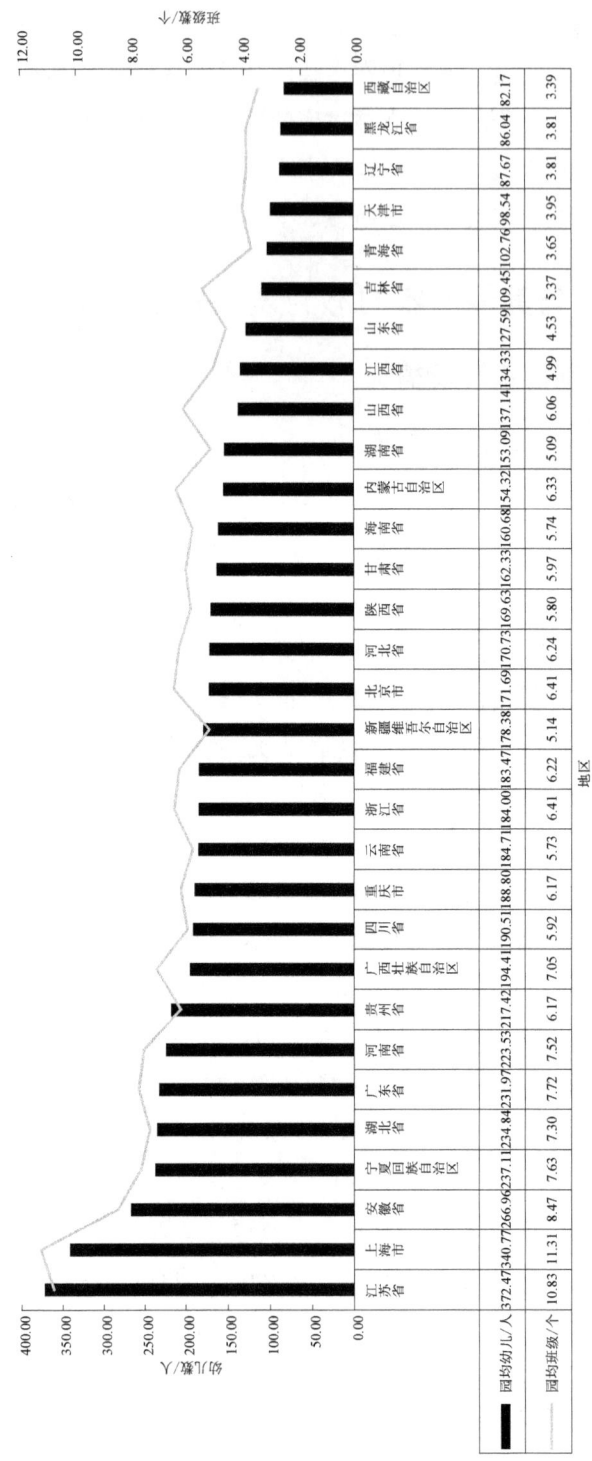

图 3-36 2015年全国部分省份农村幼儿园园均幼儿数量和园均班级数量

资料来源：中华人民共和国教育部发展规划司.2015.中国教育统计年鉴2015.北京：人民教育出版社.

2. 幼儿园和在园儿童数

2015年全国农村幼儿园共有154 662所，从全国分布情况来看，河南省（13 737所）、山东省（13 125所）、河北省（10 771所）、湖南省（10 569所）、江西省（9 580所）、四川省（9 433所），其中河南省、山东省、河北省、湖南省农村幼儿园园数均在10 000所以上。相比较而言，农村幼儿园最少的省份有西藏自治区（820所）、宁夏回族自治区（468所）、北京市（405所）、上海市（311所）。

2015年全国在园儿童数为27 750 409人，从全国分布情况来看，在园儿童数最多的几个省份分别是河南省（3 070 694人）、河北省（1 838 947人）、四川省（1 797 066人）、山东省（1 674 653人）、广东省（1 668 062人）、广西壮族壮族自治区（1 627 812人）、湖南省（1 618 016人）、江苏省（1 442 205人）、安徽省（1 440 758人）、江西省（1 286 899人）、贵州省（1 038 177人）、湖北省（1 001 581人），这12个省份的农村幼儿园在园儿童数均超过了100万人。相比较而言，农村地区在园儿童数较少的几个地区分别是，天津市（95 679人）、北京市（69 535人）、西藏自治区（67 379人）。这三个地区农村幼儿园在园儿童数均未达到10万人。

综上所述，全国农村幼儿园数和在园儿童数主要集中在东部和中部的几个大的省份。在幼儿园数方面，河南省居于首位，其园所数量为13 737所，占全国园所数的8.88%；就在园儿童数来看，最多的依然是河南省3 070 694人，占全国在园儿童数的11.07%。此外，河北省的幼儿园数（10 771所）和在园儿童数（1 838 947人）均处于全国前三名当中（图3-37）。

3. 幼儿园班级数量和班级规模

2015年全国农村幼儿园班均儿童数为29.29人，从全国分布情况来看，班均儿童数较高的12个省份分别是贵州省（35.24人）、新疆维吾尔自治区（34.69人）、江苏省（34.39人）、云南省（32.23人）、四川省（32.16人）、湖北省（32.15人）、安徽省（31.52人）、宁夏回族自治区（31.07人）、重庆市（30.61人）、上海市（30.13人）、湖南省（30.09人）、广东省（30.04人）。相比较而言，班均儿童数量最少的省份有天津市（24.96人）、内蒙古自治区（24.38人）、西藏自治区（24.24人）、辽宁省（23.01人）、山西省（22.62人）、黑龙江省（22.55人）、吉林省（20.37人），班均儿童数低于25人。

综上所述，我国农村幼儿园班均儿童数基本维持在较为正常的水平，河北省农村幼儿园班均儿童数为27.37人，处于全国平均水平以下（图3-38）。

图 3-37　2015 年全国部分省份农村幼儿园园数和在园儿童数

注：图中数据根据《中国教育统计年鉴》相关数据计算得出。

资料来源：中华人民共和国教育部发展规划司. 2015. 中国教育统计年鉴 2015. 北京：人民教育出版社.

第三章 河北省与全国其他省、自治区、直辖市学前教育发展比较

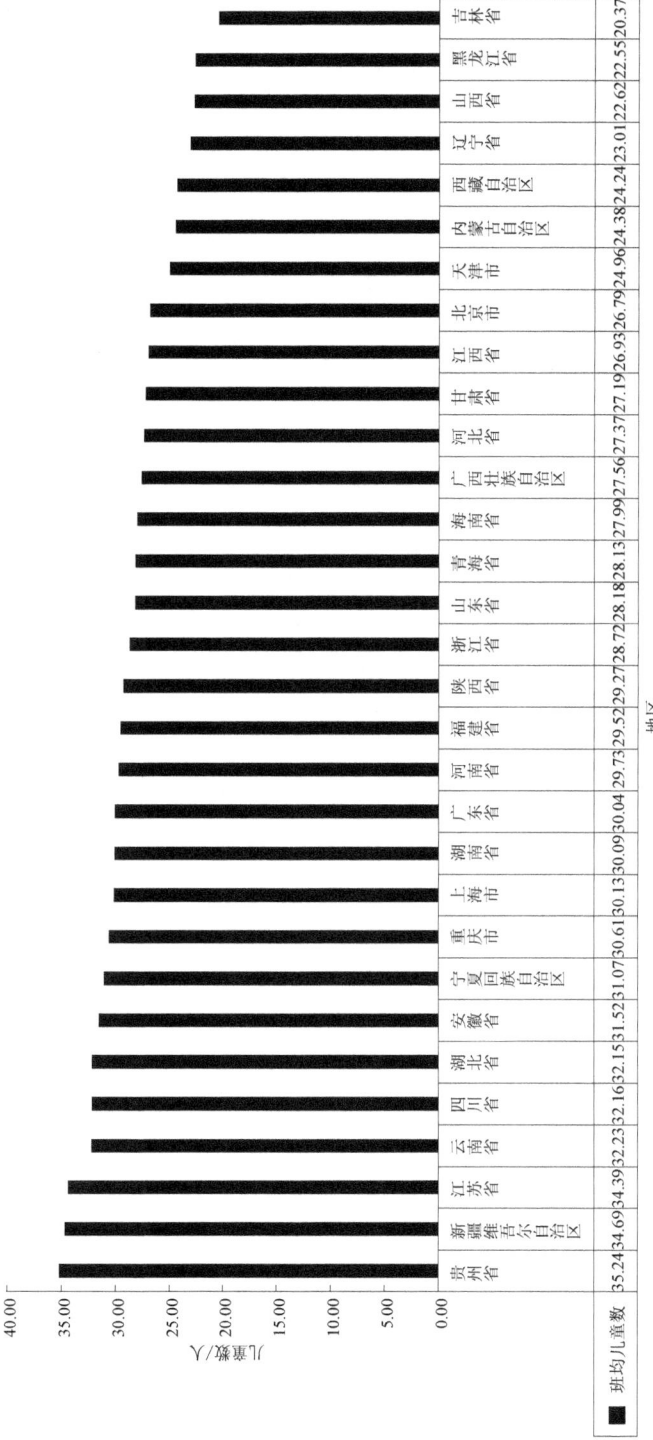

图 3-38 2015 年全国部分省份农村幼儿园班均儿童数

注：图中数据根据《中国教育统计年鉴》相关数据计算得出。

资料来源：中华人民共和国教育部发展规划司. 2015. 中国教育统计年鉴 2015. 北京：人民教育出版社.

(二）农村学前教育经费投入情况

1. 农村学前教育经费投入的绝对量

2014年全国各省份农村学前教育经费总投入最多的5个省份分别是浙江省（6 658 187千元）、江苏省（6 410 517千元）、河南省（6 074 010千元）、山东省（5 767 385千元）、广东省（5 610 641千元）。学前教育经费总投入最少的5个省份分别是吉林省（1 087 831千元）、海南省（804 217千元）、天津市（677 062千元）、青海省（635 132千元）、宁夏回族自治区（409 107千元）。2014年全国各省份农村学前教育财政性教育经费最多的5个省份分别是陕西省（3 420 768千元）、江苏省（3 419 594千元）、河北省（3 000 326千元）、山东省（2 903 016千元）、浙江省（2 898 014千元），农村学前教育财政性教育经费最少的5个省份分别是天津市（520 887千元）、青海省（508 197千元）、辽宁省（484 156千元）、海南省（367 895千元）、宁夏回族自治区（264 957千元）。2014年全国各省份农村学前教育公共预算内教育经费最多的5个省份分别是陕西省（3 243 540千元）、江苏省（3 089 980千元）、河北省（2 897 877千元）、山东省（2 733 717千元）、四川省（2 571 479千元），公共预算内教育经费最少的5个省份分别是青海省（495 802千元）、辽宁省（471 162千元）、天津市（440 836千元）、海南省（348 453千元）、宁夏回族自治区（229 864千元）。单纯从投入总量来看，河北省对农村学前教育经费总投入4 982 390千元，财政性教育经费3 000 326千元，公共预算内教育经费2 897 877千元，均处于全国前三位（图3-39）。

2. 农村生均学前教育经费投入的绝对量

2014年全国农村生均学前教育经费总投入最多的5个省份分别是北京市（19.76千元）、西藏自治区（17.42千元）、上海市（14.37千元）、天津市（7.08千元）、浙江省（6.96千元）；最少的5个省份分别是江西省（2.30千元）、安徽省（2.27千元）、贵州省（2.26千元）、河南省（1.98千元）、广西壮族自治区（1.84千元），河北省（2.71千元）排位倒数第九位，位置较为靠后。2014年全国农村生均财政性教育经费最多的5个省份分别是西藏自治区（17.36千元）、北京市（15.77千元）、上海市（11.09千元）、天津市（5.44千元）、内蒙古自治区（5.40千元）；最少的5个省份分别是江西省（0.83千元）、广东省（0.83千元）、湖南省（0.71千元）、广西壮族自治区（0.66千元）、河南省

(0.58 千元),河北省(1.63 千元)处于全国平均水平以下。2014 年全国农村生均公共预算内教育经费最多的 5 个省份分别是西藏自治区(17.28 千元)、北京市(13.07 千元)、上海市(11.09 千元)、内蒙古自治区(4.97 千元)、天津市(4.61 千元);最少的 5 个省份分别是江西省(0.80 千元)、广东省(0.79 千元)、湖南省(0.70 千元)、广西壮族自治区(0.65 千元)、河南省(0.56 千元),河北省(1.58 千元)处于全国平均水平以下(图 3-40)。

(三)农村幼儿园师资状况与教师队伍建设

1. 幼儿园教师学历

2015 年全国农村幼儿园研究生学历教师共有 1186 人,从各省份的分布情况来看,2015 年全国各地农村幼儿园研究生学历教师最多的 4 个省份分别是河南省(143 人)、山东省(107 人)、陕西省(96 人)、河北省(91 人),分别占全国农村幼儿园研究生学历教师总量的 12.06%、9.02%、8.09%、7.67%。相比较而言,农村幼儿园研究生学历教师最少的 4 个省份分别是西藏自治区(1 人)、宁夏回族自治区(1 人)、海南省(6 人)、青海省(7 人),分别占全国农村幼儿园研究生学历教师总量的 0.59%、0.51%、0.08%、0.08%。

全国农村幼儿园本科学历教师共有 194 860 人,从各省份的分布来看,最多的 6 个省份分别是江苏省(21 942 人)、浙江省(14 792 人)、山东省(12 856 人)、河南省(12 817 人)、河北省(12 269 人)、陕西省(12 170 人)。相比较而言,本科学历教师最少的 3 个省份分别为青海省(885 人)、西藏自治区(594 人)、宁夏回族自治区(578 人)。

2015 年全国各地农村幼儿园专科、高中及高中以下学历教师最多的 5 个省份为河南省(111 312 人)、广东省(84 138 人)、山东省(81 237 人)、河北省(65 989 人)、湖南省(60 709 人)。相比较而言该类学历教师最少的 7 个省份分别是海南省(8 289 人)、青海省(4 448 人)、宁夏回族自治区(3 563 人)、北京市(3 454 人)、天津市(2 703 人)、上海市(2 339 人)、西藏自治区(1 957 人)。

综上所述,我国农村幼儿园研究生学历和本科学历教师较少,各省份农村幼儿园教师学历多集中在专科学历、高中及以下学历。因此想要提升农村幼儿园教学质量应加强学前教育教师的培养,吸引高学历教师人才,创建高素质教师队伍(图 3-41)。

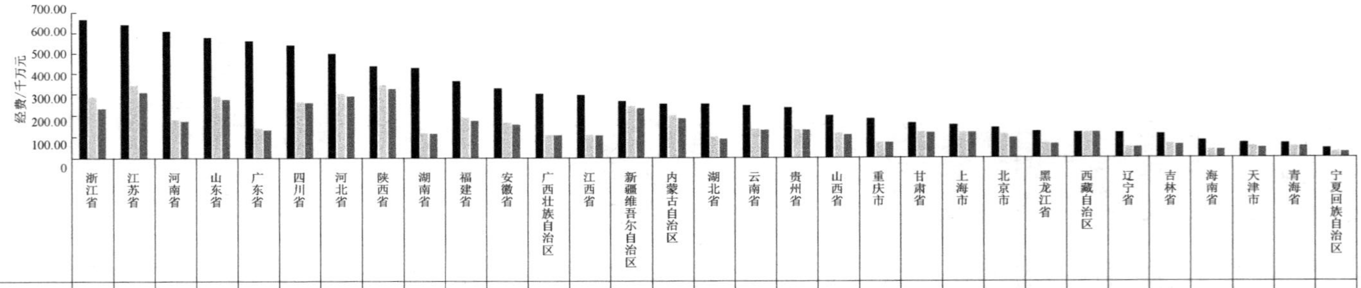

河北省学前教育发展报告（2010—2016）

图 3-39 2014 年全国部分省份农村学前教育经费投入绝对量

省份	学前教育经费总投入	财政性教育经费	公共预算内教育经费
浙江省	665.82	289.80	232.94
江苏省	641.05	341.96	309.00
河南省	607.40	178.49	171.90
山东省	576.74	290.30	273.37
广东省	561.06	137.82	131.19
四川省	539.43	263.63	257.15
河北省	498.24	300.03	289.79
陕西省	436.66	342.08	324.35
湖南省	427.45	115.53	113.41
福建省	362.55	189.27	174.41
安徽省	327.68	162.81	155.32
广西壮族自治区	299.73	107.17	105.26
江西省	295.65	106.65	102.62
新疆维吾尔自治区	264.86	241.43	229.62
内蒙古自治区	252.12	198.31	182.36
湖北省	251.15	97.86	86.75
云南省	243.44	131.50	129.30
贵州省	234.32	129.76	128.25
山西省	196.83	115.60	108.00
重庆市	181.51	70.67	69.50
甘肃省	162.03	117.94	114.58
上海市	152.33	117.51	117.51
北京市	137.41	109.63	90.87
黑龙江省	120.95	63.13	62.28
西藏自治区	117.39	117.00	116.46
辽宁省	114.67	48.42	47.12
吉林省	108.78	63.21	59.00
海南省	80.42	36.79	34.85
天津市	67.71	52.09	44.08
青海省	63.51	50.82	49.58
宁夏回族自治区	40.91	26.50	22.99

注：图中数据根据《中国教育经费统计年鉴》相关数据计算得出。

资料来源：中华人民共和国教育部发展规划司. 2014. 中国教育经费统计年鉴 2014. 北京：人民教育出版社.

第三章 河北省与全国其他省、自治区、直辖市学前教育发展比较

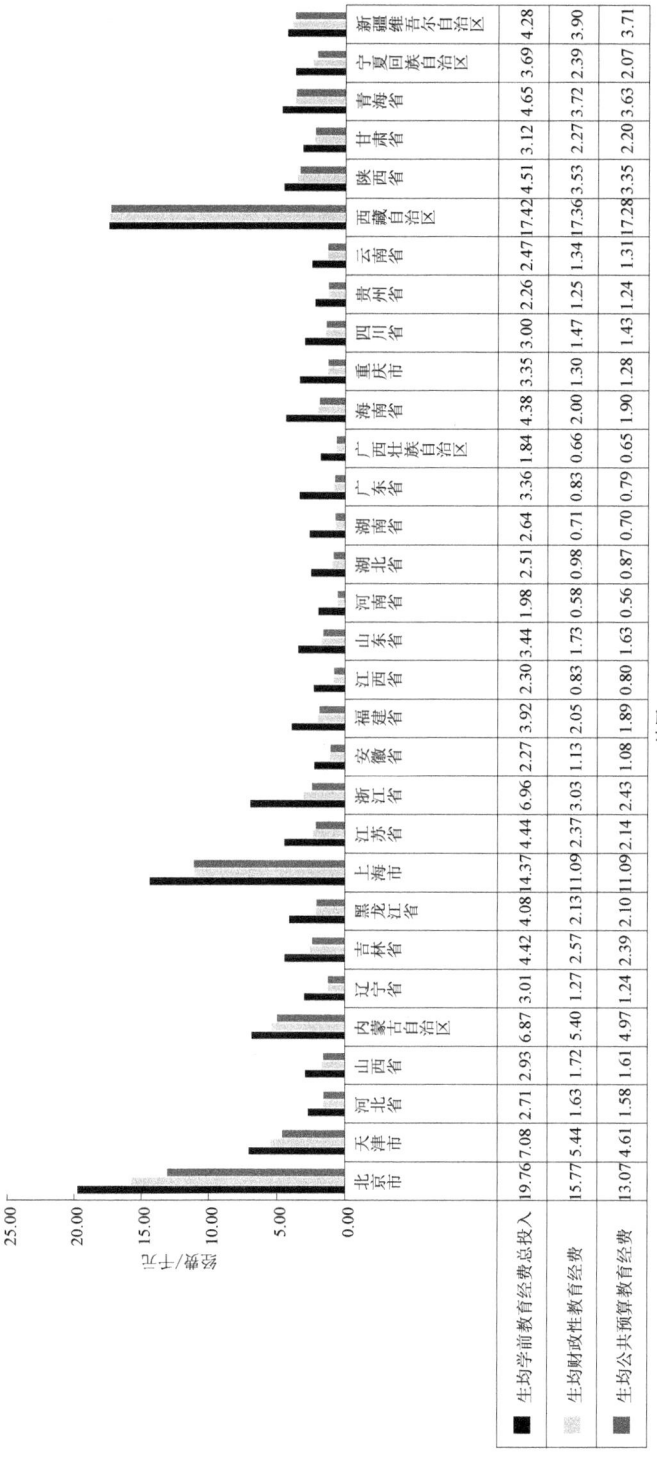

图 3-40 2014 年全国部分省份农村生均学前教育经费投入绝对量

注：图中数据根据《中国教育经费统计年鉴》相关数据计算得出。

资料来源：中华人民共和国教育部发展规划司. 2014. 中国教育统计年鉴 2014. 北京：人民教育出版社.

2. 幼儿园教师职称

各省份未评职称的教师比例最高，90％的省份过半数的教师未评职称，其中未评定职称比例最高的省份有江西省（88.81％）、湖南省（86.27％）、广东省（83.52％）、重庆市（82.60％）、广西壮族自治区（82.60％）、河南省（82.32％）、青海省（80.51％），相对而言未评定职称比率较低的省份有北京市（59.56％）、河北省（58.83％）、新疆维吾尔自治区（53.56％）、甘肃省（47.15％）、西藏自治区（38.68％）、上海市（30.47％）。

全国各地农村幼儿园教师中高级职称较多的省份为天津市（20.11％）、上海市（17.90％）、河北省（17.72％）、内蒙古自治区（16.48％）、吉林省（16.22％）、黑龙江省（15.20％）、西藏自治区（15.16％）。相比较而言，高级职称较低的省份有新疆维吾尔自治区（6.49％）、广西壮族自治区（6.46％）、重庆市（5.84％）、河南省（5.57％）、湖南省（4.64％）、海南省（4.03％）、江西省（3.98％）。相对而言，河北省的中高级职称教师较多，居于全国较为靠前水平（图3-42）。

3. 幼儿园生师比

教育部网站发布的《幼儿园教职工配备标准（暂行）》在配发的通知中指出，我国全日制幼儿园保教人员与幼儿之比应为1∶7～1∶9，全日制全园教职工与幼儿之比1∶5～1∶7。2015年我国农村幼儿园幼儿与教职工之比为11.32∶1，幼儿与保教人员之比为14.35∶1。从全国分布情况来看，各省份农村幼儿园幼儿与教职工之比均较高，具体而言，西藏自治区（25.06∶1）、甘肃省（20.43∶1）、安徽省（20.22∶1）、云南省（20.13∶1）、四川省（19.45∶1）、广西壮族自治区（19.43∶1）、天津市（18.88∶1）、河北省（18.48∶1）、新疆维吾尔自治区（18.34∶1）、青海省（18.33∶1）。其中西藏自治区、甘肃省、安徽省、云南省等地区的农村幼儿园幼儿与教职工之比在20∶1以上。由此可知，只有上海市（9.95∶1）、浙江省（9.59∶1）、北京市（7.55∶1）接近国家规定的标准。我国农村地区教师依然比较缺乏，这也严重阻碍了农村地区学前教育质量的提升。

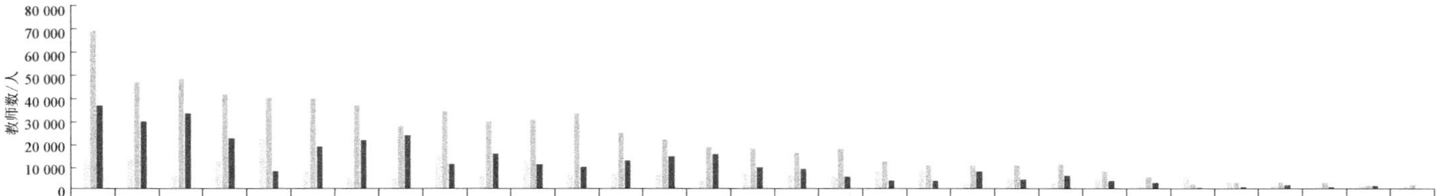

第三章 河北省与全国其他省、自治区、直辖市学前教育发展比较

地区	河南省	山东省	广东省	河北省	江苏省	四川省	湖南省	江西省	浙江省	广西壮族自治区	陕西省	安徽省	贵州省	福建省	湖北省	云南省	山西省	新疆维吾尔自治区	内蒙古自治区	甘肃省	辽宁省	黑龙江省	重庆市	吉林省	海南省	上海市	北京市	青海省	宁夏回族自治区	天津市	西藏自治区
研究生学历	143	107	33	91	63	48	19	59	22	37	96	22	26	17	21	11	27	20	73	28	36	21	13	64	6	29	36	7	1	9	1
本科学历	12817	12856	5577	12269	21942	7555	4640	4298	14792	5393	12170	6955	6872	6086	3684	6536	5831	5411	7518	7842	2243	3876	2124	3741	1083	5006	2496	885	578	1190	594
专科学历	69422	47386	48525	41836	40322	39990	36960	27728	34221	29539	30511	33294	24805	21605	18403	17811	15801	17476	12031	10227	10208	10215	10617	7673	5130	1942	2778	2717	2725	1377	1778
高中学历	36734	29735	33378	22431	7723	18521	21445	23638	10780	15505	10701	9686	12457	14358	15243	9424	8694	5353	3547	3490	7608	4019	5671	3447	2650	387	640	1526	764	1131	149
高中以下学历	5156	4116	2235	1722	493	159	2304	4888	157	3746	567	775	527	1634	1935	1417	552	160	237	259	1705	824	527	416	509	10	36	205	74	195	30

图 3-41 2015 年全国部分省份农村幼儿园教师学历情况

资料来源：中华人民共和国教育部发展规划司. 2015. 中国教育统计年鉴 2015. 北京：人民教育出版社.

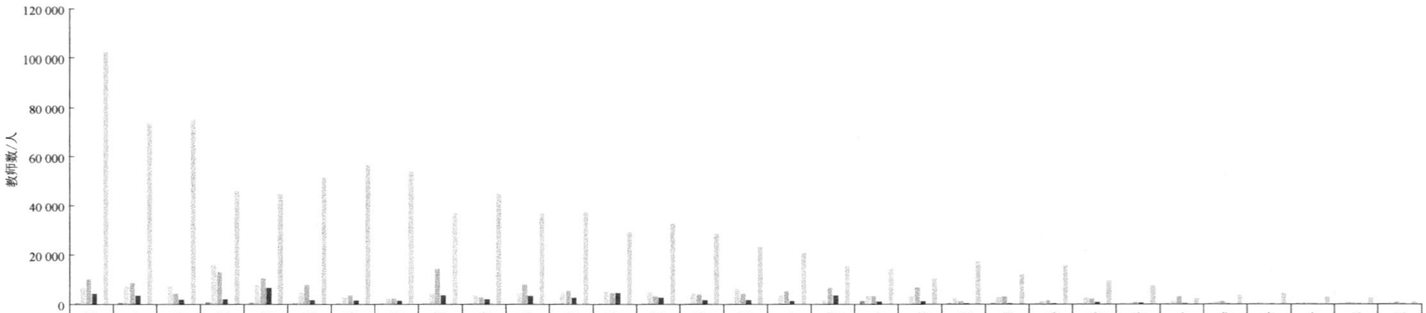

地区	中学高级	小学高级	小学一级	小学二级	小学三级	未定职级
河南省	489	6 843	10 286	4 270	85	102 299
山东省	629	7 448	8 729	3 544	537	73 313
广东省	98	7 301	4 473	1 946	975	74 955
河北省	717	16 155	13 137	2 005	242	46 093
江苏省	576	7 789	10 646	6 618	237	44 677
四川省	329	4 849	7 892	1 787	107	51 309
湖南省	241	2 942	3 822	1 588	384	56 391
江西省	221	2 290	2 264	1 524	485	53 827
浙江省	290	4 360	14 435	3 718	413	36 756
广西壮族自治区	197	3 550	3 052	1 985	649	44 787
陕西省	193	4 221	8 097	3 438	1 008	37 088
安徽省	133	4 700	5 427	2 730	407	37 335
贵州省	38	5 097	4 562	4 601	1 418	28 301
福建省	120	4 854	3 290	2 681	391	32 364
湖北省	210	4 221	4 173	1 803	578	28 301
云南省	154	5 900	4 343	1 686	163	22 953
山西省	67	3 571	5 191	1 354	211	20 511
新疆维吾尔自治区	167	1 806	6 714	3 641	871	15 221
内蒙古自治区	1 285	3 333	3 249	1 035	35	14 469
甘肃省	103	3 370	6 830	1 142	101	10 300
辽宁省	395	2 545	1 227	391	229	17 013
黑龙江省	466	2 932	3 114	369	99	11 975
重庆市	77	1 098	1 636	392	94	15 655
吉林省	189	2 782	2 193	712	60	9 405
海南省	18	376	809	639	72	7 464
上海市	112	1 496	3 112	328	79	2 247
北京市	24	908	1 252	212	25	3 565
青海省	76	645	215	67	38	4 299
宁夏回族自治区	32	575	492	105	9	2 929
天津市	99	883	336	5	14	2 565
西藏自治区	22	434	838	248	23	987

图 3-42 2015 年全国部分省份农村幼儿园教师职称情况

资料来源：中华人民共和国教育部发展规划司 . 2015. 中国教育统计年鉴 2015. 北京：人民教育出版社 .

从幼儿与保教人员之比来看，各地农村幼儿园幼儿与保教人员之比较高，保教人员较为缺乏，其中西藏自治区（27.46∶1）、云南省（26.39∶1）、广西壮族自治区（26.33∶1）、青海省（25.88∶1）、四川省（25.34∶1）、安徽省（25.21∶1）、天津市（25.01∶1）、甘肃省（24.70∶1）、宁夏回族自治区（24.19∶1）、河北省（23.13∶1）、重庆市（23.02∶1）、河南省（22.20∶1）、山西省（22.03∶1）、新疆维吾尔自治区（21.12∶1）、贵州省（20.97∶1）、江西省（20.20∶1）、湖北省（20.19∶1），比例均在20∶1以上。西藏自治区、云南省、广西壮族自治区、青海省、四川省、安徽省、天津市农村地区幼儿园幼儿与保教人员之比在25∶1以上。河北省幼儿与教职工之比（18.48∶1）、幼儿与保教人员之比（23.13∶1）均处于全国前十位，比例相对较高，教师人员较为缺乏（图3-43）。

（四）农村幼儿园办园条件与硬件水平

1.幼儿园生均校舍建筑面积

从各省份的情况看，全国农村幼儿园生均校舍占地面积最大的5个省份分别是上海市、北京市、西藏自治区、浙江省、内蒙古自治区，生均校舍建筑面积分别是10.91、10.78、7.96、7.87、7.64平方米。相比较而言，最小的5个省份是河北省、河南省、四川省、安徽省、广西壮族自治区，分别是4.31、4.08、3.92、3.91、3.73平方米。全国农村幼儿园生均校舍建筑占地面积为5.97平方米，河北省（4.31平方米）明显落后于全国平均水平（图3-44）。

2.幼儿园各种用房情况

（1）师均办公面积

对全国各省份农村幼儿园师均办公用房面积进行分析，可以看出师均办公面积最大的5个省份分别是西藏自治区、甘肃省、山西省、宁夏回族自治区、青海省，所占面积分别是13.30、7.75、6.91、6.27、5.93平方米。农村幼儿园师均办公面积最小的5个省份分别是浙江省、吉林省、广西壮族自治区、海南省、广东省，所占面积分别是2.76、2.71、2.65、2.62、2.58平方米。

全国农村幼儿园师均办公面积为4.44平方米，河北省农村幼儿园师均办公面积为3.93平方米。可以看出，在农村幼儿园师均办公用房面积方面，河北省略低于全国平均水平（图3-45）。

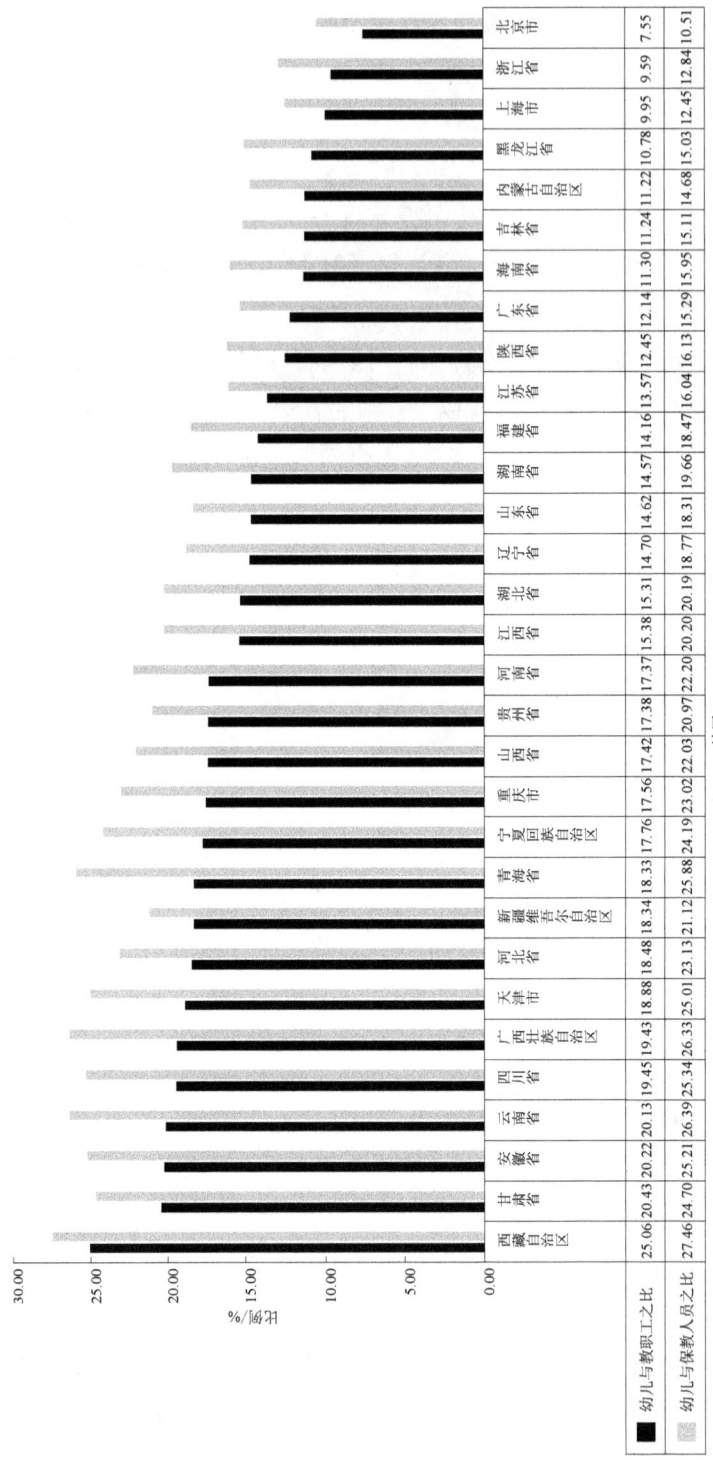

图 3-43 2015年全国部分省份农村幼儿园幼儿与教职工之比、幼儿与保教人员之比

资料来源：中华人民共和国教育部发展规划司.2015.中国教育统计年鉴2015.北京：人民教育出版社.

第三章 河北省与全国其他省、自治区、直辖市学前教育发展比较

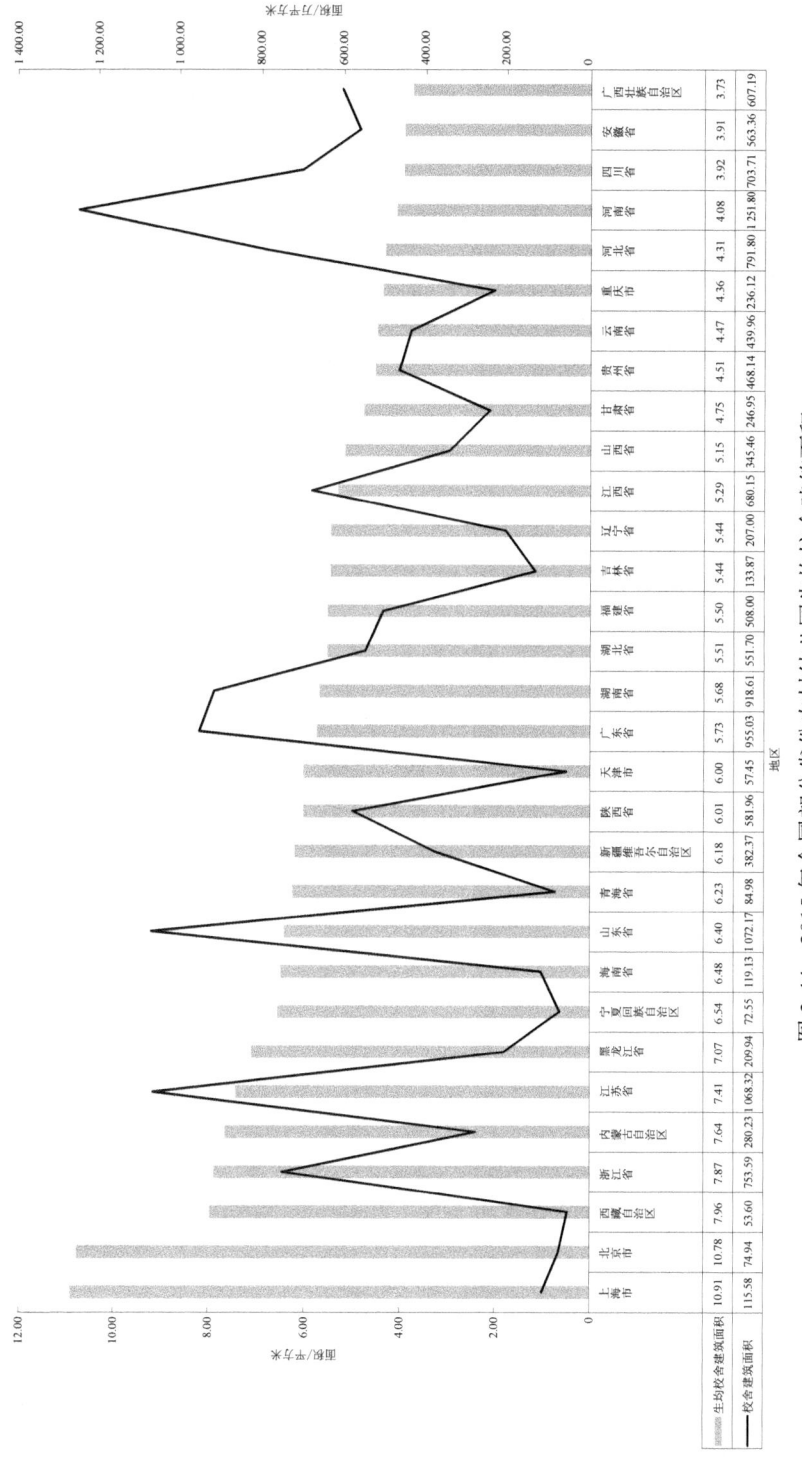

图 3-44 2015 年全国部分省份农村幼儿园生均校舍建筑面积

资料来源：中华人民共和国教育部发展规划司．2015．中国教育统计年鉴 2015．北京：人民教育出版社．

(2) 生均活动室面积

对 2015 年全国各省份的农村幼儿园生均活动室面积数据进行分析，从图中可以看出，生均活动室面积最多的 5 个省份分别是上海市、北京市、江苏省、浙江省、山东省，所占面积分别是 4.17、3.30、3.11、2.97、2.83 平方米。生均活动室面积最小的 5 个省份分别是河南省、云南省、四川省、贵州省、广西壮族自治区，所占面积分别是 1.80、1.77、1.71、1.65、1.49 平方米。

数据表明，2015 年河北省农村幼儿园的生均活动室面积是 1.92 平方米，全国农村幼儿园平均生均活动室面积为 2.34 平方米，比生均活动室面积最大的上海市少 1.83 平方米。可以看出，河北省农村幼儿园生均活动室面积不足全国平均水平，幼儿活动室面积仍相对过小（图 3-45）。

(3) 生均睡眠室面积

对 2015 年全国各省份的农村幼儿园生均睡眠室面积进行分析，可以看出生均睡眠室面积最大的 5 个省份分别是北京市、新疆维吾尔自治区、上海市、浙江省、海南省，面积分别为 1.75、1.47、1.39、1.39、1.27 平方米。农村幼儿园生均睡眠室最小的 5 个省份分别是河南省、河北省、山西省、安徽省、甘肃省，面积分别是 0.63、0.60、0.57、0.55、0.50 平方米。

如图 3-45 所示，河北省生均睡眠室面积为 0.60 平方米，全国农村幼儿园平均生均睡眠室面积为 0.99 平方米。可以看出，河北省农村幼儿园生均睡眠室面积在全国各省份农村幼儿园生均睡眠室面积水平中处于较低水平，远未达到全国平均水平（图 3-45）。

3. 户外运动场地面积

对 2015 年全国各省份的农村幼儿园生均户外活动面积进行统计分析，从图中可以看出，全国生均户外运动面积最多的 5 个省份分别是北京市、内蒙古自治区、青海省、黑龙江省、山东省，面积分别是 7.21、7.08、6.80、6.62、6.59 平方米。全国农村幼儿园生均户外运动面积最少的 5 个省份分别是云南省、重庆市、安徽省、四川省、广西壮族自治区，生均户外运动场地面积分别是 2.68、2.59、2.57、2.26、1.70 平方米。

河北省 2015 年生均户外运动面积为 4.58 平方米，在全国各省份中处于居中地位，排第十二位。根据数据统计，全国农村幼儿园平均生均户外运动面积为 4.35 平方米，可以看出河北省的农村生均户外运动面积略高于全国平均水平，但是与最高生均户外运动面积的北京相比，少 2.63 平方米（图 3-46）。

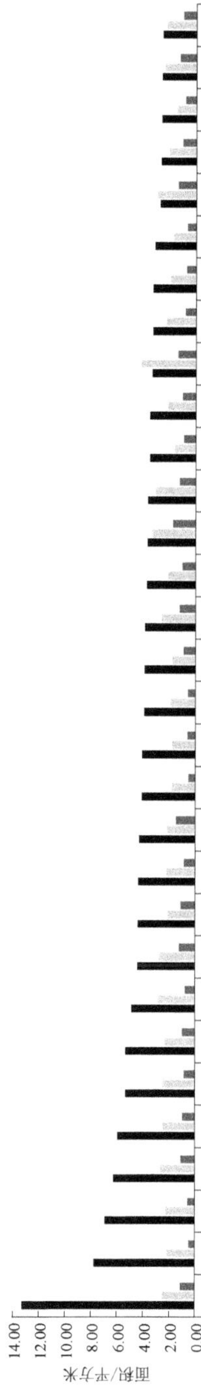

第三章 河北省与全国其他省、自治区、直辖市学前教育发展比较

地区	师均办公面积	生均活动室面积	生均睡眠室面积
西藏自治区	13.30	2.50	1.12
甘肃省	7.75	2.14	0.50
山西省	6.91	2.23	0.57
宁夏回族自治区	6.27	2.65	1.11
青海省	5.93	2.48	0.98
天津市	5.33	2.48	0.86
陕西省	5.31	2.34	0.99
山东省	4.87	2.83	0.79
内蒙古自治区	4.41	2.75	1.25
湖南省	4.39	2.12	1.14
辽宁省	4.36	2.21	0.89
新疆维吾尔自治区	4.28	2.18	1.47
安徽省	4.09	1.82	0.55
河南省	4.08	1.80	0.63
河北省	3.93	1.92	0.60
云南省	3.91	1.77	0.92
黑龙江省	3.88	2.62	1.23
湖北省	3.75	2.11	1.03
北京市	3.70	3.30	1.75
江苏省	3.68	3.11	1.23
贵州省	3.51	1.65	0.92
江西省	3.50	2.15	1.03
上海市	3.34	4.17	1.39
福建省	3.30	2.26	0.85
重庆市	3.29	1.96	0.74
四川省	3.15	1.71	0.68
浙江省	2.76	2.97	1.39
吉林省	2.71	2.07	1.05
广西壮族自治区	2.65	1.49	0.84
海南省	2.62	2.40	1.27
广东省	2.58	2.25	0.99

图 3-45 2015 年全国部分省份师均办公面积、生均活动室面积、生均睡眠室面积

资料来源：中华人民共和国教育部发展规划司. 2015. 中国教育统计年鉴 2015. 北京：人民教育出版社.

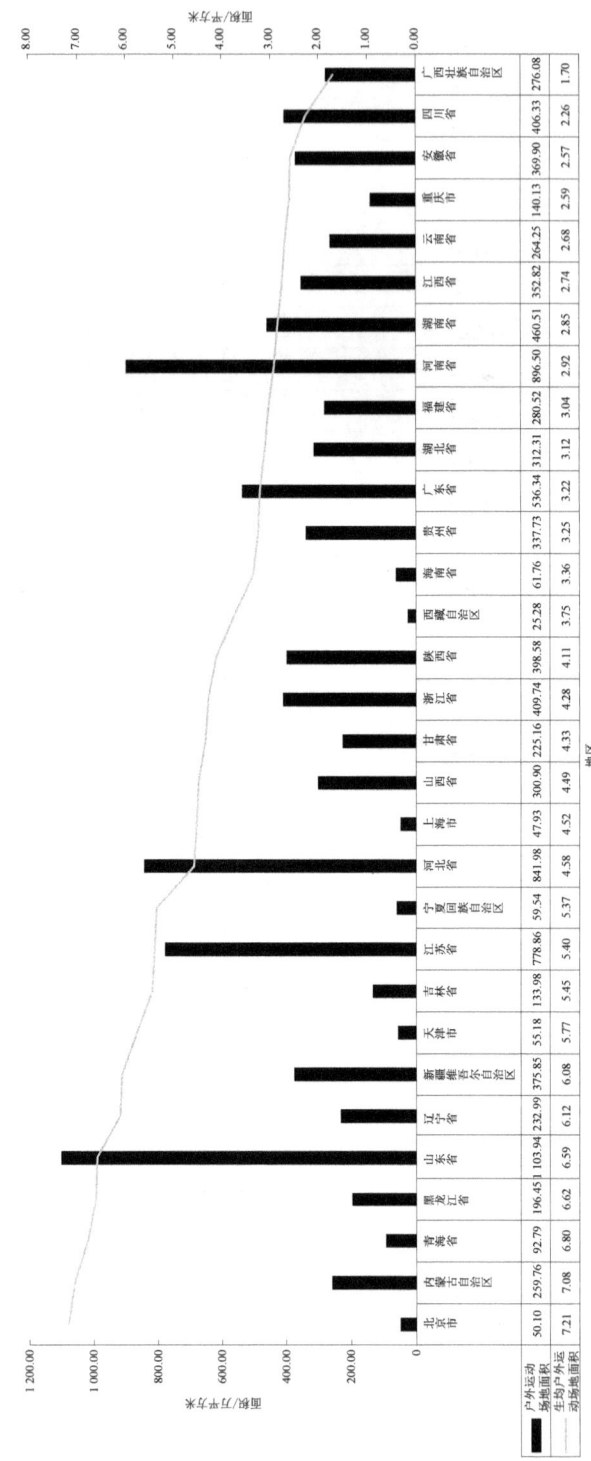

图 3-46 2015 年全国部分省份的农村幼儿园生均户外运动场地面积

资料来源：中华人民共和国教育部发展规划司. 2015. 中国教育统计年鉴 2015. 北京：人民教育出版社.

4.幼儿园教育设施与资源

(1)农村幼儿园生均图书量

如图3-47所示,2015年全国农村幼儿园生均图书最多的5个省份分别是北京市、江苏省、陕西省、浙江省和海南省,生均图书数分别为12.43、11.72、10.69、9.26、8.89册。全国农村幼儿园生均图书最少的5个省份分别是福建省、青海省、广西壮族自治区、西藏自治区、新疆维吾尔自治区,均图书数分别是3.80、3.33、3.07、2.66、2.53册。河北省农村幼儿园的生均图书为6.58册,全国平均水平为5.97册,河北省农村幼儿园生均图书数量高于全国平均水平,可以看出河北省近年重视农村学前教育教育资源的投入(图3-47)。

(2)农村幼儿园生均数字资源量

2015年全国农村幼儿园生均数字资源最多的5个省份是广东省、上海市、北京市、新疆维吾尔自治区、浙江省,分别是3.26、2.33、1.70、1.26、0.93GB。农村幼儿园生均数字资源最少的5个省份分别是内蒙古自治区、西藏自治区、贵州省、黑龙江省、青海省,数字资源分别是0.28、0.27、0.26、0.17、0.15GB。从图中可以看出,全国农村幼儿园的生均数字资源为0.67GB,河北省为0.42GB。由此可知河北省的农村幼儿园生均数字资源量不及全国平均水平(图3-47)。

(五)对弱势儿童的扶助情况

2014年对个人和家庭的补助支出总量最多的5个省份分别是新疆维吾尔自治区、四川省、陕西省、山东省、江苏省,补助支出分别是564 884、496 413、312 795、309 042、308 974千元。2014年对个人和家庭的补助支出总量最少的5个省份分别是吉林省、天津市、辽宁省、海南省、宁夏回族自治区,补助支出分别是56 337、52 254、37 245、29 817、24 541千元。河北省为251 738千元,居于全国靠前位置。2014年助学金发放总量最多的5个省份分别是四川省、山东省、西藏自治区、新疆维吾尔自治区、陕西省,助学金发放分别是196 195、180 247、179 475、158 535、124 997千元。相比较而言,2014年助学金发放总量最少的5个省份分别是黑龙江省、宁夏回族自治区、辽宁省、天津市、北京市,助学金总量分别是3 836、2 898、1 671、1 009、218千元,河北省助学金共发放37 673千元,居于全国中等偏上的位置(图3-48)。

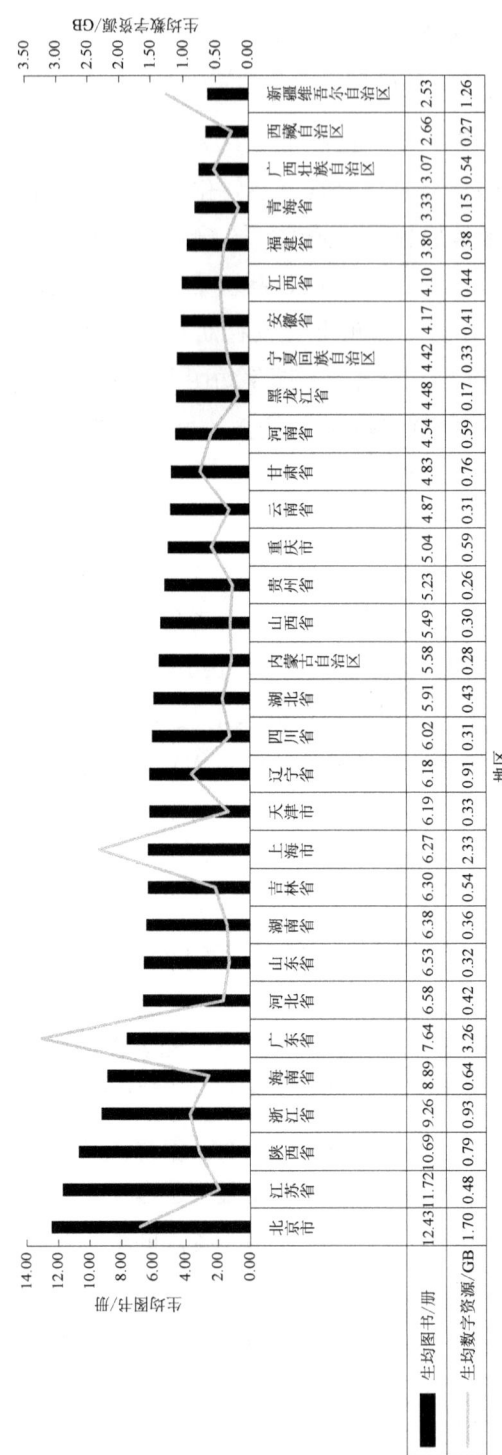

图 3-47 2015 年全国部分省份各地生均图书、生均数字资源

资料来源：中华人民共和国教育部发展规划司. 2015. 中国教育统计年鉴 2015. 北京：人民教育出版社.

第三章 河北省与全国其他省、自治区、直辖市学前教育发展比较

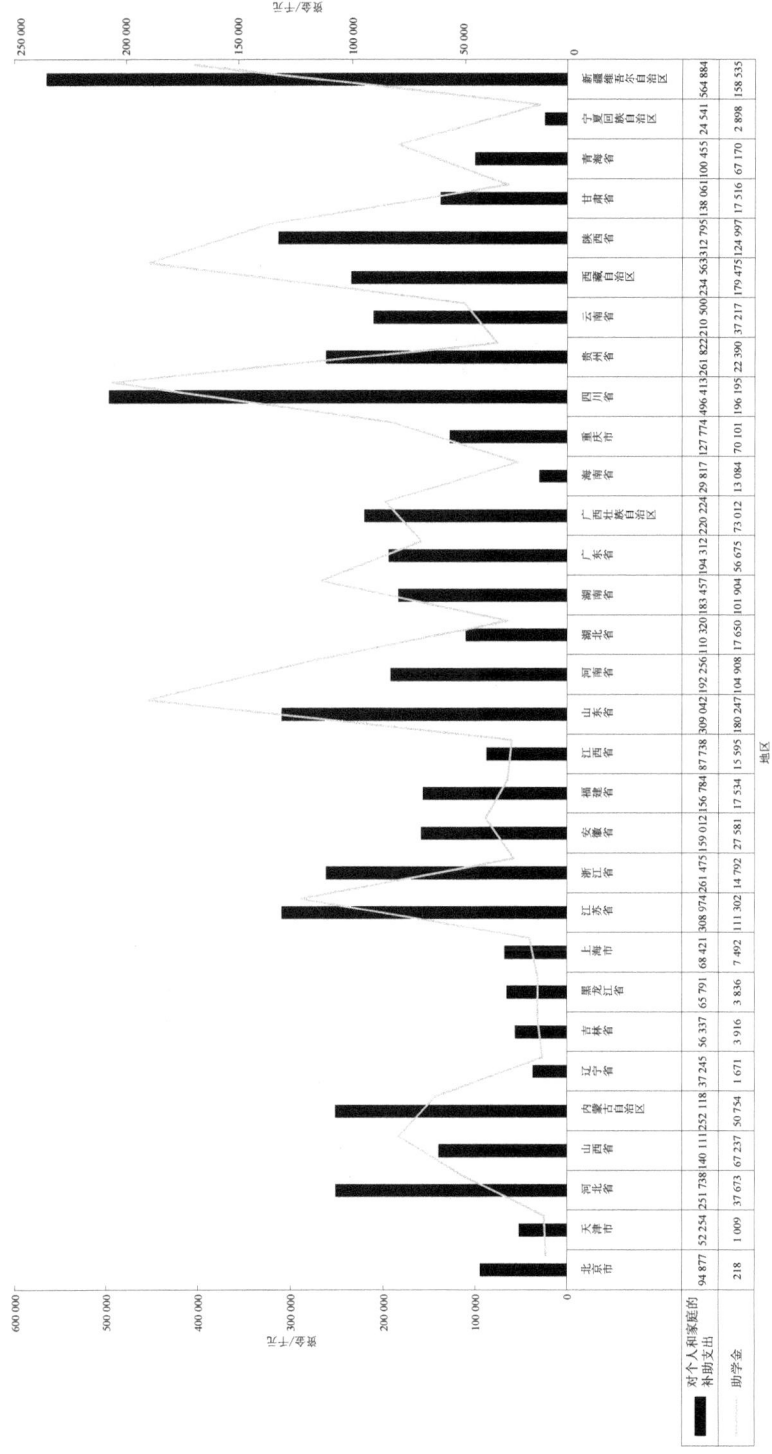

图 3-48 2014 年全国部分省份对于农村幼儿园弱势群体的扶助情况

注：图中数据根据《中国教育统计年鉴》相关数据计算得出。

资料来源：中华人民共和国教育部发展规划司. 2015. 中国教育统计年鉴 2015. 北京：人民教育出版社.

第四章

河北省内各地级市学前教育发展比较

第一节 各地级市学前教育普及情况比较

一、秦皇岛市

(一)学前教育普及情况

学前教育入园率是衡量学前教育普及程度的重要标志。从图 4-1 中可知,2011～2015 年该市学前三年毛入园率呈现先增长后下降的态势。2014 年本市学前三年毛入园率 83.9%,比 2011 年提高了 3.4%。但在 2015 年,其学前三年毛入园率下降为 76.5%。

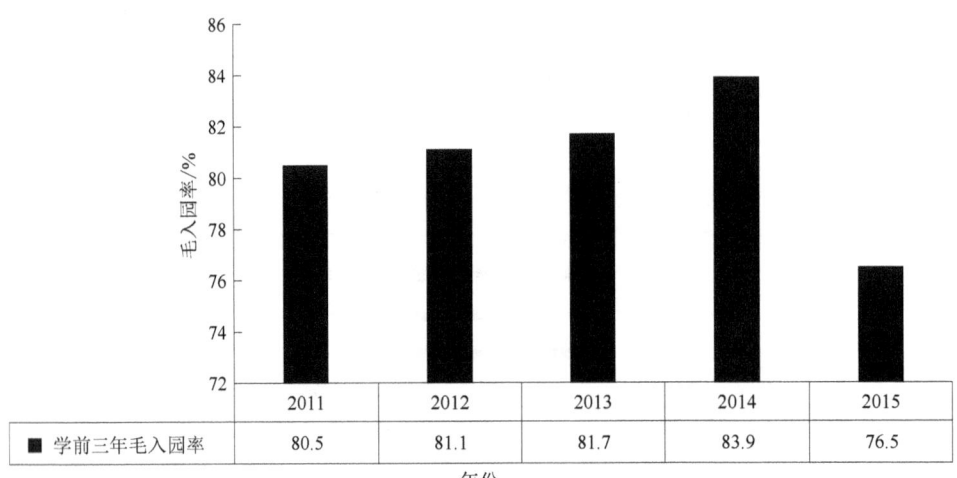

图 4-1 2011～2015 年秦皇岛市学前三年毛入园率
资料来源:《2010—2016 年河北省学前教育发展报告调查问卷》。

(二) 幼儿园园所数量和班级数变化情况

1. 幼儿园园所数量稳步增长

从图 4-2 中可以看出，2010～2016 年，秦皇岛市幼儿园园所数量的变化呈现稳步增长的趋势。第一，从总体来看，2016 年时秦皇岛市幼儿园园所数量为 327 所，比 2010 年的 178 所增加了 149 所，增幅达 83.71%。第二，秦皇岛市城区幼儿园园所数量也呈现逐渐增长的趋势，2011～2016 年共增加幼儿园 134 所，增幅为 117.54%。虽然在 2012 年秦皇岛市农村地区的园所数量减少了 11 所，但之后几年间发展情况良好。也就是说，在城镇化日益发展的今天，农村地区也在加大幼儿园的建设力度，使得园所数量稳步增加，进一步保障了适龄儿童的入园问题。

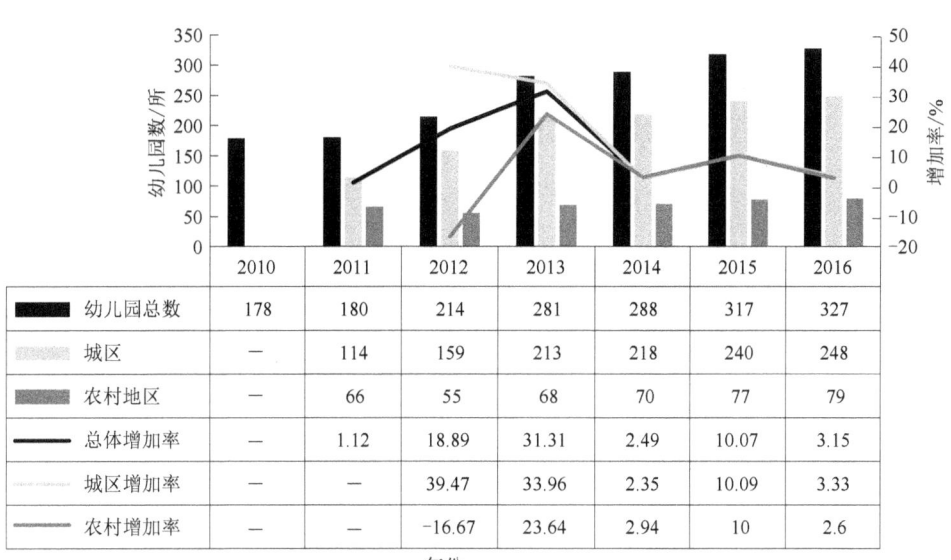

图 4-2 2010～2016 年秦皇岛市幼儿园数量及城乡差异

资料来源：《2010—2016 年河北省学前教育发展报告调查问卷》。

2. 幼儿园班级数量稳中有升

从图 4-3 中可以看出，总体来说，秦皇岛市幼儿园班级数量逐渐增加。其中，2013 年增幅最大，相较于 2012 年增长了 13.02%，之后则呈现出缓慢增长的态势。

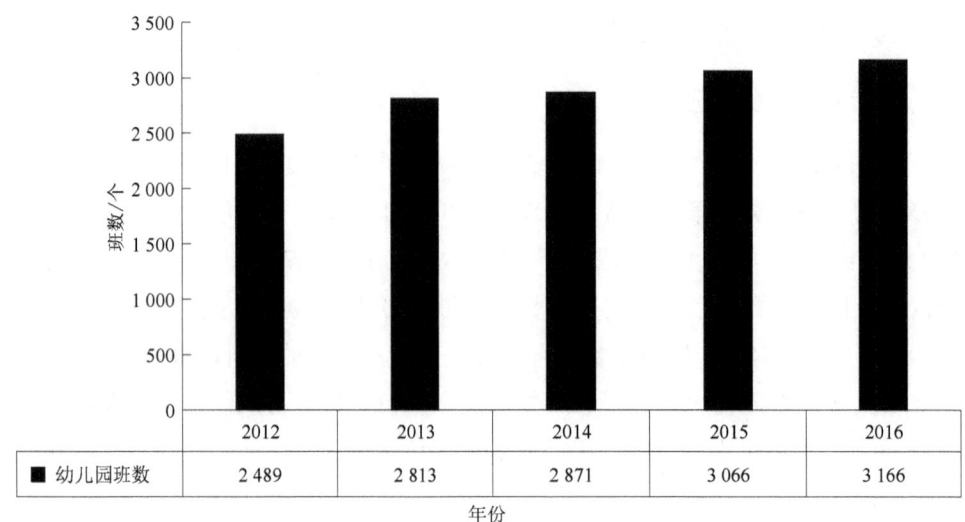

图4-3 2012～2016年秦皇岛市幼儿园班级数

资料来源:《2010—2016年河北省学前教育发展报告调查问卷》。

(三)幼儿园班级数不断增加,班均儿童数逐年下降

1.幼儿园园均班级数和在园儿童数

从图4-4中可以看出,2010～2016年,秦皇岛市幼儿园园均班级数和在园儿童数时有起伏。具体来说,园均班级数由2012年的11.63个减少到2016年的9.68个,大约减少了2个。园均幼儿数也由2010年的345人减少到2016年的241人,减幅高达30.14%。这说明近年来秦皇岛市幼儿园园均规模逐年下降后趋于平稳。

2.幼儿园班均儿童数逐渐下降

从图4-5中可以看出,2012～2016年,秦皇岛市幼儿园班均儿童数变化不大,2016年为24.94人,相较于2012年减少了约3人。

(四)幼儿园在园儿童数稳中有增

从图4-6中可以看出,2010～2016年,秦皇岛市幼儿园在园儿童数时起时伏。其中,2012年在园儿童数为70366人,相较于2011年的72239人,减少了1873人,减幅为2.59%。随后2013年又上升为73965人。之后在2014

年又有小幅度下降，减少了251人。而2015和2016年则呈现逐渐增长的态势。2016年秦皇岛市在园儿童数为78 963人，相较于2010年，这7年间共增加儿童17 616人，增幅达28.72%。

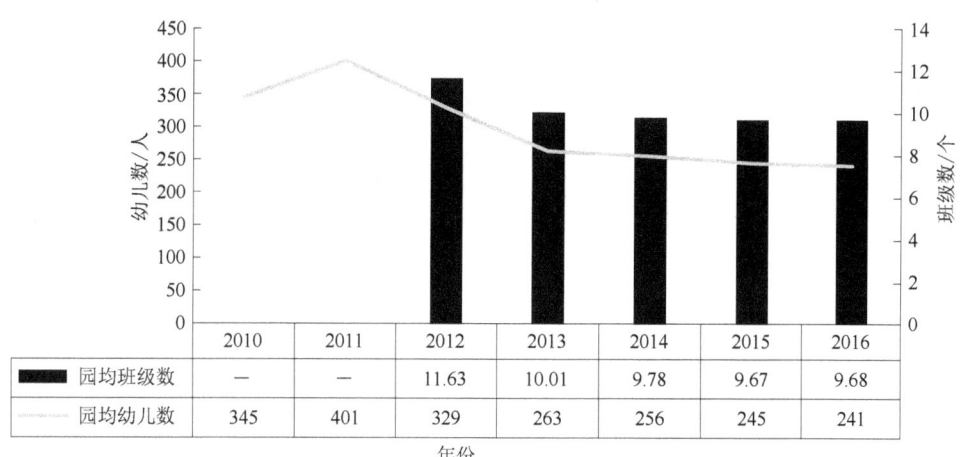

图4-4　2010～2016年秦皇岛市幼儿园园均规模

资料来源：《2010—2016年河北省学前教育发展报告调查问卷》。

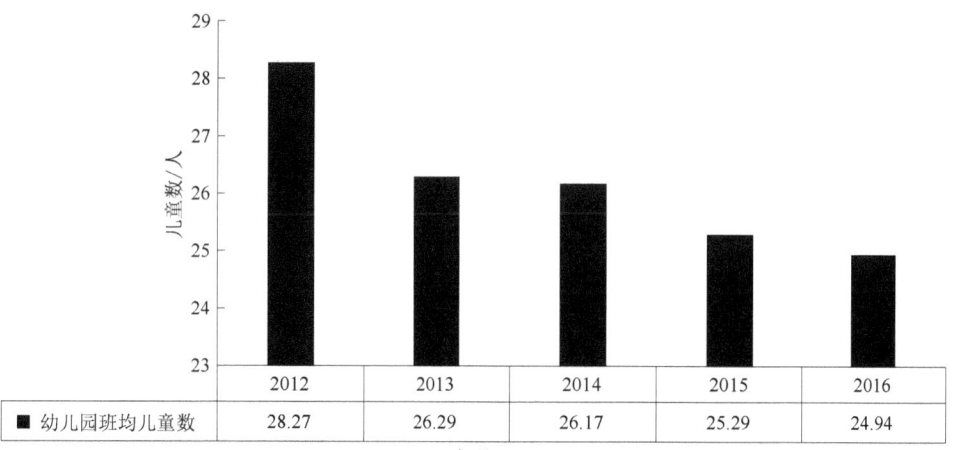

图4-5　2012～2016年秦皇岛市幼儿园班均儿童数

资料来源：《2010—2016年河北省学前教育发展报告调查问卷》。

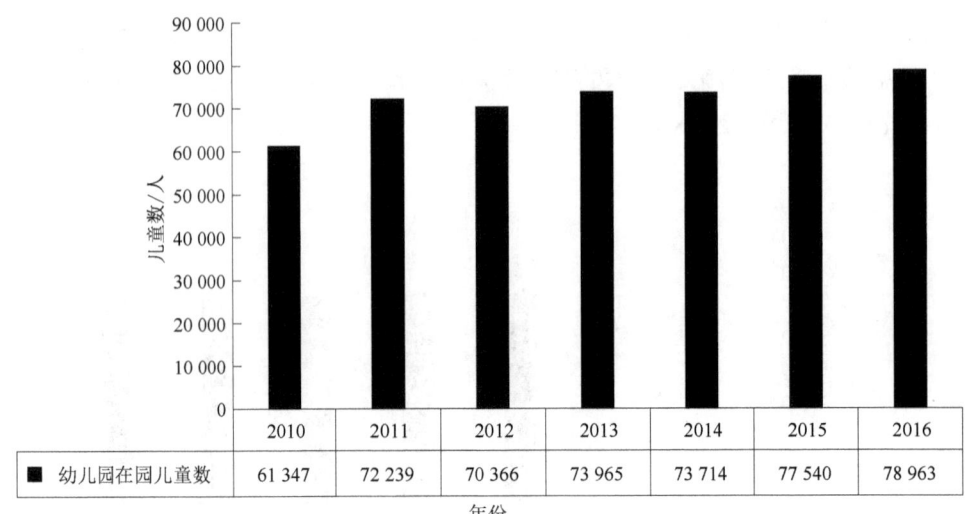

图 4-6　2010～2016 年秦皇岛市幼儿园在园儿童数

资料来源：《2010—2016 年河北省学前教育发展报告调查问卷》。

二、沧州市

（一）学前教育普及情况

从图 4-7 中可以看出，2011～2016 年，沧州市学前教育三年毛入园率时起时伏。2011 年的学前三年毛入园率是 93.2%，到 2012 年下降到 84.6%，下降了 8.6 个百分点。2013 年虽然稍有回升，上涨为 85%，但其浮动是微乎其微的。2014～2016 年的学前三年毛入园率基本保持在 86% 左右。

（二）幼儿园园所数量和班级数变化情况

1. 幼儿园园所数量增长迅速

从图 4-8 中可以看出，2010～2016 年，沧州市幼儿园园所数量的变化呈现出稳步增加的态势。从整个沧州地区来看，2016 年沧州市幼儿园总体数量是 802 所，比 2010 年的 611 所增加了 191 所，增幅为 31.26%，这 7 年间的年平均增长率是 5.21%。其中，特别是 2014 这一年，沧州市幼儿园园所数量共增加 112 所，增长幅度在近年间是最大的。关于沧州市城区幼儿园园所数量方面，变化趋势与本市幼儿园总数是相一致的。2016 年沧州市城区幼儿园数量是 294 所，相较于 2011 年增加了 63 所，增幅达 27.27%。沧州市农村地区的发展态势也依然良好的，相较于本市总体情况和城区情况来说，农村地区幼儿园增加幅度相对较为缓慢，在2011～2016年间，共增加34所，增幅为22.37%。

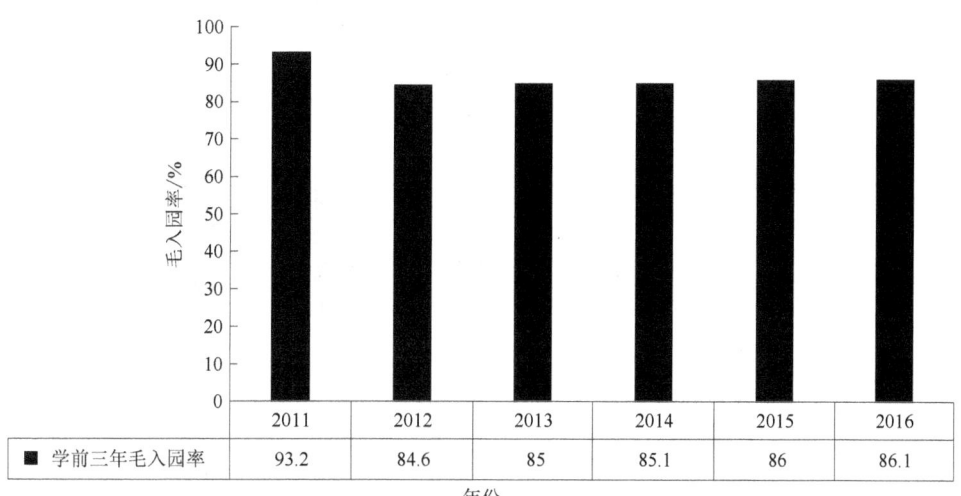

图4-7 2011～2016年沧州市学前三年毛入园率
资料来源：《2010—2016年河北省学前教育发展报告调查问卷》。

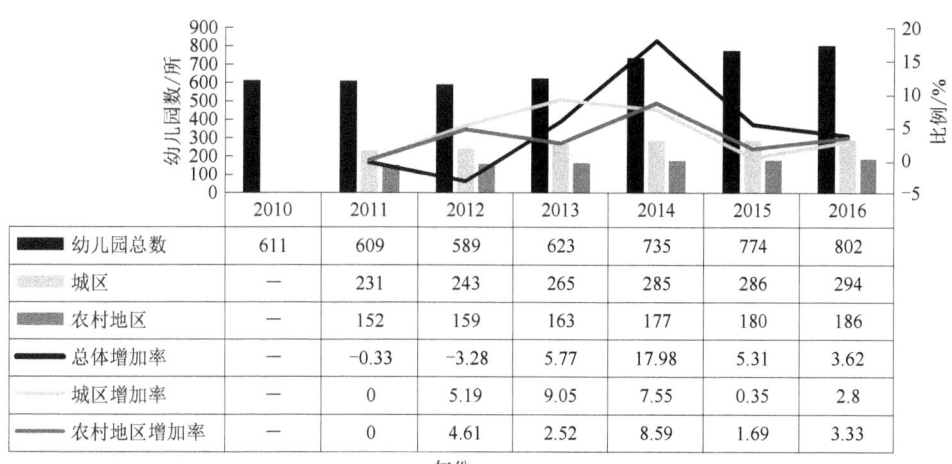

图4-8 2010～2016年沧州市幼儿园数量及城乡差异
资料来源：《2010—2016年河北省学前教育发展报告调查问卷》。

2.幼儿园班级数量稳步增长

从图4-9中可以看出，总体来说，沧州市幼儿园班级数量逐渐增长，但在

2012年出现小幅度下降。2012年沧州市幼儿园班级数是7 068个，相比于2011年减少了241个，减幅达3.3%。从2013～2016年有逐年增加，其中2014年增幅最大，相较于2013年增长了1 347个，增幅达18.02%。

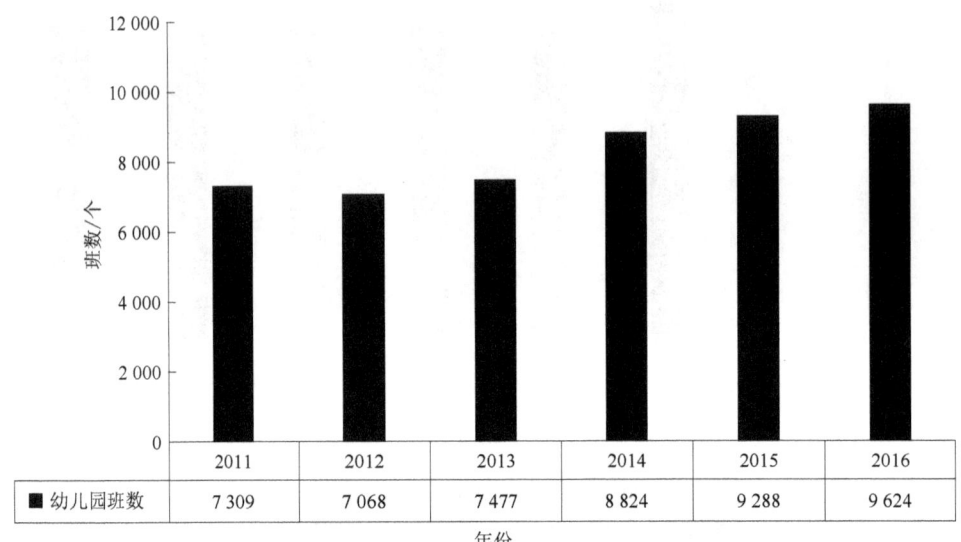

图4-9　2011～2016年沧州市幼儿园班级数

资料来源：《2010—2016年河北省学前教育发展报告调查问卷》。

（三）幼儿园班级数不断增加，班均儿童数经历上升后平稳发展

1.幼儿园园均班级数和在园儿童数保持平稳

从图4-10中可以看出，2010～2016年，沧州市幼儿园园均幼儿数时起时伏，园均班级数则稳定发展。具体来说，园均幼儿数由2010年的321人增加到2016年的338人，增幅达5.3%。从总体来看，沧州市幼儿园园均幼儿数增长幅度较小，但在2012年出现一个增长小高峰，相较于2011年增加了62人，增幅为19.31%，随后到2013年又下降为371人，之后便处于稳定发展中。而沧州市园均班级数在2011～2016年始终保持在12个。

2.幼儿园班均儿童数基本保持稳定

从图4-11中可以看出，总体来说，和2011年相比，2016年沧州市的幼儿园班均儿童数变化不大，班均儿童数只增加约1人。在这期间，2012年相较于

2011年增加了约5人,增幅较大,2013年又有小幅度下降,随后几年基本保持在30人左右。

从沧州市幼儿园园均班级数和班均儿童数的变化情况不难看出,近年来其幼儿园园均规模基本保持稳定。

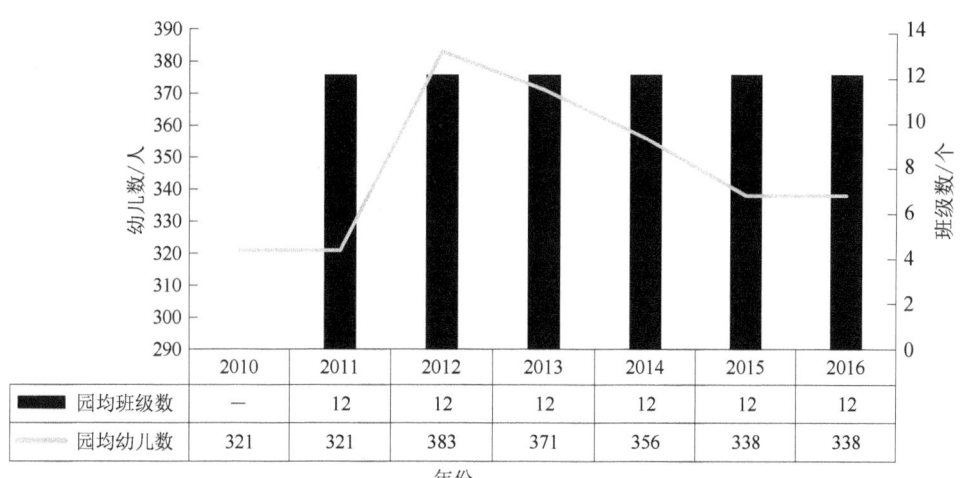

图4-10 2010～2016年沧州市幼儿园园均规模

资料来源:《2010—2016年河北省学前教育发展报告调查问卷》。

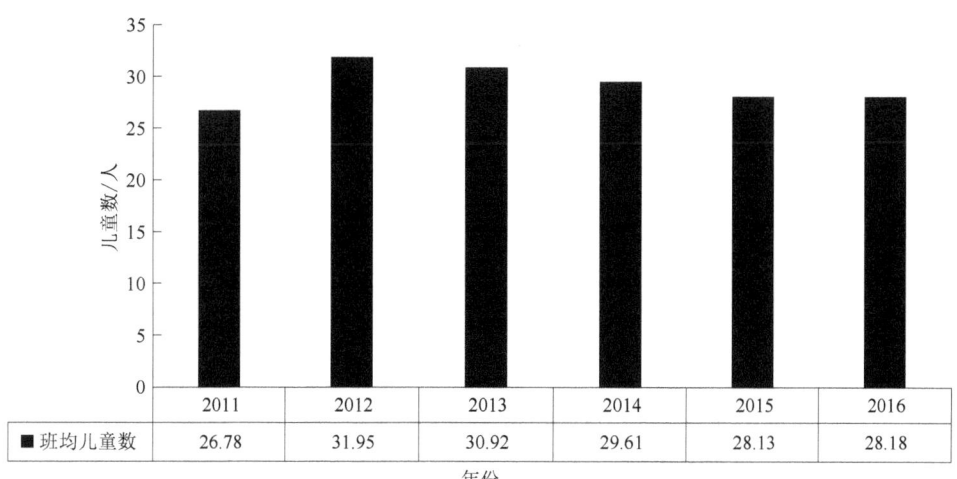

图4-11 2011～2016年沧州市幼儿园班均儿童数

资料来源:《2010—2016年河北省学前教育发展报告调查问卷》。

（四）幼儿园在园儿童数不断增加

从图 4-12 中可以看出，2010～2016 年，沧州市幼儿园在园儿童数呈现出逐渐增长的趋势。2016 年沧州市幼儿园在园儿童数是 271 200 人，相比于 2010 年的 196 303 人增加了 74 897 人，增幅是 38.15%。其中，2014 年和 2015 年幼儿园在园儿童数基本持平，自 2016 年开始有稳步增长。

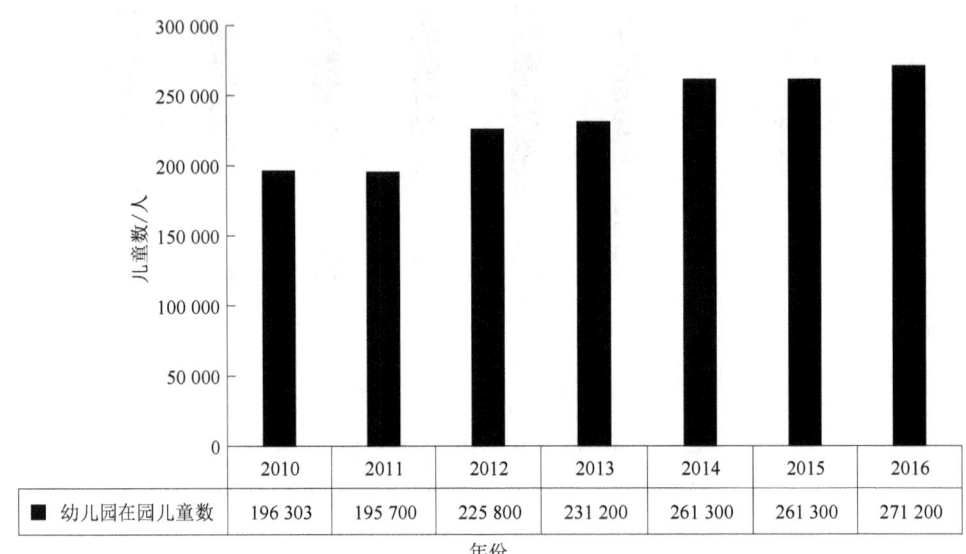

图 4-12　2010～2016 年沧州市幼儿园在园儿童数

资料来源：《2010—2016 年河北省学前教育发展报告调查问卷》。

三、石家庄市

（一）学前教育普及情况

石家庄市近年来学前教育普及率稳中有所增长，但总体保持不变。从图 4-13 中可以看出，2011～2016 年石家庄市学前三年毛入园率呈现稳步发展的趋势。2016 年的学前三年毛入园率是 93.4%，比 2011 年提高了 1.8 个百分点。但从总体来说，石家庄市近 6 年来的学前教育三年毛入园率始终在 92% 上下浮动，总体发展平稳，稳中略有增加。

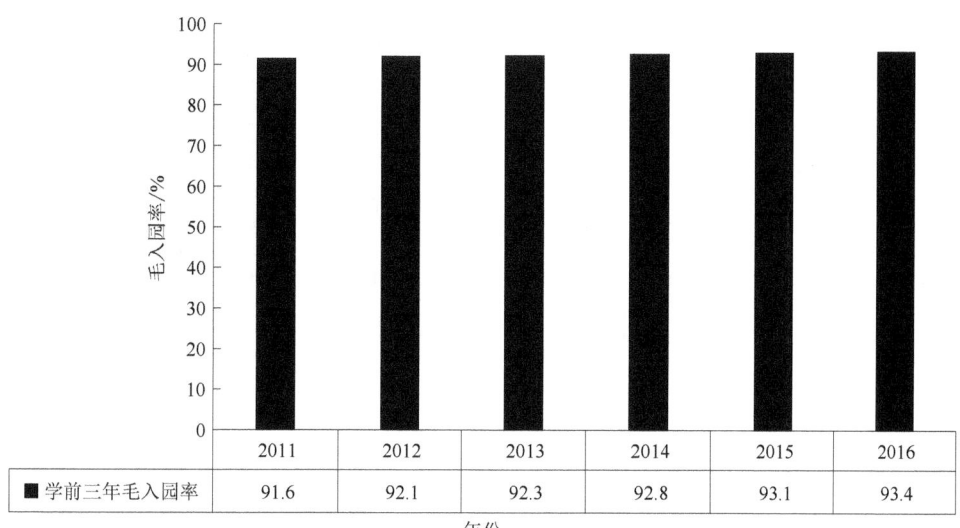

图 4-13　2011～2016 年石家庄市学前三年毛入园率
资料来源：《2010—2016 年河北省学前教育发展报告调查问卷》。

（二）幼儿园园所数量和班级数变化情况

1. 幼儿园园所数量持续增长

从图 4-14 中可以看出，2011～2016 年，总体上，石家庄市城区、农村地区的幼儿园园所数量的变化呈现出逐渐增长的趋势。2011～2013 年幼儿园数量增速相对于 2013～2016 年来说较为缓慢，2013 年石家庄市幼儿园园所数量是 875 所，相较于 2011 年的 698 所增加了 177 所，增幅是 25.36％。2016 年石家庄市幼儿园数量是 1 419 所，相比于 2013 年的 875 所增加了 544 所，增幅高达 62.17％。具体来说，石家庄市城区幼儿园数量的变化情况与总体一致，2016 年石家庄市城区幼儿园数量是 1 002 所，相较于 2011 年的 472 所增加了 530 所，增幅是 112.29％，增长了一倍以上。而石家庄市农村地区也在稳步发展中，2016 年幼儿园数量是 417 所，相较于 2011 年的 226 所增加了 191 所，增幅是 84.51％。单看石家庄市农村地区的幼儿园园所数量可能相对较少，但以增幅来说增长速度还是相当快的。

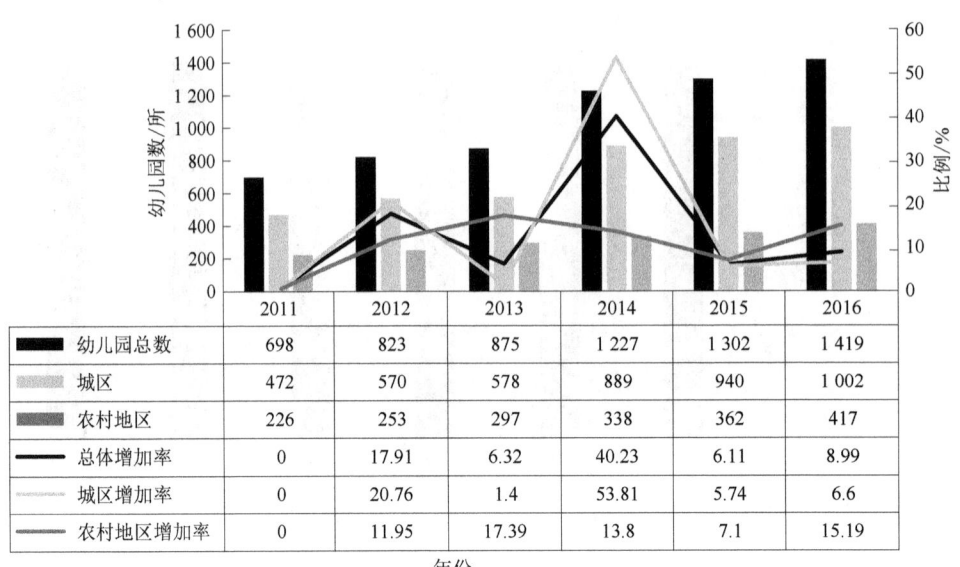

图 4-14　2011～2016 年石家庄市幼儿园数量及城乡差异

资料来源：《2010—2016 年河北省学前教育发展报告调查问卷》。

2.幼儿园班级数量不断增加

从图 4-15 中可以看出，总体来说，石家庄市幼儿园班级数逐步增长。2016 年时石家庄市幼儿园班数为 10 364 个，相较于 2011 年的 8 087 个增加了 2 277 个，增幅是 28.16%。2011～2016 年，其中 2013 年的增幅最大，较 2012 年增长了 10.38%。由此可见，近年来石家庄市幼儿园班级数量的变化与幼儿园园所数量的变化发展趋势是基本一致的。

（三）幼儿园班级数不断增加，班均儿童数时增时减

1.幼儿园园均班级数逐年下降，在园儿童数总体增加

从图 4-16 中可以看出，2010～2016 年，石家庄市幼儿园园均班级数和园均幼儿数时起时伏，但从总体来说二者都有所下降。具体来说，园均班级数由 2011 年的 11.59 个下降到 2016 年的 7.3 个，降幅是 37.01%。园均幼儿数也由 2010 年的 273 人下降到 2016 年的 219 人，减少了 54 人，降幅为 19.78%。

2.幼儿园班均儿童数经历缓慢上升后下降再回升

从图 4-17 中可以看出，从总体来说，2011～2016 年石家庄市幼儿园班均

儿童数是有所增加的。2016年石家庄市幼儿园班均儿童数是29.96人，相较于2011年的23.56人增加了6.4人，增幅是27.16%。但在2014年曾出现小幅度下降，相比于2013年的25.18人下降了4.2人，之后便又有所回升并逐年增加。

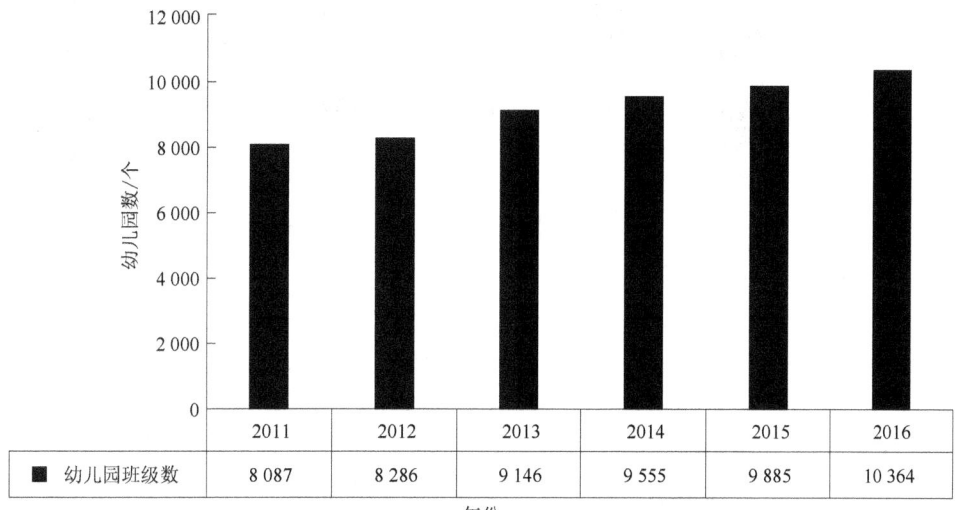

图4-15　2011～2016年石家庄市幼儿园班级数
资料来源：《2010—2016年河北省学前教育发展报告调查问卷》。

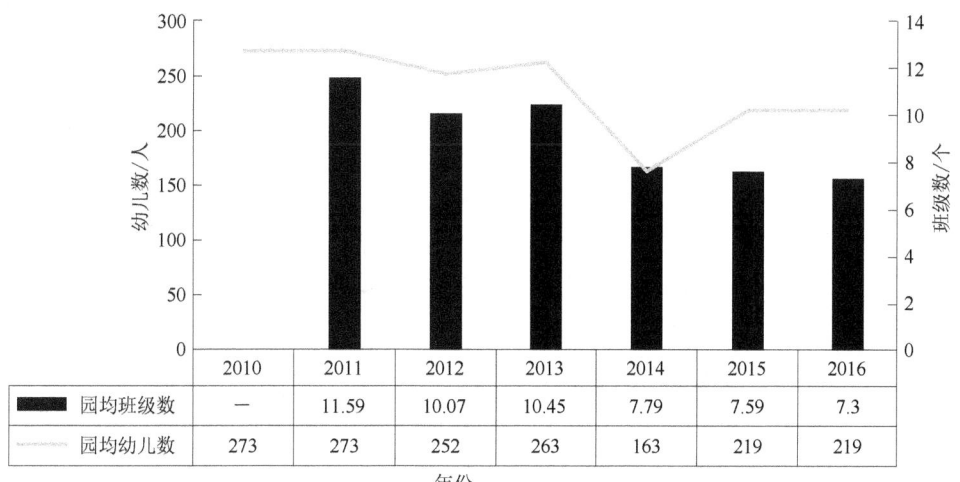

图4-16　2010～2016年石家庄市幼儿园园均规模
资料来源：《2010—2016年河北省学前教育发展报告调查问卷》。

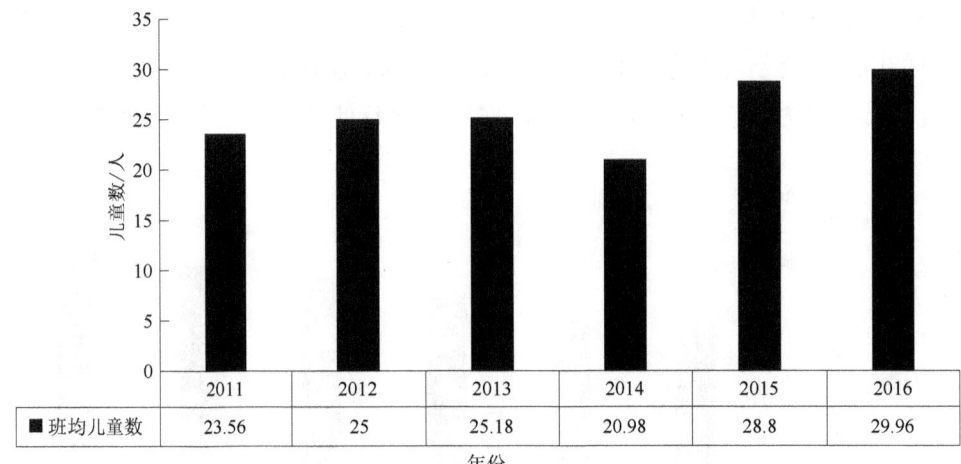

图 4-17　2011～2016 年石家庄市班均儿童数

资料来源：《2010—2016 年河北省学前教育发展报告调查问卷》。

（四）幼儿园在园儿童数经历缓慢上升后下降再回升

从图 4-18 中可以看出，2010～2016 年，石家庄市幼儿园在园儿童数呈现出先增后降再增的趋势。2010～2013 年呈现稳步增长的态势，2013 年石家庄市幼儿园在园儿童数是 230 300 人，相较于 2010 年的 190 532 人增加了 39 768 人，

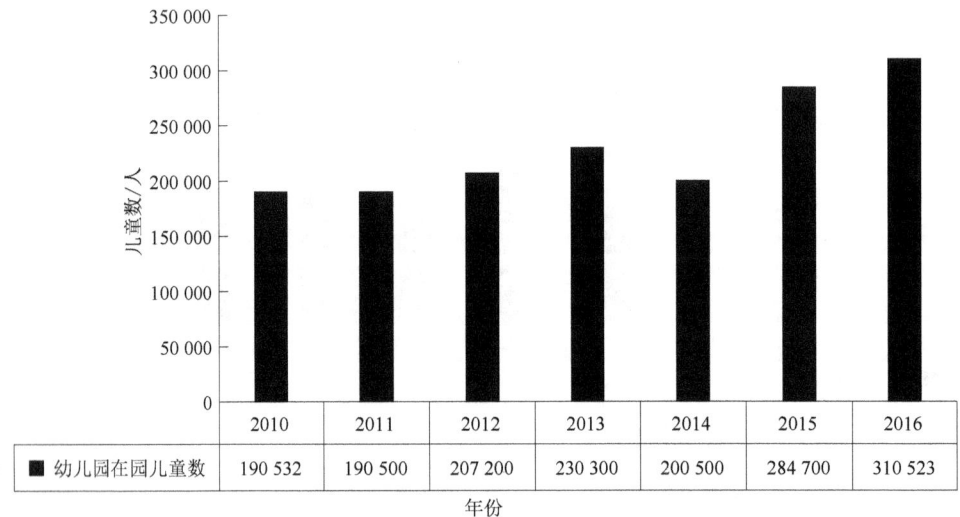

图 4-18　2010～2016 年石家庄市幼儿园在园儿童数

资料来源：《2010—2016 年河北省学前教育发展报告调查问卷》。

增幅是 20.87%。但在 2014 年出现下降趋势,2014 年的幼儿园在园儿童数较于 2013 年减少了 29 800 人,降幅为 12.94%。但其下降趋势在 2015 年便得到了改善,2015 年和 2016 年均为直线上升的模式。从总体来看,2016 年石家庄市幼儿园在园儿童数是 310 523 人,相较于 2010 年增加了 119 991 人,增幅达 62.98%。

四、承德市

（一）学前教育普及情况

近年来,承德市在学前教育普及方面获得发展,但总体来说增速较为缓慢。从图 4-19 中可以看出,2011～2016 年,承德市学前三年毛入园率增长较为缓慢。2016 年承德市学前三年毛入园率是 75.6%,相较于 2011 年的 74.2% 增长了 1.4 个百分点。由此可见,虽然根据已有数据获知承德市近年来学前教育三年毛入园率增速较缓,但发展态势还是趋于良性的。

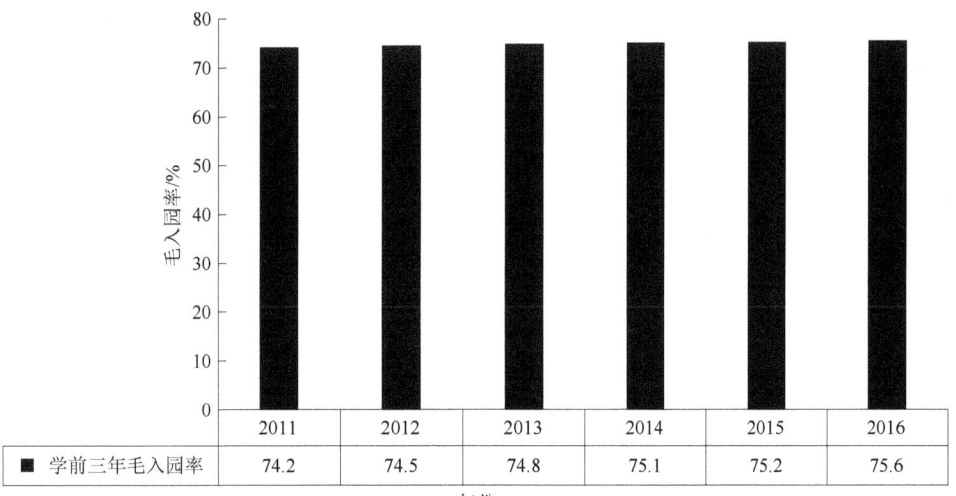

图 4-19　2011～2016 年承德市学前三年毛入园率
资料来源:《2010—2016 年河北省学前教育发展报告调查问卷》。

（二）幼儿园园所数量和班级数变化情况

1.幼儿园园所数量增长缓慢

从图 4-20 中可以看出,2011～2016 年,承德市幼儿园园所数量稳中有增。

2016年的幼儿园数量是1 972所,相较于2011年的1 839所增加了133所,增幅是7.23%,2010～2011年增长幅度巨大,之后也有所增长,但增速较为缓慢,但总体趋势还是朝着好的方向来发展的。具体来说,城市城区幼儿园园所数量基数本来就很小,2011年幼儿园数量是173所,到2016年发展为199所,增长了15.03%。从总体上来看,承德市城区幼儿园数量在近6年间稳步增长,但2016年相较于2015年来说还是下降了27所。对于承德市农村地区的幼儿园数量来说,农村地区幼儿园在整个承德地区所在的比例是相当大的,也就是说,承德市幼儿园是以其农村地区幼儿园为主体的。2016年承德市农村地区幼儿园园所数量是1 622所,相较于2011年的1 579所增加了43所,增幅为2.72%。

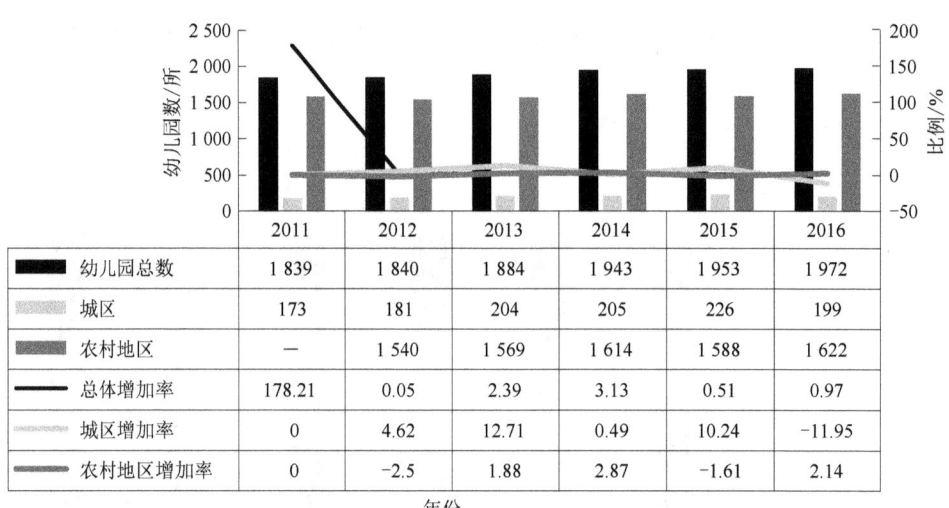

图4-20 2011～2016年承德市幼儿园数量及城乡差异

资料来源:《2010—2016年河北省学前教育发展报告调查问卷》。

2.幼儿园班级数量稳中有增

从图4-21中可以看出,总体来说,承德市幼儿园班级数量有所增长,但在2011～2016年,幼儿园班级数量也经历了一个稳步上升然后有所下降的过程。2011～2015年,承德市幼儿园班级数量逐年增加,其中2015年的增幅最大,相较于2014年增加了632个,增幅是14.51%。而在随后的2016年则有所下降,2016年承德市幼儿园班级数是4 539个,相比于2015年的4 989个减少了450个,降幅为9.02%。

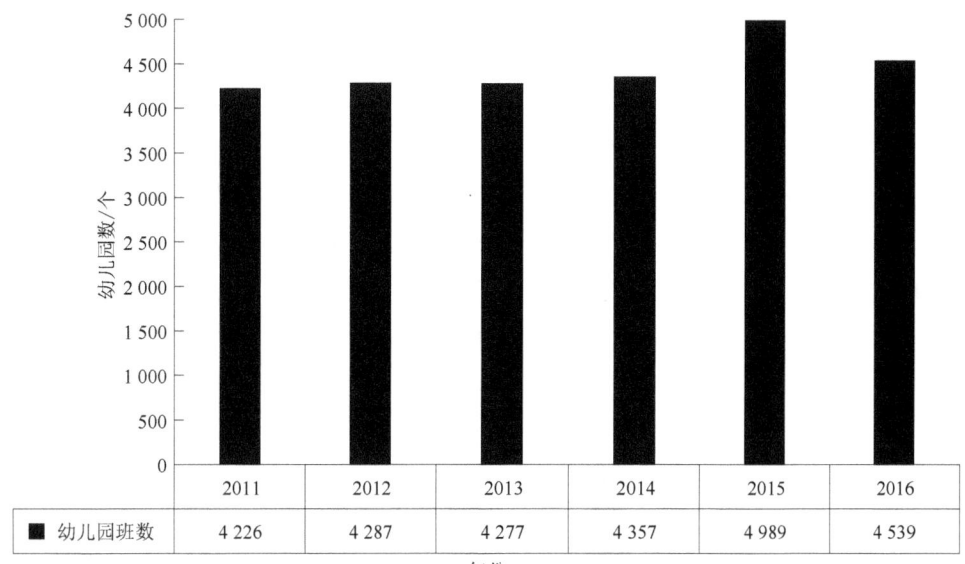

图 4-21　2011～2016 年承德市幼儿园班级数

资料来源：《2010—2016 年河北省学前教育发展报告调查问卷》。

（三）幼儿园班级数不断增加，班均儿童数时增时减

1. 幼儿园园均班级数和在园儿童数时增时减

从图 4-22 中可以看出，2011～2016 年，承德市幼儿园园均幼儿数和园均班级数的变化时起时伏，总体上二者保持稳定。具体来说，承德市幼儿园园均

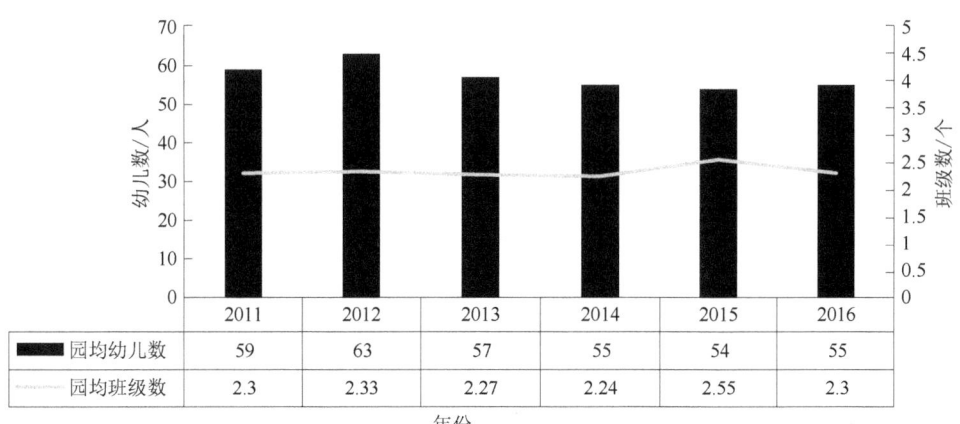

图 4-22　2011～2016 年承德市幼儿园园均规模

资料来源：《2010—2016 年河北省学前教育发展报告调查问卷》。

幼儿数由2011年的59人下降到2016年的55人，其中2012年相较于2011年是有所增长的，增加了4人，而园均班级数则基本持平。

2. 幼儿园班均儿童数经历上升后缓慢下降再回升

从图4-23中可以看出，2011～2016年承德市幼儿园班均儿童数的变化不大，但几年间时起时伏。2012年相交于2011年略有上涨，增加了1.39人；之后的2013、2014和2015年承德市幼儿园班均儿童数逐年下降，2015年相较于2012年的26.95人减少了6人；之后在2016年又有所回升，增加了2.83人。

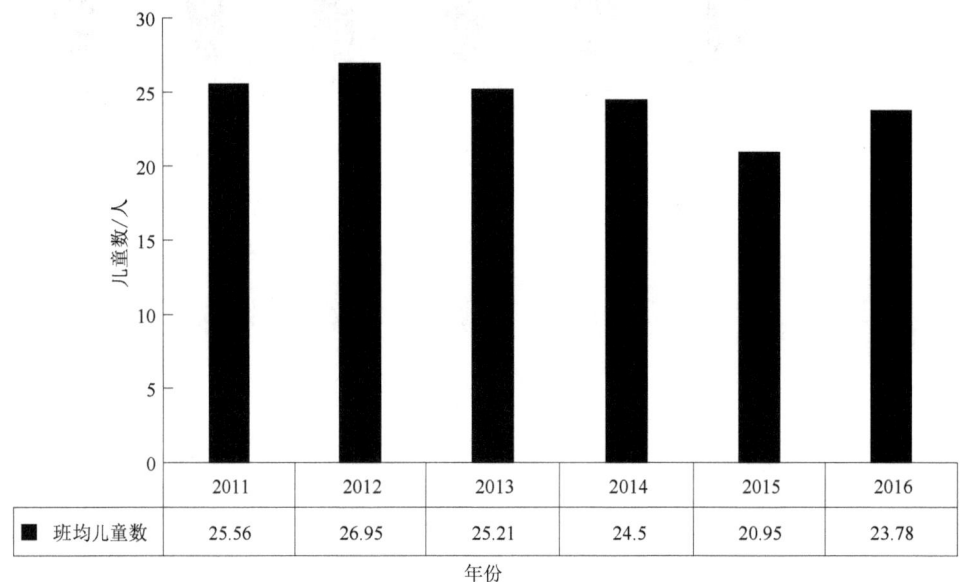

图4-23　2011～2016年承德市幼儿园班均儿童数
资料来源：《2010—2016年河北省学前教育发展报告调查问卷》。

（四）幼儿园在园儿童数基本保持稳定

从图4-24中可以看出，2010～2016年，承德市幼儿园在园儿童数呈现出先上升后下降在上升的趋势。2012年相较于2010年增加了15 159人，增幅达15.1%。随后的2013～2015年便逐年下降，2015年在园儿童数是104 518人，相较于2013年减少了3 315人；2016年再次回到上升模式，相较于2015年增加了3 430人，增幅达3.28%。

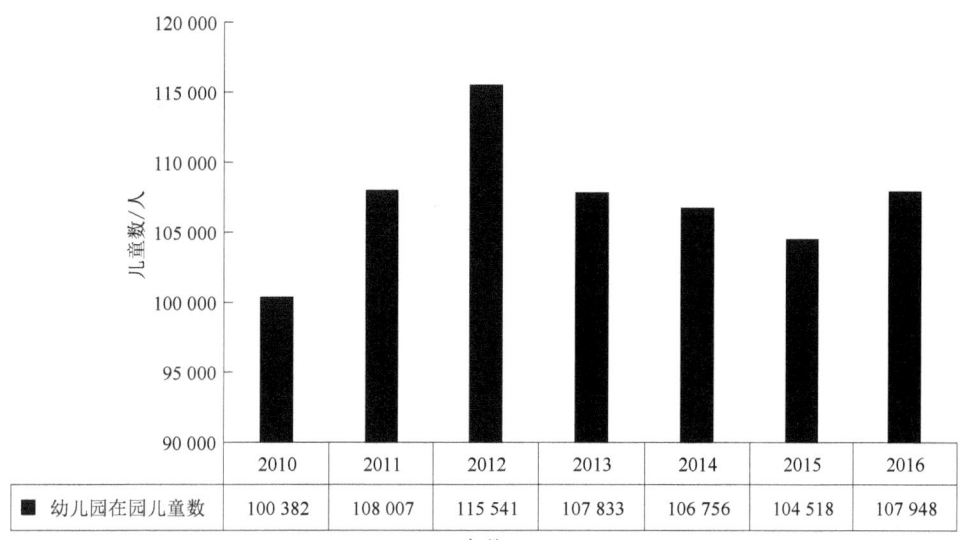

图 4-24　2010～2016年承德市幼儿园在园儿童数

资料来源：《2010—2016年河北省学前教育发展报告调查问卷》。

五、邯郸市

（一）学前教育普及情况

从图4-25中可以看出，2011～2016年，邯郸市学前教育三年毛入园率呈现不断提高的趋势。2016年邯郸市学前三年毛入园率是88%，相比于2011年提高了13%，增幅达17.33%。

由此可见，总的来说，从邯郸市学前三年毛入园率的变化情况来看，该市学前教育普及率步步稳增，发展态势非常良好。

（二）幼儿园园所数量和班级数变化情况

1.幼儿园园所数量不断增加

从图4-26中可以看出，2010～2016年，邯郸市幼儿园园所数量呈现出逐年增长的趋势。2016年邯郸市幼儿园数量是2 294所，相比于2010年的1 172所增加了1 122所，增幅达95.73%，由此可见，邯郸市幼儿园建设和发展是相当迅速的，在很大程度上缓解和保障了适龄儿童的"入园难"的问题。具体来说，邯郸市城区幼儿园园所数量与邯郸市幼儿园总数的变化趋势是一致的，处于稳步发展当中。2016年邯郸市城区幼儿园数量为243所，相较于2011年的134所增加了109所，增幅达81.34%。从上图中可以明显看出，邯郸市幼儿园的构成是以其农村地区为主体的，而2011～2016年，邯郸市农村地区幼儿园园所数量也获得了长足的发展。2016年邯郸市农村地区幼儿园园所数量是2 051所，比2011年增加了83.95%。通过对比邯郸市城区及农村地区的幼儿园数量可知，城乡幼儿园数量的比例仍然存在较大差异。

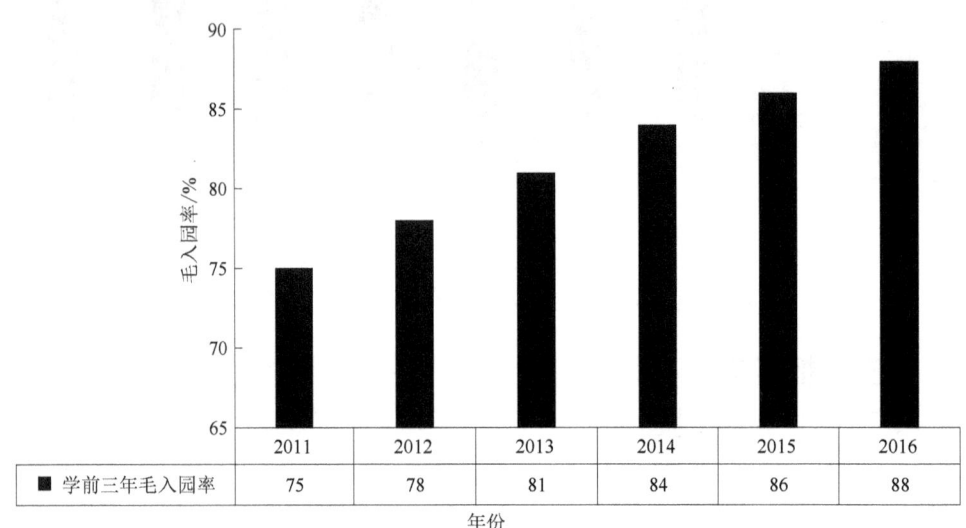

图4-25　2011～2016年邯郸市学前三年毛入园率

资料来源：《2010—2016年河北省学前教育发展报告调查问卷》。

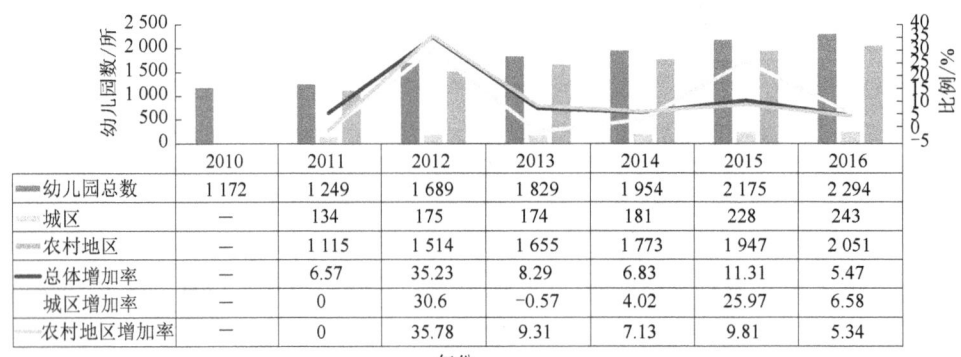

图4-26　2010～2016年邯郸市幼儿园数量及城乡差异

资料来源：《2010—2016年河北省学前教育发展报告调查问卷》。

2.幼儿园班级数量不断增长

从图 4-27 中可以看出,总的来说,邯郸市幼儿园班级数量稳步增长。其中 2015 年的增长幅度最大,相较于 2014 年增加了 1 525 个,增幅达 13.72%。可以看出,2011～2016 年邯郸市幼儿园园所数量与幼儿园班级数量的变化趋势是一致的。

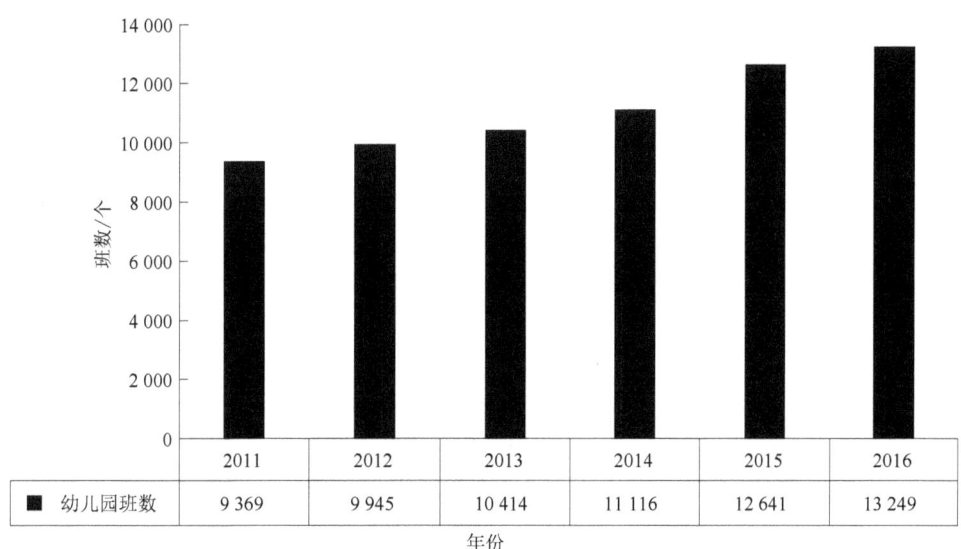

图 4-27　2011～2016 年邯郸市幼儿园班级数
资料来源:《2010—2016 年河北省学前教育发展报告调查问卷》。

(三)幼儿园班级数不断增加,班均儿童数总体下降

1.幼儿园园均班级数和在园儿童数持续下降

从图 4-28 中可以看出,2010～2016 年邯郸市幼儿园园均班级数和园均幼儿数的变化情况是基本一致的,即下降中又略有提升。具体来说,2010 年邯郸市园均幼儿数是 201 人,到 2014 年下降到 75 人,减少了 126 人,减幅达 62.69%。随后在 2015 年略有上涨到 76 人,但 2016 年又下降至 67 人;而 2011 年邯郸市幼儿园园均班级数为 7.50 个,到 2014 年下降至 5.69 个,虽然在 2015 年又增加至 5.81 个,但其增长幅度几乎可忽略不计,随后在 2016 年下降至 5.78 个。

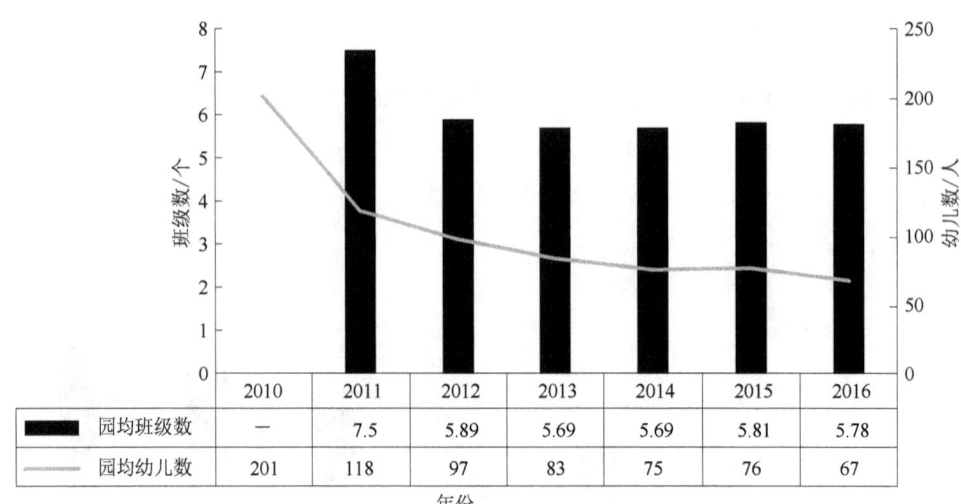

图 4-28　2010～2016 年邯郸市幼儿园园均规模

资料来源：《2010—2016 年河北省学前教育发展报告调查问卷》。

2. 幼儿园班均儿童数基本保持稳定

从图 4-29 中可以看出，2011～2016 年邯郸市幼儿园班均儿童数的变化时起时伏，大致可以分为两个阶段。第一阶段，2011～2012 年其幼儿园班均儿童数略有增加，2012 年邯郸市幼儿园班均儿童数是 16.45 人，相较于 2011 年增加了 0.69 人。第二阶段，2013～2016 年邯郸市幼儿园班均儿童数逐年下降，2016 年其班均儿童数是 11.66 人，比 2013 年的 14.59 人减少了 2.93 人，减幅达 20.08%。

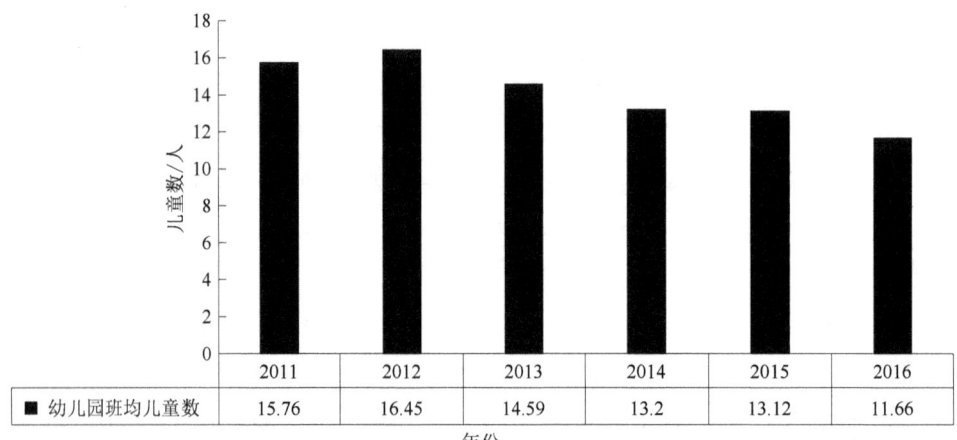

图 4-29　2011～2016 年邯郸市幼儿园班均儿童数

资料来源：《2010—2016 年河北省学前教育发展报告调查问卷》。

（四）幼儿园在园儿童数时增时减

从图 4-30 中可以看出，2010～2016 年邯郸市幼儿园在园儿童数的变化呈现出上升和下降相互交替出现的趋势。2010～2011 年邯郸市幼儿园在园儿童数处于下降模式，2011 年相较于 2010 年减少了 88 443 人，降幅达 37.47%；2011～2012 年数量有所增长，2012 年邯郸市幼儿园在园儿童数为 163 623 人，比 2011 年增加了 16 006 人，增幅达 10.84%；随后几年中邯郸市幼儿园在园儿童数时增时减，到 2016 年其幼儿园在园儿童数为 154 538 人，较于 2010 年减少了 81 522 人，降幅达 34.53%。

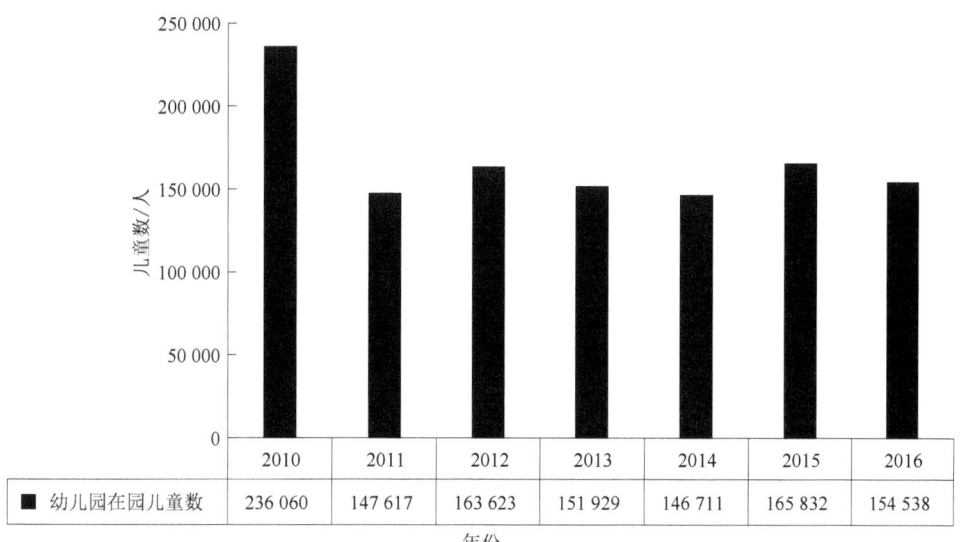

图 4-30　2010～2016 年邯郸市幼儿园在园儿童数

资料来源：《2010—2016 年河北省学前教育发展报告调查问卷》。

六、邢台市

（一）学前教育普及情况

从图 4-31 中可以看出，2011～2016 年，邢台市学前教育三年毛入园率逐年增长。2011 年的学前三年毛入园率是 82%，到 2016 年增长到 86.5%，增加了 4.5 个百分点。2011～2016 年邢台市的学前三年毛入园率基本保持在 85% 左右。

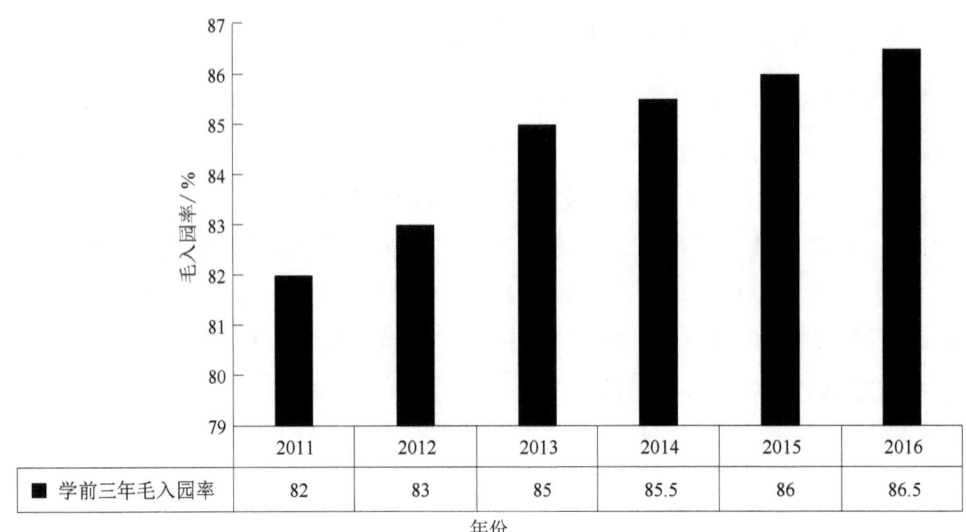

图4-31 2011～2016年邢台市学前三年毛入园率

资料来源：《2010—2016年河北省学前教育发展报告调查问卷》。

（二）幼儿园园所数量和班级数变化情况

1. 幼儿园园所数量不断增加

从图4-32中可以看出，2010～2016年，邢台市幼儿园园所数量的变化大致呈现出逐年增长的趋势。2016年邢台市幼儿园数量是1 523所，相比于2010年的729所增加了794所，增幅达109%，由此可见邢台市幼儿园的发展速度是相当快的，在很大程度上保障了学前儿童的"入园难"的情形。具体来说，邢台市城区幼儿园园所数量与邢台市幼儿园总数的变化趋势是一致的，处于稳步发展当中。2016年邢台市城区幼儿园数量为779所，相较于2011年的342所增加了437所，增幅达127.78%。从图4-32中可以明显看出，在邢台市幼儿园的构成中，其农村地区幼儿园也占据了很大部分。在2011～2016年，邢台市农村地区幼儿园园所数量也有所增长。2016年邢台市农村地区幼儿园园所数量是744所，比2011年的508所增加了236所。通过对比邢台市城区及农村地区的幼儿园数量可知，城乡幼儿园数量的比例仍然存在一定差异。

2. 幼儿园班级数量逐年增长

从图4-33中可以看出，邢台市幼儿园班级数量逐年增长。其中2015年的增长幅度最大,相较于 2014 年增加了 1 120 个,增幅达 13.93%。由此可见,2011～2016 年邢台市幼儿园园所数量与幼儿园班级数量的变化趋势是大致相同的。

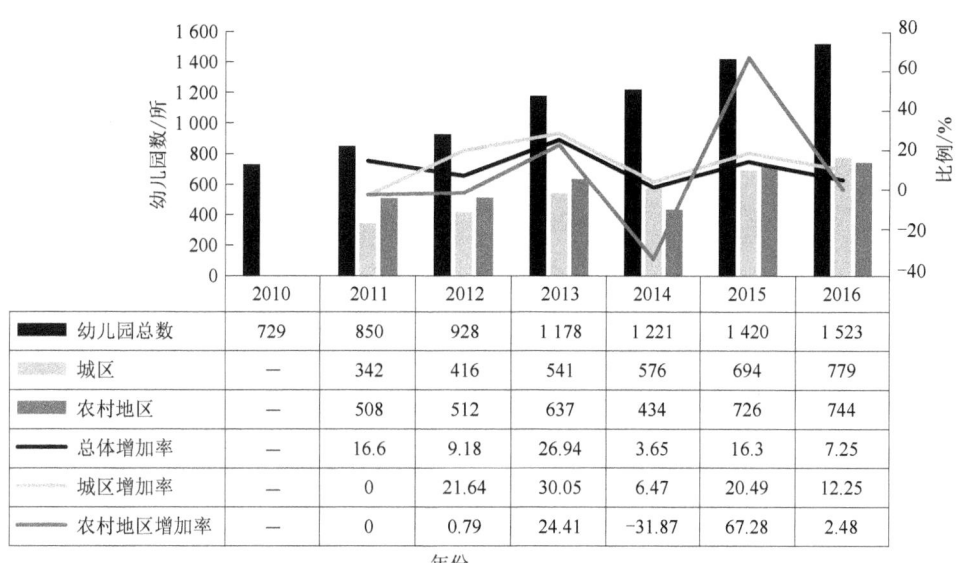

图 4-32　2010～2016 年邢台市幼儿园数量及城乡差异

资料来源:《2010—2016 年河北省学前教育发展报告调查问卷》。

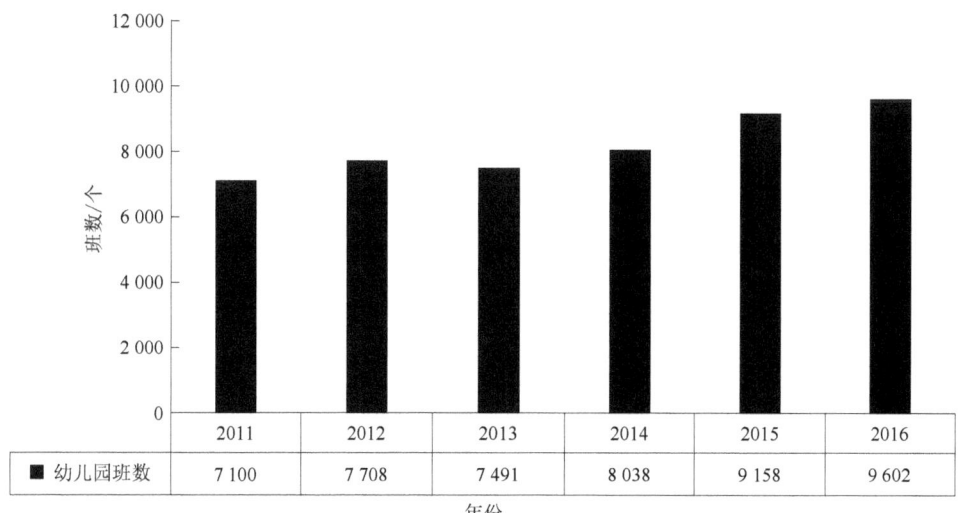

图 4-33　2011～2016 年邢台市幼儿园班级数量

资料来源:《2010—2016 年河北省学前教育发展报告调查问卷》。

（三）幼儿园班级数和班均儿童数时增时减

1. 幼儿园园均班级数逐年下降，在园儿童数不断增长

从图 4-34 中可以看出，2010～2016 年邢台市幼儿园园均班级数和园均幼儿数的变化情况是基本一致的，也就是时增时减。具体来说，2010 年邢台市园均幼儿数是 229 人，到 2013 年下降到 186 人，减少了 43 人，减幅达 18.78%。随后在 2014 年略有上升，为 188 人，但 2015 年又下降至 179 人；而 2011 年邢台市幼儿园园均班级数为 8.36 个，到 2013 年下降至 6.34 个，虽然在 2014 年又增加至 6.58 个，但其增长幅度微乎其微，随后在 2016 年又下降至 6.30 个。

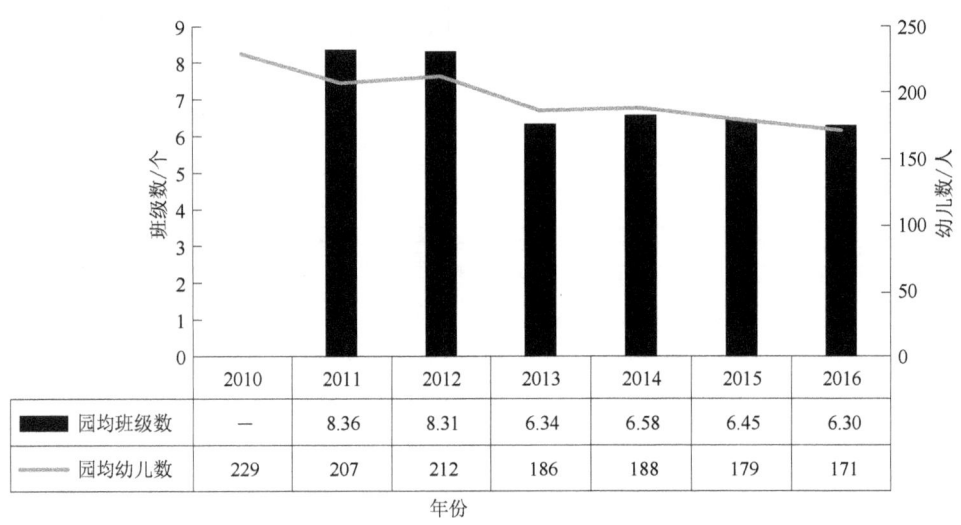

图 4-34　2010～2016 年邢台市幼儿园园均规模

资料来源：《2010—2016 年河北省学前教育发展报告调查问卷》。

2. 幼儿园班均儿童数先增后减

从图 4-35 中可以看出，2011～2016 年邢台市幼儿园班均儿童数的变化幅度较大，但基本可以分为两个阶段。第一阶段，2011～2013 年邢台市幼儿园班均儿童数有所增长，2013 年邢台市幼儿园班均儿童数是 29.12 人，相较于 2011 年增加了 4.31 人。第二阶段，2013～2016 年邢台市幼儿园班均儿童数逐年下降，2016 年其班均儿童数是 27.1 人，相较于 2013 年的 29.12 人减少了 2.02 人，减幅达 6.94%。

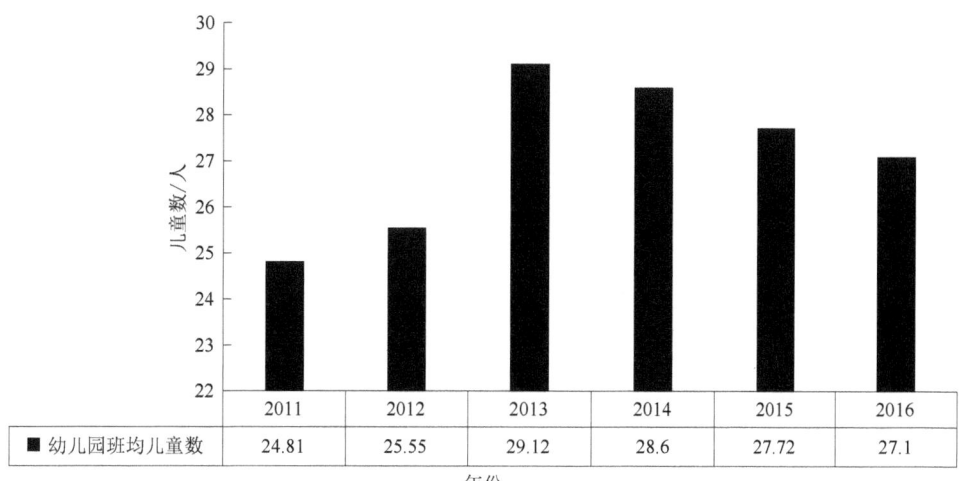

图 4-35　2011～2016 年邢台市幼儿园班均儿童数

资料来源：《2010—2016 年河北省学前教育发展报告调查问卷》。

（四）幼儿园在园儿童数不断增加

从图 4-36 中可以看出，2010～2016 年邢台市幼儿园在园儿童数的变化呈现逐年稳步增长的趋势。2016 年相较于 2010 年增加了 93 546 人，增幅达 56.14%。

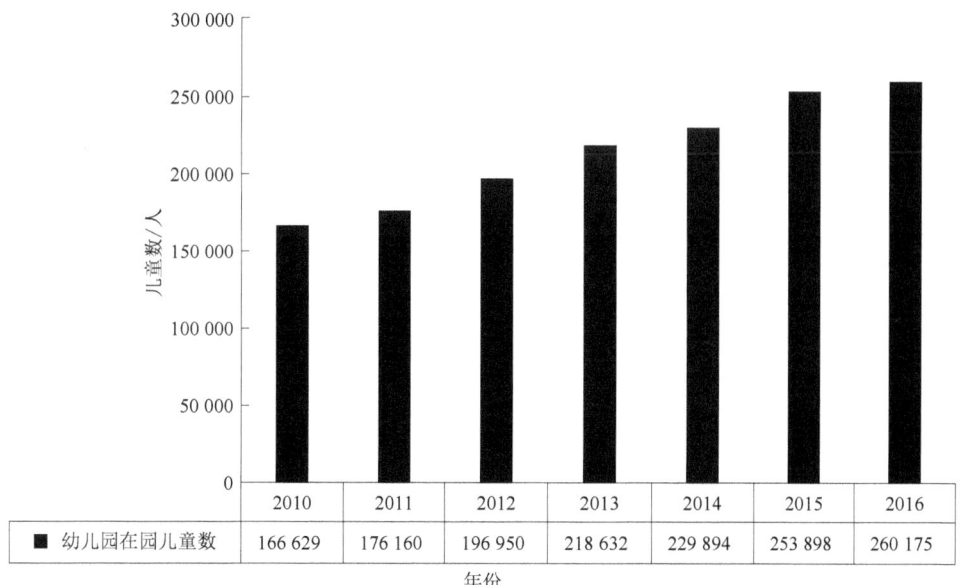

图 4-36　2010～2016 年邢台市幼儿园在园儿童数

资料来源：《2010—2016 年河北省学前教育发展报告调查问卷》。

七、保定市

(一) 幼儿园园所数量和班级数变化情况

1. 幼儿园园所数量稳步增长

从图 4-37 中可以看出，2012～2015 年，保定市幼儿园园所数量呈现不断增长的趋势。从总体来看，2015 年保定市幼儿园园所数量为 2 281 所，比 2012 年的 1 823 所增加了 458 所，增幅是 25.12%。具体来说，保定市城区幼儿园园所数量也呈现逐渐增长的趋势，2012～2015 年共增加幼儿园 41 所，增幅为 14.91%；同样，这几年保定市农村地区的幼儿园园所数量也增加了 417 所，增幅是 26.94%。

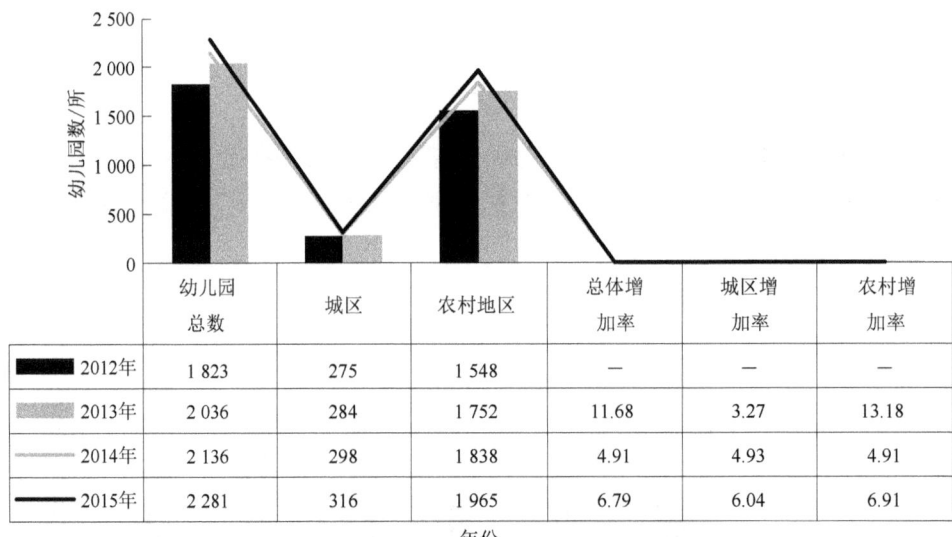

图 4-37　2012～2015 年保定市幼儿园数量及城乡差异

资料来源：《2010—2016 年河北省学前教育发展报告调查问卷》。

2. 幼儿园班级数量稳中有升

从图 4-38 中可以看出，总体来说，保定市幼儿园班级数量增长幅度趋于平缓。其中，2013 年增幅最大，相较于 2012 年增加了 877 个。

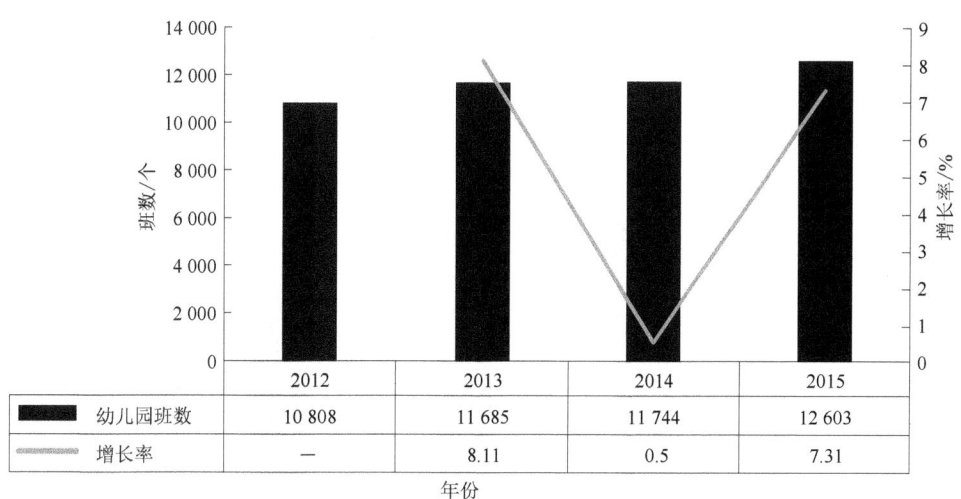

图 4-38　2012～2015 年保定市幼儿园班级数

资料来源：《2010—2016 年河北省学前教育发展报告调查问卷》。

（二）幼儿园班级数略有下降，班均儿童数有所减少

1. 幼儿园园均班级数和在园儿童数基本保持平衡

从图 4-39 中可以看出，2012～2015 年，保定市幼儿园园均班级数和在园儿童数时有起伏。具体来说，园均班级数由 2012 年的 5.93 个减少到 2016 年的 5.53 个，大约减少了 0.40 个。园均幼儿数也由 2012 年的 178 人减少到 2016 年的 154 人，减幅是 13.48%。这说明近年来保定市幼儿园园均规模逐年下降后趋于平稳。

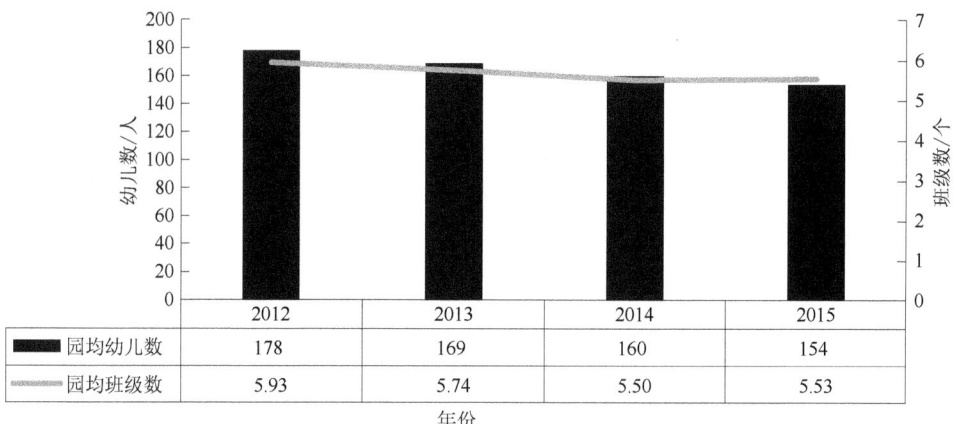

图 4-39　2012～2015 年保定市幼儿园园均规模

资料来源：《2010—2016 年河北省学前教育发展报告调查问卷》。

2. 幼儿园班均儿童数稍有下降

从图4-40中可以看出，2012~2016年保定市幼儿园班均儿童数变化不大，2015年为27.8人，相较于2012年减少了约2人。

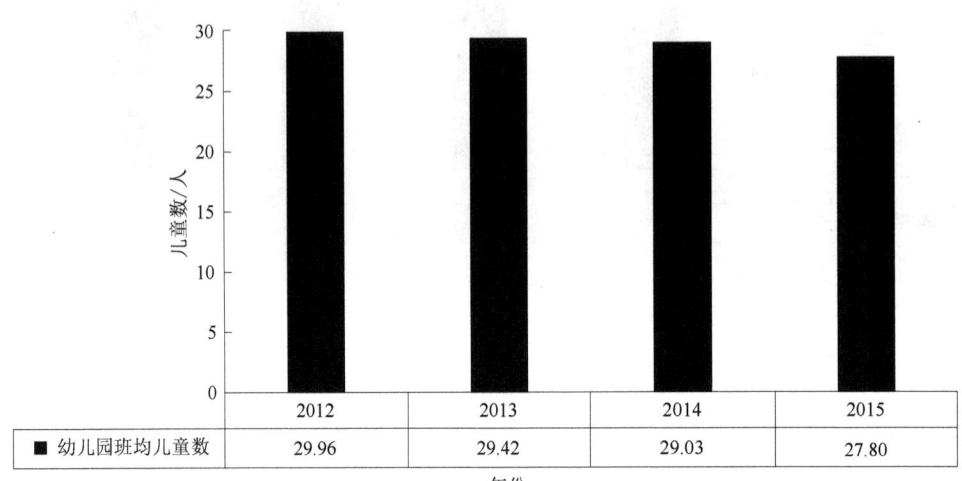

图4-40　2012~2015年保定市幼儿园班均儿童数

资料来源：《2010—2016年河北省学前教育发展报告调查问卷》。

（三）幼儿园在园儿童数稳中有增

从图4-41中可以看出，2012~2015年，保定市幼儿园在园儿童数稳中有增。其中，2015年在园儿童数为350 388人，相较于2012年的323 754人减少了26 634人，减幅为8.23%。

八、唐山市

（一）幼儿园数量稳步增长

从图4-42中可以看出，2010~2015年，唐山市幼儿园园所数量呈现稳步增长的趋势。总的来说，2015年唐山市幼儿园园所数量是1 038所，比2010年的484所增加了554所，增幅达114.46%。

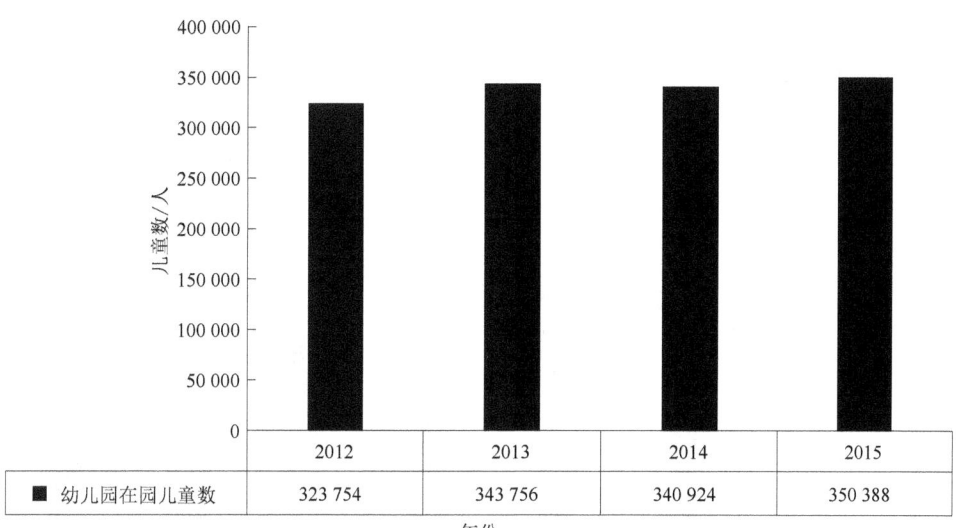

图 4-41　2012～2015 年保定市幼儿园在园儿童数

资料来源：《2010—2016 年河北省学前教育发展报告调查问卷》。

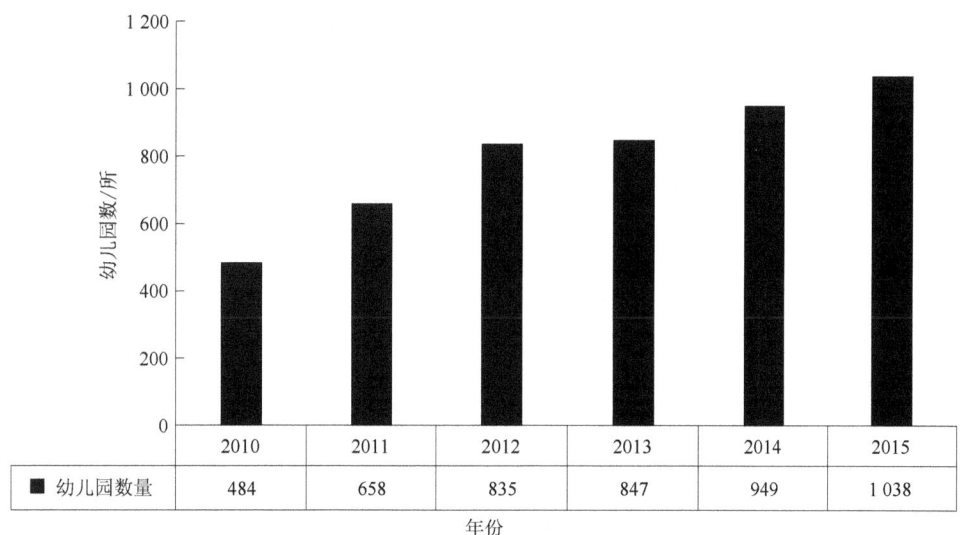

图 4-42　2010～2015 年唐山市幼儿园数量

资料来源：《2010—2016 年河北省学前教育发展报告调查问卷》。

（二）幼儿园园均儿童数不断减少

从图 4-43 中可以看出，2010～2012 年唐山市幼儿园园均幼儿数减少幅度较大，2012 年相较于 2010 年减少了 152 人，降幅是 38.29%。但在 2013 年有小幅上升，为 248 人，随后 2014 年和 2015 年仍为下降趋势，到 2015 年其幼儿园园均儿童数是 220 人，相较于 2010 年共减少了 177 人，降幅是 44.58%。

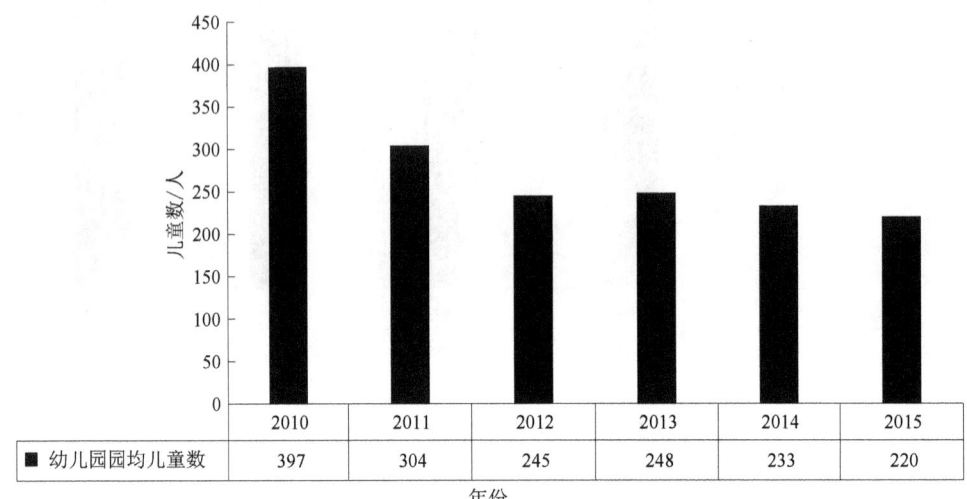

图 4-43　2010～2015 年唐山市幼儿园园均儿童数
资料来源：《2010—2016 年河北省学前教育发展报告调查问卷》。

（三）幼儿园在园儿童数逐年增长

从图 4-44 中可以看出，2010～2015 年，唐山市幼儿园在园儿童数不断增加。其中，2015 年在园儿童数是 228 508 人，相较于 2010 年的 191 983 人，增加了 36 525 人，增幅为 19.03%。

九、张家口市

（一）幼儿园数量稳步上升

由图 4-45 可知，张家口市在 2010～2015 年幼儿园园所数量呈现稳步增加的趋势。总体来看，2015 年张家口市幼儿园园所数量为 510 所，相较于 2010 年的 345 所增加了 165 所，增幅是 47.83%。其中在 2014 年增幅较小，相较于 2013 年仅增加了 3 所，其余年份增幅较为平均。

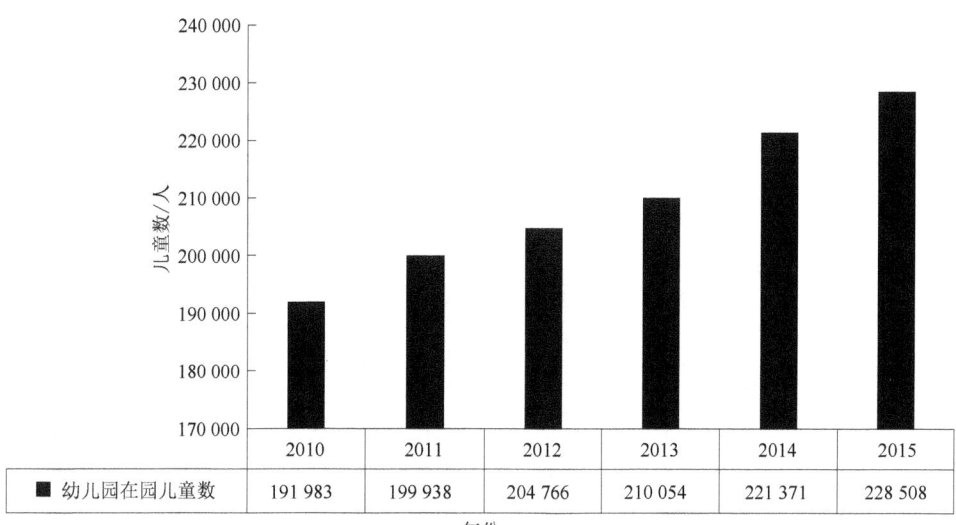

图 4-44　2010～2015年唐山市幼儿园在园儿童数

资料来源：《2010—2016年河北省学前教育发展报告调查问卷》。

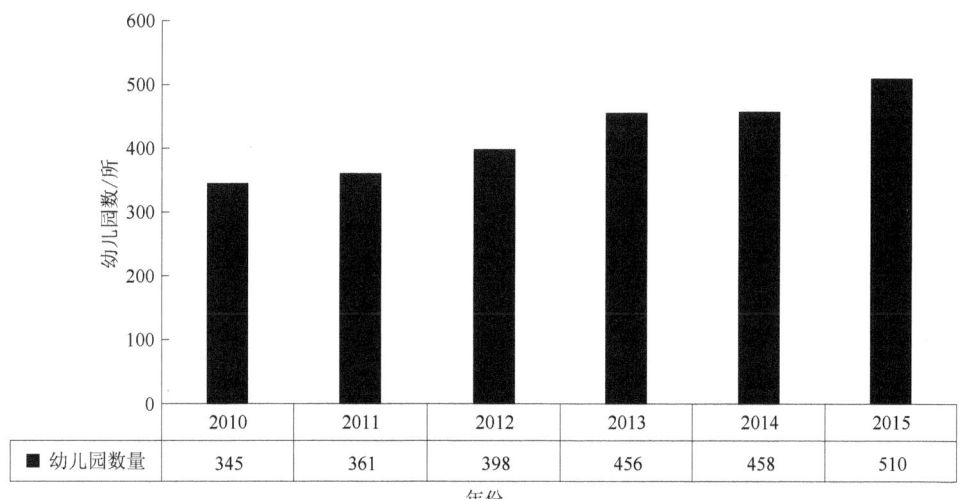

图 4-45　2010～2015年张家口市幼儿园数量

资料来源：《2010—2016年河北省学前教育发展报告调查问卷》。

（二）幼儿园园均儿童数先增后减

从图4-46中可以看出，张家口市幼儿园园均幼儿数先增后减，在2010～2015年的变化共分为两个阶段：第一阶段是2010～2011年，2011年张家口市幼儿园园均幼儿数是248人，较于2010年增加了18人，增幅是7.83%；第二阶段在2011～2015年呈现出逐年下降的趋势，2015年相较于2011年共减少73人，减幅为29.44%。

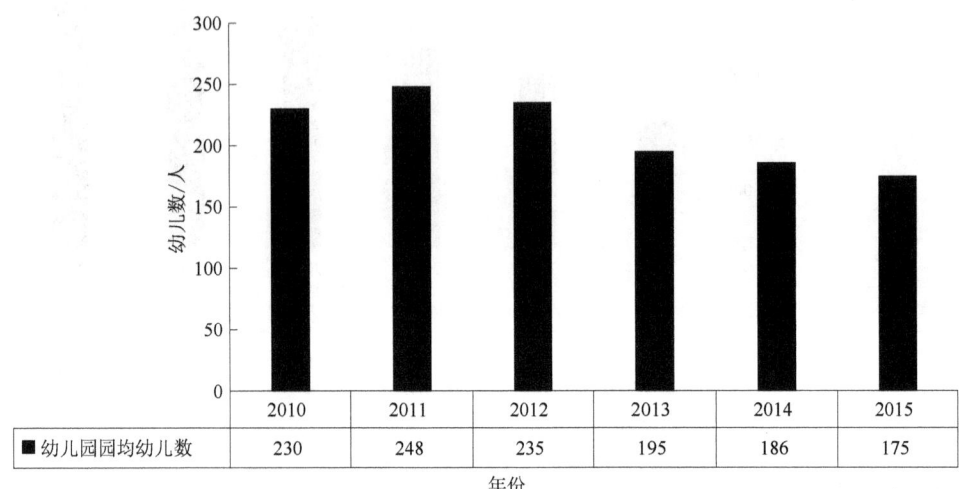

图4-46　2010～2015年张家口市幼儿园园均幼儿数
资料来源：《2010—2016年河北省学前教育发展报告调查问卷》。

（三）幼儿园在园儿童数时起时伏

由图4-47中可以看出，2010～2015年，张家口市幼儿园在园儿童数时增时减，情况较为多变。其中，2010～2013年呈现出逐年上涨的趋势，2013年张家口市幼儿园在园儿童数是93 561人，相比于2010年增加了14 166人，增幅是17.84%；随后在2012～2014年为下降趋势，2012年其在园儿童数是93 561人，2014年为85 145人，减少了共8416人；之后在2015年又有所回升，为89 283人，相较于2014年其增幅是4.86%。

十、廊坊市

（一）幼儿园数量逐年增长

从图4-48中可以看出，廊坊市在2010～2015年其幼儿园园所数量的变化稳步增加。2015年廊坊市幼儿园园所数量是617所，较于2010年的265所增加了352所，增幅高达132.83%。

第四章 河北省内各地级市学前教育发展比较

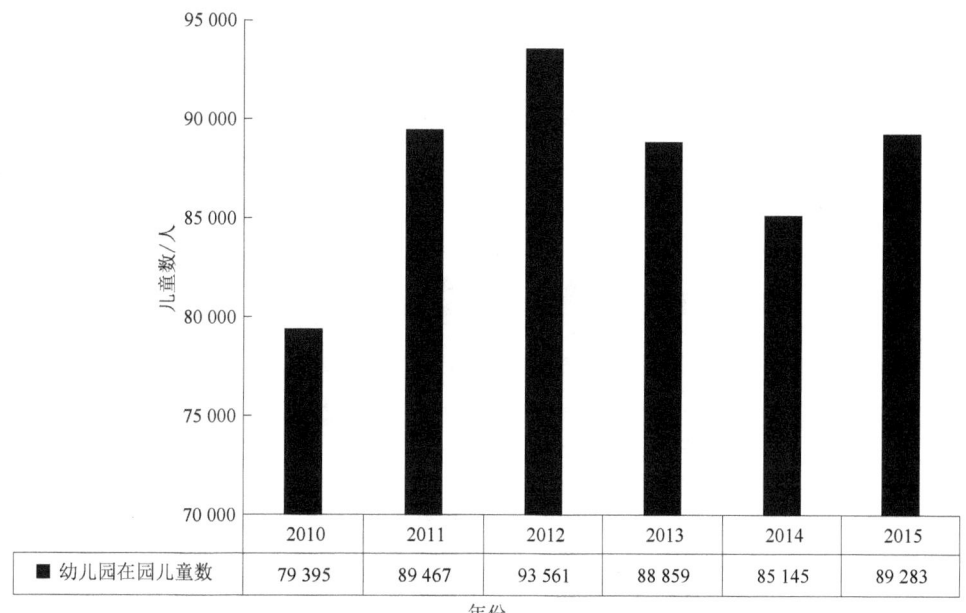

图 4-47 2010～2015 年张家口市幼儿园在园儿童数
资料来源:《2010—2016 年河北省学前教育发展报告调查问卷》。

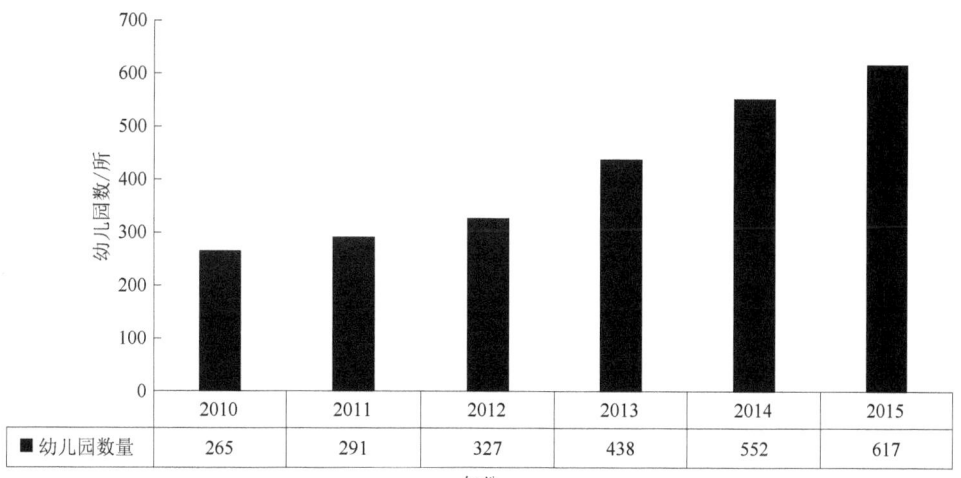

图 4-48 2010～2015 年廊坊市幼儿园数量
资料来源:《2010—2016 年河北省学前教育发展报告调查问卷》。

(二)幼儿园园均儿童数先增后减

从图 4-49 中可以看出,廊坊市幼儿园园均幼儿数的变化趋势是先增后减。

具体来说，2010～2011年呈现出增长的趋势，2011年廊坊市幼儿园园均儿童数是370人，相比于2010年的350人增加了20人，增幅是5.71%；随后在2011～2015年则呈现出不断下降的趋势，2015年相较于2011年共减少126人，减幅为34.05%。

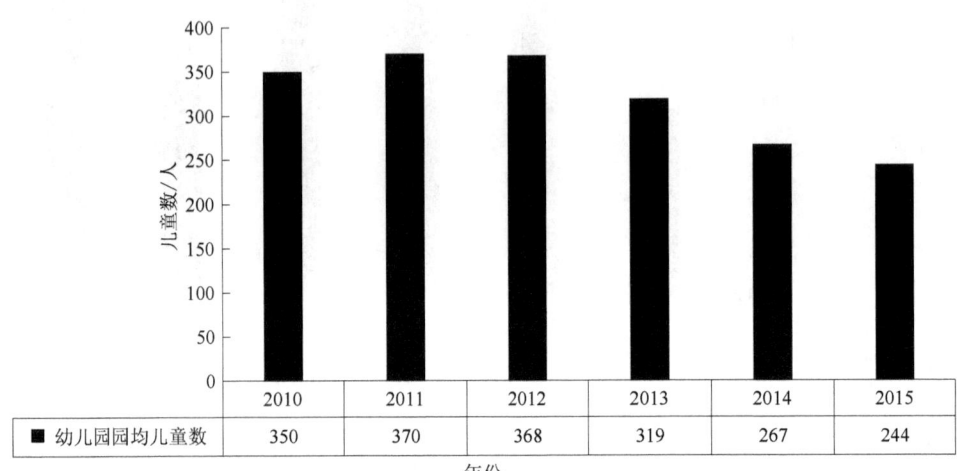

图4-49　2010～2015年廊坊市幼儿园园均儿童数
资料来源：《2010—2016年河北省学前教育发展报告调查问卷》。

（三）幼儿园在园儿童数逐年增加

由图4-50中可以看出，2010～2015年，廊坊市幼儿园在园儿童数不断增长。2015年廊坊市幼儿园在园儿童数是150 712人，较于2010年的92 878人，增加了57 834人，增幅是62.27%。

十一、衡水市

（一）幼儿园数量逐年增长

从图4-51中可以看出，在2010～2015年，衡水市幼儿园园所数量呈现逐年稳步增加的趋势。2015年衡水市幼儿园园所数量是848所，较于2010年的608所增加了240所，增幅是39.47%。

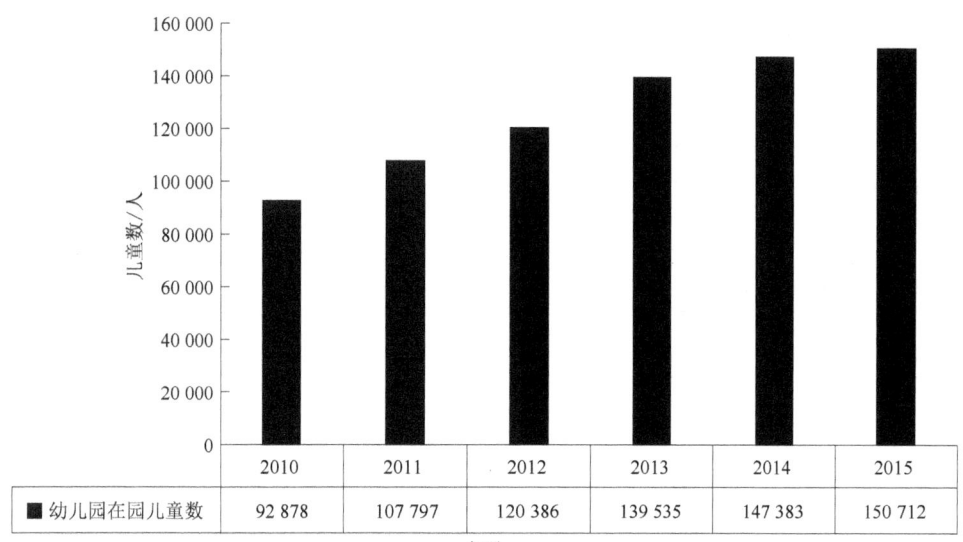

图4-50 2010～2015年廊坊市幼儿园在园儿童数

资料来源:《2010—2016年河北省学前教育发展报告调查问卷》。

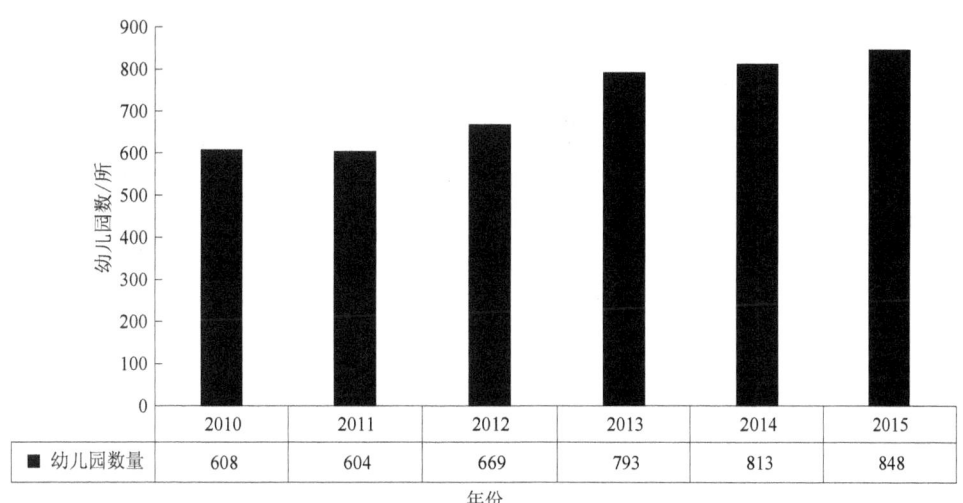

图4-51 2010～2015年衡水市幼儿园数量

资料来源:《2010—2016年河北省学前教育发展报告调查问卷》。

（二）幼儿园园均儿童数先减后增

从图4-52中可以看出，2010～2015年，衡水市幼儿园园均幼儿数的变化趋势是先减少后增加。具体来看，2010～2013年呈现出逐年减少的趋势，2013年衡水市幼儿园园均儿童数是110人，相比于2010年的119人减少了9人，减幅是7.56%；而在2013～2015年则呈现出不断上升的趋势，2015年相较于2013年增加了8人，增幅是7.27%，也就是说2015年廊坊市幼儿园在园儿童数基本与2010年和2011年相一致。

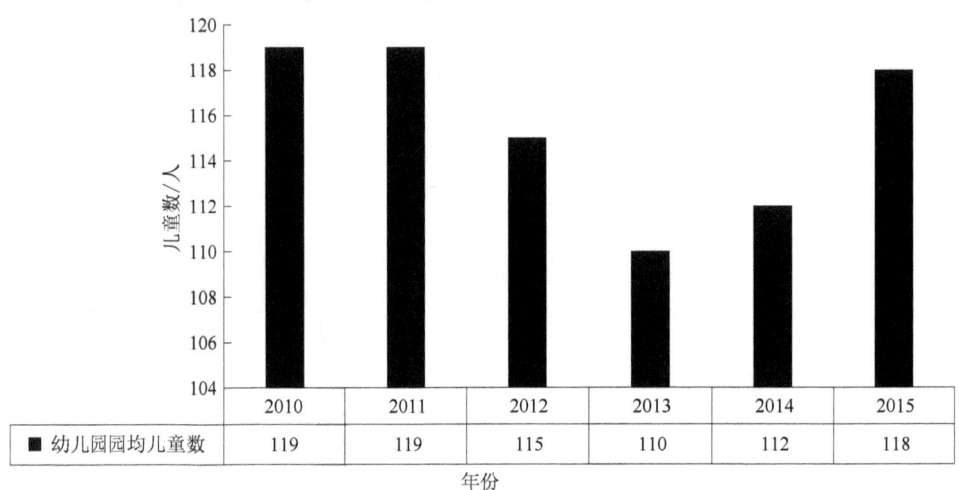

图4-52　2010～2015年衡水市幼儿园园均儿童数
资料来源：《2010—2016年河北省学前教育发展报告调查问卷》。

（三）幼儿园在园儿童数稳步上升

由图4-53中可以看出，2010～2015年，衡水市幼儿园在园儿童数呈现稳步增加的趋势。2015年衡水市幼儿园在园儿童数是99 809人，较于2010年的72 503人增加了27 306人，增幅是37.66%。

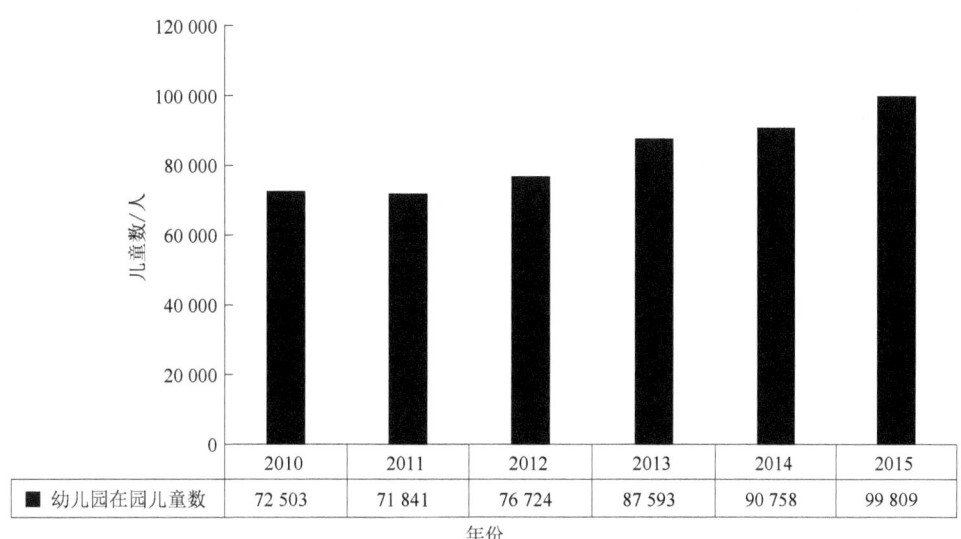

图 4-53　2010～2015 年衡水市幼儿园在园儿童数
资料来源:《2010—2016 年河北省学前教育发展报告调查问卷》。

根据上述分析我们不难看出，2010～2015 年河北省各地级市的学前教育领域均获得长足发展。第一，逐渐以政策文件的形式保障了学前教育的有效开展，各地级市纷纷出台落实政策，为其良好顺利地推行提供了强有力的保障；第二，随着各地两期"学前教育三年行动计划"的制定与开展，能够有针对性并及时的根据各地区学前教育实际情况做出变化和调整，在推行过程中也探索并积累了大量的实践经验得以效仿和推广。但随着河北省各地级市学前教育的发展，也暴露出了诸多问题。例如，个别地区发展水平较低，城乡、地区等发展差异带来的教育资源分配不均等问题。所以，应坚持明确并强化政府职责，将学前教育放在教育领域的开端位置，在不断加大财政投入的同时，适当向农村及偏远地区有所倾斜，以保证其协同发展，共同推动河北省学前教育的良性发展。

第二节　各地级市政府管理政策比较

一、张家口市管理政策

张家口市积极完善学前教育发展运行机制。完善政府投入、社会举办者投入、家庭合理分担的投入机制，努力做到保工资、保安全、保运转、保发展；张家口市坚持政府投入为主，将学前教育经费列入部门预算，适时出台公办幼儿园生用经费标准，完善经费保障制度。建立幼儿园收费动态调整机制，实现学前教育办园成本合理分担。完善用人机制，健全公办园教职工编制核定和补充制度，依法保障幼儿园教职工合法权益；完善管理机制，落实地方政府和各有关部门的监管责任，构建"市级统筹、县区为主、县乡共管"的全市学前教育管理运行机制。按照"谁举办谁负责、谁审批谁负责"的原则，构建"市级统筹、县区为主、县乡共管"的全市学前教育管理运行机制。各相关部门要按职能分工，各司其职，动态监管。

二、保定市管理政策

保定市发展学前教育，在具体工作中努力的做到"六到位"。一要做到组织领导到位。各级政府要加强对学前教育的统筹协调，形成推动学前教育发展的合力。市、县（区）要成立以政府县（市、区）长任组长，主管县（市、区）长任副组长，发改、教育、财政、规划、国土、建设、劳动人事保障、编办、物价、公安、卫生、审计等相关部门为成员的学前教育工作领导小组。二要科学规划到位。各县（市、区）要构建起以基本学前教育公共服务为基础，以政府办园为主体，公办与民办共同发展，全面覆盖城乡的幼儿教育体系。大力发展公办幼儿园，提供"广覆盖、保基本"的学前教育公共服务；积极扶持民办幼儿园，为家长提供多样化选择；推行"三为主"模式，加快发展农村学前教育。三要资金保障到位。合理确定学前教育成本，构建"以政府和集体投入为主、幼儿园收费为辅助、社会投资捐资为补充"的资金投入保障机制。合理确定学前教育成本，构建"以政府和集体投入为主、幼儿园收费为辅助、社会投资捐资为补充"的资金投入保障机制。四要师资保障到位。建立幼儿教师资格准入和补充机制；提高幼儿教师地位，维护幼儿教师权益，保障幼儿教师待遇；完善幼儿园园长、教师培养培训机制。五要规范管理到位。切实抓好幼教管理及教科研队伍建设；严格执行幼儿园准入制度；不断提升幼儿园保教质量；高度重视幼儿园安全保障工作。六要监督管理到位。建立督促检查、考核奖惩和问责机制；按时、按质完成市级第二轮区域性推进学前教育均衡发展评估；创新评价机制，力促学前教育的均衡纵深发展。

三、沧州市管理政策

沧州市统筹考虑全市经济社会发展速度、城镇化建设进程、"单独二孩"生育政策对本地人口发展趋势的影响，合理规划学前教育发展布局。成立由政府主管领导任组长，教育、发改、财政、人社、物价、审计、卫生、规划、住建、土地等部门一把手为成员的学前教育工作领导小组，全面负责实施第二期"学前教育三年行动计划"，形成政府主管、部门分工负责、协调合作的机制。沧州市加大财政投入，建立学前教育投入长效增长机制，有效利用国家奖补资金，充分发挥教育资金的经济效益，规范学前教育收费，落实贫困家庭幼儿入园资助制度。沧州市加强管理力度，建立对幼儿园保教质量评估监管，健全学前教育教研指导，规范社会力量办园行为，提高幼儿园的管理水平和保教质量，防止片面追求超前教育和幼儿教育小学化。沧州市注重优质学前教育资源共享，健全幼儿园"帮扶"长效机制，充分发挥省级示范园和乡镇中心园的引领示范作用，加大优质学前教育资源向农村辐射力度，深入实施帮扶计划，促进学前教育均衡发展。沧州市加强幼儿园安全管理工作，深入推进平安幼儿园建设，努力构建幼儿园安全保障体系。

四、秦皇岛市管理政策

秦皇岛市加强管理指导，着力提高保育教育质量。秦皇岛市加强幼儿园准入管理，严格执行幼儿园准入制度，尤其指出加强对社会各类幼儿培训机构和早期教育指导机构的监督管理。秦皇岛市对幼儿进行分级分类管理，市、县两级教育行政部门要依照省、市幼儿园考核及分类评定标准要求，建立健全幼儿园保教工作规范与质量评估监管体系，每两年对相应类别的幼儿园进行评估和认定，鼓励各类幼儿园整体提升办园水平。建立幼儿园信息管理系统，对幼儿园实行动态监管。强化幼儿园安全管理。秦皇岛市高度重视幼儿园安全保障工作，加强安全设施建设，配备保安人员，健全各项安全管理制度和安全责任制，落实各项措施，严防事故发生。综治、公安、卫生、民政、工商、质检、交通、安监、食药监等相关部门要按职能分工，加强对幼儿园的综合治理和监督指导。幼儿园要提高安全防范意识，强化对日常工作的管理和检查。健全学前教育教研指导网络，发挥省、市级示范园"教学示范中心、师资培训中心、教研科研中心、家长培训中心、信息资料中心和巡回指导中心"的"六中心"作用。逐步建立以社区为基础、以示范性幼儿园为中心、灵活多样的学前教育服务网络，为家长提供服务指导，幼儿园教育和家庭教育紧密结合，共同为幼儿的健康成长创造良好环境。经常开展送课下乡工作，加强对农村园和薄弱园的指导。

五、石家庄市管理政策

石家庄市实行政府领导、部门各负其责，市、县（区）共管、以县（区）为主、乡镇（街道）依法管理，教育行政部门宏观指导的学前教育管理机制。石家庄市各级政府加强对学前教育的统筹协调，建立学前教育联席会议制度，建立教育部门主管，机构编制、发改、财政、人社、国土、民政、卫生计生、工商、质检、安监、食药监、妇联、残联等部门分工负责的工作机制，协调配合推进本市学前教育发展。石家庄市严格执行幼儿园准入制度，加强对幼儿园的审批、登记和管理。石家庄市各县（市）、区政府要落实学前教育投入的主体责任，加大对学前教育财政投入力度，建立学前教育成本分担和运行保障机制。健全财务制度，提高资金使用效益，规范学前教育经费的使用和管理。石家庄市加强学前教育监督评估：开展学前教育先进县（市）、区创建活动；把各县（市）、区学前教育工作列入市政府对各地考核目标；市和县（市）、区政府督导部门会同相关单位，每年定期对"学前教育三年行动计划"实施专项督导，并将结果进行公示，对推进学前教育二期行动计划的地区、单位、个人予以表彰奖励。

第三节　各地级市学前教育投入状况

一、保定市学前教育投入情况

1. 保定市学前教育财政投入相关政策分析

（1）《2011—2013年第一期学前教育三年行动计划》

全市2011～2013年共计投入21 845万元，新建幼儿园104所，全市2011～2013共计投入34 101万元，改扩建幼儿园628所，其中2011年投入8 876万元（中央、省级、地级市、县（区）分别投入533万元、1 710万元、

287万元、1544万元）改扩建188所幼儿园；2012年投入13 979万元（中央、省级、地级市、县（区）分别投入8 523万元、2 489万元、652万元、2 315万元）改扩建271所幼儿园；2013年投入11 246万元（中央、省级、地级市、县（区）分别投入6 827万元、2 088万元、489万元、1 842万元）改扩建169所幼儿园。另外，小学增设附属幼儿园项目中，全市2011～2013年共计投入13 046万元增设农村小学附属幼儿园731所。其中，2011年共计投入3 121.95万元（中央投入3 115万元、县（区）投入6.95万元）、2012共计投入5 705万元（中央投入5 255万元、县（区）投入450万元）、2013共计投入4 220万元（中央投入4 220万元）分别增设幼儿园166、263、200所。截止到2013年，全市学前教育总投入4.97亿元，其中县财政投入2.70亿元，占总投入的54%。

然而，多数幼儿园是2003年左右的闲置小学改建而成，园舍多已陈旧、基础设施标准偏低，设备设施配置严重不足，再加上近年来学龄人口反弹，入园幼儿人数呈上升趋势，幼儿园新建、改建、扩建及园舍维修任务呈加重趋势，虽然国家"第一期学前三年行动计划"从一定程度上弥补了经费不足问题，但建设资金仍然严重不足。

因此保定市提出合理确定学前教育成本，构建"以政府和集体投入为主、幼儿园收费为辅助、社会投资捐资为补充"的资金投入保障机制。

第一，增加对学前教育的财政投入。各级政府要将学前教育经费列入财政预算，新增教育经费要向学前教育倾斜，财政性学前教育经费在同级财政性教育经费中要占合理比例，未来3年要有明显提高。要按照省定公办幼儿园生均经费标准和生均财政拨款标准，保障公办幼儿园的经费投入，保证公办幼儿园教职工工资足额发放。按照省定民办园优惠政策支持民办园建设，引导和支持民办园提供普惠性服务。建立学前教育资助制度，资助家庭经济困难儿童、孤儿和残疾儿童接受普惠性学前教育。支持幼儿园和特教学校开展残疾儿童康复教育。制定优惠政策，鼓励社会力量出资办园和捐资助园。

第二，建立学前教育成本分担机制。结合本市实际，按照"以质定级，按级收费"的原则，确定不同级别幼儿园的收费标准，由幼儿家庭合理分担学前教育成本。民办幼儿园收费实行办园成本核算、审核、备案和公示制度。

第三，加强学前教育资金管理与使用。财政、教育部门制定学前教育资金管理使用办法，将学前教育资金实行专户管理，专款专用，公办幼儿园收费纳入教育支付分中心集中管理，严格落实收支两条线。加强民办幼儿园收费管理，完善价格备案程序，严禁人为抬高成本，高价收费。严格实行幼儿园收费公示制度，接受社会监督。各级价格、财政、教育部门要根据职责分工，加强幼儿园收费监管，坚决制止和查处乱收费现象。捐助资金要由教育、财政部门统一规范管理，合理使用。

（2）保定市《2014年工作总结》

在《2014年工作总结》中提出要努力做大做强学前教育。落实国家和省专项资金1852万元，筹集配套资金376万元，将一批农村闲置校舍改建为幼儿园；筹资368万元，在农村小学增设附属幼儿园；落实1182万元专项资金，296万元配套资金，用于城市幼儿园奖补项目；落实1505万元专项资金用于民办园奖补；落实825万元专项资金用于学前儿童资助。

近年来，保定市结合当地的实际情况，坚持以国家财政支持为主要地位，充分利用各种社会资源，通过社会捐资等途径，多渠道大力发展学前教育。加强幼教师资队伍建设，改善幼儿园环境，不断提高幼儿园质量，使学前教育得到了更好更快的发展。

2. 保定市学前教育经费投入

从保定市学前教育经费投入情况来看，2011～2015年幼儿园教育经费总投入、财政性教育经费和预算内教育经费总体上逐年增加。其中，2015年保定市幼儿园教育经费总投入、财政性教育经费和预算内教育经费分别是2011年的2.4倍、2.5倍和2.5倍。同时在2015年保定市学前教育经费总投入增至157 343万元，比2014年的106 465万元增长了50 878万元，增幅达到了47.79%（图4-54）。

3. 保定市学前教育经费来源构成

保定市学前教育经费投入主要来源于财政性学前教育经费、社会捐赠和集资办学经费、社会和个人办学经费、家长缴纳的保教费等事业投入及其他投入等。学前教育的投入方主要包括政府、幼儿家长、幼儿园主办方、企事业单位、社区以及民间团体和个人等。

对保定市2011～2015年学前教育经费投入的来源进行分析可以发现，财政性教育经费、社会捐赠和集资办学经费、学费和杂费以及其他投入总体呈逐年增长趋势。截止到2015年，各种经费均比2011年也有了较大的增长，其中国家财政性教育经费增长了 1.5 倍,社会捐赠和集资办学经费增长了 2.9 倍,学费和杂费增长了 1.36 倍,其他投入经费增幅较小为 0.06 倍(图 4-55)。

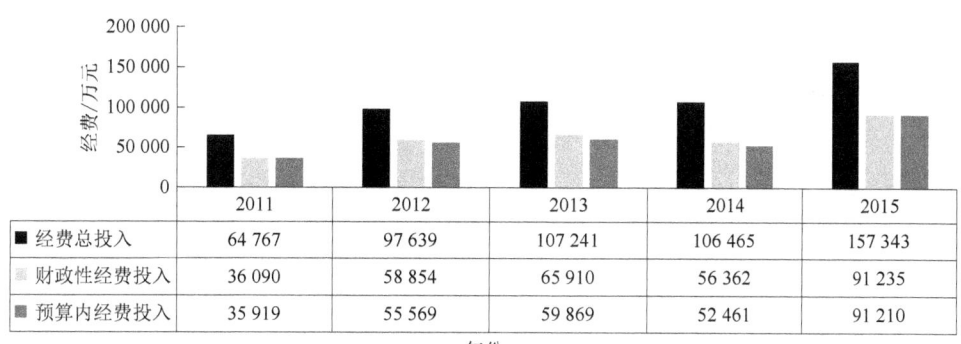

图 4-54　河北省保定市学前教育经费投入

资料来源:实地调研所收集数据。

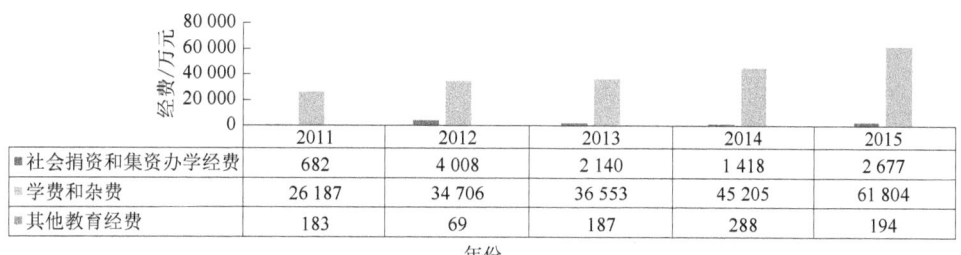

图 4-55　河北省保定市学前教育经费来源构成

资料来源:实地调研所收集数据。

4. 保定市生均学前教育经费

根据相关统计数据可以发现,2012～2015 年保定市生均学前教育经费、生均财政性学前教育经费、生均预算内学前教育经费均呈现逐年递增的趋势。尤其在 2015 年,三者都有很大幅度提高。2015 年保定生均学前教育经费、生均财政性学前教育经费、生均预算内学前教育经费分别是 2012 年的 1.49 倍、1.43 倍和 1.52 倍(图 4-56)。

5. 保定市农村学前教育经费投入状况

从保定市农村学前教育经费投入情况来看,2011～2015 年农村幼儿园教育经费总投入、财政性教育经费、预算内教育经费和生均学前教育经费总体上逐年增加。其中，2015年保定市农村幼儿园教育经费总投入、财政性教育经费和预算内教育经费分别是2011年的3.16倍、3.177倍和3.176倍（图4-57）。

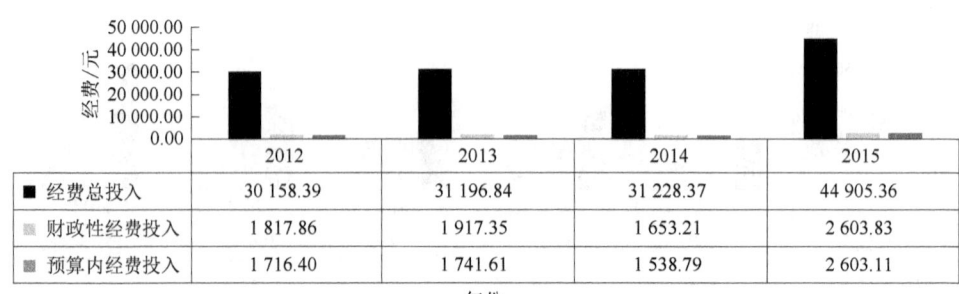

图4-56 河北省保定市生均学前教育经费投入

资料来源：实地调研所收集数据。

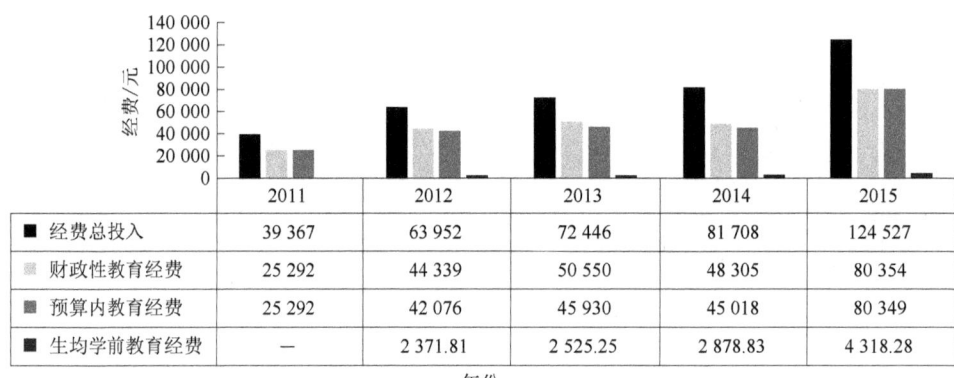

图4-57 河北省保定市农村学前教育财政投入状况

二、沧州市学前教育投入情况

1. 沧州市学前教育经费投入

从沧州市学前教育经费投入情况来看，2011～2016年幼儿园教育经费总投入、财政性教育经费和预算内教育经费逐年增加。其中，2016年沧州市幼儿园教育经费总投入、财政性教育经费和预算内教育经费分别是2011年的2.4倍、2.6倍和3.2倍。同时在2016年沧州市学前教育经费总投入增至135 488万元，比2015年的129 399万元增长了6089万元，增幅为4.7%（图4-58）。

第四章 河北省内各地级市学前教育发展比较

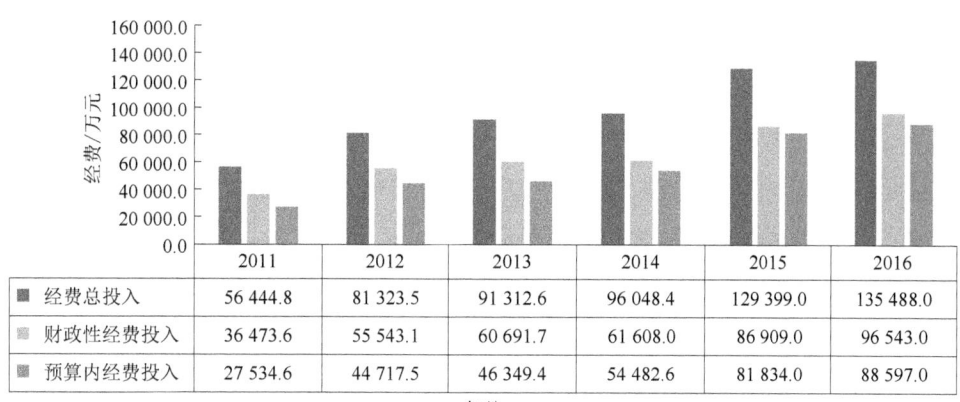

图 4-58 河北省沧州市学前教育经费投入
资料来源：实地调研所收集数据。

2.沧州市学前教育经费来源构成

沧州市学前教育经费投入主要来源于财政性学前教育经费、社会捐赠和集资办学经费、社会和个人办学经费、家长缴纳的保教费等事业投入及其他投入等。学前教育的投入方主要包括政府、幼儿家长、幼儿园主办方、企事业单位、社区及民间团体和个人等。

对沧州市 2011～2016 年学前教育经费投入的来源进行分析可以发现，财政性教育经费、社会捐赠和集资办学经费、学费和杂费及其他投入总体呈逐年增长趋势。截止到 2016 年，各种经费均比 2011 年也有了较大的增长，其中国家财政性教育经费增长了 1.6 倍，学费和杂费增长了 1.2 倍，其他投入经费增长了 0.6 倍（图 4-59）。

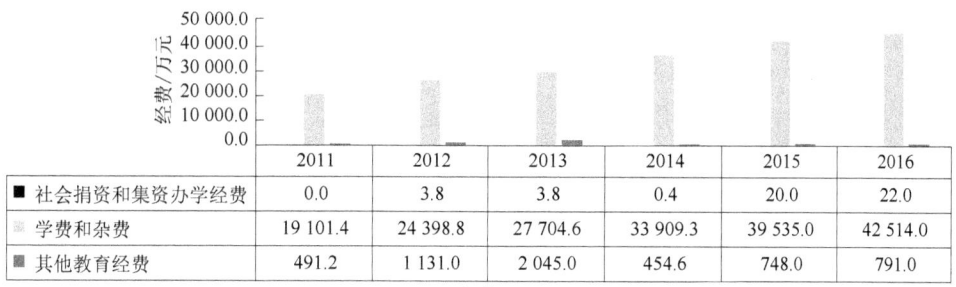

图 4-59 河北省沧州市学前教育经费来源构成
资料来源：实地调研所收集数据。

3. 沧州市生均学前教育经费

根据相关统计数据可以发现，2011～2016年保定市生均学前教育经费、生均财政性学前教育经费、生均预算内学前教育经费均呈现逐年递增的趋势。尤其在2015年，三者都有很大幅度提高。2016年沧州市生均学前教育经费、生均财政性学前教育经费、生均预算内学前教育经费分别是2011年的1.7倍、1.9倍和2.3倍（图4-60）。

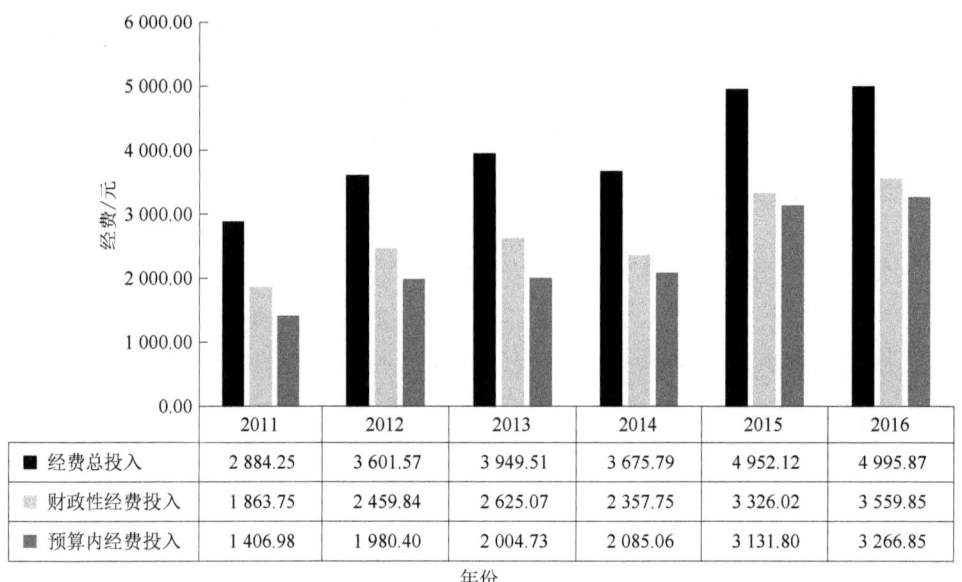

图4-60　河北省沧州市生均学前教育经费投入
资料来源：实地调研所收集数据。

4. 沧州市农村学前教育经费投入状况

从沧州市农村学前教育经费投入情况来看，2011～2016年幼儿园教育经费总投入、财政性教育经费、预算内教育经费和生均学前教育经费总体上逐年增加。其中，2016年沧州市农村幼儿园教育经费总投入、财政性教育经费、预算内教育经费和生均学前教育经费分别是2011年的3.89倍、4.06倍、4.03倍和2.96倍。同时，2016年沧州市农村学前教育经费总投入增至102 356万元，比2015年的95 180万元增长了7 176万元，增幅达到了7.5%（图4-61）。

截止到2016年，沧州市学前教育的财政投入有了极大的提高，充分证明了政府和社会对学前教育发展的重视，使得学前教育的发展又迈上了一个新的台阶。

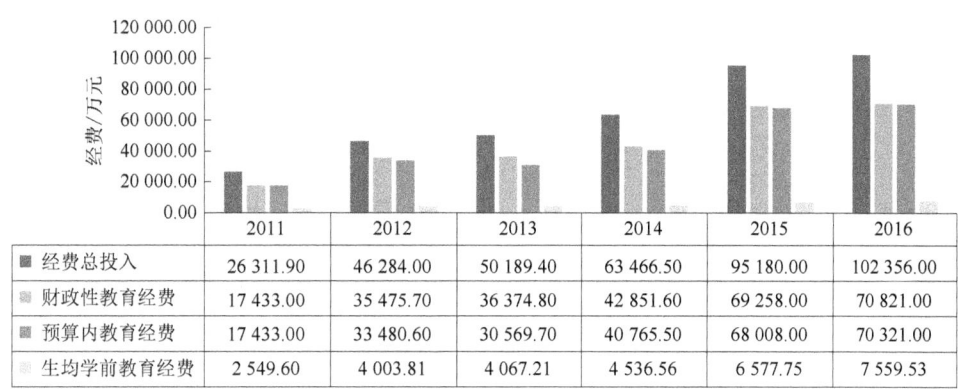

图 4-61　河北省沧州市农村学前教育财政投入状况

三、邯郸市学前教育投入情况

1. 邯郸市学前教育财政投入相关分析

按照国家和省安排部署，邯郸市从 2011 年启动了"学前教育三年行动计划"。计划实施以来，邯郸市按照"广覆盖、保基本"的要求，着力构建覆盖城乡、布局合理的学前教育公共服务体系，2011 年和 2012 年全市用于学前教育发展总投入约 12 亿元。截至 2013 年 10 月 10 日，全市幼儿园共 2 496 所，比 2010 年增加 893 所，其中公办园 1 787 所，公办园比例达 71.6%，在园幼儿 37.5 万人，学前三年毛入园率达 88.2%。全市学前三年毛入园率和公办园比例已基本完成"学前教育三年行动计划"指标。

邯郸市全力扩充学前教育资源，提升学前教育内涵发展水平，逐步开创学前教育发展新局面。

2. 邯郸市学前教育经费投入

从邯郸市学前教育经费投入情况来看，2011～2015 年幼儿园教育经费总投入、财政性教育经费和预算内教育经费总体上逐年增加。其中，2015 年邯郸市幼儿园教育经费总投入、财政性教育经费和预算内教育经费分别是 2011 年的 2.3 倍、2.0 倍和 2.2 倍。同时在 2015 年邯郸市学前教育经费总投入增至 106 223 万元，比 2014 年的 94 144 万元增长了 12 079 万元，增幅为 12.83%（图 4-62）。

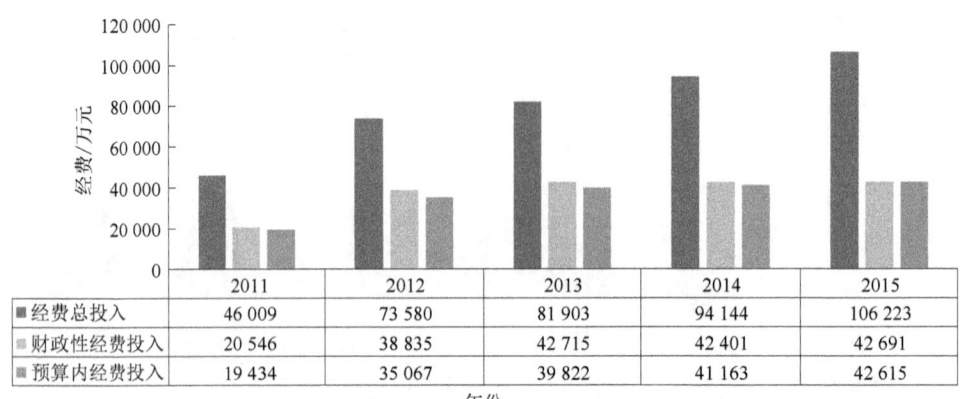

图 4-62 河北省邯郸市学前教育经费投入

资料来源：实地调研所收集数据。

3. 邯郸市学前教育经费来源构成

邯郸市学前教育经费投入主要来源于财政性学前教育经费、社会捐赠和集资办学经费、社会和个人办学经费、家长缴纳的保教费等事业投入及其他投入等。学前教育的投入方主要包括政府、幼儿家长、幼儿园主办方、企事业单位、社区及民间团体和个人等。

对邯郸市 2011～2015 年学前教育经费投入的来源进行分析可以发现，财政性教育经费、社会捐赠和集资办学经费、学费和杂费及其他投入总体呈逐年增长趋势。截止到 2015 年，各种经费均比 2011 年有了较大的增长，其中国家财政性教育经费增长了 1.1 倍，学费和杂费增长了 0.9 倍，其他投入经费增长较少（图 4-63）。

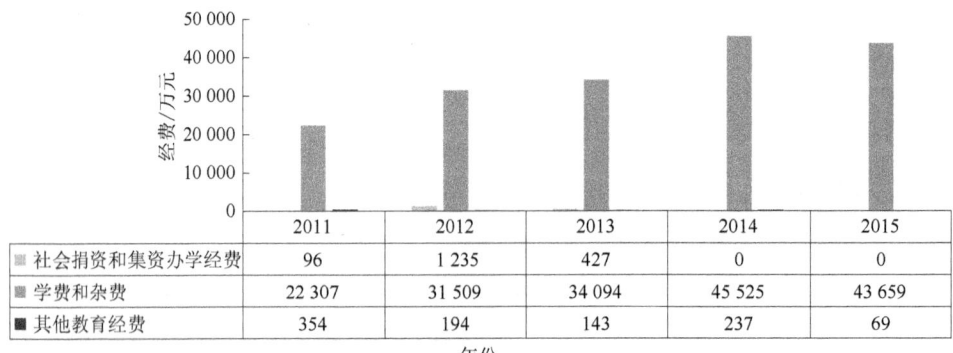

图 4-63 河北省邯郸市学前教育经费来源构成

资料来源：实地调研所收集数据。

4. 邯郸市生均学前教育经费

根据相关统计数据可以发现，2011～2015年邯郸市生均学前教育经费、生均财政性学前教育经费、生均预算内学前教育经费均呈现逐年递增的趋势。2016年邯郸市生均学前教育经费、生均财政性学前教育经费、生均预算内学前教育经费分别是2011年的2.1倍、1.8倍和1.9倍（图4-64）。

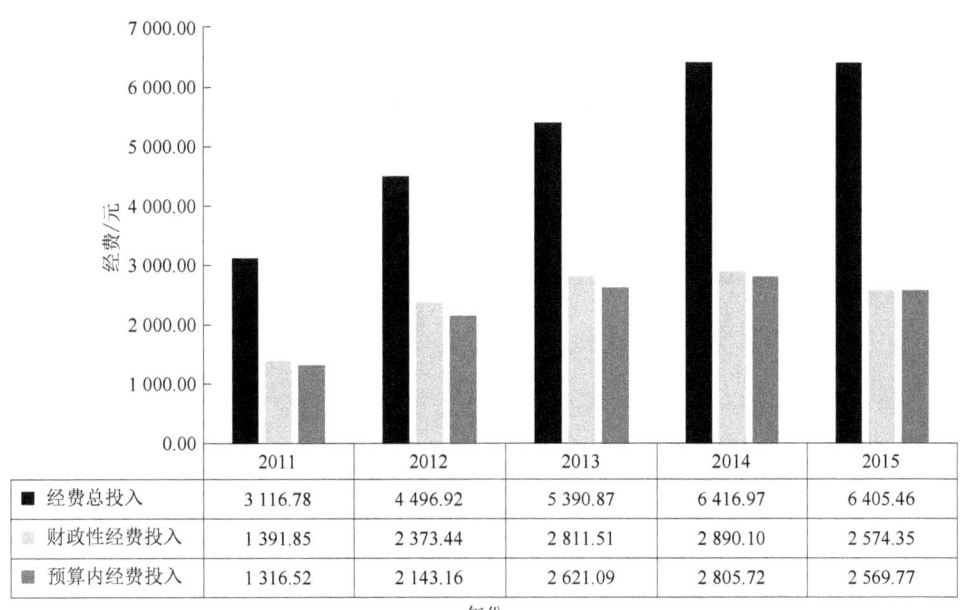

图4-64　河北省邯郸市生均学前教育经费投入

资料来源：实地调研所收集数据。

5. 邯郸市农村学前教育经费投入状况

从邯郸市农村学前教育经费投入情况来看，2011～2015年幼儿园教育经费总投入、财政性教育经费、预算内教育经费和生均学前教育经费总体上逐年增加。其中，2015年邯郸市农村幼儿园教育经费总投入、财政性教育经费、预算内教育经费和生均学前教育经费分别是2011年的3.54倍、4.11倍、4.44倍和3.17倍。同时在2014年邯郸市农村学前教育经费总投入增至68 022万元，比2013年的37 603万元增长了30 419万元，增幅达到了80.9%（图4-65）。

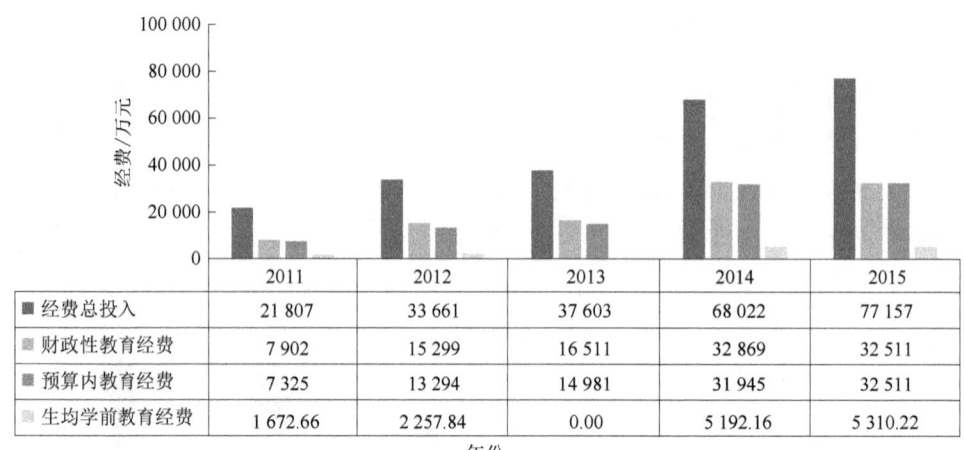

图 4-65 河北省邯郸市农村学前教育财政投入状况

四、秦皇岛市投入情况

1. 秦皇岛市学前教育财政投入相关分析

在《2011－2013 年第一期学前教育三年行动计划》中，秦皇岛市、县两级政府从 2011 年起设立学前教育发展专项资金，用于学前教育发展和规范化幼儿园建设。制定优惠政策，鼓励社会力量出资办园和捐资助园。建立学前教育资助制度，资助家庭经济困难儿童、孤儿和残疾儿童接受普惠性学前教育。支持幼儿园和特教学校开展残疾儿童康复教育。各级政府将学前教育经费列入财政预算。新增教育经费要向学前教育倾斜，财政性学前教育经费在同级财政性教育经费中要占合理比例有了明显提高。

2016 年海港区教育局召开学前教育工作会，会议提出要实行"两规范"制度，即规范收费行为和招生行为。要严格实行收费公示制度，通过设立公示栏等形式，向社会公示收费项目、收费标准、收费依据、投诉电话等相关内容。严禁收取特长费、取暖费、书本费等收费备案表之外的任何费用。严格控制班额，保证幼儿得到适时照顾；主动接受家长、社会监督，形成依法办园、自我约束的发展机制。为彰显学前教育的公益性和普惠性，在当前优质公办学前教育学位较少的情况下，区教育局将启动公办幼儿园招生办法改革，探索"统筹利用、合理分配国办学前教育资源"的新办法，最大限度满足适龄幼儿入公办园需求。[①]

---

① 海港区教育局.2016.学前教育工作会.

"2017年卢龙县教育局积极向上争取资金,争取到2017年国家支持学前教育发展资金115万元,准备启动实施招军屯小学改建幼儿园工程,预计建筑面积480平方米;争取2017年省级支持学前教育发展资金35万元,准备启动实施山善庄小学改建幼儿园工程,预计建筑面积140平方米。"①

2.秦皇岛市学前教育经费投入

从秦皇岛市学前教育经费投入情况来看,2011~2015年幼儿园教育经费总投入、财政性教育经费和预算内教育经费总体上逐年增加。其中,2015年秦皇岛市幼儿园教育经费总投入、财政性教育经费和预算内教育经费分别是2011年的1.8倍、1.8倍和1.9倍。同时,2015年秦皇岛市学前教育经费总投入增至38 083万元,比2011年的20 904万元增长了17 179万元,增幅达到了82.18%(图4-66)。

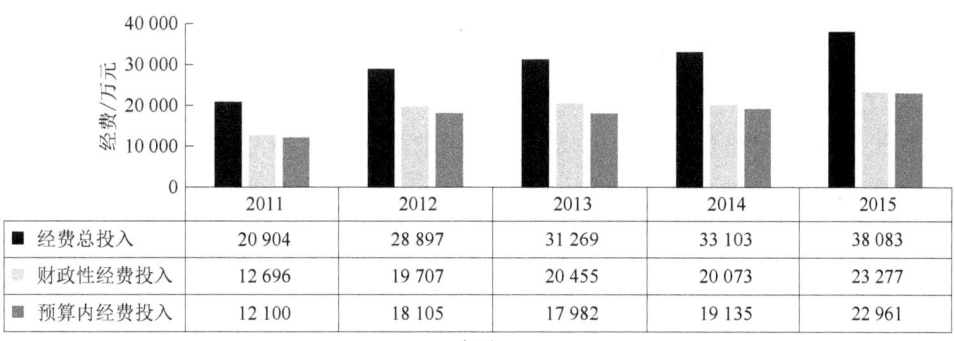

图4-66 河北省秦皇岛市学前教育经费投入

资料来源:实地调研所收集数据。

3.秦皇岛市学前教育经费来源构成

秦皇岛市学前教育经费投入主要来源于财政性学前教育经费、社会捐赠和集资办学经费、社会和个人办学经费、家长缴纳的保教费等事业投入及其他投入等。学前教育的投入方主要包括政府、幼儿家长、幼儿园主办方、企事业单位、社区及民间团体和个人等。

对秦皇岛市2011~2015年学前教育经费投入的来源进行分析可以发现,财政性教育经费、社会捐赠和集资办学经费、学费和杂费及其他投入总体呈逐年增长趋势。截止到2015年,各种经费均比2011年有了较大的增长,其中国

---

① 秦皇岛市教育局.2017.卢龙县教育局争取到国家、省级支持学前教育发展资金150万元.

家财政性教育经费增长了 0.8 倍，学费和杂费增长了 0.7 倍，其他投入经费增幅较小为 1.9 倍（图 4-67）。

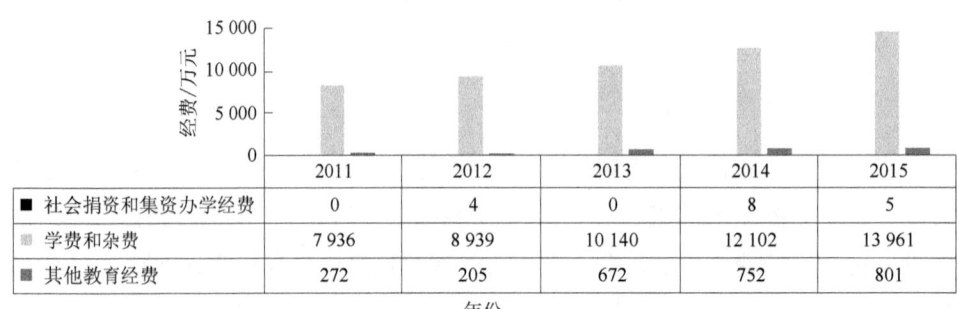

图 4-67　河北省秦皇岛市学前教育经费来源构成

资料来源：实地调研所收集数据。

4. 秦皇岛市生均学前教育经费

根据相关统计数据可以发现，2012～2015 年秦皇岛市生均学前教育经费、生均财政性学前教育经费、生均预算内学前教育经费均呈现逐年递增的趋势。尤其在 2015 年，三者都有很大幅度提高。2015 年秦皇岛市生均学前教育经费、生均财政性学前教育经费、生均预算内学前教育经费分别是 2011 年的 1.7 倍、1.7 倍和 1.8 倍（图 4-68）。

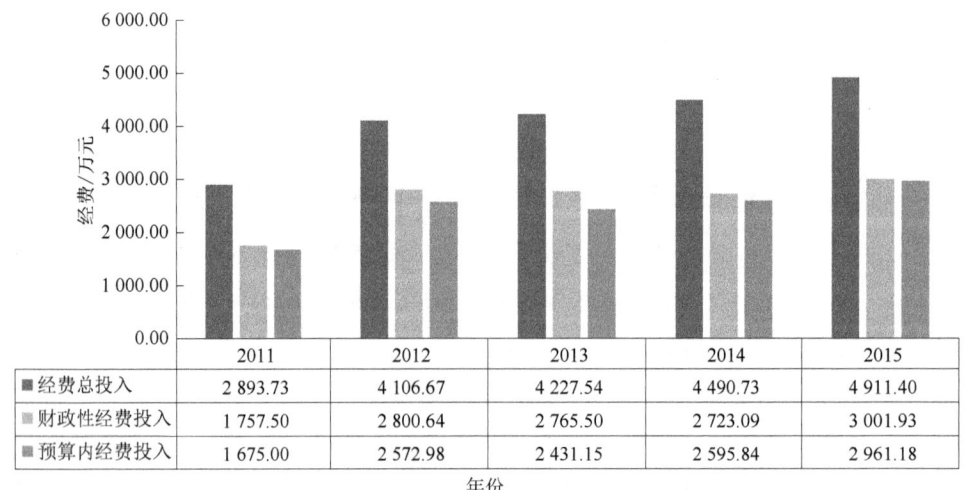

图 4-68　河北省秦皇岛市生均学前教育经费投入

资料来源：实地调研所收集数据。

5.秦皇岛市农村学前教育经费投入状况

从秦皇岛市农村学前教育经费投入情况来看，2011～2015年幼儿园教育经费总投入、财政性教育经费、预算内教育经费和生均学前教育经费总体上逐年增加。其中，2015年秦皇岛市农村幼儿园教育经费总投入、财政性教育经费、预算内教育经费和生均学前教育经费分别是2011年的2.35倍、2.11倍、2.14倍和2.89倍。同时，2015年秦皇岛市农村学前教育经费总投入增至20 570万元，比2014年的16 286万元增长了7176万元，增幅达到了26.3%（图4-69）。

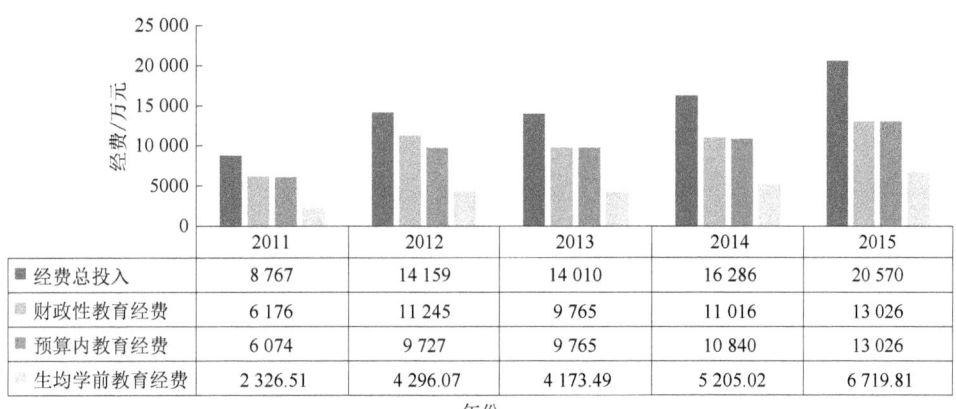

图4-69 河北省秦皇岛市农村学前教育财政投入状况

五、承德市学前教育投入情况

1.承德市学前教育财政投入相关分析

《关于开展学前教育城乡"对口帮扶"工作的实施方案》指出，为深入贯彻落实《3－6岁儿童学习与发展指南》，促进城乡学前教育同步发展，承德市教育局决定从直属幼儿园做起，开展城市园长教师"驻园帮扶"，农村园长、骨干教师"跟班学习"的交流活动，主题为"对口帮扶、共同提高"，促进城乡学前教育均衡发展，特制定该方案。经费保障方面，各郊区县应加大对学前教育发展财政经费的投入力度，根据事业发展的需求，足额安排专项资金用于学前教育内涵发展和"对口帮扶"工作，促进农村学前教育全面发展，高度重视交流教师在生活工作中的安全，确保以"对口帮扶"工作顺利开展。

2. 承德市学前教育经费投入

从承德市学前教育经费投入情况来看，2011～2016年幼儿园教育经费总投入、财政性教育经费和预算内教育经费总体上逐年增加。其中，2016年承德市幼儿园教育经费总投入、财政性教育经费和预算内教育经费分别是2011年1.9倍、2.2倍和2.12倍。同时，2015年承德市学前教育经费总投入增至13 523.34万元，比2014年的10 646.5万元增长了2 876.84万元，增幅达到了27%（图4-70）。

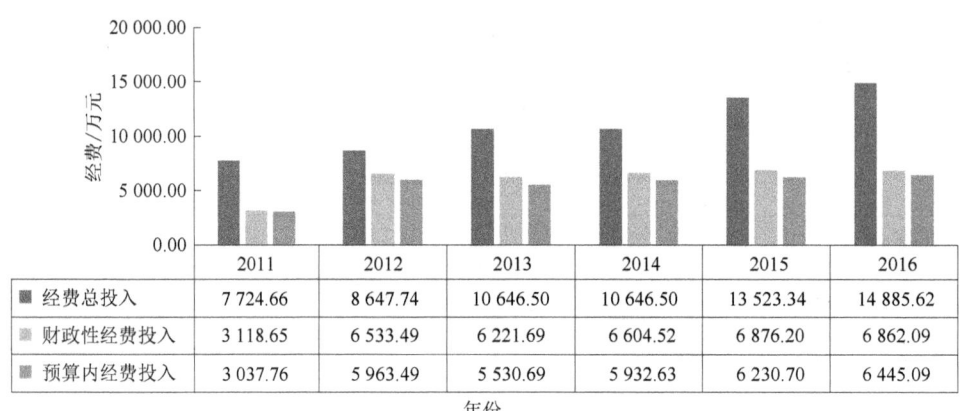

图4-70　河北省承德市学前教育经费投入

资料来源：实地调研所收集数据。

3. 承德市学前教育经费来源构成

承德市学前教育经费投入主要来源于财政性学前教育经费、社会捐赠和集资办学经费、社会和个人办学经费、家长缴纳的保教费等事业投入及其他投入等。学前教育的投入方主要包括政府、幼儿家长、幼儿园主办方、企事业单位、社区及民间团体和个人等。

对承德市2011～2016年学前教育经费投入的来源进行分析可以发现，财政性教育经费、社会捐赠和集资办学经费、学费和杂费及其他投入总体呈逐年增长趋势（图4-71）。

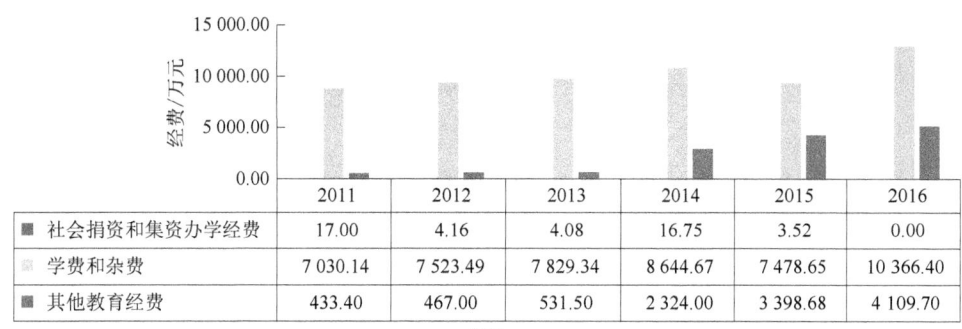

图 4-71 河北省承德市学前教育经费来源构成

资料来源：实地调研所收集数据。

4. 承德市生均学前教育经费

根据相关统计数据可以发现，2012～2016 年承德市生均学前教育经费、生均财政性学前教育经费、生均预算内学前教育经费均呈现逐年递增的趋势。尤其在 2016 年，三者都有很大幅度提高。2016 年承德市生均学前教育经费、生均财政性学前教育经费、生均预算内学前教育经费分别是 2011 年的 1.93 倍，2.2 倍和 2.12 倍（图 4-72）。

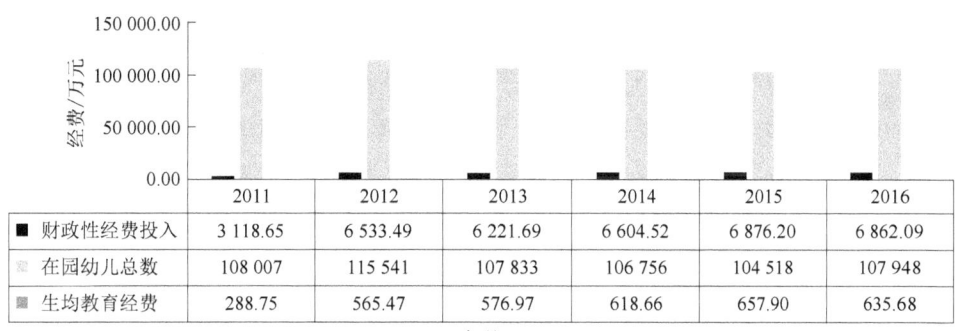

图 4-72 河北省承德市生均学前教育经费投入

资料来源：实地调研所收集数据。

5. 承德市农村学前教育经费投入状况

从承德市农村学前教育经费投入情况来看，2011～2016 年幼儿园教育经费总投入、财政性教育经费、预算内教育经费和生均学前教育经费总体上逐年增加。其中，2016 年承德市农村幼儿园教育经费总投入、财政性教育经费、预算内教育经费和生均学前教育经费分别是 2011 年的 1.76 倍、2.18 倍、2.13 倍和 2.08 倍（图 4-73）。

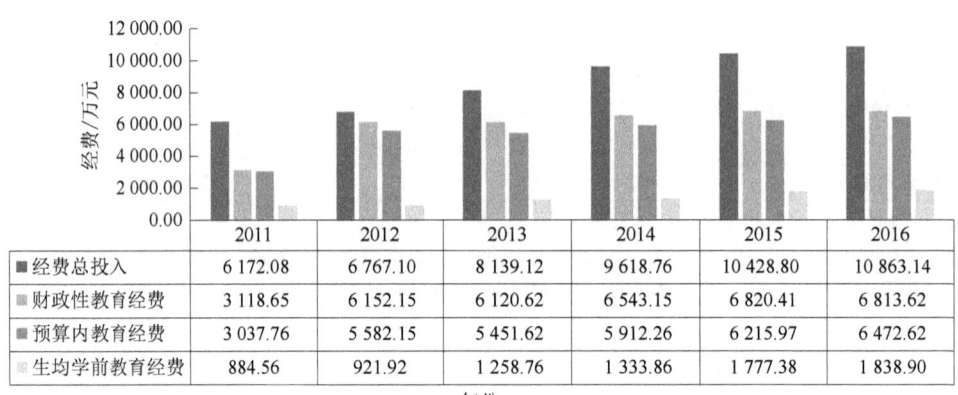

图 4-73　河北省承德市农村学前教育财政投入状况

从以上分析中能够看出，河北省各地市的学前教育发展在近些年有了长足的进展，然而也存在着诸多的问题。首先，河北省及各市政府要认识学前教育的重要性，把学前教育纳入本地社会经济发展总规划中，实实在在地把学前教育摆在各级教育部门的议事日程上，保证学前教育管理层层落实到位。其次，河北省及各市政府应保证并加大对学前教育事业经费的投入力度，尤其是农村地区，借鉴义务教育经费保障机制的经验，将学前教育投入逐步纳入财政预算。再次，多种渠道加大学前教育投入，制定优惠政策，鼓励社会力量办园和捐资助园，同时，依据当地实际情况，制定幼儿园收费标准[①]。最后，设立学前教育专项经费，明确新增教育经费向学前教育倾斜，并在实践中不断探索，建立长效稳定的增长机制，以不断加大政府对学前教育投入力度，不断提高河北省的学前教育质量。

第四节　各地级市办园格局情况比较

河北省地处华北平原北部，幅员辽阔，下辖 11 个地级市。因为各地级市地

---

① 石立叶，刘丽英. 2016. 河北省学前教育发展的城乡差异分析. 经济师，(12)：197-199.

理位置、经济发展、人口分布、文化历史等各方面的差异,所以不同地级市在学前教育发展状况上具有一定差距。本节依据实地调研搜集的数据分别对保定市、邯郸市、邢台市、秦皇岛市、承德市和沧州市办园格局的发展规划进行单独的纵向分析,以便更具针对性地分析各地级市办园格局的基本情况并提出具体建议。

一、保定市办园格局分析

保定市位于河北省中部,是国家历史文化名城。2012～2015年,保定市的公办园数量比较稳定,虽无大幅度的数量增长,但所占比例一直保持在70%左右。由此可见,保定市的幼儿园以公办园为主体,学前教育的公益性和普惠性高,因此在2015年,保定市的学前三年毛入园率达到了93%,基本普及学前教育。民办园的发展一直是学前教育发展的趋势,2012～2015年,保定市的民办园在不断发展中,园所数量持续增加,2015年相比于2012年增加幼儿园417所,增幅达到93.7%,显示出相对于公办园更强的生命力(图4-74、图4-75)。

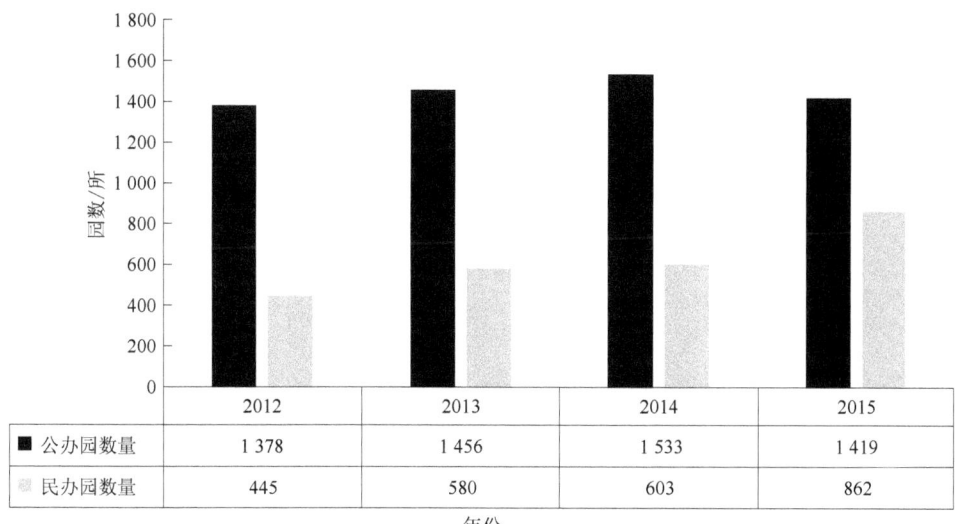

图4-74　2012～2015年保定市各类幼儿园办园数量

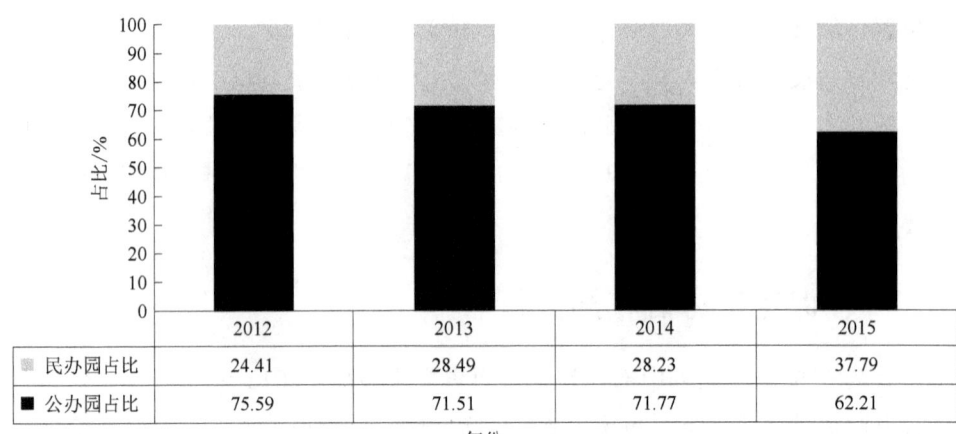

图 4-75　2012～2015 年保定市各类幼儿园所占比

保定市的公办园园所占比高达 70% 以上，因此公办园的在园儿童数远大于民办园的在园儿童数，多数的幼儿就读于具有公益性的公办园中，学前教育普及率高。但是公办园的在园儿童数在 2012～2015 年出现缓慢的递减趋势，2015 年的公办园在园儿童数相对于 2012 年的在园儿童数减少了 27 287 人，降幅达到 11.6%。相对来说，随着民办园数量的增加和质量的提高，越来越多的幼儿在民办园就读，2015 年的民办园在园儿童数比 2012 年的民办园在园儿童数增加了 60.9%，成为吸纳适龄幼儿的重要力量（图 4-76）。

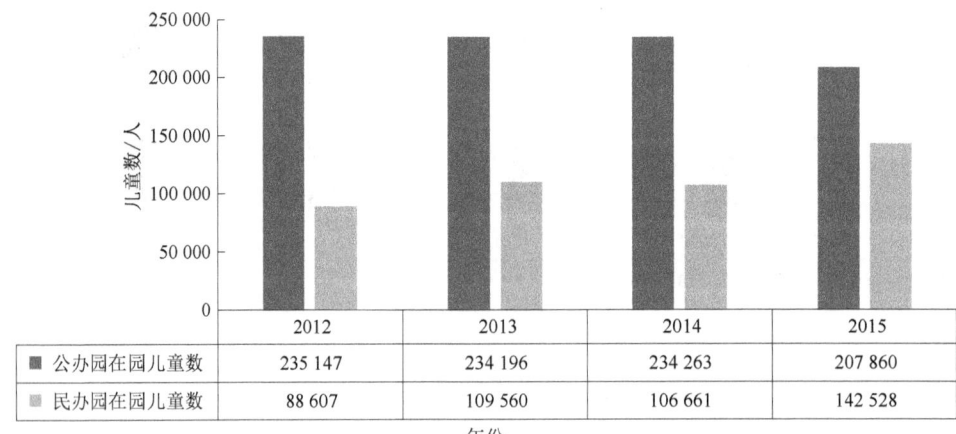

图 4-76　2012～2015 年保定市各类幼儿园在园儿童数

众所周知，学前教育经费投入为学前教育的发展提供物质保障，2011～2015年，河北省给保定市各类幼儿的经费总投入在不断增加，可见其对学前教育的重视力度。但是，在不同性质幼儿园的学前教育经费投入上，差距还是很大的。保定市对公办园的学前教育经费投入一直远高于对民办园的学前教育经费投入，对公办园的投入占总投入的70%以上，保障了保定市公办园的主体地位和稳定发展。同时，2011～2015年，政府对民办园的学前教育经费投入也在持续增加，2015年相对2011年的投入增加了28 878万元，比2011年的投入量多了2倍。由此可见，政府在民办园的财政支持上更加倾斜，为民办园的发展提供物质支持，以减缓民办园生存和发展的压力，促进更多社会力量兴办民办园（图4-77、图4-78）。

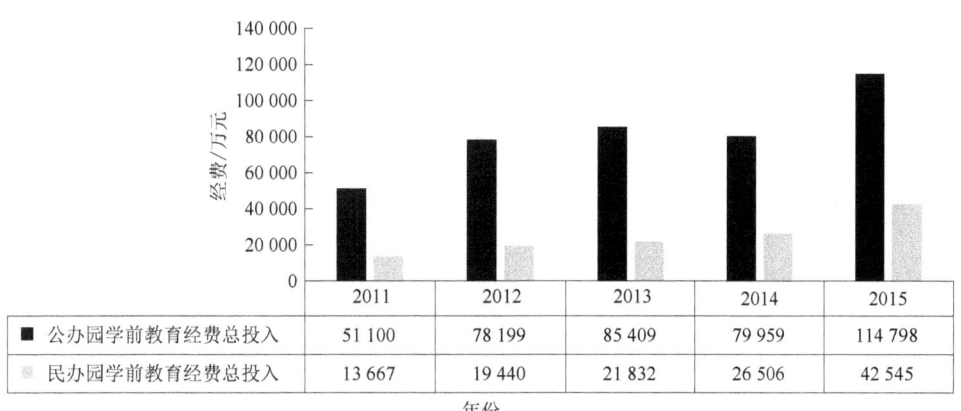

图4-77　2011～2015年河北省给保定市各类幼儿园学前教育经费总投入

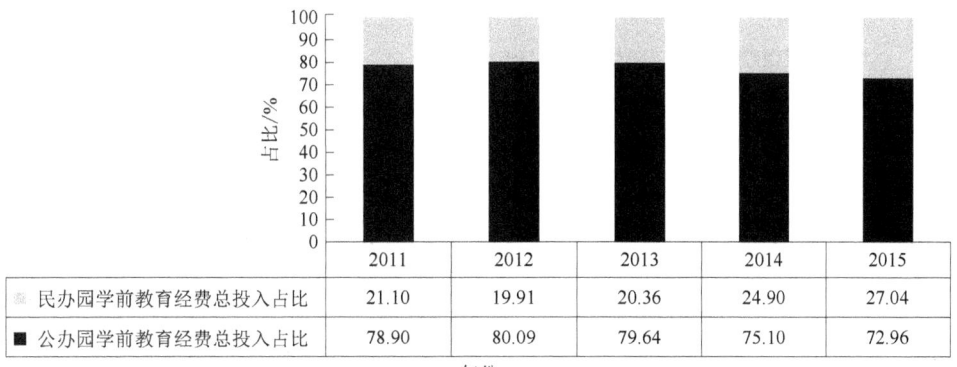

图4-78　2011～2015年河北省给保定市各类幼儿园学前教育经费总投入占比

教师是保障园所质量的重要人力资源，保定市公办园占比达到70%以上，因此公办园中的教师数量在2012～2014年一直高于民办园中教师的数量，但是增加幅度很小，教师数量保持稳定，这与公办园教师多为在编岗位有关。然而，相对于公办园教师总数的稳定发展，民办园教师总数持续增加，从2012年的8 337人增加到2015年的14 013人，增加了68%，并且在2015年，在民办园数量低于公办园数量的前提下，民办园教师数量超过公办园教师数量，比公办园教师多了35%，说明民办园成为吸纳幼儿教师的主要力量，民办园教师的生存状态改善和待遇提升问题必须更加重视（图4-79）。

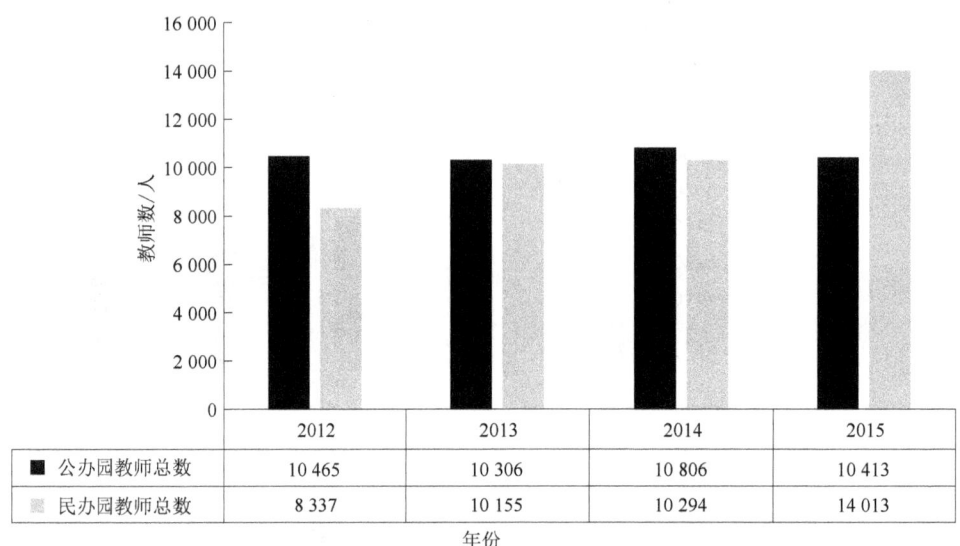

图4-79　2012～2015年河北省保定市各类幼儿园教师数量

二、邯郸市办园格局分析

邯郸市位于河北省南端，市辖6区、1县级市、11县。2011～2016年，邯郸市的学前教育发展迅速，不论是公办园还是民办园的数量都在大幅增加，尤其是民办园数量从2011年的328所增至2016年的1 019所，增加了2倍之多。公办园增幅相对较小，2016年公办园数量相对于2011年公办园数量增加了38%。从两类幼儿园的比例来看，虽然2011年公办园占比达到73.74%，民办园只占26.26%，但是随着民办园数量的增多，其所占比例越来越大，到2016年，民办园所占比例达到44.42%，与公办园平分秋色。邯郸市的办园格局也从公办园为主发展为公办民办并举的局面（图 4-80、图 4-81）。

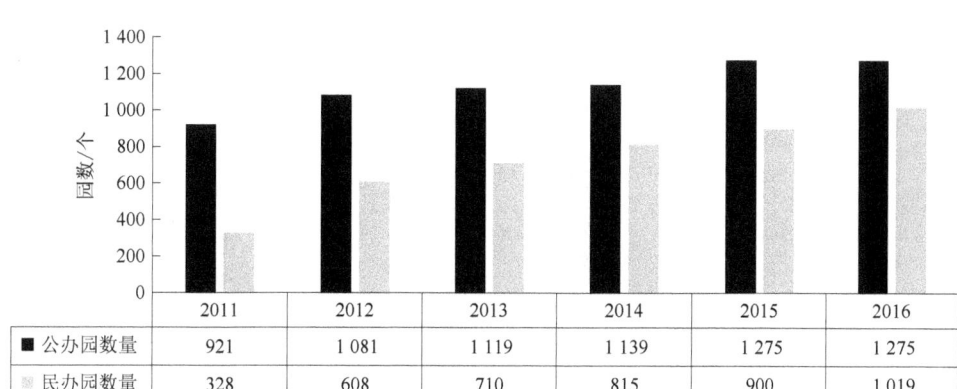

图 4-80　2011～2016 年邯郸市各类幼儿园办园数量

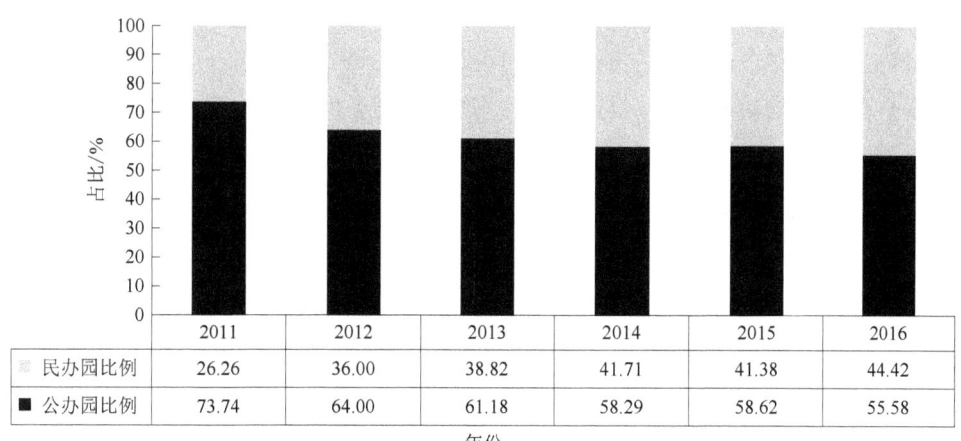

图 4-81　2011～2016 年邯郸市各类幼儿园办园数量所占比

从幼儿园的在园儿童数来看，公办园虽然办园数量稳定，但在园儿童数却在持续下降，2016 年公办园在园儿童数比 2011 年在园儿童数下降了 32%。而民办园在园儿童数却从 2011 年的 42 279 人增至 2016 年的 83 049，增加了 96%。2011～2014 年，就读于公办园的儿童多于就读于民办园的儿童。但是从 2015 年开始，民办园在园儿童数超过公办园的在园儿童数，成为吸纳适龄幼儿的主体，预测这一趋势会更加强劲（图 4-82）。

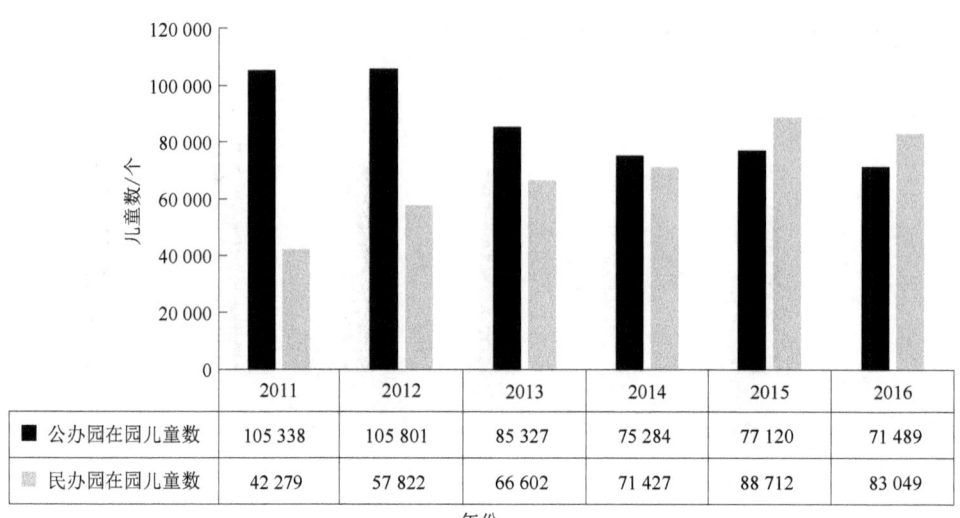

图 4-82　2011～2016 年邯郸市各类幼儿园在园儿童数

为保障学前教育的发展，河北省给邯郸市两类幼儿园的经费总投入都在不断增加，但是对公办园的学前教育经费投入始终高于民办园，可见政府对于大力发展公办园的决心所在。与此同时，政府着眼于民办园的强大生命力，对民办园的财政投入比例在不断增加，民办园学前教育经费总投入比例在 2015 年达到了 44.78%，在财政上得到更大力度的扶持（图 4-83、图 4-84）。

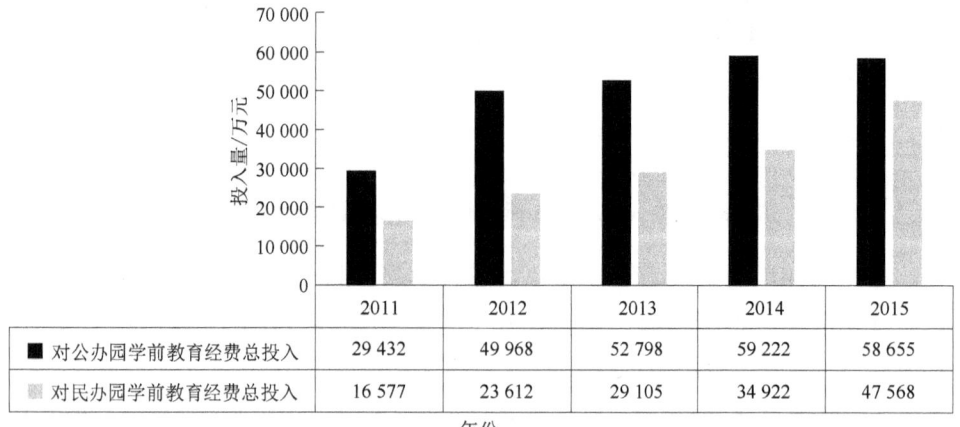

图 4-83　2011～2015 年河北省给邯郸市各类幼儿园学前教育经费总投入

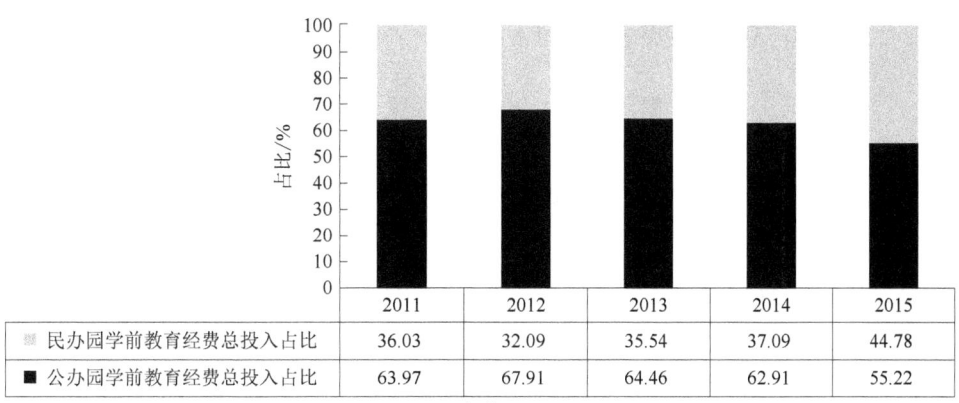

图 4-84　2011～2015 年河北省给邯郸市各类幼儿园学前教育经费总投入占比

虽然邯郸市公办园的数量一直高于民办园的数量。但是，从教师数量来看，2012～2016 年，民办园教师数量一直多于公办园教师数量，且差距越来越大，2012 年民办园教师比公办园教师多 13.8%。到 2016 年，民办园教师数量比公办园多出一倍之多。民办园教师已经成为幼儿教师的主体，民办园成为幼儿教师就业的主要途径。因此，保障民办园教师的待遇，增强民办园教师的职业安全感，稳定民办园教师队伍是重中之重（图 4-85）。

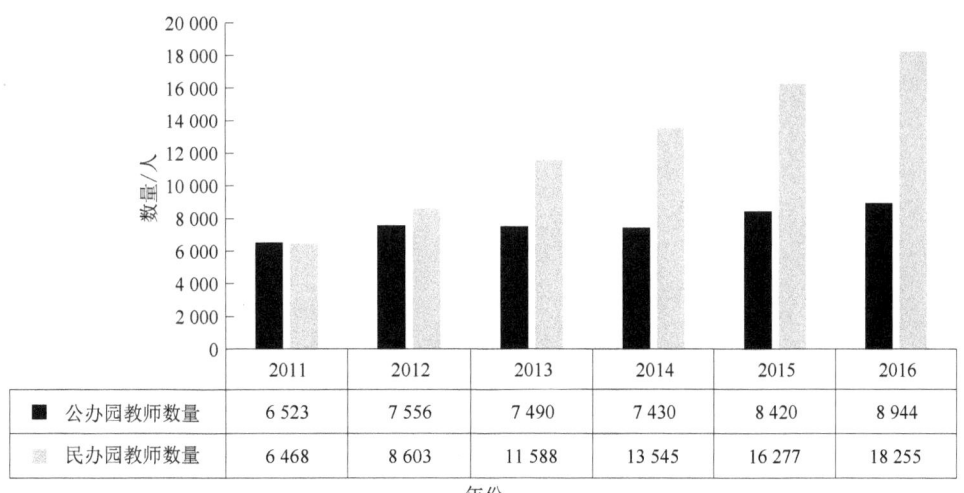

图 4-85　2011～2016 年河北省邯郸市各类幼儿园教师数量

三、邢台市办园格局分析

邢台市位于冀中南地区中心,是京津冀协同发展国家战略重要节点城市。2011～2016年,邢台市的公办园保持着稳定的发展势头,数量不断增加,2016年比2011年增加了26.8%,占据着相对优势的地位。民办园数量迅速增加,2011年民办园只有171所,至2016年民办园增加到662所,增加将近3倍。如此强劲的园所数量增长,使得民办园在邢台市幼儿园总量中占比逐渐提高,从2011年仅占比20.12%发展到2016年占比43.47%,民办园在学前教育市场中的地位和作用也更加凸显出来(图4-86、图4-87)。

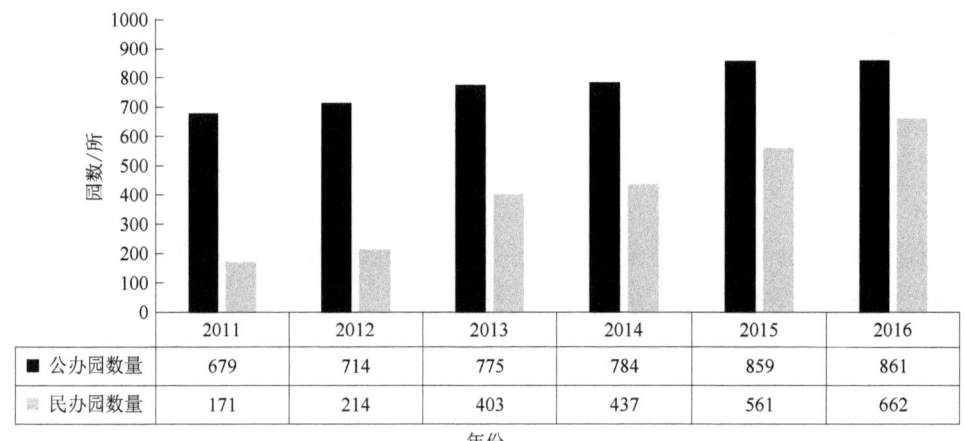

图4-86 2011～2016年邢台市各类幼儿园办园数量

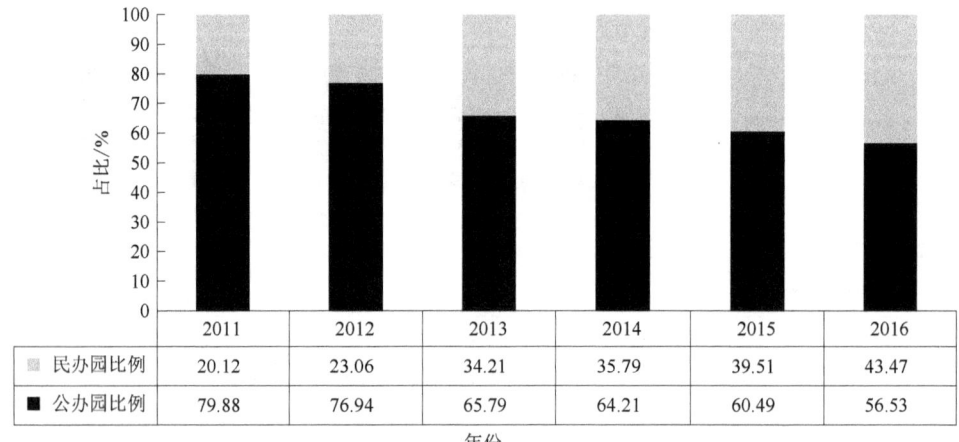

图4-87 2011～2016年邢台市各类幼儿园办园数量所占比例

从在园儿童数来看，公办园在园儿童数虽然时增时减，但相对稳定，一直保持在140 000人以上，就读于公办园的儿童一直多于就读于民办园的儿童，体现了学前教育的公益性。但是民办园的在园儿童数在2011～2016年不断增加，2016年的民办园在园儿童数比2011年的民办园在园儿童数增加了2.46倍，说明随着民办园数量的增加和质量的提高，其已经成为普及学前教育的重要力量（图4-88）。

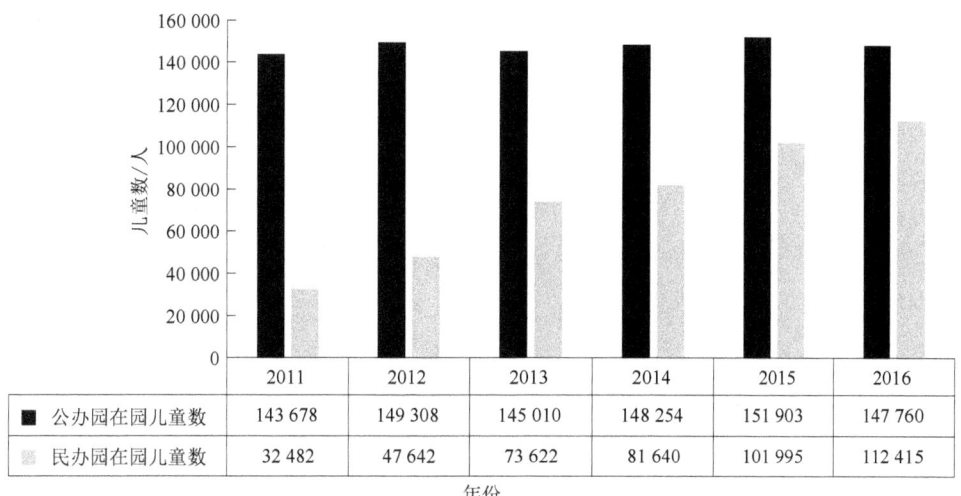

图4-88 2011～2016年邢台市各类幼儿园在园儿童数

从教师总数来看，公办园教师数量持续增加2016年的教师数量比2011年的教师数量增加了45%，而民办园的教师数量却在2011～2016年增加了8 373人，2016年的民办园教师数量是2011年民办园教师数量的3.88倍，由此可见，民办园在吸纳幼儿教师就业的能力上是非常强大的，并且从2013年起，民办园的教师总数就开始高于公办园的教师总数，并逐渐占据教师的主体地位（图4-89）。

四、秦皇岛市办园格局分析

秦皇岛市位于河北省东北部，是中国海滨城市。秦皇岛市办园格局的最大特点就是民办园占据主体地位。2011～2016年民办园以较快速度持续发展，2016年的民办园数量是2011年民办园数量的3.4倍。从2012年起，民办园数量就高于公办园数量，民办园占幼儿园总数的比例从2012年的60.75%增加到2016年的74.31%，占据绝对的优势地位，体现出学前教育的市场化趋势。而公办园的数量则在2011~2016年出现下降的趋势，所占比例在2016年下降至25.69%，失去了公办园的主体地位。因此，在民办园为主体的办园格局下，秦皇岛市要重视民办园的准入和规范，保障其办园质量，并大力促进普惠性民办园的发展，以保障学前教育的公益性和普惠性（图4-90、图4-91）。

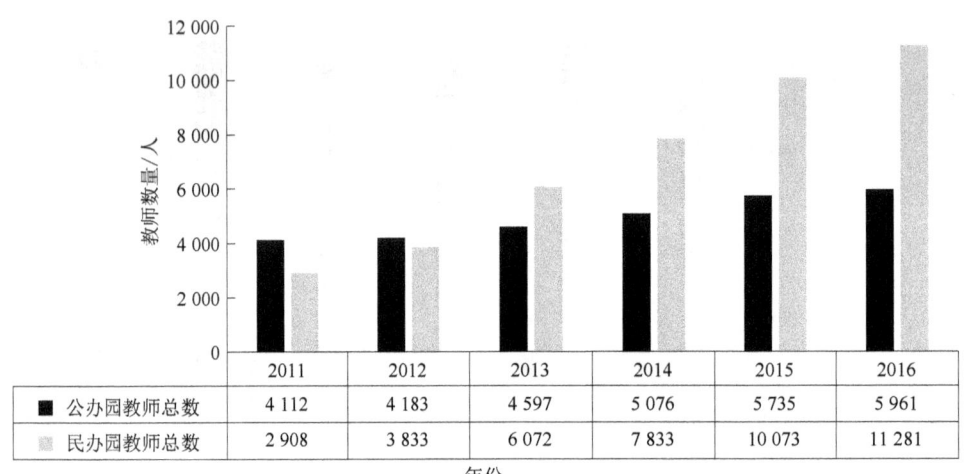

图4-89　2011~2016年河北省邢台市各类幼儿园教师数量

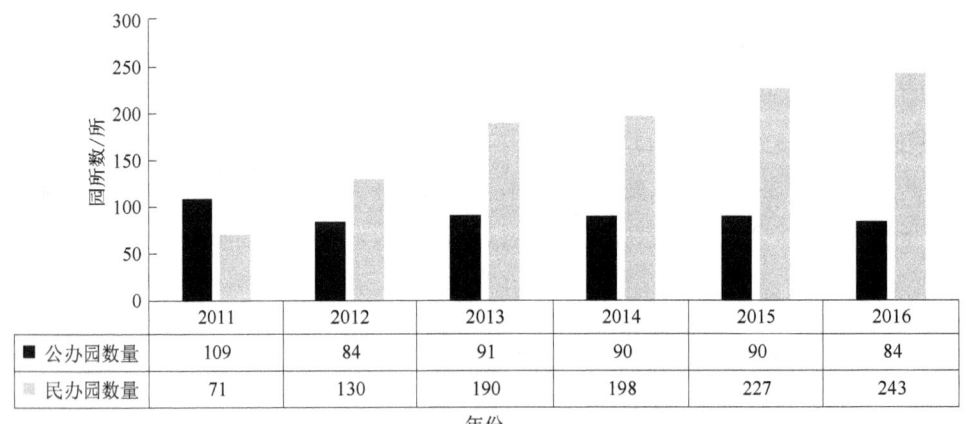

图4-90　2011~2016年秦皇岛市各类幼儿园办园数量

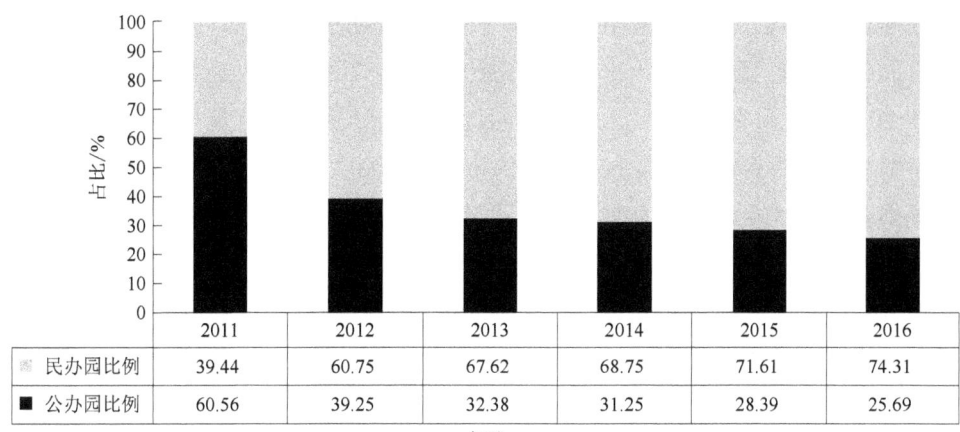

图 4-91　2011～2016 年秦皇岛市各类幼儿园办园数量所占比

在 2011～2016 年，秦皇岛市民办园数量高于公办园数量，成为办园主体。但是从在园儿童数来看，虽然公办园的在园儿童数不断下降，但公办园的在园儿童数却一直高于民办园的在园儿童数，一是说明公办园的园所规模较大；二是说明公办园仍是适龄儿童接受学前教育的主要园所。因此，秦皇岛市应更加注重民办园质量的提升，不能只看数量，只有质量提升才能增加入园率，发挥普及学前教育的重要作用（图 4-92）。

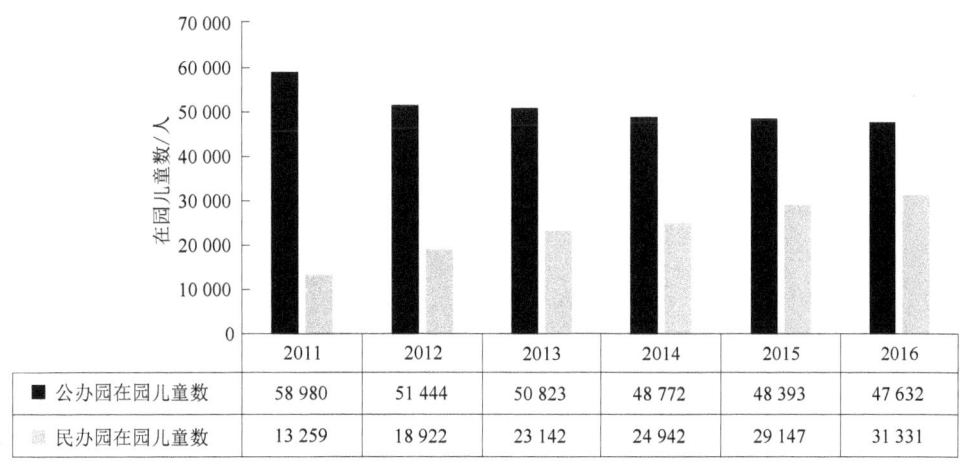

图 4-92　2011～2016 年秦皇岛市各类幼儿园在园儿童数

虽然秦皇岛市的民办园在2011～2015年占据主体地位，但是从河北省对民办园的学前教育经费投入来看，所占比例只有20%左右，经费投入的最高比例在2015年也只有27.57%，民办园园均收到的经费投入更是少之又少。政府的学前教育经费更多向数量占比不多的公办园倾斜，因此，虽然公办园数量少，但是质量高，大多幼儿愿意就读于公办园，导致公办园园所规模较大。民办园数量虽多，但就读的儿童少，究其原因应是质量问题限制了儿童的数量。因此，秦皇岛市应加大对民办园的学前教育经费投入，保障其办园质量，以发挥其普及幼儿教育的重任（图4-93、图4-94）。

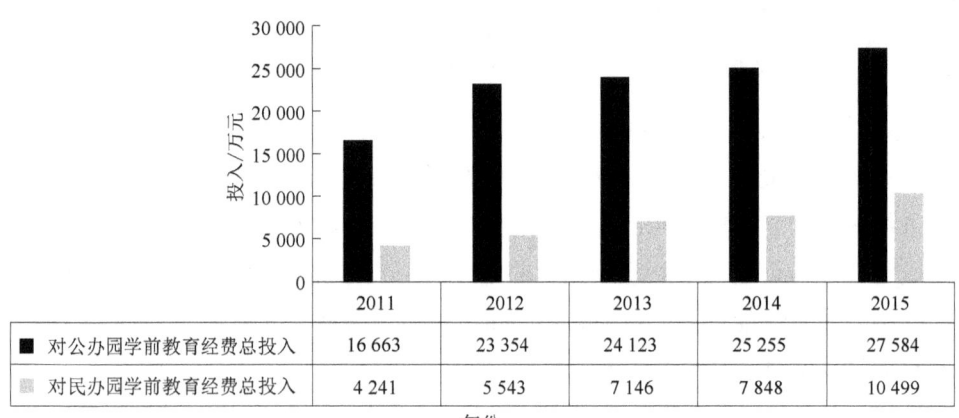

图4-93　2011～2015年河北省给秦皇岛市各类幼儿园学前教育经费总投入

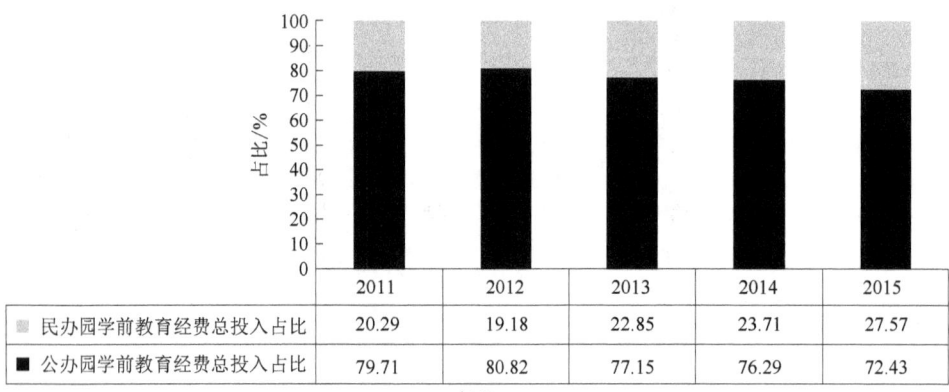

图4-94　2011～2015年河北省给秦皇岛市各类幼儿园学前教育经费总投入占比

2011～2016年，公办园和民办园的教师数量都在不断增加，但是增幅不同，民办园教师数量增加幅度更大，2016年教师数量比2011年增加了1.1倍，而公办园教师数量从2011～2016年只增加了30%，这与公办园办园数量不断减少相关。民办园的教师数量从2013年起便高于公办园教师数量，所占比例增加（图4-95）。

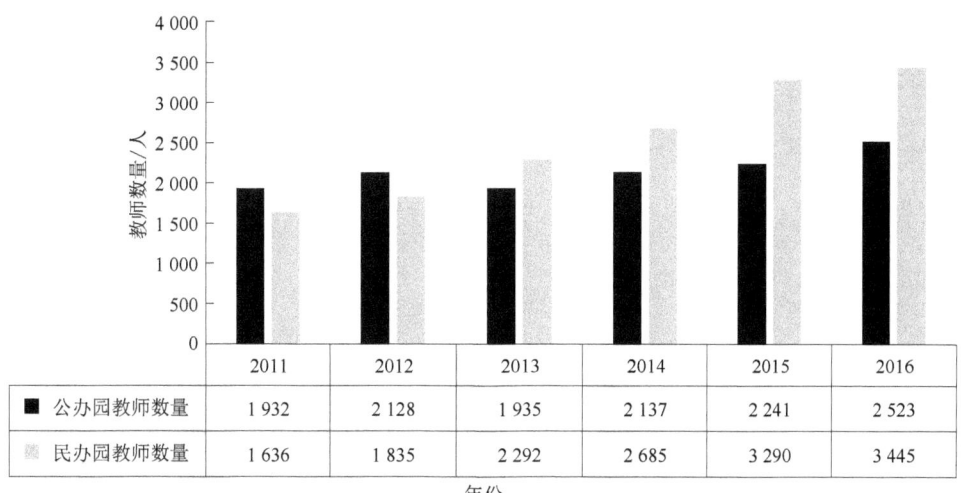

图4-95　2011～2016年河北省秦皇岛市各类幼儿园教师数量

五、沧州市办园格局分析

沧州市地处河北省东南，东临渤海，北靠天津，是国务院确定的经济开放区、沿海开放城市之一。2011～2016年，沧州市公办园数量持续增加，发展稳定，2016年公办园数量比2011年公办园数量增加了97所，增幅为25%。且公办园数量一直高于民办园数量，占据办园格局中的主体地位。民办园的数量虽在2011～2012年出现了减少的趋势，但从2013年起便持续增加，总体上，2016年民办园数量比2011年增加了42.4%，占园所总数的比例也在不断增加（图4-96、图4-97）。

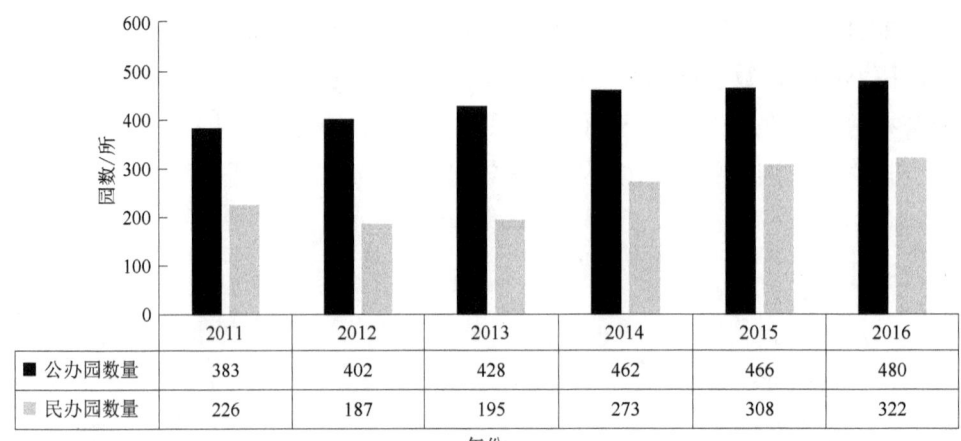

图 4-96 2011～2016 年沧州市各类幼儿园办园数量

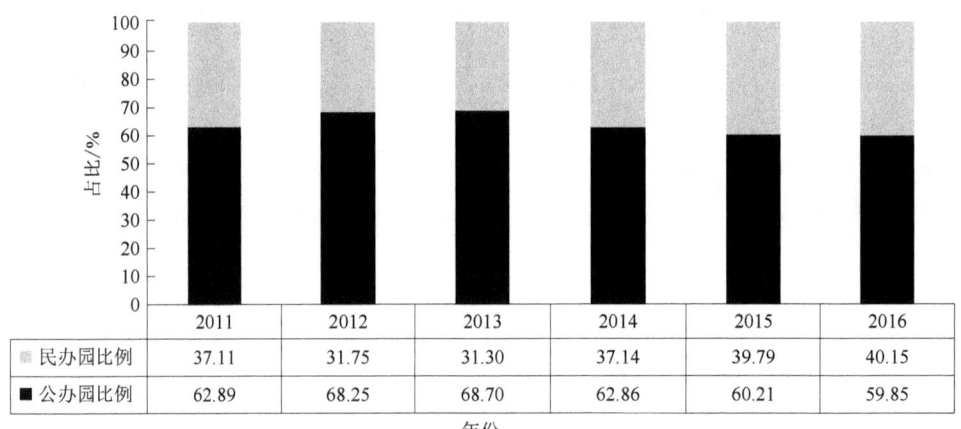

图 4-97 2011～2016 年沧州市各类幼儿园办园数量所占比

2011～2016 年,河北省对沧州市各类幼儿园投入的学前教育经费在不断增加,在对公办园的学前教育经费投入上,2016 年的经费投入是 2011 年经费投入的 2.29 倍,2016 年对民办园的学前教育经费是 2011 年的投入的 2.95 倍。然而,河北省政府对公办园的学前教育经费一直远高于对民办园的学前教育经费投入,公办园学前教育经费占比一直高达 80% 以上,对民办园的教育经费投入比例却很低,在 2016 年刚到达 20.26%(图 4-98、图 4-99)。

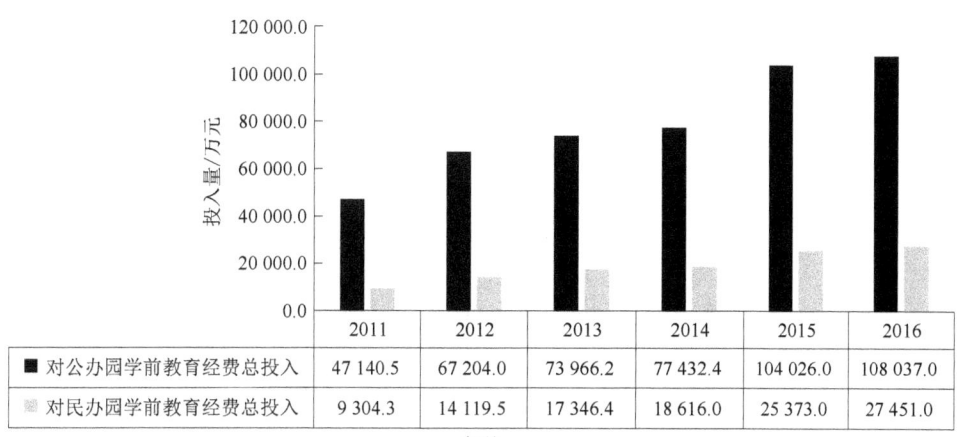

图 4-98　2011～2016 年河北省给沧州市各类幼儿园学前教育经费总投入

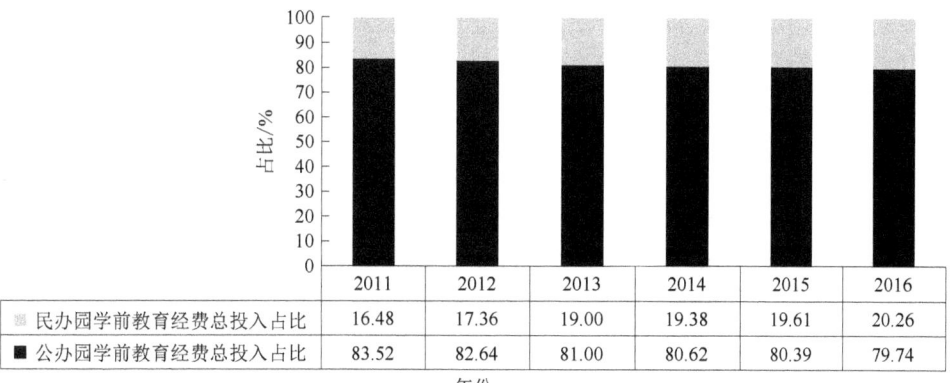

图 4-99　2011～2016 年河北省给沧州市各类幼儿园学前教育经费总投入占比

公办园数量从 2011～2016 年一直高于民办园数量，在其占据主体地位的背景下，沧州市公办园的教师数量却远低于民办园教师的数量，并且在 2011～2012 年，公办园教师数量出现了减少的趋势，在 2012～2014 年小幅度增加，并且在 2014～2016 年连续 3 年教师数量不变。由此可见，公办园教师队伍发展较慢，这与公办园教师编制短缺也有一定关系。同时，民办园的幼儿教师却成为教师队伍中的主力军，但在 2011～2016 年整体出现了数量下降的趋势，教师流失问题亟待解决（图 4-100（1））。

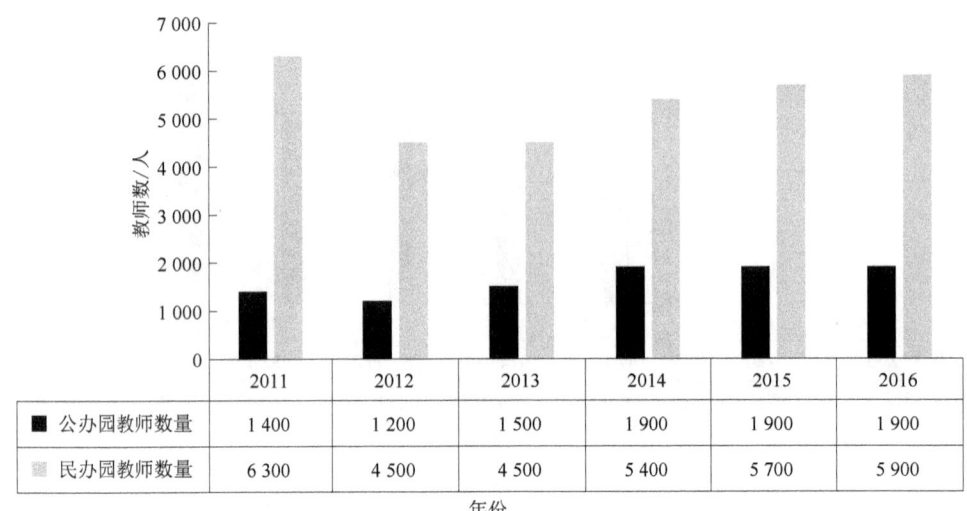

图 4-100（1） 2011～2016 年河北省沧州市各类幼儿园教师数量

六、承德市办园格局分析

承德位于河北省东北部，是首批国家历史文化名城。2011 年，承德的公办园数量就达到了 1 556 所，占园所总数比例高达 84.61％，形成以公办园为主体的办园格局。2011～2016 年，虽然公办园数量出现了小幅度的下降趋势，2016 比 2011 年园所数量下降了 1.67％，但是仍不影响其主体地位。同时，民办园数量在 2011～2016 年不断增加，2016 年民办园数量比 2011 年的民办园数量增加了 56％，但是民办园占园所总数的比例在 2016 年达到最高时也只有 22.41％。因此，承德市公办园在办园格局中的主体地位十分稳固（图 4-100（2）、图 4-101）。

受到办园数量的影响，从在园儿童数来看，承德市公办园的在园儿童数远大于民办园的在园儿童数，成为适龄儿童接受学前教育的主要途径。但是在 2011～2016 年，公办园的在园儿童数出现下降的趋势，2016 年比 2011 年的在园儿童数减少了 15％，而民办园的在园儿童数不断增加，2016 年的在园儿童数比 2011 年增加了 12 666 人，增幅达到 55.7％。说明随着民办园数量的增加和质量的提升，其吸纳了更多的适龄学前儿童入园（图 4-102）。

第四章 河北省内各地级市学前教育发展比较

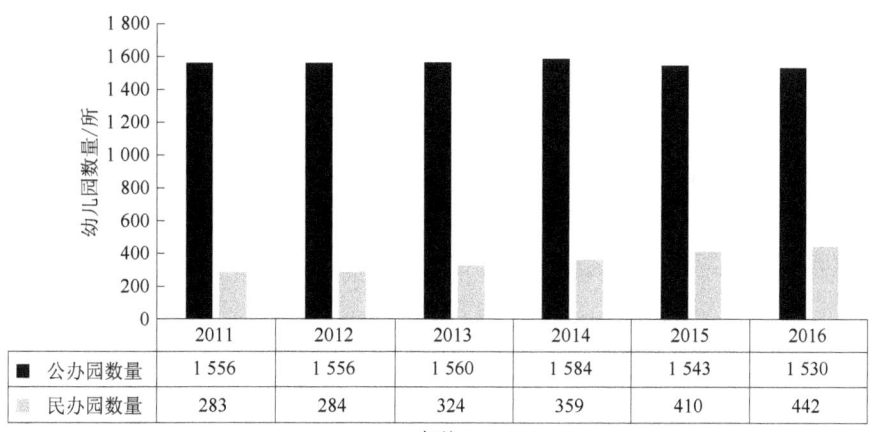

图 4-100（2） 2011～2016 承德市各类幼儿园办园数量

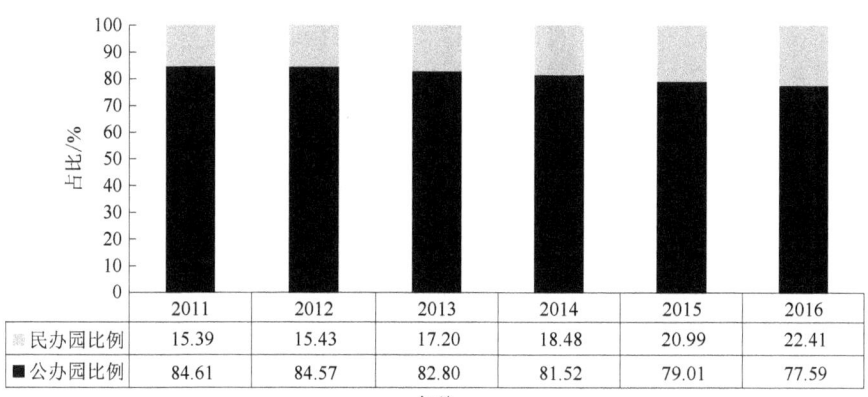

图 4-101 2011～2016 年承德市各类幼儿园办园数量占比

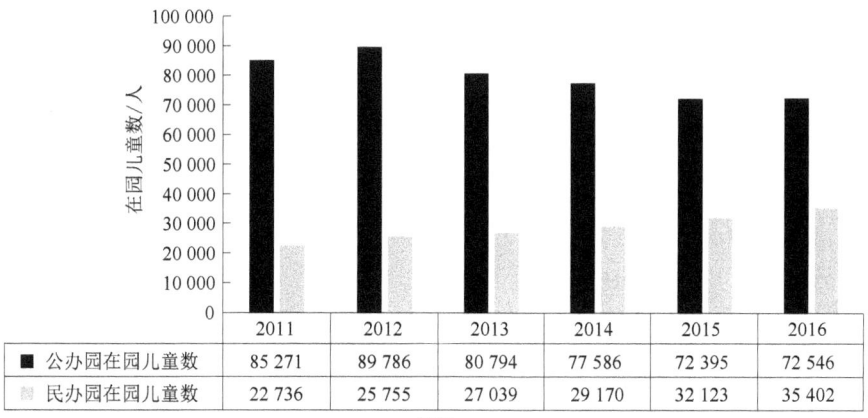

图 4-102 2011～2016 年承德市各类幼儿园在园儿童数

2011～2016年，河北省对承德市两类幼儿园的学前教育经费投入量都在不断增加，对公办园的学前教育经费总投入2016年比2011年增加了76%，对民办园的学前教育经费总投入2016年比2011年增加了1.59倍，可见政府在逐渐加大并重视对民办园的学前教育经费投入。但是对民办园的学前教育经费总投入仍旧远远低于对公办园的经费投入，仅仅占总投入的20%～30%，公办园在经费投入上占据绝对的优势（图4-103、图4-104）。

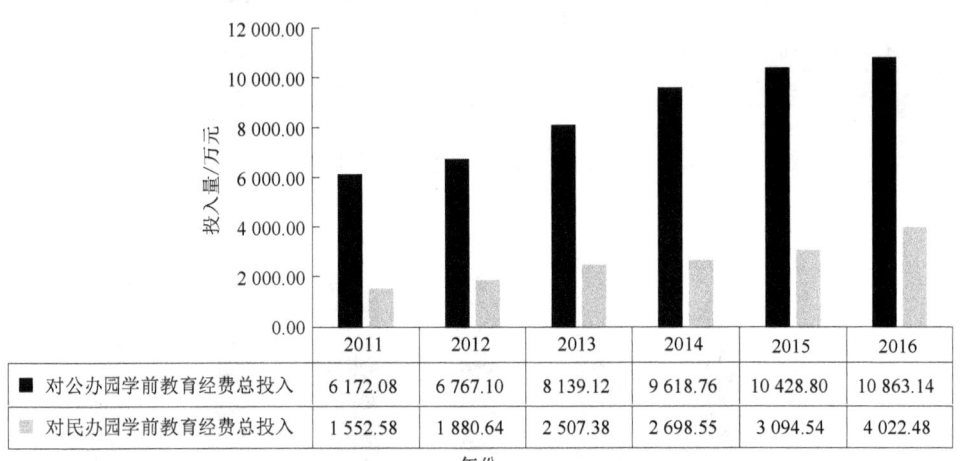

图4-103　2011～2016年河北省给承德市各类幼儿园学前教育经费总投入

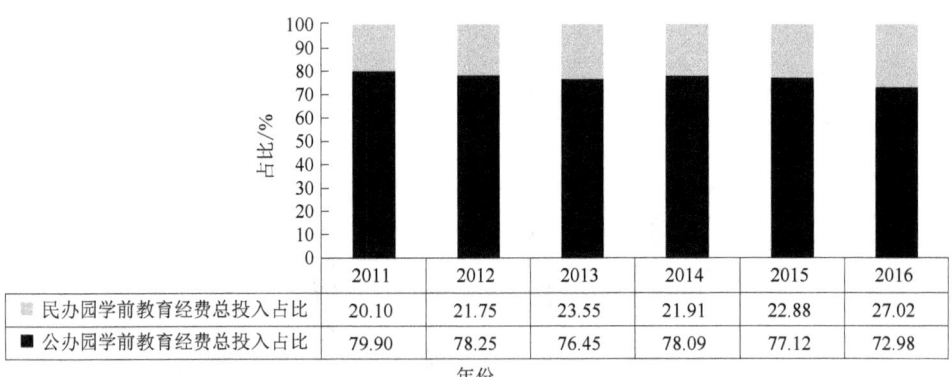

图4-104　2011～2016年河北省给承德市各类幼儿园学前教育经费总投入占比

公办园为主体的办园格局影响师资的分配，2011～2016年，公办园教师数量远高于民办园教师数量，成为幼儿教师就业的主要途径。但是从教师数量的变化上，公办园教师数量时增时减，但仍比较稳定，以保障公办园的教师需求。

民办园的教师数量持续增加，2016 年民办园教师数量比 2011 年增加了 55%，说明越来越多的教师愿意到民办园工作，民办园对于教师的吸引力也在不断提升（图 4-105）。

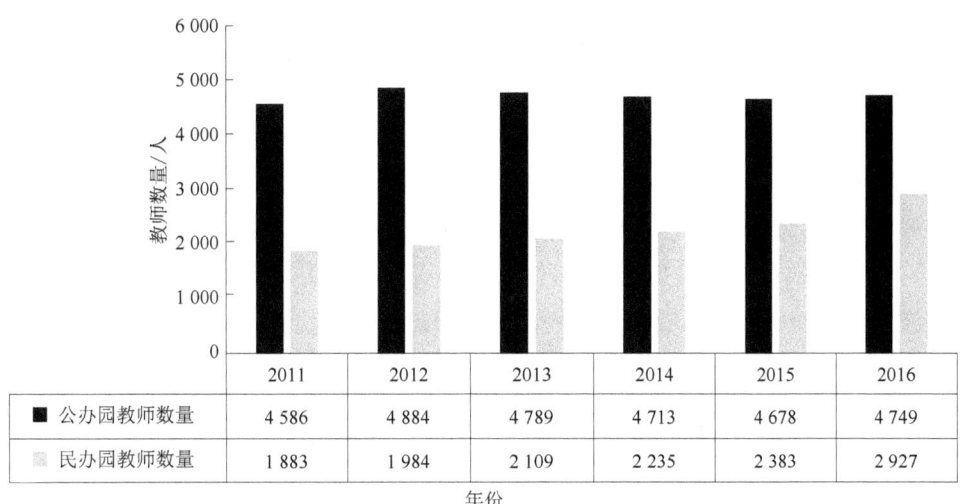

图 4-105　2011～2016 年河北省承德市各类幼儿园教师数量

七、各地级市办园格局总体情况比较

通过对石家庄市、保定市、邯郸市、邢台市、秦皇岛市、沧州市和承德市 7 个河北省所辖地级市公办园和民办园的办园数量、在园儿童数、学前教育经费投入和教师数量进行横向比较与分析，依次比较河北各地级市办园格局情况。

（一）园所数量

保定市、邯郸市、邢台市、沧州市和承德市 5 个地级市与河北省的办园格局一致，均以公办园为主体，民办园在不断发展中，所占比例也在不断增加。其中承德市公办园数量占所有园所总数的比例最高，在 2011 年所占比例达到最高值 84.61%，之后比例虽有所下降，但在 2016 年所占比仍达到 77.59%。而邯郸市的民办园表现出最强的发展力，从 2011 年的 328 所发展到 2016 年的 1 019 所，所占比例也从 2011 年的 26.26% 发展到了 2016 年的 44.42%，几乎与公办园平分秋色。

秦皇岛市办园格局最大的特点就是以民办园为主体，民办园所占园所总数的比例在2016年达到74.31%，但是从在园儿童数上来看，公办园在园儿童数始终高于民办园在园儿童数，说明公办园对于适龄儿童的吸纳力仍超过民办园，民办园的质量有待提升。

（二）在园儿童数

保定市、邢台市、秦皇岛市、承德市的公办园在园儿童数从2011～2016年始终高于民办园在园儿童数，学前教育的公益性和普惠性较高，公办园作为适龄幼儿入园的主要园所类型，发挥着重要的作用。

邯郸市的民办园发展迅速，在2016年民办园所占比例达到44.42%，民办园园所数量的增加和办园质量的提高，使得越来越多的儿童愿意就读于民办园。从2015年起，民办园在园儿童数就超过了公办园在园儿童数，并不断增加。

（三）学前教育经费总投入

保定市、邢台市、秦皇岛市、承德市和沧州市在对于公办园的学前教育经费投入上带有很大的倾斜力度，其中保定市、秦皇岛市、承德市对公办园的学前教育经费投入在2011～2016年达到了70%～80%；沧州市对公办园的学前教育经费投入最高，近几年始终达80%以上。

邯郸市在学前教育经费的投入上，对民办园的重视度很高。2011年对民办园从学前教育经费投入就达到16 577万元，所占比例达到36.03%，随后力度越来越大，在2016年对民办园的学前教育经费投入达到47 568万元，所占比例高达44.78%。政府的财政投入为邯郸市民办园的发展提供了强大的物质保障，促进了邯郸市民办园的蓬勃发展。

（四）教师数量

2011～2016年，公办园的教师数量一直比较稳定，出现小幅度的增减趋势，这与公办园教师多为编制岗位有关，但各地级市的各类幼儿园教师数量也表现出不同特点。

保定市、邯郸市、邢台市和秦皇岛市的民办教师数量迅速增加，从2011年民办园教师少于公办园教师的情况下，在2012～2016年逐渐超过公办园教师数量，民办园教师成为幼儿园教师主体。

沧州市的民办园教师数量从2011年起便远超过公办园教师的数量，占据教师总体的比例在2011年高达81.81%，2014年所占比例最低也达到了73.97%，民办园教师成为幼儿园教师的主体。然而，与沧州市相比，2011~2016年，承德市的公办园教师始终多于民办园教师数量，所占比例在61.87%~71.11%，占据幼儿园教师队伍的主体地位。

下面对邯郸市、秦皇岛市、邢台市、保定市、承德市5个地级市的办园格局情况进行横向比较分析。

从公办园和民办园的数量和比例来看，2015河北省公办园比例超过60%的地级市有沧州市（60.21%）、邢台市（60.49%）、保定市（62.21%）和承德市（79.01%），呈现出以公办园为主的办园格局。邯郸市的公办园比例为58.62%，比例在40%~60%，可称为公办民办并举的办园格局。秦皇岛市民办园比例为71.61%，明显为民办园为主的办园格局（图4-106）。

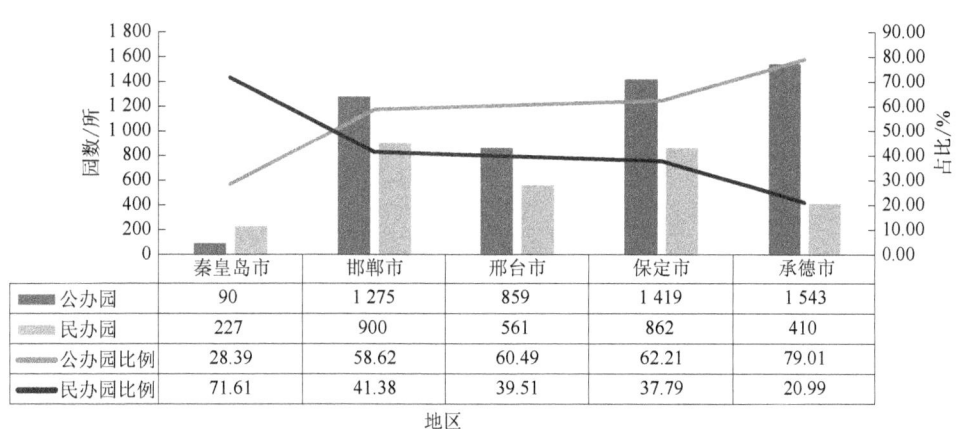

图4-106 2015年河北省各地级市公办园和民办园的数量和比例
注：其他地级市由于某些原因未获得详细数据。
资料来源：河北省实地调研发放问卷所搜集的数据。

从各类幼儿园在园儿童数和比例来看，2015年河北省公办园在园儿童数比例超过60%的地级市有秦皇岛市和承德市，它们凭借在园儿童数的优势体现出以公办园为主的办园格局。民办园在园儿童数比例接近60%及以上占绝对优势的地级市目前所分析的几个地级市中未有体现。邯郸市以民办幼儿园在园儿童数比例为53.50%表现出公办民办平分秋色的局面（图4-107）。

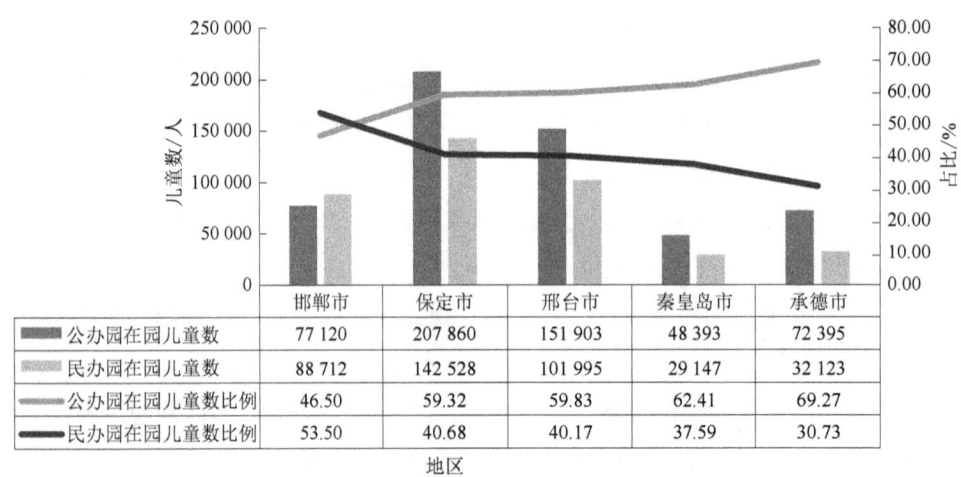

图4-107　2015年河北省各地级市公办园和民办园在园儿童的数量和比例
注：其他地级市由于某些原因未获得详细数据。
资料来源：河北省实地调研发放问卷所搜集的数据。

综上针对秦皇岛市、邯郸市、邢台市、保定市和承德市的幼儿园数量和在园儿童数分析可以得出：邯郸市的公办园数量和比例均在40%～60%，呈现出公办民办并举的办园格局。邢台市、保定市和承德市的公办园数量和在园儿童数两者均占60%以上，体现以公办园为主体的格局。而秦皇岛市民办园比例为71.61%，而民办园在园儿童比例为37.59%，体现出不明确的办园格局。

第五节　各地级市学前教育师资状况

河北省学前教育事业的发展已取得令人瞩目的成就，由于各地级市经济发展、人口分布等方面的原因，导致其发展存在不均衡的问题。为挖掘现有潜力，进一步提高幼教师资队伍的整体素质与水平，本节依据实地调研搜集的数据对各地级市幼儿园师资状况进行分析，以期为幼儿园师资队伍的建设提出更具有针对性的建议。

一、保定市

保定市作为国家历史文化名城，长期以来切实把发展学前教育、进一步推动学前教育均衡发展作为重点工作来抓，采取整合资源、加大投入、规范管理、优化师资等措施，使得保定在幼儿园师资队伍建设方面取得了很好的成绩，但也仍存在一些不足亟待改进。

（一）教职工数量

据数据统计显示，2012～2015年保定市教职工数量基本情况如下。

2012～2015年保定市幼儿园教职工数量逐年持续增长。2012～2014年教职工数量增长较平稳，2014～2015年增速较快。2015年保定市教职工数量为24 426人，2012年的18 802人，2015年教职工数已经是2012年的1.30倍，比2012年教职工数增长了5 624人。其中园长的数量一直保持稳定增长的趋势。2015年园长数量是2012年的1.28倍。专任教师的发展趋势与教职工数量的发展趋势基本一致。2015年专任教师数量达到16 520人，是2012年的1.27倍。保健员数量也基本呈增长趋势，增幅较小。2012年保健员数量为365人，2012～2013年为增长趋势，2014年数量略有减少，后2015年增长为471人。幼儿园其他人员的数量与保健员增长趋势基本一致，但增幅较大，特别是2014年后增长较快（图4-108）。

（二）学历情况

2012～2015年保定市师资的学历水平总体上有所提升。幼儿园师资整体学历以专科学历为主，且本科和研究生学历的教师数量呈增长趋势，高中以及高中以下的教师占的比重比较小，本科生和研究生学历的教师比例还需要进一步提升。

1. 幼儿园师资的学历结构呈多元化趋势

据相关数据分析，2012～2015年研究生、本科、专科和高中学历教师人数呈现逐年增加的趋势，高中以下学历教师人数则出现了先升后降的趋势。2015年研究生学历人数比2012年增加了116.67%；本科学历人数增长36.42%；专科学历人数增长18.31%；高中学历人数增长52.77%；高中以下学历的人数在2012～2013年由152人增加到187人，2013～2014年人数没有发生改变，都为187人，到2015年高中学历以下的人数减少到177人，2015年相对2012年人数增加了16.45%（图4-109）。

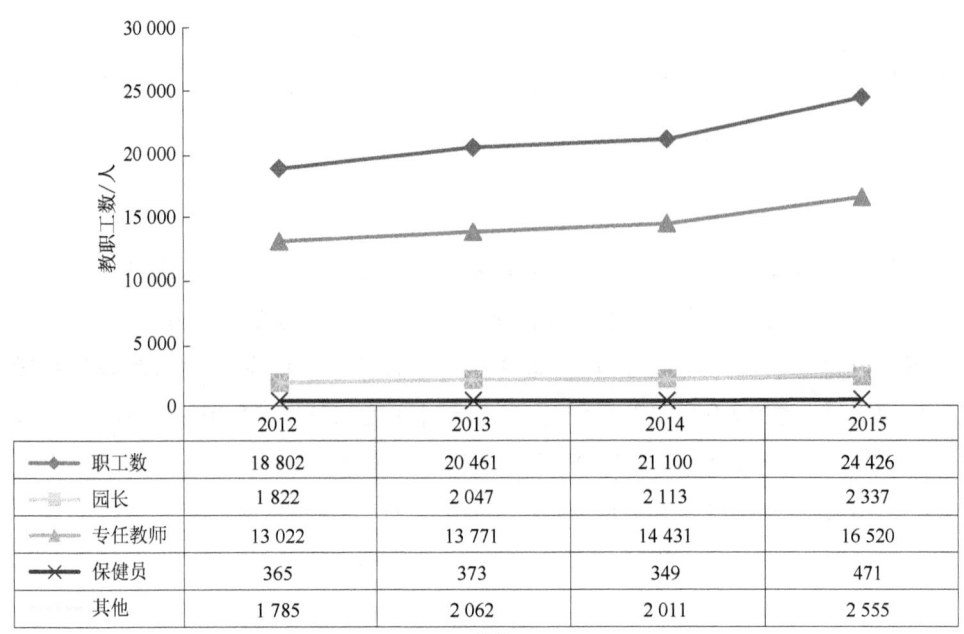

图 4-108　2012～2015 年保定市教职工数量

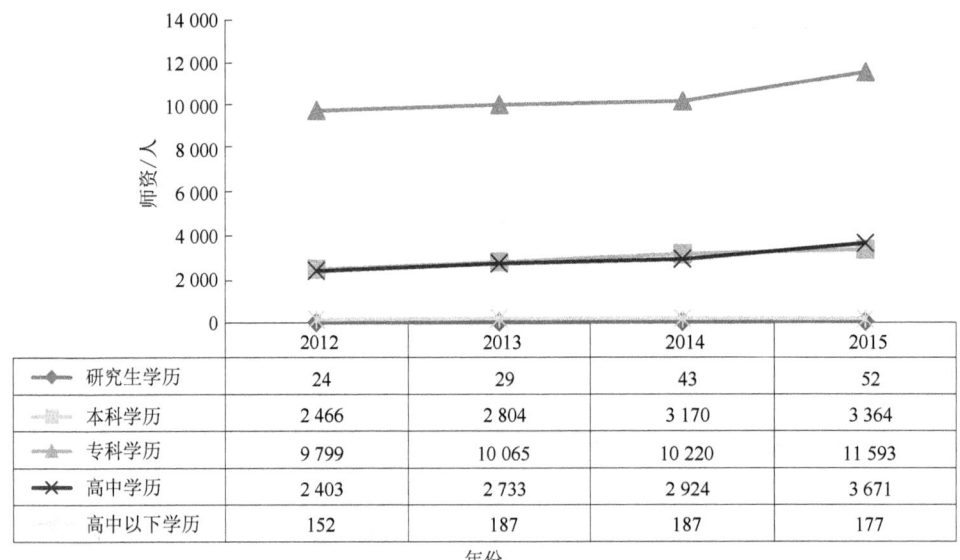

图 4-109　2012～2015 年保定市幼儿园师资队伍的学历情况

2. 幼儿园师资队伍专科学历为主，高中和本科学历同样占较大比例

从不同学历教师所占比例来看，2012～2015 年保定市幼儿园师资队伍中专科学历已经是主体学历，且专科学历比例逐年下降；高中学历、研究生学历比例逐年增长；本科学历比例在2012～2014年逐年增长，2014～2015年有所下降。2012年，专科学历已是幼儿园师资队伍的主体，专科学历比例占幼儿园师资队伍的66.01%，专科学历人数已经占到一半以上；本科学历的教师占幼儿园师资队伍的16.61%；高中学历的教师占幼儿园师资队伍的16.19%；研究生学历的教师所占比例为0.16%。到了2015年，专科学历的教师仍然是幼儿园师资队伍的主体，比例下降为61.48%；同时本科学历教师所占比例上升为17.84%；高中学历教师所占比例上升为19.47%；研究生学历教师所占比例上升为0.28%。值得注意的是，本科和研究生学历的教师比例有所增加，但增速较慢，在教师总体所占的比例还较小，特别是研究生学历教师占教师总体数量的比例较小。保定市幼儿园教师学历还需要提升（图4-110）。

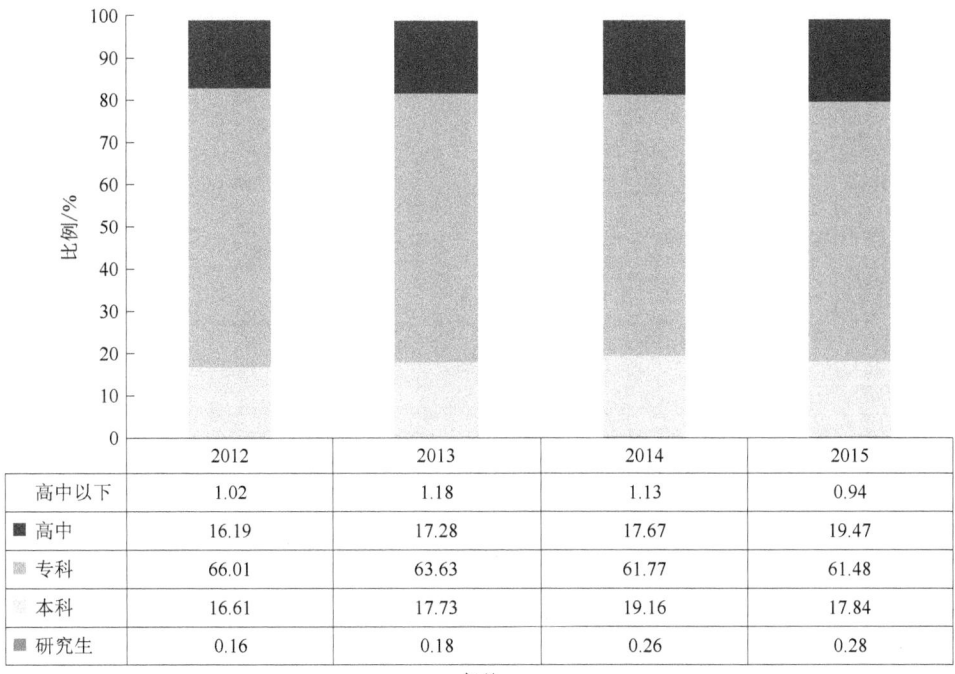

图4-110　2012～2015年保定市幼儿园师资队伍学历结构

（三）职称情况

保定市幼儿园师资队伍的职称呈多样化，各类职称人数不断变化，值得关注的是，未评职称的人数逐年增加，新教师获得职称评定的机会较少，老教师也较难得到晋升的机会。

1. 各类职称人数均不断变化，其中未评职称人数增长迅速

从图 4-121 中可以看出，2012～2015 年，保定市幼儿园教师队伍六种职称等级人数不断发生变化，中学高级、小学高级、小学二级、小学三级教师人数呈波动增长趋势。小学一级教师人数逐年减少，而未评职称教师人数急剧增加。相比于 2012 年，中学高级、小学高级、小学二级、小学三级教师人数的增长率分别达到了 64.20%、5.23%、83.18%、76.19%。2015 年小学一级教师人数为 2 571 人，比 2012 年的 3 034 人减少了 463 人，减少 15.26%。同时还应看到，2015 年未评职称人数达到 9 636 人，比 2012 年的 5 751 人增加了 3 885 人，增加近 67.55%（图 4-111）。

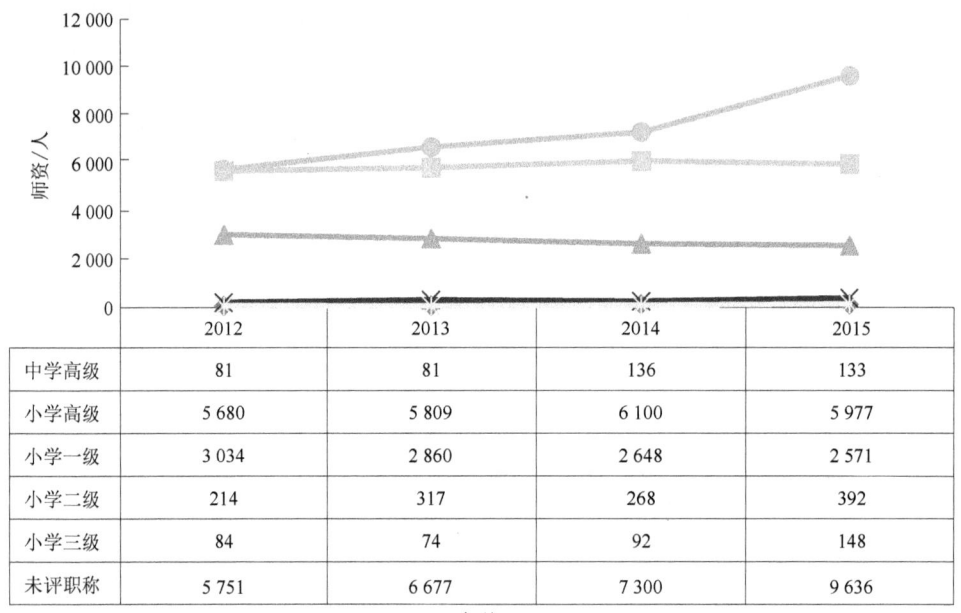

图 4-111　2012～2015 年保定市幼儿园师资队伍的职称情况

2. 未评职称教师所占比例逐年增加

从图 3-161 中可以看出，2012～2015 年，未评职称教师一直是幼儿园师资队伍的主体，且其所占比例逐年快速增长。2015 年未评职称比例为 32.82%，比 2012 年的 19.59% 增加了 13.23%。与此同时，2015 年，小学一级、小学高级、中学高级职称教师所占比例相对较少，这说明在职的老教师很少获得职称晋升的机会（图 4-112）。

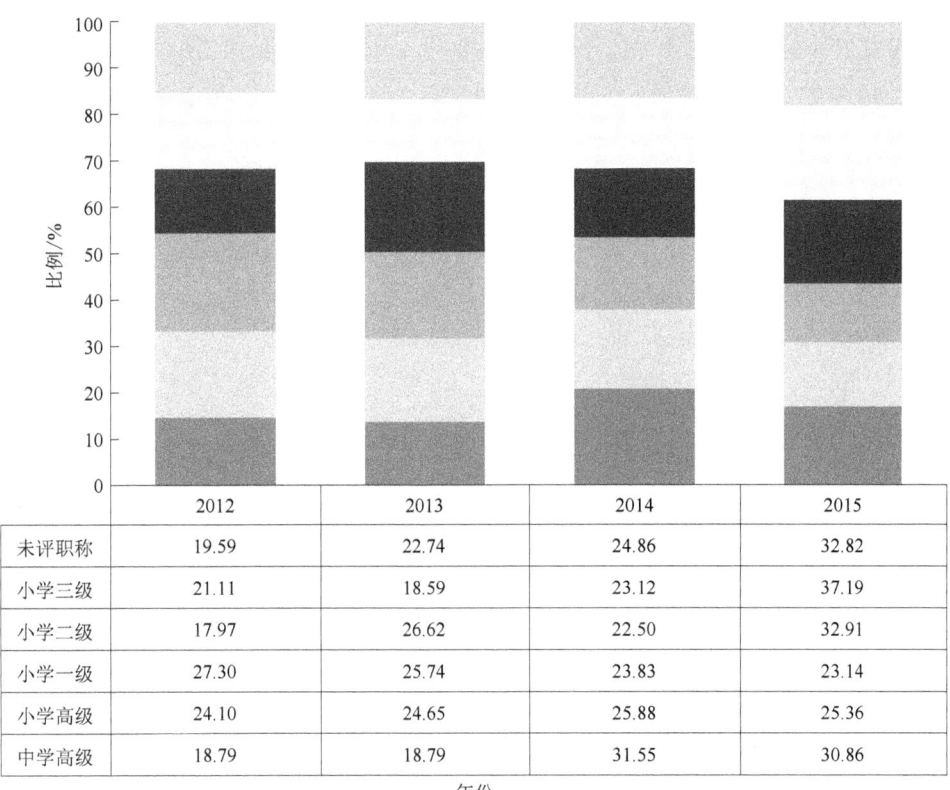

图 4-112　2012～2015 年保定市幼儿园师资队伍的职称结构

二、邢台市

邢台市地处环渤海经济区腹地，作为连接东部沿海地区、华北地区和中原地区的重要交通枢纽，邢台市凭借优越的地理位置和发展条件，落实财政性资金保证，采取多种措施，促进其学前教育长足发展。

（一）教职工数量

据数据统计显示，邢台市 2011～2016 年幼儿园教职工数量基本情况叙述如下。2011～2016 年教职工数量为增长趋势，且逐年增长。特别 2012 年后增速加快，2016 年教职工数达 17 242 人，相比 2011 年的 7 020 人增长了 10 222 人，2016 年的人数为 2011 年的 2.46 倍。其中园长、专任教师保健员及其他教职工的数量发展趋势基本与教职工数量发展趋势一致。2016 年园长达到 1 687 人，是 2011 年的 804 人的 2.10 倍，增加了 883 人。2016 年专任教师数量为 11 443 人是 2011 年 4 654 人的 2.46 倍，增加了 6 789 人。保健员数量由 2011 年的 990 增加到 2016 年的 2 850，增加了 1.88 倍。2016 年其他教职工数量是 2011 年的 2.21 倍（如图 4-113）。

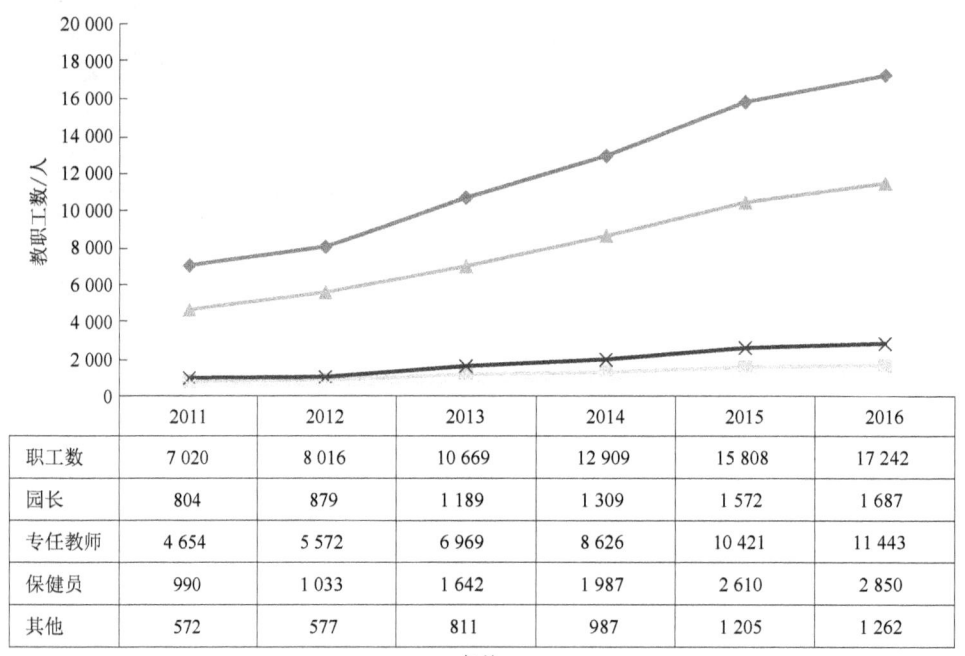

图 4-113 2011～2016 年邢台市幼儿园教职工数量

（二）教师学历情况

2011～2016 年邢台市师资的学历水平总体上有所提升。幼儿园师资整体学历以专科学历为主，高中学历的教师所占比例较大，其次为本科学历，研究生以及高中以下的教师占的比重比较小,需要进一步提高本科生和研究生学历教师的比例。

1. 幼儿园师资队伍的学历结构多元

据相关数据分析,2011~2016年研究生、本科、专科及高中学历教师人数呈逐年增加的趋势,高中以下学历教师数量呈现先升后降再升再降得波动趋势。2016年研究生学历人数比2011年增加了320.00%;本科学历人数增长了105.86%;专科学历人数增长了131.89%;高中学历人数增长了179.80%;高中以下学历人数由2011年的166人到2013年增加到391人,2014年减少到272人,2015年增加到370人到2016年又减少到323人,2016年比2011年增加了94.58%(图4-114)。

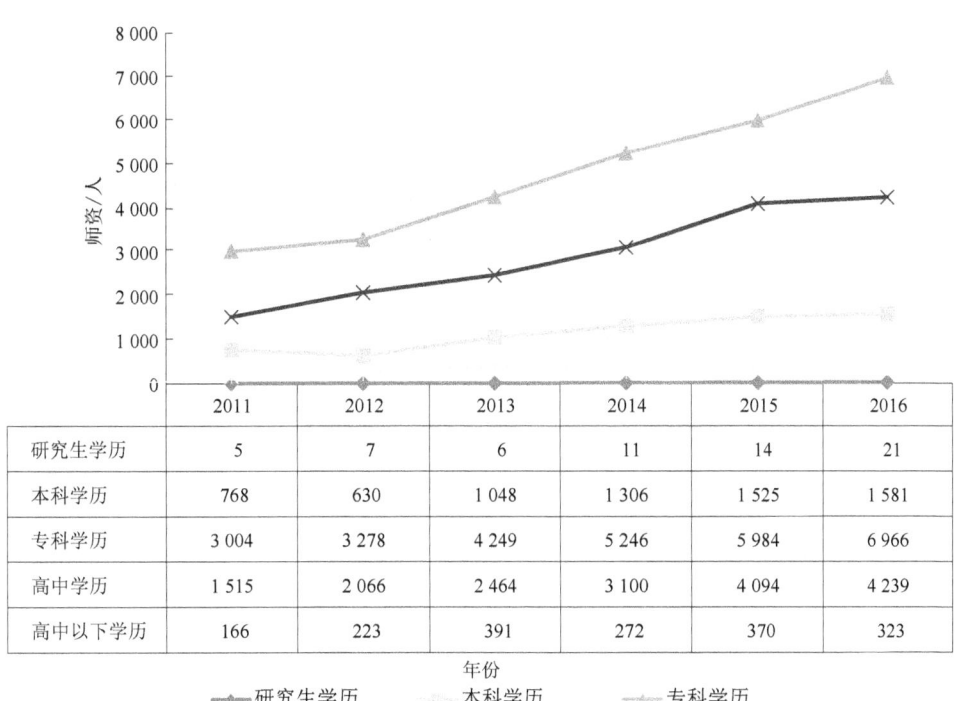

图4-114 2011~2016年邢台市幼儿园师资队伍的学历情况

2. 幼儿园师资队伍以大专学历为主,高中学历也占较大比例

从不同学历教师所占比例来看,2011~2016年,幼儿园师资队伍的学历以

大专学历为主，基本上大专学历教师占师资队伍的50%以上，其次为高中学历。同时，研究生学历、高中学历以及高中以下学历教师比例出现波浪式增加，本科学历、专科学历教师比例出现波浪式下降的趋势。2011年专科学历的教师占幼儿园师资队伍的55.04%，高中学历的教师占幼儿园师资队伍的27.76%，本科学历的教师比例为14.07%，研究生学历的教师比例为0.09%，高中以下学历的教师比例为3.04%。到了2016年，专科学历的教师占幼儿园师资队伍的学历53.05%，相对2011年有所下降，仍有一半教师拥有专科学历；高中学历的教师占幼儿园师资队伍的32.28%，相对2011年有所增加；本科学历的教师比例为12.04%；研究生学历的教师比例为0.16%；高中以下学历的教师比例为2.46%。值得注意的，是专科和本科学历教师所占比例有下降趋势，研究生学历教师所占比例虽有所上升，但增长速度比较慢。本科、研究生学历教师占幼儿园师资队伍的比例还较小，幼儿园教师的学历需进一步改善（图4-115）。

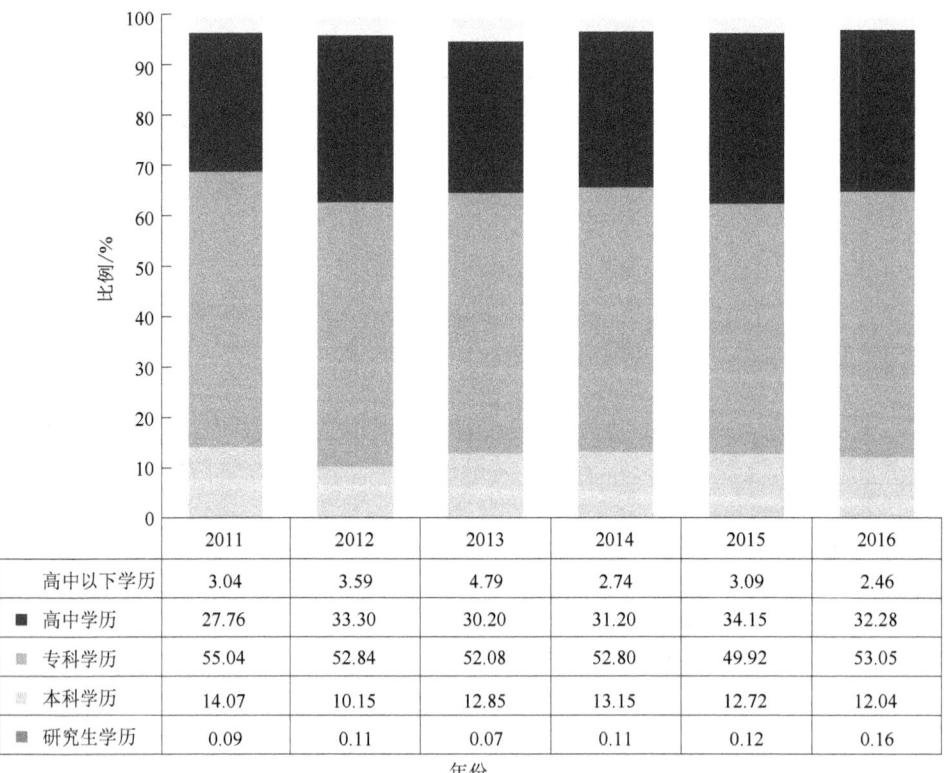

图4-115 2011～2016年邢台市幼儿园师资队伍的学历结构

(三）职称情况

邢台市师资队伍各类职称的人数不断发生变化，趋于多样化。其中，中学高级、小学高级、小学二级、小学三级有所增加。

1. 各级职称人数均有所变化，其中未评职称人数增长迅速

相关统计数据分析表明，2011～2016年，中学高级、小学高级教师人数逐年增加，小学一级教师人数呈现波浪式递减的趋势，小学二级、小学三级教师的人数则出现先递减后增加的趋势，而为未评级教师人数逐年增加。相比于2011年，中学高级、小学高级、小学二级、小学三级教师人数的增长率分别达到了384.21%、44.91%、171.79%、230.00%。2016年小学一级教师人数达到1 716人，比2011年的2 025人减少了309人，减少18.01%。同时，2016年未评级人数达到9 411人，比2011年的2 331人增加了7 080人，增加了303.73%（图4-116）。

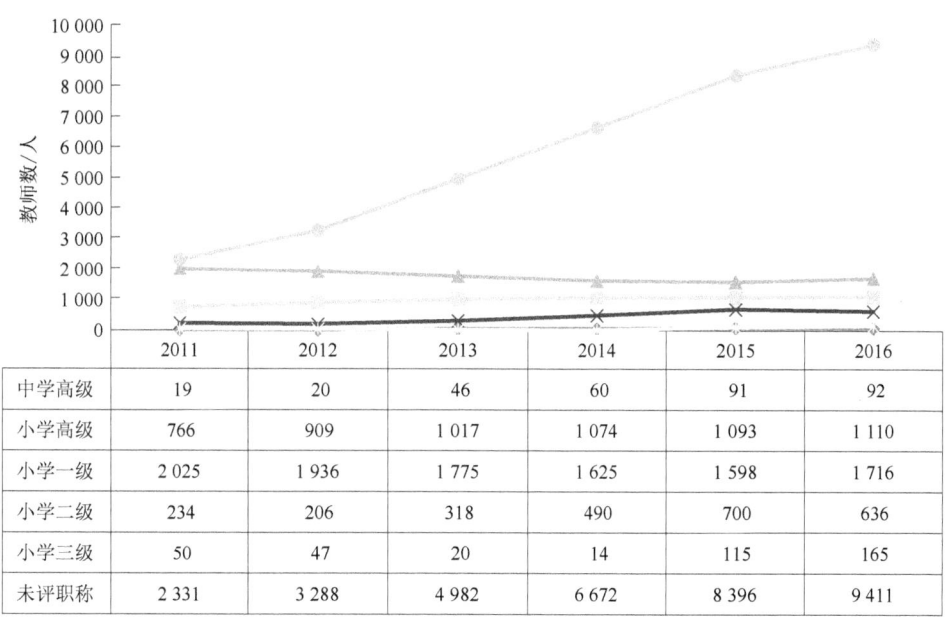

图4-116 2011～2016年邢台市幼儿园教师队伍的职称情况

2. 未评职称教师所占比例逐年增加

从图 3-166 中可以看出，2011～2016 年，未评职称的教师一直是幼儿园师资队伍的主体，且比例越来越大，逐年增加。2016 年未评级教师比例为 71.68%，比 2011 年的 42.97% 增加了 28.71 个百分点。此外，小学一级职称教师所占比例为逐年下降的趋势，小学二级职称教师所占比例出现波浪式上升的趋势，增幅较小，小学三级职称教师所占比例为先下降后上升的趋势，但增加幅度较小，这说明新进幼儿园的教师难以获得评职称的机会。与此同时，中学高级职称教师比例出现波浪式增加的趋势但增幅较小，小学高级职称教师所占比例总体为下降的趋势，中学高级职称和小学高级职称教师所占比例较少，特别是中学高级教师比例，2011 年中学高级职称和小学高级职称教师所占比例分别为 0.35%、14.12%，2016 年分别为 0.70%、8.45%（图 4-117）。

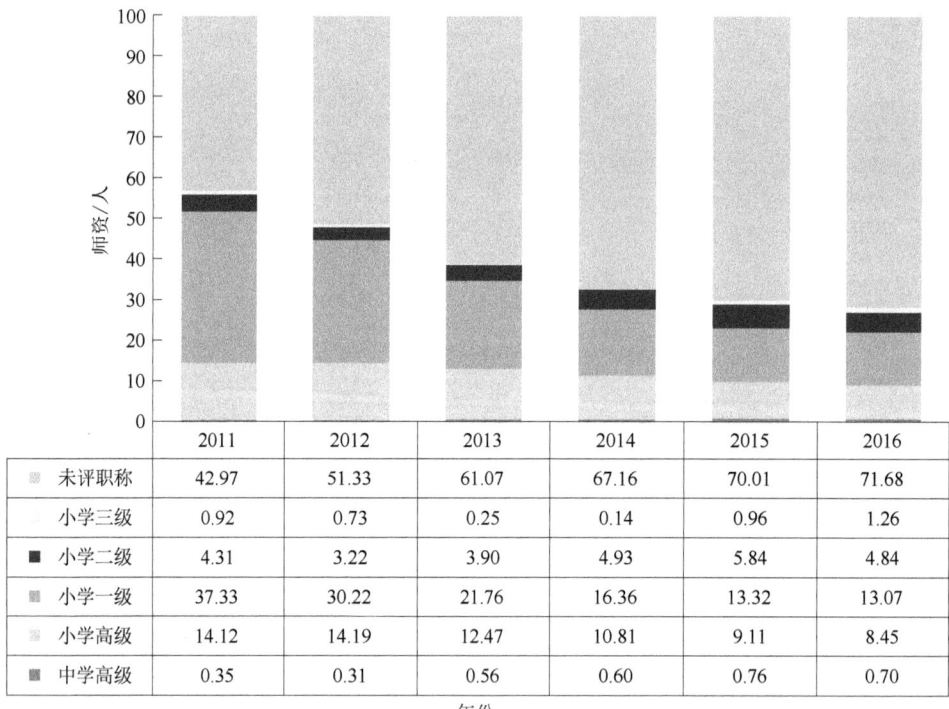

图 4-117　2011～2016 年邢台市幼儿园师资队伍的职称结构

三、邯郸市

邯郸市作为一个拥有七千多年文明历史的文化古城，其自身的政治、经济、文化等各方面都对幼儿教育的发展产生着影响，其在幼儿教育方面所具有的特征需要我们加以研究和挖掘。

（一）教职工数量

据数据统计显示，邯郸市2011～2016年幼儿园教职工数量基本情况叙述如下。

2011～2016年教职工数量呈逐年增长的趋势。2016年为27 199人，相对2011年的12 991人增加了14 208人，增长了1.10倍。其中，园长、专任教师、其他教职工的数量也呈逐年增长的趋势，2011年园长数量为1 185人，到2016年增加到2 273，增加了1 088人（0.92倍）。专任教师数量由2011年的8 922增加到2016年的18 810人，增加了9 888（1.11倍）。其他教职工数量由2011年的1 052人增加到2016年的1 899人增加了847人（0.81倍）。2011～2016年保健员数量整体为增长趋势。2011年为1 832人，2011～2014年平稳增长，到2015年增幅加大，为6 009人，是2014年数量的1.68倍，增加了2 441人。2016年又减少到4 217人（图4-118）。

（二）教师学历情况

1. 多元趋势的幼儿园师资队伍的学历结构

据相关数据分析，2011～2016年研究生、本科、专科和高中学历教师人数总体呈增加趋势，高中以下学历的教师人数2011～2013年为增加趋势，且增幅较大，2013～2016年为减少的趋势。2016年研究生学历人数比2011年增长了320.00%；本科学历人数增长了118.39%；专科学历人数增长了111.54%；高中学历人数增长了104.77%；高中以下的数在2011～2013年逐年增长，由254人增加到739人，后呈现逐年减少的趋势，2016年为367人，相对2011年增加了44.49%（图4-119）。

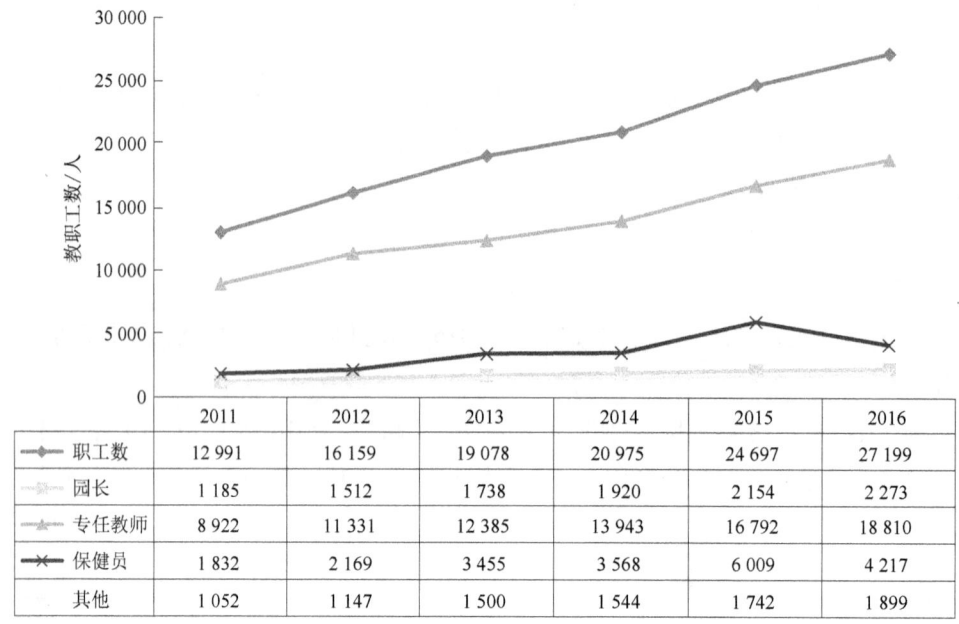

图 4-118　2011～2016 年邯郸市幼儿园教职工数量

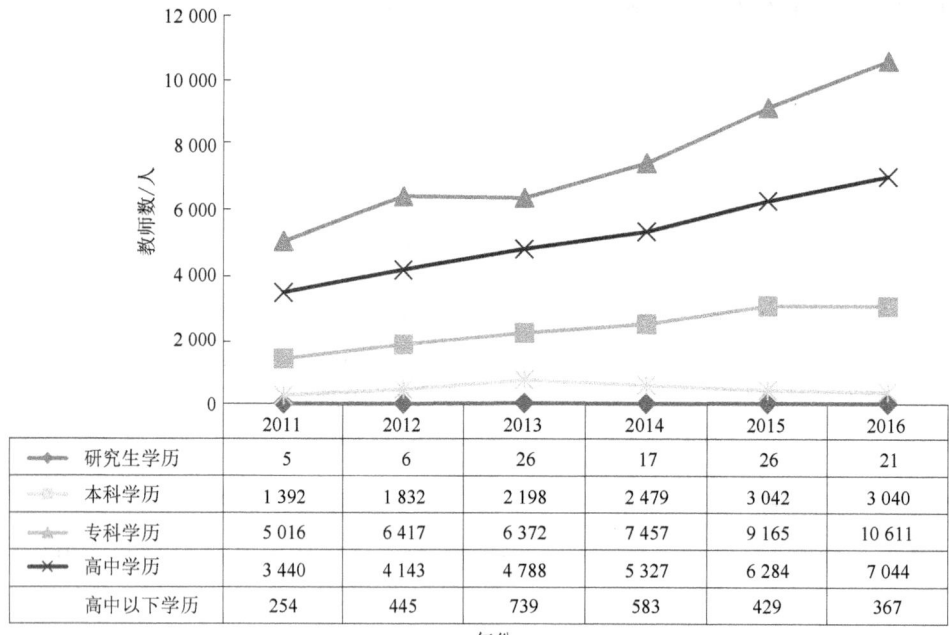

图 4-119　2011～2016 年邯郸市幼儿园教师学历情况

2. 幼儿园师资队伍主要力量与河北省整体局势呈相似性变化

从不同学历教师所占比例来看，2011～2016年，幼儿园师资队伍的学历以大专学历为主，2016年大专学历教师已经占师资队伍的50%以上，其次为高中学历。同时，研究生学历教师比例出现波浪式增加，高中学历教师比例呈波浪式减少趋势，本科学历、专科学历教师比例总体为增加趋势，高中以下学历教师则呈现先增加后减少的趋势。2011年专科学历的教师占幼儿园师资队伍的49.63%，高中学历的教师占幼儿园师资队伍的34.04%，本科学历教师的比例为13.77%，研究生学历教师的比例为0.05%，高中以下学历教师的比例为2.51%。到了2016年，专科学历的教师占幼儿园师资队伍的50.33%，已有一半教师拥有专科学历，高中学历的教师占幼儿园师资队伍的33.41%，相对于2011年有所减少，本科学历教师的比例为14.42%，研究生学历教师的比例为0.10%，高中以下学历教师的比例为1.74%。值得注意的是，高中学历教师所占比例有下降趋势，研究生、本科、专科学历教师所占比例虽有所上升，但增长速度比较慢，本科、研究生学历教师占幼儿园师资队伍的比例还较小（图4-120）。

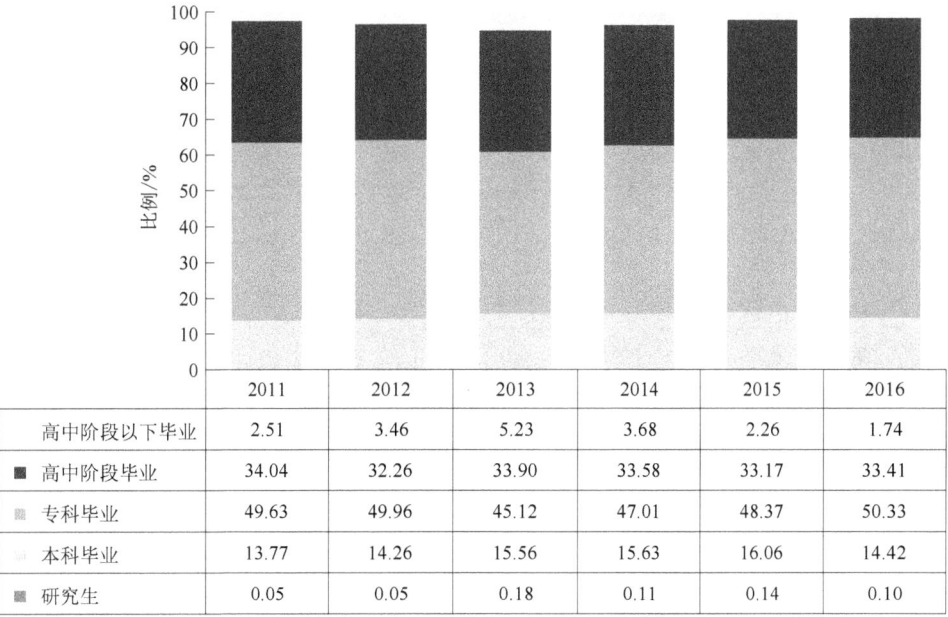

年份	2011	2012	2013	2014	2015	2016
高中阶段以下毕业	2.51	3.46	5.23	3.68	2.26	1.74
高中阶段毕业	34.04	32.26	33.90	33.58	33.17	33.41
专科毕业	49.63	49.96	45.12	47.01	48.37	50.33
本科毕业	13.77	14.26	15.56	15.63	16.06	14.42
研究生	0.05	0.05	0.18	0.11	0.14	0.10

图4-120　2011～2016年邯郸市幼儿园师资学历结构

（三）职称

邯郸市师资队伍中，中学高级、小学高级、小学一级、小学二级、小学三级都有所增加。同样值得注意的是，未评职称的人数逐年增加，且增速较快。

1. 未评职称人数增长迅速，其他职称人数均有所变化

相关统计数据分析表明，2011～2016年，中学高级、小学高级、小学一级、小学二级、小学三级教师人数总体都为增加的趋势。相比于2011年，中学高级、小学高级、小学一级、小学二级、小学三级教师人数的增长率分别达到了92.94％、19.74％、15.71％、27.89％、220.51％。同时，2016年未评级人数达到14 006人，比2011年的4 322人增加了9 684人，增加了224.06％（图4-121）。

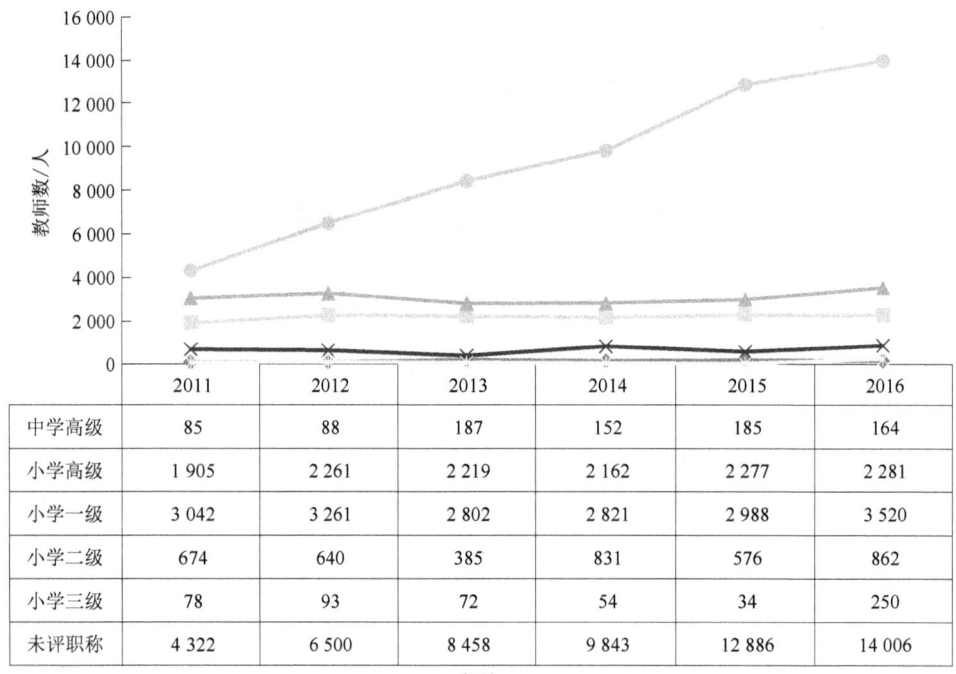

	2011	2012	2013	2014	2015	2016
中学高级	85	88	187	152	185	164
小学高级	1 905	2 261	2 219	2 162	2 277	2 281
小学一级	3 042	3 261	2 802	2 821	2 988	3 520
小学二级	674	640	385	831	576	862
小学三级	78	93	72	54	34	250
未评职称	4 322	6 500	8 458	9 843	12 886	14 006

图4-121　2011～2016年邯郸市幼儿园教师职称情况

2. 未评职称教师所占比例逐年增加

从图 3-171 中可以看出，2011～2016 年，未评职称的教师一直是幼儿园师资队伍的主体，且比例越来越大。2016 年未评级教师比例为 66.43%，比 2011 年的 42.77% 增加了 23.66 个百分点。此外，小学一级、小学二级、职称教师所占比例呈现下降的趋势，小学三级职称教师所占比例则出现先降低后上升的趋势。与此同时，中学高级职称比例出现波动下降的趋势，小学高级职称教师所占比例逐年下降，中学高级职称和小学高级职称教师所占比例较少，特别是中学高级教师比例，2011 年中学高级职称和小学高级职称教师所占比例分别为 0.84%、18.85%，2016 年分别为 0.78%、10.82%，说明在职的老教师也很少获得职称晋升的机会（图 4-122）。

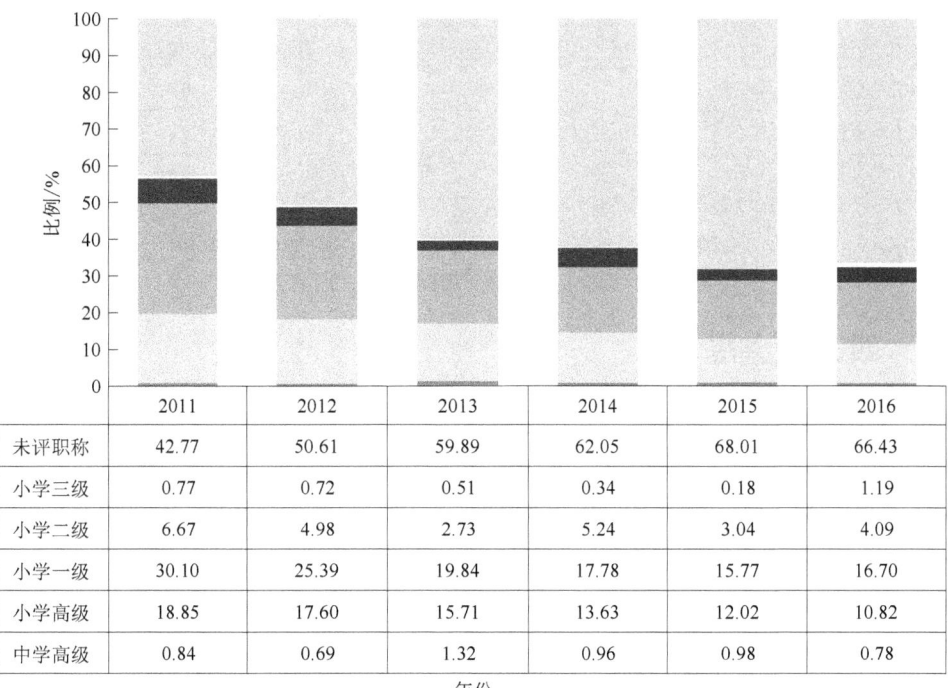

图 4-122　2011～2016 年邯郸市幼儿园教师职称结构

（四）生师比

从图 3-172 中可以看出，2011～2016 年邯郸市幼儿园生师比出现逐年下降的趋势，这与教职工数量的变化有关系。2011～2016 年幼儿与教师（园长）比、幼儿与教职工比与幼儿与专任教师比例的变化基本一致（图 4-123）。

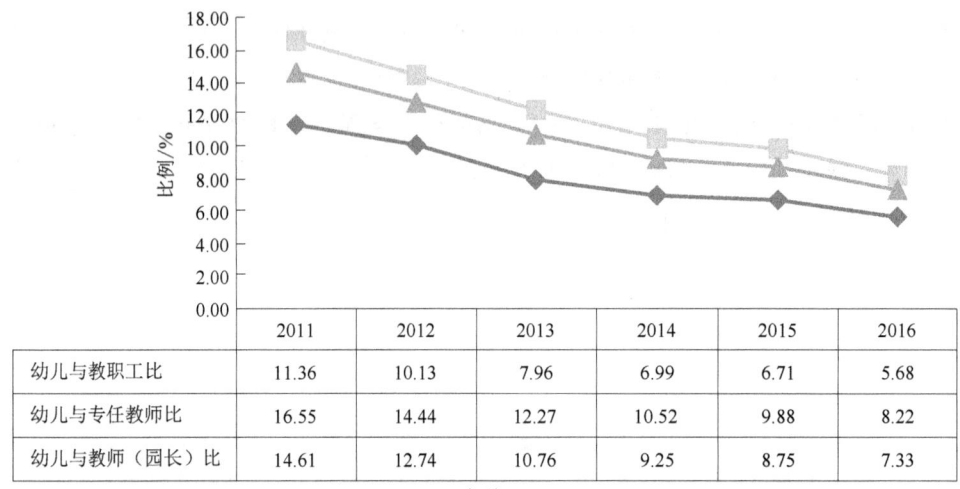

图 4-123　2011～2016 年邯郸市幼儿园的生师比

四、秦皇岛市

秦皇岛市在以县（区）为单位的"学前教育三年行动计划"落实过程中，大力加强幼儿师资队伍建设，在积累了宝贵经验的同时，也存在一些问题。

（一）教职工数

据数据统计显示，秦皇岛市 2011～2016 年幼儿园教职工数量情况叙述如下。

2011～2016 年教职工数量逐年增长。2016 年为 5 968 人，是 2011 年 3 568 人的 1.67 倍。其中，园长、保健员及其他教职工的数量的发展趋势与教职工数发展趋势基本一致。园长的数量由 2011 年的 189 增加到 2016 年的 327，增加了 138 人。保健员 2016 年为 823 人，是 2011 年的 2.22 倍。其他教职工数量 2011 年为 514 人，2016 年为 1 082 人，增加了 1.11 倍。2011～2016 年专任教师数量整体为增长趋势，由 2011 年的 2 461 人增加到 2012 年的 2 788 人，2013 年减少到 2 777 人，后 2013～2015 年逐年增加，2015 年为 3 375 人，到 2016 年减少到 3 535 人。2016 年相对 2011 年增加了 1 071 人（图 4-124）。

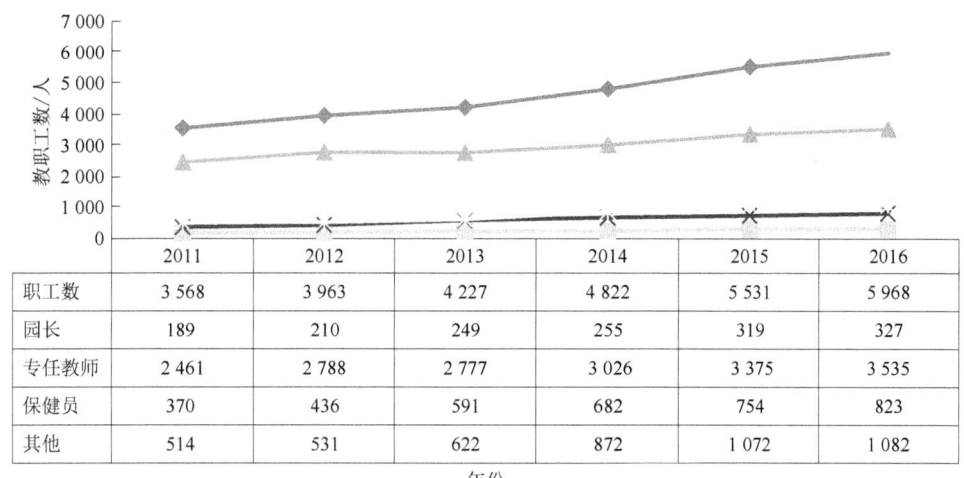

图 4-124　2011～2016 年秦皇岛市幼儿园教职工数量

（二）教师学历情况

2011～2016 年秦皇岛市幼儿园师资的学历水平总体上有所提升。幼儿园师资整体学历以专科学历为主，本科学历、高中学历的教师所占比例也相对较大，研究生学历以及高中以下学历的教师占的比重比较小。

1. 幼儿园师资队伍的学历结构变化多样

据相关数据分析，2011～2016 年本科、专科学历教师人数逐年增加，研究生、高中、高中以下学历的教师人数总体为增加趋势。2016 年研究生学历人数相对 2011 年没有变化，本科学历人数增长 81.10%，专科学历人数增长 52.08%，高中学历人数增长 35.86%，高中以下学历的人数相对 2011 年增加了 184.13%（图 4-125）。

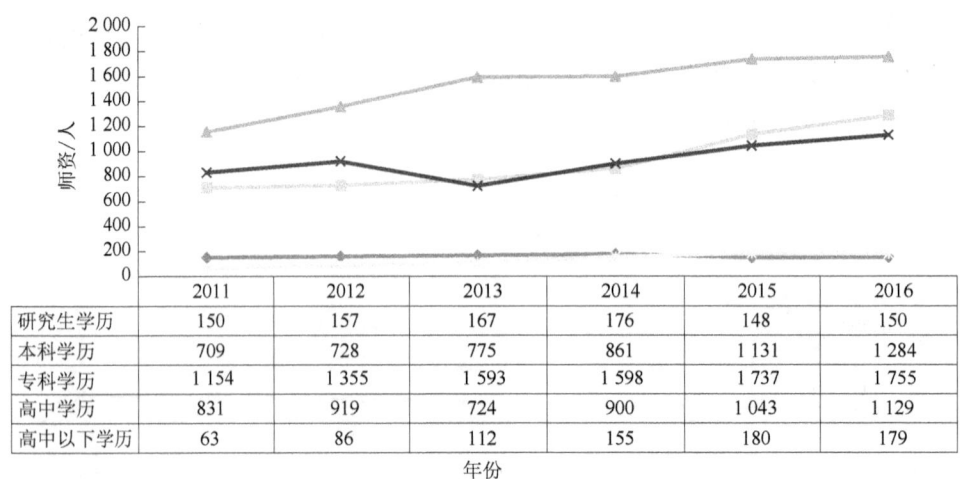

图4-125 2011～2016年秦皇岛市幼儿园师资队伍的学历情况

2. 幼儿园师资队伍以大专学历为主，高中学历、本科学历也占较大比例

从不同学历教师所占比例来看，2011～2016年，幼儿园师资队伍的学历以大专学历为主，其次为高中学历和本科学历。同时，专科学历教师比例出现了先增加后减少的趋势，研究生学历教师比例出现波浪式减少的趋势，高中学历教师比例为先减少后增加的趋势，本科学历比例、高中以下学历教师比例总体为增加趋势。2011年专科学历的教师占幼儿园师资队伍的39.70%，高中学历的教师占幼儿园师资队伍的28.59%，本科学历教师的比例为24.39%，研究生学历教师的比例为5.16%，高中以下学历教师的比例为2.17%。到了2016年，专科学历的教师占幼儿园师资队伍的39.03%，高中学历的教师占幼儿园师资队伍的25.11%，相对2011年有所减少，本科学历教师的比例为28.55%，研究生学历教师的比例为3.34%，高中以下学历教师的比例为3.98%。相对2011年研究生、专科、高中学历教师数量有所减少，本科、高中以下学历教师数量有所增加。值得注意的是，研究生、高中学历教师所占比例有下降趋势，本科学历教师所占比例虽有所上升，但增长速度比较慢，本科、研究生学历教师占幼儿园师资队伍的学历比例还较小（图4-126）。

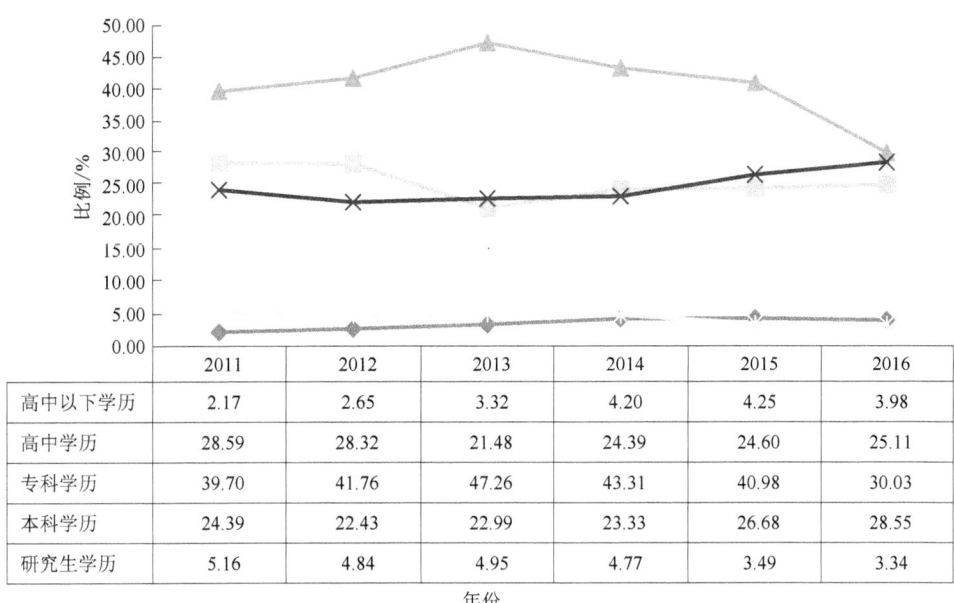

图 4-126　2011～2016 年秦皇岛市幼儿园师资队伍的学历结构

（三）教师职称情况

秦皇岛市师资队伍的职称中，中学高级、小学高级、小学一级、小学二级、小学三级都有所增加。其中，未评职称的人数逐年增加，对于教师仍然需要扩大职称评审和晋升机会。

1. 各级职称人数缓慢变化的同时，未评职称人数增长迅速

相关统计数据分析表明，2011～2016 年，中学高级、小学高级、小学二级教师人数总体都为增加的趋势，小学一级教师人数为波浪式增加的趋势，小学三级则为先增加后减少的趋势。相比于 2011 年，中学高级、小学高级、小学一级、小学二级教师人数的增长率分别达到了 687.50%、9.89%、0.67%、132.26%，小学三级教师人数则增加了 2 人。同时，2016 年未评级人数达到 2 660 人，比 2011 年的 1 388 人增加了 1 272 人，增加了 91.64%（图 4-127）。

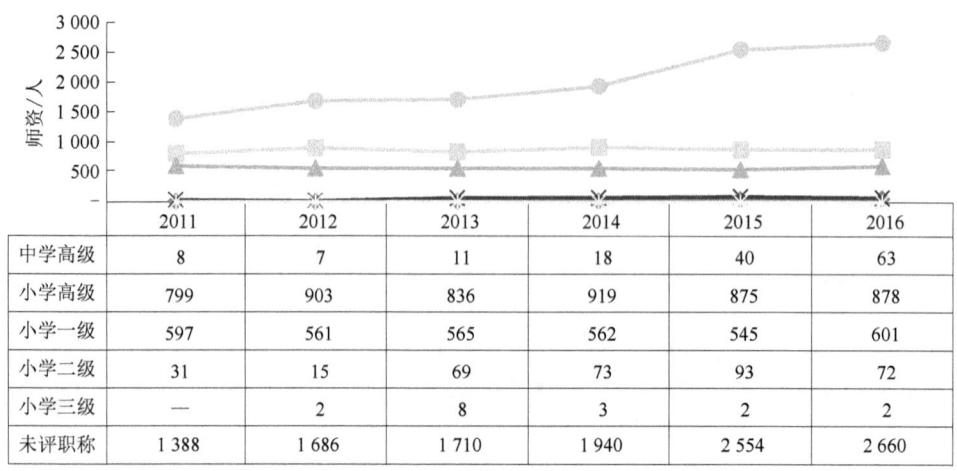

年份	2011	2012	2013	2014	2015	2016
中学高级	8	7	11	18	40	63
小学高级	799	903	836	919	875	878
小学一级	597	561	565	562	545	601
小学二级	31	15	69	73	93	72
小学三级	—	2	8	3	2	2
未评职称	1 388	1 686	1 710	1 940	2 554	2 660

图 4-127　2011～2016 年秦皇岛市幼儿园师资队伍的职称情况

2. 未评职称教师所占比例逐年增加

从图 3-177 中可以看出，2011～2016 年，未评职称的教师同样也一直是秦皇岛市幼儿园师资队伍的主体，且比例越来越大。2016 年未评级教师比例为 62.21%，比 2011 年的 49.17% 增加了 13.04 个百分点。此外，小学一级职称教师所占比例为下降的趋势，小学二级、小学三级职称教师所占比例则出现波动上升的趋势，但幅度较小。与此同时，中学高级职称比例同样出现波浪式上升的趋势，小学高级职称教师所占比例以波浪式的趋势下降，中学高级职称和小学高级职称教师所占比例较少，特别是中学高级教师比例，2011 年中学高级职称和小学高级职称教师所占比例分别为 0.28%、28.30%，2016 年分别为 1.47%、20.53%（图 4-128）。

（四）生师比

从图 3-178 中可以看出，2011～2016 年秦皇岛市幼儿园生师比出现波浪式下降的趋势。具体来说，2011～2012 年为下降的趋势，2012～2013 年为上升的趋势，2013～2016 年为逐年下降的趋势。2011～2016 年幼儿与教职工比为逐年下降的趋势。2011～2016 年幼儿与教师（园长）比和幼儿与专任教师比的变化基本一致（图 4-129）。

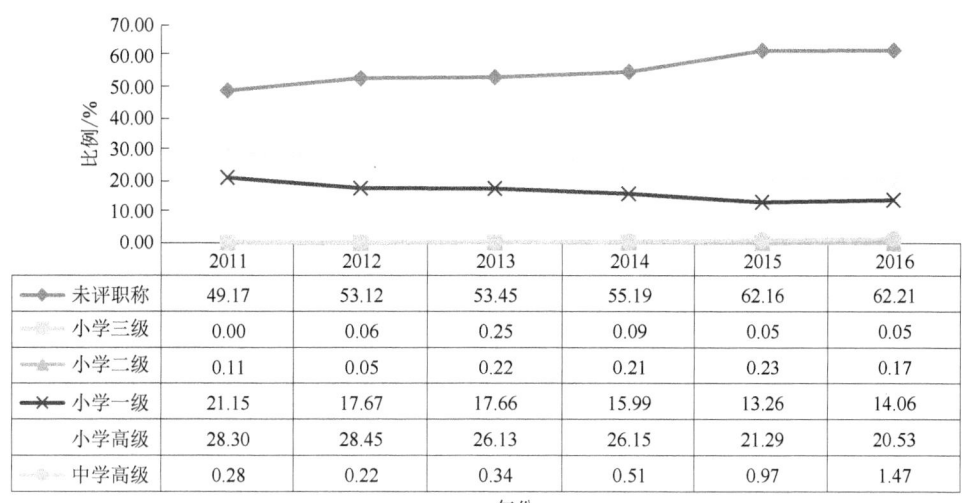

图 4-128　2011～2016 年秦皇岛市幼儿园师资队伍的职称结构

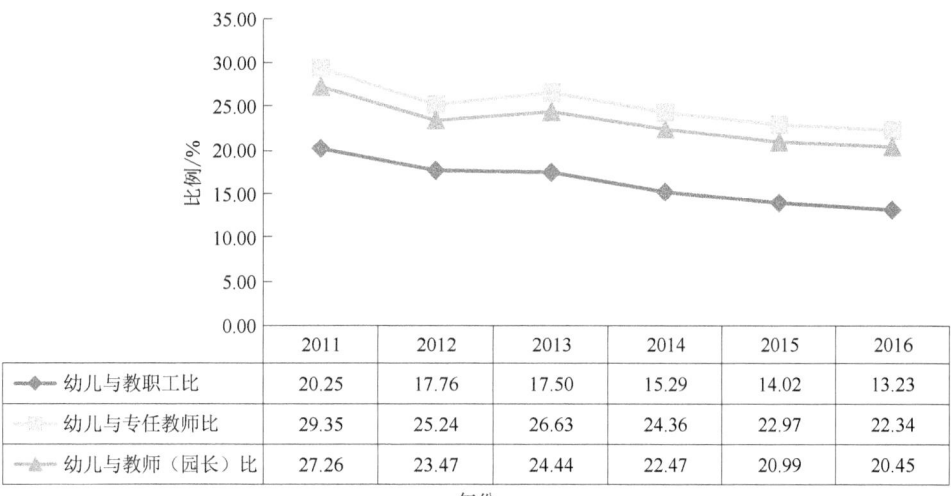

图 4-129　2011～2016 年秦皇岛市幼儿园的生师比

五、石家庄市

石家庄市作为河北省的省会，各级人民政府教育督导机构把教育作为督导重点，加强对政府责任落实、经费投入，在幼儿师资队伍建设方面取得了瞩目的成绩。

(一)教职工数

据数据统计显示,石家庄市 2011~2016 年幼儿园教职工数量情况如下。

2011~2016 年教职工数量逐年增长。2016 年为 20 486 人,是 2011 年 6 700 人的 3.10 倍。其中,园长、专任教师、保健员及其他教职工的数量的发展趋势与教职工数发展趋势基本一致。园长的数量由 2011 年的 621 人增加到 2016 年的 1 522 人,增加了 901 人。专任教师的数量 2016 年为 12 843 人,相对 2011 年的 4 532 人,增加了 1.83 倍。保健员 2016 年为 487 人,是 2011 年的 1.97 倍。其他教职工数量,2011 年为 1 346 人,2016 年为 2 586 人,增加了 1 240 人(0.92 倍)(图 4-130)。

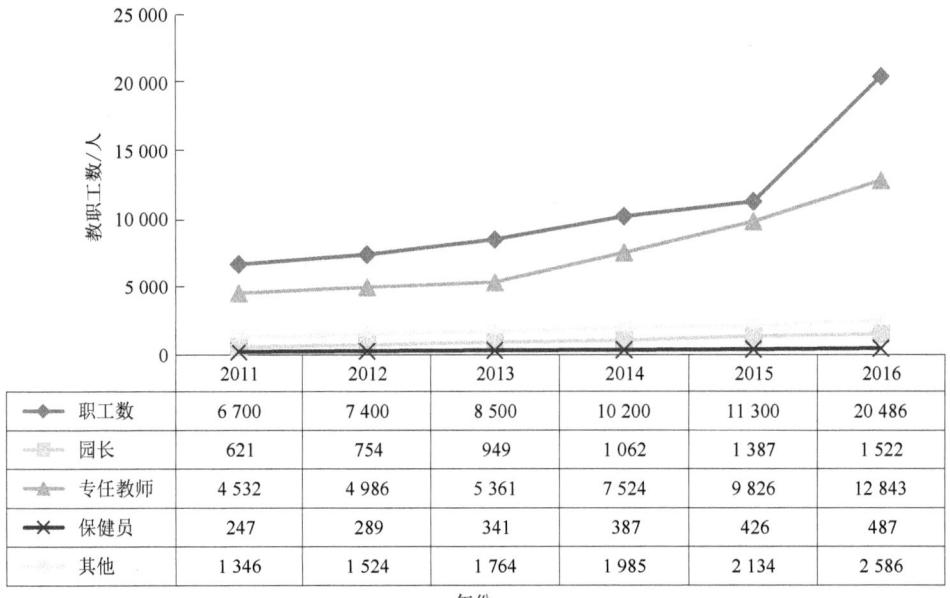

图 4-130 2011~2016 年石家庄市幼儿园教职工数量

(二)教师学历

2011~2016 年石家庄市幼儿园师资的学历水平总体上有所提升,高中学历的教师所占比例较大,其次为本科学历,研究生及高中以下学历的教师占的比重比较小,专科学历教师占主体,本科生和研究生学历的教师比例还需要进一步提升。

1.幼儿园师资队伍的学历结构变化多样

幼儿园师资队伍的学历主要分为研究生、本科、专科、高中和高中以下五个层次。据相关数据分析，2011~2016年研究生、本科、专科和高中学历教师人数逐年增加，高中以下学历的教师人数为波浪式减少。2016年研究生学历人数比2011年增加了204.00%，本科学历人数增长43.34%，专科学历人数增长38.05%，高中学历人数增长59.36%，高中以下学历人数减少了28.04%（图4-131）。

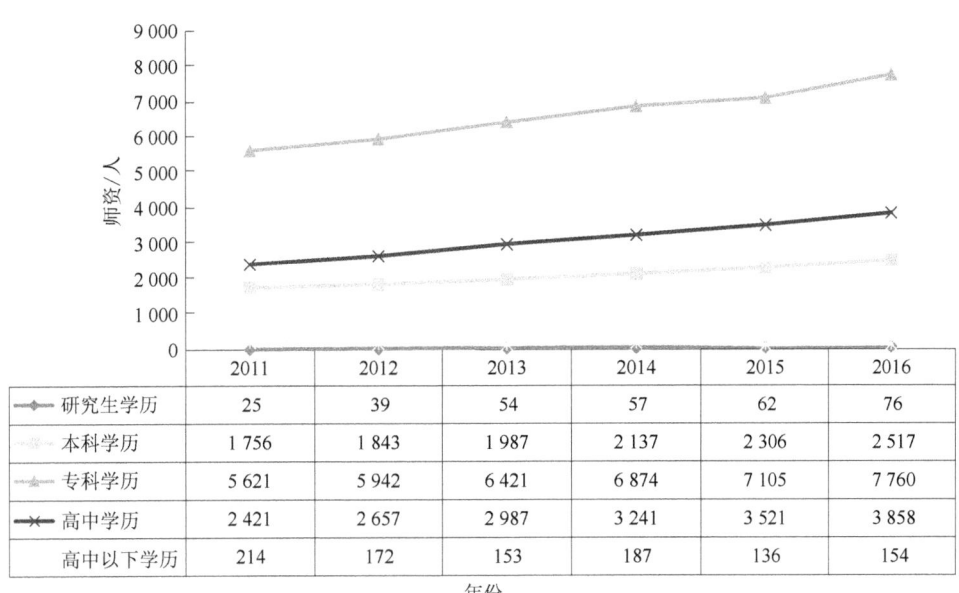

图4-131　2011~2016年石家庄市幼儿园师资队伍的学历情况

2.幼儿园师资队伍以大专学历为主，高中学历也占较大比例

从不同学历教师所占比例来看，2011~2016年，幼儿园师资队伍的学历以大专学历为主，并且占师资队伍的50%以上，其次为高中学历。同时，研究生学历教师比例总体呈增加趋势，本科生、高中以下学历教师比例呈减少的趋势，专科、高中学历教师比例逐年递减，高中以下学历教师则出现先增加后减少的趋势。2011年专科学历的教师占幼儿园师资队伍的56.00%，高中学历的教师占幼儿园师资队伍的24.12%，本科学历的教师所占比例为17.56%，研究生学历的教师所占比例为0.25%，高中以下学历的教师所占比例为2.13%。到了

2016年,专科学历的教师占幼儿园师资队伍的50.33%,已有一半教师拥有专科学历,高中学历的教师占幼儿园师资队伍的33.41%,相对2011年有所减少,本科学历的教师所占比例为14.42%,研究生学历的教师所占比例为0.10%,高中以下学历的教师所占比例为1.74%。值得注意的是,高中学历教师所占比例有下降趋势,研究生、本科、专科学历教师所占比例慢速上升,且本科、研究生学历教师占幼儿园师资队伍的比例还较小(图4-132)。

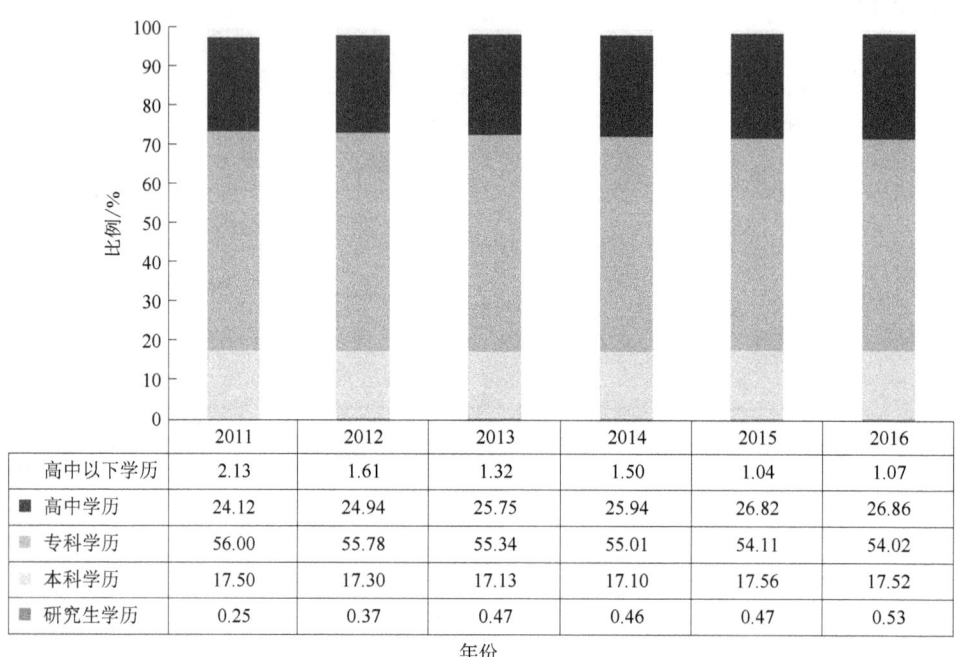

图4-132 2011~2016年石家庄市幼儿园师资队伍的学历结构

(三)职称

石家庄市师资队伍中,中学高级、小学高级、小学一级、小学二级、小学三级都有所增加。未评职称的人数逐年增加,并且2015~2016年骤增。

1. 各级职称人数均有所变化,其中未评职称人数增长迅速

幼儿园师资队伍的职称主要分为中学高级、小学高级、小学一级、小学二级、小学三级(共五个层级)和未评级六种情况。相关统计数据分析表明,2011~2016年,中学高级、小学高级、小学一级、小学二级、小学三级教

师人数总体都为增加的趋势。相比于2011年，中学高级、小学高级、小学一级、小学二级、小学三级教师人数的增长率分别达到了207.41%、163.87%、270.93%、50.21%、310.00%。同时，2016年未评级人数达到10 306人，比2011年的476人增加了9 830人，增加了2 065.13%（图4-133）。

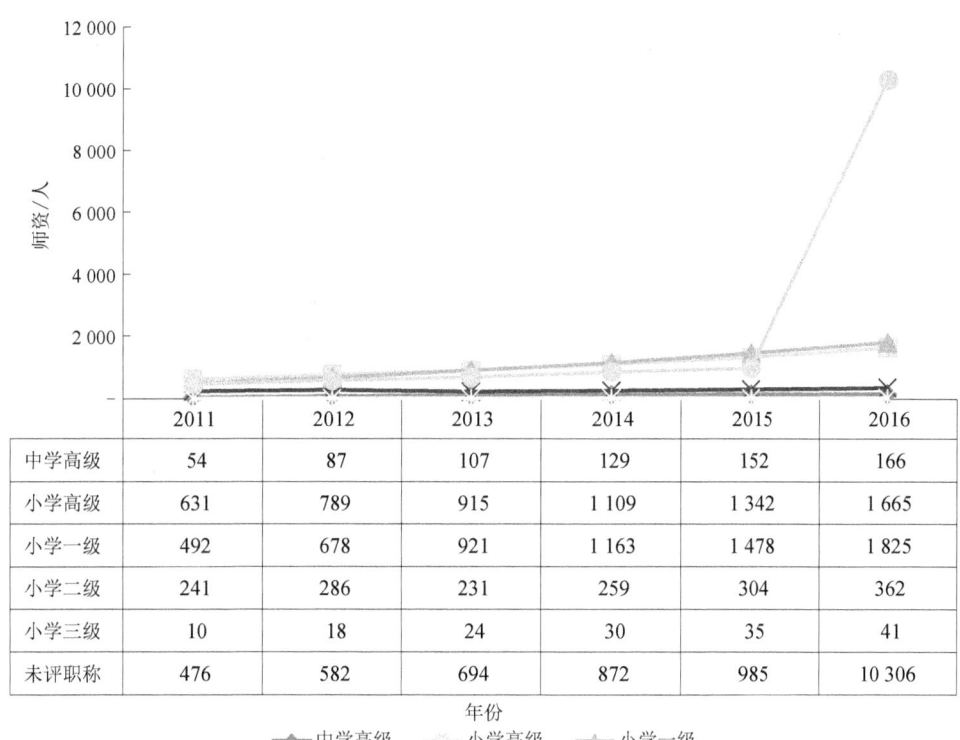

图4-133　2011～2016年石家庄市幼儿园师资队伍的职称情况

2.未评职称教师所占比例逐年增加

从图4-134中可以看出，2011～2016年，未评职称的教师一直占幼儿园师资队伍比例较大，且呈增长趋势，并于2016年比例剧增。2016年未评级教师比例为71.74%，比2011年的25.00%增加了46.74个百分点。此外，小学一级、小学三级职称教师所占比例为先上升后下降的趋势，小学二级职称教师所占比例为下降趋势。与此同时，中学高级职称比例与小学高级职称教师所占比例总体为下降的趋势，中学高级职称教师所占比例较少，2011年中学高级职称和小学高级职称教师所占比例分别为2.84%、33.14%，2016年分别为1.16%、11.59%（图4-134）。

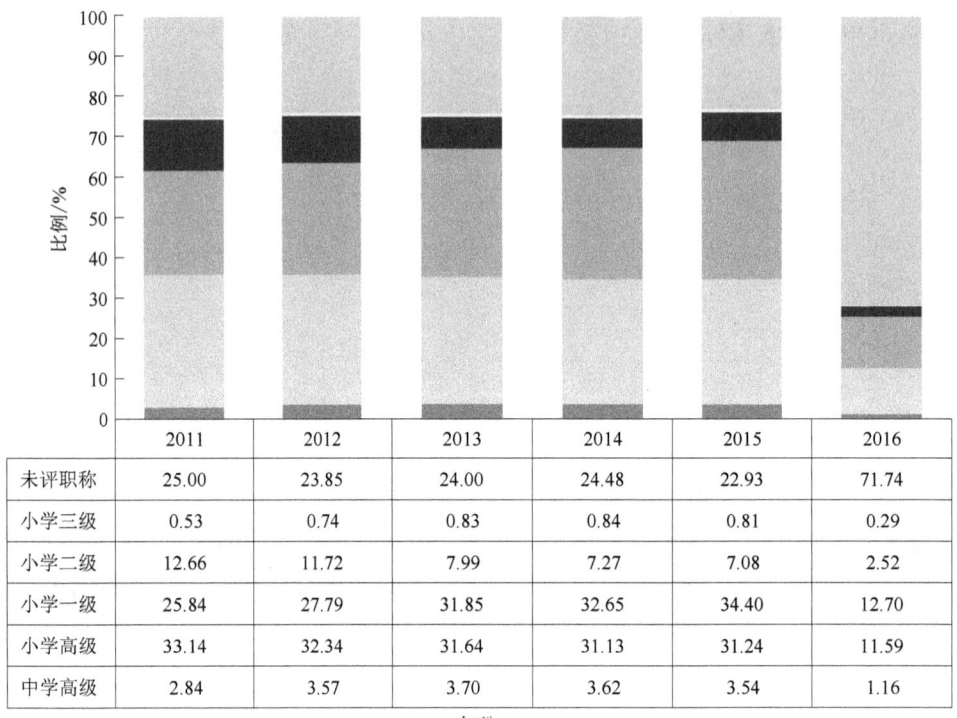

年份	2011	2012	2013	2014	2015	2016
未评职称	25.00	23.85	24.00	24.48	22.93	71.74
小学三级	0.53	0.74	0.83	0.84	0.81	0.29
小学二级	12.66	11.72	7.99	7.27	7.08	2.52
小学一级	25.84	27.79	31.85	32.65	34.40	12.70
小学高级	33.14	32.34	31.64	31.13	31.24	11.59
中学高级	2.84	3.57	3.70	3.62	3.54	1.16

图4-134　2011～2016年石家庄市幼儿园师资队伍的职称结构

（四）生师比

从图3-184中可以看出，2011～2016年石家庄市幼儿园生师比出现波浪式下降的趋势，这与教职工数量的变化有关系。具体来说，2011～2012年为下降的趋势，2012～2013年为上升的趋势，2013年从42.96%下降到2014年的26.65%，2015年升高到28.97%，2016年下降到24.18%。2011～2016年幼儿与教职工比为波浪式下降，2011～2014年为下降趋势，2014～2015年转为上升趋势后，2016年下降到15.16%。2011～2016年幼儿与教师（园长）比和幼儿与专任教师比例的变化基本一致（图4-135）。

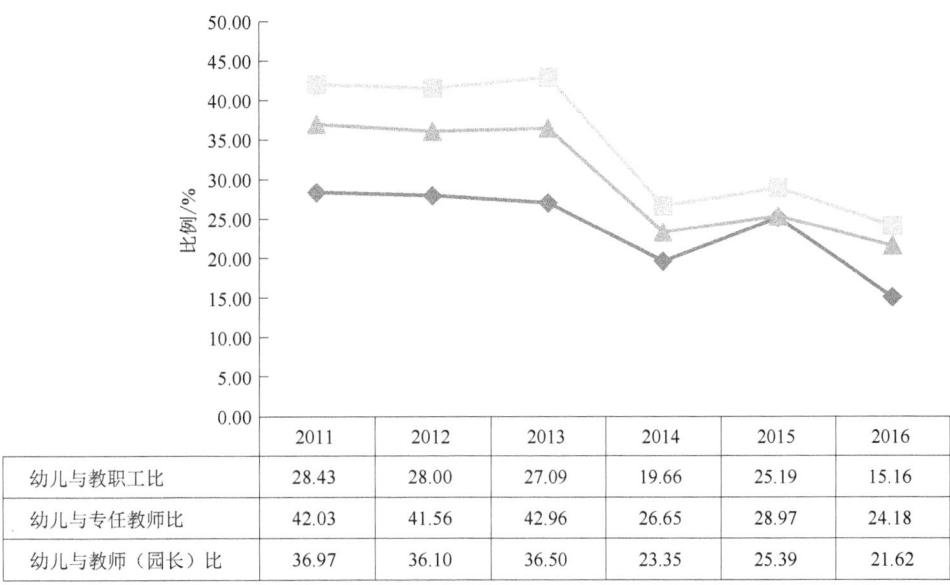

图4-135　2011～2016年石家庄市幼儿园的生师比

六、承德市

承德市地处河北省东北部,是连接京、津、冀、辽、蒙的重要节点,为促进河北省幼儿师资队伍建设均衡发展,本书对承德市幼儿师资队伍现状进行了深入调查,以达到针对性提出对策和建议的目的。

(一)教职工数量

据数据统计显示,承德市2011～2016年幼儿园教职工数量情况如下。

2011～2016年教职工数量逐年增长。2016年为7 676人,是2011年6 469人的1.19倍。其中,专任教师、保健员及其他教职工的数量的发展趋势与教职工数发展趋势基本一致,总体为增长趋势。园长人数出现了波浪式增加的趋势。园长的数量由2011年的740人增加到2012年的769人,到2013年减少到756人,2014年骤减为218人,2015年又增加838人,2016年持续增加到864人,相对于2011年增加了124人。保健员2016年为219人,比2011年增加了12人。专任教师数量2016年为5 488人,比2011年4 332人增加了1 156人,其他教职工数量2011年为692人,2016年为1048人,是2011年人数的1.51倍(图4-136)。

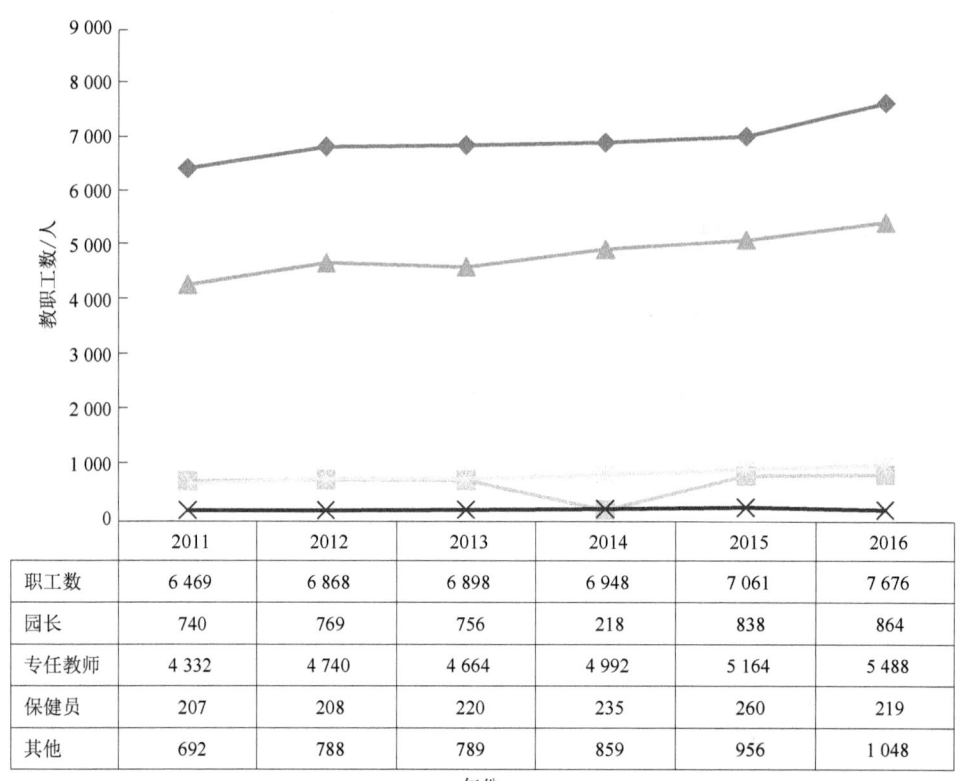

图 4-136　2011～2016 年承德市幼儿园教职工数量

（二）教师学历

2011～2016 承德市师资的学历水平总体上有所提升。幼儿园师资整体学历以专科学历为主，高中和本科学历的教师所占比例较大，本科生和研究生学历的教师比例还需要进一步提升。

1. 幼儿园师资队伍的学历结构多元

据相关数据分析，2011～2016 年本科、专科学历教师人数逐年增加，高中学历的教师人数整体减少，高中以下学历的教师人数整体增加。2016 年本科学历人数增长 23.06%，专科学历人数增长 24.02%，高中学历人数减少 1.13%，高中以下学历人数增加了 24.58%（图 4-137）。

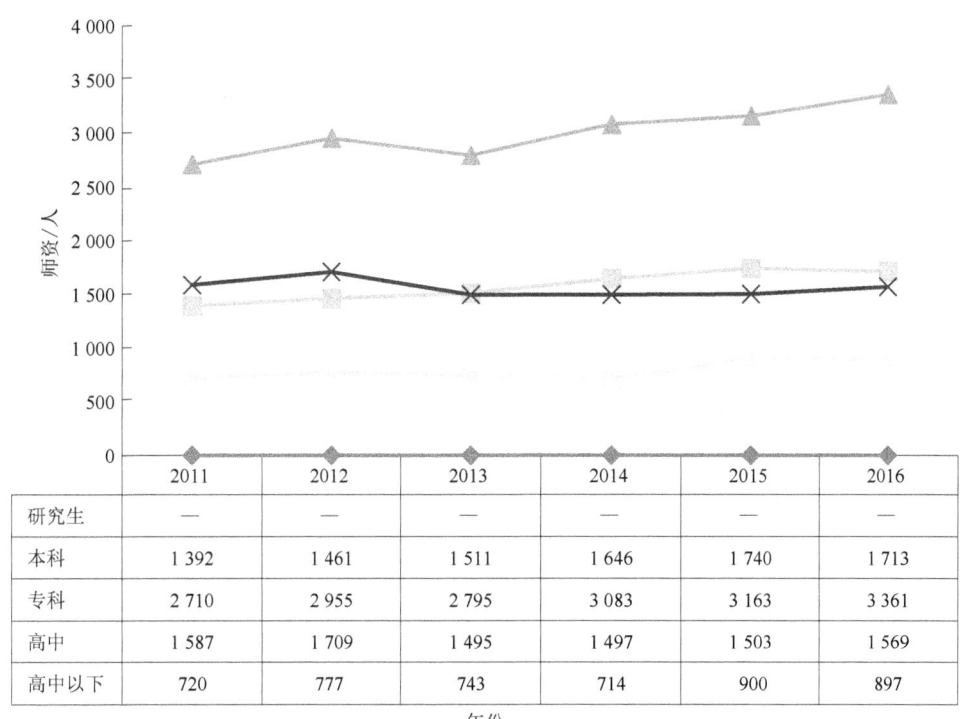

图 4-137　2011～2016 年承德市幼儿园师资队伍的学历情况

2. 幼儿园师资队伍以大专学历为主，高中和本科学历占比也较大

从不同学历教师所占比例来看，2011～2016 年，承德市幼儿园师资队伍的学历以大专学历为主，并且专科学历的比例为增加趋势，其次为高中学历和本科学历。同时，本科生学历教师的比例为增加的趋势，高中学历教师比例为减少的趋势，高中以下学历教师呈波浪式增长。2011 年专科学历的教师占幼儿园师资队伍的 42.28%，高中学历的教师占幼儿园师资队伍的 24.76%，本科学历的教师所占比例为 21.72%，高中以下学历的教师所占比例为 11.23%。到了 2016 年，专科学历的教师占幼儿园师资队伍的 44.58%；高中学历的教师占幼儿园师资队伍的 20.81%，相对 2011 年有所减少；本科学历的教师所占比例为 22.72%；高中以下学历的教师所占比例为 11.90%。值得注意的是，高中学历教师所占比例有下降趋势，本科、专科学历教师所占比例虽有所上升，但增长速度比较慢，幼儿园教师的学历比例整体还需要改善（图 4-138）。

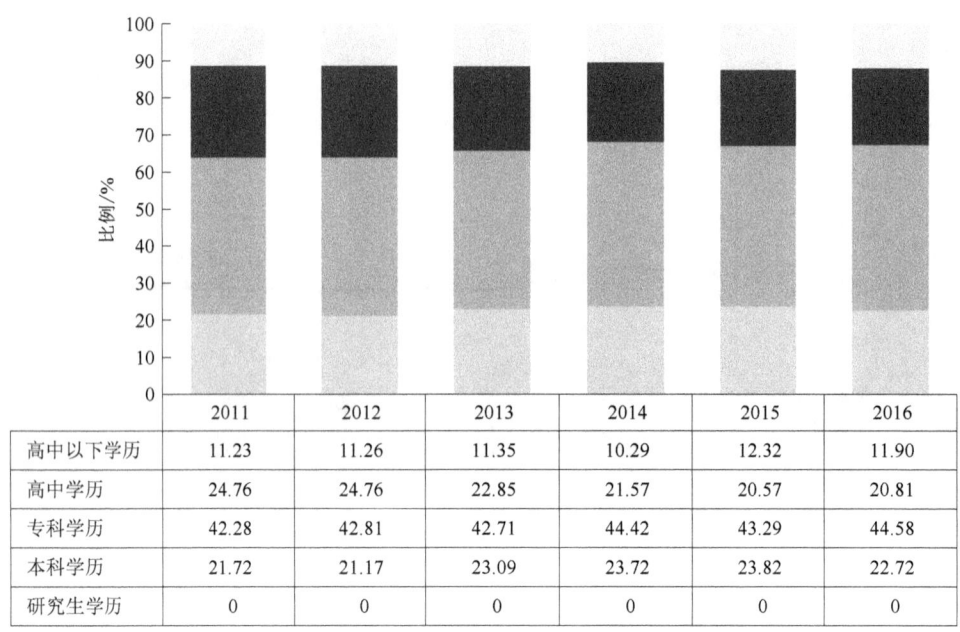

图4-138 2011～2016年承德市幼儿园师资队伍的学历结构

（三）教师职称

承德市师资队伍的职称呈多样性变化，其中，中学高级、小学一级有所增加，未评职称教师人数增长迅速。

1.各级职称人数均有所变化，其中未评职称人数增长迅速

相关统计数据分析表明，2011～2016年，中学高级教师人数总体都为增加的趋势，小学高级、小学一级、小学二级为教师人数为减少的趋势。相比于2011年，中学高级教师人数的增长率达到了180.00%，小学高级、小学一级、小学二级教师人数的增长率达到了1.44%、17.74%、48.08%。同时，2016年未评级人数达到1 753人，比2011年的1 685人增加了68人，增加了4.04%（图4-139）。

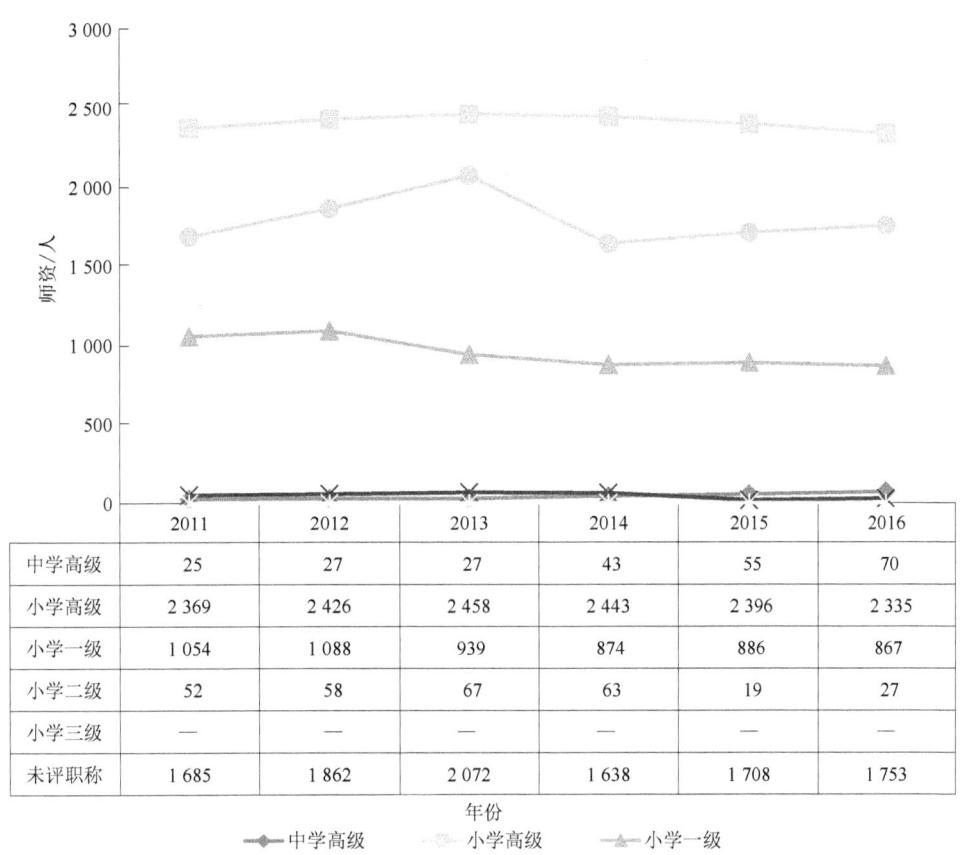

图 4-139　2011～2016 年承德市幼儿园师资队伍的职称情况

2. 未评职称教师所占比例逐年增加

从图 3-189 中可以看出，2011～2016 年，未评职称的教师一直在幼儿园师资队伍中占据较大比例，且为上升的趋势。2016 年未评级教师比例为 34.70%，比 2011 年的 32.50% 增加了 2.2 个百分点。此外，小学一级、小学二级职称教师所占比例呈波浪式下降的趋势。与此同时，中学高级、小学高级职称比例为上升的趋势，中学高级职称教师所占比例较少，2011 年中学高级职称和小学高级职称教师所占比例分别为 0.48%、45.69%，2016 年分别为 1.39%、46.22%，新老教师获得职称评定与晋升机会较难（图 4-140）。

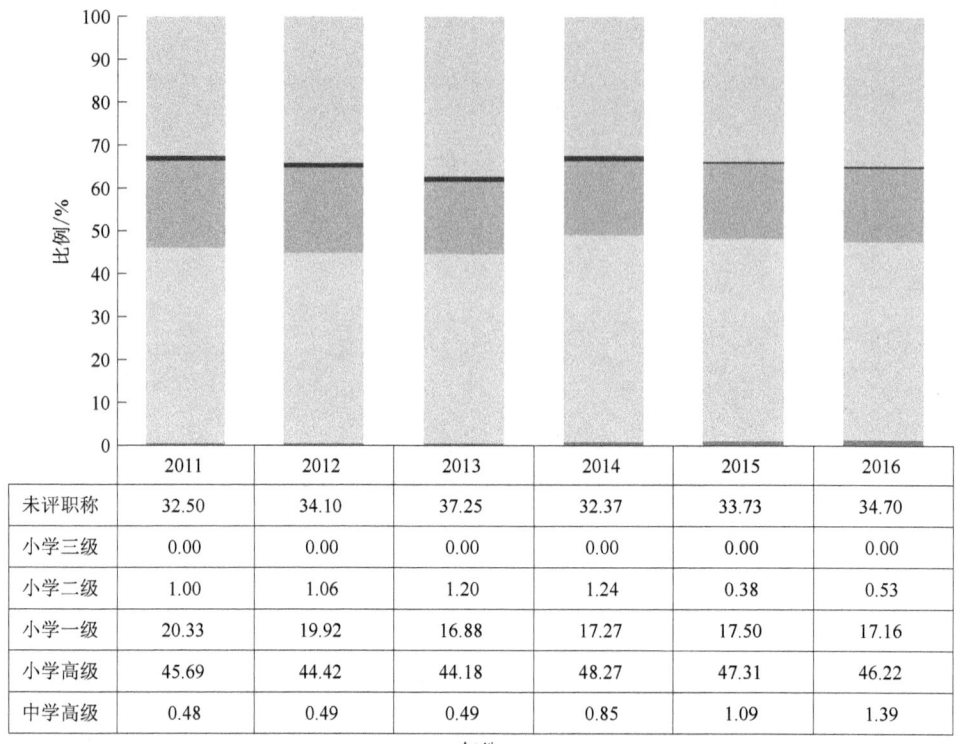

年份	2011	2012	2013	2014	2015	2016
未评职称	32.50	34.10	37.25	32.37	33.73	34.70
小学三级	0.00	0.00	0.00	0.00	0.00	0.00
小学二级	1.00	1.06	1.20	1.24	0.38	0.53
小学一级	20.33	19.92	16.88	17.27	17.50	17.16
小学高级	45.69	44.42	44.18	48.27	47.31	46.22
中学高级	0.48	0.49	0.49	0.85	1.09	1.39

图 4-140 2011～2016 年承德市幼儿园师资队伍的职称结构

（四）生师比

从图 3-190 中可以看出，2011～2016 年承德市幼儿园生师比逐年下降，2016 年生师比为 14.06%，相对 2011 年的 16.70% 下降了 2.64%。2011年。2011～2016 年幼儿与教职工比先上升后下降，2011～2012 年为上升趋势，2012～2016 年逐年下降。2011～2016 年幼儿与教师（园长）比为波浪式下降的趋势，2011～2013 年为下降的趋势，2013～2014 年变为上升趋势后，2014～2016 年又变为下降趋势（图 4-141）。

第四章 河北省内各地级市学前教育发展比较

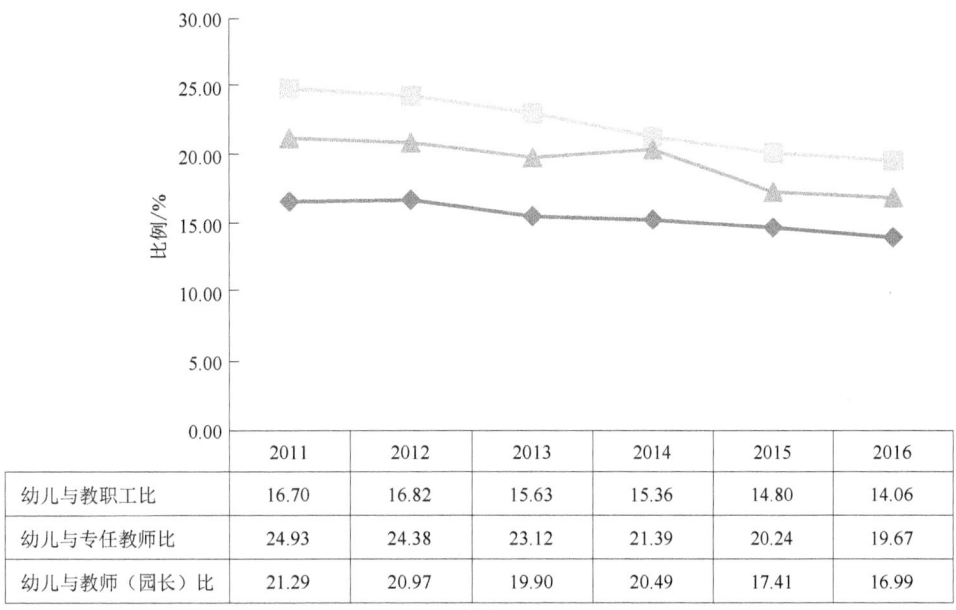

	2011	2012	2013	2014	2015	2016
幼儿与教职工比	16.70	16.82	15.63	15.36	14.80	14.06
幼儿与专任教师比	24.93	24.38	23.12	21.39	20.24	19.67
幼儿与教师（园长）比	21.29	20.97	19.90	20.49	17.41	16.99

图 4-141　2011～2016 年承德市幼儿园的生师比

七、各地级市总体情况比较

（一）2011～2012 年各地级市师资情况比较

1. 教职工数量

据相关数据统计（上面保定市、邢台市、邯郸市、石家庄市、承德市、秦皇岛市除外，还包括沧州市、唐山市、张家口市等共 11 个地级市）2011～2012 年教职工数量较前几年有所增加，如图 4-142 所示各地级市按教职工数量递减，其中保定市、邯郸市、石家庄市教职工数量较大，分别为 17 766、12 991、11 337 人；专任教师数量分别为 12 307、8922、7433 人，保健医数量分别为 311、385、276 人；保育员数量分别为 1695、1447、1353 人（图 4-142）。

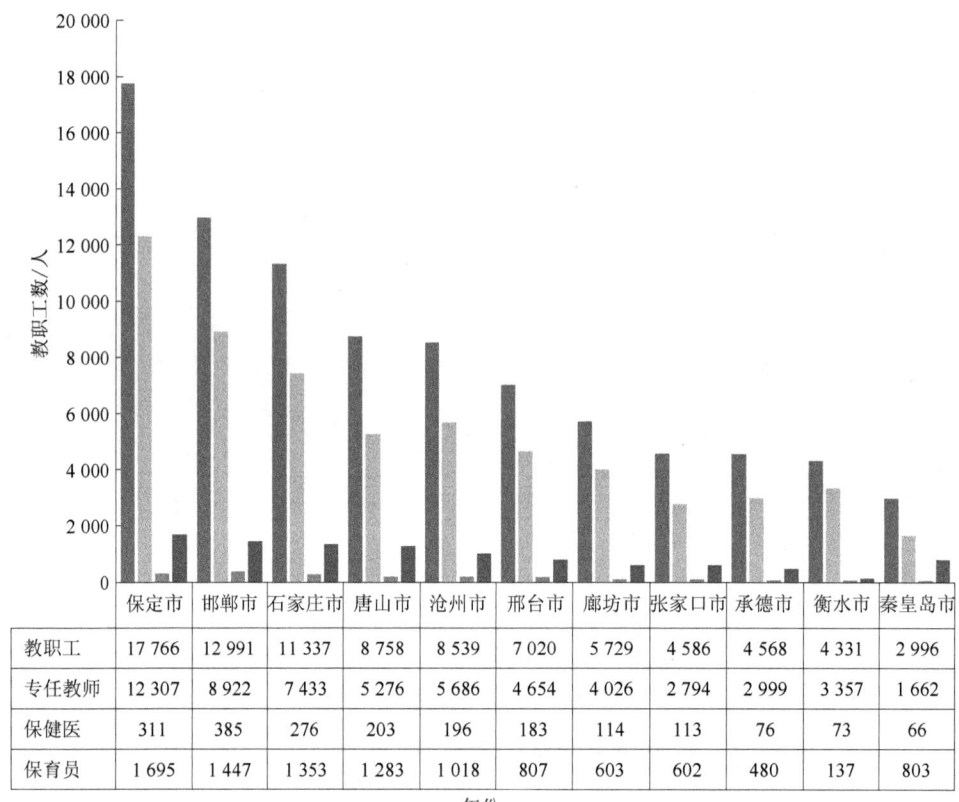

图 4-142　2011～2012 年幼儿园教职工数量

除教职工数量、专任教师、保健医和保育员的具体数量外，我们还分析了专任教师占教职工之比来反映各地级市幼儿教师的整体质量。如图 4-143 所示，沧州市、衡水市专任教师占教职工之比较大分别为 77.51%、70.27%，张家口市、邢台市、唐山市、石家庄市等市专任教师占教职工之比在 60% 以上，保定市则为 55.47%（图 4-143）。

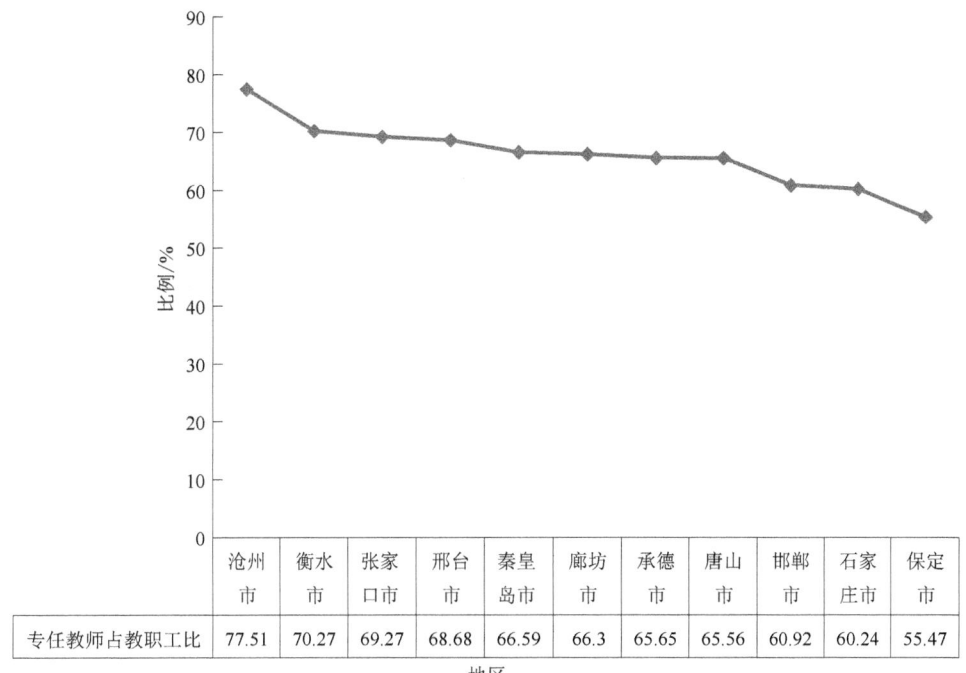

图 4-143 2011～2012 年幼儿园专任教师占教职工比值

2. 生师比

直至 2012 年,河北省各地级市幼儿生师比较高,其中幼儿与教职工之比比值均为 22.97,幼儿与专任教师之比比值平均达到了 33.04。

从河北省 11 个地级市来看,幼儿与教职工之比最高的 5 个分别是邢台市、秦皇岛市、唐山市、承德市、沧州市,比值分别是 29.08、28.10、27.32、25.86、25.16;最低的 5 个分别是衡水市、保定市、石家庄市、张家口市、廊坊市,比值分别是 17.12、17.84、19.43、20.61、20.72。幼儿与专任教师之比最高的 5 个地级市是唐山市、邢台市、秦皇岛市、承德市、沧州市,比值分别是 43.42、42.25、41.65、37.07、34.82;最低的 5 个地级市是衡水市、保定市、廊坊市、石家庄市、邯郸市,比值分别是 21.89、24.74、27.63、28.48、30.20(图 4-144)。

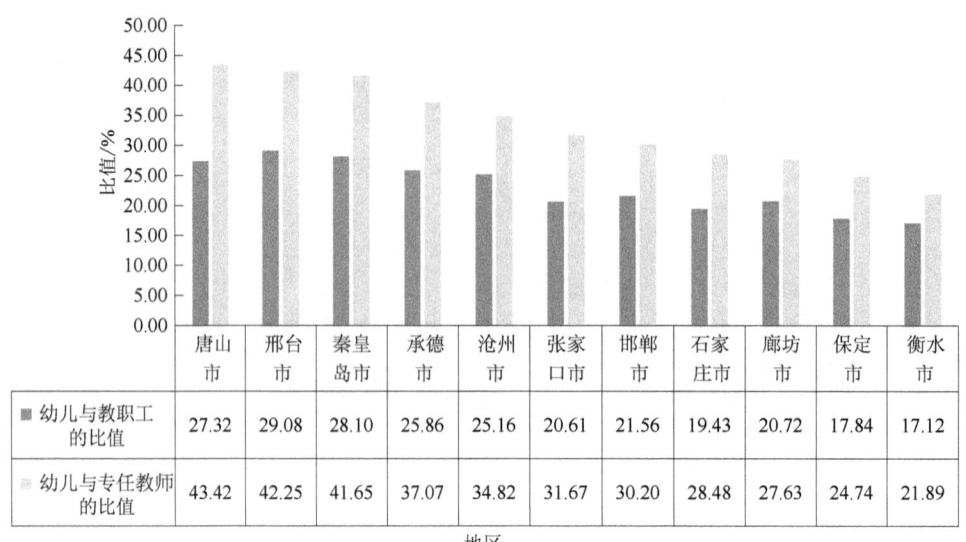

图 4-144　2011～2012 年幼儿园生师比

（二）2015～2016 年各地级市师资情况比较

1. 教职工数量

据相关数据统计（包括除上文提及的保定市、石家庄市、沧州市、唐山市、张家口市等 11 个地级市，还有定州市、辛集市 2 个直管市，共 13 个城市）2015～2016 年教职工数量较前几年有所增加，如图 4-145 所示各地级市按教职工数量递减，其中邯郸市、保定市、石家庄市教职工数量较大分别为 24 695、24 426、19 120 人；专任教师数量为 16 792、16 520、12 061 人，保健医 516、471、454 人；保育员为 3 493、3 543、2 617 人（图 4-145）。

除教职工数量、专任教师、保健医和保育员的具体数量，我们还分析了专任教师占教职工之比，以此来反映各地级市幼儿教师的整体质量。如图 4-146 所示，邢台市、秦皇岛市专任教师占教职工之比较大，分别为 75.00%、73.74%，张家口市、邢台市、石家庄市等市专任教师占教职工之比在 60% 以上，保定市为 67.99%，唐山市为 59.13%（图 4-146）。

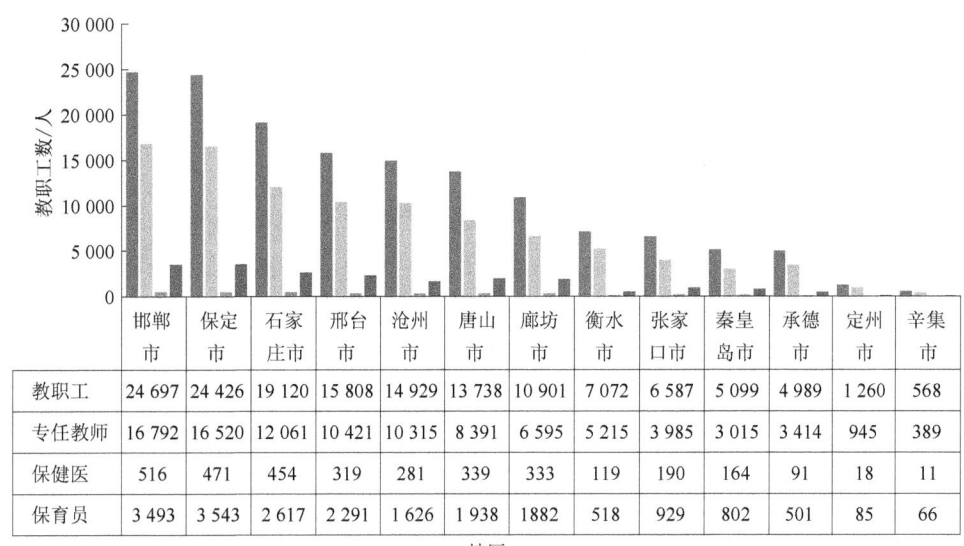

图 4-145　2015～2016 年幼儿园教职工数量

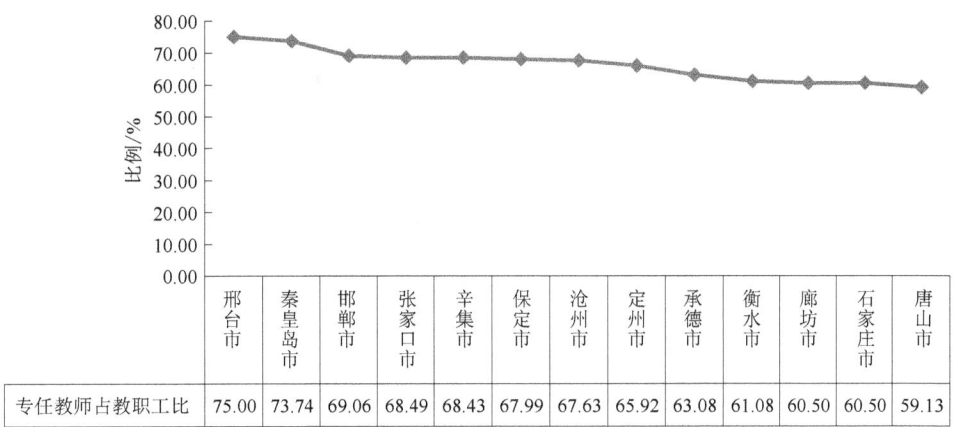

图 4-146　2015～2016 年幼儿园专任教师占教职工比值

2. 生师比

截至 2016 年，河北省各地级市幼儿园生师比相比 2011～2012 年均有所降低，其中幼儿与教职工之比比值均为 17.02，幼儿与专任教师之比比值平均达到了 25.64。

从河北省各地级市相关数据来看，幼儿与教职工之比最高的 5 个分别是邢台辛集市、定州市、沧州市、承德市、唐山市,比值分别是 26.24、24.07、18.98、18.76、16.63;最低的 5 个分别是张家口市、廊坊市、衡水市、保定市、邯郸市,比值分别是 13.55、13.83、14.11、14.34、14.48。幼儿与专任教师之比最高的 5 个地级市是辛集市、定州市、沧州市、承德市、唐山市,比值分别是 38.32、32.09、27.47、27.41、27.23;最低的 5 个地级市是衡水市、保定市、邯郸市、张家口市、石家庄市,比值分别是 19.14、21.21、21.29、22.40、22.85(图 4-147)。

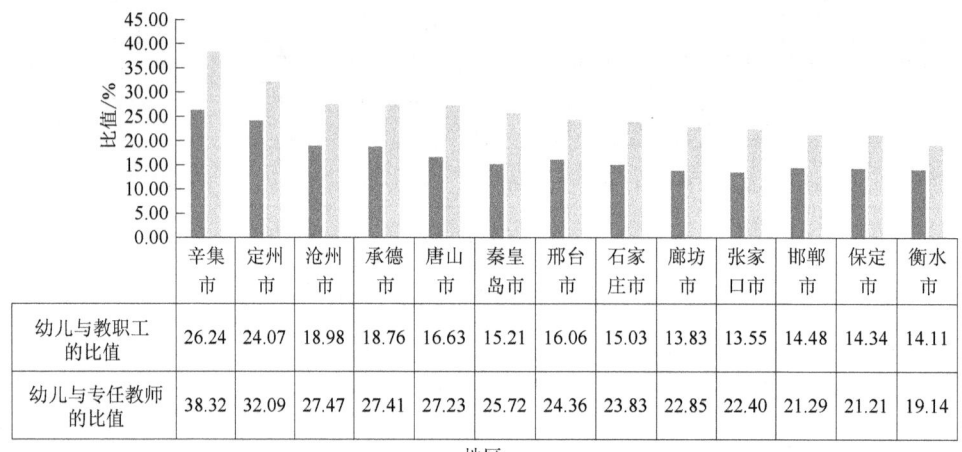

图 4-147 2015～2016 年幼儿园生师比

(三)2011～2012 年与 2015～2016 年各地级市师资情况整体趋势

1. 教职工增长率

从所统计数据可以看出,2011～2012 年教职工合计数在 11 个地级市中保定市、邯郸市、石家庄市教职工数量较大,分别为 17 766、12 991、11 337 人,而 2015～2016 年教职工合计数中邯郸市、保定市、石家庄市教职工数量较大,分别为 24 695、24 426、19 120 人。其中 2015～2016 年教职工合计数较 2011～2012 年的增长较快的是邢台市、廊坊市、邯郸市,其增长率分别为 125.19%、90.28%、90.11%(图 4-148)。

2. 生师比增长率

河北省各地级市 2011～2012 年和 2015～2016 年,幼儿与教职工比增长率呈不同程度下降,地级市中下降最高的是秦皇岛市、邢台市、唐山市,分别是45.87、44.77、39.13；最低的是衡水市、保定市、石家庄市，分别是17.58、19.62、22.65。幼儿与专任教师比增长率也趋于下降，地级市中下降最高的是邢台市、秦皇岛市、唐山市，分别是42.34、38.25、37.29；最低的是衡水市、保定市、石家庄市，分别是12.56、14.27、16.33（图4-149）。

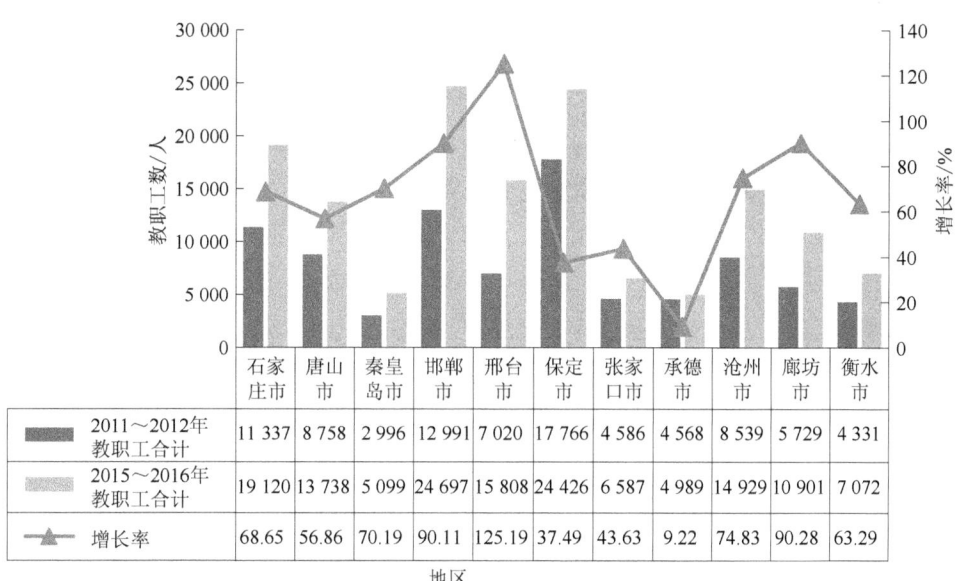

图4-148　2011～2012年与2015～2016年教职工增长率

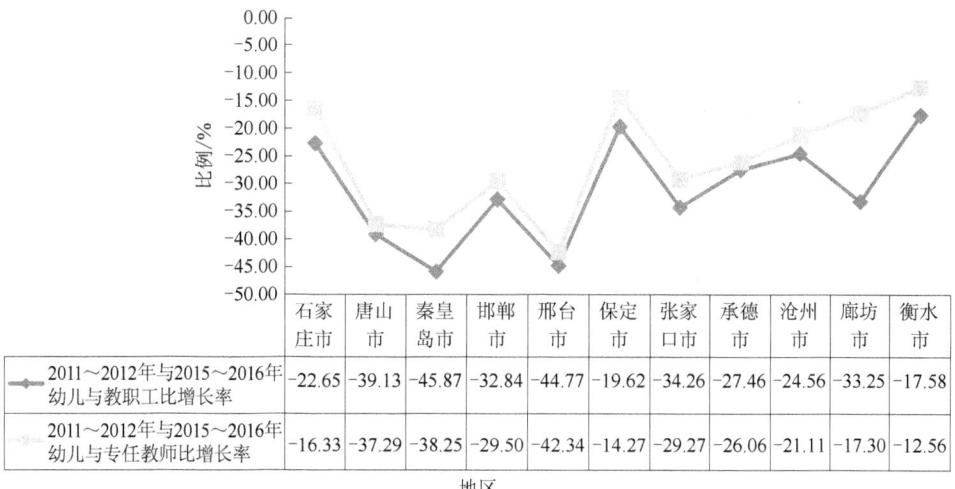

图4-149　河北省各地级市幼儿园生师比增长率

第六节　各地级市办园条件与硬件情况水平比较

一、市级和县级幼儿园

(一)户外活动场地

相对来说,县级幼儿园的户外活动面积较小,幼儿在进行户外活动时相对拥挤。同时,大多数县级幼儿园的户外活动场地是由水泥和塑胶地面铺设而成,注意保护幼儿的安全,但是整体绿化面积较小。

(二)基本设施设备

调查发现,县级幼儿园的基本设施较完善,照明、桌椅、卫生间、盥洗室大多数都符合规格。桌椅颜色鲜艳、高度适中,符合幼儿的身心发展特点;卫生间和盥洗室干净、整洁;每个幼儿班级配有电扇和暖气。同时,大部分幼儿园为幼儿提供整洁的寝室(图4-150)。

图4-150　廊坊市某幼儿园基本设施设备

（三）玩教具

1. 户外设施

县级幼儿园的户外场所中大多配备了各种类型的器材，如攀登架、平衡木、大型滑梯等。而且大多数器材较新，可以做到及时的更新、替换。除体育器材之外，部分幼儿园为幼儿提供了沙坑，方便幼儿玩水玩沙（图4-151）。

图 4-151　保定市某幼儿园户外设施

2. 室内游戏材料

通过调查发现，大部分县级幼儿园都有室内活动区，教师在班级中设置了不同的游戏区域，主要有角色区、表演区、建构区、美工区等。每个游戏区域都配备了相应的游戏材料，基本上能满足幼儿的游戏需要。同时，班级里配有电视机等用于教学（图4-152）。

图 4-152　廊坊市某幼儿园室内游戏材料

（四）环境创设

河北省大多数县级幼儿园在院落的墙面上以及室内走廊内都有五彩的墙饰，一般画有植物、动物等，颜色鲜艳、造型生动，符合幼儿的身心特点。在每个班级教室内，教师会用彩色颜料、彩纸来根据季节和班级教学活动进行主题来进行环境布置（图 4-153、图 4-154）。

图 4-153　廊坊市某幼儿园走廊环境

图 4-154　保定市某幼儿园活动室环境

二、乡镇幼儿园

（一）户外活动场地

通过调研发现，乡镇幼儿园普遍没有专用的班级游戏场地，但是户外活动面积较大，保障幼儿有充足的活动场地去开展活动。同时，户外活动设施不够完善。调查显示河北省乡镇幼儿园的户外场地中绿化面积较小，户外地面多以水泥地、砖地、土地为主，地面较平整，但是绿化面积较小。在户外场所中，种植的绿色植物很少，一般只有几棵小树、冬青和一小片种植区（用来种植蔬菜等）。

（二）基本设施设备

幼儿园中全面而合适的基础设施能够保证幼儿的健康生活和学习的需要，是幼儿健康生活和学习的基本保证。幼儿园基础的设施设备包括照明设备、桌椅、厕所、黑板、自来水等盥洗设备、取暖和降温设备。[1]

---

[1] 刘佩佩. 2013. 农村家庭式幼儿园办园条件质量研究. 西南大学硕士学位论文.

第一，调查显示，乡镇幼儿园的桌椅板凳较简陋、并且高度过于高，不适应幼儿的身体发展。

第二，幼儿园中厕所处于院落中，通风性较好，但过于简陋，一般是水泥砌成的，具有较大的不安全因素。幼儿园盥洗条件简陋，班中没有盥洗室，在户外中有公用的水龙头，但水龙头的使用率较低，教师一般用来冲洗拖把。

第三，乡镇幼儿园一般没有配备空调，安装了电扇用于降温，冬天用暖气来供暖，能够达到取暖的效果。

（三）玩教具

1. 户外设施

户外体育类器材主要包括滑梯、攀登玩具、秋千、平衡木、球类、沙包、三轮车、体操垫等。各种体育器械类应该坚固耐用、平滑，能够供幼儿安全使用；大型体育器械的使用要有专门的保护措施，如设有沙坑或软垫，以保障幼儿的安全，对器械要进行定期的安全检查和维护，保证器械的清洁。[①] 从调研中发现，大多数乡镇幼儿园都配有基本的体育器材，如滑梯、秋千、平衡木等，但这些器材较老旧，一般是铁质的，同时缺乏保护措施。器械配备少，幼儿会出现长时间等待、拥挤的情况。

2. 室内游戏材料

在调查中发现，乡镇幼儿园的室内活动区很少有专门的游戏区域，如角色区、建构区、表演区等，所以也很少有专门的游戏材料。教师里一般都有配备电子琴，电子琴的使用率较高。同时，每个班级一般都会配备美工材料，如纸笔、油画棒等；幼儿班级里有少量的图书，多是幼儿自己从家里带来的，图书资源共享；每个班级基本都配备一台电视机，用来播放动画片等。

（四）环境创设

幼儿园的环境创设中墙面布置占有重要的地位，根据调研可以发现乡镇幼儿园一般在户外墙面上粉刷图案来装饰幼儿园，在室内环境中，教师会设置主题墙，但是一般比较简单，而且替换周期比较长。

---

① 刘佩佩. 2013. 农村家庭式幼儿园办园条件质量研究. 西南大学硕士学位论文.

三、城乡幼儿园情况比较

（一）城乡幼儿园校舍建筑面积比较

如图 4-155 所示，2008～2015 年，城区、镇区、乡村三类地区的幼儿园校舍面积都呈曲折增长趋势，2008 年镇区的校舍建筑面积最小，乡村建筑面积最大；但到了 2015 年镇区建筑面积所占比重最大，其次为乡村和城区。

具体分析，城区 2015 年校舍建筑面积为 3 012 865，比 2008 年的 1 371 457 平方米增加了 1 641 408 平方米，增幅为 119.68%，呈逐年缓慢增长趋势；镇区 2015 年的校舍建筑面积为 4 461 931 平方米，比 2008 年的 1 049 513 平方米增加了 3 412 418 平方米，增幅为 325.14%；乡村 2015 年的校舍建筑面积为 3 456 027 平方米，比 2008 年的 1 794 462 平方米仅增加了 1 661 565 平方米，增幅为 92.59%。综上所述可以看出，相对于城区和镇区，近 8 年的乡村幼儿园校舍建筑面积增长缓慢，而镇区的校舍建筑面积呈急剧增长趋势。

和全国城区、镇区、农村的建筑面积情况相比较，河北省与全国有较为明显的差异。通过图 4-155 可以看出，城区幼儿园校舍面积一直最大，其次是镇区校舍面积，最后是乡村；反观河北省，镇区幼儿园建筑面积增长迅速，逐渐占较大的比重。

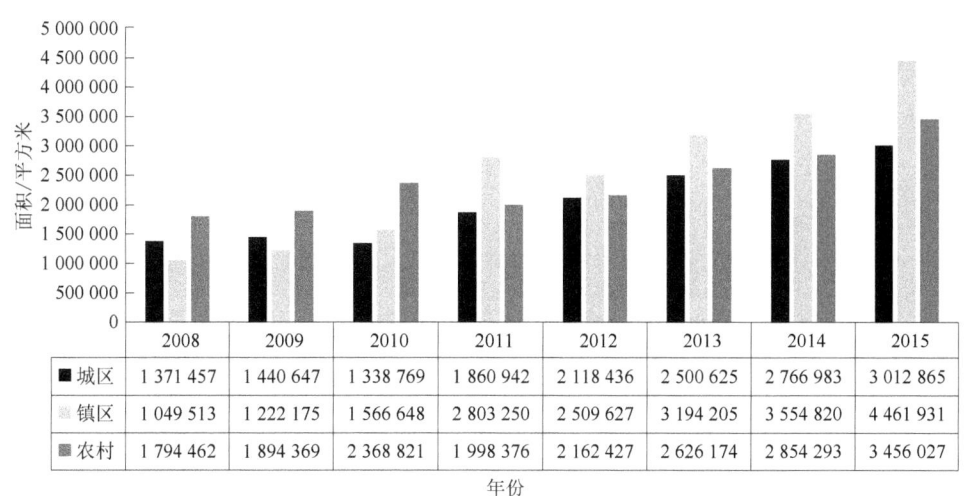

图 4-155　2008～2015 年河北省城乡幼儿园校舍建筑面积比较

（二）城乡生均校舍建筑用地面积比较

如图 4-156 所示，2008～2015 年，城区、镇区、乡村三类地区的幼儿园校舍面积变化较为复杂。总体来看，城区生均幼儿园校舍面积一直最大，其次是镇区生均校舍面积，最后是乡村。

具体来看，城区 2015 年生均面积为 6.3 平方米，比 2008 的 6.66 平方米减少了 0.27 平方米，降幅为 4.05%。城区生均建筑面积在 2010 年最大，为 6.72 平方米，在 2011 年降幅较大，之后缓慢增加。

镇区 2015 年生均建筑面积为 5.27 平方米，比 2008 年的 3.41 平方米增加了 1.86 平方米，增幅为 54.55%。镇区生均建筑面积在 2011 年最大，为 4.71 平方米，在 2012 年减少，之后缓慢增加。

乡村 2015 年生均建筑面积为 3.8 平方米，比 2008 年的 2.05 平方米增加了 1.75 平方米，增幅为 85.37%。可以看出乡村幼儿园生均建筑面积虽相对较小，但增幅较大，乡村幼儿的校舍建筑得到了一定程度的完善。

平均来看，2008～2015 年，河北省城区生均校舍建筑面积为 6.12 平方米；镇区生均校舍建筑面积为 4.16 平方米；乡村生均建筑面积为 2.56 平方米。与全国相比较，河北省的城区、镇区和乡村的生均建筑面积均低于全国平均水平。

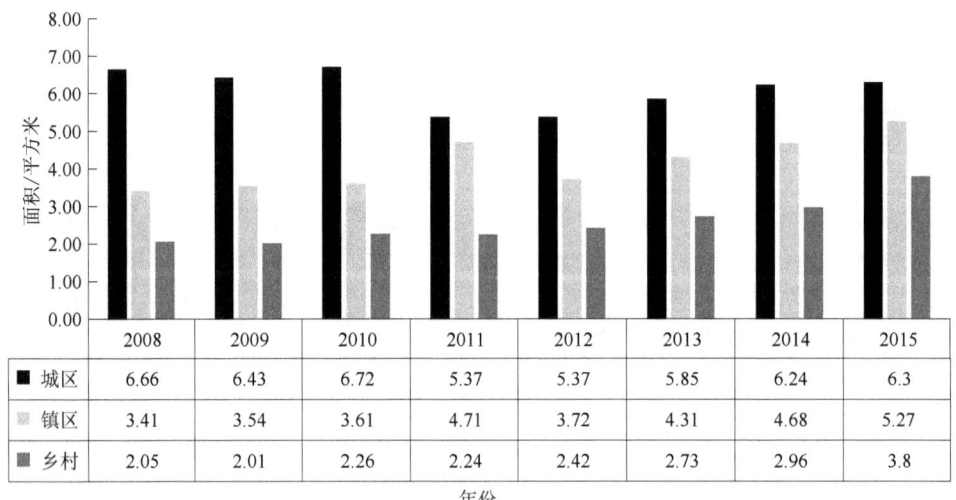

图 4-156　2008～2015 年河北省幼儿园城乡生均校舍建筑面积比较

（三）城乡生均户外活动场地面积比较

对河北省城区、镇区、乡村三类地区的生均户外活动场地面积进行分析比较，可以看出镇区的生均户外活动面积大体保持稳定，而城区生均面积逐年减小，乡村生均面积逐年增大。根据图4-157具体分析。

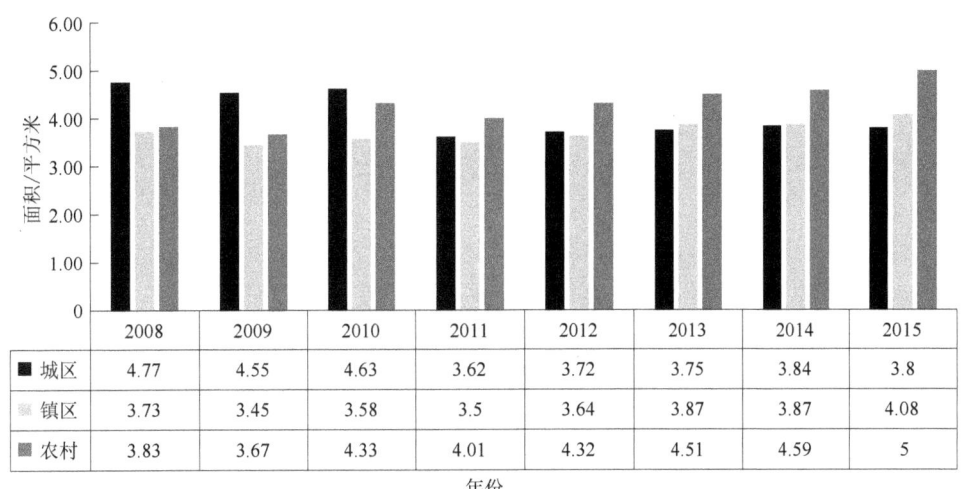

图4-157 2008～2015年河北省城乡生均户外活动场地面积比较

城区生均户外活动场地面积呈现"U"形变化，2008～2011年生均户外面积逐渐减小，共减少了1.15平方米，降幅为24.11%；2011～2015年呈现缓慢回升的趋势，增加了0.18平方米，增幅为5%。总体上，2008～2015年平均生均户外活动面积保持在4.09平方米左右。

镇区生均户外活动场地面积大体情况基本保持不变，稳中有升，平均保持在3.72平方米。

乡村生均户外活动场地面积平均为4.28平方米，呈现曲折上升趋势。2015年为5平方米，比2008年的3.83平方米，增加了1.17平方米，增幅为30.55%。可以看到，到2011年河北省乡村的生均户外活动场地面积已经超过城区，2011～2015年差距逐渐拉大，到2013年，乡村生均户外面积比城区多1.2平方米，多31.58%。

全国城区平均户外活动面积为3.87平方米，镇区平均户外活动面积为3.13平方米，乡村平均户外活动面积为3.12平方米。与全国相比较，河北省乡村户外活动面积超过全国平均水平60.26%，这说明近几年河北省乡村幼儿园的户外活动场地有所改善，应继续保持稳定幅度的增长；但是河北省城区和镇区的生均户外活动面积低于全国平均水平，尤其是城区的生均户外活动场地面积降幅过大，应重视城区幼儿园户外活动场地建设，保证幼儿有充分空间进行户外活动。

第七节　各地级市普惠幼儿园和农村学前教育发展情况比较

一、河北各地级市普惠幼儿园发展状况比较

（一）各地级市发展情况比较

为了更好地研究河北省区位间的普惠性幼儿园发展，现将河北省分为5个区位，具体为冀东：唐山市、秦皇岛市。冀南：邢台市、邯郸市。冀北：张家口市、承德市。冀中：保定市、沧州市、廊坊市。冀中南：衡水市、石家庄市。结合已经制定了关于普惠性幼儿园的相关政策文本的地级市，进行具体的比较研究。

冀北地区选择张家口市为代表，冀东地区在目前为止还没有收集到具体的政策文本，在冀中地区选择沧州市，冀中南地区选择石家庄市，冀南地区选择邯郸市为代表。

1.石家庄市

作为河北省的省会城市，在普惠性幼儿园的发展中有着自己的独特之处，尤其是开展"幼特融合"工程，提高特殊儿童学前教育水平。较早的关注了普惠性幼儿园发展中的特殊教育。此外积极发展普惠性幼儿园。在《石家庄市学前教育三年行动计划（2014—2016年）》中明确指出，按照国家、省相关规定，制定政府购买学前教育政策，出台认定和扶持普惠性民办园实施办法，通过对办园规范、具有一定规模的民办幼儿园给予政策倾斜，补贴租金、人员工资、办园经费等方式，举办为普惠性幼儿园，减轻适龄幼儿家庭负担。此外普惠性民办幼儿园在审批登记、分类定级、评估指导、教师培训、职称评定、资格认

定、表彰奖励等方面与公办幼儿园具有同等地位。鼓励普惠性民办园提供多形式、多层次的学前教育服务，满足家长不同需求[1]。可以看出石家庄市对于普惠性幼儿园的重视程度。关于普惠性民办幼儿园的认定和资助上有着明确的规定，在《石家庄市普惠性民办幼儿园认定及财政扶持管理实施办法（试行）》指出，普惠性民办幼儿园（以下简称普惠园）是指坚持公益普惠和科学保教原则，由国家机构以外的社会组织或者个人举办的具有办园资质，依法设立、面向大众、办园规范、收费合理、质量较高的民办幼儿园。幼儿园办园条件须达到《河北省民办幼儿园设置基本标准》，幼儿园设置符合城乡建设总体规划及幼儿园布局规划，需经区教育行政部门审批，取得办学许可证及相关证件，并依法登记。第四条，开园一年以上且年检合格，无违规办园行为。幼儿园达到河北省三类幼儿园及以上办园标准，并按年龄科学分班定额。

第五条，普惠园保教费应保持相对稳定。收费标准的制定应在物价部门批准范围内，统筹考虑政府投入，根据办园成本、城乡经济发展水平和城乡居民收入水平，参考同级同类公办园收费标准，兼顾物价指数变动情况，以合同约定等方式合理确定同级同类普惠园保教费、住宿费最高收费标准。幼儿园在此标准范围内确定具体收费标准，按《河北省幼儿园收费管理暂行办法实施细则》执行。我市主城区（长安区、桥西区、新华区、裕华区、高新技术开发区）普惠园保教费实际收费标准为 500～1200 元/生·月，财政补贴 250～300 元/生·月不等[2]。另外主城区的普惠性幼儿园发展由政府购买服务，具体为，主城区普惠园实行政府购买服务。以 2015 年实际收取的保教费为基数，实际收费在 1000～1200 元（含 1200 元，不含 1000 元）的普惠园，每月向幼儿少收 250 元，政府补助 250 元；实际收费在 750～1000 元（含 750 元和 1000 元）的普惠园，每月向幼儿少收 300 元，政府补助 300 元；实际收费在 500～750 元（含 500 元，不含 750 元）的普惠园，每月向幼儿少收 250 元，政府补助 250 元。主城区普惠园在园幼儿数由各普惠园上报各区教育局，各区教育局审核、盖章并上报市教育局[3]。此外采用结对帮的形式不断促进普惠性民办幼儿园的发展。

---

[1] 石家庄市人民政府办公厅.2014.石家庄市学前教育三年行动计划（2014—2016 年）.http://www.sjz.gov.cn/col/1420448972198/2015/05/26/1432623639111.html[2016-12-17].
[2] 石家庄市人民政府办公厅.2016.石家庄市普惠性民办幼儿园认定及财政扶持管理实施办法（试行）.http://www.sjz.gov.cn/col/1490952424710/2017/06/01/1496310431788.html[2016-12-17].
[3] 石家庄市人民政府办公厅.2016.石家庄市普惠性民办幼儿园认定及财政扶持管理实施办法（试行）.http://www.sjz.gov.cn/col/1490952424710/2017/06/01/1496310431788.html[2016-12-17].

总体看来石家庄市政府和教育局高度重视这一问题,并且出台多条法律法规不断促进普惠性幼儿园的发展,但是在访谈中我们发现很多的主城区幼儿园管理者并不了解普惠性幼儿园是什么,甚至于根本没有具体的发展规划,认为这一政策只是权宜之计,很快还会朝令夕改。

2. 张家口市

张家口市学前教育资助实施范围为经县级及以上教育行政部门审批设立的公办(含公办性质)幼儿园,以及面向大众、收费标准与本县(市、区)区域内同类型、同等级的教育部门所办幼儿园收费标准相当或其高出部分控制在25%限额内、并已达到省二类幼儿园及以上办园标准的普惠性民办幼儿园(以下简称普惠性幼儿园)[①];从这一新闻中我们可以基本了解张家口在普惠性幼儿园的界定上较为清晰,虽然在访谈中并没有获得具体的政府文件,但是可以感受到张家口市在这一问题上已经有了相对清晰地发展目标。张家口市政府印发《张家口市学前教育三年行动计划(2011—2013)》的通知,明确指出,到2013年全市共新建、改扩建100所公办幼儿园。到2013年,各县区必须建有1所达到省级城市示范园标准的直属园;制定优惠政策,鼓励支持街道、农村集体举办公办性质的幼儿园;倡导采取集团管理、连锁办园的方式,鼓励优质公办幼儿园举办分园或合作办园;充分利用中小学布局调整的富有教育资源和其他富有公共资源,改扩建一批公办性质的幼儿园,满足广大人民群众对面向大众、收费合理的普惠性幼儿园的需求。通知要求,各县区新建、改建、扩建的公办幼儿园,要参照国家有关部委及省教育厅颁布的相关标准进行建设。其中,城市幼儿园按照9班或12班的规模建设;农村幼儿园可根据实际,按照3班、6班、9班或12班的规模建设;原则上城镇服务人口1万人、农村服务人口3~6千人应设置1所幼儿园,每所幼儿园规模原则上以360人为宜[②]。此外在政策的财政支持上给予了极大地支持,通过"免、助、补、奖、贷"等多种形式,实现了从学前教育到大学教育资助全覆盖。

去年至今,全市安排各类资助资金5.51亿元,资助困难学生21.7万人。学前教育保教费实行减免。从2012年秋季学期起,按每生每年500~1000元标准和10%的资助比例,减免了公办幼儿园和普惠性民办幼儿园经济困难儿童的

---

① 张家口困难儿童学前教育可获资助. 2013. http://hebei.sina.com.cn/city/gdyw/2013-03-19/57491.html[2016-12-17].
② 张家口不断加快学前教育发展. 2011. http://news.hexun.com/2011-05-06/129371308.html[2016-12-17].

保教费和部分餐费。2013～2014年投入资金1009万元，为641所幼儿园减免了约17 040名学前儿童保教费[①]。从这一则新闻中可以清晰发现张家口市对普惠性幼儿园的支持力度和给予的资助，除外在文件指出，充分利用中小学布局调整这一契机与之做到协同推动，进一步优化学前教育资源配置。同时还给与农村适度的弹性，依据本区域的经济发展水平，不断促进学前教育的发展，最后政府助力学前教育，将会促进张家口整体学前教育更上一个新的层面。

3. 邯郸市

关于邯郸市所获得信息也是极少的，但是感谢在邯郸市调研的同仁，他们拍摄到了邯郸市的普惠性民办幼儿园认定办法和具体的资助制度，具体资助办法与河北省普惠性民办幼儿园的相关政策表述一致，主要在访谈中我们也发现很多问题，由于这个普惠性民办幼儿园的申请中，对于收费标准有着明确的规定，但是政府补贴的难以达到平衡，因此有些农村和民办幼儿园表示，宁愿不要这个称号。

4. 沧州市

沧州市政府不断关注学前教育的公平，大力促进学前教育公平。一是重点落实学前教育家庭经济困难儿童入园资助政策。合理界定资助范围和额度，向农村地区、贫困地区、民族地区倾斜，加强资金管理，确保困难幼儿受益。二是落实国家学前教育奖补政策，积极扶持普惠性民办幼儿园发展，加大对城市公办幼儿园投入，提高幼儿园接收进城务工农村工子女入园能力。三是深化市区公办幼儿园招生改革工作。在市直园和新华区、运河区、开发区三区试行电脑派位入公办园政策，严格程序，透明公正地完成市区幼儿园招生工作，并逐渐辐射扩大到全市各公办幼儿园，努力解决"入园难"问题，促进教育公平。全市学前三年毛入园率达到85.1%，努力打造我市学前教育普惠、公益、公平的新亮点[②]。沧州市利用自己得天独厚的地理位置，同时深刻挖掘区域优势并且敢于面对自己的劣势，在加快经济发展的同时，开始不断关注学前教育的公平，不断促进学前教育正向平稳的发展。但是，我们也可以看到，就目前收集的信息中，并不了解是否制定符合本区域的普惠性民办幼儿团的认定办法和具体的资助体系。

---

① 张家口不断加快学前教育发展. 2011.http://news.hexun.com/2011-05-06/129371308.html[2016-12-17].
② 沧州市教育局. 2015.关于印发《沧州市2014年基础教育工作要点》的通知. http://www.czjyw.gov.cn/jyxw/302751.shtml[2016-12-17].

从总体看来河北省各地级市对于普惠性幼儿园的认识和发展有着很明显的差异性,这种差异性和经济水平有着紧密的联系,此外河北省就发展普惠性幼儿园的意识以及普惠性幼儿园的概念认识上认识不清,同时区域间的各地级市对于普惠性幼儿园的收费标准和扶持上有着很多的差异,但是就已经制定政策文本的地级市相对较为重视普惠性幼儿园的发展,或者其他地级市还在进一步的规划和设计中,相信河北省普惠性幼儿园的发展会更上一个层面。

(二)河北省城乡之间普惠性幼儿园的发展状况比较

1.基于教育公平层面上发展不平衡的表现

总体来看河北省城乡之间普惠性幼儿园的发展很不均衡,具体表现在如下层面。

第一,教育起点的不平衡。在农村教育起点的不公平表现为城乡之间的普惠性幼儿园数量就存在着明显的差距。事实上单纯从普惠性的概念进行理解可以看出更多的偏向于民办园,或者说更加倾向于农村民办园。随着中央政策提出的一系列促进社会主义新农村建设的政策,农村经济在一定程度上有了发展,同时农民群众对于子女接受学前教育也有了一定观念上的转变。但是就城乡比较而言,农村幼儿目前就读普惠性幼儿园的数量还是较少,这一点或和我国长期以来形成的城乡二元体制有关。

第二,教育过程的不平衡。学前教育过程的不平衡主要体现在教师的资源情况下,师幼儿是保持良好的师幼关系建立的重要保障。长期以来,由于农村幼儿园教师待遇低下,师资水平低,流失现象严重,导致专任教师缺口越来越大。尤其是在受到幼儿园待遇的问题上,从而造成了农村的幼儿教师较少,尤其是一个幼儿教师要负责好几个班级,从而使得农村的教育过程远远低于城市的幼儿教育。幼儿园教师在数量上的缺乏是导致教育不平衡的重要因素之一。

第三,教育结果的不平衡。农村地区地形地貌复杂,经济文化发展水平差异大,决定了农村普惠性幼儿园发展的艰难性。

2.农村普惠性幼儿园发展的问题

第一,农村普惠性幼儿园数量不足,难以满足人们的需要。就当前河北省的普惠性幼儿园数量来说还存在很大的缺口,这种情况在农村表现得更加明显。

在河北省进行的"学前教育三年行动计划"即将进入到尾声,关于下一步推进农村普惠性幼儿园的发展将会被提上日程。

第二,农村普惠性幼儿园发展的投入不足。就地方调研的现状来看,我们可以明显的发现农村的财政基数不足,尤其是当前我国政府在财权和事权分离的大背景下,如何才能解决农村教育投入不足的这一个根本性问题,需要地方政府进行探索以及尝试借鉴其他省份的教育经验。根据前面部分可以清晰地发现河北省的教育财政投入的总体情况与其他省市的比较后这种差距表现得更加淋漓尽致。解决河北省农村教育总突入不足的策略需要我们进行设想,也只有敢于基于实际情况进行设想,才能突破"实践与理论"的短板效应。

第三,农村普惠性幼儿园的师资水平和教师队伍状况堪忧。在地方调研的基础上同时结合其他部分的数据,我们发现农村地区的师资水平参差不齐,同时相比于城市而言,农村教师队伍无论是教师结构、教师学历水平、教师男女比例以及教师的年龄上都有自己的特征。其中教师结构上主要是一些中专和大专院校毕业的教师。另外就教师资格证的数量上和专任教师总体情况不甚理想。男女比例上主要以女性教师为主,男性教师的数量寥寥无几。最后教师年龄上主要以较年轻的为主。就教师职业放弃情况看来,农村的幼儿教师总体非常不稳定。

第四,农村普惠性幼儿园的办园条件和硬件建设较差。根据在河北省地级市的调查中发现很多幼儿园的办园条件仍然较差,甚至在评估上有着明显的伪造数据和进行弄虚作假的成分。

二、河北省地级市农村学前教育发展状况比较

(一)学前教育普及情况

1.城乡幼儿园总数比较分析

从2011~2016年的各地级市城乡幼儿园数量统计图中可知,沧州市2011年城区幼儿园数量为231所,2016年增加至294所,共增加63所,增幅为27.2%。2011年农村幼儿园数量为152所,2016年增加至186所,共增加34所,增幅为22.37%。承德市2011年城区幼儿园数量为173所,2016年增加至199所,共增加26所,增幅为15.03%。2011年农村幼儿园有1579所,2016年增加至

1622所，共增加43所，增幅为2.7%。邯郸市2011年城区幼儿园数量为134所，2016年增加至243所，共增加109所，增幅为81.34%。2011年农村幼儿园数量为1115所，2016年增加至2051所，共增加936所，增幅为83.9%。秦皇岛市2011年城区幼儿园数量为114所，2016年增加至248所，共增加134所，增幅为117.54%。2011年农村幼儿园是66所，2016年增加至77所，比2011年增加13所，增幅为19.7%。邢台市2011年城区幼儿园数量为342所，2016年增加至779所，共增加437所，增幅为127.78%。2011年农村幼儿园是508所，2016年增加至744所，共增加236所，增幅为46.46%。由此可知，近年来河北省各地级市城乡幼儿园数量都有所增加，但是总体而言农村地区的幼儿园数量增加幅度较小（图4-158、图4-159）。

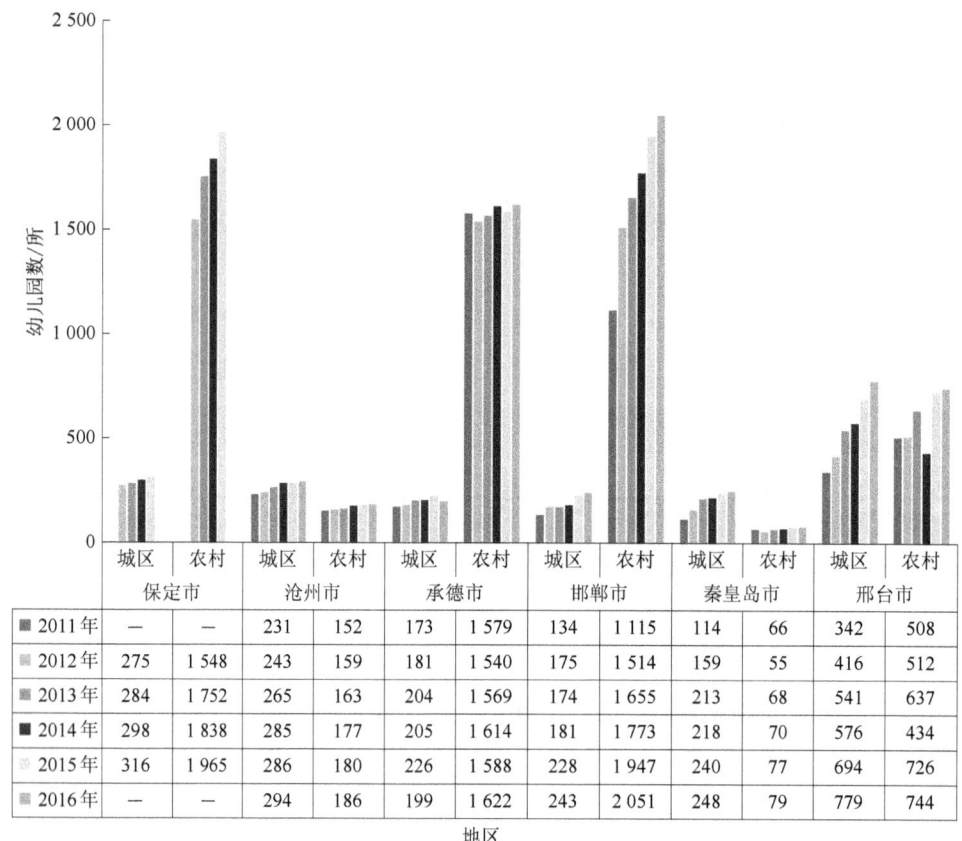

	保定市		沧州市		承德市		邯郸市		秦皇岛市		邢台市	
	城区	农村	城区	农村	城区	农村	城区	农村	城区	农村	城区	农村
2011年	—	—	231	152	173	1579	134	1115	114	66	342	508
2012年	275	1548	243	159	181	1540	175	1514	159	55	416	512
2013年	284	1752	265	163	204	1569	174	1655	213	68	541	637
2014年	298	1838	285	177	205	1614	181	1773	218	70	576	434
2015年	316	1965	286	180	226	1588	228	1947	240	77	694	726
2016年	—	—	294	186	199	1622	243	2051	248	79	779	744

图4-158　2011～2016年河北省各市城乡幼儿园的数量统计图

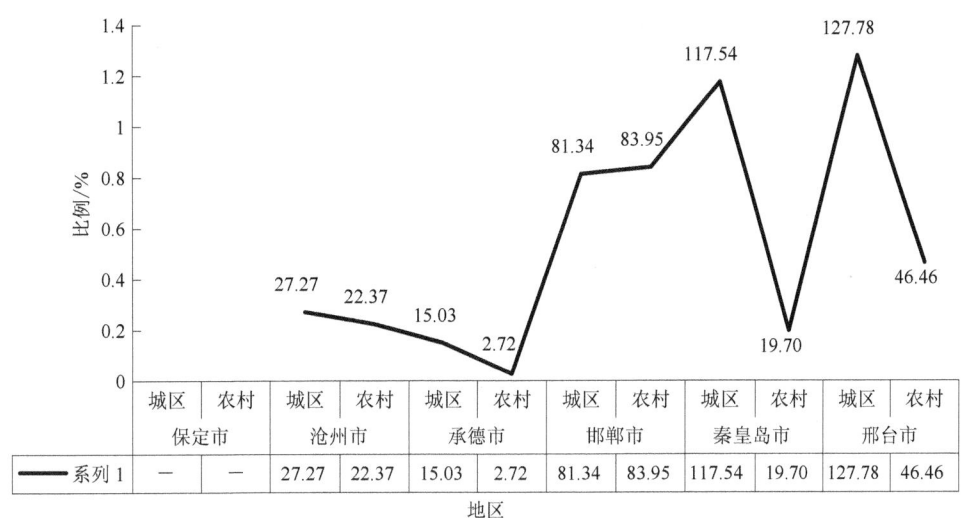

图 4-159 2011~2016 年河北省地级市城乡幼儿园增幅

2.城乡幼儿园在园儿童数比较分析

幼儿园在园儿童数是反映一个地区学前教育普及率的重要指标，因此，就河北省各地级市城乡在园儿童数进行分析，2011 年邯郸市城市地区在园幼儿数为 17 244 名，2016 年 17 753 名，共增加 509 名，增幅为 2.95%。2011 年农村在园幼儿数为 130 373 名，2016 年为 136 785 名，增加 6421 名，增幅为 4.92%。秦皇岛市城区幼儿园在园幼儿总数呈现递增趋势，从 2011 年的 34 556 名增至 2016 年的 48 873 名，共增加 14 317 名，增幅为 41.43%。农村幼儿园在园儿童数呈现递减趋势，一直从 2011 年的 37 683 名降至 2016 年的 30 090 名，共减少 7593 名，降幅为 20.15%。承德市农村幼儿园在园幼儿数高于城市地区，农村地区在园幼儿数呈现波动变化，而城市地区幼儿数趋势平稳，变化不明显，一直维持在 29 000 名左右。2011 年城区在园儿童数为 26 496 名，2016 年为 29 743 名，共增加 3247，增幅为 12.25%。2011 年农村幼儿园在园儿童数为 69 766 名，2016 年为 59 074 名，共减少 10 692 名，降幅为 15.33%。沧州市城市和农村幼儿园在园儿童数数呈现波浪式变化。2011 年城区在园儿童数 118 400 名，2016 年 131 400 名，共增加 13 000 名，增幅为 10.98%。2011 年农村在园儿童数 103 200 名，2016 年 135 400 名，共增加 32 200 名，增幅为 31.20%。

邢台市城市和农村地区幼儿园在园幼儿数逐年增长。2011 年城区在园儿童数为 80 609 名，2016 年为 147 348 名，共增加 66 739 名，增幅为 82.79%。

2011年农村幼儿园在园儿童数为95 551名，2016年为112 827名，共增加17 276名，增幅为18.08%。总体而言，沧州市、邯郸市农村幼儿园在园儿童数的增幅高于城区，而邢台市、秦皇岛市、承德市农村幼儿园在园儿童数增幅低于城区，且秦皇岛市和承德市的农村幼儿园在园儿童数增幅出现负增长（图4-160、图4-161）。

3.城乡幼儿园班级数量比较分析

幼儿园班级数量是衡量一个地区幼儿学前教育发展现状的一个常用指标，幼儿园的班级数量的多少能够间接反映出一个地区幼儿园发展水平。因此就河北省城乡幼儿园班级数量做比较分析，从2011～2016年河北省各地级市城乡幼儿园班级数量统计图中可知，邯郸市2011年城区幼儿园班级数量为2514个，2016年为3323个，共增加809个，增幅为32.18%。农村2011年幼儿园班级数量为236个，2016年为3060个，共增加694个，增幅为29.33%。秦皇岛市2011年城区幼儿园班级数量为839个，2016年1052个，共增加213个，增幅为25.39%。农村2011年幼儿园班级数量为2972个，2016年为2809个，共减少163个，降幅为5.48%。承德市2011年城区幼儿园班级数量为1369个，2016年为1835个，共增加466个，增幅为34.04%。农村2011年幼儿园班级数量为8000个，2016年为11 414个，共增加3414个，增幅为42.68%。邢台市2011年城区幼儿园班级数量为2962个，2016年为5229个，共增加2267个，增幅为76.54%。农村2011年幼儿园班级数量为4138个，2016年为4373个，共增加235个，增幅为5.68%。总体而言，只有承德市农村幼儿园数量的增幅高于城区，而邯郸市、秦皇岛市、邢台市的农村幼儿园班级数量的增幅则远低于城区。

此外以邢台市为例，该市城市在2011～2016年的班级数量逐年增加，2016年班级数量达到5000多个，而农村地区幼儿园班级数量在2011～2016年没有大幅度的变化，始终保持在4000左右，且2013年有一个明显的回落。由此可以看出，河北省城市地区学前教育的规模在不断增大，而农村地区的学前教育规模变化不大。城乡之间学前教育还是存在一定的差距（图4-162、图4-163）。

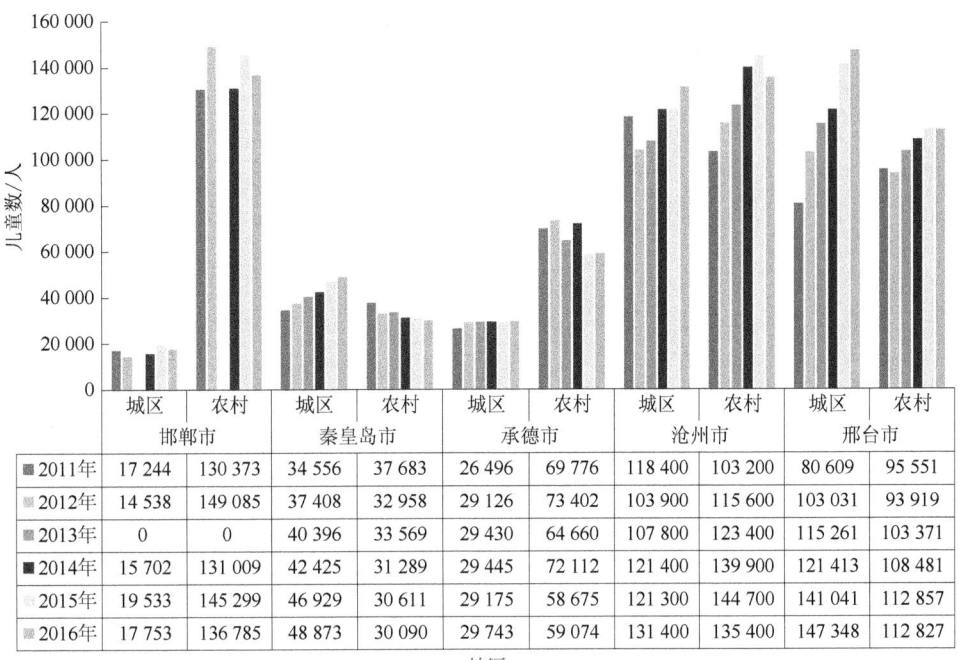

图 4-160 2011～2016年河北省各市城乡幼儿园在园儿童数

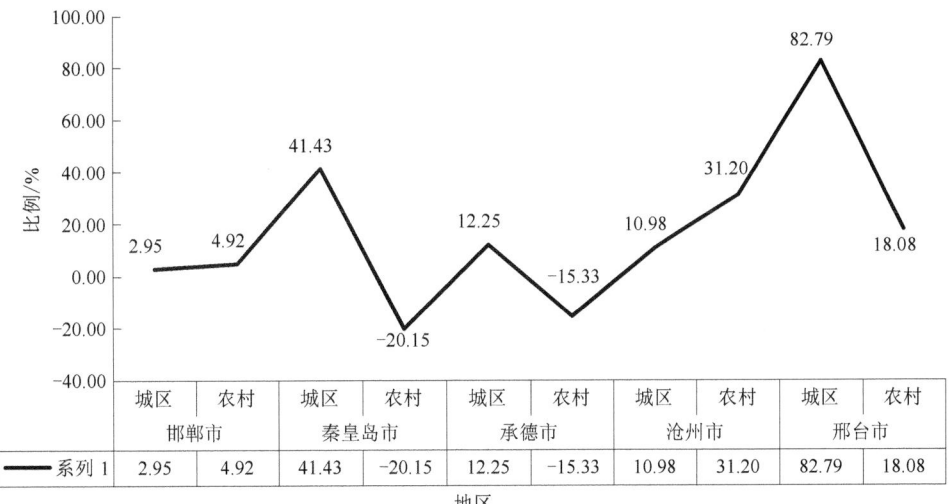

图 4-161 2011～2016年河北省各地级市城乡在园儿童数变化幅度

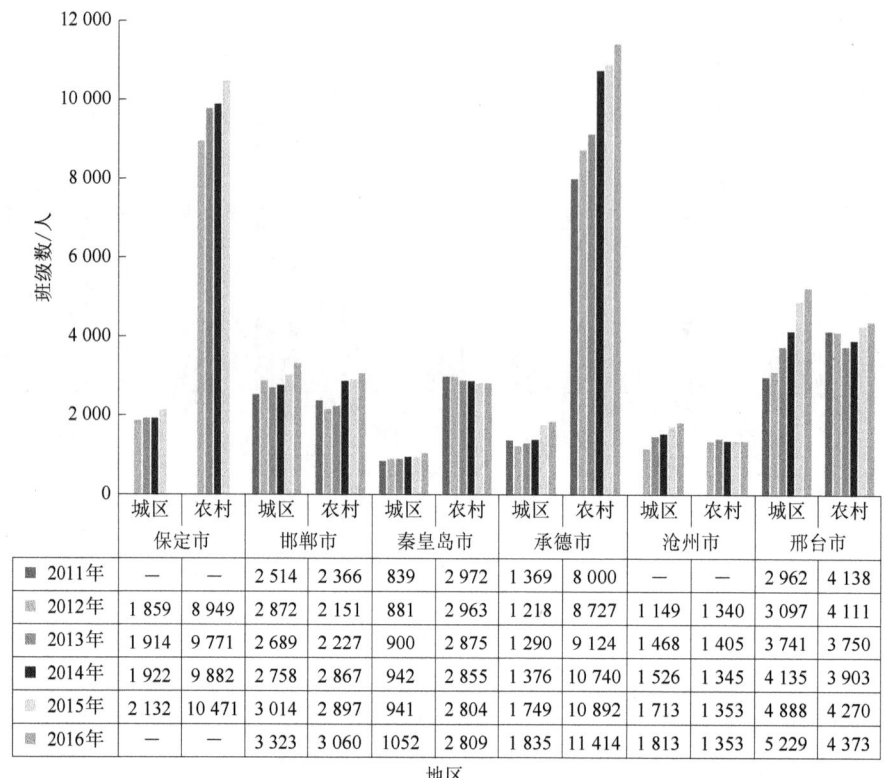

图 4-162　2011～2016 年河北省各地级市城乡幼儿园班级数量

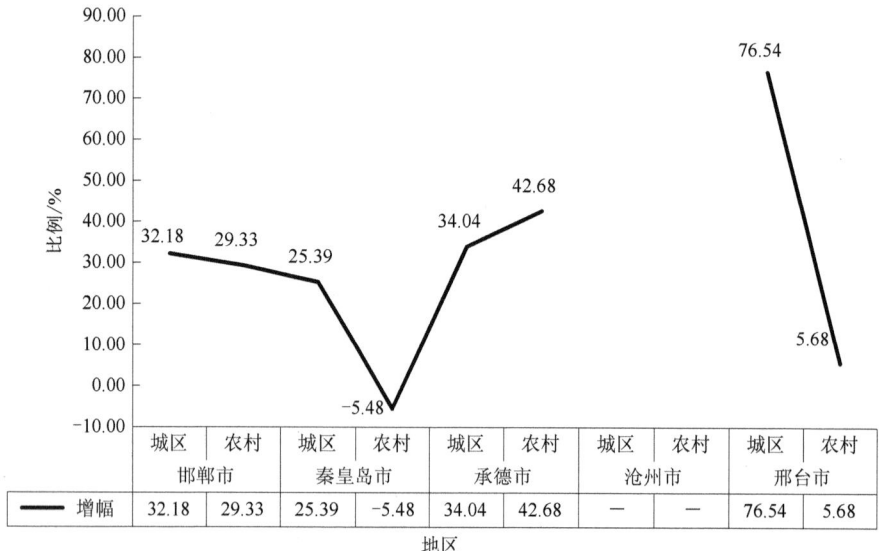

图 4-163　2011～2016 年河北省各地级市城乡幼儿园班级数量增幅

(二)学前教育师资队伍建设情况

1.教师数量及增幅

教师是关系到教育质量好坏的重要因素,一个具有专业化、具有稳定性的师资队伍是教育发展过程中必不可少的重要因素,农村学前教育亦是如此,从河北省各市2011~2016年教师总数和农村教师数量增幅来看,邯郸市、秦皇岛市、沧州市农村教师数量增幅明显高于教师总数的增幅。邢台市和承德市教师总数增幅高于农村教师数量增幅。其中,邯郸市农村教师5年增幅为131.06%,秦皇岛市农村教师5年增幅为74.31%,沧州市农村教师5年增幅为35.71%,邢台市农村教师五年增幅为106.12%。承德市教师总数和农村教师数量的增幅不大,在教师数量上还有一些差距。由此可以看出,总体上河北省各市加大了对于农村学前教育的扶持力度,加强对于农村地区教师的投入。农村地区的教师数量在不断增加,且多数地区农村教师增加幅度高于教师总数的增加幅度(图4-164)。

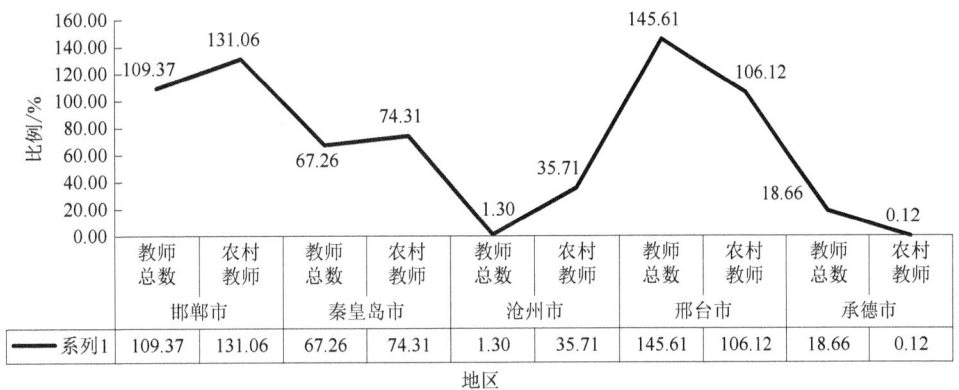

图4-164 2011~2016年河北省各市教师总数和农村教师数量增幅

2.农村教师占教师总量的比例

农村地区的学前教育最为突出的问题依然是师资不足。以河北省邢台市为例,从2011~2016年河北省邢台市农村教师数量占比统计图中可以看出,该市从2011~2016年农村地区教师数量比重一直维持在30%左右,近几年比重并未明显增加,且有下降的趋势。邢台市2014年农村教师数量占总数的33.71%,2016年仅占到了28.93%(图4-165)。

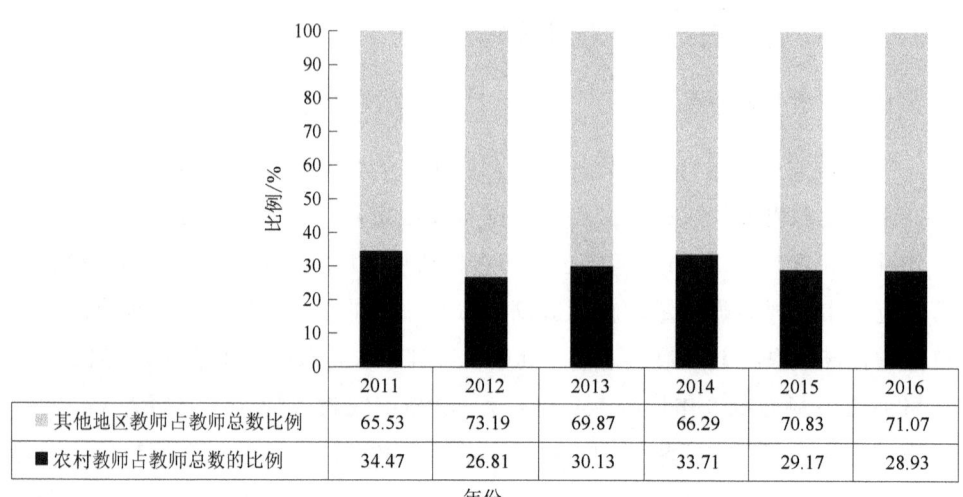

图4-165 2011～2016年河北省邢台市农村教师数量占比

在大部分的农村幼儿园中,由于教师配置不足,多数的幼儿班由一个教师负责,没有保育员,保教合一,即教师既要教学又要独立承担保育工作,学前教育的保育功能被弱化。由于幼儿教师工资收入、福利待遇偏低,幼儿园教师非常稀缺,教师的流动性较大。教师不足的问题,严重影响了农村幼儿园的教育质量。更有甚者,在农村公办园中的"校中园"(小学附设的幼儿园)、农村教学点的附设学前班,由于教师资源匮乏,很多情况下是一名教师带两个班级,主教高年级学生,附带教学前班。所以一个教室里有两个年级,学前班和另外一个高年级班在一个教室里。教室无形中被分成了两部分,一边是高年级学生,一边是学前班。教师的缺乏严重影响了农村地区学前教育的发展。

3. 城乡幼儿园生师比

从2011～2016年河北省各市城乡幼儿园生师比表中来分析,由表可以看出,秦皇岛市、邯郸市、承德市、沧州市、邢台市农村地区的生师比远远高于城市地区,且沧州市农村地区的生师比超过70∶1,2012甚至高达96.33∶1。而根据教育部网站2013年1月23日发布《幼儿园教职工配备标准(暂行)》,[①] 在配发的通知中指出,全日制幼儿园全园教职工与幼儿之比

---

① 中华人民共和国教育部.2013.教育部关于印发《幼儿园教职工配备标准(暂行)》的通知.http://old.moe.gov.cn//publicfiles/business/htmlfiles/moe/s7027/201301/147148.html[2017-01-03].

为1∶5～1∶7,全园保教人员与幼儿之比为1∶7～1∶9。半日制幼儿园全园教职工与幼儿之比为1∶8～1∶10,全园保教人员与幼儿之比为1∶11～1∶13。很显然,只有秦皇岛市、邯郸市、承德市的城市地区幼儿园的生师比是基本符合标准的。因此农村地区幼儿园教师极度缺乏,一位教师担任多名幼儿的教学和保育任务,身兼多职。农村地区教师的缺乏也影响了农村学前教育的发展(表4-1)。

表4-1 2011～2016年河北省各市城乡幼儿园生师比(%)

地级市	地区	2011年	2012年	2013年	2014年	2015年	2016年
秦皇岛市	农村	34.45	26.45	26.58	20.26	15.94	15.78
	城市	13.97	13.77	13.63	12.94	13.00	12.03
邯郸市	农村	14.04	12.08	暂无	7.88	7.58	6.38
	城市	4.65	3.81	暂无	3.61	3.53	3.09
承德市	农村	20.44	20.76	18.16	21.17	17.25	17.29
	城市	8.67	8.74	8.82	8.32	7.97	6.98
沧州市	农村	73.71	96.33	82.27	73.63	76.16	71.26
	城市	18.79	23.09	23.96	22.48	21.28	22.27
邢台市	农村	39.48	43.70	32.15	24.93	24.48	22.62
	城市	17.52	17.56	15.46	14.19	12.60	12.02

农村地区大部分教师数量不足,多数幼儿园没有设立保健室和专职保健人员,一个老师看二三十个孩子,既当教师又当保育员,生师比普遍偏高,尤其是村办幼儿园更是如此。有些地区家长送孩子入托的愿望十分强烈,但当地园所资源比较匮乏,导致一些幼儿园的班容量能达到70人。但另外一种情况是生师比非常低,平均0.5个老师看着三五个学生。比如,偏远农村地区里,最少的学前班里有三五个学生,一个老师既要管理一年级,也要带着学前班。这样相对而言生师比是相当低的,但是这种畸形的教育现象也不利于教育质量的提高。

(三)学前教育经费投入情况

1.城乡学前教育经费投入的绝对量

从2011～2016年河北省对保定市、沧州市、邯郸市城乡学前教育财政投入情况来看，总体上2011~2016三市农村地区学前教育的教育经费总投入、学前教育财政性教育经费和学前教育预算内教育经费呈现上升趋势。城区的财政投入呈现波浪式变化，有的年份出现负增长。

具体而言，首先，学前教育经费总投入，保定市2011年农村地区学前教育经费总投入为39 367万元，2015年增加至124 527万元，比2011年增加了85 160万元，增幅达到216.32%。保定市城区2011~2015年增幅为29.20%。沧州市2011年农村地区学前教育经费总投入26 311.9万元，2016年增至102 356万元，比2011年增加了76 044.1万元，增幅为289.01%。沧州市城区2011~2015年增幅为13.56%。邯郸市2011年学前教育经费总投入21 807万元，2015年增至77 157万元，比2011年增加了55 350万元，增幅为253.82%。邯郸市城区2011~2015年增幅为20.10%。

其次，学前教育财政性教育经费投入，保定市2011年农村地区学前教育财政性教育经费投入为25 292万元，2015年增至80 354万元，比2011年增加55 062万元，增幅为217.71%。保定市城区2011~2015年增幅为0.77%。沧州市2011年农村地区学前教育财政性教育经费投入为17 433万元，2016年增至70 821万元，比2011年增加53 388万元，增幅为306.25%。沧州市城区2011~2015年降幅为7.3%。邯郸市2011年农村地区学前教育财政性教育经费投入为7902万元，2015年增至32 511万元，比2011年增加24 609万元，增幅为311.43%。邯郸市城区2011~2015年降幅为19.49%。

最后，学前教育预算内教育经费投入，保定市2011年农村地区学前教育预算内教育经费投入为25 292万元，2015年增至80 349万元，比2011年增加55 057万元，增幅为217.69%。保定市城区2011~2015年增幅为2.20%。沧州市2011年农村地区学前教育预算内教育经费投入为17 433万元，2016年增至70 821万元，比2011年增加53 388万元，增幅为290.11%。沧州市城区2011~2015年增幅为36.87%。邯郸市2011年农村地区学前教育预算内教育经费投入为7325万元，2015年增至32 511万元，比2011年增加25 186万元，增幅为343.84%。邯郸市城区2011~2015年降幅为16.56%。总体而言，近年来农村地区学前教育经费投入绝对量不断增加，且增幅远大于城区。城区的学前教育投入绝对量甚至出现负增长,由此可知政府在学前教育经费投入中向农村地区倾斜(图 4-166、图 4-167)。

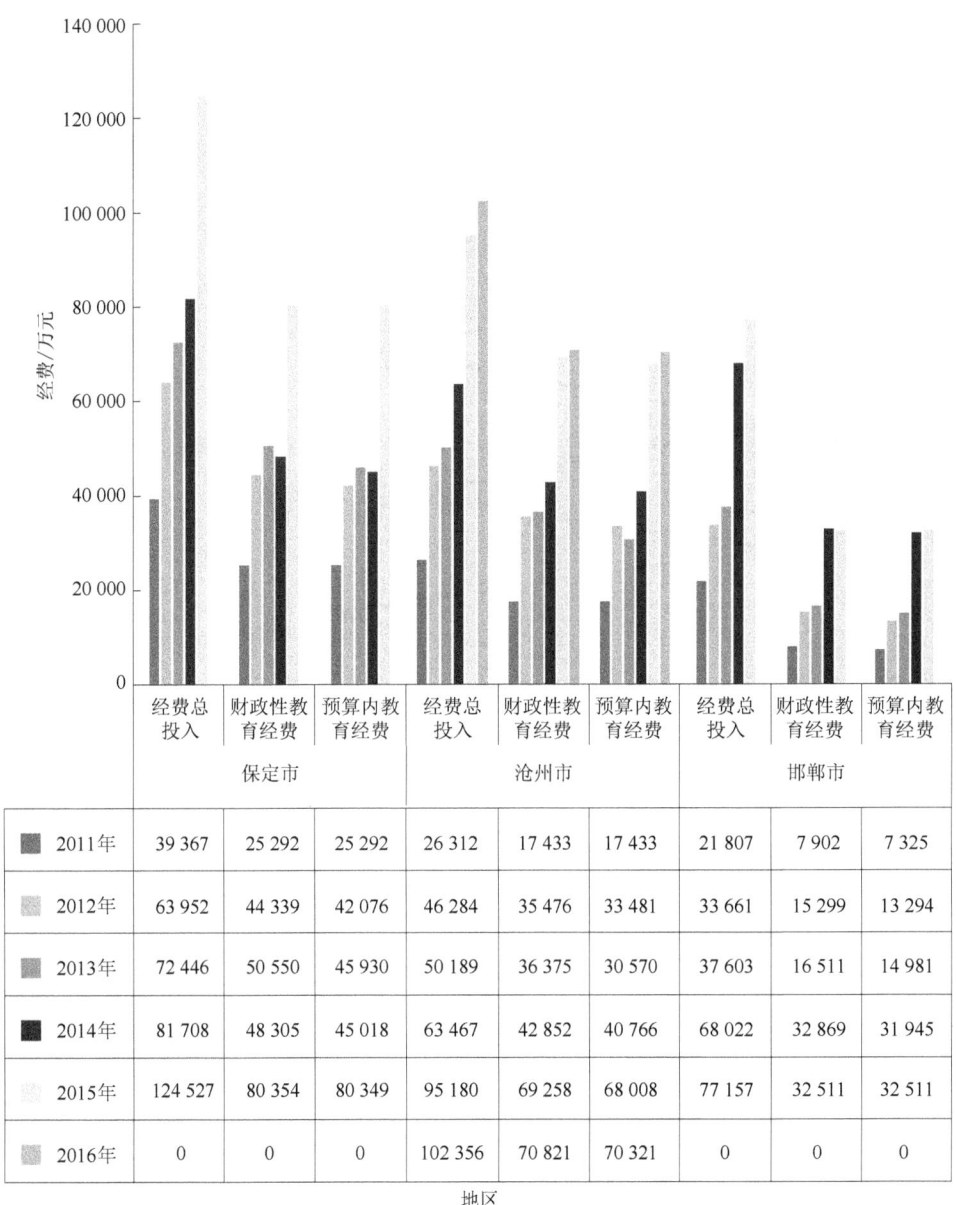

图 4-166　2011～2016 年河北省对保定市、沧州市、邯郸市城乡学前教育经费投入的绝对量

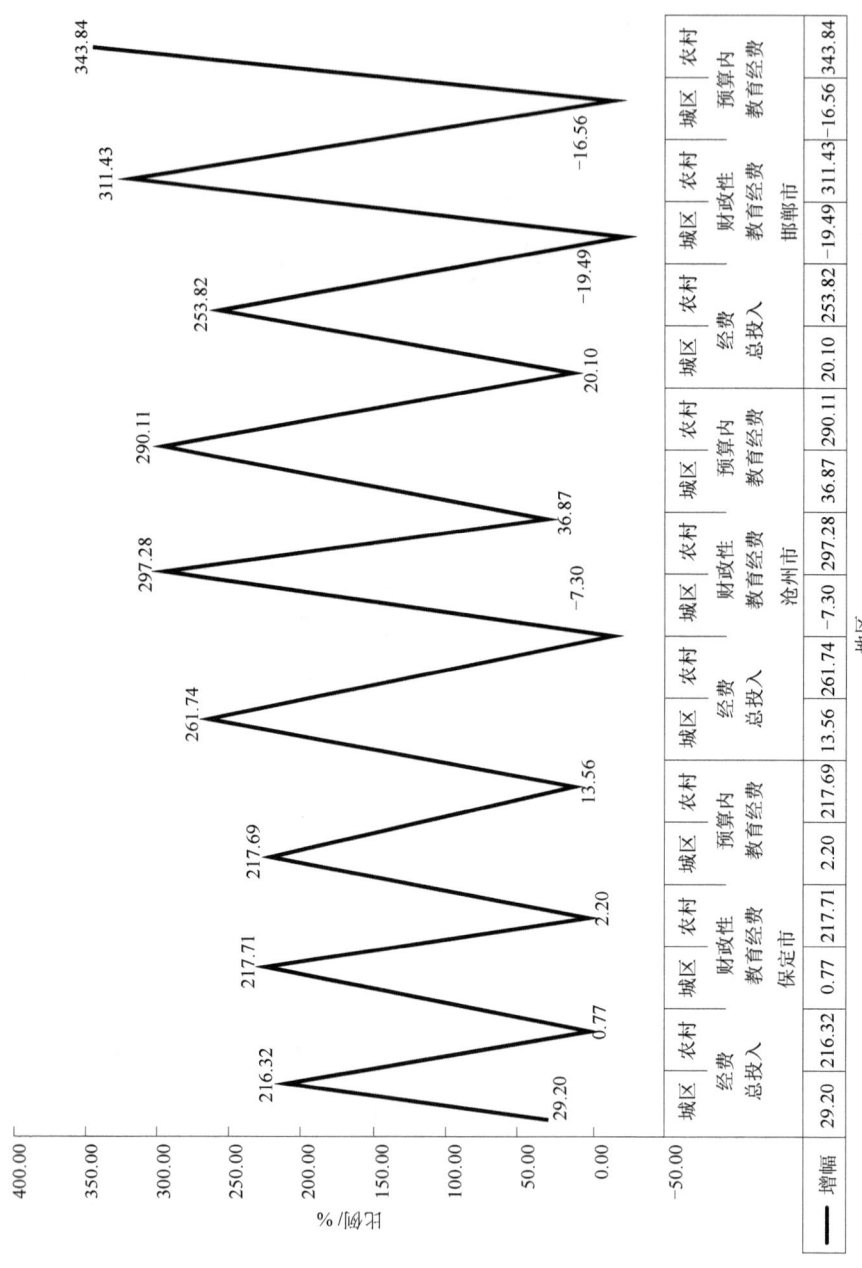

图 4-167 2011～2015 年河北省保定市、沧州市、邯郸市城乡学前教育投入相对量增幅

2. 农村学前教育经费在总投入中的占比

从河北省保定市 2011～2015 年农村地区学前教育经费投入占学前教育经费总投入的比例统计图中可以看出，农村地区近几年的学前教育经费所占比重逐年加重，2011 年全保定市对于学前教育经费总投入为 64 767 万元，对农村地区的投入为 39 367 万元，农村学前教育经费投入占总投入的 60.78%，2015 年总投入为 157 343 万元，农村地区的投入为 12 527 万元，农村学前教育经费投入占总投入的 79.14%（图 4-168）。

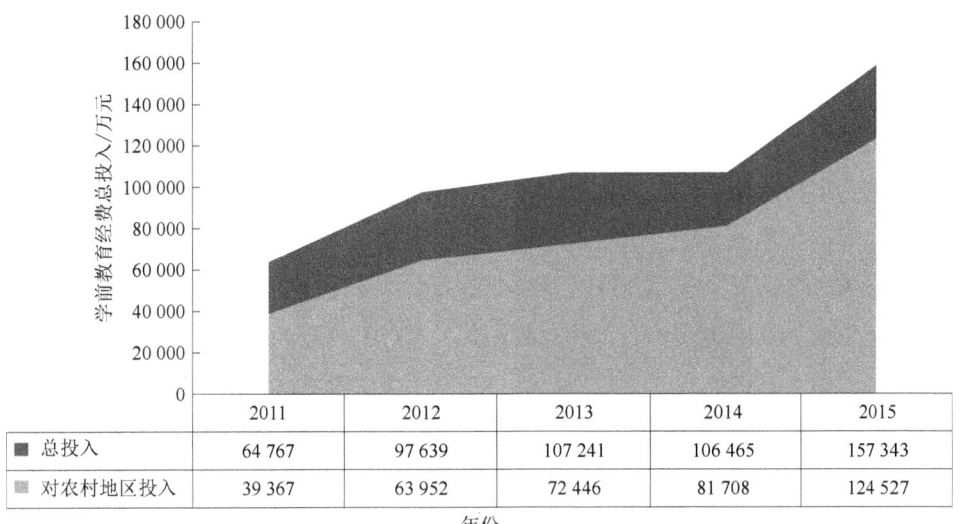

图 4-168　2011～2015 年河北省保定市农村学前教育经费投入占学前教育经费总投入的比例

从 2011～2015 年河北省保定市农村学前教育财政性教育经费占学前教育财政性教育经费总量的比例统计表中可以看出，农村学前教育财政性教育经费所占比重逐年加重，2011 年保定市学前教育财政性教育经费总投入 36 090 万元，农村地区投入为 25 292 万元，农村地区占总投入的 70.08%。2015 年总投入为 91 235 万元，农村地区为 80 354 万元，农村地区占总投入的 88.07%（图 4-169）。

河北省学前教育发展报告（2010—2016）

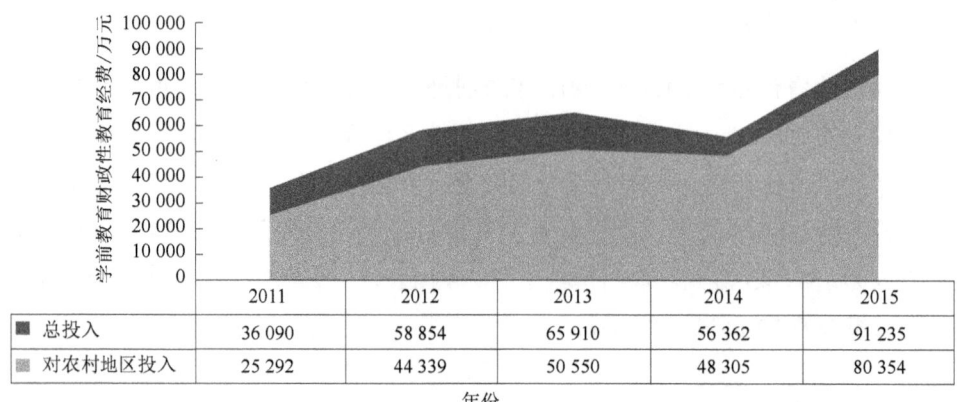

图4-169　2011～2015年河北省保定市农村学前教育财政性教育经费占学前教育财政性教育经费总量的比例

从2011～2015年河北省保定市农村学前教育预算内教育经费占学前教育预算内教育经费总量的比例统计表中可以看出，保定市农村学前教育预算内教育经费所占比重逐年增加，2011年河北省保定市学前教育预算内教育经费总投入35 919万元，农村地区投入25 292万元，农村地区占总投入的70.41%。2015年总投入91 210万元，农村地区投入80 349万元，农村地区占总投入的88.09%（图4-170）。可见，近年来河北省的教育经费向农村地区倾斜。

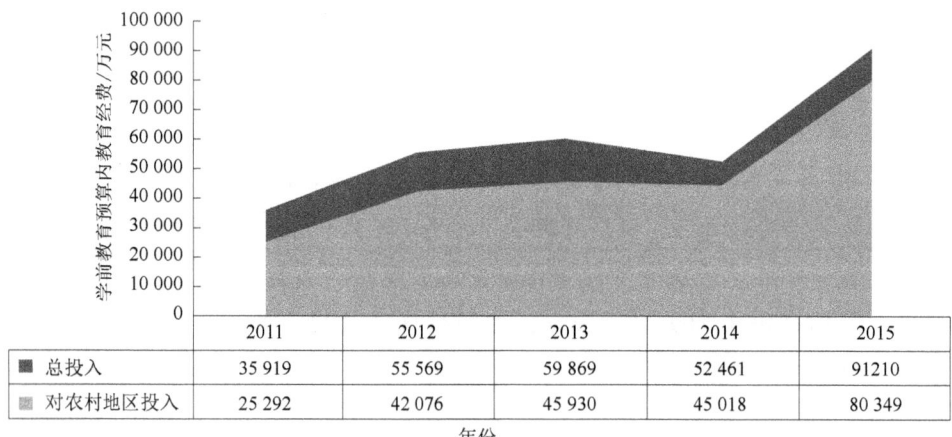

图4-170　2011～2015年河北省保定市农村学前教育预算内教育经费占学前教育预算内教育经费总量的比例

三、弱势儿童扶助情况

在 2013 年 1 月石家庄市财政局、石家庄市教育局关于开展学前教育资助工作的通知中规定,该市自 2012 年秋季学期起,在全市开展学前教育资助工作。资助对象包括孤儿、烈士子女、优抚家庭子女、享受城镇居民最低生活保障政策家庭和经民政部门确认的农村低保或纳入农村特困救助范围的家庭子女;父母一方死亡、离异的单亲贫困家庭子女;因受灾、疾病等原因导致家庭经济困难的儿童;符合入园条件的残疾儿童。资金标准为,农村幼儿资助标准原则上按照每人每年 500 ~ 700 元资助标准执行。在资金使用要求中规定学前教育资助资金要优先用于直接减免在园儿童保教费,剩余部分可用于减免餐费,不得发给儿童或其家长。各县(市)区和相关幼儿园要对该项资金实行专账管理,单独核算,严禁挤占、截留或挪作他用。[①]

---

① 石家庄市财政局,石家庄市教育局.2013.关于开展学前教育资助工作的通知.石财教〔2013〕1 号.

第五章

河北省学前教育发展展望

第一节　进一步改革发展的思考和探索

通过坚持"以公办幼儿园为主,以公办教师为主,以公共财政投入为主"的"三为主"模式,河北省着力扩大普惠性学前教育资源,强力推进农村学前教育三年普及,极大地促进了全省学前教育事业的发展。为了进一步促进省内学前教育事业改革发展,河北省可以从以下几个方面进行思考与探索。

一、进一步提升管理责任重心,建立以县为主,省市统筹的管理体制

在积极推进农村学前教育三年普及的过程中,河北省的学前教育管理体制不断创新,经历了从"三级两线"到"幼小一体化"的转变。但是,随着分税制和农村税费的改革,一些经济欠发达地区的乡镇无财力亦无人力发展农村学前教育。因此,提升农村学前教育管理责任重心,把县域作为农村学前教育管理体制改革的关键和突破口,是河北省下一阶段学前教育改革和探索的重点。2011年,在河北省人民政府《关于大力发展学前教育的若干意见》中,明确提出:"县级政府对本行政区域学前教育事业发展负主要责任,根据经济社会发展、城乡人口分布和流动趋势,统筹规划幼儿园布局,筹措学前教育经费,办好公办幼儿园,扶持民办幼儿园,负责对各类幼儿园及其园长、教师的管理和业务指导。"[①] 在此基础上,省市的主要职责是统筹学前教育事业发展,"省级和设区市政府负责本行政区域学前教育工作,制定发展规划和政策措施,加强统筹协调和监督指导,加大经费支持和统筹力度,扶持农村地区、少数民族地区及边远

---

① 河北省人民政府.2011.关于大力发展学前教育的若干意见.冀政〔2011〕1号.

贫困地区学前教育事业发展。"①而乡镇和街道一级则从原来的学前教育管理主体转变为协助县级政府管理的具体实施部门，"乡镇和街道办事处根据县级政府规定履行相关职责，支持办好乡镇（街道）中心幼儿园和村幼儿园；加强对本辖区内各类学前教育机构安全、卫生和周边环境等方面的管理，为本辖区内学龄前儿童接受灵活多样的学前教育服务提供条件保障。有条件的乡镇政府在学前教育投入和幼儿园建设方面应承担更多责任"②。

这就要求河北省进一步理顺各级政府及其各行政部门的职权责配置，建立分级管理、以县为主的管理体制，从而解决农村学前教育保障不足、资源供给有限等问题。具体而言，河北省可以借鉴其在农村义务教育管理体制改革中的经验，在乡镇财力较为薄弱的地区，将县或县乡两级确立为农村学前教育人财物和信息的具体行政管理主体，对事权进行首次配置；随后根据各地实际情况将县级政府无能力承担的事权配置到省、市级政府，并最终将省级政府确立为统筹管理、保障农村学前教育公平与区域农村学前教育均衡发展的责任主体。

二、进一步明确政府职责，建立稳定的经费投入保障机制

总体来看，虽然河北省一直强调以公共渠道为主，多渠道筹资，努力建构学前教育经费投入保障机制，但目前在教育经费普遍短缺的大背景下，学前教育经费投入仍显不足，难以为学前教育事业发展提供充足的经费支持。在提倡政府职能转变的今天，如何充分体现政府在学前教育事业发展中的主导地位和重要职责，是河北省需要深入思考和不断探索的问题。过去河北省学前教育事业发展的经费来源主要靠"六个一点"，即"财政拨一点，群众集一点，集体挤一点，园和班收一点，个人捐一点，银行贷一点"③，在此基础上，农村坚持政府和集体投入为主。随着经济社会发展态势的好转和学前教育事业发展的需要，在河北省人民政府《关于大力发展学前教育的若干意见》中进一步提出："各级政府要将学前教育经费列入财政预算。新增教育经费要向学前教育倾斜。财政性学前教育经费在同级财政性教育经费中要占合理比例，未来3年要有明显提

---

① 河北省人民政府.2011.关于大力发展学前教育的若干意见 冀政〔2011〕1号.
② 河北省人民政府.2011.关于大力发展学前教育的若干意见 冀政〔2011〕1号.
③ 韩清林.2007.建设有乡土特色的农村幼儿园教育事业//韩清林为儿童的终身幸福奠基.石家庄：河北少年儿童出版社.

高。"[①] 从最新的政策文本中可以看出，河北省进一步坚持以公共渠道为主，多渠道筹资，构建经费投入保障机制的决心，但就如何保证"列入"，"倾斜"多少，占多大比例"合理"，以及如何做到"明显提高"等具体操作层面的问题，仍需要不断在实践中探索，并通过对政策法规的不断完善来予以保障落实。

此外，河北省明确要求："省财政厅会同省教育厅根据实际研究制定公办幼儿园生均经费标准和生均财政拨款标准，保障公办幼儿园的经费投入，保证公办幼儿园教职工工资足额发放"，并"建立学前教育资助制度，资助家庭经济困难儿童、孤儿和残疾儿童接受普惠性学前教育"，"制定优惠政策，鼓励社会力量出资办园和捐资助园"，"省级财政设立专项经费，支持农村及贫困地区发展学前教育"等。按照国际惯例和我国学前教育事业发展的方向，立足省情，河北省需要在此基础上进一步完善经费投入保障机制，科学核算幼儿园办园成本，制定幼儿园生均财政拨款标准和生均公用经费标准，并建立长效稳定的增长机制。在此基础上，进一步明确幼儿园收费标准，建立合理的成本分担机制，明确政府、社会和家庭合理承担的比例，确保学前教育的公益性质。

三、继续推行"三为主"，加快农村幼儿园标准化、规范化建设

河北省农村的学前教育曾经一度以学前班为主体，随着农村幼儿园办园的日趋规范化，原来大量附设于小学的学前班逐渐减少甚至消失，规范化的三年制幼儿园数量不断增多。这些规范化幼儿园力图改变以往学前班教育的小学化倾向，立足学前儿童身心发展特点，遵循幼儿园教育教学规律，学前教育质量逐步得到提高。但是，目前河北省公办学前教育资源总量仍显不足，质量有待进一步提高。为了满足全省适龄儿童，尤其是农村适龄儿童接受合格的学前教育的需要，河北省委、省政府决定继续在农村地区推行"三为主"模式，大力扩大农村地区的公办普惠性学前教育资源，加快推进农村幼儿园的标准化、规范化建设。

在2011年颁布的《河北省中长期教育改革和发展规划纲要（2010—2020）》中，进一步提出要"把发展学前教育纳入经济社会发展总体规划，建立覆盖城乡、布局合理的学前教育公共服务体系，保障适龄儿童接受基本的、有质量的学前教育"，并在此基础上"实施学前教育推进工程，推动农村幼儿园标准化、

[①] 河北省人民政府.2011.关于大力发展学前教育的若干意见 冀政〔2011〕1号.

规范化建设"①。同时,河北省还将进行学前教育办园体制改革试点,开展"优质幼儿园承办新园、托管薄弱园、举办分园等改革试验",并实施幼儿园建设工程,"支持办好现有乡镇中心幼儿园,每个乡镇至少建有一所达到三级标准的中心幼儿园。充分利用中小学布局调整后的富余校舍和社会资源,改建一批村级规范化幼儿园。"②这种根据农村地区实际情况确定办园体制和办园标准的发展思路是比较科学和切合实际的。

在河北省人民政府《关于大力发展学前教育的若干意见》中,专条明确提出要"健全和完善我省以政府和集体办园为主、以公办教师为主、以政府和集体投入为主的农村学前教育发展模式",要"把农村学前教育纳入农村公共事业和新农村建设的重要内容,将幼儿园作为新农村公共服务设施统一规划,优先建设","支持办好现有乡镇中心幼儿园,每个乡镇至少建有一所达到三级以上标准的独立建制的公办性质中心幼儿园"③。此外,河北省还决定要"推进农村幼儿园标准化和规范化建设",要求"各级政府加大对农村学前教育的投入,设立专门资金,结合国家实施的推进农村学前教育项目,支持农村地区特别是山区、革命老区、少数民族地区和偏远贫困地区的幼儿园建设,完善农村幼儿园的食宿等基本保教条件,配备基本的保教设施、玩教具、幼儿读物等。全面推行优质幼儿园在农村承办新园、托管薄弱园、举办分园的集团化办园模式,扩大优质学前教育覆盖面;发挥乡镇中心幼儿园对村办幼儿园的示范指导作用,带动提升农村学前教育水平"④。如果这些政策文本都能落到实处,那么河北省的学前教育事业就可以持续稳健发展。

第二节 事业发展对我国的启示和建议

从地域范围和经济社会发展水平来看,河北省境内北京以南的地区,具有

---

① 河北省人民政府.2010.河北省中长期教育改革和发展规划纲要(2010—2020年).http://www.360doc.com/content/13/1127/14/5654163_332551292.shtml [2018-04-25].
② 河北省人民政府.2010.河北省中长期教育改革和发展规划纲要(2010—2020年).http://www.360doc.com/content/13/1127/14/5654163_332551292.shtml [2018-04-25].
③ 河北省人民政府.2011.关于大力发展学前教育的若干意见 冀政〔2011〕1号.
④ 河北省人民政府.2011.关于大力发展学前教育的若干意见 冀政〔2011〕1号.

典型的中部特征；北京以北的张家口市、承德市地区，经济社会发展水平与西部接近；而秦皇岛市、唐山市、廊坊市等地的东部特征则更为明显。因此，河北省如同我国的一个缩影，以农村地区为主，经济发展不平衡，兼具了东中西部特征。此外，虽然河北省并不属于经济最发达地区，但是其学前教育事业发展却一直保持稳步增长的态势，尤其是其农村学前教育三年普及成效显著。本书把河北省学前教育事业发展作为省级个案，可以以小见大，为全国学前教育改革发展的分阶段、分区域推进提供一定的启示和借鉴。

一、确保学前教育公益性，坚持"三为主"的学前教育发展模式

河北省始终坚持"以政府和集体办园为主，以公办教师为主和以政府和集体投入为主"的"三为主"学前教育发展模式，即使是在 2003 年，国务院办公厅颁布了《关于幼儿教育改革与发展指导意见的通知》，明确提出"以社会力量举办幼儿园为主体"之后，河北省委、省政府仍然能从实际出发，始终支持省教育厅提出的"三为主"学前教育发展模式，从根本上保证了学前教育的公益性和普惠性，从而也保证了河北省学前教育，尤其是农村学前教育的发展和普及。实践证明，只有坚持"三为主"，才能保证学前教育低收费；只有保证低收费甚至是免收费，才能确保学前教育的公平，使适龄幼儿人人有幼儿园可上，人人上得起幼儿园。

（一）以公办园为主，注重提供"广覆盖、保基本"的学前教育公共服务

河北省在学前教育事业发展过程中，始终坚持以公办园为主体，注重提供"广覆盖、保基本"的学前教育公共服务，并在城市和农村采取不同的侧重方式：城市实行公办民办并举的办园体制，农村则坚持以政府和集体办园为主。此外，在民办园方面，河北省主要采用增量调整的办法，即鼓励社会力量兴办幼儿园，而不是通过公办园改制的办法来实现其增长；在公办园方面，河北省的"三为主"模式明确了农村"以政府和集体办园为主"，并在此基础上实行公办幼儿园的低收费政策，有效保证了农村学前教育的快速发展和普及，有力促进了学前教育的城乡均衡。

河北省的办园经验为我国办园体制改革提供了一定的启示和借鉴。首先，我国城乡学前教育事业发展不均衡，因此在城市和农村可以建立侧重不同的办园体制，城市可以吸引社会力量投资，建立公办、民办并举的办园体制；而在经济社会发展相对落后、难以吸引大量社会资源的贫困农村地区，政府则需承担办园主体责任，以财政投入为主提供学前教育公共服务，促进学前教育事业健康、稳定、均衡发展。

（二）以公办教师为主体，落实教师编制待遇，不断完善培养培训体系

为了保证学前教育事业健康快速发展，就必须建立一支高素质的、稳定的幼儿教师队伍。在河北省"三为主"的学前教育发展模式中，很重要的一条就是"坚持以公办教师为主"。河北省将公办幼儿教师统一列入小学教师编制核定范围，纳入公办教师序列，建立了一支以公办教师为主体、聘任制教师为补充的稳定的幼儿教师队伍，并逐步落实其工资待遇。在明确身份、保证编制和落实工资待遇的基础上，河北省也注重幼儿教师任教资格，不断扩充幼儿教师队伍，完善幼儿教师培养培训体系。一方面注重职前培养质量，另一方面对幼儿教师开展业务培训，并制定了《幼儿教师考核办法及实施细则》，通过平时考核与年度综合考核相结合的办法，对幼儿教师的德、能、勤、绩等方面进行综合评价。

学前教育事业发展的保障是经费、关键是教师。加快建设一支师德高尚、热爱儿童、业务精良、结构合理的幼儿园教师队伍是当前发展学前教育的重中之重。借鉴河北省学前教育事业改革发展过程中幼儿教师队伍建设的经验，我国应该明确幼儿教师的身份地位，科学核定幼儿园教职工编制，并逐步建立起以公办教师为主体，聘用制教师为补充的幼儿园教师队伍，不断落实其工资和待遇。在此基础上，还要完善幼儿园教师资格准入制度，不断建立健全幼儿园教师培养培训体系，并通过全国性的幼儿园教师专业标准和考核实施办法予以保障落实。

（三）以公共财政投入为主，不断加大政府对学前教育的投入力度

在我国，农村学前教育事业发展水平普遍落后于城市，而农村地区较低的经济社会发展水平又往往难以吸引大量的社会资源。因此，政府理应承担提供学前教育服务的主要责任。河北省在农村学前教育发展过程中一直提出要"坚

持以政府和集体投入"为主,从最初"六个一点"的多渠道筹资,逐步发展到要求各级政府将学前教育经费列入财政预算,财政性学前教育经费在同级财政性教育经费中占合理比例,设立学前教育专项经费,新增教育经费向学前教育倾斜等。在此基础上,河北省一方面保证对公办园的经费投入,一方面保证农村幼儿园中公办教师的工资,并且专门划拨一定的幼儿园教师培训经费。此外,河北省还注意通过政策激励、经费奖励的办法来调动各乡镇的办园积极性。一些县投入资金扶持乡镇中心园的建设,如承德兴隆县政府规定凡新建一所乡镇中心幼儿园奖励5万元,翻建一所乡镇中心园奖励3万元;邢台临西县对新建乡镇中心园、农村标准化幼儿园进行补贴;唐山玉田县以奖代投,对按标准建设幼儿园的乡镇和村予以补贴;邯郸武安市由市教委出资为建成的乡镇中心园补充大型玩具和幼儿教学仪器设备等[1]。

可以说,始终坚持"以政府和集体投入为主"是河北省农村学前教育事业快速健康发展的有效保障。我国在当前学前教育事业改革发展过程中应该借鉴这一经验,尤其是在中西部、农村和老少边穷地区,更需要政府相关部门在科学核算幼儿园办园成本,制定幼儿园生均财政拨款标准和生均公用经费标准的基础上,进一步完善财政投入机制,并建立长效稳定的增长机制。此外,还要加强中央和省级政府的转移支付力度,真正从政策上保证、从实践中落实对这些地区学前教育的财政投入。

总之,确保学前教育公益性,坚持"三为主"模式是河北省实现学前三年教育普及,特别是发展农村学前教育的政策保证,可以在一定程度上为解决我国目前面临的"入园难,入园贵"问题提供一定的启示和借鉴。

二、以农村学前教育为重点,分阶段、分区域推进普及进程

河北省以农村学前教育为重点,分阶段、分区域发展的普及思路可以为我国学前教育事业发展提供一定的启示和借鉴。首先,河北省社会经济正处在工业化加速发展的中期阶段,农村人口占大多数,农村人口加速向县镇转移,这与我国总体的基本国情相吻合。不管是在全国还是在河北,普及学前三年教育

---

[1] 韩清林.2007.建设有乡土特色的农村幼儿园教育事业//韩清林为儿童的终身幸福奠基.石家庄:河北少年儿童出版社.

的重点、难点都在农村,由普及学前一年教育向普及学前三年教育转变的重点也在农村。农村学前教育的加速普及是河北省学前教育快速发展的决定性因素,抓住了普及县域学前三年教育就等于是抓住了"普及学前教育三年计划"的根本。例如,2000~2006年,河北省城市在园幼儿人数由16.57万人增加到18.55万人,增加1.98万人,仅占增加总量的5.96%;包括县镇和农村在内的县域幼儿教育增加量达到总增加量的94.04%。其中,县镇在园幼儿由19.14万人增加到28.94万人,增加9.8万人,占增加总量的29.52%;农村由64.71万人增加到86.12万人,增加21.41万人,占增加总量的64.49%。[①]

从省域内范围来看,河北省如同中国的一个缩影,主要以农村地区为主,经济发展不平衡,兼具了各部特征:北京以南地区,具有中部特征;北京以北的张家口、承德地区,经济社会发展水平与西部接近;秦皇岛、唐山和廊坊的东部特征则更为明显。2001年11月,河北省政府在贯彻《国务院关于基础教育改革与发展决定》的实施意见中,明确提出了分地区、分阶段普及学前三年教育的目标,这种在学前教育发展过程中"片状施策"的经验可以为全国分阶段、分区域发展学前教育事业提供一定的启示和借鉴。比如,在经济比较发达的东部沿海和大中城市,可以在政府主导和扶持下,实行公办、民办并举的办园方针,鼓励社会力量办园,多渠道扩大学前教育资源;在经济发展水平相对落后的中西部地区、农村地区或老少边穷地区,则需要政府切实担负起发展学前教育的主要责任,中央政府要加大对这些地区的转移支付力度,保障其学前教育持续稳定发展。此外,在学前教育事业发展目标的制定上,各地应该结合实际,科学测算,制定切实可行的发展任务和普及目标。

三、统筹规划,充分利用中小学富余资源兴办学前教育

河北省"三为主"的学前教育事业改革发展特色中,最具创新和启示意义的是对中小学布局调整后富余教育资源的有效利用。早在1998年,河北省就开始大力推进农村小学布局调整,坚持将中小学布局优化同农村规范化幼儿园的建设统筹考虑,并在全省推广了唐山迁安市、乐亭县利用小学布局调整后空余校舍改建幼儿园的经验。2003年,国务院下发《国务院关于基础教育改革与发展的决定》,明确提出"因地制宜调整农村义务教育学校布局","高度重视农村

[①] 河北省教育厅在全国农村学前教育工作研讨会上的交流材料. 2010. 内部材料.

中小学危房的改造"①。河北省紧紧抓住了中小学布局调整这一契机，通过实施中小学危房改造工程拉动中小学布局结构调整，不仅实现了危房改造与中小学布局调整的"双赢"，而且充分利用了闲置的中小学校舍，将其改造和修缮之后优先改建为规范化幼儿园。这一方面有效保障了教育设施和教育资源不外流，一方面更有力地促进了学前教育事业的大发展。此外，在小学教师普遍超编的情况下，河北省紧紧抓住中小学布局调整的机遇，把原来在小学工作的一些幼师毕业生调整回幼教队伍，并将一些适合从事幼教工作的小学教师通过转岗培训考核合格后调整到幼教工作岗位上，有效解决了学前教育师资缺口巨大的问题。在《河北省中长期教育改革和发展规划纲要（2010－2020年)》中，进一步提出要"重点支持农村特别是贫困地区充分利用中小学布局调整富余的校舍和教师资源，改扩建或新建乡镇中心幼儿园和农村规范化幼儿园"②。

河北经验为全国学前教育事业改革发展提供了良好的启示和借鉴，在当前"入园难"问题如此突出的社会背景下，多渠道扩大学前教育资源是当务之急。然而，相比重新布局、规划用地、批准新建幼儿园来说，充分利用中小学布局调整之后富余的大量校舍、资源，并在合理改造修缮的基础上遵循安全、卫生、科学、适用的原则改装或购置必需的幼儿园家具和玩教具，无疑是一种更加合理、更加高效地扩大学前教育资源的办法。此外，幼儿教师培养周期长，不能马上解决当前幼儿教师资缺口巨大的问题，而中小学布局调整后正好富余了大量的教师，他们已经有了一定的教育教学经验，相比零起点培养教师无疑具有更高的效率，通过有效的转岗培训，使其充分了解学前儿童身心发展规律和幼儿园的教育教学特点，经过考核合格后补充到幼儿园中，可以最大程度的弥补当前幼儿园师资的巨大缺口。实际上，河北省的做法也得到了中央的认可和兄弟省份的认同。在各地对学前教育事业改革和发展的探索中，很多省市在其相关政策文本中提到了利用中小学布局调整后富余的教育资源办学前教育，2010年颁布的《国务院关于当前发展学前教育的若干意见》，也明确提出要把"中小学布局调整后的富余教育资源和其他富余公共资源，优先改建成幼儿园"③。

---

① 国务院．2010．国务院关于当前发展学前教育的若干意见　国发〔2010〕41号．
② 河北省人民政府．2010．河北省中长期教育改革和发展规划纲要（2010－2020年）[EB/OL]. http://www.360doc.com/content/13/1127/14/5654163_332551292.shtml [2018-04-25]．
③ 国务院．2010．国务院关于当前发展学前教育的若干意见　国发〔2010〕41号．

四、强化政府职责，完善督导评估，强力推进普及进程

在学前教育事业稳定快速发展的过程中，河北省不断强化政府职责，先后制定了学前教育发展规划与各项标准、政策文件等，通过建章立制、依法治教，为全省学前教育事业发展提供了有力的政策保障。早在20世纪，河北省教育厅就根据国家《幼儿园管理条例》和《幼儿园工作规程》精神，结合本省实际情况，先后制定了河北省贯彻这两个学前教育法规的实施办法。此外，河北省还依据本省学前教育事业发展的实际情况先后出台了《河北省农村学前班暂行管理办法》《关于幼儿园分类评定标准及收费原则的意见》《关于建立幼儿园、学前班登记备案制度的通知》《关于调整整顿幼儿教师队伍的意见》《关于幼儿教师队伍管理的意见》《河北省幼儿园、学前班分类评定验收标准》《河北省普及学前三年教育县（市）标准（试行）》等一系列学前教育管理的政策文件，这对加强全省农村学前教育工作的规范化、科学化管理，逐步实现依法治教发挥了重要作用。

河北省各级党委和政府对学前教育的支持力度很大，每年召开的教育工作会议都把学前教育作为一项重要内容进行总结和部署。河北省很多县市政府把学前教育与其他各级各类教育统一规划、统一部署、统一督察、统一考核；邢台市、保定市、沧州市政府副市长还与其所辖各县的县长签署了"普及学前教育三年计划"责任书，把"普及学前教育三年计划"指标纳入省政府对县级政府教育工作督导评估体系之中。此外，河北省在加快农村学前教育三年普及的过程中，不断加强督导检查和评估验收是实施"普及学前教育三年计划"的有力保障。如前所论述，2003年开始，河北省就与各市签订了"普及学前教育三年计划"目标管理责任书，启动了"普及学前教育三年计划"县评估验收工作，并从2004年开始逐县验收；从2005年起，河北省又把原来的按年度"普及学前教育三年计划"规划等额验收改为差额验收，并按照"查一验二谋划三"的工作思路进行督导检查和评估验收，有效地保证了"普及学前教育三年计划"工作的持续开展和顺利进行；从2009年开始，河北省教育厅又启动了对已命名的基本普及学前三年教育县的复查工作，促进"普及学前教育三年计划"的巩固和提高，这种不断进行验收的动态评估机制，对于巩固学前教育现有成果，在保住"存量"的基础上进一步发掘"增量"，意义重大。须知，政策制定只是学前教育事业发展的第一步，后续的保障落实至关重要，因此，我国学前教育

河北省学前教育发展报告（2010—2016）

事业发展一定要尽量避免"以政策贯彻政策，以会议落实会议"的现象。《国务院关于当前发展学前教育的若干意见》已经明确指出："地方政府是发展学前教育、解决'入园难'问题的责任主体。"[①] 河北省的经验也启示我们，一方面，中央政府应该在各地制定"学前教育三年行动计划"过程中，加强督导检查和落实；一方面，地方各级政府应该在制定学前教育发展目标的同时，明确其保障落实机制和督导检查制度。作为一项广泛引起社会关注的民生工程，学前教育事业发展不仅仅是教育部门的责任，各级政府及相关部门也要切实负起责任，这就需要在事业发展过程中不断完善督导评估机制，并把学前教育发展纳入政绩考核，将其作为领导干部考核、评估、升迁的重要依据。

在不断完善省级政策的基础上，河北省明确了"普及学前教育三年计划"目标管理责任制，积极实施"基本普及学前三年教育县（市、区）工程"，以工程项目为抓手强力推进普及进程。此外，河北省还与中央教育科学研究所合作开展了"河北农村学前教育项目"和"提高幼儿教师素质研究项目"，把学前教育行政管理工作与项目工作紧密结合，取得了重要进展和丰富经验。河北省强化政府职责，注重政策法规的完善，以及以工程项目为抓手强力推进学前教育普及进程的经验可以为我国学前教育事业发展提供了一定的启示和借鉴。2016年以来，随着我国"二孩"政策的全面放开，可以预计，在未来的几年，学前教育事业发展供需矛盾会更加突出，这就需要政府积极发挥主导作用，在充分调研的基础上通过实施学前教育事业发展专项规划，以工程项目为抓手来加快推进事业发展。与此同时，逐渐探索出适合国情和省情的学前教育长效发展机制，并以制度形式固化，为学前教育长期健康发展奠定基础。

---

① 国务院.2010.国务院关于当前发展学前教育的若干意见 国发〔2010〕41号.

附 录

全国学前教育重要政策汇编

（1）教育部.教育部关于规范小学和幼儿园教师培养工作的通知.教师〔2005〕4号.

（2）教育部.教育部关于加强民办学前教育机构管理工作的通知.教基〔2007〕16号.

（3）教育部办公厅.教育部办公厅关于推荐全国学前教育工作先进地区有关事项的通知.教基二厅函〔2010〕1号.

（4）教育部.教育部关于大力推进教育课程改革的意见.教师〔2011〕6号.

（5）教育部办公厅.教育部办公厅关于推荐教育部学前教育专家指导委员会委员的通知.教基二厅函〔2011〕17号.

（6）教育部.教育部关于规范幼儿园保育教育工作防止和纠正"小学化"现象的通知.教基二〔2011〕8号.

（7）教育部.教育部关于印发《学前教育督导评估暂行办法》的通知教督〔2012〕5号.

（8）教育部.教育部关于印发《幼儿园教师专业标准（试行）》《小学教师专业标准（试行）》《中学教师专业标准（试行）》的通知.教师〔2012〕1号.

（9）教育部，中央编办，财政部，等.教育部 中央编办 财政部 人力资源社会保障部关于加强幼儿园教师队伍建设的意见.教师〔2012〕11号.

（10）教育部.教育部关于印发《学前教育督导评估暂行办法》的通知.教督〔2012〕5号.

（11）教育部，国家发展改革委，财政部.关于深化教师教育改革的意见.教师〔2012〕13号.

（12）教育部.教育部关于建立中小学幼儿园家长委员会的指导意见.教基一〔2012〕2号.

（13）教育部办公厅.教育部办公厅关于开展全国学前教育宣传月活动的通知.教基二厅函〔2012〕7号.

（14）教育部.教育部关于鼓励和引导民间资金进入教育领域促进民办教育健康发展的实施意见.教发〔2012〕10号.

（15）教育部.教育部关于印发《3-6岁儿童学习与发展指南》的通知.教基二〔2012〕4号.

（16）教育部办公厅.教育部办公厅关于举办学前教育三年行动计划网络巡展的通知.教基二厅函〔2012〕16号.

（17）教育部.教育部关于印发《幼儿园教职工配备标准（暂行）》的通知.教师〔2013〕1号.

（18）教育部办公厅.教育部办公厅关于中小学幼儿园安全工作2013年第1号预警通知.教基一厅〔2013〕3号.

（19）教育部.教育部关于在中小学幼儿园广泛深入开展节约教育的意见.教基一〔2013〕5号.

（20）教育部办公厅.教育部办公厅关于召开全国中小学幼儿园安全工作电视电话会议的通知.教基一厅函〔2013〕19号.

（21）教育部办公厅，财政部办公厅.教育部办公厅 财政部办公厅关于做好2013年中西部农村偏远地区学前教育巡回支教试点工作的通知.教师厅〔2013〕4号.

（22）教育部办公厅.教育部办公厅关于印发《中小学幼儿园应急疏散演练指南》的通知.教基一厅〔2014〕2号.

（23）教育部.教育部关于成立教育部高等学校幼儿园教师培养等教学指导委员会的通知.教师函〔2014〕4号.

（24）教育部，国家发展改革委，财政部.教育部 国家发展改革委 财政部关于实施第二期学前教育三年行动计划的意见.教基二〔2014〕9号.

（25）教育部，国家发展改革委，财政部，等.教育部等五部门关于2014年规范教育收费治理教育乱收费工作的实施意见.教办〔2014〕6号.

（26）教育部.教育部关于印发《普通高中校长专业标准》《中等职业学校校长专业标准》《幼儿园园长专业标准》的通知.教师〔2015〕2号.

（27）教育部办公厅.教育部办公厅关于开展2015年全国学前教育宣传月活动的通知.教基二厅函〔2015〕6号.

（28）教育部.幼儿园工作规程.中华人民共和国教育部令第39号.

（29）教育部办公厅，财政部办公厅.教育部办公厅 财政部办公厅关于做好2016年中小学幼儿园教师国家级培训计划实施工作的通知.教师厅〔2016〕2号.

（30）教育部办公厅.教育部办公厅关于开展2016年全国学前教育宣传月活动的通知.教基二厅函〔2016〕8号.

（31）卫生部，教育部.托儿所幼儿园卫生保健管理办法.中华人民共和国卫生部.中华人民共和国教育部.第76号令.

（32）教育部，民政部，科技部，等.教育部等九部门关于进一步推进社区教育发展的意见.教职成〔2016〕4号.

（33）中共教育部党组.中共教育部党组关于教育系统学习贯彻习近平总书记教师节重要讲话精神的通知.教党〔2016〕44号.

（34）教育部.教育部关于贯彻执行《幼儿园建设标准》的通知.教发函〔2016〕231号.

（35）教育部，国家发展改革委，民政部，等.教育部等六部门关于印发《教育脱贫攻坚"十三五"规划》的通知.教发〔2016〕18号.

（36）教育部，国家语言文字工作委员会.教育部 国家语委关于印发《〈国家语言文字事业"十三五"发展规划〉分工方案》的通知.教语用函〔2016〕6号.

（37）教育部，国家发展改革委，财政部.教育部等四部门关于实施第三期学前教育行动计划的意见.教基〔2017〕3号.

（38）教育部.教育部关于印发《幼儿园办园行为督导评估办法》的通知.教督〔2017〕7号.

（39）教育部办公厅.教育部办公厅关于开展2017年全国学前教育宣传月活动的通知.教基厅函〔2017〕5号.

（40）教育部，国家语委.教育部国家语委关于进一步加强学校语言文字工作的意见.教语用〔2017〕1号.

（41）教育部.教育部关于印发《教育部2017年工作要点》的通知.教政法〔2017〕4号.教育部办公厅 财政部办公厅关于做好2017年中小学幼儿园教师国家级培训计划实施工作

（42）国务院教育督导委员会办公室.国务院教育督导委员会办公室关于加强中小学（幼儿园）安全工作的紧急通知.国教督办〔2017〕5号.

（43）教育部.教育部关于开展中小学（幼儿园）校车安全隐患排查整治工作的紧急通知.教督函〔2017〕2号.

（44）国务院.国务院关于基础教育改革与发展的决定.国发〔2001〕21号.

（45）国务院办公厅.国务院办公厅关于转发教育部等部门（单位）关于幼儿教育改革与发展指导意见的通知.国办发〔2003〕13号.

（46）国务院.国务院关于进一步加强农村教育工作的决定.国发〔2003〕19号.

（47）国务院.国务院关于当前发展学前教育的若干意见.国发〔2010〕41号.

（48）中华人民共和国住房和城乡建设部.中华人民共和国国家发展和改革委员会.建标〔2016〕246号.

（49）国家中长期教育改革和发展规划纲要工作小组办公室.国家中长期教育改革和发展规划纲要（2010-2020年）.

（50）国务院.国务院关于加强教师队伍建设的意见.国发〔2012〕41号.

（51）国务院教育督导委员会办公室.国务院教育督导委员会办公室关于印发《中小学（幼儿园）安全工作专项督导暂行办法》的通知.国教督办〔2016〕4号.

（52）财政部.教育部.关于加大财政投入支持学前教育发展的通知.财教〔2011〕405号.

（53）国家发展改革委，教育部，财政部.国家发展改革委教育部财政部关于印发《幼儿园收费管理暂行办法》的通知.发改价格〔2011〕3207号.

（54）财政部.教育部.关于印发《中央财政支持学前教育发展资金管理办法》的通知.财教〔2015〕222号.

（55）中华人民共和国住房和城乡建设部.托儿所、幼儿园建筑设计规范.中华人民共和国住房和城乡建设部公告第1079号.

（56）卫生部.卫生部关于印发《托儿所幼儿园卫生保健工作规范》的通知.卫妇社发〔2012〕35号.

河北省学前教育重要政策汇编

（1）中共河北省委，河北省人民政府.中共河北省委 河北省人民政府关于加强教育工作的决定.冀发〔2005〕11号.

（2）河北省人民政府.河北省人民政府办公厅转发省教育厅等部门关于进一步加快特殊教育事业发展实施意见的通知.冀政办〔2009〕46号.

（3）河北省教育厅.河北省利用农村闲置校舍改建规范化幼儿园办园条件基本要求.冀教基〔2009〕61号.

（4）河北省教育厅.关于做好中小学和幼儿园教师资格考试改革试点工作的通知.冀教师〔2009〕15号.

（5）河北省教育厅.两年制幼儿教育类专业（对口升学）课程设置方案（试行）冀教师〔2010〕7号

（6）河北省教育厅.河北省教育厅关于印发河北省幼儿教育类专业课程方案的通知.冀教师〔2010〕7号.

（7）河北省教育厅.河北省教育厅关于做好学前教育三年行动计划编制工作的预备通知 冀教基〔2011〕3号.

（8）河北省教育厅.河北省人民政府关于大力发展学前教育的若干意见.冀政〔2011〕1号.

（9）河北省人民政府.河北中长期教育改革和发展规划纲要（2010-2020年）.

（10）河北省教育厅 关于做好中小学和幼儿园教师资格考试改革试点工作的通知.冀教师〔2012〕15号.

（11）河北省人民政府办公厅.河北省人民政府办公厅关于加强和规范民办幼儿园管理的意见.办字〔2013〕98号.

（12）河北省教育厅.河北省教育厅关于进一步提高中等学历层次学前教育专业办学质量的通知.冀教师〔2013〕11号.

（13）河北省教育厅.河北省贫困偏远地区农村学前教育巡回支教试点工作实施方案（2013年）.

（14）河北省教育厅.河北省人民政府对县级政府教育工作级政府教育工作分年度督导评估规划（2014-2017）.

（15）河北省人民政府办公厅.河北省人民政府办公厅关于加强和规范民办幼儿园管理的意见.冀教师〔2013〕98号.

（16）河北省教育厅.河北省民办幼儿园设置标准.冀教政法〔2013〕56号.

（17）河北省教育厅.河北省教育厅关于2014年全省中等学历层次幼儿教育类专业办学资质与水平评估审核结果的通知.冀教师[2014]19号.

（18）河北省教育厅.河北省普惠性民办幼儿园认定及财政扶持管理办法（试行）.冀教基〔2015〕32号.

（19）河北省教育厅河北省财政厅关于2016年河北省中小学幼儿园教师培训项目申报工作的通知.冀教师〔2016〕1号.

（20）河北省教育厅.河北省教育厅关于在全省中小学幼儿园开展师德师风专项检查活动的通知.冀教师〔2016〕6号.

（21）河北省教育厅关于开展2016年全国学前教育宣传月活动的通知.冀教基〔2016〕11号.

（22）河北省财政厅.河北省教育厅关于印发《河北省农村小学增设附属幼儿园实施方案》的通知.冀财教〔2011〕153号.

（23）河北省财政厅.关于做好学前教育三年行动计划编制工作的通知.冀教基〔2011〕12号.

（24）河北省财政厅，河北省教育厅.河北省财政厅 河北省教育厅《关于开展学前教育资助工作的通知》.冀财教〔2012〕153号.

（25）河北省财政厅，河北省教育厅.河北省财政厅河北省教育厅关于印发《河北省财政扶持城市学前教育发展奖补资金管理暂行办法》的通知.冀财教〔2013〕165号.

（26）河北省财政厅，河北省教育厅.河北省财政厅 河北省教育厅关于印发《河北省财政扶持民办幼儿园发展奖补资金管理暂行办法》的通知.冀财教〔2013〕164号.

（27）河北省财政厅，河北省教育厅.河北省财政厅 河北省教育厅关于印发《河北省学前教育资助资金管理暂行办法》的通知.冀财教〔2013〕178号.

（28）河北省物价局，河北省财政厅，河北省教育厅.河北省幼儿园收费管理暂行办法实施细则.冀价行费〔2014〕25号.

（29）河北省财政厅 河北省教育厅关于转发《中小学幼儿园教师国家级培训计划专项资金管理办法》的通知.财教〔2015〕524号.

（30）河北省财政厅.河北省财政厅 河北省教育厅关于印发《河北省财政支持学前教育发展资金管理办法》的通知.冀财教〔2015〕135号.

（31）河北省财政厅.河北省财政厅 河北省教育厅关于转发《中小学幼儿园教师国家级培训计划专项资金管理办法》的通知.冀财教〔2016〕8号.

（32）石家庄市人民政府.石家庄市人民政府关于发展学前教育的实施意见.石政发〔2011〕25号.

（33）石家庄市人民政府办公厅.石家庄市人民政府办公厅关于印发石家庄市学前教育三

年行动计划（2011—2013年）的通知.石政办发〔2012〕6号.

（34）石家庄关于印发2012年对县级政府教育工作督导评估办法.石政办函〔2012〕62号.

（35）石家庄市人民政府.石家庄市人民政府印发关于进一步加快特殊教育事业发展的实施意见的通知.石政发〔2012〕21号.

（36）石家庄市人民政府.石家庄市人民政府关于印发石家庄市学前教育管理办法的通知.石政发〔2013〕35号.

（37）石家庄市人民政府.石家庄市人民政府关于加强教师队伍建设的实施意见.石政发〔2013〕25号.

（38）中共石家庄市教育局委员会.中共石家庄市教育局委员会关于印发市直教育系统正风肃纪专项行动实施方案的通知.石教〔2013〕52号.

（39）中共石家庄市教育局委员会，石家庄市教育局.中共石家庄市教育局委员会石家庄市教育局关于印发石家庄市2014年教育工作要点的通知.石教发〔2014〕4号.

（40）石家庄市人民政府办公厅.石家庄市人民政府办公厅关于石家庄市特殊教育提升计划（2014—2016年）实施方案.石政办发〔2014〕6号.

（41）石家庄市教育局.石家庄市教育局石家庄关于集中开展治理不作为、慢作为、乱作为专项行动的实施方案.石教函〔2014〕127号.

（42）石家庄市人民代表大会常务委员会公告.石家庄市教育设施规划建设管理条例.2014年11月28日，河北省第十二届人民代表大会常务委员会第十一次审议批准.

（43）石家庄市人民政府办公厅.石家庄市人民政府办公厅关于印发石家庄市教育扶贫工程实施意见的通知.石政办发〔2014〕15号.

（44）石家庄市人民政府办公厅.石家庄市人民政府办公厅关于印发石家庄市学前教育三年行动计划（2014-2016年）的通知.石政办发〔2015〕11号.

（45）中共石家庄市教育局委员会，石家庄市教育局.中共石家庄市教育局委员会 石家庄市教育局关于印发石家庄市2015年教育工作要点的通知.石教发〔2015〕3号.

（46）石家庄市人民政府办公厅.石家庄市人民政府办公厅石家庄市普惠性民办幼儿园认定及财政扶持管理实施办法（试行）的通知.石政办发〔2016〕21号.

（47）石家庄市教育科学研究所.关于举办中等职业学校学前教育专业幼儿教育现状及启示专家报告会的通知.市教科办〔2016〕87号.

（48）张家口市人民政府.张家口市人民政府关于印发《张家口市学前教育三年行动计划（2011-2013年）》的通知.张政〔2011〕5号.

（49）承德市人民政府.《承德市学前教育三年（2011-2013年）行动计划》.（承市政字〔2011〕70号）.

（50）保定市教育局，保定市发展和改革委员会，保定市财政局.保定市教育局保定市发展和改革委员会保定市财政局《保定市第二期（2014-2016年）学前教育三年行动计划》的通知.保教基〔2015〕3号.

（51）保定市教育局.保定市教育局关于进一步完善中小学（幼儿园）师德考核制度的实施意见（试行）.保教师〔2014〕13号.

（52）保定市教育局.保定市教育局关于对全市民办幼儿园开展专项整治的通知.保教民〔2017〕3号.

（53）保定市教育局.保定市教育局关于印发《保定市民办幼儿园设置基本标准》的通知.保教民〔2017〕2号.

（54）衡水市教育局.衡水市教育局关于规范做好普惠性民办幼儿园认定及管理工作的通知.衡教基〔2017〕8号.

（55）沧州市教育局.沧州市教育局关于加快发展学前教育的实施意见.沧教〔2011〕124号.

（56）沧州市教育局.沧州市教育局沧州市财政局.关于《沧州市普惠性民办幼儿园认定及财政扶持管理办法（试行）》的通知.沧教基〔2016〕5号.

（57）沧州市教育局.沧州市教育局关于加强全市幼儿园规范管理的通知.

（58）秦皇岛市人民政府.秦皇岛市人民政府关于加快学前教育发展的意见.秦政〔2011〕114号.

（59）廊坊市人民政府办公室.廊坊市人民政府办公室关于印发廊坊市学前教育提升行动计划（2015—2016年）的通知.廊政办〔2015〕21号.

后 记

虽然本书最终得以出版,但是心情久久不能平静。作为一名地方高校的学前教育科研工作者,涉足学前教育宏观事业发展和政策领域的研究,本身就是充满了挑战的工作。但我还是带着我的团队,以坚定的信念坚持做了下来。过程中的艰辛,实在不足为外人道,惟愿这一小小的成果,能够为我国和我省的学前教育事业发展贡献一点点力量。

我们选择河北省作为研究全国学前教育事业发展和统筹城乡学前教育资源配置的个案,一是因为依托河北大学,就近便利;更重要的是河北省的地域特点犹如中国的一个缩影,选择河北省这个"小麻雀"来进行剖析,可以"窥一斑而知全豹"。从地域范围和经济社会发展水平来看,河北省北京以南的地区,具有典型的中部特征;北京以北的张承地区,经济社会发展水平与西部接近;而秦皇岛、唐山、廊坊等地的东部特征则更为明显。因此可以说,主要以农村地区为主,经济发展不平衡,兼具了东中西部特征的河北省就如同我国的一个缩影,我们把河北省学前教育事业发展作为省级个案进行研究,可以以小见大,为全国学前教育事业改革发展的分阶段、分区域推进提供一定的启示和借鉴。

本书为作者2015年承担的河北省社会科学基金项目"我国统筹城乡学前教育资源均衡配置研究"(项目编号:HB15JY079)的成果。研究以河北省为个案,首先分析了河北省学前教育事业发展的背景,及其在全国学前教育事业发展中的定位。研究的主体是第二部分,主要从学前教育普及情况、管理体制、投入体制、办园体制、教师队伍、硬件设施、普惠性幼儿园发展,以及农村学前教育和弱势群体扶助等八个方面介绍了河北省学前教育事业发展的现状。在研究主体的基础上,我们还对河北省与全国其他省市,以及河北省内各地级市之间学前教育发展状况进行比较研究。最后,在前三部分研究的基础上提出对河北省统筹城乡学前教育均衡发展的思考，以及河北省学前教育事业发展经验对我国的启示和建议。

在立足河北省进行研究的过程中，我们涉及了学前教育事业发展的很多方面，其中学前教育管理体制作为一个统领性的部分，也是由我主持教育部人文社会科学研究青年基金项目"政府治理模式转型背景下我国学前教育管理体制改革研究"（项目编号：13YJC880014）的关注个案和成果之一。因为政策研究的实地调研需要大量的人力和经费支持，所以我们也接受了"河北大学高等教育与区域发展研究中心"和奕阳教育研究院的资助。

本书能够出版，离不开河北大学教育学院朱文富教授和何振海教授的大力支持。此外，在课题调研过程中，河北省教育厅、河北省教育科学研究所和各地教育局的同志给予了我们很多协助，各地的园长和教师给了我们很多感动。在本书排版过程中，由于图表较多，后期又不断增加一些新数据或进行一些小改动，责任编辑苏利德老师都不厌其烦，一直很有耐心地与我沟通，并尽力支持。在此一并致谢！

范明丽
2018 年 10 月 1 日